《苏联真相》姊妹篇

AFTER RADICAL CHANGE OF THE SOVIET UNION AND EASTERN EUROPE

119 THOUGHT-PROVOKING QUESTIONS

苏东剧变之后

对 119 个问题的思考（上）

陆南泉　左凤荣　潘德礼　孔田平／主编

新华出版社

图书在版编目（CIP）数据

苏东剧变之后：对 119 个问题的思考 / 陆南泉等主编 . —北京：新华出版社，2012.8（2024.3 重印）

ISBN 978－7－5166－0057－3

Ⅰ.①苏… Ⅱ.①陆… Ⅲ.①俄罗斯—研究②东欧—研究 Ⅳ.①D751.2②D751

中国版本图书馆 CIP 数据核字（2012）第 192265 号

苏东剧变之后：对 119 个问题的思考

主　　编：陆南泉　左凤荣　潘德礼　孔田平

出 版 人：张百新　　**责任编辑：**刘　飞

特约编辑：江建明　　**封面设计：**刘保龙

出版发行：新华出版社

地　　址：北京石景山区京原路 8 号　　**邮　　编：**100040

网　　址：http：//www xinhuapub. com　　http：//press. xinhuanet. com

经　　销：新华书店

购书热线：010－63077122　　**中国新闻书店购书热线：**010－63072012

照　　排：北京汉书鸿图文化传播有限公司

印　　刷：三河市君旺印务有限公司

成品尺寸：170mm×240mm　1/16

印　　张：109.75　　**字　　数：**1600 千字

版　　次：2012 年 8 月第一版　　**印　　次：**2024 年 3 月北京第二次印刷

书　　号：ISBN 978－7－5166－0057－3

定　　价：298.00 元（全三册）

图书如有印装问题，请与出版社联系调换：010－63077124

目　录

第一编　俄罗斯政治与社会

第二编　俄罗斯教育与文化

第三编　俄罗斯经济

第四编　俄罗斯的对外战略与外交政策

第五编　中亚、乌克兰与原苏联地区其他国家

第六编 中东欧国家

序　一

闫明复

2010年，由中国社会科学院荣誉学部委员陆南泉等几位长期研究苏联问题的学者，组织撰写、出版了《苏联真相——对101个重要问题的思考》一书。据我所知，此书出版后受到了广大读者的垂爱，不到半年的时间，6000本就售罄。为了满足读者的需要，此书已加印多次。可以说，该书对有93年历史的苏共与存在69年苏联的兴衰、剧变原因及中苏关系的演变等重要问题做出了回答。广大读者接着自然就会提出这样的问题：原苏联东欧国家在20世纪80年代末90年代初发生剧变后，现在又发生了哪些重大变化？这些国家的转型进程、存在的问题及发展趋势又是怎样？希望对这些问题有个了解。在此情况下，不少读者希望能对上述问题进行研究并出版有关著作。陆南泉得知上述情况后，给我通电话，征询我的意见，我当即回答说："这些问题值得研究，你应该组织人员完成这项任务。"现在，经过努力，《苏东剧变之后——对119个问题的思考》一书已完稿。我觉得，纵观全书的内容，本书具有以下重要意义：

第一，本书涉及的内容很广泛，不仅论述了原苏东国家在政治、经济体制方面的转型轨迹、发展趋势，而且还分析了其对外政策、文化、传媒与教育方面政策的变化，从而使读者对这些国家剧变后各个领域的变革与基本国情有个全面了解。

第二，本书在论述原苏东国家剧变后的变化问题时，重点研究其政治、经济体制的转型，明确指出，这些国家转型的共同点是：体制转型与整个制度变迁是同时进行的；各国转型尽管在方式、方法与速度等方面存在差异，但共同的趋势是政治民主化与经济市场化，中东欧国家的另一个趋势是欧洲化，即回归欧洲；

国家转型不再坚持原来的将社会主义作为发展方向，体制改革也不再是对斯大林—苏联模式的社会主义的完善与发展，而是朝着西方所认同的价值观方向发展。书中对这些国家在上述领域转型取得的进展、趋势及存在的问题进行了客观的论述。

第三，中国经过30多年的改革开放，坚持走中国特色社会主义道路，既坚持了科学社会主义，又具有鲜明的中国特色，从而取得了举世瞩目的成就。但同时又要看到，在改革开放的过程中也出现了一些问题，如贫富差距拉大、腐败与垄断等。这些问题的产生并不是改革错了，而是改革还不到位，因此决不能走“回头路”，而只能通过各个领域的深化改革来解决改革过程中出现的问题。2006年3月6日，胡锦涛总书记在两会期间指出：“要在新的历史起点上继续推进社会主义现代化建设，说到底要靠深化改革，扩大开放。要毫不动摇地坚持改革方向，进一步坚定改革的决心和信心。”深化改革，就不仅要在总结我国改革经验教训的基础上进行反思，而且还要了解原苏东国家20多年转型的情况，并对其经验教训加以总结，这同样对我国深化改革有启示与警示意义。所以，我一开始就对陆南泉说，弄清楚原苏东国家20多年的转型情况，是值得做的一件事。

本书作者是长期从事研究原苏东国家问题的学者，他们对这些国家剧变后的转型情况很熟悉，掌握了大量的第一手资料与解密档案，这保证了该书所论述问题的可靠性与学术水平。

本书可视为2010年由新华出版社出版的《苏联真相——对101个重要问题的思考》一书的姐妹篇。我相信，它同样会引起社会各界的关注，对推动当今俄罗斯东欧中亚29个国家的深入研究有积极意义。为此，我十分高兴为此书作序，并向广大读者推荐。

（阎明复同志曾任中共中央办公厅翻译组组长、中共中央书记处书记、中共中央统战部部长、第七届全国政协副主席、民政部副部长、中华慈善总会会长，现任中华慈善总会荣誉会长。）

序　二

李凤林

1989年先是波兰，之后东欧各国一个接一个地发生了剧变，到1991年年底，世界上建立的第一个社会主义国家苏联解体、由列宁创建的苏共垮台。原苏东国家发生剧变20多年来，这些国家政治、经济等各方面发生了哪些变化与如何去认识这些变化，这是中国广大读者十分关心的问题，也是极为值得研究的问题。需要特别指出的是，中国改革开放30多年来在取得巨大成就的同时，也出现了这样那样的问题，如何解决这些问题，只能通过深化改革去解决。现在，中国的改革已经进入了一个新时期。正如胡锦涛总书记在2006年3月6日两会期间指出的："要在新的历史起点上继续推进社会主义现代化建设，说到底要靠深化改革，扩大开放。要毫不动摇地坚持改革方向，进一步坚定改革的决心和信心。"在上述背景下，陆南泉教授等在2010年撰写、出版了《苏联真相——对101个重要问题的思考》一书后，又组织撰写《苏东剧变之后——对119个问题的思考》一书。该书从转型视角论述了原苏东国家（现已成为29个国家），在政治、经济、社会与对外关系等重要领域发生的变革、特点、存在的问题与今后的发展趋势，读者从中可以了解这些国家剧变后的很多情况。

原苏东国家剧变后转型的一个最重要的特点是，其转型与整个制度变迁是同时进行的，其转型不再是对斯大林—苏联模式的社会主义制度的修补与完善，而是朝着人类社会创造的共同文明和西方所认同的价值观念方向发展，即政治民主化与经济市场化。这些亦是我一直关注的问题，在自己的脑海中也有不少思考。在此，利用写序的机会，仅就这些国家政治与经济转型的有关问题谈点看法。

一、对俄罗斯国家政治转型的评析

叶利钦执政后，要完成的主要任务是，从根本上摧毁苏联传统的社会主义政治、经济体制模式，实现制度性的转型。用 1999 年最后一天叶利钦在辞职讲话中的话说："我已经完成了我一生的主要任务。俄罗斯将永远不会再回到过去，俄罗斯将永远向前迈进。"这里讲的主要任务，就是指 8 年来俄罗斯制度性的转型冲垮了苏联时期传统的社会主义政治与经济体制模式，形成了新的政治与经济体制模式的框架。

俄罗斯政治转型的过程是，在《俄罗斯联邦宪法》通过、生效以后，包括叶利钦执政后期，尽管也有政治斗争，也有各种危机，但俄罗斯政治体制终归大局已定。叶利钦执政 8 年，通过政治体制改革，以一党垄断、党政融合、议行合一、缺乏民主、高度集权等为特征的斯大林模式的社会主义政治体制已经不复存在，而是过渡到以总统设置、多党制议会民主、三权分立、自由选举等为特征的西方式宪政制度模式。应该说，这对作为苏联继承国的俄罗斯来讲，是政治体制的一个质的变化，它有利于克服那种高度集权、缺乏民主的政治体制，政治运作已经有法可依，政治斗争"游戏规则"也为大多数党派所认同和遵守，俄罗斯进入了一个相对稳定时期。

在政治斗争过程中，"政治热"曾经是一种时尚，当时俄罗斯各派政治力量、政治精英、社会各阶层乃至普通民众几乎都被卷入其中，扮演着不同的角色。按照历史唯物主义和辩证唯物主义的基本观点，对历史发展起决定作用的人民群众的政治取向值得注意，俄罗斯民众的选择在很大程度上决定了俄罗斯民主派的上台执政，决定了俄罗斯国家最高执行权力一方的取胜，当然其中有政治家、政治精英们的谋略、政治对手的失误种种因素，正所谓"天时、地利、人和"诸多因素都在发挥着各自的作用。

叶利钦时期民主派、自由派得势的势头随着经济改革的受阻而迅速衰退，左派共产党人的上升势头也随着国内"政治热"的逐步降温、政局的稳定而受到抑制，中间派开始成为俄罗斯政治舞台上的主角。普京在其两个总统任期的 8 年中，对俄罗斯的政治体制、联邦制进行了整顿、调整、改革，规范了政治斗争规则，结束了叶利钦时期的政治混乱，维护了国家的统一，抑制了分离主义倾向，强化了国家政权，俄罗斯走上稳定发展的轨道。

二、如何看待普京加强政治集权问题

普京执政后采取了一系列整顿、调整与改革措施，其主要目的是为建立强有力的国家，提出的方针是，坚持整顿权力机构的秩序，并逐步实现国家现代化。

这方面的主要任务是：完善政治制度；实际改善联邦主体的条件、建立与发展俄罗斯的法律保障，并使市场有序。

应该说，普京执政期间，在国家权力的整顿与建设方面取得了不少进展。普京在2004年3月15日凌晨当选连任后，同媒体见面时就强调："我们要建立这样一种制度，以使任何官员也不能以国家利益为掩饰中饱私囊。""对俄罗斯这样一个复杂、处于发展转折关头的国家，没有最高国家权力和管理机关是不可想象的。这将导致混乱。所有的人都将受害。这是不能允许的。"普京连任后，在谈到改革时，一再强调最首要的任务是进行强有力的行政改革，进一步加强中央政府的控制能力。

如何认识普京执政以来在政治上出现的中央集权化趋势，这种中央集权会发展到什么程度，会不会发展到极权，乃至独裁。从普京来说，他一再强调，他决不会回到斯大林时期的那种体制轨道上去。普京早在1999年12月发表的《千年之交的俄罗斯》一文中强调指出："现今俄罗斯社会不会把强有力的和有效的国家与极权主义国家混为一谈。"俄罗斯在建立强有力的国家政权体系的同时，并"不呼吁建立极权制度"。[①] 他在回答对昔日俄罗斯帝国的强盛是否有"怀旧感"问题时说："没有，因为我认为，帝国治理形式不会长久，是错误的。"他在2003年11月13日出席俄罗斯工业家和企业家联盟第13次代表大会上讲："俄罗斯不会回到老路上去。这绝对不能。"[②]

普京执政8年的实践表明，俄罗斯政治上的集权化并没有发展到极权化或变为独裁政治。关于这个问题我想提出以下几点看法。

第一，普京执政时期，虽然经过治理，社会不断走向稳定，经济连年增长，但是仍然存在一系列严重的社会经济问题，并且有些问题日趋严重。在这种背景下，需要通过加强国家权力，强化中央垂直领导等手段，来提高人民解决各种社会经济问题的信心。

第二，与上述情况相联系说明，普京实行的政治集权化政策，是在俄罗斯特定条件下采取的一种措施。当俄罗斯社会经济有了较为稳定的基础，最终政治集权化就将会服务于民主进程的发展。当然，这个转化需要一个很长的过程。

---

① 《普京文集：文章和讲话选集》，中国社会科学出版社2002年版，第9—10页。

② （俄罗斯）《消息报》2003年11月15日。

第三，普京提出的治国思想——俄罗斯思想，“是一个合成体，它把全人类共同的价值观与经过时间考验的俄罗斯传统价值观，尤其是与经过20世纪波澜壮阔的100年考验的价值观有机地结合在一起”。[①] 政治民主是全人类共同文明与价值观中最为重要的内容。因此，今后俄罗斯社会的发展，排除政治民主，或者说一味地实行“可控的民主”方针，在理论上也很难说得通。正如在2004年5月普京发表的总统国情咨文中所说的：“我国人民的意志和俄罗斯联邦的战略利益要求我们忠于民主价值。”

第四，虽然俄罗斯的政治体制还远不能说已完全定型，今后一个时期（如10年）内，仍有影响政治体制的很多不确定因素：如总统的地位与权限最终如何确立；进一步完善政党制。现在的政权党统一俄罗斯仍是一个官僚党，它在议会中占了2/3以上的席位，这样容易成为“一党制”。这种情况下，一旦出现问题，全部责任都将落到普京身上；今后政府内阁是一种具有较大独立性的责任内阁，还是靠总统班底运行权力；今后联邦与地方之间如何实现均衡的分权等，这对俄罗斯联邦制如何发展有着很大的影响。这些不确定因素，将会在很多方面对俄罗斯今后政治上的集权化发展趋势产生影响。但是应该看到，经过20年的社会变迁，俄罗斯已经大致形成了三权分立的政治体制框架。经过一段时期的改革和各种关系的磨合，社会将会朝着更符合现代化的政治体制方向发展，政治体制也将走向更加成熟和法制化。在此过程中，政治集权化将会逐渐削弱，而民主化将会不断发展。

第五，从国际背景来看，当前的俄罗斯与20世纪二三十年代的斯大林执政时期的苏联根本不同。俄罗斯走向极权必然会遭到西方的反对。再说，俄罗斯如果把自己重新孤立起来，不融入世界经济，那么要实现振兴的目标也很难。

当然，作为苏联继承国的俄罗斯，推行民主政治的过程将是曲折的，不会是很顺当的。普京在2004年的总统国情咨文中说：“年经的俄罗斯民主在其形成过程中取得了显著成绩。今天谁不愿意承认这些成就，谁就不够诚实。但我们的社会体制还远远谈不上完善，我们应该承认：我们正处于起点。”

根据上述分析，可以认为，普京执政时期推行的政策，虽有明显的威权主义色彩，但不能说要回到斯大林时期的独裁主义。他所推行的“可控民主”、“主权

---

① 《普京文集：文章和讲话选集》，中国社会科学出版社2002年版，第10页。

民主”是根据俄罗斯特定条件提出来的，不能把它视为俄罗斯的发展道路。

为保持国家最高权力的顺利交接、大政方针的延续性，俄罗斯执政精英创造出了一种新的国家最高权力配置——“梅普组合”，表现出执政精英尊重宪法兼顾保持政策稳定性、延续性的意愿，同时也给世人留下了丰富的想象空间。在2011年12月国家杜马选举、2012年总统选举即将到来之际，2011年9月24日在统一俄罗斯党的代表大会上，现任总统梅德韦杰夫提名现任总理普京为下届俄罗斯总统候选人，11月27日，普京正式接受其所在的统一俄罗斯党的提名，成为该党下届总统候选人。毫无疑问，这是俄罗斯执政精英精心策划的政治安排，其核心就是要保持俄罗斯最高权力的稳定，保障俄罗斯未来10—15年基本国策的延续性，从而为国家的振兴和发展奠定基础。

总的来说，俄罗斯经历了20年的政治体制转型，民主政治有了进展。在梅德韦杰夫看来，俄罗斯虽已经是个民主国家，但这种民主是年轻的、不成熟的、不完善的，还处于民主发展道路上的起点，因此，俄罗斯在这方面还有很多事情要做。

三、不要忽视梅德韦杰夫自由、民主价值观对俄罗斯的影响

2010年9月9日至10日，举办了俄罗斯雅罗斯拉夫尔国际政治论坛。该论坛由梅德韦杰夫倡导并于2009年创立。此次论坛的主题是俄罗斯现代化与民主标准问题。梅德韦杰夫在会上发表了题为《现代国家：民主标准和效率准则》的讲话（以下简称为《讲话》）。在会议期间，梅德韦杰夫与国际著名政治学者进行了对话（以下简称《对话》）。[①] 在此论坛上，他较集中地论述了有关现代化与民主及自由问题。他强调：“我不仅坚信作为管理形式的民主，不仅坚信作为政治制度形式的民主，而且坚信民主在实际应用中能够使俄罗斯数以百万计的人和世界上数以亿万计的人摆脱屈辱和贫困。”他还强调：“与人权一样，民主标准（实际上民主标准包括人权在内）也应该是国际公认的。只有这样，它才能成为有效的。”接着，梅德韦杰夫提出了以下五条民主的普遍标准：

（1）从法律上体现人道主义的价值和理想。要使这些价值具有法律的实际力量，从而引导所有社会关系的发展，并以此来确定社会发展的主要方向。

（2）国家拥有保障和继续保持科技高水平发展的能力，促进科学活动，促进

① 以上两个材料见俄罗斯总统网站：http//：www. kremlin. ru。

创新，最终生产充足的社会财富，使公民能够获得体面的生活水平。贫困是民主的主要威胁之一。不久之前，在改革第一阶段所导致的大规模贫困，使“民主”一词在俄罗斯失去了积极的意义。

（3）民主国家有能力保卫本国公民不受犯罪集团的侵犯。

（4）具有高水平的文化、教育、交流手段和信息沟通工具。自由民主社会，这毕竟是受过良好教育、有教养、有文化人的社会。俄罗斯从前在很多世纪中，在千百年间，走的是非民主的发展道路。正是在20世纪，在帮助所谓“普通老百姓”的旗号下建立了最恶劣的专政。21世纪是有教养的、聪明的，也可以说“复杂的”人的时代，他们自己掌握自己的才能，他们不需要那些代替他们作出决定的领袖和保护人。由“领袖们”指示“普通老百姓”应当如何生活和为什么生活的时代已经结束了。

（5）公民确信自己生活在民主社会。这也许是主观的，但却是极其重要的事情。每个人应该独立地对民主作出自己的判断。但是假如人们自己感觉不自由、不公正，那就是没有民主，或者是民主出了问题。政府可以不断地对自己的公民说，你们是自由的。但是，只有当公民本身认为自己是自由的，那时才开始有民主。

梅德韦杰夫在强调民主的普世性的同时，反对普京认同的“主权民主”的概念，他上台后也没有公开使用过“主权民主”的说法。梅德韦杰夫在《对话》中强调，民主是发展俄罗斯这个国家、这个庞大经济和政治系统的必要条件。梅德韦杰夫认为俄罗斯推行民主进程中遇到的困难主要有：一是在俄罗斯国家转型初期，由于复杂与严峻的政治、经济形势，当时大多数公民还不具有在市场条件下生活的素养，不得不集中精力谋求个人生存之术，因此，当时的民主仅仅限于参加选举时投票。二是正是在那种形势下，新的统治精英很快学会了操纵选举程序，建立保障他们一直掌握政权的机制。而西方国家当时所关心的是制止在俄罗斯复辟共产主义制度，因此，并没有对俄罗斯推行民主化施加更多的压力。这样，就使得在俄罗斯国家转型初期在民主化进程中出现了很多缺陷，并且使威权主义抬头。三是广大民众还未做好准备。正如梅德韦杰夫在《对话》中讲的，推行民主最大的困难是，广大民众总体上还没有准备好接受完整意义上的民主，没有准备好去亲身经历民主、去共同参与政治进程，并认识到自己的责任。四是受历史传统的影响。梅德韦杰夫在《对话》中指出，俄罗斯千年历史上从来没有过民主。在沙皇和皇帝执政时期，没有任何民主，苏联时期也没有任何民主。也就是说，我们是有千年威权史的国家。人们习惯了寄望于沙皇老爷，寄望于高层力量。

目前普遍认为，普京在2012年3月再次当选总统，仍将按他的思想治理俄罗斯。我认为，在梅德韦杰夫不能连任的情况下，不能低估他的价值观对俄罗斯今后发展道路的影响。应该看到，梅德韦杰夫民主与自由的价值观，在俄罗斯是得到相当一部分人士认同与支持的，有它的一定市场。这种情况，不能不对俄罗斯今后经济社会的发展产生影响。因此，在今后推行政治、经济与社会政策时，普京也不能不考虑梅德韦杰夫的治国理念与价值观，如在集权、主权民主、国家对经济调控等问题上表现得更富有弹性与灵活性。

四、对俄罗斯经济体制转型的几点看法

俄罗斯于1992年1月2日正式启动向市场经济转型，至今已有20个年头。在这一期间，不论在俄罗斯国内，还是在西方国家与我国，从官方到学者都发表了不少论著，从各个角度对俄罗斯经济转型进行研究，在不少问题上有着共识，但亦在一些重要问题上有着不同的看法。产生这种情况，主要原因有：一是俄罗斯作为苏联继承国，它是中央集权的计划经济体制的发源地，实施这一体制时间最长。因此，俄罗斯转型任务最为艰巨，在转型过程中出现的问题极为复杂，在叶利钦时期转型危机也十分严重，受世界金融危机的影响往往比其他国家更大。二是还应看到，尽管俄罗斯在1996年形成了市场经济体制框架，现在国际上也承认它的市场经济地位，但它离文明的市场经济还有很长一段路要走，转型任务远未完成。俄罗斯经济转型过程中出现的问题甚多，这里仅就某些重要问题谈点看法。

第一，俄罗斯选择“休克疗法”式激进转型方式有其复杂的客观原因。

1992年年初，俄罗斯政府之所以最后决定实行“休克疗法”式的激进改革，有些人认为，主要是政治上刚刚取得主导地位的民主派，为了在经济转轨过程中取得西方支持的结果。还有人认为，是民主派屈从于西方压力造成的。实际上，当时以叶利钦、盖达尔为代表的俄罗斯民主派之所以选择“休克疗法”式的激进改革，有其十分复杂的原因。

一是俄罗斯民主派在确定以建立市场经济模式为改革方向之后，总结过去改革的教训，决定改变过去把改革停留在口头上、纸上的做法，而是采取实际行动，快速向市场经济过渡，以此来解决当时俄罗斯面临的依靠传统体制根本无法解决的严重社会经济问题。

二是极其严峻的经济形势，促使俄罗斯新执政者实行激进改革。

既然1992年1月2日作为俄罗斯“休克疗法”式激进改革的起点，那么，必须分析一下在此前苏联的经济与市场状况，否则就不能理解新执政者为何如此果断地选择了激进改革方案。苏联到了1990年，经济状况严重恶化，市场供应变得十分尖锐。苏联（俄罗斯）市场商品奇缺的状况，比人们想象的要严重得多，真是“空空如也”。对新上任的俄罗斯领导人来说，面对如此紧张的社会经济局势，实行渐进改革已不大可能。

三是俄罗斯新执政者一上台，在以什么样的速度推行经济体制改革问题上，面临着巨大的心理与政治压力。人们从旧体制对社会经济造成的严重恶果中已看得清清楚楚，同时又看到西方国家的市场经济所带来的丰硕经济成果，所以当时从官方到普通居民都认为，只要尽快向市场经济转型，就可马上摆脱危机。

四是通过激进改革尽快摧垮传统计划经济体制的基础，以使向市场经济的转轨变得不可逆转。

五是政治局势也是促使新执政者推行经济激进转型的重要因素。苏联解体前后所面临的政治形势十分严重。在这一期间，大家忙于政治斗争，重大事件一个接一个，取缔苏共，最后是苏联解体。这样，俄罗斯已不存在强有力的政治核心力量，掌了权的民主派，在上述政治情况下可供选择的改革途径已经十分狭窄了。

六是从历史逻辑来看，以叶利钦、盖达尔为代表的民主派推行的激进改革，承袭了戈尔巴乔夫下台前1990—1991年所提出和形成的改革设想。

经过激烈的争论与斗争，戈尔巴乔夫执政后期，苏联各政治派别不仅就经济改革的市场目标达成了共识，并且向市场经济快速转轨的主张也已占主导地位。因此，叶利钦、盖达尔执政后，从历史逻辑上来说，推行激进改革是顺理成章的事。

上述分析说明，1992年年初俄罗斯实行激进改革是由特定的历史条件决定的。

第二，对俄罗斯出现严重经济转型危机原因的分析切忌简单化。

有关俄罗斯经济转型过程中产生严重危机的原因，有人仅仅归咎于“休克疗法”。实际上，叶利钦时期俄罗斯出现严重的经济危机是由各种因素共同作用的结果，因此必须历史地、全面地分析，切忌简单化。普京在《千年之交的俄罗斯》一文中，在回答这个问题时写道：“目前我国经济和社会所遇到的困境，在很大程度上是由于继承了苏联式的经济所付出的代价。要知道，在改革开始之前我们没有其他经济。我们不得不在完全不同的基础上，而且有着笨重和畸形结构的体制中实施市场机制。这不能不对改革进程产生影响。”“我们不得不为苏联经济体制所固有的过分依赖原料工业和国防工业而损害日用消费品生产的发展付出代价；我们不得不为轻视现代经济的关键部门付出代价，如信息、电子和通信；我们不得不为不允许产品生产者的竞争付出代价，这妨碍了科学技术的进步，使俄罗斯经济在国际市场丧失竞争力；我们不得不为限制甚至压制企业和个人的创造性和进取精神付出代价。今天我们在饱尝这几十年的苦果，既有物质上的，也有精神上的苦果。”“苏维埃政权没有使国家繁荣，社会昌盛，人民自由。用意识形态化的方式搞经济导致我国远远地落后于发达国家。无论承认这一点有多么痛苦，但是我们将近70年都在一条死胡同里发展，这条道路偏离了人类文明的康庄大道”。与此同时，普京还写道：“毫无疑问，改革中的某些缺点不是不可避免的。它们是我们自己的失误和错误以及经验不足造成的。”[①] 我认为，普京从历史与转轨过程出现的失误两个方面分析危机原因，是符合实情的。

第三，俄罗斯经济现代化问题。

2009年俄罗斯总统梅德韦杰夫正式提出俄罗斯将以实现现代化作为国家未来十年的任务与目标。这里我顺便要指出的是，从总体而言，像原苏东等国家在转型的过程中，都要集中解决以下7个相互关联、相互影响的问题：(1) 经济运营机制从高度集中的指令性计划经济体制转向市场经济体制；(2) 转变经济发展方式；(3) 改变经济发展模式；(4) 调整不合理的经济结构；(5) 实现政治民主化，建立法治国家；(6) 转变文化、观念与意识形态；(7) 处理好与发达资本主义国家的关系，成为开放性的国家。以上问题的解决，其最终目标是实现国家现代化。

国家现代化的一个重要内容是经济现代化。在俄罗斯转型20年期间，它的粗放经济增长方式并未发生实质性变化。梅德韦杰夫总统在《前进，俄罗斯!》

---

① 《普京文集：文章和讲话选集》，第4—5页。

一文中指出："我们大部分企业的能源有效利用率和劳动生产率低得可耻。这还不是很糟糕。最糟糕的是，企业经理、工程师和官员们对这些问题漠不关心。"

俄罗斯经济现代化的主要问题是要着力解决由资源型经济向创新型经济的转变。梅德韦杰夫担任总统后，更加强调俄罗斯经济由资源型向创新型转变的迫切性。他在《前进，俄罗斯！》一文中说："除了少数例外，我们的民族企业没有创新，不能为人们提供必需的物质产品和技术。他们进行买卖的，不是自己生产的，而是天然原料或者进口商品。俄罗斯生产的产品，目前大部分都属于竞争力非常低的产品。"俄罗斯"依靠石油天然气是不可能占据领先地位的"。"再经过数十年，俄罗斯应该成为一个富强的国家，她的富强靠的不是原料，而是智力资源，靠的是用独特的知识创造的'聪明的'经济，靠的是最新技术和创新产品的出口。"为此，梅德韦杰夫提出，今后一个时期要在高效节能技术、核子技术、航天技术、医学技术与战略信息技术五个战略方向展开工作，并在莫斯科近郊科尔科沃建立类似"美国硅谷"那样的高科技园区，也就是俄版的"硅谷"。

显然，实现上述转变十分必要，但这将是一个缓慢的过程。俄罗斯现代发展研究所所长伊戈尔·尤尔根斯指出：俄罗斯"现代化、摒弃原料经济向创新型经济发展的过程过于缓慢"。① 之所以缓慢，是由多种原因造成的。

第一，俄罗斯企业缺乏创新的积极性。目前只有10%的企业有创新积极性，只有5%的企业属于创新型企业，只有5%的产品属于创新型产品成本。

第二，与上述因素相关，俄罗斯在实行由资源型经济向创新型经济转变时，面临着难以解决的矛盾：一方面，反复强调要从出口原料为主导的发展经济模式过渡到创新导向型经济发展模式；另一方面，发展能源等原材料部门对俄罗斯有着极大的诱惑力与现实需要。要知道，在俄罗斯国家预算中几乎90%依赖能源等原材料产品，燃料能源系统产值占全国GDP的30%以上，占上缴税收的50%与外汇收入的65%。而俄罗斯高新技术产品的出口在全世界同类产品出口总额中不足0.2%。

第三，设备陈旧，经济粗放型发展，竞争力差，这些是老问题又是需要较长时间才能解决的问题。

第四，投资不足。为了优化经济结构，就需要大量增加在国际市场上有竞争

① 《俄罗斯报》2010年4月14日。

能力的经济部门和高新技术部门的投资。

第五，俄罗斯科学院副院长涅基佩洛夫认为，在金融危机发生前，俄罗斯犯了“非常严重的错误”，即没有利用国家已有资源加速推进现代化进程。

第六，俄罗斯与西方建立现代化联盟难以取得实质性进展。

创新型经济发展缓慢，经济发展摆脱不了能源等原材料部门，这必然使俄罗斯经济难以在短期内实现现代化与保证稳定和可持续发展。但同时也应看到，俄罗斯不论谁上台执政、实现经济现代化的政策不会放弃，会不断努力实现“强国梦”的目标。俄罗斯也具有实现世界性强国的必要条件：丰富的资源、人才强大的军力与外交优势等。

五、中东欧国家在转型过程中加快回归欧洲的进程

如把波罗的海三国列入中东欧，那么中东欧共有17个国家。这些国家的转型是在欧洲国际秩序发生翻天覆地变化的背景下进行的。1989年东欧发生了一系列的历史性事件，如3月波兰圆桌会议、6月4日议会选举、9月团结工会政府成立、9月11日匈牙利开放匈奥边界、11月9日柏林墙倒塌、11月捷克斯洛伐克发生“天鹅绒革命”、12月罗马尼亚齐奥塞斯库政权被推翻，这些轰轰烈烈的事件不仅改变了中东欧国家的发展方向，推动了中东欧国家的“脱俄入欧”，而且根本改变了欧洲的国际秩序，促进了欧洲的统一与联合。

中东欧国家的转型是全面的转型，转型涉及政治、经济、社会以及对外关系诸方面，其变革的深度、广度和速度在人类社会发展史上实属罕见。匈牙利经济学家科尔奈认为，转型不仅包括经济的转型，而且包括生活方式、文化的转型、政治和法律的转型等多个方面。

20世纪90年代初，中东欧国家开始政治转型，从议行合一的一党制向基于议会民主的多党制转变。迄今为止，中东欧国家议会民主制度已经确立。中东欧国家的经济转型涉及经济体制的变化，即从中央计划经济向市场经济的转型。中东欧国家通过宏观经济的稳定化、经济的自由化、国有企业的私有化以及市场经济基础设施的建设摆脱了运行不良的经济体制，建立了市场经济体制。

从转型的总趋势讲，中东欧国家与俄罗斯相同，实行的是政治民主化与经济市场化，但除此之外，这些国家在转型过程中还要实现欧洲化的目标。

历史上中东欧国家曾受不同帝国，如哈布斯堡帝国和奥斯曼土耳其帝国的统治，受到不同宗教文化，如天主教、东正教和伊斯兰教的影响，民族国家的历史不如西欧久远。中东欧独特的地缘政治地位使得中东欧成为大国必争之地，中东欧国家不得不在夹缝中求生存，在变动的国际秩序中寻求其位置。冷战结束与苏联解体为中东欧国家地缘政治重新定向提供了独特机会。加入北约和欧盟成为绝大多数中东欧国家对外政策的优先目标。目前有 12 个中东欧国家加入了北约。1999 年波兰、匈牙利和捷克加入北约。2004 年爱沙尼亚、拉脱维亚、立陶宛、斯洛伐克、斯洛文尼亚、保加利亚和罗马尼亚加入北约。2009 年阿尔巴尼亚和克罗地亚加入北约。中东欧国家“脱俄入欧”是冷战结束后欧洲最重大的地缘政治事件之一，欧洲化成为中东欧国家的发展趋势。对这些国家而言，欧洲化不仅是目的，如成为欧盟候选国和获得欧盟成员国地位，而且是制度变迁和现代化的手段，是依照欧盟标准推进制度转型的进程。欧洲化是一个双向的过程，一方面欧盟将欧盟的标准、规范、游戏规则和法规向中东欧国家推广，另一方面中东欧国家自愿接受欧盟的标准、规范、游戏规则和法规。1989 年东欧剧变的一个口号是“回归欧洲”，如今一些中东欧国家已经加入欧盟，实现了回归欧洲的梦想。1993 年欧盟通过的哥本哈根标准为中东欧国家的入盟确立了准入门槛，开启了中东欧国家加入欧盟的可能性。2004 年 5 月，波兰、匈牙利、捷克、斯洛伐克、斯洛文尼亚、爱沙尼亚、拉脱维亚和立陶宛加入欧盟，2007 年罗马尼亚和保加利亚加入欧盟，2011 年 6 月克罗地亚完成入盟谈判，12 月克罗地亚与欧盟签署入盟条约。中东欧欧盟新成员国中除罗马尼亚和保加利亚之外，都加入了申根区，其居民可以在申根区内自由旅行。其他未入盟的西巴尔干国家都与欧盟建立了程度不同的制度联系，均以加入欧盟为国家的优先目标，阿尔巴尼亚、波黑、黑山和塞尔维亚与欧盟签署了稳定与联系协定。目前欧洲的主权债务危机尚未缓解，欧盟面临着通过制度改革克服危机的巨大挑战。在此危机下，西巴尔干国家的入盟进程预计将放缓。值得注意的是西巴尔干尚面临一些悬而未决的问题，如马其顿与希腊就马其顿国名的争议、波黑内部围绕波黑宪政的争议以及科索沃的地位问题等。这些问题如果久拖不决，将直接影响西巴尔干乃至欧洲的安全与稳定。中东欧国家所处的国际环境尚在演化之中，美国、欧洲和俄罗斯对中东欧政策的演进尚需进行深入观察，外部力量如宗教极端势力对西巴尔干的渗透对西巴尔干的影响也值得关注。

可以这样说，如果从政治经济转型的角度看，中东欧国家的转型事实上是一个去苏联化和欧洲化的进程，如果从地缘政治的取向看，这些国家都选择了“脱俄入欧”。从过去20多年中东欧转型的实践看，中东欧国家的转型已不可逆转，它们在冷战结束后自主选择的发展道路也已不可动摇。欧洲化将是中东欧国家未来发展的长期趋势，虽然短期内可能放缓，但是方向已不可能发生改变。

纵观全书，这是一部内容十分丰富的论著，它涉及的领域很广，读后可以获得很多启示。我相信此书的出版会得到广大读者的欢迎，同时对推动这一领域的研究也会起到积极的作用。

（李凤林同志曾任中国驻俄罗斯联邦大使，现任国务院发展研究中心欧亚社会发展研究所所长。）

导 论

陆南泉

2010 年我与几位同人组织撰写了《苏联真相——对 101 个重要问题的思考》一书（上中下三册，新华出版社出版），出版后受到社会各界的关注。该书对苏联时期的一些重要问题做出了回答。

1991 年年底苏联发生剧变。在此前 1989 年先是波兰发生剧变，之后东欧各国像多米诺骨牌一样一个接一个地发生剧变。原苏东国家的剧变共同含义是：执政多年的共产党，在短短的时间内被冲垮，丧失了执政党的地位；剧变后的苏东各国，无一例外地宣布彻底与斯大林时期形成与发展起来的高度集中的政治、经济体制决裂，朝着政治民主化、经济市场化方向的体制转型；这些国家的转型，不再坚持斯大林—苏联模式的社会主义作为发展方向，体制改革也不再是对该模式的社会主义制度的完善与发展，而是朝着人类社会创造的共同文明和西方所认同的价值观念方向发展。

时间匆匆，到 2011 年苏联剧变已有 20 年，东欧国家剧变已 20 多年。在这时间不长但亦不短的期间，对原苏东国家从转型视角分析其政治与经济体制所发生的变化及力图达到的目标，以及今后一个时期它所面临的转型任务，引起了国内的高度关注，对实行改革开放 30 多年既取得举世瞩目成就同时又出现不少问题，并正在深化改革的中国来说，这些问题更是值得研究。《苏联真相——对 101 个重要问题的思考》一书出版后，广大读者与一些媒体希望我们就原苏东国家剧变后各个领域发生的变化及原因等再组织撰写一部论著，促使我最终下决心组编此书。考虑到本书内容广泛，在这个导论中仅就原苏东国家（原苏东地区有 9 个国家，它们发生剧变后已变成了 29 个国家）剧变后在政治与经济领域转型的主要情况（重点是俄罗斯）作一扼要介绍。

俄罗斯的转型

一、叶利钦时期解决制度变迁与确立市场经济体制框架问题

叶利钦时期的转型是与整个制度变迁同时进行的，即当时俄罗斯新的执政者，通过政治与经济体制的改革，要改掉在斯大林时期建立起来的、已失去发展动力和人们不再信任的斯大林—苏联模式的社会主义。因此，当时俄罗斯需要确定十分明确的制度改革目标，即在政治上建立民主体制和在经济上建立市场体制。

叶利钦在俄罗斯所以能执掌政权 8 个年头，主要原因是，他在俄罗斯推行的转型就其大方向而言（这指的是政治上民主化与经济上市场化），是符合社会历史发展潮流的。这 8 年的转型有进展也有失误甚至严重错误，从而民众对他往往徘徊在希望与失望之间。否则就无法解释，为什么在 1996 年 7 月俄罗斯一千年历史中首次通过全民投票选举国家首脑时叶利钦能获胜。

从国内来讲，俄罗斯是一个面临着十分艰巨与复杂改革任务的转型国家。在 1999 年的最后一天，叶利钦在辞职讲话中说："我已经完成了我一生的主要任务。俄罗斯将永远不会再回到过去，俄罗斯将永远向前迈进。"这里讲的主要任务，就是指的 8 年来的制度性的转型，冲垮了苏联时期传统的社会主义政治与经济体制模式，形成了新的政治与经济体制模式的框架。

叶利钦执政 8 年，通过政治体制的改革，使一党垄断、党政融合、议行合一、缺乏民主、高度集权等为特征的斯大林模式的社会主义政治体制不复存在，而是过渡到以总统设置、多党制议会民主、三权分立、自由选举等为特征的西方式宪政制度模式。应该说，这对作为苏联继承国的俄罗斯来讲，是政治体制的一个质的变化，它有利于克服那种高度集权、缺乏民主的政治体制所存在的种种严重弊端，使广大俄罗斯人民得到在苏联时期不可能得到的民主与自由。也正是这个原因，在俄罗斯所形成的政治体制框架已为多数政党与多数民众接受，从而使这种转型方向变得不可逆转，再恢复苏联时期那种政治体制已不再可能。

当然，我们讲俄罗斯在政治体制改革方面取得重大进展，并不忽视在俄罗斯形成的新的政治体制有着严重的局限性与不完善之处，俄罗斯尚未成为一个现代

的民主社会与民主国家，这主要表现在：一是俄总统权力过大，在很多方面实行的是“总统集权制”，不少重大政策的决定是由叶利钦个人做出，因此，往往带有叶利钦独裁的性质。[①] 虽然在转型初期的特定条件下，“总统集权制”有其积极作用，如能较快结束俄罗斯“双重政权”局面，总统在稳定政局中有着极为重要的影响。但“总统集权制”也有明显的负面效应，难以使政府和议会充分发挥作用，严重影响三权分立体制的实施，容易出现决策失误，这也是导致俄罗斯政局不稳定的一个重要因素。[②] 二是政党政治很不成熟，政党过多，1999 年 12 月俄议会选举获准登记的党派就有 26 个。在议会占多数的党派无权组阁，政党的作用受到制约。这样，使政党在决定国家重大方针政策方面难以发挥作用。三是俄公民在实现自己民主权利方面还存在不少问题，很多民主权利尚难享用。

从经济转型来看，通过激进的改革方式，俄罗斯很快就冲垮了传统的计划经济体制模式，到 1996 年已形成了市场经济体制的框架，主要表现在：

1. 通过私有化，打破了国家对经济的垄断，形成了私营、个体、集体、合资、股份制与国有经济多种经济成分并存的多元化格局

俄罗斯的一些政要还认为，通过私有化较顺利地实现了其政治目标：一是铲除了社会主义的计划经济体制的经济基础，使经济体制转型朝向市场经济体制模式变得不可逆转；二是培育与形成一个广泛的私有者与企业家阶层，成为新社会制度基础的政治保证。1996 年视为在俄罗斯形成市场经济框架，其主要标志是，1996 年俄罗斯以转让国有资产为主要内容的大规模的产权私有化已基本结束。私有化企业在俄罗斯企业总数中的比重与其生产的产值占全俄罗斯 GDP 的比重分别约为 60%与 70%。

2. 按西方国家模式，构建适应市场经济要求的宏观调控体制

在银行体制方面，俄罗斯建立了以中央银行为主体、商业银行与多种金融机构并存的二级银行体制。通过立法，明确了中央银行的独立地位，实行利率市场化。

在财税体制方面，俄罗斯通过改革使国家财政向社会共同财政转化，缩小财

---

① 叶利钦的独裁与斯大林时期的独裁有着很大区别，前者更多的是着眼为了控制各种权力机关，不是针对广大民众，尽量给予民众民主自由；后者是对所有不同政见者加以镇压，直至在肉体上加以消灭。

② 叶利钦在 8 年里，撤换了 7 个总理，9 个财长，6 个内务部长和 3 个外交部长。

政范围。财政职能转变的重点是两个：一是财政作为政府行为不再直接干预企业的生产经营活动，主要是解决市场不能满足的一些社会公共需要；二是由于在市场经济条件下，国家调控宏观经济的方式由以直接行政方法为主转向间接经济方法为主，因此，要强化财政对宏观经济的调控作用。通过实行分税制，在联邦预算中建立转移支付项目。联邦、联邦主体和地方三级税收体制基本上已建立。

在外汇管理方面，由一开始实行的自由化转向实行有管理的浮动汇率制度。

3. 确立了社会保障体制改革的方向

俄罗斯在这一领域的改革是朝以下方向进行的：一是逐步放弃国家包揽一切的做法，实现社会保障的资金来源多元化；二是在处理社会公平与效率的相互关系问题上，重点由过去的公平而忽视效率转向效率兼顾公平。

4. 在建设经济法规方面也取得了一定的进展，制定了大量的法规

但应看到，叶利钦时期形成的市场经济框架，是极其不成熟的。由于俄罗斯市场是在苏联经济的行政命令体制崩溃过程中产生的，产生于强大的国家体制削弱与瓦解过程中，国家调节市场的能力很差，加上在市场形成过程中，充满着政治斗争，这使得市场经济运作中出现无序、混乱、经济犯罪和影子经济。

叶利钦时期的经济体制转型，并没有使俄罗斯摆脱经济困境，而是给人民生活带来了很大困难，为此，叶利钦在辞职讲话中，“恳请大家原谅”。他说：“我苦思该采取何种举措来确保国人生活得安逸，哪怕是改善一些。在总统任期内，我再没有比这更重要的施政目标了。”

从1992年至1999年的8年中，俄罗斯GDP累计下降40%。很明显，俄罗斯经济转型，从制度建设来看，取得了一定进展；但从经济发展来看，转型是不成功的。叶利钦时期的经济转型，不仅没有达到振兴经济的目标，而且使经济出现了严重的转型危机。对此，俄罗斯学者博戈莫洛夫说，在叶利钦时期的转型，“在政治方面，这个时代推动了我们前进，但是，在经济方面，我们走的是一条通向灾难的道路”。[①]

---

① （俄罗斯）O. T. 博戈莫洛夫著，张驰译：《俄罗斯的过渡年代》，辽宁大学出版社2002年版，第113—114页。

二、普京执政时期通过实行修补与整治等政策，使三权分立的宪政制度完善，使混乱无序的市场转向有序

2004年，普京在其连任后第一次发表的总统国情咨文中说，从20世纪90年代初起，俄罗斯在发展中走过了几个阶段。第一阶段是打破过去的经济体系，习惯的生活方式也随之被打破，出现了尖锐的政治和社会冲突，社会经历了严重困难。而第二阶段是清除旧建筑坍塌的废墟，同时成功地制止了最危险的经济和政治发展趋势。普京认为，在不久前才开始走向发展现代化俄罗斯国家的第三阶段。在这个阶段俄罗斯才有可能高速发展，有可能解决大规模的社会问题，才有了足够的经验和必要的手段，可以为自己提出真正长期的目标。显然，俄罗斯发展的第一阶段系指叶利钦执政时期，第二阶段系指普京总统的第一任期，而第三阶段系指起始于普京当选第二任总统。普京把他第一任期即俄罗斯发展第二阶段的主要政绩，简要地归结为成功地制止最危险的经济和政治发展趋势。

可以认为，普京时期与后普京时期，他的治国思想，是他1999年年底发表的《千年之交的俄罗斯》纲领性文章中提出的“俄罗斯思想”[①]。它包含的内容是：(1)“爱国主义”，即对“自己的祖国、自己的历史和成就而产生的自豪感”，也是为建设强大国家的一种“心愿”；(2)“强国意识”，强调俄罗斯过去与将来都是“强大的国家”，这“决定着俄罗斯人的思想倾向和国家的政策”；(3)“国家观念”，即认为拥有强大权力的国家“是秩序的源头和保障，是任何变革的倡导者和主要推动力”；(4)“社会团结”，强调俄罗斯人向来重视“集体活动”，“习惯于借助国家和社会的帮助和支持”来“改善自己的状况”。十分明显，“俄罗斯思想”实质上是带有浓厚俄罗斯民族主义色彩的爱国主义，其核心是“国家”的观念，即突出国家的地位与作用，恢复俄罗斯的大国和强国地位。关于这一点，普京在2000年7月8日向俄罗斯联邦会提交的总统国情咨文中说得更加明确。他说：“俄罗斯唯一的选择是选择做强国，做强大而自信的国家，做一个不反对国际社会，不反对别的强国，而是与其共存的强国。”[②] 普京认为，为了使俄罗斯成为强国，“需要有一个强有力的国家政权体系。历史已雄辩地证明，

---

① 关于“俄罗斯思想”基本内容的论述，详见《普京文集：文章和讲话选集》，中国社会科学出版社2002年版，第7—10页。

② 同上，第77页。

任何专制和独裁都是短暂的，只有民主制度才能长久不衰。尽管民主制度也存在着种种不足，但人类还没有想出比这更好的制度。在俄罗斯建立强大的国家政权，即是指建立一个民主、法制、有行为能力的联邦国家"[①]。

可以说，在普京时期，他治国基本原则与政策体现俄罗斯思想。普京在2004年5月26日发表的总统国情咨文中明确地说："我们政策的基本原则不会发生任何改变。""彻底改变经济政策，对外交政策全面修正，所有偏离历经磨难的俄罗斯所选择的历史道路的做法只会带来不可逆转的灾难。必须坚决杜绝这些行为。"在普京时期，从俄罗斯国内政策的总趋向来看，所推行的改革政策与措施，都是围绕加速发展经济与加强中央权力这两个轴心来进行。

1. 政治上的集权化

普京执政后，为了建立一个强有力的国家政权体系，强化国家权威，政治上的中央集权化不断加强。主要是因为在叶利钦时期存在一系列严重的社会经济问题：腐败盛行，贪污腐败和团伙犯罪已经达到创纪录的地步。普京认为，产生这些弊病的根源是国家的软弱无力。因此，普京在政治领域的整治政策是，加强国家权力机关的权威，增强中央的集权。这也是普京每次讲话反复强调国家作用的基本原因。他在2001年发表的国情咨文中讲：巩固国家是战略任务。通过加强所有机构和各级权力机构来巩固国家。不解决这个关键问题，俄罗斯就无法在经济和社会领域取得成就。[②]

普京为建立强有力的国家，提出的方针是，坚持整顿权力机构的秩序，并逐步实现国家现代化。这方面的主要任务是：完善政治制度；实际改善联邦主体的条件和建立发展俄罗斯的法律保障。

从普京执政8年的情况来看，在国家权力的整顿与建设方面取得了不少进展：调整了中央与地方的关系，强化了联邦中央的权威，加强了对地方的控制；加强了对新闻媒体的控制与引导，2001年4月26日俄国家杜马通过了《新闻媒体法修正案》；推进政党制度建设，2001年已通过《政党法》；采取措施排除寡头对政治的干扰；加快司法改革，加强对腐败的打击力度；下决心加快行政机构的改革，目的是消除官僚主义、官员腐败和管理低效对社会经济发展的阻碍作

① 《普京文集：文章和讲话选集》，第10—11页。

② 同上，第271页。

用。普京在2002年4月18日发表的总统国情咨文中特别强调：执行权力机关的分支机构，仍然是集中的国民经济部门的指挥部，各部还在继续做出努力，使企业和组织在财政和行政方面服从于自己。由于限制经济自由发展的结果，“人们都在用贿赂来克服种种行政障碍。障碍越大，贿赂数额就越大，收受贿赂的人的级别就越高”①。普京还透露，在俄罗斯电视征询的近50万居民的意见中，有3/4的人控告的是行政管理部门的肆意妄为。

普京在2004年3月15日凌晨当选连任后，同媒体见面时就强调：“我们要建立这样一种制度，以使任何官员也不能以国家利益为掩饰中饱私囊”。“对俄罗斯这样一个复杂、处于发展转折关头的国家，没有最高国家权力和管理机关是不可想象的。这将导致混乱。所有的人都将受害。这是不能允许的。”普京连任后，在谈到改革时，一再强调最首要的任务是进行强有力的行政改革，并且很快着手进行，对政府进行大改组，政府内阁成员由30个精简为17个，政府副总理由原来的4人减为1人。行政改革的目标不仅仅是为了从制度上来强化打击官僚腐败与提高管理效益，而且也是为了保证经济稳定发展与经济转型的顺利推进。十分清楚，任何一项经济转型政策（哪怕是非常完善的政策）要取得效益，如果遇到行政体制的严重阻碍，那亦是不可能的。另外，在别斯兰人质事件后所进行的联邦主体领导人选举制度的改革，也是加强俄罗斯国家政权垂直领导的又一项重要举措，它将进一步加强中央政府的控制能力。

可以认为，普京执政时期推行的基本政策是，在不改变俄罗斯宪法的情况下建立能够发挥作用的、符合俄罗斯国情的和有效的民主（也有人称为“可控的民主”或“主权民主”）。俄罗斯转型的大方向即政治民主化与经济市场化不会改变。但，同时要指出的是，普京时期更多强调集权，具有较浓厚的威权主义色彩。

2. 经济上坚持市场化的改革方向

可以说，普京在经济转型方面强调的战略是，通过政治上建立强有力的国家政权体系与加强中央权力，保证俄罗斯实现市场经济的改革。1999年11月普京就明确地说：“我相信，只有市场经济能让我们实现目标。政府必须把市场经济

---

① 《普京文集：文章和讲话选集》，第607页。

改革一直进行下去，直至市场经济能够全面运作时为止。”[①] 2000 年 1 月 18 日，普京在新一届杜马的讲话也表示了俄罗斯将广泛实施以市场为导向的经济，他敦促国家杜马批准久拖未决的土地私有化。同时，普京强调，这种市场经济不是像叶利钦时期那样的野蛮的资本主义市场经济，而是文明的、建立在法律与平等竞争基础上的市场经济，这也是一种符合市场经济一般原则要求的“自由经济”。普京认为，在保持强有力的中央政治控制下推行“自由经济”，对推动市场经济的改革与经济发展可取得最佳效果。

这里要指出的是，有关实行“自由经济”的改革与发展方针，是普京反复强调的一个基本观点。他在 2000 年的总统国情咨文中说：“我们极为重要的任务是学会利用国家工具保证各种自由：个人自由、经营自由、发展公民社会机构的自由。”“我们的战略方针是：减少行政干预，增加经营自由——生产、买卖和投资的自由。”[②] 2000 年 7 月在对《消息报》记者谈话时又强调：“应该保护经济自由”。[③] 2001 年 7 月在一次记者招待会上讲：“我们明白俄罗斯努力方向是什么，即追求经济的自由化，杜绝国家对经济的没有根据的干预。我要说明一点：只是杜绝没有根据的干预，不是完全取消国家的调节职能，而是要杜绝没有根据的干预。”他还接着说，在经济领域，始终不渝地反对经济官僚化，主张经济自由化。[④] 在 2001 年 10 月的一次讲话中指出：“我们主张经济制度的自由化。”[⑤] 可以说，经济自由化或自由经济，是普京的一贯思想，至今并没有发生实质性变化。

普京为了实现其“自由经济”的改革方针，针对叶利钦时期存在的问题，特别强调以下几点：

第一，加强国家对经济的调控。这一点，普京在其《千年之交的俄罗斯》一文中指出：“俄罗斯必须在经济和社会领域建立完整的国家调控体系。这并不是说要重新实行指令性计划和管理体系，让无所不包的国家从上至下为每个企业制定出工作细则，而是让俄罗斯国家成为国家经济和社会力量的有效协调员，使它

---

① 转引自《开放导报》2002 年第 7 期。

② 《普京文集：文章和讲话选集》，第 81、86 页。

③ 同上，第 102 页。

④ 同上，第 373、382 页。

⑤ 同上，第 446 页。

们的利益保持平衡，确立社会发展最佳目标和合理参数，为达到这一目的创造条件和建立各种机制。”他还强调：“在确定国家调控体系的规模和机制时，我们应遵循这一个原则：‘需要国家调控的地方，就要有国家调控；需要自由的地方，就要有自由’。”①

第二，在经济转型的方法上，今后“只能采用渐进的、逐步的和审慎的方法实施”，切忌90年代机械搬用西方经验的错误做法，强调俄罗斯必须寻觅符合本国国情的改革之路。

第三，重视社会政策。普京强调：“对俄罗斯来说，任何会造成人民生活条件恶化的改革与措施基本上已无立足之地。”因为，俄罗斯国内出现了十分普遍的贫困现象。1998年年初世界人均年收入大约为5000美元，而俄罗斯只有2200美元，1998年金融危机之后，这一指标更低了。普京还指出：俄罗斯人民生活水平大幅度下降，是个尖锐的社会问题，政府应制定新的收入政策，新政策的目的是在增加居民实际收入的基础上确保居民的富裕程度稳步提高。这几年多来，普京十分重视职工工资与退休人员养老金的提高。

第四，反对重新国有化。

第五，要有经济发展战略。过去没有切实可行的长期的经济发展战略，对此，普京强调，为了使俄罗斯有信心走出危机，走向振兴之路，增强国内凝聚力，需要制定经济发展战略。

普京执政8年，俄罗斯各领域中的消极因素日益得到抑制，政治秩序混乱、无序状态有了根本性的好转，加上多年来经济发展保持了良好的态势，人民生活水平有较大改善，8年间俄罗斯国内生产总值增长了70%，年均增长率为6.9%，居民实际收入增加了1倍。

三、“梅普组合”后俄罗斯向国家现代化方向转型

2008年5月7日梅德韦杰夫正式成为俄罗斯第三任总统，8日普京被俄国家杜马批准为政府总理。这样，“梅普政权”正式形成。

国内外舆论认为，梅普结合将会更加重视经济的发展。俄罗斯学者指出：“梅德韦杰夫和普京联手意味着现政府开始的改革进程会继续下去。这也是将会

---

① 《普京文集：文章和讲话选集》，第13页。

更加重视经济问题的一个重要信号。”[①] 为了使普京执政时期的经济政策继续下去，加快经济与社会的发展，普京在其离任前的2008年2月8日在俄罗斯国务委员会扩大会议上作了题为《关于俄罗斯到2020年前的发展战略》（以下简称《发展战略》）的讲话。可以说，这为俄罗斯今后12年经济社会的发展规定了大的框架。该《发展战略》基本政策是：

1. 从战略目标层面来讲，与普京一上台就提出的和执政8年期间推行的富民强国战略是一致的。普京在讲话中集中论述了今后12年俄罗斯经济社会发展战略和与此相关的重要政策，其基本点仍是加快经济发展，提高经济效益，尽快提高人民物质文化生活水平。

2. 从政策层面上讲，这次《发展战略》与普京执政8年期间相比，更加突出以下几个相关联的问题：

（1）经济实行创新型发展。普京强调，这是俄罗斯“唯一的选择”，“创新发展的速度必须从根本上超过我们今天所有的速度”。[②]

（2）增加人力资本投入。普京讲：“要过渡到创新发展道路上去，首先就要大规模地对人的资本进行投资。”[③]“俄罗斯的未来，我们的成就都取决于人的教育和身体素质，取决于人对自我完善的追求，取决于人发挥自己的素养和才能。”“因此，发展国家教育体系就成了进行全球竞争的一个要素，也是最重要的生活价值之一。”[④] 为此，俄罗斯计划用于教育与医疗卫生的预算支出占GDP的比重分别由2006年的4.6%、3%增加到2020年的5.5%—6%、6.5%—7%。同时，普京强调科研的重要性，要为科研活动创造良好的环境。另外要着力解决住房问题，提高医疗卫生水平。

（3）积极发展高新技术，因为这是“知识经济”的领航员。普京认为，俄罗斯今后重点发展的高科技主要是：航空航天领域，造船业和能源动力领域，还有发展信息、医疗和其他高新技术领域。

（4）调整经济结构。普京说，尽管最近几年俄罗斯取得了一些成绩，但经济

---

① （俄罗斯）《观点报》2007年12月17日。

② 《普京文集：文章和讲话选集》，第677页。

③ 同上。

④ 同上，第678页。

并未摆脱惯性地依赖于能源原料的发展版本。俄罗斯也只是局部地在抓住经济的现代化。这种状况将不可避免地导致俄罗斯不断依赖于商品和技术的进口，导致俄罗斯担当世界经济原料附庸国的角色，从而在将来使俄罗斯落后于世界主导经济体，把俄罗斯从世界领头人的行列中挤出去。①

3. 从推行经济发展与改革层面来讲，朝着经济更加自由化的方向发展。不论西方还是俄罗斯国内，普遍认为，2008 年 2 月 8 日的讲话，“这是普京近年来自由主义色彩最浓的一次讲演，其社会领域的主张更加温和”。他的战略“重点是发展有竞争的市场经济、强大的国家和负责任的社会政策”。②

以上我们从经济社会发展的几个层面，分析了普京提出的俄罗斯到 2020 年的发展战略。这是俄罗斯今后 12 年发展的综合计划，也是普京政府要推行的基本经济社会发展政策。

应该说，梅普两人的发展战略目标是一致的，都要实行富民强国战略，保持政局稳定，加速经济发展，提高人民生活水平，强化市场化改革方向。梅德韦杰夫一再强调，将沿着普京的路线走下去，要继续执行普京执政时期的政策。

但随着时间的发展，梅德韦杰夫的治国理念逐步与普京出现某些分歧。现在看来，产生分歧的根本原因在于不同的价值观，并以此反映出不同的治国理念与发展道路，普京坚持带有威权特征的、中央集权的、强人治国的理念，在此条件下推行以政府主导的市场经济模式；而梅德韦杰夫坚持以民主与自由价值观为基础，推行国家全面民主化的基本政策，以此为出发点，强调实行不断弱化国家对经济干预的自由市场经济模式。2011 年 6 月 20 日梅德韦杰夫在接受英国《金融时报》采访时，谈到与普京之间产生不同看法原因时指出：“可以坦率地说，总统作为国家最高职务，会极大地改变你的人生观，否则你将无法工作。”

2008 年 5 月 7 日，梅德韦杰夫在宣誓就职的演讲中说：“人权和自由在我们的社会被认为是最高的价值，正是这两点决定着所有国家活动的意义和内容。”他认为，“自己的最重要任务是继续发展公民自由，为自由和有责任感的公民实现自我价值和国家繁荣创造宽泛的条件。”据可信的说法，梅德韦杰夫的就职演

---

① 《普京文集：文章和讲话选集》，第 676—677 页。

② 参见俄罗斯政治评论网 2 月 11 日刊登的政治艺术中心分析部主任塔季扬娜·斯坦诺瓦娅题为《集体普京的“集体计划”》一文。

说是由他本人撰写的。2008年11月5日，梅德韦杰夫所作的首个总统国情咨文中，又特别强调指出，宪法所保障的个人自由和民主体制的成熟程度是俄罗斯今后发展的源泉。他还说，通过宪法来扩大经济与商业自由，形成中产阶级、发展中小企业与建立创新经济。

从经济社会发展思想来看，梅德韦杰夫主张更自由化一些。

俄罗斯经历了20年的转型，民主政治有了进展。在梅德韦杰夫看来，俄罗斯虽已经是个民主国家，存在着民主，但这种民主是年轻的、不成熟的、不完善的，还处于民主发展道路上的起点，因此，俄罗斯在这方面还有很多事情要做。

2009年11月，俄罗斯总统梅德韦杰夫提出的国情咨文报告，正式提出俄罗斯将以实现现代化作为国家未来十年的任务与目标。他提出的现代化是“需要全方位的现代化”的概念。梅德韦杰夫说：“我们将建立智慧型经济以替代原始的原料经济，这种经济将制造独一无二的知识、新的产品和技术，以及有用的人才。我们将创造一个有智慧的、自由的和负责的人们组成的社会，以取代领袖思考决定一切的宗法式社会。”就是说，21世纪俄罗斯现代化将以民主与自由的价值观和体制为基础。

2009年9月10日，梅德韦杰夫在俄罗斯报纸网发表长篇文章，概述了他对俄罗斯未来十年的看法。他在文章中说：“效率低下的经济、半苏联式的社会领域、脆弱的民主、人口负增长的趋势以及动荡的高加索，这些即使对俄罗斯这样的大国来说都是非常严重的问题。”普遍认为，梅德韦杰夫的文章，对俄罗斯的现状做出了精确的“诊断”，并明确了未来的发展方向。

梅普都主张国家现代化，但由于持不同的价值观，因此存在不同的理解。

第一，有关国家现代化的含义与目标不同。梅德韦杰夫的现代化包括经济、政治、社会等领域的国家全面现代化，特别强调政治现代化，加速推进民主化的进程，而普京主要强调经济现代化。

第二，虽然梅普都认为现代化的目标是富民强国，但含义不同。在梅德韦杰夫看来，“富民”应包括富裕的俄罗斯公民感觉到自己生活在民主国家里并享受有充分的自由；而“强国”的含义应包括一个强大的俄罗斯，它的民主与自由应得到国际社会的公认。而普京的富民强国纲领主要着眼于经济。

第三，2010年9月9日至10日，在举办的俄罗斯雅罗斯拉夫尔国际论坛上，梅德韦杰夫在与国际著名政治学者进行的对话（以下简称《对话》）中强调，不论经济层面还是政治层面，要实现国家现代化，只有靠自由的人，那些感觉自己是自由的人，才能从事现代化建设。如果一个人畏首畏尾，束手束脚，怕国家，怕司法机关，怕竞争对手，怕生活，就不可能去搞现代化。只有自由的人才能做这件事。普京则更多从国家政策与技术层面来谈现代化如何实现的问题。

第四，梅德韦杰夫虽然也认为现代化的进程要视客观条件而定，但他总的来说主张加快推进现代化进程。他在《对话》中说，政府以及我本人的任务，就是要加强现代化运动，我们确实不能原地踏步了。而普京则强调渐进地逐步推行，一再反对跳跃式的实行现代化。与此相关，梅德韦杰夫在2010年11月24日的一次讲话中表示："在某种程度上，我们的政治生活开始出现停滞不前的症状。"而普京在同年的1月22日一次讲话中说：俄罗斯的政治体制改革需要"特别谨慎"。

国家现代化一个重要内容是经济现代化，在俄罗斯转型20年期间，它的粗放经济增长方式并未发生实质性变化。梅德韦杰夫总统在《前进，俄罗斯!》一文中指出："我们大部分企业的能源有效利用率和劳动生产率低得可耻。这还不是很糟糕。最糟糕的是，企业经理、工程师和官员们对这些问题漠不关心。"

至于经济发展模式，俄罗斯独立以来一直在努力从资源出口型向以高新技术、人力资本为基础的创新型经济发展模式转变，但并未取得多大进展，梅德韦杰夫总统在上面提到的那篇文章中指出："20年激烈的改革也没有让我们的国家从熟悉的原料依赖中摆脱出来。""简单地依靠原料出口来换取成品的习惯导致了经济长期的落后。"他还提出了一个严肃的问题："我们应不应该把初级的原材料经济……带到我们的未来?"目前，俄罗斯能源等原材料出口占出口总额的80%左右，高科技产品出口不仅数量少，而且逐年下降。

俄罗斯经济现代化主要问题是要着力解决由资源型向创新型转变。

梅德韦杰夫任总统后，更加强调俄罗斯经济由资源型向创新型转变的迫切性。他在《前进，俄罗斯!》一文中说："除了少数例外，我们的民族企业没有创新，不能为人们提供必需的物质产品和技术。他们进行买卖的，不是自己生产的，而是天然原料或者进口商品。俄罗斯生产的产品，目前大部分都属于竞争力非常低的产品。"俄罗斯"依靠石油天然气是不可能占据领先地位的"。"再经过数十年，俄罗斯应该成为一个富强的国家，她的富强靠的不是原料，而是智力资源，靠的是用独特的知识创造的'聪明的'经济，靠的是最新技术和创新产品的出口。”为此，梅德韦杰夫提出，今后一个时期要在高效节能技术、核子技术、航天技术、医学技术与战略信息技术五个战略方向展开工作，并在莫斯科近郊科尔科沃建立类似“美国硅谷”那样的高科技园区，被称为俄版“硅谷”。

实现上述转变的必要性十分明显，但将是一个缓慢的过程。至于俄罗斯今后的转型任务，2011 年 12 月 22 日梅德韦杰夫发表的最后一次总统国情咨文中指出了以下倡议：司法改革、教育与医疗改革、军队现代化、反腐败、权力非集中化、对家庭与儿童提供帮助等等。

四、发展前景

1. 政局走势

2011 年 9 月 24 日，俄罗斯总统梅德韦杰夫在执政党统一俄罗斯党年会上，提议普京总理明年 3 月的总统选举，这个提议得到了普京积极响应，并表示他如当选，梅德韦杰夫将任总理，而梅亦接受普京的提议，表示愿意继续在政府工作，这样就会出现“王车易位”新的俄罗斯格局，即由“梅普组合”转为“普梅组合”。总的来说，这个转换将是平稳的。但要指出的是，在这变局中如何认识梅德韦杰夫的作用，他治国理念、价值观对今后的俄罗斯有何影响，是值得关注的。

第一，考虑到梅普之间的分歧，是在不同价值观基础上产生的不同治国理念，因此，随着 2012 年 3 月总统大选后，即使在形成“普梅组合”的条件下，他俩之间在治国理念上也是存在差异的，因此，这在今后推行重大治国政策过程中，还可能出现某些摩擦与矛盾，但这些不会影响大的政局稳定，因为普梅两人都会顾及俄罗斯稳定的大局，在圆俄罗斯强国梦这个大目标是一致的。关于这一点，也反映在梅德韦杰夫的“告别咨文”中，该咨文的重要特点之一是梅德韦杰夫一方面与普京略微保持距离，另一方面又不想与之对抗。

第二，普京当选后，仍将按照他原来的治国理念推行国内外各种政策。但应看到，在梅德韦杰夫不能连任的情况下，不能低估他的价值观对俄罗斯今后发展道路的影响。梅德韦杰夫民主与自由的价值观，在俄罗斯是得到相当一部分人士认同与支持的，有其一定的市场。这种情况，不可能对俄罗斯今后经济社会的发展不产生影响。因此，普京在推行政治、经济与社会政策时不能不考虑梅德韦杰夫的治国理念与价值观，如在集权、主权民主、国家对经济调控等方面更富有弹性。

2. 经济态势

根据俄罗斯的有关规划，其目标是2020年前俄罗斯经济总量要达到世界前五位。从金融危机后普京发表的言论看，他基本上坚持上述构想，他在2011年4月20日的一次讲话中说，到2020年，俄罗斯将进入世界五大经济体行列，届时人均GDP可达到3.5万美元。

在2009年俄罗斯公布的2008年制定的《到2030年前俄罗斯能源战略》文件中，从今后俄罗斯能源发展的种种不同条件对经济长期发展作了预测，提出了三种方案（见下表）。

俄罗斯GDP2011—2030年年均增长率

单位：%

方案	2011—2015年	2016—2020年	2021—2025年	2026—2030年
1	6.3	6.4	5.6	4.8
2	6.8	6.9	6.0	5.2
3	6.1	6.2	5.3	4.4

资料来源：根据《到2030年前俄罗斯能源战略》编制。

根据上述经济发展的预测，俄罗斯经济在世界经济总量中占的份额将不断提高，由2006年的2.6%，分别提高到2015年的3.3%、2020年的4.3%和2030年的5%。俄罗斯人均GDP到2015年将为2005年的2倍，2020年为3倍、2030年为4.5倍，人均GDP可达到3.5万美元。

2001年2月上旬，俄罗斯经济发展部向政府提交了2030年前俄罗斯经济发展预测草案。文件提出两种方案：创新型与能源原料型。两者的原则区别在于国家财政政策：是增加政府投资还是减少预算赤字，换言之，是搞赤字预算还是搞预算平衡。据有关信息，普京与前财长库德林主张实行平衡预算的政策，而俄罗斯经济发展部一些人则主张实行赤字预算，理由是根据俄罗斯经济现实，同时要保证经济现代化的投资与零赤字是不可能的。

2011年12月15日，普京在参加一年一度电视直播节目回答问题时指出，倘若他再当选总统，他的主要任务有三项：一是巩固政治体制，不会被“外部坏蛋”所动摇，其主要途径是扩大民主基础，使公民感到自己与政权的关系，增强对政权的信任；二是完成经济转型，让创新深入到每个人的大脑，成为俄罗斯总体政策的一部分；三是发展社会领域，这是为了不让任何人觉得自己被国家遗忘。

中亚国家的转型

作为原苏联各加盟共和国的中亚各国，从转型大方向来说，与俄罗斯是类同的。但由于经济、政治、文化发展水平不同，中亚国家的转型存在一些特点，特别在政治转型方面，从整体上说，更具有威权主义的色彩，或者说处于威权主义政治阶段，表现为强总统、弱议会、小政府的权力结构安排，领袖人物在国家政治生活中处于核心地位，政党作用有限，反对派受到排挤和压制，大众传媒被政府严格控制，民众法制观念相对淡薄、社会相对封闭等等，都没有发生根本性的变化。对于外界来说，印象更深的是，中亚各国总统利用军队、警察等国家机器，借用全民公决修改宪法、民主选举、人事调整等办法，不断强化自身的权力。

不过，也要看到，为了适应内外形势的变化和巩固政权安全，中亚国家的领导人自上而下采取了一系列改革的措施，在政治民主化方面逐步表现出探索、开放、柔性和理智的一面。这表现在：

1. 随着中亚国家社会经济的发展，特别是互联网在中亚的普及，以及各种外部因素的渗透和影响，中亚国家的政治精英、反对派和大众（尤其是年轻人）政治参与的积极性不断提高，开始通过各种渠道谨慎地表达自身的政治理念和政治诉求。

2. 在内外压力下，中亚国家的当权者在内政上实施了低限度改革，适当提高民众的政治权利，在外交上采取接触和开放的姿态，逐步提高内政的透明度，在内外政策上表现出一定程度的柔性和理智，对于国家的政治民主化和现代化具有启蒙性意义。例如，2010 年哈萨克斯坦降低了政党进入议会的门槛，允许选票居次位的政党即使没能获得议会代表必需的 7%选票也可以在议会中获得席位。哈萨克斯坦总统纳扎尔巴耶夫在 2010 年国情咨文中指出，“哈萨克斯坦将始终坚持实行政治现代化，以巩固各项经济计划取得的成果。其中，法制改革将发挥重要作用”。

总的来说，中亚国家的政治转型具有如下特点：

1. 继承性。苏联时期的精英阶层、官僚制度、行政管理体系、社会关系和思维方式在中亚国家独立后没有被破坏，而是改头换面保留了下来。苏联时期处于权力巅峰的官僚利用旧的权威和新推行的选举方式获得政治权力，成为新独立国家的领导人。他们过往的资源、经验和威信，以及他们的执政能力，使得他们能够长期掌控国家政治。当权者通过大规模的私有化换掉苏联时期国有企业的经理，代之以新生代寡头，从而实现了与寡头之间的互利共赢关系。因此，今天的中亚政治生活仍然可以看到苏联时期的影子。

2. 与建国并行，难度大，求稳优于求变。中亚国家的政治体制构建是在国家构建的大背景下开展的，因此在建制的整个过程中都遇到了很多困难。中亚五国独立后都遇到了社会秩序混乱、经济危机、社会问题层出不穷、非传统安全威胁（特别是宗教极端主义、恐怖主义、毒品和武器走私）、大国干涉等问题，这使得国家的生存成为政府的第一要务。政府在政治体制改革的问题上追求服务于国家稳定，特别是政权稳定的目标，因此，政治体制的发展凸显谨慎和保守的一面。这也反映出中亚国家对于稳定的理解更倾向于不变化，而不是发展的稳定。

3. 受外部影响大。对于年轻的中亚国家来说，欧美国家的现行政治体制具有持久的吸引力。这也是中亚国家在独立之初就选择民主发展方向并把三权分立原则写进宪法的重要原因。在实施威权政治的过程中，中亚国家遇到来自西方国家的巨大压力。中亚国家不排斥民主选举的方式和有限的政治改革，但改革不能威胁到政权的稳定。吉尔吉斯斯坦之所以选择议会制道路，一定程度上也是受到西方民主政治制度影响的缘故。不过，考虑到俄罗斯在中亚具有根深蒂固的影响以及俄罗斯与中亚在历史与现实方面的紧密联系，短期内俄罗斯的政治发展模式对于中亚国家具有较强的示范效应。

4. 中亚国家的政治体制受到传统文化的影响，因而具有了中亚特色。中亚五国在历史上从来都没有建立过现代意义的独立国家，也缺乏民主的传统。中亚地区传统文化中的威权崇拜、家族、部落、血缘、地域和宗教在中亚国家的政治生活中发挥着重要作用。因此，有学者把中亚国家的政治与“可汗”、“部落”和“伊斯兰因素”联系起来。总的来说，中亚国家的政治发展较俄罗斯更加原始、传统和保守。

5. 中亚国家政治体制的弹性和容量有限。一旦体制的某个环节或者基础发生问题，有可能导致整个体制的崩塌。另外，长期搞威权政治使国家稳定系于强人一身，缺乏制度保障。在威权政治体制下，权力交接机制不透明，政治前景难料。

6. 差异性。一般而言，中亚国家的政治体制在集权的程度上有所不同。哈萨克斯坦和吉尔吉斯斯坦被公认为政治自由度较高的国家，反对派有较多的活动空间，媒体也相对自由。吉尔吉斯斯坦还被西方称为“民主的自由岛”。乌兹别克斯坦和土库曼斯坦被西方认为是民主记录最差的国家。乌兹别克斯坦的军队力量较强，警察数量较多，政府对媒体控制得比较严。土库曼斯坦国内对于总统的个人崇拜甚于乌兹别克斯坦。

中亚国家政治体制发展最大的成效在于，成功地维护了国家的主权独立、统一和领土完整。中亚国家独立之初，很多人都认为，这些国家彼此之间在领土、边界、水资源、民族等问题上存在严重的矛盾，国家内部面临部族分离、地区主义、伊斯兰极端主义威胁、苏联时期的经济联系被割断等问题，因此很可能在独立后即陷入分裂、动荡或者内战。事实上，除了塔吉克斯坦一度发生内战外，其他中亚国家均有效地克服了面临的困难，使国家建立了政治体制并不断完善，逐步摆脱了经济危机，建立并发展市场经济，打击宗教极端主义和恐怖主义，维护了本国的安全，开展了积极的多边外交，国际影响不断扩大。①

至于经济转型方向、政策，并不具有更多的特点，差异亦只是反映在转型方式或某个领域改革程度的不同。从国别来说，土库曼斯坦是中亚五国中经济转型最慢的国家，向私有化过渡最不彻底，涉及国家命脉的国有大型企业由国家掌管，亦没有实行价格自由化。

中东欧国家的转型

中东欧国家转型与俄罗斯等原苏联地区国家，除了在政治民主化与经济市场化相同外，另一个特点是欧洲化。

一、政治转型

国家政治转型的目标虽相同，但实现途径有差别，可分为平稳演进型和冲突裂变型。属于前一类的国家有波兰、匈牙利、捷克、斯洛伐克、罗马尼亚、保加

① 有关中亚国家政治转型的看法，引用了赵会荣为本书撰写的有关论述。

利亚、阿尔巴尼亚和斯洛文尼亚。在这些国家，政治转型相对比较平稳，只是在初期经历了短暂的政局动荡。竞争性民主作为一种政治设计被民众和主要政党广泛接受。活跃于政坛的主要政治力量是代表不同经济利益集团的政党，它们主要通过意识形态的不同和政治经济政策的差异来吸引选民，政党之间的关系也比较融洽。后一类是冲突裂变型，属于这类的国家有前南地区的塞尔维亚、黑山、克罗地亚、波黑和马其顿。在这些国家，政治转型一波三折，伴随着国家分裂和不同民族间的战争。政党政治也不成熟，尽管建立了多党制，但大多数政党都是民族主义政党，通过煽动民族主义情绪来获得民众的支持；政党关系也比较紧张，选举过程常伴随暴力，选举结束后各政党常常不能理性地接受选举结果和通过妥协组成联合政府，以致政府常常难产。

平稳演进型国家转型总体特征是民主化朝着接近西欧民主模式的方向发展。这些国家的政治转型大体经历了三个阶段。第一个阶段是政党政治重组阶段，其特点是右翼政党执政，多党林立，政党分化，政党关系紧张。第二个阶段是政党政治成熟阶段，其特点是中左、中右政党轮流执政，政党关系平和，形成左、中左、中右、右阵线分明的政党格局。第三个阶段是新民粹主义政党兴起阶段，其特点是中左、中右翼政党趋同并伴随着不同程度的式微，新民粹主义政党的兴起挑战了传统左右均衡的政坛格局。

与平稳演进型相比，冲突裂变型国家政治转型的总体特征是民主化转型过程中“本土化”、“民族化”特征明显，与西欧的民主模式有不同程度的差异。冲突裂变型国家的转型经历了两个阶段。第一阶段是分离与战乱阶段，其特点是民族分离主义导致南联邦解体，继而各民族和国家陷入战乱，冲突不断，各国实行的是形式上的多党制和实质上的激进民族主义政党一党执政。第二阶段是战后重建和发展阶段，其特点是国家间关系缓和，但仍有不稳定因素。各国的民主化进程取得实质性进展，多党竞争的选举机制形成，非民族主义政党或温和的民族主义政党上台执政，但激进的民族主义政党仍比较活跃。

无论是平稳演进型国家还是冲突裂变型国家，以多党竞争为主要内容的民主制度都已经扎根，获得了民众和主要政治团体的广泛认同，任何政党要想生存和发展必须遵守这个基本前提。但是，中东欧国家民主化的过程中仍有许多不确定的因素，稳中有变。近年来，在平稳演进型国家中，传统的中左、中右翼政党由于自身腐败，以及在如何平衡经济发展和社会公正问题上的困境，越来越不能唤起选民的政治热情。新民粹主义政党的迅速壮大正是中东欧国家政治发展出现危机的一个信号。在冲突裂变型国家，民族主义成为民主巩固的重要障碍，民族问题的激化可能再次引发动乱和战争，继而出现民主化的倒退。第二，民主化并不等于西化，民主制度需要与各国的具体国情相结合。任何不顾各国历史、文化传统和社会发展水平而强制移植一种模式的做法注定要造成诸多问题。中东欧剧变源于各国共产党不顾国情而整齐划一地移植了苏联模式，并在后来的实践中将探索符合本国国情的社会主义模式的改革视为异端邪说。前南地区剧变后出现的人道主义灾难和社会倒退，源于以民主的名义把民族主义无限放大。

总的看来，建立西方式民主制是中东欧各国政治转型的既定目标，但民主化并不是中东欧历史的终结，国情的多样性也蕴涵了中东欧民主模式多样性的可能。

二、经济转型

东欧剧变后中东欧国家面临的首要的问题是如何建立可行的经济体制，实现经济体制从中央计划经济向市场经济的过渡。一些国家在其经济改革纲领中开宗明义地指出经济转型的目标在于建立在发达国家经过考验的行之有效的市场经济体制。至于怎样建立有效的市场经济，早在东欧剧变之前的经济改革中曾出现过“目的论”与“发生论”之争，亦即激进改革与渐进改革的争论。现任捷克共和国总统克劳斯早在剧变之前就撰文分析了经济体制转轨的两种方式。一种是小步改革的方式，其优点在于可以避免付出较大的社会代价，缺点在于渐进的改革只会延续现存的结构危机。另外一种是“休克疗法”，许多经济学家认为长痛不如短痛，主张实行激进的改革，并提到了二战之后德国很快过渡到所谓的社会市场经济的成功范例。剧变之前一些东欧国家曾进行过不同程度的市场取向的经济改革，但经济改革战略基本上是渐进式的。唯一的例外是 1987 年波兰政府试图实行激进的价格改革，但由于该计划缺乏必要的社会支持，被全民公决所否决。东欧剧变以来“休克疗法”在该地区大获青睐，除匈牙利、罗马尼亚外，大部分中东欧国家都先后选择了“休克疗法”。

按照萨克斯的看法，东欧国家从中央计划经济向市场经济过渡的三个要素是宏观经济的稳定化、价格及国际贸易的自由化和国有经济的私有化，简称稳定化、自由化和私有化。同时，经济转型也是一个制度重建的过程。应运而生的市场经济需要指导经济交易乃至经济运行的新的机构、新的规范和新的法律，这涉及国家作用的重新界定。因此，经济转型是一个制度化的过程。因此，东欧经济转型包括四个要素：稳定化、自由化、私有化和制度化。

客观地说，中东欧国家经济转型取得了成效。但自2008年10月以来遭受了金融危机的严重冲击，一些学者称中东欧经济转型的整个进程是失败的。从中东欧转轨20多年的实际看，这一看法并不符合现实。尽管中东欧国家之间在经济转型进展上存在很大差异，中欧国家显然要领先于巴尔干国家，但是无论从经济体制看还是从转轨后的经济实绩看，中东欧国家都取得了不俗的成果。这体现在：一是中东欧经济转型最大的成就是彻底摆脱了运行不良的无效率的中央计划经济，建立了市场经济体制。二是居民生活水平有了提高。2008年按购买力平价计算的人均国内生产总值高于1991年至2000年的平均水平。2008年新欧洲（中东欧新成员国）的人均国内生产总值相对于西欧水平的近60%。三是劳动生产率得到了提高，尤其是欧盟新成员国劳动力的使用更有效率，其增长为内涵式的增长。四是缩短与西欧发达国家的经济差距，实现经济的赶超。从1997年至2007年绝大多数中东欧国家与欧盟15国的差距在缩小。五是福利改进。福利的改进并不仅仅体现在收入的提高上，如在转轨20年后，波兰人的平均收入比1989年高几乎80%。短缺经济的消失是转轨取得的重大成就。国家平均的幸福满足感都有所提高。

中东欧的经济转型也改变了中东欧在世界经济中的地位。中欧国家告别了封闭经济，走向开放经济，积极参与欧洲经济一体化和经济全球化进程。2007年4月国际货币基金组织世界经济前景资料库将斯洛文尼亚列入发达国家行列，2009年4月斯洛伐克和捷克也被列入发达国家行列。作为欧洲新兴市场的中东欧地区在国际经济中的地位得到提升。

中东欧国家经济转型取得了重大进展，一些中东欧国家在加入欧盟后自认为转轨已经结束，在外部约束减弱的条件下出现了“改革疲乏症”。虽然欧盟最近几年出现了“扩大疲乏症”，不再热心于欧盟的进一步扩大，但其他未入盟的中东欧国家为加入欧盟仍在进行艰苦的努力。2008年前10年中东欧经济的高速增长使中东欧决策者充满了乐观情绪，似乎经济的繁荣会持续下去。然而，从2008年下半年开始，中东欧经济感受到国际金融危机带来的阵阵寒意，强劲的经济开始走弱，本币大幅度贬值，股市大跌，房市走低融资成本大幅度提高。中东欧在总结20多年转轨与发展的经验教训，思考如何应对在转型和发展方面面临的挑战，筹划进一步的改革的机会。

三、欧洲化

中东欧国家清楚地认识到，想要避免陷入处在俄罗斯和西欧的夹缝之中的困境，那么就必须采取行动将自己与西方捆绑在一起，争取加入欧洲共同体（1993年11月，欧共体正式改称欧洲联盟）和北大西洋公约组织，以图“回归欧洲”，这成为中东欧国家的共同选择。中东欧国家的强烈要求以及它们推进政治经济转型、力求在社会制度和意识形态等方面与西欧趋同的举动，促使欧盟和北约逐步走出了最初的犹疑和观望，向中东欧敞开了大门。这样也就推动了中东欧国家欧洲化的进程。

现中东欧国家系指：波兰、匈牙利、捷克、斯洛伐克、斯洛文尼亚、爱沙尼亚、拉脱维亚、立陶宛、保加利亚、罗马尼亚、克罗地亚、马其顿、波黑、黑山、塞尔维亚和阿尔巴尼亚等16国。

中东欧国家先后成为欧盟成员国的有：波兰、匈牙利、捷克、斯洛伐克、斯洛文尼亚、爱沙尼亚、拉脱维亚、立陶宛、保加利亚与罗马尼亚。

成为欧盟候选国的有：克罗地亚、马其顿和塞尔维亚，其中克罗地亚2011年6月30日结束入盟谈判，并在2011年年底签署入盟条约。

与欧盟签署稳定与联系协定的国家有阿尔巴尼亚、波黑和黑山。

加入申根区的中东欧国家有：波兰、匈牙利、捷克、斯洛伐克、斯洛文尼亚、爱沙尼亚、拉脱维亚与立陶宛。

担任欧盟轮值主席国的中东欧国家有：2008年上半年斯洛文尼亚；2009年上半年捷克；2011年上半年匈牙利；2011年下半年波兰。

目前已有12个中东欧国家加入北约。它们是：波兰、匈牙利、捷克、爱沙尼亚、拉脱维亚、立陶宛、斯洛伐克、斯洛文尼亚、保加利亚、罗马尼亚、阿尔巴尼亚和克罗地亚。

以上情况说明，中东欧国家在政治、经济、军事等领域内已充分体现出了欧洲化。①

---

① 有关中东欧国家转型的看法，引用了孔田平、项佐涛为本书撰写的有关论述。

第一编

俄罗斯政治与社会

1. 俄罗斯缘何要独立？

庞大鹏

1991年苏联解体后，俄罗斯处在复杂的历史性过渡时期：一方面它要从一种社会制度过渡到另一种社会制度，另一方面又要从原来苏联境内的一个最大的行政区域过渡为一个新的独立国家。前者要求俄罗斯尽快从传统社会发展模式向新的模式过渡，后者要求俄罗斯积极探索适合国情的发展道路，完成国家构建，并更好地融入国际社会。那么，哪些因素促使俄罗斯走上了独立的道路？

民众心理要求民族独立："复兴俄罗斯"

从1987年8月23日波罗的海地区立陶宛、拉脱维亚、爱沙尼亚共和国首都发生反苏的民族主义集会和示威游行起，由这三个共和国主体民族带头掀起民族分离和独立运动，并通过了共和国主权宣言和独立宣言。随之其他共和国主体民族也纷起效尤，积极开展民族独立自主运动，谋求成为独立主权共和国。苏联领导人一方面背离列宁领导建立的苏维埃联邦制国家的基本原则，致使苏联演变成为中央高度集权的单一制国家，联邦制形同虚设，导致共和国离心倾向的增长；另一方面，在宪法形式上不加限制地承认民族自决权，长期保留加盟共和国自由退出联盟的权利，这为民族分离主义留下了口实。这场规模巨大的民族分离运动最终导致苏联解体。[①]

在苏联解体进程中，主张俄罗斯民族回到俄罗斯民族精神、民族文化本源去

① 陈联璧：《民族自决权新议》，《民族研究》2001年第6期。

的一批俄罗斯思想家、学者和宗教界上层人士提出以传统的俄罗斯文化和东正教思想“拯救俄罗斯”。叶利钦抓住民众情绪的走向，提出了“复兴俄罗斯”的口号，使他得到了“新兴的”民主力量和传统的民族主义力量的支持，在同戈尔巴乔夫的政治角逐中取得了胜利。“复兴俄罗斯”是个什么概念呢？就是使俄罗斯联邦在政治上、经济上获得彻底的独立，脱离各加盟共和国的羁绊，利用自己拥有强大的经济和文化上的实力以及丰富的资源，采用西方的一些行政管理和社会发展机制，把俄罗斯建设成富裕、强大的国家，让俄罗斯民族过上堪与西方国家媲美的富裕生活。①

“复兴俄罗斯”的民众情绪显然与苏联时期的民族政策有关。苏联长期片面执行列宁所提出的大民族要处于不平等地位，以补偿在生活中形成的事实上不平等的做法，导致了新的民族不平等。少数民族享受许多优惠政策，如在教育方面，少数民族地区确实得到了很大发展，但也引起了俄罗斯人的不满。据1990年的统计，在每千人中受过高等教育的人数：摩尔多瓦人是125，车臣人是151，乌克兰人是163，阿塞拜疆人是172，拉脱维亚人是182，吉尔吉斯人是188，俄罗斯人是190，亚美尼亚人是207，立陶宛人是208，爱沙尼亚人是213，哈萨克人是230，格鲁吉亚人是274，俄罗斯人的受教育水平并不高。在苏联解体过程中，俄罗斯的民族主义之所以迅速发展，并要求独立，一个重要原因是他们认为联盟并不代表其利益，一些俄罗斯人并没有把苏联看成是自己的民族国家，而且苏联强调“拉平”地区差距，搞“劫富济贫”，俄罗斯人觉得他们成了“奶牛”，认为自己长期帮助落后地区，处于不平等地位，导致俄罗斯民族主义兴起，他们要甩掉包袱。②

甚至在苏联解体后，还有许多俄罗斯族学者认为过去列宁和斯大林推行的是一条“反对俄罗斯人的方针政策”，因为他们不准许俄罗斯人建立自己的民族国家，而且肢解俄罗斯领土，把原先俄罗斯的许多土地分割给其他少数民族。有不少俄罗斯人认为过去苏联时期，俄罗斯充当了“大奶牛”的角色，其他少数民族，“靠吮吸奶汁养肥了自己”，而俄罗斯民族本身却深受其害。这些俄罗斯人竭力主张振兴大俄罗斯，甩掉其他落后的民族，利用俄罗斯的丰富自然资源、原有的经济、科学技术的优势，采用发达国家的管理方式和社会发展模式，把俄罗斯

---

① 薛衔天：《试论俄罗斯民族主义与苏联解体》，《东欧中亚研究》1996年第3期。
② 左凤荣：《苏联解体的“民族推手”》，《南风窗》2009年第19期。

建设成为世界一流的富强国家。[①]

所以，叶利钦赢得俄罗斯选民拥护的口号是“复兴俄罗斯”，它促使俄罗斯民族摆脱其他欠发达民族的拖累、发展本民族经济文化的民族主义情绪迅速喷发出来。在经济上俄罗斯人认为自己“吃了大亏”。俄罗斯联邦是苏联最大的加盟共和国，人口占1/2，土地面积占3/4，资源极其丰富，工农业发达。但它的大批金钱和物资支援了其他加盟共和国，结果，经济实力最强的俄罗斯的发展速度反而低于其他许多加盟共和国，人民的生活水平也低于波罗的海三国和其他一些加盟共和国。用俄罗斯人的话说，俄罗斯成为喂养全苏的奶牛，肥了别人，瘦了自己。1990年5月，在俄罗斯联邦第一届人民代表大会上，俄罗斯联邦在经济上独立自主、不再充当其他加盟共和国的“奶牛”和“输血者”的声音成为主旋律。这年5月30日，叶利钦当选为俄联邦最高苏联埃主席。他当选后即表示致力于实现俄罗斯联邦的国家主权，也就是说实现俄联邦的完全独立。

在局势动荡、民族独立情绪高涨的历史时刻，1990年5月16日，俄罗斯联邦举行第一次人民代表大会。作为苏联最大的加盟共和国，俄罗斯主权问题被列入俄罗斯第一次人民代表大会的议程。1990年6月12日，俄罗斯第一次人民代表大会通过了《俄罗斯国家主权宣言》，宣布俄罗斯联邦拥有绝对主权，俄罗斯实际上已成为新的独立国家。

政治改革的进程：“恢复俄罗斯国体”

1985年3月11日，戈尔巴乔夫在苏共中央非常会议上当选为苏共中央总书记，他在分析苏联国内局势时认为苏联首先碰到的是经济发展停滞不前，国家正处于危机前的状态。[②] 1985年4月23日，苏共中央举行全会，戈尔巴乔夫在会议上首次提出“加速发展战略”。由于经济改革的几项主要措施在执行中都不顺利，戈尔巴乔夫认为是党内干部的抵制及政治制度存在着问题，因此急于实行政治方面的变革。1986年7月31日，戈尔巴乔夫在视察哈巴罗夫斯克时提出了

---

① 陈联璧：《俄罗斯民族关系理论和政策的变化》，《东欧中亚研究》1999年第1期。

② （苏联）米·谢·戈尔巴乔夫著，苏群译：《改革与新思维》，新华出版社1987年版，第11—21页。

"政治体制改革"的任务，他说，"目前的改革不仅包括经济，而且也包括社会生活的所有其他方面：社会关系、政治体制、精神和意识形态领域、党和我们全体干部的工作作风和工作方法"①。从1987年开始，戈尔巴乔夫转入改革新战略，中心就是政治民主化。1988年6月28日，戈尔巴乔夫在苏共第19次全苏代表会议上作了题为《关于苏共二十七大决议的执行情况和深化改革的任务》的报告。苏维埃制度的改革正式启动。

戈尔巴乔夫的改革方案是由任期5年的代表组成新的最高国家权力机关——苏联人民代表大会，并且在最高权力机构中成立由苏联人民代表大会选出的宪法监督委员会。在最高权力机构中，包括最高苏维埃主席和最高苏维埃主席团。作为苏联最高的国家权力机关，代表大会由2250名代表组成，任期五年。每年一般召开两次会议。从人民代表中选举542人组成最高苏维埃，作为苏联国家权力机关的常设机关，最高苏维埃每年召开春季会议和秋季会议。最高苏维埃主席团则全部由公职人员组成，受最高苏维埃主席领导。最高苏维埃主席成为国家元首，并且实际成为行政权的核心，负责处理内政外交一切国家大事。

苏共第19次代表会议后，苏联联盟层次的新选举法在选举原则上规定了实行差额选举、政府官员不能成为人民代表、社会组织正式派代表参加最高权力机关等新规定。按照苏共第19次代表大会的决议，苏联第一次人民代表大会代表的组成分为：三分之一的代表从苏共、工会、社会团体、联合会及协会中限额产生，三分之二的代表由普通选区选举产生，并首次采用差额制。这种立足于立法机构重建的选举方式，同苏联以往任何时期的实质区别在于，单独一个政党的代表不能组成新的立法机构。苏共在新立法机构中只有100个代表名额。俄罗斯联邦选举法则规定了俄罗斯人民代表大会的选举程序。

苏维埃制度改革的启动和多党制的运行为俄罗斯政治精英的出现奠定了必需的制度基础。在这种制度变迁的过程中，新旧体制的政治统治阶层从人员构成来看却没有出现剧烈变动。这主要是由于苏联高度官僚集权体制的存在使得苏联权力、财富和威望结合在苏共政治阶层，绝大多数苏联精英都被吸纳在了体制之

① 《改革刻不容缓，它涉及所有人和所有方面：在哈巴罗夫斯克边疆区党组织积极分子会议上的讲话（1986年7月31日）》，引自《戈尔巴乔夫关于改革的讲话（1986年6月—1987年6月）》，苏群译，人民出版社1987年版，第55页。

中。新的政治精英最初人员的主要构成只能源于苏共内部。

1988年5月，“民主改革”、“改革—88”、“人民运动”、“社会主义首创精神”等集团的参加者建立了以促进苏共真正的改革和民主化为目的的跨俱乐部党内派别。这一派别的大多数成员参与建立莫斯科人民阵线，这成了后来苏共民主纲领派的核心，其核心成员有叶利钦、绍斯塔科夫斯基、拉齐斯、李森科、苏拉克申、利皮茨基等。1989年5月，跨俱乐部党内派别分裂。丘拜斯和李森科领导的以社会民主为目标的该派激进部分建立了莫斯科党员俱乐部，古谢夫、舍博尔达耶夫和阿基莫夫领导的温和派组织了跨俱乐部党组织。莫斯科党员俱乐部在1989年10月又形成了丘拜斯领导的社会民主派和普里加林领导的共产主义派。最终1989年12月共产主义派被开除。普里加林成了苏共“马克思主义纲领”的领袖。1989年11月，在莫斯科党员俱乐部倡议下，来自16个城市和地区的同类组织在莫斯科举行了工作会晤。会晤参加者决定建立“改革派共产党人——争取苏共民主纲领”运动，并通过了《告党内全体同志书》。这次会晤以后，展开了关于苏共党内改革派力量联合的广泛的宣传运动。根据莫斯科党员俱乐部的倡议，1990年1月20—21日在莫斯科召开了全盟党员俱乐部和党组织会议。455名代表参加了会议，他们来自13个加盟共和国、102个城市的162个俱乐部和组织，代表了5.5万—6万党员。会议把各个党员俱乐部和党组织联合起来，建立了苏共内部民主纲领派。

加入该派的是主张苏共进行激进的民主改革，把它变成在多党制条件下活动的议会式政党的共产党员。有56人被选入协调委员会。其中有苏联人民代表叶利钦、阿法纳西耶夫、波波夫、特拉夫金、格德良、伊万诺夫、卡尔宾斯基、布尔布利斯、苏拉克申，李森科、绍斯塔科夫斯基等。1990年3月3日，《真理报》公布了《民主纲领》全文和在该报编辑部举行的“圆桌会议”材料。1990年7月12日，叶利钦宣布退出苏共后，绍斯塔科夫斯基立即以他的24位支持者的名义宣布了苏共的分化和打算在“民主纲领”基础上建立独立的、民主的议会政党。[①] 随后由于各种原因，苏共民主纲领派并没有形成一个统一的政党，内部成员也不断分化组合，但该派成员构成了未来俄罗斯政治精英的主体。俄罗斯著名

---

① （俄罗斯）李森科著，丁泉译：《后共产主义诸组织的演变（上）》，《现代外国哲学社会科学文摘》1996年第3期。

精英问题研究专家克雷施塔诺夫斯卡娅对独立后俄罗斯的新政治领导层作过研究，发现叶利钦身边75%的领导人均来自苏共精英阶层。[①]

围绕立法机构代表的产生，社会各政治派别求同存异，走向联合，政治派别开始形成政党，多党制开始形成。在苏联第一次人民代表大会期间，俄罗斯出现了真正的议会政治派别。成立于1989年7月，以叶利钦、萨哈罗夫等为首的跨地区议员代表团的出现，表明“在苏维埃政权年代，在最高国家权力机关首次出现了反对派的机构”[②]。民主俄罗斯运动是在1990年1月改组为民主俄罗斯选举联盟，开始以复兴俄罗斯为口号争取俄罗斯的独立。

1990年5月30日，致力于实现俄罗斯独立与主权的叶利钦，当选为俄罗斯联邦最高苏维埃主席，成为俄罗斯的国家元首。叶利钦当选后立即发表声明：“俄罗斯在一切问题上都将是独立的。”1990年6月12日，俄罗斯第一次人民代表大会以907票赞成、13票反对、9票弃权通过了《俄罗斯国家主权宣言》，宣布“俄罗斯苏维埃联邦社会主义共和国在其全境享有国家主权”并表示了“在经过更新的苏联版图内建立民主的法制国家的决心”。也就是说，主权宣言宣布俄罗斯联邦拥有绝对主权，内外政策独立，联邦的决定和法律高于苏联的决定和法律，将设立俄罗斯联邦总统，俄罗斯总统是与苏联总统平等的、公务性的、建立在谈判基础上的关系。《主权宣言》从各方面维护了俄罗斯的利益，从主权的最高性、终极仲裁权力、非排他性以及自主性等属性上讲，俄罗斯实际上已成为新的独立国家。[③] 三大原因决定了宣言能够被通过。第一是主观原因，俄罗斯上层政界人士在对抗，特别是叶利钦同戈尔巴乔夫的政治权力之争；第二是思想原因，俄罗斯的自我意识在增强；第三是客观原因，俄罗斯联邦在苏联的地位和作用在孕育。[④]

---

① （美国）大卫·科兹、弗雷德·威尔著，曹荣湘等译：《来自上层的革命》，中国人民大学出版社2002年版，第164页。

② （俄罗斯）格·萨塔罗夫著，高增训等译：《叶利钦时代》，东方出版社2002年版，第44页。

③ Декларация о государственном суверенитете Российской Советской Федеративной Социалистической Республики，http：//www.businesspravo.ru/Docum/DocumShow_DocumID_37867.html.

④ （俄罗斯）格·萨塔罗夫著，高增训等译：《叶利钦时代》，东方出版社2002年版，第69页。

俄罗斯第一次人民代表大会在俄罗斯现代政治史的地位应该是里程碑式的。叶利钦在进入俄罗斯最高苏维埃主席的办公室后考虑的问题是："那么，以后怎么样呢？要知道，我们得到的不单是一个办公室，而是整个俄罗斯啊！"[①] 从这次会议的政治影响讲，俄罗斯主权意识的滋生是联盟中央最终失去权力和控制能力的最重要的原因。

对于俄罗斯而言，第一次人民代表大会肩负两大课题：一个是确保俄罗斯得到国际地位，一个是立法机构重建。前者是主权独立问题，后者是国家机构重建的问题。"从 1988 年至 1990 年初，戈尔巴乔夫主要通过最高苏维埃系统进行决策。问题在于，最高苏维埃体系是议会体系，主要具有的是议政、立法和监督职能，并不具有完备的政治决策和行政管理职能；苏联宪法没有将其构造成完备的最高决策机关。"[②] 这样的问题同样出现在俄罗斯，国家机构的重建在所难免。主权国家是民主的先决条件。民主需要国家的地位。没有主权国家，不可能有可靠的民主制度。[③] 俄罗斯需要独立的重要性因此也不言而喻。

总之，由于国家未能成为市场化改革的可靠保障和国家行政命令体制的削弱等一系列政治和经济因素的影响，叶利钦逐步形成了"国家机构瓦解"的基本判断，并由此在他的正式官文讲话中，强调俄罗斯战略任务是"重建统一的俄罗斯国家机构与构建新俄罗斯的国家观念"，也就是说，俄罗斯政治经济体制改革的进程最终导致了俄罗斯必须要主权独立，进行国家构建。叶利钦在反思俄罗斯为什么需要谋求国家主权独立的时候指出：苏联改革的进程在总体危机的重负下被经济、政治和社会矛盾击垮。俄罗斯也因此面临混乱。当时苏联已经不存在能制止混乱的力量了，此时俄罗斯领导人面临的战略任务是"恢复俄罗斯国体"，实现国家独立。毫不夸张地说，这是事关生死存亡的问题。[④]

---

① （俄罗斯）叶利钦著，李垂发等译：《总统笔记》，东方出版社 1995 年版，第 21 页。

② 邢广程：《苏联高层决策 70 年：从列宁到戈尔巴乔夫》（第五分册），世界知识出版社 1998 年版，第 669 页。

③ （美国）胡安·J. 林茨、阿尔弗莱德·斯泰潘著，孙龙等译：《民主转型与巩固的问题：南欧、南美和后共产主义欧洲》，浙江人民出版社 2008 年版，第 16—20 页。

④ Россия，за которую мы в ответе. Послание Президента РФ Федеральному Собранию，Российская газета，24 февраля 1996г.

2. 叶利钦为什么要炮轰“白宫”?

潘德礼

20世纪80年代中期以来苏联因戈尔巴乔夫的“改革”而成为世人关注的焦点，“改革”的失败导致苏联的剧变和解体。“新俄罗斯”出现在世界舞台上，摆脱了苏维埃联盟中央的控制以及苏联共产党一党“专制统治”的俄罗斯本应以一种新的姿态出现，然而事与愿违，俄罗斯的政治局势并不消停。俄罗斯在延续苏联时期的政治斗争的同时又出现一系列新的矛盾，爆发了更为激烈的斗争。1993年9月俄罗斯局势骤然紧张，持续一年多的俄罗斯两大权力机关的争斗进入白热化最后决战阶段，10月4日莫斯科市民再次看到了荷枪实弹的武装部队乘坐坦克、装甲车开进首都莫斯科，以往人们在除卫国战争时期外只有在十月革命节和胜利日阅兵时才能看到的坦克、装甲车此次是近年来第二次以实战状态进入首都莫斯科。1991年“8·19”事件中苏军的坦克、装甲车开进莫斯科与阻挠部队行进的抗议群众发生小规模个别冲突，开枪打死了三名抗议的年轻人，一些人受伤。但许多部队，尤其是塔曼步兵师、坎捷米罗夫卡师以及空降兵集群很快便转向俄罗斯联邦方面，开始执行俄罗斯总统的命令。空降兵图拉兵团拒绝执行紧急状态委员会进攻俄罗斯议会所在地“白宫”、抓捕俄罗斯领导人的命令，反而对其加以保护。而时隔两年多的这一次俄罗斯军队、特警则显然不同，他们坚决执行俄罗斯总统和国防部长的命令。10月4日8时许，荷枪实弹的军人乘坐数十辆坦克和装甲车包围了位于莫斯科市中心的议会大厦——“白宫”，随后向占据着“白宫”的议会保卫者发起进攻。军队、特警同忠于议会的战斗队进行了长达10个小时的激战。最后，俄罗斯议长哈斯布拉托夫、俄罗斯副总统（议会任命的代总统）鲁茨科伊、巴兰尼科夫、阿恰洛夫、杜纳耶夫、马卡绍夫等人被捕。据官方宣布，这场流血冲突造成大约140人死亡[①]，这就是著名的“莫斯科十月流血事件”，也就是人们通常所说的“炮打白宫”事件。

人们不禁要问为什么在1993年10月俄罗斯执政集团内部会发生如此激烈的冲突。要知道即使是苏联剧变和解体这样的急剧变化也基本上是以和平的方式完成的，其间虽然也发生了“8·19”事件，但也是以较为平和的方式解决的，并未发生如此规模的武装冲突。那么，同为推翻苏共“一党专政”、实现建立民主政治制度的“同一战壕的战友”为什么竟能够反目成仇到兵戎相见的地步？

昔日盟友渐行渐远

在苏联剧变和解体过程中，即前一阶段——俄罗斯“民主派”与苏共和联盟中央的争斗中，哈斯布拉托夫、鲁茨科伊与叶利钦是“一个战壕的战友”。尤其是鲁茨科伊，其人是军人出身，苏联时期毕业于加加林空军学院和以伏罗希洛夫命名的苏联武装部队总司令部军事学院，少将军衔。在苏联入侵阿富汗的战争中他曾于1985—1986年和1988年参加苏军在阿富汗的军事行动。1988年任第40军空军副总指挥。1988年飞机被击落，在巴基斯坦被俘，苏联用俘获的巴基斯坦侦察兵作为交换，将其解救回国。此后，鲁茨科伊成为知名人士，开始从政，苏联解体前夕，他联合俄罗斯共产党党内一些“民主派”人士从俄罗斯共产党中分裂出来，成立了俄罗斯共产党人民主党（以后更名为“自由俄罗斯”人民党、俄罗斯社会民主人民党）并当选该党的主席，因此而被俄罗斯共产党中央开除出俄罗斯共产党。在1991年6月12日俄罗斯举行的第一次总统选举中，叶利钦选择鲁茨科伊作为自己竞选搭档一同竞选总统、副总统，最终叶利钦以57.3％的得票率当选为俄罗斯第一任总统，鲁茨科伊成为副总统，其中鲁茨科伊以其在军人和一般民众中间的影响力助叶利钦一臂之力是显而易见的。

哈斯布拉托夫是车臣族人，毕业于莫斯科大学经济系，经济学博士、教授、俄罗斯科学院通讯院士。1990年由莫斯科普列汉诺夫经济学院教授、经济系主

---

① Под общей редакцей А. И. Подберезкина，Россия－2000：Современная полит ическая история，М.：ВОПД，Духовное наследие，2000；ЗАОНИФ РАУ—Университет，2000，С. 254.

任当选俄罗斯人民代表，1990—1991年任俄罗斯联邦最高苏维埃第一副主席，成为叶利钦的助手，并与其结成政治盟友。在1991年“8·19”事件中他坚定地站在叶利钦一边，与叶利钦一起出现在被坦克、装甲车围困的议会大厦前。其实，哈斯布拉托夫其人也不是没有争议的，叶利钦当选俄罗斯总统后俄罗斯联邦最高苏维埃主席职位空缺，哈斯布拉托夫任最高苏维埃代主席，也正是由于在“8·19”事件中的出色表现，使他于当年10月正式成为最高苏维埃主席。

苏联解体前后，俄罗斯社会充满着对西方的向往和幻想，当权的民主派认为俄罗斯未来的发展道路已经明确，这就是走西方的道路，“回归人类文明”，即全盘接受西方的价值观。“前苏联刚解体时，叶利钦起初的立场是把俄国政治思想中从未完全成功的‘西方化’老观念推到登峰造极的程度。他认为俄国本来就属于西方，应该成为西方的一部分并尽可能地在国内政治中与西方亲近。”① 苏联解体后，摆脱了联盟中央束缚和苏共掣肘的俄罗斯政府终于可以推行延误已久的经济改革了。以叶利钦为首的执政集团中的相当一部分人的政治立场决定了俄罗斯对经济改革政策的选择：在西方经济学家的指导下，依靠西方的经济援助和贷款，对原有的经济体制进行“一步到位”的“改造”。这种选择对国家经济形势和各种困难估计不足，而更重要的是这种选择在很大程度上是出于政治方面的考虑，即迅速摧毁原来的社会主义计划经济体制，使左派共产党人失去赖以东山再起的经济基础。政府在众多改革方案中选定了最激进、最彻底的方案——“休克疗法”和迅速而大规模私有化，并对激进改革取得成功满怀憧憬，政府许诺几周内到达消费市场的平衡，几月内实现国家财政的稳定，让市场自由发挥自我调节作用，制止生产下降，并为生产的高涨创造动因。

1992年年初，叶利钦总统任命盖达尔为副总理和代总理，采纳国际货币基金组织和美国等西方国家的建议，开始进行“休克疗法”式的经济改革。然而，改革措施初步实行的结果并未像改革设计者们设想的那样迅速摆脱危机，反而导致生产大幅度下降，消费品更加短缺，物价指数一度上涨了2200%，引发了日益严重的经济危机。

在国家政权易手、统治力量转变之后，社会注意力开始发生变化，尽管民众

---

① （美国）兹比格纽·布热津斯基著，中国国际问题研究所译：《大棋局——美国的首要地位及其地缘战略》，上海人民出版社1998年版，第130—131页。

中“政治热”仍未退去，但普通老百姓毕竟开始冷静地观察自己的处境、关注自己的现实生活。此时，人们已经不能再让业已消失的联盟中央和丧失了国家领导权的苏共为俄罗斯经济的不断恶化负责，社会批评的矛头开始转向执政的“民主派”。叶利钦总统及其所代表的“民主派”的社会支持率开始下降，社会不满情绪迅速蔓延，这预示着民众与“民主派”新政权的“蜜月期”渐进尾声，开始进入民众与新政权的“冲突、磨合期”。人们要求执政当局尽快制订改革方案、采取果断措施扭转经济颓势，兑现“民主派”在与共产党人的斗争中许下的迅速改变国家现状、改善人民生活的诺言。与此同时，人们对一系列“新的”东西（新制度、新秩序、新经营方式等）还十分陌生。这时统治者与被统治者之间的关系是不稳定的、脆弱的。

在经济处于危机状态、社会紧张状况日益加深的背景下，执掌俄罗斯政权不久的执政精英们、不久前“同一战壕的战友”之间便开始出现意见分歧，随之裂痕不断加大，政府的激进经济政策受到以哈斯布拉托夫为首的最高苏维埃和人民代表大会的越来越多、越来越严厉的批评。

从分歧、分裂到对立、对抗

在苏联解体，即1991年年底之前，俄罗斯最高苏维埃中的大多数人还是支持俄罗斯政府的，无论是总统、政府方面，还是最高苏维埃方面在制定新宪法、以分权原则建立新的国家权力体系、管理体制问题上的分歧尚不突出。但在推行激进经济改革政策之后，面对社会经济形势的急剧恶化，分歧开始显现出来。1992年4月在讨论经济改革进程问题的俄罗斯第六次人民代表大会上发生了首次政治危机，人民代表大会对政府工作进行了严厉批评。但在这次人民代表大会上，在制宪问题上尚未发生对抗，大会通过了“关于俄罗斯联邦宪法草案及其进一步工作程序”的决定，通过了作为新宪法基础的宪法改革一般原则，以及俄罗斯联邦最高苏维埃提交大会讨论的宪法草案主要条款。[①]

---

① Под общей редакцей А. И. Подберезкина，Россия — 2000：Современная пол итическая история，М.：ВОПД，Духовное наследие，2000；ЗАОНИФ，РАУ—Университет，2000，С. 171—172.

在国家的社会经济制度、政治制度乃至国家结构形式一并发生巨大变化的背景下，整个社会包括掌握政权不久的民主派精英们就一些问题出现不同看法，发生意见分歧是不可避免的，也是十分正常的。问题在于，苏联剧变和解体、俄罗斯独立及俄罗斯民主派执掌国家政权的过程进行得十分迅速，这不仅仅表现为普通民众、民主派精英们思想准备不足，更突出的是国家的宪法、法律基础没有得到及时的修改，这尤其反映在国家权力机关的权力划分方面。

在戈尔巴乔夫“改革”时期，在政治方面的一项重要举措就是重提“一切权力归苏维埃”的口号，实行自下而上的民主选举，将国家各级权力中心从苏联共产党各级领导系统转到人民代表权力机关——人民代表大会手中。当时，苏联以及包括俄罗斯在内的各个加盟共和国都先后进行了各级人民代表大会（苏维埃）的选举。在1990年俄罗斯联邦人民代表的选举中，叶利钦当选人民代表。同年5月29日叶利钦战胜苏共、俄共推举的候选人，当选俄罗斯最高苏维埃主席。这时，人民代表权力机关是俄罗斯的权力中心。

在苏联实行总统制后，俄罗斯当局借1991年3月17日全苏就是否保留联盟举行全民公决之机，让俄罗斯公民对俄罗斯是否设立总统职位进行全民公决。结果52%的俄罗斯选民赞成设立俄罗斯总统职位。同年6月12日俄罗斯举行总统选举。叶利钦以57.3%得票率当选为俄罗斯第一任总统。7月10日叶利钦正式宣誓就任俄罗斯联邦总统。

俄罗斯总统职位的设立在形式上初步形成了立法、执行、司法三权分立式的政治体制框架。此后，俄罗斯国家权力中心便随着总统职位的设定而转到执行权力一方。然而，这时的俄罗斯政治体制仍然保留着苏维埃制度，几经修改补充的1978年俄罗斯宪法规定：“俄罗斯联邦人民代表大会是俄罗斯联邦最高国家权力机关”，“有权审查和解决属于俄罗斯联邦管辖的任何问题”（第104条）[1]。同时由于总统职位的设立，宪法增加了相应的条款：“俄罗斯联邦总统是俄罗斯联邦最高公职人员和俄罗斯联邦执行权力领导人”（第121条）。[2] 显而易见，根据当时的这种宪法条文，俄罗斯实行的仍然是人民代表大会制——苏维埃制度，宪

---

① Конституция（Основной закон）Российской федерации — России，М.：Известия，1992，С. 41.

② 同上，С. 55.

法、法律上关于国家权力划分方面的不完善、不明确为俄罗斯的政治斗争提供了空间。

激进的经济改革导致执政集团内部出现分歧，随着矛盾的进一步发展，斗争双方从对经济改革方针政策的争论转向政治斗争、权力斗争，围绕着制宪问题展开了激烈的争论和斗争。以总统为首的执行权力一方认为上层权力机关之间的政治斗争影响了经济改革政策的实施，执行权力遇到了立法权力的掣肘。而引起两大权力机关对立的根源是现行宪法所维护的苏维埃国家体制同新的民主国家体制之间的矛盾。因此，当务之急是废除现行宪法，通过新宪法。新宪法应以分权原则为基础，明确划分国家权力，彻底抛弃苏维埃体制，建立事实上向执行权力倾斜的三权分立权力体制，即建立总统制，把最高苏维埃变成仅拥有立法权的职业化议会。他们希望通过扩大行政权力来控制局势，推行经济改革方针。

在人民代表大会中占多数的中派、左派政党，特别是哈斯布拉托夫和鲁茨科伊等人则认为，两大权力机关之间的冲突具有经济基础，根源在于经济改革没有取得成效，是经济战略问题上不同社会力量之间的矛盾。而执行权力机关特别是总统对现行宪法的不尊重和侵犯导致了政权危机。他们主张建立议会制的国家权力体制，执行权力机关、政府应向人民代表苏维埃负责，接受其监督。他们认为，只有这样才能防止出现滥用权力、破坏民主甚至总统独裁的现象。

作为司法仲裁机关的俄罗斯宪法法院则依据现行宪法多次做出有利于立法权力机关一方，而不利于执行权力一方的判决和动议。

尽管当时俄罗斯各类政党、政治组织、运动为数众多，然而它们的政治分野还是十分鲜明的。就其活动目的而言，可将各种政党分为三种最基本的类型：一是大多数民主主义倾向的政党和政治组织（民主派、大部分自称中派或以后转为中派的政党和政治组织）的目的是建立强有力的民主国家，主张进行经济改革和政治改革；二是各种左派政党主张恢复共产主义、社会主义（尽管也有某些改良、“现代化了的”）意识形态和苏维埃制度，加强国家对经济的调节作用，不接受激进经济改革方针；三是民族主义、民族爱国主义政党要求复兴民族自我意识，振兴强有力的民族国家。其中民族主义的状况最为复杂，在它们中间存在着各种不同甚至是对立的主张，一些政党主张建立民主同家，一些主张建立君主制国家，另一些则主张建立具有强有力总统权力的国家，等等。[①]

围绕着走什么道路的争论和斗争，是社会政治对立的根源，在绝大多数场合这种争论、斗争是不可调和的。在这里，左派、共产党人的观点是最为鲜明的。尽管左派、共产党人本身也有自己的“多党制”，有各种派别，有自己的“激进派”、“保守派”、“中派”，但在走社会主义道路这一根本问题上是十分一致的。在左派、共产党人看来，当权的民主派使联盟国家解体，把国家带进“野蛮的”资本主义。因此，必须通过合法的政治斗争尽快更换现政权，成立人民信任的政府，恢复苏维埃形式的人民政权；停止导致广大劳动人民贫困化的私有化，重建以公有制为主体的经济制度，或是要求恢复国家计划经济，或是希望实行多种成分的、可调节的社会市场经济，加强国家对经济的调控作用；在自愿基础上恢复联盟国家。

民主派在国家发展道路问题上的观点并不明确，起码是没有哪个有影响的政党和派别公开宣布要走资本主义道路。然而，从它们的一贯主张中还是可以发现一些线索。这集中表现为，它们对过去的苏联社会主义理论和实践持全面否定态度。政治上否定共产党领导，否定一党制和苏维埃制度，主张建立以所谓自由、民主、人权为基础的民主的公民社会，以西方式的立法、执行、司法三权分立原则为基础的法制国家；经济上否定以公有制为基础的社会主义计划经济，主张私有制、自由经济活动原则居优先地位。

按民主派理论家们的方案，国家未来的发展道路至少不是社会主义，他们向往的是走西方式的资本主义发展道路，只是由于俄罗斯的历史文化传统、国家的社会政治经济现实以及各种政治力量之间的斗争等诸多因素的影响，使这种选择显得很不确定，并且十分模糊。

在国家发展道路选择问题上，民主派、中派在大方向上是直接与共产党人相对立的。然而，在许多问题上，民主派与各种中派——社会民主主义者、社会民主党人、社会党人等之间也存在着明显的分歧和矛盾。这主要表现为，与民主派不同，中派大多反对或不支持激进的经济改革，要求政府修正经济改革方针，主张实行加强国家调控、注重社会保护的社会市场经济；主张在现行宪法基础上进行政治体制改革，建立国家权力体制，建立议会制民主国家，反对执行权凌驾于

① См：Россия：партии · выбры · власть，М.，1996，С. 55.

立法权之上。

在俄罗斯政治舞台上，左派、共产党人与民主派、中派之间的对立是根本性的、原则性的，民主派与中派之间的分歧、矛盾在开始时主要还是集中于改革的具体步骤、策略以及不同形式的“民主制度”选择方面。然而，正如后来政治斗争实践所表明，这绝不意味着民主派与中派之间的斗争是次要的。恰恰相反，在1992—1993 年俄罗斯异常激烈的政治斗争中，正是中派扮演了与民主派“决战”的主角，而左派共产党人以及相当一部分民族主义势力则是作为中派的盟友、政府反对派的一分子积极加入到这场斗争中来。

这些政治派别政治主张各异、社会构成复杂，对政府社会经济政策及国家地位衰落的不满构成了它们联合、合作的基础。它们采用当初民主派搞垮共产党的做法，发动“街头政治”、“街头斗争”配合合法的议会斗争，在社会上发动罢工、示威游行等各种抗议活动。1993 年接连发生了“五一”节、5 月 9 日“胜利日”流血事件，加剧了社会紧张形势，对政府形成巨大的政治压力，整个俄罗斯社会处于动荡之中。

随着裂痕的加大、矛盾的深化，双方对立情绪愈益强烈，逐渐发展到失控的边缘，由此出现了“双重政权”的政治局面。“‘休克疗法’和俄罗斯多数居民物质状况的急剧恶化使国内政治形势发生了变化。1992 年年底，开始有数万名莫斯科人参加反对派的群众集会和示威游行，国内其他城市也举行了类似反对活动。”“俄罗斯政府成员的变动并没有改变其政策的主要方面。经济形势继续恶化，而居民的不满也在增加。在这种条件下，政府各个部门间重新开始冲突实际上是不可避免的了。”①

在反对派看来，由“年轻改革家”组成的政府，没有能力使国家经济摆脱困境，应该对政府经济政策进行重大调整。甚至对政府组成也应该进行相应的调整。到这时，围绕经济改革政策的争论转向“谁服从谁”的权力之争。随着对抗的加剧，权力之争、围绕着建立什么样的国家权力体制的争论逐渐成为各派政治力量，总统为首的执行权力与掌握着立法权力的政府反对派之间斗争的焦点，由此引发了宪法危机和政权危机。

---

① （俄罗斯）罗伊·麦德维杰夫著，徐葵等译：《俄罗斯往何处去——俄罗斯能搞资本主义吗?》，新华出版社 2000 年版，第 152 页。

作为联邦制国家，俄罗斯各地方当局，特别是一些共和国借中央政权机关争斗之机，暗中扩大地方的权力或者公开向中央政府要权，在两大权力机关对立加剧的情况下，地方当局也站出来联合发表声明对政府施加压力。已被要求脱离俄罗斯联邦而独立的分离主义势力所控制的车臣共和国当局更是利用联邦中央内斗不已的有利时机加快了“独立”的步伐，实际上已经不受中央政权的控制而自行其是了。

现行宪法显然对立法权力一方更为有利，而以总统为首的执行权力一方则掌握着更为有利的行政资源。就斗争双方的领军人物而言，作为苏共叛逆、“民主斗士”的叶利钦虽然因不成功的经济改革而头上的光环逐渐暗淡，但其当时的威信仍然是反对派一方任何人都无法比拟的，况且他政治经验丰富，敢于冒险，虽然是“民主斗士”，但从未被民主束缚住手脚。相比较而言，作为学者出身的哈斯布拉托夫和曾为职业军人的鲁茨科伊的劣势显露无遗。实际上，斗争的砝码是在总统和执行权力一方，而对此，作为掌握着立法权力的政府反对派并未充分意识到，反而自以为占据了宪法、法律制高点，又有多数党派的支持、相当一部分民众的响应，有理由、有能力与总统、执行权力对抗，直至取得胜利。

武力结束“双重政权”局面

在 1992 年 12 月举行的第七次人民代表大会和 1993 年 3 月举行的第八次人民代表大会上，总统与以议长哈斯布拉托夫为首的议会之间展开了激烈的较量。叶利钦总统提出应由制宪会议而不是人民代表大会通过新宪法。哈斯布拉托夫则主张立即修改现行宪法中有关条款以限制正在扩大的总统权力，由总理而不是总统组阁并经议会批准，政府向议会报告工作，并由下一届人民代表大会通过宪法。

在“双重政权”对抗不断加剧、社会政治形势日益恶化的情况下，叶利钦总统决心迅速采取果断措施结束政治危机、宪法危机。1993 年 3 月 20 日叶利钦总统发表《告俄罗斯公民书》，宣布对国家实行总统“特别治理”，决定 4 月 25 日举行对总统的全民信任投票，同时对由总统准备的新宪法草案和联邦议会选举法草案进行全民投票。

总统的这一“特别治理”命令一经发布立即遭到了议会方面的抵制，俄罗斯宪法法院也裁定总统此举违宪。3月26日召开了第九次非常人民代表大会讨论弹劾总统的问题，叶利钦总统的“特别治理”方案未能实施。

1993年4月25日，俄罗斯举行了全民公决，64.5%的选民参加了投票，其中58.76%的人对叶利钦总统表示了信任，53.04%的人赞成总统和政府的社会政策。叶利钦认为全民公决的结果反映了多数民众对总统和政府的支持态度，意味着对总统的新的授权。作为总统有责任代表民意采取果断行动结束“双重政权”的混乱政治局面。

此后，总统及其支持者决定尽快制定并通过新宪法，取消现议会。不久，总统提出了“总统宪法草案”，并提交联邦主体行政长官讨论，然后准备召开制宪会议通过新宪法。接着，议会也公布了“议会宪法草案”。两个不同版本的宪法草案再次显示出斗争双方不可调和的立场。

9月1日，叶利钦总统发布命令解除鲁茨科伊副总统职务。9月18日，叶利钦重新任命盖达尔为第一副总理兼经济部长。掌握立法权力的政府反对派一方毫不妥协，立即发动了相应的回击。9月3日，俄罗斯人民代表大会通过决定，否决总统有关解除副总统鲁茨科伊职务的命令。9月21日，最高苏维埃主席团通过致俄罗斯公民书，宣布废止叶利钦中止人民代表大会权力的命令，停止叶利钦的总统职务，宣布由鲁茨科伊任代俄罗斯总统。同日，鲁茨科伊宣布接任俄罗斯总统，并任命阿恰洛夫上将为国防部长。次日，又任命巴兰尼科夫为安全部长、杜纳耶夫为内务部代部长。哈斯布拉托夫号召举行全国总罢工。

9月21日晚叶利钦总统发表电视讲话，解释“关于分阶段宪法改革”的第1400号总统令，宣布中止人民代表大会和最高苏维埃的立法、管理和监督职能；在联邦会议开始行使职能前，按总统令和政府的决定办事；建立最高立法机关——由联邦委员会和国家杜马两院组成的联邦会议（议会），于1993年12月11—12日就新宪法草案举行全民投票并同时选举新的最高立法机关。

控制着议会多数席位的政府反对派针锋相对，指责总统的命令是“政变行径”，于9月23日晚召开第十次非常人民代表大会，做出了解除总统职务的决议。

从9月24日开始，议会大厦——“白宫”被军警包围，与外界电话联系被切断，军警封锁了所有通往议会大厦的道路。接着，停止了对议会大厦的供电、供水。新成立的议会武装小组则向议会警卫部门和志愿保卫人员分发了武器弹药，准备抵抗。武装冲突一触即发。

在双方对峙加剧的形势下，宪法法院院长佐尔金 9 月 24 日提出了解决政治危机的零点方案，建议总统撤销 9 月 21 日解散人民代表大会和最高苏维埃的命令，议会也撤销有关决定，使局势恢复到 9 月 21 日前的状态；同时建议在 12 月 21 日同时举行总统和议会选举。这一建议得到了一些政治力量的支持。俄罗斯东正教大牧首阿列克西二世也奔走于叶利钦和议会领导人之间，呼吁双方举行和谈。

在各方压力下，对立双方于 10 月 1 日重新举行谈判寻求妥协。但哈斯布拉托夫、鲁茨科伊等人坚决拒绝叶利钦总统提出的“必须无条件交出武器”的条件，10 月 3 日，局势进一步尖锐化。数千名支持议会的莫斯科市民冲破了由警察和特种部队在议会大厦附近设置的层层防线，并在议会大厦前举行了集会，接着一些支持政府反对派的武装人员试图攻打莫斯科市政府大厦、国家广播电视大楼和莫斯科广播电视大楼，双方发生激烈冲突。在谈判破裂、局势恶化的情况下，叶利钦下令军队进攻议会大厦，占领了议会大厦，从而结束了在俄罗斯政坛上持续了一年多的两个政权并存的局面。以暴力摧毁了反对派的抵抗，俄罗斯首届民选议会寿终正寝。哈斯布拉托夫、鲁茨科伊等一批反对派领导人被捕，一些反对派政党和组织被勒令解散或中止活动。

11 月 10 日俄罗斯正式公布了以叶利钦总统提出的宪法草案为基础经过最后修改并经制宪会议赞同、俄罗斯总统提交全民讨论的俄罗斯宪法草案。12 月 12 日宪法草案经全民投票通过、12 月 25 日正式生效。俄罗斯新宪法的通过、生效，是在俄罗斯社会政治制度发生了根本性变化的情况下，同时也是掌权的俄罗斯民主派内部围绕着一系列重大问题发生激烈斗争和冲突并已决出了胜负的背景下得以实现的。它以国家根本大法的形式将俄罗斯社会政治变化固定了下来，确定了国家政权结构，明确了各权力机关的职权，为俄罗斯进入相对稳定的政治发展阶段奠定了法律基础。《俄罗斯联邦宪法》是俄罗斯独立后的第一部宪法，它确立了俄罗斯的政治体制：彻底摧毁了议行合一的苏维埃体制，确立了以总统为核心的三权分立政治体制。新宪法大大扩大了总统的权限，总统取得了确定国家政治经济决策、任命总理，解散政府和议会以及签署法律等权力，并兼任武装部队的最高统帅。议会被改组，成为纯粹的立法机关，由联邦委员会（上院）和国家杜马（下院）组成。其权力已与以前的人民代表大会、最高苏维埃不可同日而语。

新宪法通过、生效后，俄罗斯进入相对稳定时期。尽管政治斗争仍然存在，但其烈度明显减弱。

3. 俄罗斯国家政治制度及权力结构发生了哪些重大变化?

潘德礼

苏联剧变和解体，随之而来的“新俄罗斯”的诞生，翻开了俄罗斯历史发展新的一页，在此过程中俄罗斯的国家政治制度和政治体制发生了根本性的变化。俄罗斯作为一个世界大国继承了苏联在联合国的成员国地位，包括安理会常任理事国和其他国际组织中的成员国地位。1992 年 1 月 5 日俄罗斯最高苏维埃通过决议，将“俄罗斯苏维埃联邦社会主义共和国”改名为“俄罗斯联邦”，简称“俄罗斯”。同年 3 月 31 日，俄罗斯 89 个联邦主体中的 87 个联邦主体签署了《俄罗斯联邦条约》，鞑靼斯坦和车臣两个共和国没有参加条约的签署。条约重新确立了联邦制的原则，重新划分了联邦中央与各联邦主体之间的职权范围。

1993 年 10 月以叶利钦为首的俄罗斯最高国家执行权力机关一方以武力解散了俄罗斯首届民选议会——人民代表大会。1993 年 12 月 12 日，俄罗斯在举行国家杜马选举的同时，对宪法草案进行全民投票，全国共有 58187755 名选民，即 54.8%的登记选民参加了全民投票，其中赞成新宪法草案的选民共 32937630 人，占参加投票选民的 58.4%，反对的选民共 23431333 人，占参加投票选民的 41.6%，新宪法草案获得通过。[①] 同年 12 月 25 日宪法正式生效。由此确立了俄罗斯的政治制度，明确了国家权力结构。

---

① Под общей редакцей А. И. Подберезкина: Россия — 2000: Современная пол итическая история, М.: ВОПД, Духовное наследие, 2000; ЗАОНИФ, РАУ—Университет, 2000, С. 259.

基本宪法制度的根本改变

俄罗斯联邦从1917年十月社会主义革命胜利到苏联解体为止，其间共制定了四部宪法，即1918年苏俄宪法，1925年、1937年和1978年的俄罗斯苏维埃联邦社会主义共和国宪法。其中1918年宪法并非一部完整的宪法，它的历史意义在于以法律的形式确定了十月革命的成果——建立了苏维埃无产阶级专政的社会主义国家，宣布了苏维埃政权建设社会主义的基本任务和目标。后三部宪法是俄罗斯联邦在苏联时期作为苏联的一个加盟共和国而制定的宪法。这三部宪法在内容和形式上与1924年、1936年和1977年的苏联宪法没有太大的区别，基本上是同时期苏联宪法的翻版。

根据1978年俄罗斯宪法有关规定，俄罗斯苏维埃联邦社会主义共和国是以生产资料社会主义所有制为基础、以科学共产主义为思想理论来源、以建设共产主义为奋斗目标、以共产党为社会的领导力量和指导力量的社会主义全民国家。俄罗斯的政治制度是共产党领导的社会主义国家；俄罗斯的政治体制是共产党领导下并以共产党为核心的人民代表苏维埃议行合一制度。

与苏维埃时期的宪法相比，1993年12月通过、生效的《俄罗斯联邦宪法》从立法原则、宪法的内容和形式等各个方面都有发生了根本性的变化：

一、放弃了“社会主义”及其立法原则，以西方“民主政治”的基本原则作为宪法的基本原则

《俄罗斯联邦宪法》以人民主权、联邦制、共和制、分权作为宪法制度的基础，规定了国家的社会政治经济制度。该宪法取消了以苏共为领导力量和指导力量的社会主义全民国家的提法，树立“主权在民”原则，规定：“俄罗斯联邦——俄罗斯是共和制的民主联邦法制国家”[①]，“俄罗斯联邦的多民族人民是俄罗斯联邦主权的拥有者和权力的唯一源泉”[②]。

---

① 《俄罗斯联邦宪法》第1条第1款，姜士林等主编：《世界宪法全书》，青岛出版社1997年版，第825页。

② 《俄罗斯联邦宪法》第3条第1款，同上。

二、《俄罗斯联邦宪法》确定了俄罗斯联邦的基本政治制度

1. 改变了国家的阶级性质，以人、人权、人民权利取代了以工人阶级为社会主导力量的劳动人民全民国家的提法。1978 年《俄罗斯苏维埃联邦社会主义共和国宪法（根本法）》指出“俄罗斯苏维埃联邦社会主义共和国是社会主义全民国家，代表工人、农民、知识分子和国内各族劳动人民的意志和利益”（第 1 条），“俄罗斯苏维埃联邦社会主义共和国的一切权利属于人民”（第 2 条）[①]。《俄罗斯联邦宪法》遵循“尊重个人尊严和基本权利”的原则，接受人权概念，宣称：“依据公认的国际法原则和准则并按照本宪法，俄罗斯联邦承认保障人和公民的权利与自由”（第 17 条第 1 款），“人的基本权利与自由不可被剥夺并且每个人生来就具有”（第 17 条第 2 款），“每个人都享有生存权”（第 20 条第 1 款）[②]。

2. 改变了国家发展的意识形态理论基础。此前，苏联以及俄罗斯联邦一直将科学共产主义、马克思列宁主义作为指导国家和社会发展的理论基础和行动指南。1978 年《俄罗斯苏维埃联邦社会主义共和国宪法（根本法）》序言中指出，俄罗斯人民“遵循科学共产主义思想”[③]。苏联剧变后，这一提法显然已经“过时”了，在俄罗斯宪法修改、补充过程中就已取消了这种提法。而《俄罗斯联邦宪法》进一步明确指出，国家“承认意识形态的多样性”，“任何意识形态不得被规定为国家的或必须遵循的意识形态”，承认“政治多元化和多党制”（第 13 条）[④]。实质上是以自由、民主、人权基础上的“民主政治思想”作为国家发展的意识形态理论基础。

3. 改变了国家和社会的发展目标。1977 年《苏维埃社会主义共和国联盟宪法（根本法）》序言中指出：“苏维埃国家的最高目标是建成无阶级的共产主义社会，在这个社会中，共产主义的社会自治将得到发展。”[⑤] 1978 年《俄罗斯苏维埃联邦社会主义共和国宪法（根本法）》序言中也指出：俄罗斯苏维埃联邦社

---

① Конституция（Основной закон）СФСР，М.：Известия，1982，С. 9.

② 《俄罗斯联邦宪法》，姜士林等主编：《世界宪法全书》，第 827 页。

③ Конституция（Основной закон）СФСР，М.：Известия，1982，С. 6.

④ 《俄罗斯联邦宪法》，姜士林等主编：《世界宪法全书》，第 826 页。

⑤ Конституция（Основной закон）Союза Советских Социалистических Республик，М.：Фан，1978，С. 8—9.

会主义共和国“团结各民族共同建设共产主义”[①]。而《俄罗斯联邦宪法》则无须再保留这种提法了。

4. 改变了对国家和社会领导力量和指导力量的有关规定。1978 年《俄罗斯苏维埃联邦社会主义共和国宪法（根本法）》第 6 条认定：“苏联共产党是苏联社会的领导力量和指导力量，是苏联社会政治制度以及国家和社会组织的核心。苏共为人民而存在，并为人民服务。”[②] 早在 1990 年俄罗斯修改宪法时就取消了这一条中有关苏共领导地位的规定，将宪法第 6 条修改为“各政党、工会组织、青年组织、其他社会组织和群众运动通过自己选进人民代表苏维埃的代表以及其他各种形式参加制定国家政策，管理国家和社会事务”[③]。而在《俄罗斯联邦宪法》中则不再保留类似的提法，只是强调“在俄罗斯联邦，承认政治多元化和多党制”。“社会团体在法律面前一律平等”（第 13 条）[④]。

三、《俄罗斯联邦宪法》规定了俄罗斯的基本经济制度

1978 年《俄罗斯苏维埃联邦社会主义共和国宪法（根本法）》规定：“俄罗斯苏维埃联邦社会主义共和国经济制度的基础是生产资料社会主义所有制。社会主义所有制的形式包括：国家（全民）所有制和集体农庄合作社所有制。”“国家保护社会主义财产，并为其增多创造条件。”“任何人无权利用社会主义财产来达到个人发财致富的目的和其他自私目的。”（第 10 条）[⑤]《俄罗斯联邦宪法》取消社会主义的生产资料公有制是国家经济制度基础的提法，代之以“私有财产神圣不可侵犯”原则。宣称：“私有权受法律保护”（第 35 条第 1 款），“每个人都有权拥有私有财产，有权单独或与他人共同掌管、使用和支配这些财产”（第 35 条第 2 款）[⑥]。同时强调“俄罗斯联邦是社会国家”（第 7 条），“在俄罗斯联邦，对私有制、国家所有制、地方所有制以及其他所有制形式予以同样的承认和保护”

---

① Конституция（Основной закон）СФСР，М.：Известия，1982，С. 6.

② Конституция（Основной закон）СФСР，М.：Известия，1982，С. 10.

③ Конституция（Основной закон）Российской федерации — России，М.：Известия，1992，С. 4.

④ 《俄罗斯联邦宪法》，姜士林等主编：《世界宪法全书》，第 826 页。

⑤ Конституция（Основной закон）СФСР，М.：Известия，1982，С. 12.

⑥ 《俄罗斯联邦宪法》，姜士林等主编：《世界宪法全书》，第 828 页。

（第 8 条第 2 款）[1]。

四、《俄罗斯联邦宪法》明确了俄罗斯的国家地位

苏联解体后，俄罗斯成为苏联国际法意义上的继承国，已无须再使用“主权国家”、“在经过革新的苏维埃联盟中建立民主的法制国家”等词句了。

五、《俄罗斯联邦宪法》对联邦体制做出了明确的规定

《俄罗斯联邦宪法》规定“俄罗斯联邦的联邦体制建立在俄罗斯联邦国家完整、国家权力体系一致、俄罗斯联邦国家权力机关和俄罗斯联邦主体国家权力机关之间划分管辖对象和分权、俄罗斯联邦各族人民平等与自决的基础上”（第 5 条第 3 款）；“俄罗斯联邦在其全部领土上享有主权”，“俄罗斯联邦宪法和联邦法律在其全部领土上具有至高无上的地位”，“俄罗斯联邦保障自己领土的完整和不受侵犯”（第 4 条）[2]；“俄罗斯联邦总统和俄罗斯联邦政府根据俄罗斯联邦宪法保障在俄罗斯联邦全境实现联邦国家权力的全权”（第 78 条第 4 款）[3]。

以 1993 年《俄罗斯联邦宪法》的通过、生效为标志，俄罗斯初步确立了“民主政治”框架，在法律形式上具备了西方式“民主政治制度”的一些基本要素：

第一，宪法保证经全民选举产生的代表（议员）对政府政策实施制约。

第二，确立了定期的自由选举制度，选民通过选票选举国家最高领导人和各级主要领导人的制度得以遵守，国家最高权力的转移是通过选举机制来完成的。

第三，公民有选举权和被选举权，有权竞选公共职位，这种对政府、国家政权的制约作用尽管还十分有限，竞选各级公共职位的还是少数“精英”，然而毕竟改变了苏联时期各级干部由苏共培养、选拔、任用的制度。

第四，公民有通过各种媒体自由表达意愿的权利，取消了书刊检查制度。

第五，公民有获取政府和其他组织所控制的信息的权利。

第六，公民有自由结社的权利，有权组织政党和各种政治运动。

俄罗斯宪法制度的确立，成为俄罗斯逐渐摆脱政治混乱、走向社会稳定的基本保障。此后，尽管政治斗争仍然时有发生，但与此前相比，变化还是十分明显

---

① 《俄罗斯联邦宪法》，姜士林等主编：《世界宪法全书》，第 826 页。

② 同上，第 826 页。

③ 同上，第 832 页。

的：政治斗争有法可依、“游戏规则”得以遵守，各党派之间的政治斗争逐渐走上文明斗争、平等竞争的轨道。

以总统权力为核心的最高国家权力划分

根据1978年俄罗斯宪法有关规定，俄罗斯的政治体制是共产党领导下并以共产党为核心的人民代表苏维埃议行合一制度。人民代表苏维埃是人民行使国家权力的主要形式。其他一切国家权力机关受人民代表苏维埃的监督并向人民代表苏维埃报告工作。俄罗斯最高苏维埃代表大会是俄罗斯最高国家权力机关。俄罗斯部长会议，即俄罗斯政府，是俄罗斯国家权力的最高执行机关，由俄罗斯最高苏维埃代表大会组建，对俄罗斯最高苏维埃代表大会负责并向它报告工作。俄罗斯最高法院和俄罗斯最高检察院是俄罗斯最高司法机关，由俄罗斯最高苏维埃代表大会选举产生，并向俄罗斯最高苏维埃代表大会负责和报告工作。俄罗斯最高苏维埃代表大会选举产生俄罗斯最高苏维埃主席团，它是俄罗斯最高苏维埃的常设机构，在代表大会闭幕期间，负责最高苏维埃的日常工作。

众所周知，实际上在苏联时期决策是苏共中央、苏共中央政治局，甚至是领袖个人，宪法规定的最高国家权力机关——最高苏维埃往往只是表决通过苏共中央的决定，因此被人们讥讽为“橡皮图章”。而由于作为决策中心的苏联联盟中央的存在，作为加盟共和国之一的俄罗斯联邦的权力也十分有限。

在苏联剧变过程中，俄罗斯开始逐渐改变国家的政治体制；而苏联解体宣告俄罗斯彻底摆脱了联盟中央的控制，成为独立国家。1993年《俄罗斯联邦宪法》以国家根本大法的形式取消了议行合一的苏维埃制度，取消了苏维埃国家组织和活动的民主集中制原则，确立了三权分立的政治制度。《俄罗斯联邦宪法》明确规定：俄罗斯遵循“分权与制衡”原则，确立国家的立法权、行政权、司法权各自分立而又相互牵制和协调的关系，即议会是“俄罗斯联邦的代表与立法机关”（第94条）[①]；“俄罗斯联邦的执行权力由俄罗斯联邦政府行使”（第110条第1款）[②]；“俄罗斯联邦境内的审判权只由法院行使”（第118条第1款），“法官是独

① 《俄罗斯联邦宪法》，姜士林等主编：《世界宪法全书》，第834页。

② 同上，第835页。

立的、只服从俄罗斯联邦宪法和联邦法律”（第 120 条第 1 款）[①]。

就其实质而言，俄罗斯实行的是总统制，而且与当今世界上其他实行总统制的国家相比，俄罗斯总统制的特点更为突出。在立法权、行政权、司法权三权当中执行权力最为强有力，特别是总统掌握着大部分重要的国家权力，他的权力比美国总统、法国总统的权力要大得多，而受立法权、司法权的约束要小得多。

一、强有力的执行权力体系

根据《俄罗斯联邦宪法》，俄罗斯联邦总统是国家元首。是俄罗斯联邦宪法、人和公民的权利与自由的保障。总统是联邦武装力量的最高统帅。总统按俄罗斯联邦宪法规定的程序采取措施，捍卫俄罗斯联邦的主权、独立与国家完整，保障国家权力机关协调地行使职能并相互协作。俄罗斯联邦总统根据俄罗斯联邦宪法和联邦法律决定国家对内对外政策的基本方向。俄罗斯联邦总统作为国家元首，在国内和国际关系中代表俄罗斯联邦。

俄罗斯联邦总统由具有普遍的、平等的和直接的选举权的俄罗斯联邦公民用无记名投票方式选出，任期四年；同一个人不能成为两届以上就任的俄罗斯联邦总统。鉴于 1992—1993 年激烈权力之争的教训，1993 年宪法不再设副总统一职。梅德韦杰夫任俄罗斯总统后，在其 2008 年的国情咨文中提出了政治改革和调整的十项措施，其中之一就是延长总统任期，即由四年延长至六年。也就是说，从下一届 2012 年总统选举时起，俄罗斯总统的任期便为六年了。

《俄罗斯联邦宪法》规定，俄罗斯总统的权力包括：

经国家杜马同意后任命联邦政府总理；

有权主持联邦政府会议；

作出联邦政府辞职的决定；

向国家杜马提出联邦中央银行行长人选，向国家杜马提出解除联邦中央银行行长职务的问题；

根据联邦政府总理的提议，任免联邦政府副总理和联邦部长；

向联邦委员会提出联邦宪法法院、联邦最高法院、联邦最高仲裁法院法官的人选以及联邦总检察长的人选；

向联邦委员会提出解除联邦总检察长职务的建议；

---

① 《俄罗斯联邦宪法》，姜士林等主编：《世界宪法全书》，第 836 页。

任命其他联邦法院的法官；

组成并领导联邦安全会议；

批准联邦军事理论；

组成联邦总统办公厅；

任免联邦总统全权代表；

任免联邦武装力量最高统帅部；

任命和召回联邦驻外国和国际组织的外交代表；

确定国家杜马的选举，依照有关程序解散国家杜马；

决定全民公决，向国家杜马提出法律草案；

签署并颁布联邦法律；

向议会提交有关国内形势和国内外政策基本方针的年度咨文；

可以根据联邦法律的有关规定和程序在联邦境内或其某些地区实行紧急状态，并将此决定通报联邦委员会和国家杜马；

实行赦免，等等。

《俄罗斯联邦宪法》规定，俄罗斯联邦的执行权力由联邦政府行使。联邦政府的主要职权包括：

制订并向国家杜马提出联邦预算并保障其执行；向国家杜马报告预算执行情况；

保障实行统一的金融、信贷和货币政策；

保障在文化、科学、教育、卫生、社会保障和生态领域实行统一的国家政策；

管理联邦财产；

实施保障国家防御、国家安全和贯彻联邦对外政策的措施；

实施保障法制、公民的权利与自由、保护财产和社会秩序以及与犯罪现象作斗争的措施，等等（第 114 条）。

二、行使立法、监督职能的立法权力体系

与总统拥有广泛而重要的国家权力相对比，立法权力机关的权力相对较小。根据《俄罗斯联邦宪法》，上部宪法在第 104 条中赋予人民代表大会（国家最高权力机关）的一系列实权（通过、修改、补充俄罗斯联邦宪法；决定国家内外政策；批准和废除国际条约；通过有关民族国家结构问题的决定；决定解决国家行政地域结构问题的程序；决定俄罗斯联邦边界修改问题；确定国家前景规划和最重要的经济社会发展纲要；确定俄罗斯联邦政府总理、总检察长、宪法法院院长、最高仲裁法院院长人选、选举宪法法院，等等）或成为议会与总统、政府共享的权力，或成为总统行使的权力。

《俄罗斯联邦宪法》明确规定，由联邦委员会和国家杜马组成的俄罗斯联邦会议（议会）行使立法和监督职能。

联邦委员会的职权包括：

批准俄罗斯联邦主体间边界的变更；

批准联邦总统关于实行战时状态的命令；

批准联邦总统关于实行紧急状态的命令；

决定能否在俄罗斯联邦境外动用俄罗斯联邦武装力量的问题；

确定联邦总统的选举；

罢免联邦总统的职务；

任命联邦宪法法院、联邦最高法院和联邦最高仲裁法院的法官；

任免联邦总检察长；

任免审计院副主席及其半数检查员（第 102 条）。

国家杜马的职权包括：

同意联邦总统对联邦政府总理的任命；

决定对联邦总统的信任问题；

任免联邦中央银行行长；

任免审计院主席及其半数检查员；

任免人权全权代表；

宣布大赦；

提出罢免联邦总统的指控（第 103 条）。

联邦委员会和国家杜马虽然分别拥有“罢免俄罗斯联邦总统的职务”（第 102 条第 1 款（6））和“提出罢免俄罗斯联邦总统的指控”（第 103 条第 1 款（7））的权力[①]，但根据第 93 条的规定[②]，实际上真要罢免总统相当困难。

---

① 《俄罗斯联邦宪法》，姜士林等主编：《世界宪法全书》，第 834 页。

② 同上，第 833—834 页。

俄罗斯宪政制度的确立在很大程度上参考了西方国家的经验，特别是分权与制衡原则，同时也带有明显的强化总统权力的"俄罗斯特色"，无疑这来源于俄罗斯历史文化传统，同时前一阶段激烈的政治斗争和过渡时期对一定程度权力集中的客观需要也起了重要的作用。1993 年《俄罗斯联邦宪法》通过、生效后俄罗斯所建立起来的国家权力结构在法律上具有了权力分开的形式、形成了一种各个权力分支职权并不平衡的三权分立，而这种权力结构最突出的是缺乏对执行权力，尤其是总统个人权力的有效制约。

三、司法权力体系

俄罗斯联邦的司法系统包括联邦宪法法院、最高法院、最高仲裁法院、联邦总检察院。宪法规定，"俄罗斯联邦境内的审判权只由法院行使"（第 118 条第 1 款），"法官是独立的，只服从俄罗斯联邦宪法和联邦法律"（第 120 条第 1 款）。根据《俄罗斯联邦宪法》，法院（宪法法院、法院、仲裁法院）是行使司法权的唯一机关，即"司法机关"，而其他参与司法活动的国家机构，包括俄罗斯司法部、内务部、联邦安全局、联邦保卫局、联邦边防局、对外情报局、国家海关委员会、联邦税务警察局，以及律师等统称为"护法机关"。俄罗斯的司法机关与护法机关分属相互独立的两个国家权力体系——司法权力体系与执行权力体系，并拥有不同的职权范围和活动方式。司法机关按照规定的诉讼程序独立地进行司法审判与司法监督活动，护法机关则在其管辖范围内负责保障国家与公民的安全。

俄罗斯的检察机关是一个比较特殊的国家权力机关，因为它与世界上大多数国家检察机关的概念不尽相同。俄罗斯的检察机关不属于俄罗斯司法机关的范畴。虽然俄罗斯现行宪法将有关检察机关的规定列入了《司法权》一章，但宪法并没有赋予检察机关以司法职能。按照俄罗斯宪法和《俄罗斯联邦检察机关法》，俄罗斯检察机关既不属于国家立法和执行机关，也不属于司法机关，而是一种特殊的国家机关。作为联邦集中统一的机关体系，俄罗斯各级检察机关是代表联邦对国家各部门的法律执行情况实施监督的法律监督机关。[①]

---

① 参见潘德礼主编：《列国志——俄罗斯》，社会科学文献出版社 2010 年第 2 版，第 159 页。

4. 俄罗斯选举制度及其改革的主要内容是什么?

李雅君

俄罗斯的选举制度是在苏联后期戈尔巴乔夫倡导的“民主化”运动中建立起来的，它顺应了当时俄罗斯民众要求民主选举“国家最高权力”的政治愿望，从而彻底改变了国家社会政治生活的面貌。随后，作为基本的宪法原则，在全联邦范围内“普遍、直接、平等与无记名投票选举各级政权机关”的民主选举原则被写进了1993年《俄罗斯联邦宪法》。根据新宪法和各类联邦选举法，定期举行国家各级权力机关代表与领导人的民主选举，成为俄罗斯社会政治生活的主要内容之一。

在俄罗斯社会转型20年间，虽然民主选举的宪法原则没有发生改变，但选举制度的内容却经历了一个不断变化的过程。尤其是在普京执政时期，根据当时政治形势的需要，普京针对叶利钦时期确立的选举制度进行了多项重大改革。改革的结果大大促进了以总统权力为核心的国家权力体系的巩固，对俄罗斯的政治体制和政治发展进程产生了极其重要的影响。

俄罗斯选举制度的确立

苏联后期，戈尔巴乔夫倡导的改革苏维埃政权体系的“民主化”运动将“三权分立”思想与民主选举原则引入了苏联社会，并在全联盟范围内进行了民主选举国家权力机关代表的最初尝试。作为苏联的加盟共和国之一，俄罗斯联邦的选举制度也就是从这一时期开始逐步建立起来的。

俄罗斯的选举制度按照类型可分为议会、总统与地方三种选举体制。除了宪法及联邦法律规定的有关选举制度的一般原则外，三种选举体制在内容和形式上都自成体系，俄罗斯的选举制度也就是由体现这三种选举体制的各种法律性文件组成的。

一、议会选举体制

俄罗斯议会选举体制的确立可以分为以下三个阶段：

第一个阶段是苏联解体前后，俄罗斯联邦人民代表大会时期的选举体制。

苏联时期，在戈尔巴乔夫推行政治体制改革之前，各级苏维埃作为国家自上而下实行议政合一的政权机构，从未实行过真正的民主选举。随着多党制、三权分立原则与西方议会民主思想在苏联国家政治生活中的逐步确立，改变国家最高权力机关——人民代表苏维埃的选举制度成为实现国家政治体制转变的最主要任务。1988 年 12 月 1 日，苏联最高苏维埃通过了《苏联人民代表大会选举法》，这是苏联历史上第一部有关公开选举国家权力机关代表的法律。根据该法，苏联最高国家权力机关——苏联人民代表大会的所有 2250 名代表均通过差额选举直接产生。1989 年 5 月召开了经民主选举产生的苏联第一次人民代表大会。很快，包括俄罗斯联邦在内的各加盟共和国也相继举行了各自的地方议会选举。

1989 年 10 月，为准备第一次俄罗斯人民代表大会代表的选举，俄罗斯联邦最高苏维埃通过了《俄罗斯苏维埃联邦社会主义共和国人民代表选举法》（以下简称《俄罗斯人民代表选举法》）。该选举法确定了一系列民主选举的原则和程序，如选举的普遍、直接、平等与无记名投票原则、划分选区原则、有关候选人资格与候选人提名程序的规定等等。随后，这些内容很快就被写进了当时施行的《俄罗斯联邦——俄罗斯宪法（基本法）》，俄罗斯宪法文本中也第一次出现了有关民主选举制度与人民代表地位的条款。

根据《俄罗斯人民代表选举法》，1990 年 5 月，俄罗斯选出了第一次人民代表大会的代表共 1068 名，其中 900 名代表是在全联邦境内按人口数量划分的选区中由选民直接选举产生的，其余 168 名代表则是根据不同的代表名额在联邦各主体内选举产生，其中共和国各选出 4 名代表，自治州各选出 2 名代表，自治专区各选出 1 名代表，边疆区、州和两个直辖市共选出 84 名代表。人民代表大会每 1 年举行一次例行会议。代表大会从代表中选出人数相等的两院最高苏维埃——共和国苏维埃和民族苏维埃，作为其常设机关，每年召开两次例会。按照规定，共和国苏维埃由在全俄地区选区当选的代表组成，民族苏维埃则由在联邦主体选区当选的代表，按比例组成。这样，俄罗斯联邦的国家最高立法机关正式由一院制改为两院制。

虽然这一时期俄罗斯国家政权体系中确立了三权分立的基本原则，但人民代表大会制度并没有完全实现向西方式议会制的根本转变，各级人民代表大会仍是最高国家权力机关，其常设机构——最高苏维埃集立法、命令和监督于一身，兼有很多执行权力机关的职能。

第二个阶段是《1993 年俄罗斯宪法》生效前后，由人民代表大会向俄罗斯议会制过渡时期的选举体制。

苏联解体后，俄罗斯联邦总统与最高苏维埃就改革苏维埃机制，建立新的国家权力体系等问题展开了激烈的争论，并发展成严重的政治对抗。1993 年 10 月，俄罗斯总统叶利钦动用武力，废除了俄罗斯民选的第一届人民代表大会，彻底取消了苏联时期建立起来的苏维埃制度。1993 年 10 月 1 日和 11 日，叶利钦以总统令的形式分别签署并颁布了《1993 年俄罗斯联邦联邦会议国家杜马代表选举条例》和《1993 年俄罗斯联邦联邦会议联邦委员会选举条例》。两院代表选举条例对俄罗斯国家代表权力机关的构成、选举的方式和程序等都作出了新的规定。根据两院选举条例，新的俄罗斯国家代表机关——联邦会议（俄罗斯联邦议会）将由国家杜马（下院）和联邦委员会（上院）两院组成，国家杜马代表选举将采用“混合式代表选举体制”，即在 450 名杜马代表中，225 名代表按单名制（全国划分为 225 个选区，1 个选区选举 1 名代表）方式与多数代表制（获相对多数选票的候选人当选）原则由选民直接选举产生，另外 225 名代表则在全联邦范围内从参加竞选并获得 5%以上选票支持的选举联合组织和选举联盟中，根据其获得选票的多少，按比例选出；联邦委员会将从 89 个联邦主体中按多数制原则各选出 2 名代表，共由 178 名代表组成。

两院选举条例对俄罗斯社会产生最直接影响的是第一次提出了“混合式代表选举体制”的思想（即 1/2 杜马代表在全联邦选区按比例代表制选举产生；另外 1/2 杜马代表在单名制选区按多数制原则选举产生），这为俄罗斯各类政党和选举联盟通过选举直接进入议会创造了条件。为此，两院选举条例还第一次引入了“选举联合组织”的概念。根据两院选举条例，“选举联合组织”是指其章程经司法部登记，以参加联邦立法机关选举为政治目的的政党、政治运动和社会联合组织，以及在竞选期间成立的，由上述政党与政治运动组成的政党联盟。

允许“选举联合组织”的存在促进了俄罗斯政党体制的发展，也为吸引各类政党与社会政治组织参与国家政治生活创造了法律前提。此后，俄罗斯政党与政治组织的数量迅速增长。1993 年 12 月第一届国家杜马选举期间，经俄罗斯司法部登记的全联邦性政党、政治运动等社会组织有 147 个，其中 13 个参加了国家杜马的竞选。[①] 仅过了两年，到 1995 年第二届国家杜马选举时，在俄罗斯司法部获得登记的全联邦性政党、政治运动和其他社会联合组织已发展到了 300 多个，其中 43 个获得了中央选举委员会的登记，获准参加了国家杜马代表选举。

1993 年 12 月 12 日，按照两院选举条例选举产生了俄罗斯联邦第一届联邦会议。作为临时议会，本届联邦会议任期 2 年。在举行俄罗斯联邦会议两院代表选举的同一天，俄罗斯还就联邦宪法草案举行了全民公决，并最终通过了俄罗斯联邦宪法。新宪法将全民公决和自由选举作为俄罗斯宪法制度的基本原则之一，并承认了第一届联邦会议的法律地位及其选举的合法性。但新宪法废除了《1993 年俄罗斯联邦联邦会议联邦委员会选举条例》，将联邦委员会按照“多数代表制”的方式选举产生，改为了“直接由各联邦主体选派代表的方式”组成，即“联邦委员会由俄罗斯联邦每个主体各派 1 名国家代表权力机关和 1 名国家执行权力机关代表组成”。需要指出的是，《1993 年俄罗斯宪法》中只规定了有关选举的一般原则，并没有设置针对任何一项选举的专门章节。根据宪法，组成联邦委员会和选举国家杜马的程序将由专门的联邦法律规定。

第三个阶段是《1995 年俄罗斯联邦议会选举法》通过后的俄罗斯议会选举体制。

为准备第二届联邦会议代表选举，根据俄罗斯宪法，1995 年 6 月和 12 月，俄罗斯国家杜马先后通过了《国家杜马代表选举法》和《联邦委员会组成程序法》，并以这两个法律为基础选举产生了第二届联邦会议。

《1995 年国家杜马代表选举法》基本重复了 1993 年杜马代表选举条例中的主要条款，只是根据宪法对某些内容作了一些修改与补充。比如，在坚持选举的普遍、直接、平等和无记名投票原则的同时，特别强调了选民参加选举的自愿原则；将宣布举行新一届国家杜马选举的权力正式赋予了联邦总统；选举日定在上

① 参见《俄罗斯报》1993 年 12 月 28 日。

届国家杜马任期届满后的第一个星期日，等等。除此之外，该法基本保留了由杜马代表选举条例确定的“混合式代表选举体制”，并对提名代表候选人、统计选票与公布选举结果的方法做了某些特殊的补充规定。《1995年联邦委员会组成程序法》则根据《1993年俄罗斯宪法》有关“联邦委员会由每个联邦主体各派2名代表组成”的规定，进一步具体表示为：“联邦委员会将由每个联邦主体内的国家代表权力机关首脑和国家执行权力机关首脑共同组成”，也就是说，联邦主体国家代表权力机关首脑和执行权力机关首脑同时兼任联邦委员会代表。

根据联邦宪法和《1995年国家杜马代表选举法》，1995年12月17日选举产生了俄罗斯第二届国家杜马。1996年年初，第一届联邦委员会届满后，由俄罗斯联邦各主体代表与执行权力机关首脑，共178人，组成了第二届联邦委员会。此后，有关俄罗斯联邦会议选举程序的立法工作基本上没有大的改动，主要是针对1993年联邦会议选举以来出现的问题对选举法进行了某些必要的修改和补充，这方面的工作主要有：国家杜马1997年9月5日通过的《基本保障俄罗斯联邦公民选举权与参加全民公决权法》和1999年6月2日通过的《1999年国家杜马代表选举法》。这两个联邦法律分别是对《1994年俄罗斯联邦公民选举权基本保障法》和《1995年国家杜马代表选举法》内容的补充与发展。到1999年1月1日前，按照新规定取得俄罗斯司法部登记的政治联合组织有141个[①]。在俄罗斯国家杜马代表选举中逐渐形成了几个固定的，有广泛社会基础、知名度和固定选民的政党和政治组织，历届国家杜马的大部分代表基本上是这些政党和政治组织的成员，有些代表甚至连任几届，俄国家杜马代表也开始显现出向职业化发展的趋势。

从1989年10月由俄罗斯联邦最高苏维埃通过的《俄罗斯苏维埃联邦社会主义共和国人民代表选举法》，到1999年6月由俄罗斯国家杜马通过的新的《国家杜马代表选举法》，经过十年的议会选举和立法实践，俄罗斯议会选举体制确立了起来。

二、总统选举体制

苏联后期，由于社会政治多元化的影响、不断加剧的国内民族冲突，以及缓

---

① 参见《俄罗斯政治丛刊年鉴——1998年的俄罗斯地方政权》，莫斯科1999年版，第171—174页。

慢的经济体制改革，促使苏联上层领导人试图通过设立总统职位更加有效地控制国家秩序和社会秩序，加强国家行政职能的权威。1990 年 3 月苏联第三次非常人民代表大会通过了关于设立苏联总统职位的法律，并选举戈尔巴乔夫为首任苏联总统。

为了与联盟中央抗衡并改变共和国内的国家权力体系结构，时任俄罗斯最高苏维埃主席的叶利钦等激进民主派极力主张在俄联邦也实行总统制。在俄罗斯民主派们的鼓动和坚持下，俄联邦最高苏维埃决定，于 1991 年 3 月 17 日，即全联盟就“是否保留苏联”的问题举行全民公决的当天，在俄罗斯境内同时就有关设立总统职位问题举行全民公决。全民公决的结果，有 52%的选民支持在俄罗斯实行总统制。

全民公决后仅一个多月，即 1991 年 4 月 24 日，俄罗斯最高苏维埃讨论并通过了《俄罗斯苏维埃联邦社会主义共和国总统选举法》，该法制定了俄罗斯总统选举的原则和程序，主要内容包括：俄罗斯总统将由具有选举权的公民根据普遍、平等、直接、无记名投票的方式选举产生；总统候选人的年龄应限定在 35 周岁至 65 周岁，任期为 5 年，且同一人不得连任 2 届以上总统职务；设立副总统一职，副总统候选人由总统候选人提名，两人作为联盟者一同参加竞选；在选举方式上，采用由选民直接投票的绝对多数代表制，即在选民参选率过半，且有两名以上候选人参选的情况下，所得选票超过投票总数半数以上的候选人当选。如所有候选人所得选票均未超过总票数的一半，则将在第一轮选举后的 15 天内进行第二轮选举，由得票相对最多的候选人当选；在提名总统候选人的程序上，规定凡在联邦司法部取得正式登记的全俄性政党、社会组织、群众运动，在征集到 10 万以上选民支持的情况下，均有权提名总统候选人。

根据该总统选举法，1991 年 6 月 12 日，俄罗斯联邦举行了第一届总统选举。叶利钦等 6 人在中央选举委员会取得了总统候选人的资格登记。选举结果，叶利钦在第一轮投票中获得 57.3%的选票，顺利当选俄罗斯第一任总统。与第一任苏联总统戈尔巴乔夫相比，叶利钦算是俄罗斯第一位真正的民选总统。在此后与联盟中央和俄罗斯最高苏维埃的多次政治交锋中，叶利钦正是利用自己的这一优势而赢得了政治斗争上的主动权。

1993 年俄罗斯新宪法的通过标志着叶利钦总统集权体制的最终确立。与此同时，新宪法在有关俄罗斯总统选举的内容上也相应有了一些变化。其中，在对总统候选人的资格认定上提出了新的标准，即去除了对候选人年龄资格上限的限制，却增加了对候选人在俄罗斯境内居住年限的限制。规定，“凡年满 35 岁，在俄罗斯联邦定居 10 年以上的俄罗斯联邦居民，均可以当选为俄罗斯联邦总统”。这一内容的改变最为现实的影响，是为当时已近 65 周岁的叶利钦谋求蝉联总统职位开了绿灯。另外，1993 年宪法将俄罗斯联邦总统的任期由原来的 5 年改为了 4 年，但又规定：现任俄罗斯总统可以行使总统权力直至其任期届满为止。这样，叶利钦总统的 5 年任期并没有因为新宪法的通过而改变，新宪法通过后的新一届总统选举一直等到 1996 年 6 月才举行。相反，同样是民选的俄罗斯人民代表大会（议会），却早在新宪法通过之前就被叶利钦宣布解散了，并要求按照新宪法的规定重新进行选举。可以说，1993 年新宪法在选举体制上也是以加强总统权力为核心的。

然而，正是新宪法在对现任总统任期上的模糊解释，导致了叶利钦在谋求 2000 年总统连任时遭到了政权反对派们的坚决反对，险些成为导致国家政权危机的又一个导火索。叶利钦及其拥护者认为，叶利钦 1991 年当选总统时俄罗斯还未独立，他当选独立后的俄罗斯第一任总统的时间应该从 1996 年算起。所以，根据 1993 年新宪法的规定，他完全有权再参加一次总统竞选。反对其第三次参加总统竞选的人却指出，叶利钦担任第一任总统时的大部分时间是在苏联解体、俄罗斯独立以后，新宪法也确认了其合法性，说明他的第一任总统任期到 1996 年 6 月已经结束了，1996—2000 年是他的第二届任期，因此叶利钦将无权再次参加总统选举。最后，对此问题的争议被提交到联邦宪法法院进行裁决，1998 年 11 月 5 日，联邦宪法法院通过决议，认定 1996—2000 年是叶利钦的第二任总统任期。[①] 迫于各方压力，叶利钦最终不得不发表声明，明确表示自己将不会参加下一届总统选举，这一宪法危机才最终被平息下去。

为准备 1996 年总统大选，依据《1993 年俄罗斯联邦宪法》，1995 年 5 月 17 日俄罗斯联邦议会通过了独立以后的第一部总统选举法。该法保留了 1993 年宪法中有关总统选举的基本原则，如俄罗斯总统选举的普遍、平等、直接、无记名投票等原则，并在此基础上又提出了一系列新的原则，其中包括：公民自愿参加总统选举原则、总统候选人建立个人竞选基金原则，以及在准备和举行总统选举

① 参见《俄罗斯联邦立法汇编》1998 年第 45 期，第 5701 页。

中的公开性原则（指各国家政权机关和选举机关作出的所有与总统选举有关的决议、命令必须予以公布）。根据 1995 年总统选举法，选举总统的程序主要包括：划分选区与成立各级选举委员会；进行选民登记，建立选民名册；提名与登记总统候选人；总统候选人举行竞选活动；选民投票；统计与公布选举结果。在提名总统候选人方面，该法规定："选举联合组织、选举联盟或者由 100 名以上选民组成的倡议小组有权提名总统候选人"，"每个被提名的总统候选人须征得 100 万名以上选民的签名支持，在每个联邦主体内征集到的选民签名不得超过所征集选民签名总数的 7%"。

1995 年总统选举法另一个引人关注的内容，是取消了副总统的设置。这一方面是因为，在 1993 年"十月事件"中副总统鲁茨科伊扮演了总统反对者的角色，失去了叶利钦对他的信任；另一方面，1993 年俄罗斯新宪法确定了法国式的超级总统体制，总统选举法自然要在内容上与新宪法保持一致，以体现总统职权的绝对权威。

另外，该总统选举法还列举了宣布总统选举无效的几种情况，规定：当参加投票的选民没有达到选民名册中登记选民的半数以上；获选票最多候选人的得票数低于"反对所有候选人"的票数；在选举和计票中有侵犯选民自由表达意愿的行为；1/4 以上分区选区的选举属无效选举或法院作出了有关选举无效的判决后，本次总统选举将被认为无效，并要按照规定程序重新举行选举。

为适应 2000 年总统大选的需要，1999 年 12 月 1 日俄罗斯国家杜马又通过了一部新的总统选举法，以代替 1995 年总统选举法。恰是在《俄罗斯总统选举法》公布的当天，即 1999 年 12 月 31 日，俄罗斯总统叶利钦突然宣布提前辞去总统职务。依照俄罗斯宪法，总理普京代行总统职权，直至举行新的总统大选。表面上看，这似乎是偶然巧合的两个事件，但实际上它们之间有着很大的内在联系。因为自 1991 年经全民公决确定在俄罗斯设立总统职位以来，俄罗斯议会先后就俄罗斯总统选举和俄罗斯总统的地位等问题通过了多部宪法性法律，但是所有这些有关俄罗斯总统地位和总统选举的宪法性法律都没有对在现任总统提前离任的情况下提前举行总统选举的具体程序做出明确规定。

1999 年的这部新总统选举法特别增加了有关提前选举总统的内容，多处章节中都对此作了许多具体而详细的规定。正如俄罗斯中央选举委员会前任主席韦什尼科夫所说："新总统选举法为叶利钦总统的辞职和辞职后举行的总统选举提供了充足的法律依据。”[①] 根据1999年总统选举法，俄罗斯总统自动辞职后2周，由联邦委员会宣布提前举行总统大选；选举日期定在自总统辞职之日起3个月内的最后一个星期日；在提前举行总统选举的情况下，竞选活动的期限将缩短四分之一；如联邦委员会拒绝宣布提前举行总统选举，则总统选举将由中央选举委员会直接负责举行，选举日期也将定在自总统辞职之日起3个月后的第一个或第二个星期日。

鉴于1996年总统大选期间候选人之间在竞选活动中出现的一些问题，1999年总统选举法专门针对候选人在竞选活动中的某些禁止行为作了如下补充规定：如果总统候选人提供的个人材料不属实（包括本人及其子女的个人财产情况），或在其被正式登记之前进行了与竞选有关的活动，以及在选举活动中从事过贿赂选民、营利性商业活动、利用职务之便进行竞选等非法活动，则选举委员会将不予以登记，或取消其总统候选人的资格。该法生效后，中央选举委员会在对2000年总统选举候选人进行资格审查时，曾依据这一新条款的有关规定，以“俄罗斯自由民主党领导人日里诺夫斯基对其子女个人财产情况提供不清”为由，拒绝为其进行登记。后经俄最高法院裁决，中央选举委员会才准许日里诺夫斯基参加总统竞选。

新选举法对由联邦预算拨款的竞选基金的使用也作了某些限制，规定“在总统选举中所获选票未达到投票总数3%的候选人，选举结束后须将本人联邦预算部分的竞选基金如数退还。2000年总统选举的结果，在11名候选人中只有3人获得了3%以上的选票（普京、久加诺夫和亚夫林斯基），根据该规定，其余候选人不得不将选举时从联邦预算得到的竞选基金上交出去。

总的来看，作为国家民主制度的一部分，俄罗斯总统选举体制的确立满足了社会民主政治的要求，选民可以自由地参加国家领导人的选举活动，任何人都不可能无视它的存在。1996年，叶利钦谋求蝉联总统的努力受到了俄共领袖久加诺夫的挑战，在选举前的民意测验中，久加诺夫一度超过叶利钦而高居榜首。在竞选活动达到白热化的时候，叶利钦曾试图命令推迟甚至取消这次选举，但考虑到民众的情绪，最后也不得不放弃这种想法。2008年，普京两届总统任期届满，面对社会上连续不断的希望他继续连任的阵阵呼声，尽管拥有强大的政治资源，

---

① 参见《俄罗斯报》1999年12月31日。

普京最终也没敢违背宪法和选举法，而是提名梅德韦杰夫为总统候选人，自己出任政府总理和统一俄罗斯党主席，以“梅普组合”这一特殊执政方式，继续掌控俄罗斯政权，以期四年后能重新回到总统职位。然而无可否认，即使存在公平竞争的选举制度，俄当权者仍可以利用自己的职权，通过控制舆论、调整内外政策、大量募集竞选资金等手段，间接影响选举的进程与结果，实际上，这已经成为俄罗斯总统选举活动中的一个主要特征之一。

三、地方选举体制

俄罗斯是一个由 83 个[①]联邦主体组成的联邦制国家，这 83 个联邦主体又分为共和国、边疆区、州、联邦直辖市、自治州和自治专区等不同类型。这些类型不同，或相同类型的联邦主体，受不同的历史条件、地理环境、文化传统与经济发展的影响，在实施其所属职权时形成了各自不同的地方政权体系，包括各自政权机关的选举体制。这里主要介绍的是地方议会选举体制和地方行政长官选举体制。

地方议会选举体制。1988 年苏共第十九次代表大会提出了将在全联盟范围内举行各级人民代表苏维埃直接选举的政治改革方针。很快，1989 年俄罗斯最高苏维埃制定并颁布了《俄罗斯人民代表选举法》及《俄罗斯地方人民代表选举法》。根据这两个选举法，1990 年 3 月，在俄罗斯联邦境内同时举行了俄罗斯人民代表大会和俄罗斯各级地方苏维埃代表选举，这是俄罗斯历史上各级地方立法机关的第一次直接选举。在此之前，俄罗斯长期沿用由上级委派地方领导人制度，从来没有举行过任何形式的地方权力机关选举。1991 年以后，在一些联邦主体内，又由直接选举地方苏维埃逐渐发展成直接选举共和国总统或地方行政长官。

1993 年“十月事件”后，俄罗斯总统叶利钦发布命令，宣布立即解散俄罗斯各级苏维埃，尽快举行新的国家各级代表权力机关选举。从 1993 年 11 月到 1994 年秋，大部分联邦主体响应叶利钦的命令，迅速解散了当地的苏维埃机构，并举行了其新的代表权力机关选举。然而，在哈卡斯等共和国解散地方苏维埃的命令却受到了坚决的抵制。1993 年 10 月，哈卡斯共和国最高苏维埃坚决反对解

---

① 叶利钦执政期间，俄罗斯共有 89 个联邦主体。普京执政后，对联邦体制实行了多项改革，其中之一就是合并了部分联邦主体。目前，合并后的联邦主体数量为 83 个。

散俄罗斯人民代表大会和地方苏维埃的总统令，拒绝在共和国内建立新的代表权力机关，抵制行动一直持续到1996年年底。虽然，哈卡斯共和国最终于1996年12月举行了新的代表权力机关选举，但仍将其命名为“最高苏维埃”。在鞑靼斯坦、科米和巴什科尔托斯坦共和国，按该共和国宪法规定，其最高苏维埃一直被保留到了5年任期届满后，即1995年年初，才宣布举行其新的地方议会选举。另外，由于境内爆发了长期的民族冲突和战争，卡拉切沃—切尔克斯共和国和车臣共和国新的地方议会选举直到1995年6月和1996年6月才分别举行。[①]

为组织新的地方代表机关选举，1993年10月22日和26日，叶利钦分别签署了《边疆区、州、联邦直辖市、自治州和自治专区在分阶段宪法改革时期国家政权机关组织与活动的基本原则》和《边疆区、州、联邦直辖市、自治州和自治专区国家代表权力机关选举基本原则》，[②] 对地方代表机关的活动范围、代表任期与选举日期等都做了规定。但实际上，各联邦主体并没有执行联邦中央对地方选举的统一规定，而是根据自己确定的选举日期和选举程序组织了其第一届地方代表机关的选举。从1993年12月起，地方代表机关的选举活动共持续了两年多。根据《边疆区、州、联邦直辖市、自治州和自治专区国家政权机关组织与活动的基本原则》，第一届地方代表机关与1993年选举产生的俄罗斯联邦会议同属临时过渡性机构，任期为2年。这样，到1995年年底，当某些联邦主体刚刚结束其第一届地方代表机关选举，另一些联邦主体已经开始准备举行其第二届地方代表机关的选举了。这样，车轮式的、周期不同的选举活动就成为俄罗斯地方代表机关选举的一个显著特点。到1993年12月12日新宪法通过前，除上述两个议会选举条例外，叶利钦还分别签署了《有关边疆区、州、直辖市、自治州与自治专区国家代表权力机关选举一般原则的命令》和《有关地方自治机关选举一般原则的命令》（1993年10月27日）。根据这两项总统令，联邦主体地方苏维埃应立即解散，同时根据新的选举原则重新进行地方代表权力机关的选举。

在地方议会选举体制方面，俄罗斯各联邦主体代表机关选举的程序都是由各联邦主体自己制定的。1995年以后，各联邦主体都通过了自己的宪法或宪章，

---

① 参见（俄罗斯）《1997年俄罗斯政治丛刊第一卷——选举与政治发展》，莫斯科1998年版，第183页。

② 这两个文件都没有涉及联邦各共和国，在此之前，各共和国都是按照自己规定的程序选举其立法权力机关代表的。

在此基础上又制定了各自的《代表权力机关选举法》与《代表地位法》，明确规定了各自代表权力机关的组成方式、组织结构、职权范围，以及代表的法律地位等等，并以此为依据选举产生了其第二届地方代表机关。只有个别联邦主体是根据俄罗斯联邦总统的命令，按照其地方行政长官的法令组织其代表权力机关选举并确定其代表的法律地位的。例如，1996 年 9 月 29 日图拉州第二届州杜马选举就是根据俄罗斯总统《关于保障图拉州公民参加代表权力机关选举方法》的命令和图拉州地方行政长官与州选举委员会颁布的州杜马选举条例的规定而举行的。

按照各联邦主体宪法（或宪章）以及代表权力机关选举法的规定，大部分地方代表机关都是按照多数代表制选举代表，只有少数地方代表机关是按照多数代表制与比例代表制的混合方式组成（如马里共和国、萨拉托夫州等）。在划分选区时，除了阿迪格、鞑靼斯坦、巴什科尔托斯坦和马里埃尔等 4 个共和国使用按行政区划单位划分选区的方法外，其他联邦主体均按其选民平均人数划分选区。

与俄罗斯联邦国家杜马代表的选举原则一致，俄罗斯各联邦主体代表权力机关的选举均实行普遍、平等、直接和无记名投票的方式，以及选举过程公开原则和公民自愿参加选举原则，等等。另外，大多数联邦主体宪法或章程都明确规定地方代表机关代表不得兼任地方行政职务。在公民享有选举权与被选举权方面，各联邦主体代表权力机关选举法普遍都对公民的年龄、居住地和居住时间作了一定限制，规定：凡年满 18 岁，且其大部分时间居住在该联邦主体境内的俄罗斯联邦公民均享有选举权；凡年满 21 岁，且在该联邦主体内居住 1 年以上的俄罗斯公民享有被选举权。但某些联邦主体却有另外的规定，如在乌里扬诺夫斯克州，公民享有选举权与被选举权的法定年龄都为 18 岁；在车臣共和国，把公民享有被选举权的法定年龄下限提高到了 23 岁。而在印古什共和国，根据其选举法，年龄在 21—55 岁的公民才可以被提名为代表候选人。有的联邦主体还规定，享有被选举权的公民除应在该联邦主体内居住 1 年以上外，还必须在该联邦主体内的国家机关或企业中工作 5 年以上。除斯塔夫罗波尔边疆区、哈巴罗夫斯克边疆区、伏尔加格勒州、基洛夫州等没有对选民参选率作任何限制外，大部分联邦主体都规定选民最低参选率为 25％以上，阿尔泰、卡巴尔达—巴尔卡尔、北奥塞梯等共和国甚至规定，只有选民参选率达到 50％，选举才被认为有效。各联邦主体对选举时使用语言的规定也各不相同。其中大部分联邦主体允许选民使用俄语和本地语或除俄语和本地语之外的多种语言投票，而在鞑靼斯坦共和国却严格规定只能使用本地语言。

地方行政长官选举体制。俄罗斯联邦主体地方行政长官选举最早始于1991年。就其社会意义而言，它完全可以与同期举行的第一次地方代表机关的直接选举相提并论。然而，作为国家整个苏维埃体制改革的一环，地方代表机关选举在联盟及联邦中央统一组织下进行得十分顺利，而地方行政长官选举却经历了一个相当曲折的过程，直到1996年年底才在所有联邦主体普遍展开。

1991年以前，俄罗斯历史上从来没有过地方长官的直接选举。无论是沙俄时期的省长，还是苏联时期党的州委第一书记，一律实行中央委任制。1990年起，俄罗斯境内的共和国纷纷发表了自己的主权宣言，有的还设立了共和国总统职位，莫斯科与列宁格勒市的激进民主派们也提出要在两个大城市内实行民选市长制。1991年6月12日，在举行俄罗斯第一任总统选举的当天，鞑靼斯坦共和国、莫斯科和列宁格勒市同时还分别举行了共和国总统选举与市长选举。这三次选举成为俄罗斯地方行政长官直接选举的初次尝试。随后，其他联邦主体纷纷仿效他们的做法。到1991年年底，又有8个共和国举行了总统直接选举。它们是车臣、马里埃尔、莫尔多瓦、萨哈（雅库特）、卡巴尔达—巴尔卡尔、阿迪格、卡尔梅克和楚瓦什共和国（后两个共和国因没有一位候选人取得规定多数选票而被宣布无效）。

然而，这种完全由地方政权机关自发组织的选举活动受到了叶利钦及联邦中央的有意阻止。一方面，叶利钦担心选举会被地方某些代表旧制度的人所控制，另一方面也不愿轻易放弃对地方行政长官的任免权。“8·19”事件后，叶利钦利用俄罗斯人民代表大会赋予他的特殊权力，撤换了一批地方行政长官。[①] 1991年11月叶利钦又建议人民代表大会通过一项决议，规定：除了已宣布的地方行政长官选举外，一年之内不得再举行新的地方行政长官选举活动。叶利钦试图以此强迫手段加强对地方行政长官选举的控制，尽量延缓这一进程的推进速度。

1993年年初，地方行政长官选举的冻结期结束。最高苏维埃解除了对直选地方行政长官的禁令，选举重新在联邦主体内开展起来，一些州和边疆区也迅速加入到直选行政长官的行列。很快，1993年4月在斯摩棱斯克等8个州及边疆区宣布将同时举行其地方长官选举。这些州及边疆区大多属于当地苏维埃影响较大

① 参见董晓阳：《俄罗斯利益集团》，当代世界出版社1999年版，第205页。

的“红色地带”或俄罗斯远东地区。在这次选举活动中，由叶利钦任命的行政长官几乎都作为候选人参加了该地区的选举，但除克拉斯诺亚尔斯克边疆区外，其他任命的行政长官在选举中全部落选，当选的基本都是苏联时期旧官僚出身的人物。选举结束后，叶利钦根据俄宪法法院的决定，宣布车里雅宾斯克州的选举不符合联邦宪法和法律，其选举结果无效。“十月事件”后，叶利钦又以稳定局势为由，下令撤销部分当选地方行政长官的职务，同时委任了亲政府的新的行政长官。①

1993 年 12 月经全民公决通过了俄罗斯新宪法，新宪法中没有涉及联邦总统任命地方行政长官的内容。根据新宪法第 77 条第 1 款，“联邦主体的国家权力体系由各主体依据俄罗斯联邦宪法和联邦法律规定的组织国家代表权力机关和执行权力机关的一般原则独立确定”。按照这一规定，联邦主体地方行政长官的产生方式应由联邦主体自行决定。但是，由于当时还没有通过相关的联邦法律，叶利钦并没有立即停止任命新的地方行政长官。1994 年 10 月 3 日，叶利钦签署命令批准并颁布了《俄罗斯地方行政长官条例》。② 根据这一条例，各边疆区、州、联邦直辖市、自治州和自治专区行政长官的产生有两种方式，或由本联邦主体选民直接选举产生，或由俄罗斯联邦总统直接任命；地方行政长官隶属俄罗斯总统领导的会议咨询性机构——行政长官会议，须对总统负责。叶利钦以此加强了对地方行政长官的控制，地方行政长官直接选举也受到了严格的控制。实际上，从 1993 年底至 1996 年年底的 4 年中，地方行政长官的产生主要还是实行任命制，叶利钦利用地方行政长官选举制度尚未确立之际，趁机在共和国之外的各主体内任命了一大批亲政府的人，并力争使他们能在以后的地方行政长官选举中获胜。

一些地方政权机关对叶利钦的做法非常不满，他们向联邦宪法法院提出质询，认为叶利钦的总统令违反了联邦宪法，但宪法法院却迟迟没有对这一质询做出裁决。从 1994 年起，各边疆区、州、联邦直辖市、自治州和自治专区在 1993 年新宪法的基础上陆续颁布了自己的宪章，宪章中都对直接选举地方行政长官作出了明确规定。一时间，中央与地方在有关地方行政长官选举问题上出现了对立局面。在这种情况下，叶利钦于 1995 年 9 月 19 日发布了《关于联邦主体国家权

① （俄罗斯）Г. 米哈洛娃主编：《俄罗斯地方选举与党派》，莫斯科 2000 年版，第 54 页。

② 参见《俄罗斯联邦立法汇编》1994 年第 24 期。

力机关和地方自治机关选举》的命令[①]，宣布各联邦主体行政长官选举将于1996年12月，即于1996年6月俄罗斯总统大选结束之后举行。一些联邦主体对总统的这一命令仍表示不满意，他们认为中央没有权力规定地方行政长官的选举日期。为了缓和与地方的矛盾，保证1996年总统选举的顺利进行，叶利钦又发布一项命令，表示特许奥伦堡州、坦波夫州、新西伯利亚州、特维尔州等12个联邦主体，于1995年12月举行俄罗斯杜马选举的同时，提前举行其地方行政长官选举。其实，叶利钦批准的这12个提前举行地方行政长官选举的联邦主体都是经过精心挑选的，其现任领导人基本上都属于亲政府派，且在竞选中获胜的把握都非常大。选举结果也的确令叶利钦十分满意，在12个当选的地方行政长官中，亲政府派就占了10个。而在此之前，斯维尔德洛夫州未经总统批准，自行决定于1995年8月举行其地方行政长官选举。选举中，曾被叶利钦免职的前州长罗谢里提出“乌拉尔自治”的竞选口号以争取更多选票，在第二轮中最终战胜由叶利钦任命的现任行政长官而当选。

1995年12月5日国家杜马通过了《俄罗斯联邦会议联邦委员会组成程序法》[②]，根据这一法律，从第二届联邦会议起，联邦委员会将由各联邦主体的执行权力机关首脑和代表权力机关领导人组成。该法同时还规定，截止到1997年1月，各联邦主体必须选举出其地方行政长官。当时正值总统大选来临之际，叶利钦不愿失去地方势力的支持，因而没有对《联邦委员会组成程序法》予以否决，及时签署并公布了该法律。这一法律的通过表明地方行政长官产生中任命制与选举制并行的时期已经结束，地方行政长官直选制度将在全联邦普遍实行。

1996年下半年，地方行政长官选举全面展开。到1997年年底，俄罗斯各联邦主体行政长官基本上都实现了由本联邦主体内的居民直接选举产生，有些共和国和州甚至已经举行了其地方行政长官的第三届选举。由于各联邦主体执行权力机关长官的选举时间和任期各不相同，所以从第二届联邦委员会成员的名单随时都在更换。各联邦主体地方行政长官第二届选举年主要集中在2000年年底—2001年年初。

俄罗斯地方行政长官选举制度完全是由各联邦主体国家权力机关自行制定并

---

① 参见《俄罗斯联邦立法汇编》1995年第39期。

② 参见《俄罗斯联邦立法汇编》1995年第50期。

组织实施的。1995年以后，俄罗斯各联邦主体在其宪法（或宪章）基础上先后制定了自己的地方行政长官选举法，确定了地方行政长官选举的一般原则和程序。根据大多数联邦主体地方行政长官选举法的规定，地方行政长官选举按照普遍、平等、直接和无记名投票的方式，由该联邦主体公民选举产生，任期4—5年，可以连选连任，但不得超过两届。但在莫尔多瓦、达吉斯坦、阿尔泰和乌德穆尔特共和国，其第一任共和国总统都是由该共和国立法机关代表选举产生的。莫尔多瓦从其第二任总统开始才改由选民直接选举[①]。在通常情况下，大多数联邦主体都按照差额选举原则，实行两轮选举制，只有印古什、鞑靼斯坦、卡累利阿等共和国允许实行非差额选举，即在选举中只提出一名候选人；阿尔泰共和国实行一轮选举制。实行两轮选举制时，一般规定在第一轮选举中获绝对多数选票的候选人当选，如无人获半数以上选票，则在获选票前两位的候选人中举行第二轮选举，其中获相对多数选票的候选人当选。另外，各联邦主体还对选民最低参选率做了明确规定，宣布只有联邦主体25%以上的选民参加选举，选举才被认为有效，否则将举行重新选举。

在对候选人资格的限制上，大部分联邦主体都规定：凡年龄在30岁以上，在本联邦主体内居住满1年的该联邦主体公民均有权被提名为候选人。但有的联邦主体却做出了特殊规定，如在雅库特共和国，总统候选人的年龄被限定在40—60岁，且必须在该共和国内连续居住15年以上。类似的规定在哈卡斯、阿迪格等共和国选举法中也存在。在候选人掌握何种语言的问题上，绝大部分共和国都强调，候选人必须熟练掌握共和国内“主体民族”（即指该共和国以其名称命名的民族）的语言，尽管某些共和国中“主体民族”的人口并不占多数，如在阿迪格共和国，阿迪格族人只占总人口的1/5。显然，这种规定违反了《俄罗斯联邦公民选举权基本保障法》中有关“每个公民都拥有平等的选举权”的基本原则，对非主体民族的候选人带有某种歧视性质。依据联邦法律，对地方行政长官选举法中某些违反联邦宪法及联邦法律的条款，联邦各级法院或联邦宪法法院有权对其进行审议并做出裁决。

地方行政长官的产生由任命制发展到直选制不仅大大改变了地方政权的政治

① （俄罗斯）A. 伊万琴科主编：《俄罗斯联邦的选举权与选举过程》，莫斯科1999年版，第23页。

格局，也打破了旧的国家垂直权力体制的基本框架。一方面，各种政治力量和党派积极参与地方行政长官选举，争夺对地方的领导权，以扩大自己的政治影响力，致使地方行政长官选举中的党派色彩越来越突出，其中主要表现为以俄共为首的左派反对派和政权党之间的较量，俄罗斯社会政治生活中常常提及的所谓“红区”、“白区”之分正是这种较量的结果，地方政权的政治格局呈现出复杂化与多样性的特点。另一方面，地方行政长官改由选举直接产生后，中央与地方的矛盾并没有完全消除，相反又出现了新的矛盾。中央失去了对地方行政长官的任免权，同时也失去了协调国家统一权力体系的能力。社会长期政令不畅，地方大多自行其是，难以形成全国统一的经济与法律空间，致使联邦中央推行的多次社会、经济改革计划因贯彻不利而半途而废。

普京对俄罗斯选举制度的改革

1999 年年底，为了保证卸任后自己及其家人的人身安全，以及俄罗斯的未来发展不发生大的逆转，经过反复考察，叶利钦推举忠诚、干练而名不见经传的普京为自己的接班人，并以提前辞职的方式，帮助普京赢得了 2000 年总统大选，俄罗斯也由此进入了“普京时代”。

普京当选总统之时，俄罗斯社会正因长期激烈的政治斗争和掠夺式的全面私有化政策而陷入持续的社会动荡与严重的经济衰退。在政治领域，各派政治力量激烈冲突、社会秩序混乱，社会矛盾出现严重激化趋势。在叶利钦当政的整个时期，国家政治生活领域始终充斥着激烈的权力对抗。而车臣地区的民族分离势力始终不放弃政治独立的目标，第一次车臣战争后，车臣境内恐怖活动和极端宗教组织异常活跃，严重威胁着俄罗斯的国家统一和人民生命与财产安全；在经济领域，俄罗斯社会转型十年来，国家经济出现严重下滑，1992—1998 年，俄罗斯国内生产总值下降了 40%，综合国力大为削弱[①]，“俄罗斯近 200～300 年首次真

① 1990 年俄罗斯的 GDP 总额为 1 万多亿美元，是当年美国的 18.8%、中国的 2.8 倍；2000 年俄罗斯 GDP 总额下降为 2469 亿美元，仅为当年美国的 2.7%、中国的 25%。参见潘德礼主编、许志新副主编：《俄罗斯十年：政治·经济·外交》下卷，第 423 页。

正面临沦为世界二流甚至三流国家的危险"[①]；激进的经济改革导致失业人口和贫困人口激增，社会出现了严重的两极分化[②]。而在私有化过程中出现的一些金融寡头，一方面大肆掠夺性地占有社会财富，另一方面凭借金钱的力量对政权机构施加影响，操纵社会舆论，形成了叶利钦执政时期俄罗斯特有的所谓"寡头政治"；在社会生活领域，转型十年来，经历了巨大社会政治变化的俄罗斯社会始终处于一种分裂状态，官员腐败现象严重，社会犯罪活动猖獗，各种秩序和道德准则遭到破坏，民众对现政权的不信任达到了顶点；在国际关系方面，冷战结束后，美国在国际事务上实行了一系列单边主义行为，对俄罗斯安全和经济利益都构成了直接或间接的威胁，西方国家实行的地缘"挤压战略"，严重损害了俄罗斯的国家利益，叶利钦执政时期奉行的亲西方的对外政策在俄罗斯国内遭到了广泛批评，希望恢复昔日大国地位的民族主义思潮在俄罗斯社会又逐渐兴盛起来，俄罗斯民众中希望改变国家现状、希望国家安定、希望出现强有力政权的社会情绪也越来越强烈。

正是在这一历史关头，怀有大国梦想的普京登上了俄罗斯政坛。为了解决国家的生存与发展问题，重振俄罗斯的大国地位，2000 年 3 月当选新一届俄罗斯总统后，普京向社会提出了一套建立"强大而稳定经济"的强国战略。普京的这一政治理想在很大程度上也符合俄罗斯广大民众的心理诉求，因而赢得了社会的普遍支持。普京强国战略的主要内容是发展经济。在普京看来，经济发展的前提首先需要提高国家管理的效率和为经济发展提供稳定的政治环境。普京甚至直截了当地指出："目前俄罗斯复兴和蓬勃发展的关键就在于国家政治领域。俄罗斯需要一个强有力的国家政权体系，也应该拥有这样一个政权体系。"这也是普京在反思叶利钦时期中央权力软弱，地方政府自行其是与社会严重分裂后果的基础上提出的以"国家主义"为特征的新的执政理念。发展经济与强化政权的作用成为普京实现其强国战略的两个不可分割的必备条件。因此，普京执政后在政治方面的首要任务就是强化国家政权，使之有效率。

---

① （俄罗斯）普京：《千年之交的俄罗斯》，载《普京文集：文章和讲话选集》，中国社会科学出版社 2002 年版，第 16 页。

② 据俄罗斯社会学家统计，到 20 世纪 90 年代末，俄罗斯富人阶层占社会总人口的 1.5%，中间阶层占 25%，穷人阶层占 70%，其中收入低于最低生活费的人口占 37.7%。参见潘德礼主编、许志新副主编：《俄罗斯十年：政治·经济·外交》下卷，第 425 页。

执政八年，从 2000 年起，普京在国家的政治领域实行了一系列制度性改革措施，对俄罗斯的政治发展产生了极其深刻的影响。在普京的政治改革中，涉及俄罗斯选举制度，或对俄罗斯选举制度有直接影响的改革措施主要有：

一、改革联邦委员会组成方式，赋予联邦中央以解散地方议会或解除地方长官职务的权力

叶利钦执政时期，地方分立倾向十分严重，某些联邦主体为争取地方权益，纷纷要求与联邦中央签订双边分权协定，还有一些地方政权机关公然蔑视联邦法律，将本地法律置于联邦法律之上，致使联邦中央推行的很多社会经济改革措施难以得到实施，联邦统一的政治法律空间受到了很大威胁。为维护国家完整与保持政局稳定，叶利钦总统对联邦主体领导人多次采取了妥协让步的方式，其中一个最典型的事例就是 1995 年重新制定了《联邦委员会组成程序法》，该程序法明文规定：“联邦委员会将由每个联邦主体国家代表权力机关首脑和执行权力机关首脑共同组成”。虽然此项法律并没有违背俄罗斯宪法的相关条款，但它却为地方领导人直接掌控议会上院，进一步扩大地方权力提供了法律基础。

为削弱地方领导人的实权，消除地方政府严重违反联邦法律的现象，将管理国家各级权力机关的主动权掌握在联邦中央，尤其是总统手中，改变中央对地方事务进行管理的失控局面，2000 年 7 月 7 日和 19 日，国家杜马通过了普京向联邦议会提交的《联邦委员会组成原则修正法案》和《俄罗斯联邦主体国家立法与执行权力机关基本原则的修改与补充法案》。

其中，根据《联邦委员会组成原则修正法案》，联邦委员会成员将不再由各联邦主体行政长官和立法机关的领导人兼任，而改由各联邦主体行政机关和立法机关的代表组成；根据《俄罗斯联邦主体国家立法与执行权力机关基本原则的修改与补充法案》，当联邦主体的法律或法规违反联邦宪法或联邦有关法律时，联邦总统有权将该联邦主体法律提交相关法院审理。对在规定期限内拒不执行法院裁决的联邦主体立法机关，国家杜马可以根据总统提出的法律动议，宣布其解散，并限其在一定期限内重新举行选举；当联邦主体行政长官触犯了刑法，或其发布的命令违反了联邦宪法或联邦有关法律时，根据俄联邦总检察长的提议或相关法院的决定，联邦总统有权按照规定程序解除其行政长官的职务。

以上法案均遭到了联邦委员会的强烈反对，但却得到了国家杜马多数代表的支持。最终，两项法案顺利获得通过，这也被看作是普京执政以来在政治体制改

革方面取得的初步成果。

两项法案的内容对俄罗斯的选举制度，尤其是地方选举制度产生了很大影响。首先，它完全剥夺了地方领导人进入联邦委员会的权力，地方领导人的职权范围被严格限定在了管理本地区事务上，联邦委员会也由地方领导人组成的非常设立法机构，变为了以专职地方代表组成的国家常设立法机构，大大增加了国家立法机关的权威性；其次，按照规定程序，赋予国家杜马和俄罗斯总统解散地方议会或解除地方领导人职务的权力，客观上对民选的地方立法机关和地方行政长官起到了司法监督和行政约束的作用。

二、修改《俄罗斯国家杜马代表选举法》，对议会选举的规则进行重新规定

2000 年上任伊始，为尽快结束叶利钦时期持续不断的“府院之争”，以使政府提出的各项法律法规能够在议会顺利通过，普京一方面推动议会通过了《俄罗斯政党法》等相关法律，另一方面积极促成议会中亲政府的中派势力的联合，几年内打造出了一个积极维护政权利益的“政权党”——统一俄罗斯党。2003 年议会选举中，统一俄罗斯党获得议会多数，取代俄罗斯共产党成为议会第一大党。

为进一步扩大“政权党”在议会中的作用，普京提出了一项新的《俄罗斯联邦国家杜马选举法草案》。2005 年 4 月，该法案获得议会通过。

新议会选举法的主要内容包括：（1）取消了自 1993 年以来实行的“混合式代表制”，规定今后所有国家杜马代表都将按照“比例代表制”的方式选举产生，即国家杜马所有 450 名议席，将在取得进入议会资格的政党中按照其得票比率进行分配；（2）将参选政党进入议会所需要获得的选票最低比率由 5％提高到 7％；（3）议会选举必须以政党为单位，禁止各政党或政治组织联合组建“竞选联盟”参加选举；（4）每个政党的全联邦候选人不得超过 3 人，其余候选人须全部登记在地区选区的选票上①，且参选政党须在不少于 4/5 的联邦主体内提出自己的候选人名单；（5）取消选票中“反对所有政党”（或“反对所有人”）一栏；（6）取消对选举最低投票率的限制，即选举将不得因投票过低而被宣布无效；（7）允

① 这一规定是为了防止在选举时政党与利益集团之间进行幕后交易。譬如 2003 年国家杜马选举时，在按比例代表制选举产生的 225 名议员中，有 92 位议员的名字并未出现在选票上。参选政党向利益集团“出售”其候选人名单中的位置（即国家杜马议员席位）的现象在当今俄罗斯已经是一个公开的秘密。

许在政党竞选名单中加入部分非本党成员；（8）在选举前，每个参选政党必须在法定期限内获得20万名以上选民的签名支持，或者向中央选举委员会缴纳6000万卢布的选举保证金，没有获得参加投票选民总数4%选票的政党，其缴纳的选举保证金将作为联邦预算收入上交联邦政府，进入上届国家杜马的政党除外。

新议会选举法对俄罗斯社会最直接的影响是：其一，将“混合式代表制”改为“比例代表制”后，全联邦性质的政党成为唯一有权从事议会选举活动的主体，个人只有通过参加政党的方式才有可能竞选议员，政党的地位和作用得到了进一步加强；其二，由于取消了单名制选区，在未来的议会选举中，独立候选人将不复存在，“独立议员”或“地区性议员团”的概念也将从俄罗斯议会中消失①，选民只能通过投票选举某个政党的方式参与议会选举，杜马议员也将主要以追求各自政党的实际利益为主要政治目标；其三，将政党进入议会的“门槛”由5%提高到7%，同时禁止“竞选联盟”参加议会选举，使大量小党因难以获得7%以上选票又无法以“政党联盟”形式参加竞选而失去了进入议会的机会，今后能够取得议会选举胜利的只能是那些在社会中有广泛影响的大党；其四，新议会选举法对参选政党在征集选民签名和缴纳选举保证金方面的规定，将会使那些缺少资金和人力支持的政党无法获得参选资格。

三、废除联邦主体地方行政长官直选制，改由总统提名、地方议会批准

2004年9月别斯兰事件后，普京借全民反恐的名义，再次推出了一系列政治体制改革法案，其中最主要的一项改革法案是对联邦主体地方行政长官产生方式进行了重新修改。根据该法案，将取消地方行政长官的直选制，改由联邦总统提名候选人、地方议会批准。2004年12月11日，该法案在国家杜马获得通过。2004年12月27日，普京又发布总统令，对提名地方行政长官人选的方式做出了明确规定。

根据这一新的联邦法律和总统令，今后俄罗斯地方行政长官将不再由当地选民直接选举，而是按照以下程序产生：（1）在各联邦主体地方行政长官任期届满前90天内，由各联邦区总统代表与该地方议会中占绝对多数议席的政党分别提出该联邦主体地方行政长官候选人名单。候选人名单经由总统办公厅转交俄罗斯总统，总统

---

① 按照1999年杜马代表选举法，在单名制选区以独立候选人身份当选国家杜马议员后，该议员可以参加其他政党组织的议员团，也可以自行组织议员团——“独立议员团”。

可以从中挑选一位候选人，也可以责成总统办公厅主任重新提出地方长官候选人名单。(2) 在总统提出候选人人选后的 14 天内，该联邦主体地方议会须对该人选进行讨论，如该人选在地方议会获得法定多数票赞同，即可被认为已获得任命，任期为 5 年。如果该地方议会连续三次否决了总统提名的地方行政长官人选，则总统有权以总统令的形式解散该地方议会，并宣布在规定期限内举行新的地方议会选举。(3) 现任地方行政长官在其任期结束前可以向联邦总统提出继续留任或提前辞职的请求。俄罗斯总统有权决定其是否继续留任（或辞职），并向该地方议会提名他为新一届地方行政长官人选，如地方议会通过了总统对他的提名，则该行政长官可以继续留任，任期为 5 年。(4) 如果俄罗斯总统对某地方行政长官表示不信任，或他因工作失误而受到了司法机关的起诉，则总统有权提前解除该地方行政长官的职务，并向该地方议会提出新的地方长官人选。(5) 地方议会有权向俄罗斯总统提出对该地方行政长官的不信任案，但总统可以解除该地方行政长官的职务、提出新的候选人，也可以驳回地方议会提出的不信任案。

作为普京加强联邦权力重大政策调整的一部分，与普京上任之初推出的“改革联邦委员会组成方式”相比，“废除地方行政长官直选制”的法律对地方精英们的切身利益有着更加直接的影响。首先，该法完全堵塞了某些地方政治精英试图通过选举掌控地方政权、挑战中央权威的渠道，俄罗斯总统通过提名地方行政长官人选、解散地方议会、随时解除地方长官职务等方式，对地方权力机关的组成拥有了绝对支配权，从而大大促进了以总统权力为核心的国家权力体系的巩固，改变了叶利钦时期联邦中央一度受制于地方政府的局面。其次，地方行政长官由民选改由总统任命，表明地方行政长官的法律地位已经由对地方选民负责变为直接对总统负责，联邦主体执行权力机关也成为联邦执行权力机关的下属机构。从某种意义上来说，废除地方行政长官直选制后，俄罗斯的国家管理体制在内容上已经与单一制国家没有多少区别了。

从 2005 年 1 月 1 日起，按照新的地方行政长官产生方式，解除和任命新的地方行政长官成为俄罗斯总统的一项主要工作。仅在 2005 年一年内，普京就先后任命或留任了 60 多位地方行政长官，其中很大一部分都是普京的亲信或与联邦中央关系良好的地方精英。例如，2005 年，根据鞑靼斯坦宪法，已经连任三届的鞑靼共和国总统沙米耶夫将不得继续担任总统职务。但就在他即将卸任之时，普京按照新的地方长官产生办法，重新提名他为鞑靼总统候选人，后经鞑靼议会批准，沙米耶夫第四次成为鞑靼共和国总统，任期为5年，而且按照规定，如沙米耶夫本人提出申请，5年后他还可以再连任一届。普京此举也是为了拉拢地方政治势力，利用沙米耶夫的个人威望，达到稳定鞑靼局势的目的。可见，新法通过后，在调节中央和地方关系方面，俄罗斯总统拥有了更多的方式和手段。

四、延长国家杜马议员和总统的任期

俄罗斯是一个以总统权力为核心的总统制国家。自1993年俄罗斯新宪法通过以来，总统选举始终备受世人关注，它不仅关系着国家政权能否正常更迭，甚至还直接影响到俄罗斯的未来发展方向。在任八年，普京通过推行一系列政治体制改革，进一步强化了这种总统集权体制。为使这种体制更加稳固，继而保持社会的长期稳定，普京在其第二任期就已经开始考虑如何修改宪法和总统法，以延长总统任期的问题。

由于历史的原因，俄罗斯议会选举和总统选举的日期仅相隔三个月，连续而频繁的选举活动给政府相关部门造成了很多额外的经济负担，总统选举的结果也常常受到议会选举结果的影响，尤其是叶利钦时期，议会选举更被看成是总统选举的预演。因而，从有利于选举活动的角度来说，也有必要将两个选举的日期适当分开。

基于以上种种政治考虑，2008年11月，新当选的梅德韦杰夫总统向联邦议会提交了第一项法案——《有关延长总统和杜马任期的法案》。该法案很快就获得了议会通过。根据该法，将俄罗斯总统的任期延长至6年；将国家杜马代表的任期延长至5年，但该项法律并不适用于现任总统和议会，也就是说，有关延长国家杜马议员和总统任期的法律条款，要等到2011年议会选举和2012年总统选举以后，才开始正式实施。

总统任期由4年延长到6年，使当选总统能够在相对较长的任期内更加从容地制定和组织实施国家长期发展规划，进一步增强了未来总统权力的稳定性，客观上也满足了普京提出的“提高国家管理的效率和为经济发展提供稳定的政治环境”的治国理念。然而，对于现实的俄罗斯来说，延长总统任期的一个直接结果是，如果在2012年总统选举中普京再次当选俄罗斯总统[①]，那么按照新的联邦法

---

① 2011年9月24日，梅德韦杰夫在统一俄罗斯党代表大会上，正式宣布推举普京参加2012年总统选举，普京当即表示同意参选。

律，他有可能一直执政到2024年，从而成为俄罗斯历史上执政时间最长的总统。

普京改革俄罗斯选举制度的社会影响

作为俄罗斯政治体制改革的重要内容，普京在任期间针对俄罗斯选举制度所采取的一系列改革措施达到了预期的政治目的：改革联邦委员会组成方式与废除地方行政长官直选制后，那些严重违反联邦法律的联邦主体，以及那些过分强调与中央抗衡、主张地方独立的地方行政长官明显减少。中央与地方行政体系严重脱节与地方官员自行其是的现象基本得到了消除，联邦中央对地方权力机关的控制明显增强；新的议会选举法出台后，为政权党——统一俄罗斯党创造了更加广阔的发展空间。在2007年议会选举中，统一俄罗斯党一举获得了2/3以上的宪法多数席位，成为议会第一大党。普京执政期间，利用自己在议会中的多数席位，统一俄罗斯党全力支持普京提出的各项方针政策，政府提交的各项社会改革法案都在议会顺利获得通过，为普京推行自己提出的“强国战略”发挥了重要作用，统一俄罗斯党也成为普京政权的政治支柱。

然而，普京实行的一系列制度性改革措施取得一定成效的同时，也在俄罗斯社会引起了很大争议。对新议会选举法持否定态度的人认为，新议会选举法是一部“剥夺了小党和无党派人士参加议会选举权利”的法律。[①] 它不仅剥夺了那些非党派人士参加竞选议员的资格，也使一些小党成员失去了在单名制选区竞选、继而进入议会的机会。如在2003年议会选举中，右翼政党“亚博卢”集团和“右翼力量联盟”虽没能进入议会，但它们的部分成员却在单名制选区当选了议员，而新议会选举法通过后，这种现象将不复存在。反对者普遍认为，在目前俄罗斯政党体系尚不完善、行政资源在选举中被广泛利用的情况下，没有行政资源或者资源相对较少的政党，将很难生存，只有忠于总统的统一俄罗斯党，才能从修改过的选举法中得到好处。[②] 另有一些分析人士则更加尖锐地指出，政府将政

① Михаил Тульский：Единая Россия зачищает конкурентов законно，http：//izbiratel.ru/all/mainnews/2007/01/04/hot－news_9306.html.

② 据统计，1999年1月1日获得司法部登记的全联邦性政党和社会组织共有141个。2003年议会选举时，有权参加竞选的政党为44个；2007年议会选举时，获得竞选资格的政党减少为15个；到2011年9月，有权参加2011年议会选举的政党仅剩下了7个。

党进入议会的门槛提高到7%，并不是针对那些小党，而是针对尚存一定影响力、可能挑战当权者的俄罗斯共产党。① 2011年8月，苏联前总统戈尔巴乔夫在接受德国记者采访时也曾言辞激烈地批评普京的改革措施，认为它阻碍了小党的发展，“是政府在俄罗斯政党体制发育不全时期实行的一种大党压制小党的做法”。②

对现政权来说，取消了单名制选区、不允许独立候选人参加选举、剥夺选民“反对所有人”的权利，一方面起到了限制部分小党和无党派人士进入议会的目的，但另一方面，也减少了选民和候选人直接接触的机会，在一定程度上降低了选民参加议会选举的积极性。尽管新议会选举法取消了对最低投票率的规定，但如果参加投票的选民太少，选举的合法性将会受到质疑，对现政权的威信自然也非常不利。

俄罗斯社会针对“废除地方行政长官直选制”的反对之声则更加强烈。自普京提出地方行政长官由选民直接选举变为总统任命的法律草案后，国际、国内舆论纷纷指责普京这一联邦改革政策违反了俄罗斯宪法中有关“自由选举”和第77条第1款中有关“俄罗斯联邦主体独立确定地方权力机关”的宪法原则。有俄罗斯学者发表文章尖锐指出：被任命为地方行政长官后，为保住自己的职位并取得总统和联邦区总统全权代表的信任，地方行政长官必须要绝对服从中央指令，而由民选产生的地方议会权力非常有限，根本无法对地方行政部门实行监督，这种状况很容易令人联想到苏联时期实行的行政命令式管理方式和任用地方各级政府官员的做法。

2005年下半年，俄罗斯右翼政党“右翼力量联盟”的代表和部分地方选民联名向俄罗斯宪法法院提出诉讼请求，要求宪法法院对有关任命地方行政长官法律中的部分条款的合宪性进行审议。宪法法院受理了该诉讼请求，并于2005年12月21日宪法法院作出最终裁决，认定该诉讼请求中列举的相关法律条款没有违反俄罗斯宪法。值得注意的是，宪法法院在这一审议结论中，不仅判定总统任命地方行政长官权力的合宪性，还对俄罗斯现行宪法中的相关内容作出了一系列

---

① Михаил Тульский，Триумф олигархической демократии，http：//www. apn. ru/publications/article1431. htm.

② Александра Самарина：Модернизация становится важным фактором кампании－2012，http：//www. ng. ru/politics/2011－08－11/1_gorbachev. html.

有利于总统权力的最新解释。至此，政府反对派的此次抗议活动没有达到任何政治目的。

梅德韦杰夫当选总统后，意识到了民众情绪的变化以及俄罗斯政治体制改革中存在的这些民众关注的问题，多次谈到了政治体制的制度建设问题。在2008年11月5日发表的第一次国情咨文中，梅德韦杰夫首次阐述了“建立公民社会、提倡社会民主”的主张，并提出了政治改革和调整的十项措施。随后，在2009年9月10日通过互联网发表的《前进，俄罗斯!》一文中，以及2009年的国情咨文中，梅德韦杰夫又重申了有关国家政治制度现代化的问题，指出：“政治体制的进步与科技进步密不可分。”2009年5月5日和5月15日，国家杜马通过了梅德韦杰夫提出的《俄罗斯政党法修改草案》和《国家杜马代表选举法修改草案》等联邦法律，规定：将逐步降低组建新党党员人数门槛；在国家杜马选举中获得5%选票但不到7%的政党，可以获得1个议席，得票超过6%但不到7%的政党，可以获得2个议席。2010年，梅德韦杰夫在他的多次讲话中，进一步强调了有关在俄罗斯建立“政治现代化”的理念。

然而，梅德韦杰夫在任期间提出的这些改革措施与主张，只是对俄罗斯现有政治制度的一些小修小补，其改革力度和作用都非常有限，根本不足以改变普京时期形成的、以总统权力为核心的国家权力体系，其主要目的是希望通过强调社会民主化的作用，扩大国家杜马的代表性，尽可能广泛地吸收各党派代表参与决策过程，借以平息反对派对统一俄罗斯党一党独大的不满，客观上也可以认为是梅德韦杰夫试图以此对日益壮大的统一俄罗斯党形成一种制衡。

随着2012年普京再次当选俄罗斯总统，可以预见的是，在今后很长一段时期内，普京时期形成的这种政治体制，包括选举体制，将很难发生实质性的变化。

5. 俄罗斯的多党制形成了吗？

郝　赫

苏联解体之后，俄罗斯实行的是多党制的政党制度。在近 20 年的时间里，俄罗斯多党制在不断发展，但相对于西方经历了数百年发展历程的政治体制来说，无论从法律制度还是政党政治的实践来看，俄罗斯政党政治都还处在其发展的初级阶段，概括地说，俄罗斯设立了多党制的政党政治，但多党制在俄罗斯的政治制度中发挥的作用还很有限，多党制的核心功效还没有释放出来。

俄罗斯政党政治发展历程

政党是现代国家中有着特定政治理念的社会团体。通常有特定的政治目标和意识形态，针对国家和社会问题有各自的主张。在竞争式民主国家（如资产阶级民主国家）里，政党透过在选举中获胜，并以执政为目标。所谓政党政治，则是指以政党为组织依托，获得民众资源，在竞选中获得胜利，并最终形成政府实现统治的现代政治形式。

有鉴于此，可以说俄罗斯的政党政治不是标准意义上的政党政治，或者可以说不是成熟的完备的政党政治，其判断依据就在于其不具备关键特征，即：获胜党组阁。至今俄罗斯还没有实行由议会多数派政党组织政府的制度，而在西方国家，通常由在议会选举中获胜的多数派政党组阁，经议会批准后行使职权。在俄罗斯则不是这样。按照《俄罗斯联邦宪法》，政府总理由总统提出人选，但须经国家杜马同意。如果国家杜马三次否决总统提出的人选，总统可以任命总理，同时解散国家杜马，进行新的国家杜马选举。可见，俄罗斯实行的实际上是“总统集权制”，有的学者称之为“超级总统制”。政府总理名义上同时对总统和议会负责，但议会对其牵制能力较为有限。

普京对此的认识是：“在后苏联空间，我们至今还没有形成稳固的全国性政党。在这样的条件下，怎么谈得到政党政府呢？假如那样做，就是不负责任。至于将来，一切都是可能的。但是，我认为这是未来的几代人要考虑的问题。”①普京也曾说过，在条件成熟时，会实行“按政党原则组阁”。但是，什么时候条件才算“成熟”，普京对此并没有作出明确回答，但其致力于打造一个强大稳固的政党作为先行目标的思路已经确立。

这样的背景下，俄罗斯多党制的前景已经隐现，即政府战略层面上的首要目标是，建立一个服从政府的、独大的、能够足以克服议会干扰的政党，从而顺利推进各项政策，使得国家与社会发展稳定，形成广泛的社会共识，政党之间没有原则性差异的时候，再考虑推进多党竞争、政党组阁的现代政党政治，因此可以认为，俄罗斯短期内出现完善的多党制的可能性并不大。

俄罗斯联邦于1993年12月以全民公决形式通过了《俄罗斯联邦宪法》，明确宣布：“在俄罗斯联邦，承认政治多元化和多党制”，至此，多党制在俄罗斯得到了宪法法律上的确认。在20世纪90年代，在俄罗斯政治舞台上曾经活跃着数以百计的政党、政治运动和各种社会政治组织。1993年12月，经司法部登记的全联邦性政党、政治运动147个；1995年第二届国家杜马选举时，经司法部登记的全联邦性政党、政治运动发展到300多个；到1999年1月，取得司法部登记的政治联合组织有141个。这些政治组织中，角逐选举的情况如下：在1993年12月举行的独立后的第一届杜马选举中，共有13个政党和政党联盟（91个党派组成）参加。在1995年12月举行的第二届杜马选举中，共有200多个政党和政治组织参加，组成了43个竞选团体。在1999年12月举行的第三届国家杜马选举中，也有近30个政党或竞选联盟参加选举。

党派林立、聚散匆匆的现象，也反映出了俄罗斯政党政治的不成熟，虽然政党众多，但真正有影响、有明确纲领、组织完善的政党并没有几个，通过选举能够进入国家杜马的政党更是寥寥无几。

1993年12月12日，举行第一届国家杜马选举。结果，有8个政党和组织得

---

① http：//www.strana.ru/31.01.2006.

票率超过5%，进入国家杜马。其中："自由民主党"得票22.79%，位居第一；"俄罗斯选择"联盟得票15.38%；俄共得票12.35%；"俄罗斯妇女运动"得票8.1%；"农业党"得票7.9%；"亚博卢"联盟得票7.8%；"统一和谐党"得票6.76%；"民主党"得票5.5%。加上"单席位"选区当选的议员，"俄罗斯选择"得96个议席；"自由民主党"得70个议席；俄共得65个议席；"农业党"得47个议席；"亚博卢"得33个议席；"统一和谐党"得27个议席；"俄罗斯妇女运动"得25个议席；"民主党"得21个议席。其他政党和组织的得票率都不足5%，未能进入国家杜马，但它们有成员在"单席位"选区当选为议员，其中"公民联盟"18席，"民主改革运动"8席。《俄罗斯联邦宪法》第二部分最后过渡条款第7款规定第一届国家杜马任期为2年。

1995年12月17日，俄罗斯举行第二届国家杜马选举。结果，有4个政党和组织得票率超过5%，进入国家杜马。其中：俄共得票22.3%，名列第一；"自由民主党"得票11.18%；"我们的家园—俄罗斯"得票10.13%；"亚博卢"得票6.89%。加上"单席位"选区当选的议员，俄共得157个议席；"我们的家园—俄罗斯"得55个议席；"自由民主党"得51个议席；"亚博卢"得45个议席。有些政党和组织的得票率不足5%，未能进入议会，但它们有成员在"单席位"选区当选为议员，其中"农业党"20人，"俄罗斯民主选择"联盟9人，"政权属于人民"联盟9人，"公众大会"5人，"俄罗斯妇女运动"3人。此外还有77个"独立"议员。

1999年12月19日，俄罗斯举行第三届国家杜马选举。结果，有6个政党和组织得票率超过5%，进入国家杜马。其中：俄共得票24.29%；"团结"联盟得票23.32%；"祖国—全俄罗斯"联盟得票13.33%；"右翼力量"联盟得票8.52%；"日里诺夫斯基"联盟得票5.98%；"亚博卢"集团得票5.93%。加上"单席位"选区当选的议员，俄共得110个议席；"团结"得74个议席；"祖国—全俄罗斯"得66个议席；"右翼力量"得29个议席；"亚博卢"得21个议席；"日里诺夫斯基"得17个议席。此外还有120多个"独立"议员。

2001年7月，新的《俄罗斯联邦政党法》以及新的《俄罗斯联邦公民选举权和参加全民公决权基本保障法》（2002年6月）和新的《俄罗斯联邦联邦会议国家杜马代表选举法》（2002年12月20日）陆续颁布，成为俄罗斯政党政治史上的具有划时代意义的事件，新的《政党法》规定了构成党的条件（包括党分布范围、党员数），参与选举的基本门槛与限制、政党的作用、政府对政党的拨款援助等等，其中比较重要的有以下一些内容：政党必须拥有1万名以上成员，并且至少在一半以上联邦主体内建有人员不少于100名的地区组织，在其他联邦主体的地区组织成员不少于50名；政党必须推举候选人参加全国立法、权力机构和地方各级自治代表机构选举；不允许按职业、种族或宗教属性建立政党；成立政党必须先组成发起委员会，举行成立大会，然后召开代表大会，通过党的纲领和章程，并把这些文件提交负责政党登记的部门审核；凡在杜马选举中得票超过3%而组成议会党团，或通过单席位选举制在议会中拥有12名议员的政党都可以获得国家的财政资助。

2003年12月19日，新的《政党法》生效后，俄罗斯联邦中央选举委员会公布了第四届国家杜马选举的结果：统一俄罗斯党获37.57%的选票，位居第一，第二名俄共获12.61%的选票，第三名俄罗斯自由民主党获11.45%的选票，三个月前组建的人民爱国主义联盟“祖国”竞选联盟获得9.02%的选票，成功进入国家杜马，位居第四。俄罗斯右派代表——右翼力量联盟和亚夫林斯基领导的“亚博卢”集团未能突破5%的门槛，被排除在国家杜马大门之外。

总结之前的四届国家杜马构成，可以看出，俄罗斯的政治谱系中，有实力的政党只有数家，而又大致可以分为左、中、右三派，三派之间无论在政治理念还是治国方略上都是差异很大，这在客观上一定程度上决定了俄罗斯很难实行西方通行的政党政治，因为不同派别的政党如果获胜组阁，势必将给国家发展带来方向性的调整，这对于国家保持稳定发展是极为不利的。

当前第五届杜马的构成及反映的政治生态

俄罗斯中央选举委员会2007年12月8日正式公布了当月2日举行的第五届国家杜马选举结果，根据中央选举委员会副主席斯坦尼斯拉夫·瓦维洛夫当天宣布的最终统计结果，统一俄罗斯党的得票率为64.3%，获得国家杜马450个议席中的315席。此外，俄罗斯共产党、自由民主党和公正俄罗斯党得票率分别为11.57%、8.14%和7.74%，将分别在国家杜马中拥有57个、40个和38个席位。其余几个较有影响的政党的得票率为：农业党为2.4%；亚博卢为1.6%，公民力量为1.1%，右翼力量联盟为1.0%。

1. 选举后俄罗斯政党政治的新特点

(1) 议会中统一俄罗斯党一支独大，在议会格局中占据绝对优势。统一俄罗斯党此役过后，占据了议会315席，这是俄罗斯政党史上优势空前的选战胜利，也使得统一俄罗斯党可以轻易在议会中获得绝对的话语权。

(2) 形成了空前稳定的政党权力分配局面。统一俄罗斯党按照议席，将获得70％的席位，比得票率64.3％还要高，这就保证了议席的2/3都牢牢掌握在统一俄罗斯党的手中。根据俄罗斯宪法规定，统一俄罗斯党几乎将获得议会所拥有的全部权力，而不用顾忌任何其他党派的挑战。(席位比例详见下图)

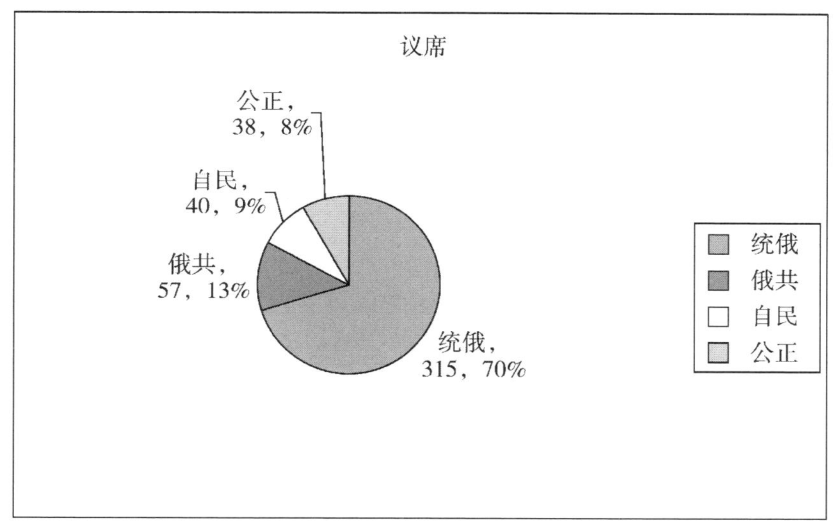

(3) 传统的反对党日渐衰微。经过近两届的杜马选举，议会中的传统反对派的势力大为削弱，其中俄共由第三届的24.29％得票率，下滑到了11.6％，缩减了一半还多。而右翼势力，无论是亚博卢还是右翼力量联盟，则干脆被排挤出了议会，且复兴的希望相当渺茫。

(4) 统一俄罗斯党自身的松散特点隐伏着分解的风险。首先，同大多数的俄罗斯政党一样，统一俄罗斯党也缺乏系统明确的纲领、严密高效的组织，党员流动性很大，具有相当强的临时性与投机性。其次，统一的俄罗斯党由“团结党”和“祖国—全俄罗斯”联合而成。而这两个组织的政治倾向是有差别的：“团结党”属于“中中派”，而“祖国—全俄罗斯”属于“中左派”。它们虽然实现了联合，但在纲领、政策和组织人事等问题上仍然存在分歧。

2. 新特点下的新趋势

（1）独大的统一俄罗斯党可以充分贯彻当局的执政规划，为其铺平道路，形成政党与政府的紧密结合，而这种紧密结合为其发展成为成熟的政党提供了有力的保障。作为政权党，统一俄罗斯党将获得来自政府方面的大力扶植，无论从物质方面，还是从参政经验方面，都会获益匪浅，这些都有利于使其成长为成熟的政党。

（2）但过分依附于政府也会孕育出政党失去独立性的危险。唯政府是瞻，一切以政府指向为方向，会使本就建党纲领薄弱的统一俄罗斯党难以确立起政治理念的政党内核，从而削弱其内在凝聚力，并形成因人成事亦因人败事的局面。

（3）反对党的沉寂不利于形成党派间的互动矫枉，从而会影响良性的政党政治体制的构建。政党政治有赖于富有竞争的政治环境，才可以实现相互借鉴、相互监督，进而发挥政党政治的功用。反对党的弱势乃至消失有违于权力制衡的原则，具有形成集权统治的危险性。

3. 第五届杜马选举后的政治生态

一贯以来按政治立场可以划分为左、中、右三派。在 1993 年第一届杜马选举中，以盖达尔为首的右翼“俄罗斯选择”占第一位，持极端民族主义立场的以日里诺夫斯基为首的自由民主党占第二位，代表左翼的俄共占第三位；代表中派的“公民联盟”遭到严重失败，政治钟摆向右转动；在 1995 年第二届杜马选举中，左翼力量上升，俄共成为第一大党，右翼遭到削弱，“俄罗斯选择”这样的右翼政党被排除在国家杜马之外，被称为“政权党”的“我们的家园——俄罗斯”居第二位，俄罗斯的政治钟摆从右向左转动。1999 年第三届杜马选举的结果则是中派政党占优势，俄罗斯的政治钟摆从左向中间靠拢。

此次杜马选举后，三大派别的情势为：中派崛起，左派衰落，右派惨败。(具体见下图)

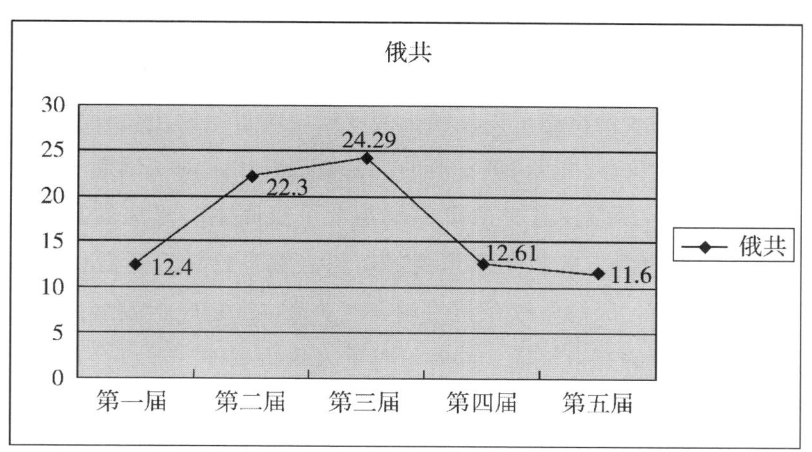
俄共
30
25
20
15
10
5
0
24.29
22.3
12.4
12.61
11.6
第一届
第二届
第三届
第四届
第五届
俄共

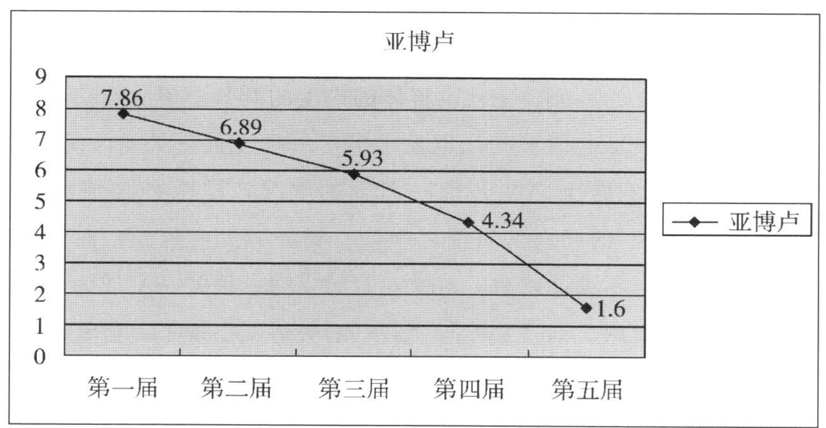
亚博卢
9
8
7
6
5
4
3
2
1
0
7.86
6.89
5.93
4.34
1.6
第一届
第二届
第三届
第四届
第五届
亚博卢

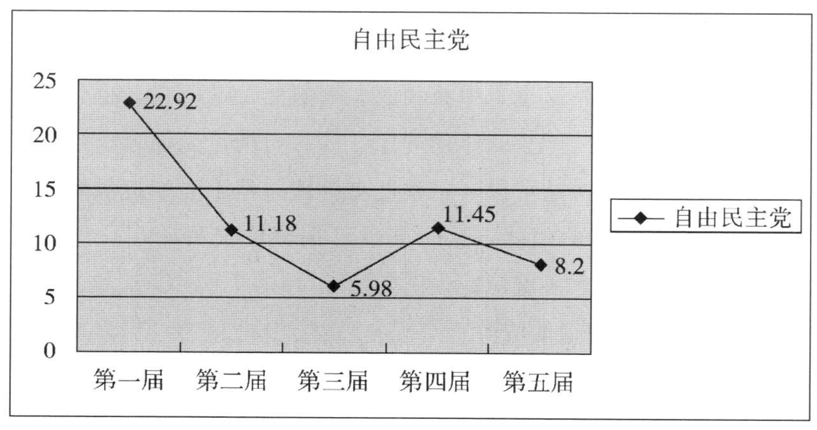
自由民主党
25
20
15
10
5
0
22.92
11.18
5.98
11.45
8.2
第一届
第二届
第三届
第四届
第五届
自由民主党

4. 分析此种政治生态时可以考量的若干因素

(1) 社会发展

第一点，如今的政治生态可以反映出俄罗斯发展道路的主体性觉醒，即在经历了全盘仿效西方的失落之后，俄罗斯的社会发展开始主动探索起了适合自身发展的特有道路。具有标志性意义的事件就是“主权民主”思想的提出，开始对20世纪末奉若圭臬的西方式民主叛道离经，树立起自己认为适合俄罗斯国情的民主理念；另一方面，厌倦争权夺利的斗争与动荡，求稳定促发展成为社会共识也是俄罗斯社会觉醒的有力佐证；同时，对重大政治事件（如议会选举、梅德韦杰夫当选总统）的高民调支持率也鲜明反映出了社会共识的形成。

第二点，政治生态显示出了俄罗斯社会走过极端路线后的自我调节并归于平衡。自“休克疗法”、“炮打白宫”等一系列混乱不堪的事件始，俄罗斯走过了跌宕起伏的8年，整个社会处于失范状态。如今人心思定的状况明确显示出了剧烈震荡后社会机能性修复的一面。是社会群体的内生的调节渴望所推动使然。

第三点，俄罗斯政坛的情势变化也显示出了一种准催生关系，那就是“右”与“左”的相互催生。转型之初，是一面倒的状况，整个社会情绪都处于对“左”的丢弃，对“右”的归属的氛围之中，右翼势力大为风光；而后的混乱局势中，对“右”失望与不满又刺激了对“左”的支持，俄共一度成为政坛第一大党；而如今中派势力大增，则“左”与“右”的失势又出现了一定程度上的同步现象。左右摇摆之后的折中也在很大程度上显示了社会心理从不成熟走向了冷静。

(2) 集团利益

普京在位的八年，俄罗斯实现了稳定与发展，从社会集团利益的角度来讲，这是社会普遍获益的八年，这也是中派壮大、崛起的关键所在，也是社会共识高度统一的根源。而作为20世纪90年代的保守势力与利益受损者，主要是俄共的支持者，则范围大大缩小，这可以一定程度上为俄共趋于萎缩提供解释。另一个群体——90年代投机获利的团体，这时基本已把信任损失殆尽，很难再有复兴的机会，右翼力量的衰落在所难免。

(3) 政治文化

首先是浪漫主义的衰微。浪漫主义是20世纪俄罗斯大地上的政治主基调，从打倒帝国主义、建立平等社会的革命理想，到西方式自由、平等、博爱的转型追求，俄国一直不缺乏追求情怀的政治情操，可是如今的俄罗斯政治空气中，务实成为主基调，政治浪漫主义在逐渐退出舞台。

其次是保有影响的情绪化阵营。政治情绪化或许是俄罗斯所独有的“专利”，至少在转型后的俄罗斯的政治史中，无论怎样风云变幻，情绪化的政治主张总能博得一席之地，获得相当的认同与追捧。时至今日，在俄罗斯的政治格局中，代表情绪化阵营的自由民主党仍然保有着自己的影响。

再次是现实主义、功利主义的兴起。在这样的政治理念的导引下，对实现政党政治将具有双面作用：其有利面是会强化理性，会促进政党向实用化、技术化的方向努力，将有助于政党夯实社会基础、善于调动社会资源；其不利的一面则在于会弱化理念，使政党流于利益的附着体。这样的政党依附于强有力的领导核心，而缺乏理念内核，从而缺乏自主自发运转的动力，政党的功用日趋萎缩，这显然不利于现代政党政治的构建。

一项民意调查也显示了俄罗斯民众对于政党政治的信心在下降，全俄舆情研究中心 2008 年公布的民调结果表明，主张俄罗斯实行多党制的人的比例降到了 10%。按照社会学家的资料，只有 38%的俄罗斯人相信，没有多党制不可能建现代社会。2006 年，有 48%的受访者赞同这一观点。同时，30%的受访者像两年前一样表示，俄罗斯完全不需要多党制和强势政党。表示“难以作答”的人在过去两年内从 11%增加到了 32%。在谈到多党制在国家政治生活中的作用时，32%的俄罗斯人表示，国家不怎么需要多党制；23%的受访者认为，类似机制在俄罗斯几乎完全没有意义。27%的受访者表示，多党制在俄罗斯社会生活中作用重大。[①]

梅德韦杰夫时期俄罗斯政党政治的新发展

针对政党功能的弱化趋势，梅德韦杰夫提出了这样的改革思路，以期提升政党政治的活力：获得 5%—7%选票的政党可以得到 1—2 个国家杜马席位。这种方式一方面可以维持已经构成了国家政治模式框架的大党制度，另一方面，它将向代表一部分人利益的小党提供进入议会的机会。而且，只有在地区选举中得票

① http：//rusnews.cn/eguoxinwen/eluosi_shehui/20080926/42280676.html.

最多的政党才能向总统推荐联邦主体执行权力机关未来领导人的候选人。代表大部分民众的公开政治组织被赋予推举相关候选人的特权。联邦委员会由被选入政权代表机构的人和相关联邦主体地方自治机构的议员组成。修改政党法，规定政党领导机关的轮换制度。梅德韦杰夫认为，这些措施都有助于代表机构质量的提高，有助于更充分地考虑公民的利益。这些措施将会加强公众对政府的信任和社会团结。

2009 年以来上述设想都得了落实。2009 年 2 月 18 日，俄罗斯公布联邦委员会组成的新法律。2011 年 1 月 1 日起联邦委员会由被选入政权代表机构的人和相关联邦主体地方自治机构的议员组成。5 月 5 日，俄罗斯公布对《俄罗斯政党法》的修改法律，逐步降低组建新党党员人数门槛。5 月 15 日，俄罗斯公布为提高国家杜马选民代表性而对若干法规做出修改的法律，规定在国家杜马选举中获得 5%选票但不到 7%的政党，可以获得 1 个议席，得票超过 6%但不到 7%的政党，可以获得 2 个议席。[①] 5 月 15 日，俄罗斯还公布了议会政党由国家电视和无线电频道平等阐释其活动的保障法律。2010 年以来又通过了一系列地方层面的政治改革举措。

2010 年 11 月，梅德韦杰夫认为，包括政党机制在内的政治制度改革成效甚微，俄罗斯政治制度改革处于停滞的状态。这导致俄罗斯处于一个危险时期，可能会出现从稳定向经济不景气转变的威胁。停滞对执政党和反对党来说都是非常有害的。如果反对党在议会竞争中没有一点获胜的机会，那么它就会退化，并逐渐被边缘化。而如果执政党在任何地方和任何时候都没有失败的可能，那么也会铜锈化，最终也会退化。摆脱困境的途径就是要提高俄罗斯政治竞争力。希望在以后的改革中政治体制能够得到重大调整，变得更加公开和灵活，最终变得更加公正。只有政治竞争力和有分量的反对党才能保证国家真正的民主。每个公民都应知道政府代表机构中有与自己志同道合的人。[②]

---

① Федеральный закон Российской Федерации от 12 мая 2009. N 94－ФЗ “О внесении изменений в отдельные законодательные акты Российской Федерации в связи с повышением представительства избирателей в Государственной Думе Федерального Собрания Российской Федераци и”，http：//www. rg. ru/2009/05/15/duma－dok. html.

② Наша демократия несовершенна，мы это прекрасно понимаем. Но мы идём вперёд. 23 ноября 2010г，http：//www. kremlin. ru/news/9599.

目前俄罗斯正式注册登记的政党有7个，分别是统一俄罗斯党、俄罗斯共产党、俄罗斯自由民主党、公正俄罗斯党、俄罗斯爱国者党、亚博卢党以及右翼事业党。截至2010年6月，俄罗斯党员总数接近300万人。其中统一俄罗斯党成员约占2/3。只有统一俄罗斯党、公正俄罗斯党以及俄罗斯自由民主党在全国所有83个地区都设有代表机构。

2009年3月和10月、2010年3月和10月，俄罗斯分别举行了四次地方议会选举。2009年3月，统一俄罗斯党在9个地方议会中赢得49%—79%的支持率。2009年10月，俄罗斯在3个联邦主体举行议会选举，10个联邦主体议会进行补选，20个联邦主体行政中心城市的议会和市长进行选举或补选，6379个地方自治单位进行选举，总共涉及83个选区中的75个选区。[①] 统一俄罗斯党大获全胜。2010年3月，统一俄罗斯党在8个联邦主体议会选举中共获得183个议席。此外，在5个联邦主体行政中心市长选举中，该党候选人赢得了其中4个。2010年10月，该党又在6个联邦主体的议会选举中获胜。截至目前，俄罗斯83个联邦主体中有75个联邦主体的行政长官来自统一俄罗斯党。

在局势大好的情况下，已经决定参加总统大选的普京并没有些许放松，在2011年5月6日俄罗斯南部城市伏尔加格勒举行的会议上，普京提议建立“全俄人民阵线”，集合执政党统一俄罗斯党和其他党派、非政府组织及愿意集结在普京周围的个人，以期在12月议会选举前为统一俄罗斯党注入“新的想法、新的建议和新的面孔”。“全俄人民阵线”有两大特点：一是超党派，“全俄人民阵线”允许无党派人士和其他社会组织代表进入统一俄罗斯党国家杜马议席名单；二是以创建人普京为中心。眼下，全俄人民阵线正起草声明及行动纲领，组建各地区协调委员会，以推出本地区候选人名单，参与统一俄罗斯党的初选。该联盟筹备委员会负责人日前表示，目标是在国家杜马选举前修改统一俄罗斯党的纲领，更新其干部组成，在党的形象宣传方面强化“普京因素”。从而利用这一新的联盟继续夯实竞选基础。

右翼势力在这一期间有所提振。2008年11月16日由右翼力量联盟、俄罗斯民主党和公民力量党合并成立了右翼事业党。列昂尼德·戈兹曼、鲍里斯·季托夫和格奥尔基·博夫特三人当选为党的共同主席。2009年2月18日该党获准在

---

① http：//www.izbirkom.ru/izbirkom.html.

司法部注册。2011 年 6 月 25 日，在俄罗斯富豪榜上排名第三的亿万富翁米哈伊尔·普罗霍罗夫当选右翼事业党主席。普罗霍罗夫随即给该党定下成为俄罗斯第二个政权党的目标，并进入议会。在俄罗斯政坛上，右翼事业党是中右翼政党，普罗霍罗夫最终出任右翼事业党主席，其背后的克里姆林宫背景十分明显。克宫为右翼事业党换帅就是要打造一个“体制内右翼政党”，以挤压体制外传统右翼政党的生存空间，减少年底国家杜马选举结果的变数。原计划由“右翼事业”党充当统一俄罗斯党的“陪衬”。但普洛霍洛夫的表现不佳、其立场有时十分接近俄共和公正俄罗斯党、自由民主党，等等，最终导致其被赶下台。克里姆林宫有意重建“右翼事业”党的计划宣告破产。

历史发展表明，2012 年 3 月代表统一俄罗斯党的普京重新当选总统的结果对于俄罗斯政党政治的发展来说，意味着可预见的将来都会是一个按部就班的、“可控的”成长态势，政党与议会都将在强势总统的荫护下发展与调整，多党制的真正形成还需假以时日。

6. 俄罗斯联邦体制改革主要内容是什么?

崔皓旭

自1993年俄罗斯宪法以根本法的形式确认俄罗斯联邦制度至今，俄罗斯联邦制度已经走过了近20个春秋。作为俄罗斯转型时期的产物，现行联邦制度的建立和发展有着不同于其他国家的特点和内在逻辑。俄罗斯联邦制度经历了一个动态的发展过程：从叶利钦时期的分权到普京时期的集权，再到梅德韦杰夫时期的微调，俄罗斯的联邦制度在实践中不断发展、成熟。

俄罗斯联邦制度的建立

严格地说，俄罗斯联邦制度的真正确立始于俄罗斯1993年的宪法规定。[①] 尽管从理论上讲，俄罗斯前身——苏联是基于联邦原则建立起来的，但是，苏联的联邦制与真正意义上的联邦制相去甚远。虽然从形式上看苏联采取了联邦制，但是实践中苏联并未实施真正的联邦，而是权力集中于中央的单一制国家。苏联解体，俄罗斯成为独立国家。其后，俄罗斯主权运动的矛头转向了俄罗斯联邦自身，俄罗斯一些地区独立化和共和国化的倾向风起云涌，苏联解体的惯性使俄罗斯面临着重蹈覆辙的危险。在这种情况下，如何构建国家、维护国家的统一，成为俄罗斯议事日程上的首要问题。而实施联邦制的国家结构形式成为俄罗斯的一种必然选择。

1990年5月，俄罗斯召开第一次人民代表大会，通过了《俄罗斯国家主权

① 1993年宪法明确规定俄罗斯联邦是共和制的民主联邦法治国家。

宣言》，宣布联邦制度是新俄罗斯国家的基础。会议还决定起草俄罗斯联邦条约，目的是通过确立联邦制度的法律基础，克服国内面临的重大危机，维护俄罗斯联邦的完整和统一。1992 年 3 月 1 日，在俄罗斯宪法改革全面展开之前，联邦政府和各地区签署了《联邦条约》，联邦条约的主要内容就是规定地方的行政自主权，及地方对联邦法律制定的参与。除了车臣和鞑靼斯坦，所有地方主体都签署了该条约。条约是俄罗斯首次对中央和地方权限进行明确划分的法律文件，联邦条约的签署改变了过去在联邦形式下的实行高度集权体制的状况，被认为是俄罗斯向联邦制迈进的重要一步。但是条约赋予了共和国特殊的权利，如外贸权和地区开采权等，从而在俄罗斯建立了一种不均衡的联邦制度。

虽然联邦条约的签订对于维护俄罗斯联邦的稳定发挥了一定的作用，但是实践中条约所导致的不均衡联邦制也引发了一系列的矛盾，而这些矛盾在起草俄罗斯联邦新宪法的过程中充分地暴露出来。在制宪会议上，联邦中央与各主体之间，各主体相互之间在法律地位和权力范围方面展开了激烈斗争。各共和国极力主张把联邦条约列入宪法文本，要求保留它们作为“主权国家”的法律地位，而各边疆区和州则要求与共和国具有平等的地位和权利。尽管宪法最终于 1993 年 12 月 12 日全民通过，但宪法妥协的痕迹却是暴露无遗。当然无论如何，俄罗斯都以根本法的形式再次确立了俄罗斯的联邦制国家结构形式。[①] 从而为新型俄罗斯联邦制的发展奠定了法律基础。

俄罗斯联邦是按民族区域和行政区域相结合的原则建立的混合型联邦制国家。基于历史和现实的原因，俄罗斯的联邦制度在很多方面表现出与其他联邦国家不同的特征。具体而言：第一，联邦主体的多样性。俄罗斯是世界上实行联邦制国家中联邦主体最多、主体构成最复杂的国家。它由 89 个联邦主体[②]组成，它们又分为共和国、边疆区、州、联邦直辖市、自治州和自治区 6 种类型。这些联邦主体在民族构成、人口数量、地理面积、资源分配以及语言、宗教等方面存在很大差异。同时，各地区的历史传统、社会经济发展水平以及公民社会的发展程度也存在很大差距。这些因素综合在一起，使俄罗斯联邦制度成为世界上最复杂的联邦制。第二，不均衡的联邦制。所谓不均衡的联邦制是指各联邦主体在与联

① 参见刘清才：《俄罗斯联邦制度的发展演变》，《东欧中亚研究》1998 年第 5 期。

② 普京时期一些联邦主体进行了合并，目前俄罗斯共有 83 个联邦主体。

邦中央的关系上，处于不平等的地位。俄罗斯联邦是在苏联解体的噩梦中建立起来，因此从一开始就怀有解体的恐惧。[①] 为了维护国家的统一，中央几乎是无可选择地确立了不均衡的联邦制，即向那些要求独立的共和国让步，给予它们较之其他联邦成员更多的特权和优惠，以此维持俄罗斯联邦的统一和完整。1993 年通过的宪法在一定程度上维护了这种不均衡的联邦形式。[②] 此后，在地方的推动下，叶利钦又与地方签订了一系列划分中央和地方权限的条约，一些实力强大的地方凭借实力往往获得更多的特权，而那些经济落后、无力与中央抗衡的地区则几乎没有获得太多的优惠，这就进一步扩大了地区间的不平等，强化了俄罗斯的不均衡联邦制。

叶利钦时期的联邦制实践

从叶利钦时期俄罗斯联邦制的运作来看，主要有三种要素在发挥着作用，即宪政制度、政治因素及历史传统，这三种因素交织在一起，共同塑造了俄罗斯的联邦制。

（一）宪政制度。宪法学者舒密特指出的，联邦制本身包含着一系列矛盾，特别是各邦自主权和联邦性干涉权之间的摩擦。[③] 为了避免摩擦或将摩擦降至最低，俄罗斯的制宪者们在俄罗斯联邦制度的规定上运用了很多模糊性的语言，结果是宪法获得通过，而中央和地方的权限之争却由此展开。“虽然宪法确立俄罗斯的联邦制国家结构形式，但是，由于宪法本身是政治妥协的产物，对联邦制的规定上比较宽泛，缺乏明确性和可操作的内容，尤其在地方与联邦关系领域，并

---

① 这种恐惧并非毫无理由。从俄罗斯联邦成立之初，就有几个地区匆匆宣布主权和独立。因此，在很多方面，俄罗斯联邦也面临着导致苏联解体相类似的离心力。

② 尽管宪法取消了共和国名称中的“自治”字眼，并宣布各个联邦主体享有平等的权利，但是，宪法本身并没有自始至终贯彻其联邦主体平等的理念，而是赋予了共和国更多的自治权。如宪法规定，俄联邦的共和国是民主单一制的法制国家，有权制定自己的宪法，可以确定自己的官方语言，该语言在地方国家机构中与俄语并用。共和国甚至可以确立自己的国籍，其共和国国籍和联邦国籍同时并存等。

③ 转引自季卫东：《宪政新论——全球时代的法与社会变迁》，北京大学出版社 2002 年版，165 页。

未发挥人们期待的作用。”[①] 这使得俄罗斯联邦制度从一开始就陷入了中央与地方的权限之争中。这一点我们只要翻看一下宪法条文，就可以清晰地看到。1993年宪法并没有对中央和地方权限做出明确和有约束力的划分。关于中央和地方的行政权力，主要规定在俄罗斯宪法第71条、72条和73条中。宪法第71条列举了18项属于联邦政府的权力；宪法第72条第1款则列举了14项由联邦政府和联邦主体共同管辖的事务；第73条规定除联邦政府及其和联邦主体共同管辖的事务外，剩余权力归联邦主体所有。宪法规定的模糊从一开始就为中央和主体之间留下了冲突的隐患。俄罗斯宪法在联邦制规定方面的另一个缺陷是宪法规定本身自相矛盾。作为一种历史和时代的混合产物，俄罗斯宪法中的实用主义不可避免地渗透在宪法关于俄罗斯联邦制的规定中。为了维护各方利益的平衡，尽管宪法规定各个联邦主体的法律地位平等，但是宪法却赋予共和国较之其他联邦主体更多的自治权力，从而在无形中制造了共和国和其他联邦主体之间的矛盾和冲突。而宪法规定上的缺陷为俄罗斯联邦关系中的政治主导提供了温床。

（二）政治因素。任何国家结构的确立都有一定的政治根源。在俄罗斯联邦制度的设计和运作中，政治更是发挥了不可忽视的作用。“在经过建立市民社会及法律国无效的讨论之后，研究者们不得不承认这样一个古老格言，即政治优先于法律”。[②] 从俄罗斯现行的联邦制度来看，无论是中央还是地方都将现实的政治利益作为首先考虑的内容。政治标准而不是宪法规定决定了哪个联邦主体受益、哪个联邦主体受损。而作为这种政治优先的结果就是形成了俄罗斯不均衡的联邦体制。尽管从实行联邦制的国家来看，俄罗斯并不是唯一一个实行不均衡联邦制的国家，[③] 但是与其他实行不均衡联邦制国家不同的是，俄罗斯这种不均衡的联邦制是一种制度外的产物。也就是说，俄罗斯那些具有更多自治和权利的主体并不都是通过法律获得的，而更多地是政治上的权衡，是一种讨价还价的结果，因而使得这种不均衡的联邦制度在实践中不可避免地成为俄罗斯法制和民主

---

① 参见（美国）彼得·穆雷尔著，韩光明译：《法律的价值——转轨经济中的评价》，法律出版社2006年版，第435页。

② Evgueni Pershin, Issues in the Improvement of Russian Federation, Kazan Federalist, 2003, Number 4.

③ 如印度和西班牙的宪法性法律赋予了境内10多个主体更多的自治和权利。

发展的桎梏。当然，无论是中央和地方都在试图将政治利益转化为法律利益。[1]因为中央和地方都希冀从法律中取得合法性，但这时法律则实际上沦为他们政治斗争的工具。

（三）历史传统。虽然从历史上看，俄罗斯早在1918年就曾经确立了联邦制的国家结构形式，但是从其联邦的实际运作来看，更接近于单一制的运作方式：地方形式上是自治的，但实际上受制于中央。因此，从严格意义上来讲，俄罗斯并不具备联邦制度的传统。换句话说，俄罗斯联邦制度并不是基于现实的联邦实践，而是一种人为设计的结果，这就增大现行俄罗斯联邦制度实际运作的难度。"俄罗斯没有一个政治家能够清楚地认识该去往哪里，遵守何种规则，达到怎样的目标"。[2] 而1993年俄罗斯宪法在联邦制度方面规定的缺陷，又进一步增加联邦制度运作的障碍。退一步说，即使宪法本身的规定完美无缺，那么，但是纸面上的规定能否在实践中得到有效运作，也还要受到各种政治经济条件的制约。宪法上的规定只是联邦制度的形式要件，一国的联邦制度要想真正发挥作用，必须建立支撑、加强和促进联邦制度运作的辅助机制。这在俄罗斯联邦初建时期显然都是不具备的。可以说，俄罗斯联邦制度从建立之初就存在先天不足的缺陷。

因此，尽管俄罗斯以宪法的形式重新确立了联邦制度，但是这种联邦制度是一种不成熟的联邦制度。在叶利钦时期复杂多变的政治形势下，宪法所确立的联邦制度不仅无效，而且处于一片混乱状态。具体说来，主要表现在：

（一）宪法—条约联邦模式。叶利钦时期，俄罗斯联邦制度比较独特的现象是联邦制度是由宪法和中央与地方签订的条约共同塑造的，并且二者相比，条约在规范联邦关系中占据了主要地位。由于条约本身是双方利益权衡与实力较量的结果，其签订更多地是出于政治便利的短期考虑，并且可以基于双方的意愿随意修改，因此使得俄罗斯的联邦关系变得不确定和具有随意性。可以说，这一时期在俄罗斯联邦制度运行中起主导作用的是法外的政治经济关系，而不是宪政和法治。

---

① Evgueni Pershin：Issues in the Improvement of Russia Federalism，Kazan Federalist，2003，Number 4.

② Ryzhkov. V.，The Fourth Republic：Essay on Political History of Contemporary Russia，M.：2000，p. 115.

从俄罗斯的宪法文本上看，最终留给联邦主体的权力是非常有限的。但是宪法之所以能够被联邦主体接受，宪法第 78 条第 2 款的规定可以说发挥了很大的作用。该条规定，基于联邦主体行政机关的同意，且在不违背宪法和联邦法律的情况下，联邦政府执行机关可将部分权力转交其行使。正是基于这一条的规定，叶利钦才能不断与地方签署各种各样的让权协议。而由于宪法对中央与地方的权限划分不明，也使得地方对于中央有了更多讨价还价的余地。为了解决危机，叶利钦与鞑靼斯坦第一个签订，然而这一条约的签订成为其他联邦成员纷纷效仿的对象，引发了签约的热潮。条约的签订在 1996 年达到了极致，这些条约的实质是在中央和地方之间重新划分管辖权、资源和职责。① 到 1998 年最后一个双边条约签订结束后，俄罗斯联邦从立宪的联邦最终演化成为宪法—条约下的联邦。

（二）地方在俄罗斯联邦关系中居于主导地位。早期叶利钦政府的典型特点就是向地方让步，满足他们更多的自治要求。无论是在与苏联总统戈尔巴乔夫还是在与议会的斗争中，叶利钦都将地方的要求视为一种战略武器，以此争夺政治上的主导权。为了获得地方精英的支持，叶利钦在处理中央和地方的权限划分时的一句名言是：你们能拿走多少主权就拿走多少。尽管叶利钦在与戈尔巴乔夫和议会的斗争中最终获胜，但是事情的发展远远超出了叶利钦的想象。随着地方行政长官获得越来越多的权力，他们在与中央政府的对抗中变得越来越强硬。在联邦层面上，由于地方行政长官能够加入联邦委员会担当议员，因此能利用拥有的席位影响国家一些重要的政治、经济方面的立法；在地方层面，由于地方行政长官对于联邦官员包括执法部门享有投票权，因此诱使联邦官员为地方利益而不是联邦利益服务。而当 1996 年地方行政长官由总统任命改为民主选举产生，根本性地改变了总统任命他们时的上下级隶属关系之后，地方行政长官在地区几乎是取得了垄断性的权利，进一步增加了他们与政府谈判的砝码。② 到 20 世纪 90 年代末期，地方已经非同一般地控制了俄罗斯的财政和自然资源，以致有人认为俄

---

① Ryzhkov V.，The Fourth Republic：Essay on Political History of Contemporary Russia，Moscow，2000，p. 449.

② 不仅如此，直接选举制度还为他们和政府谈判提供了一个合法性的理由。也就是说，在与政府对话时，地方行政长官除了运用讨价还价的艺术外，还借用人民的意志来与政府对峙。

罗斯已经处于分裂的边缘。[①]

客观地讲，叶利钦对地方权力的无限扩大并非没有认识，只是受当时所处情况的限制，不得不向地方妥协。因为除了叶利钦为击败竞争对手，把向地方让权作为一种交换条件获得地方精英的支持外，对地方的退让与俄罗斯当时的政治经济状况也是密不可分的。当时的俄罗斯正处于转轨初期阶段，除了制度本身不健全外，漫长的政治对峙及中央的软弱无能使得俄罗斯社会面临着诸多亟待解决的问题。因而，增加地方行政权力被认为是解决无效中央政府的一种良好的途径。而且当时的中央政府也急于将一些棘手的问题诸如经济重组、维持社会计划和安全网络、本地资源的流动等移交地方解决。[②] 而随着中央行政权力的增强，特别是 1993 年叶利钦解散议会，1996 年再次当选为总统，中央开始尝试从地方回收权力。但是这种努力效果并不明显，地方在与中央的博弈中一直发挥着主导性的作用，并因此而导致了一系列消极的后果。一些地方因权力日益膨胀而逐渐形成以州长和共和国总统为首的独立王国，对中央权力构成了极大威胁；而联邦中央的让步和妥协所导致的不对称联邦制，使联邦和各州以及各州之间的关系也日益紧张。许多地区甚至认为作为俄罗斯联邦国家中的一员是无利可图的，因此在采取行动时更多地是考虑地方利益，而不是从全国利益出发。中央与地方的制衡可以说被完全打破，联邦关系变得非常不稳定，中央政府不得不附加成本来监控权力越来越大的地方行政长官。

（三）联邦法律的无效。尽管俄罗斯宪法确认联邦法律在与联邦主体法律发生冲突时的优先性，但是，联邦法律遭到漠视，地方制定的法律与联邦法律相抵触的情况确是当时不争的事实。一些地方根本无视联邦的法律，经常制定一些违反联邦宪法和法律的法律。在 1994 年到 1998 年中央与地方签订的 42 个分权协议中，绝大多数也都是与联邦宪法和法律相违背的。地方对联邦法律的践踏严重损害了宪法和联邦法律的权威性和有效性，使得联邦法律乃至宪法规则处于有名无实的尴尬境地。2001 年总检察长办公室仅仅对联邦和地方法律进行了简单的

---

① R. orttung，The Dynamics of Russia Politics：Putins Reform of Federal－regional Relations，Oxford，Rowman and Littlefield Publishes.

② 同上，第 434 页。

比对，就发现了无数的冲突和抵触。[①] 而从叶利钦时期俄罗斯的实际情况看，当时存在的很多问题，包括财政规则的缺乏，经济上的停滞，在很大程度上都源于联邦政府无力在全俄境内施行统一的法律制度。

普京时期的联邦制改革

鉴于叶利钦时期俄罗斯联邦制度存在的种种问题，普京上台后便对俄罗斯的联邦制度进行了大刀阔斧的改革。其实，普京在当选总统前对俄罗斯联邦制度就有深入的思考。“应当承认，俄罗斯的联邦关系还没有得到充分发展。地区自主权常常被解释为准许分裂国家。多年来我们一直在谈论联邦和加强联邦，但是，应当承认，我们还不是完全的联邦制国家。我想强调一点，我们有的和建立起来的是一个权力分散的国家。”[②] 正是基于这样的认识，普京在2000年大选获胜后便开始逐步实施其改造联邦制的计划。

普京是一个一向以实用主义著称的总统。在俄罗斯的联邦制度问题上，他的基本观点很鲜明，就是建立一个“强大的”同时又是“有效的”联邦。[③] 为此，普京先后推出了一系列重大的举措。

（一）普京的第一次联邦制改革。普京上台后的第一项内容就是重组总统的行政权，增强中央政府对地方的控制。为此，普京实施联邦制改革的第一个重大举措就是建立7个联邦区，任命7个总统代表。2000年5月13日和18日，普京先后两次发布总统令，将俄罗斯划分为建立中部联邦区、西北联邦区、北高加索联邦区（后改称为南部联邦区）、伏尔加河沿岸联邦区、乌拉尔联邦区、西伯利亚联邦区、远东联邦区7个联邦区。每个联邦区包括6到17个联邦成员。[④] 联邦区由总统任命的全权代表负责。其职责在于协调联邦区内各个联邦主体的行动；促进联邦、地方和自治政府间以及政党和宗教组织间的合作；监督法律和法令以

---

① Michael McFanl, Nikolai Petrov, Andrei Ryabov Between Dictatorship and Democracy, Washington Xarnegie Endowment for International Peale, 2004, p. 73.

② Putin's State of the Nation Speech 2000.

③ Remington, Thomas F., Russia and the “Strong State” Idea, East European Constitutional Review, Vol. 9, No. 1/2, winter/spring 2000.

④ Russian Federation Legislation Collection, 2000, No. 20, Art, 2112.

及总统和联邦政府规章的实施。从宪法的规定来看，宪法并没有赋予总统创建联邦区的权力，因此从法律的角度讲，这些联邦区并不构成联邦主体，因而也不享有联邦主体的权力。但是，这一措施在事实上是在中央和地方之间增加了一级政府，或者说，在中央和地方之间建立了一个进行行政管理的中间层次，从而加大了政府对地方的控制力度，有助于协调中央政府自上而下的行动，并保障各联邦主体享有平等的权利。对此，普京在 2001 年国情咨文中指出，“成立联邦区是 2000 年俄罗斯最重要的一项决定，而且全权代表的工作使联邦政权与各地区明显接近了”。

普京改革的第二个举措是改革联邦委员会，取消地方行政长官和地方议会议长担任联邦委员会议员的资格。鉴于叶利钦时期形成的地方精英控制联邦委员会的状况，普京提出改变上院代表由地方行政长官和地方议会议长兼任的做法，要求地方行政长官和议长不得再兼任上院议员。普京指出，根据俄罗斯宪法的规定，国家杜马经选举产生，联邦委员会由执行权力机关及立法权力机关的代表组成[①]，但宪法没有规定这些代表一定要由地方行政长官和地方议会议长担任。而且，地方行政长官既行使行政权，同时又行使立法权所造成的“议行合一”的体制，事实上背离了俄罗斯宪法确定的三权分立原则。

普京此次改革的目的在于削弱地方行政长官利用上议院席位影响联邦中央制定政策的能力。普京担心地方行政长官表达自己和其地方的特殊利益，而妨碍国家利益及联邦政府利益的实现。而且，普京也希望借此机会剥夺地方行政长官的刑事豁免权，从而利用刑事制裁对他们形成震慑，最后，普京还希望限制联邦委员会成员联合起来对抗总统的能力。普京此次对联邦委员会的改革可以说基本上达到了目的。根据 2000 年 5 月 19 日普京提出的《联邦委员会组成法》草案，地方行政长官和地方议会议长将任命自己的代表担任议会上院议员，而他们自己则不再进入联邦委员会。这就使得在联邦委员会中占三分之二比例的地方官员们不得不退出议会上院，削弱了他们在联邦中央立法机构中的发言权。不仅如此，随着地方精英议员资格的丧失，其刑事豁免权也自动失去，因而使得普京能够利用刑事起诉的威胁保证他们对中央的遵从，有效地确立中央对地方行政长官的控制。

---

① 俄罗斯宪法第 95 条第 2 款规定，联邦委员会由俄罗斯联邦每个主体各派二名代表组成；一名国家权力机关代表和一名国家立法机关代表。

普京改革的第三个举措就是通过联邦法修正案，赋予总统解除联邦主体行政长官职务的权力，以及解散不遵守联邦法律的地方议会的权力。对于这一法案，普京的解释就是这一法律使得联邦干预地方机构公然对抗宪法和联邦法律的行为、侵害公民统一的权利和自由的行为具有了法律上的依据。而实际上，这一法案更重要的意义在于它赋予普京解除地方领导人职务的权力，从而使总统权力触及地方权力机构的中心。① 而且通过将裁定地方领导人、地方议会违宪行为的权力收归联邦中央所有，建立联邦中央约束地方精英的法律干预机制，也有利于将地方精英的行为纳入法制的轨道，使他们轻易不敢做出联邦中央无法接受的行为。

不久，普京又敦促国家杜马通过一项“三届任期法律”。该法律修改了1999年10月通过的地方行政长官的任期不能超过两届的法律规定，从而为地方行政长官参加第三任竞选，甚至是第四任竞选提供了法律依据。从这一法律本身的内容看，似乎与前述的联邦法修正案有些矛盾，一个旨在约束、控制地方领导人，而另一个似乎是给予了地方领导人更多的执政机会。但仔细分析，不难理解普京这种前后不一致的举动。显然，普京通过这项法律的主旨就是安抚地方领导人。这从一个侧面反映了普京在处理中央和地方关系时采取的一种平衡策略。

普京还敦促杜马通过了另一项法律，赋予联邦主体领导人解除其管辖范围内的地方自治机构，即地区、市和镇领导人职务的权力。普京表示，既然联邦总统在一定条件下有权解除地方领导人的职务，那么地方领导人也应当享有解除其下属权力机关领导人职务的权力。这一法律无疑是普京对地方行政长官的又一个安抚行为，保证他们的权力不会受到自治地方的侵蚀。

普京改革的第四个举措是成立俄罗斯联邦国务委员会。国务委员会是咨政机构，由主席及其成员构成。主席由总统担任，成员为各联邦主体的行政负责人，委员会秘书由总统办公厅一名副主任出任。国务委员会主席团由7人组成，人选由总统任命，每半年更换一次。国务委员会每3个月至少开会一次，对重要法律和总统令草案、国家建设和巩固联邦制原则及重要人事问题进行讨论。委员会的

① 事实上，法律规定的总统的这项权力执行程序非常复杂，而2002年宪法法院对这项权力的确认进一步增加了这项权力执行的难度，而普京也从未试图使用这一权力。因此，这项权力对于总统来说，更应该视为一种精神武器。

主要任务是协助总统协商解决中央政权机关与各联邦主体机关之间的矛盾。国务委员会的设置为地方行政长官又开辟了一个参与联邦事务的机会，[①] 同时，也为包括总统在内的联邦中央与地方沟通建立一个对话机制，在一定程度上密切了彼此之间的政治联系。2002 年 5 月 21 日，普京还成立了一个主要由联邦主体代表和中央各部门代表参加的政策建议委员会，具体讨论涉及中央和地方权限划分的有关问题。政策建议会主要是为联邦议会和地方议会互动提供一种机制。

普京改革的第五个举措是建立统一的法律空间。由于叶利钦时期地方权力急剧扩大以及由此而获得的无限的立法自由，使得地方立法机关藐视或者根本无视宪法和联邦中央的法律，制定了很多与联邦宪法和法律相抵触的规则。据有关部门统计，截至 1999 年，在 89 个联邦主体地方立法机关制定的法律中约有 1/3 违反了联邦宪法和法律。[②] 对此，普京在向联邦议会提交的报告中指出："当地方 1/5 的立法与国家的基本法相抵触，当共和国宪法与国家宪法相抵触……这实在是一件丑闻。"[③] 为了改变这种宪法和联邦法律被漠视的现状，普京在上任几个月之后就发动了统一法律的改革，责令各部门在"建立统一的法律空间"方面采取"坚决的行动"。2000 年 3 月，普京首先从共和国入手，颁布总统令要求阿尔泰、巴什科尔托斯坦共和国、印古什共和国等几个共和国的法律与联邦宪法和法律保持一致。其他地区则由联邦区总统全权代表出面，对当地的法律进行评估，责令地方政府在指定期限内改正或取消不符合联邦宪法或法律的地方性法律法规。此外，俄罗斯检察机关在维护国家法律统一方面也发挥了积极的作用。仅 2001 年上半年，联邦检察机关就对 1300 多项违反联邦法律的地方法律法规提起诉讼，这些受到起诉的地方法律法规绝大多数都在年内得到纠正。为了深化法律改革，普京还着手废除或终止了叶利钦时期中央和联邦主体间签订的内部协议，到 2002 年 4 月末，普京就职不到两年的时间，42 个协议中大约有 30 个被同意废除或终止。

总而言之，普京通过一系列的改革措施确立了国家垂直权力体系：总统通过

① 如，地方行政长官就中小型企业的纳收范围的改革问题，集体向国务委员会提交了一份建议，总统将之变为立法提案，并在 2002 年上交到国家杜马进行审议。

② （俄罗斯）《国家与法》1999 年第 4 期，第 11 页。

③ V. Putin, Television Address by the Russian President to the Country's Citizen, Rossiiskaya Gazeta (19 May 2000), p. 3.

联邦区向地方行政长官推行其联邦政策，而地方行政长官则通过辖区控制地方自治政府。[①] 这一体系的建立为普京推行下一步改革奠定了基础。

（二）普京的第二次联邦改革。2004 年 9 月，普京以 2004 年 9 月 3 日发生在别斯兰的人质事件为契机启动了第二次联邦制改革，改革的目的依然是进一步加强中央对地方的监督和控制。在别斯兰人质事件第二天，普京发表告全民书，表示俄罗斯的政治体系不能适合社会发展的现状，俄罗斯应建立一个更为有效的安全体系，使护法机关在面临新威胁时能够采取有效的行动。普京指出，俄罗斯必须建立有效的应对危机的管理体系，包括在护法机关运作方面采用全新的方法。[②] 为此，普京推出一系列的重大举措。

普京改革的举措之一是改变地方行政长官的产生方式，取消地方选民普选地方行政长官的制度，代之以联邦总统提名、地方议会批准的方式。2004 年 12 月普京以总统令的形式，对提名地方行政长官人选的方式做出明确规定。这样，地方行政长官的产生和离职将遵循以下程序：第一，提名地方行政长官。在各联邦主体地方行政长官任期届满前 90 天内，各联邦区总统代表以及该地方议会中占多数议席的政党，有权分别提出该联邦主体地方行政长官候选人的名单；候选人名单经由总统办公厅转交俄罗斯总统，总统可以从中挑选一位候选人，也可以责成总统办公厅主任重新提出地方长官候选人名单。第二，地方议会批准地方行政长官。地方议会应在总统提出候选人后的 14 天内，对该候选人进行讨论，如果该候选人获得地方议会法定多数的赞同，即被认为获得任命，任期为 5 年；如果该候选人先后三次被地方议会拒绝，则总统有权解散该地方议会，并在规定期限内举行新的地方议会选举。第三，现任地方行政长官可以申请留任或提前辞职。现任地方行政长官在其任期结束前，可以提出继续留任或提前辞职的请求，由俄罗斯联邦总统做出决定。如果俄罗斯联邦总统提名现任地方行政长官为新一届行政长官候选人，经地方议会通过，该行政长官可继续留任，任期 5 年。第四，解

---

① I. Malyakin, Putin against the Regions: Round Two, Russia and Eurasia Review, Vol: 2 (June 18, 2002), p. 4.

② 当然，这些立法令中的一些内容在之前已经讨论过，并且一些材料明显是以前起草的，但是以反恐的名义，普京政府使政治上比较有争议的动议能够顺利通过，而如果没有发生别斯兰事件，通过这些动议是必然会导致众多的指责。所以从这个角度说，别斯兰为普京发动这次意义深远的改革提供了契机。

除地方行政长官的方式。如果地方行政长官失去总统信任或出现工作不当及受到司法机关起诉，俄罗斯联邦总统有权提前解除其职务，并提出新的地方长官人选。地方议会也有权对地方长官提出不信任案，但俄罗斯联邦总统可以解除该地方行政长官的职务并提出新的候选人，也可以驳回地方议会提出的不信任案。[①]

普京改革的举措之二是取消了国家杜马选举中的单席位选区制度，要求国家杜马的代表从全国的政党名单中选举产生。从本质上看，普京的这两项政治改革改变了整个国家的执行权力体系，其影响力远远超出反对恐怖主义的政治范畴。与2000年进行的联邦制改革措施相比，这次改革事实上掌握了地方行政长官的任免权，从而最终触及中央和地方关系中最核心的问题——地方大员的任免权，因而这次改革较之第一次改革更为深入，为中央集权奠定了坚实的基础。[②]

普京改革的举措之三是实施联邦主体合并计划，打造超级联邦区。前面提到，俄罗斯联邦制度的一个突出特点是联邦主体众多，且各自的经济和社会发展不平衡。这不但不利于中央有效地平衡、处理中央和各联邦主体之间、联邦主体与联邦主体之间的相互关系，甚至会对俄罗斯的国家主权、领土完整和联邦统一造成严重威胁。因此对于一个力求建立垂直管理体系的联邦当局而言，推动联邦主体的合并也是不足为奇的。如同2004年10月13日，统一俄罗斯党总委员会成员弗拉季斯拉夫耶夫在接受采访时说的，联邦主体合并是俄罗斯政治改革中最重要的一项，在众多联邦主体中，只有不超过10个有能力自给自足，这样的国家不可能正常运转和管理。[③] 其实，为了解决俄罗斯联邦主体过多所产生的众多社会、经济、管理问题，早在叶利钦时期，俄罗斯就进行过合并联邦主体的讨论，只是叶利钦时期不具备建立大联邦区的社会政治条件，因此合并联邦主体的计划一直没有付诸实施。而到了普京时代，合并联邦主体的任务逐渐提到议事日

---

① 李雅君：《俄罗斯的联邦制改革》，载邢广程：《2005：应对挑战》，社会科学文献出版社2006年版，第109页。

② 参见许志新主编：《重新崛起之路——俄罗斯发展的机遇和挑战》，世界知识出版社2005年版，第46—48页。

③ http：//www.people.com.cn/GB/guoji/1029/2918066.html.

程上来。根据俄宪法和相关法律的规定，[①] 联邦主体的合并要经过各利益相关主体合并动议的提出、人民公决、拟定成立新主体的联邦宪法性法律草案和通过该联邦宪法性法律等四步程序。具体说来就是，决定进行合并的联邦主体须向俄罗斯联邦总统提出合并请求，然后在相关联邦主体内就合并问题举行全民公决。全民公决获得通过后，经由俄罗斯联邦议会上下两院批准，并制定新联邦主体联邦宪法性法律，相关联邦主体即可合并为新的联邦主体。

在当局的推动下，2005 年 12 月 1 日，彼尔姆州和科米—彼尔米亚克自治区合并，成立了彼尔姆边疆区；2007 年 1 月，克拉斯诺亚尔斯克边疆区、泰梅尔自治区及埃文基自治区合并，成立了克拉斯诺亚尔斯克边疆区；2007 年 1 月 1 日，合并克拉斯诺亚尔斯克边疆区、泰梅尔自治区及埃文基自治区；2007 年 7 月 1 日，勘察加州与科里亚克自治区合并，成立了堪察加边疆区；2008 年 1 月 1 日，伊尔库茨克州和乌斯季—奥尔登斯基布里亚特自治区合并，成立了伊尔库茨克州；赤塔州和阿加布里亚特自治区于 2008 年 3 月 1 日正式合并为“外贝加尔边疆区”。普京称，“通过联邦主体合并进一步加强了俄罗斯垂直管理体系，同时也便于普京“加强管理、实行有效的社会经济政策来提高人民福利”。

（三）普京在财政领域的联邦改革。除了普京在政治领域进行的联邦制改革，普京在财政领域的联邦制改革同样值得我们关注，因为这些改革与政治领域的改革一样，对俄罗斯中央和地方关系的改变产生了深刻的影响。在这方面，普京改革的重大举措主要有：第一，修改 1998 年通过的《俄罗斯联邦预算法》，改变过去不同层级政府之间的财政分权模糊不清的状态，明确联邦、地区以及自治政府之间的预算责任，同时清晰界定不同政府层级的收入和支出权限。预算法的修改实现了对地方行政长官对资金支配权的控制，增加了他们运用资金的透明度，从而减少或避免了他们基于个人目的不适当地使用联邦和地方资金的行为。第二，作为加强联邦中央政府权力的努力，普京对联邦的税收立法进行了改变。重新确定了税收收入在中央和地方的分配，从而将国家的大部分收入从地方转移到国家

---

① 俄罗斯联邦主体合并具有宪法和宪法性法律规定的坚实基础。第一，俄罗斯宪法第 65 条第 2 款规定，接受新的主体加入俄罗斯联邦和在俄罗斯联邦成立新的主体，要按联邦宪法法律规定的程序进行。第二，2001 年 12 月 17 日，普京签署了联邦宪法性法律——《有关接纳新主体加入俄罗斯联邦和在俄罗斯联邦成立新的主体程序法》。第三，别斯兰人质事件后，2005 年 10 月 31 日，俄罗斯政府出台了《程序法的补充修改法》。

的控制之下，使得地方不得不依赖中央政府的收入分配。[①] 第三，加强对地方税收机构的管理，确保这些机构不再受制于地方，而是将联邦的利益置于第一位。第四，提高公共部门人员的工资水平，将他们的工资提高了89%，这意味着政府预算负担的急剧增加，一些地方政府根本无力支付这些新增的支出，从而限制其对本地区的经济施加影响的能力。

财政领域改革是俄罗斯政治体制改革的延续。通过财政领域的一系列重大举措，普京加强了对联邦收入和支出的监督与控制，并使联邦中央将财权有效地控制在自己手中，从而在根本上改变了中央和地方的财政关系，增强了中央对地方的控制，进一步巩固了联邦中央在联邦关系中的地位。

（四）普京改革对于俄罗斯联邦制度的积极意义。对于普京的联邦制改革，一直以来学界都是褒贬不一，观点各异。对普京改革持肯定观点的是认为普京正试图为一个难以控制且不对称的联邦体系找回秩序和对称，且对有时混乱不堪的转轨过程加以制度约束；而否定的观点则认为，普京改革是通往一个更加集权化的政治体系的第一步，这一体系实际上取消了联邦以下各地区的自治，返回到莫斯科独裁统治时代。

其实，在评价普京改革之前，我们首先须明确的问题就是，就俄罗斯联邦制度本身而言，由于其建构在特定的历史条件下，从一开始就具有与众不同的特征，因此我们不能把别国的联邦制的标准和经验加诸于俄罗斯身上。对于俄罗斯的联邦制度，我们必须根据俄罗斯的特定情况，客观地加以评判。基于这样一种分析思路，简单根据普京采取加强中央集权的举措就判断普京改革是一种民主的倒退显然是失之偏颇的。普京改革存在一定的偏差，但我们不能由此全面否定普京改革的积极意义。从普京执政以来推出的一系列重大举措看，普京改革至少存在以下几个方面的意义：

第一，俄罗斯联邦观念的重塑。联邦的概念并不是一成不变的。随着社会形势的变化，联邦的概念也要不断地丰富和发展。而且，“联邦制度不应被视为一种仅仅在中央和地方分配权力的静止的制度，联邦更应被视为一种政治社会中实

---

① 对此，有学者这样评论道：所有地方现在都从联邦中央寻求资助，而联邦中央的原则就是：根据地方的能力取得资金，而根据自身的裁量权分配给他们。引自 Nezavisimaya Gazeta，January 28，2002。

现联邦化的一个过程。换句话说，联邦制度是不同的政治群体针对当时的情势达成的一个解决问题的办法”[①]。从这个意义上看，我们可以将普京改革看作是俄罗斯联邦制度持续发展的推动力量。面对叶利钦时代中央和地方关系中分权失控的状况，普京一直在尝试着建立符合俄罗斯国情的联邦制度。尽管普京一直在强调加强中央的权力，保证联邦中央的政令畅通，但是普京在改革过程中也并非全然不顾及地方的感情，事实上，在俄罗斯联邦改革的过程中，普京非常注意安抚地方的不满情绪，并努力通过建立一些中央和地方政府间的合作机制，为地方精英参与中央政策的制定提供机会。如建立俄罗斯国务委员会、立法委员会等，协调中央和地方之间的矛盾；充分发挥宪法法院的作用，为地方提供申诉的机会等等。普京之举是非常契合联邦制的理念的。因为保持联邦制度稳定的一个重要因素就是，在中央和地方间建立一种对话机制或者说沟通渠道，使得中央和地方能在宪法和法律的框架下进行沟通和交流，进而弥补双方在政策目标上的差异，化解彼此之间在权力划分上的矛盾。这一点已经为众多的学者所认可，并且为诸多国家的联邦实践所证实。而在叶利钦时期显然忽视了中央和地方的对话机制在发展联邦制中的重要作用，而是试图通过一系列的法律文件来解决联邦中发生的问题（如 1992 年的联邦协议，俄罗斯宪法、双边条约）等。尽管我们不能否定这些文件的作用，但是这些书面文件的作用与一种机制所发挥的作用显然是不可同日而语的。普京的举措无疑推动了俄罗斯联邦制的完善和发展，一种新型的联邦关系在俄罗斯已经逐渐形成。

第二，国家权力体系的完善。自 1991 年俄罗斯宣布独立后，俄罗斯联邦一直面临着地方分权的持续压力，以至于那些强调分权是联邦制重要组成的学者也不得不承认，俄罗斯联邦中央在向地方分权方面走得太远。[②] 这种状况一直持续到普京执政才有了明显的改观。普京的联邦制改革不但明确了中央和地方的权限划分；同时收回了本应属于联邦政府的权力，使联邦政府在政治和财政上逐渐强大起来。对于俄罗斯的政治现状而言，恢复宪法框架下的权力划分，恢复为地方所占有的联邦中央的权力有着深远的现实意义。如果普京不进行联邦制改革，不

---

① Friedrich，Trends of Federalism in Theory and Practice，Published Londen；Pall Mall，1968. p. 76.

② Matthew Hyde，Putin's Federal Reform and Their Implications to Presidential Power in Russia，Europe—Asia Studies，Vol. 53，No. 5，2001.

加强联邦中央的权力，俄罗斯必将陷入无尽的混乱之中。正因为认识到这一点，普京强调："俄罗斯每个联邦主体拥有宪法规定的权力。"其言外之意是联邦主体只拥有宪法赋予的权力，超出宪法规定的范围，则属于违宪和违法。这就有效地将联邦主体的权力限定在宪法框架内，使联邦主体不能自行扩大其权力。除了在行政上加强了宪法所规定的联邦政府在联邦体制内的地位，普京还从立法上改变了过去地方立法主导的现象，确立了联邦法律在全国范围内的最高地位。同时，逐步消除不均衡的联邦制做法及其带来的不良影响。普京改革的力度和广度不可谓不大，这一改革全面改变了叶利钦时期的中央和地方关系，标志着中央和地方关系发展进入了新的历史时期。

第三，俄罗斯联邦的巩固。从普京推出的一系列改革措施来看，其目的很明确，就是保证中央重新获得对联邦机构的控制权，维护俄罗斯联邦制度的稳定和统一。由于叶利钦时期的过度放权，俄罗斯联邦实际上处于危险的边缘。地方权力膨胀、中央权力弱化所造成的后果就是中央权威的丧失和执政能力的下降。中央政府根本无力推行其政策，由此带来的是政治上的不稳，经济上的滑坡和社会上的动荡。针对这种情况，普京执政后出台的一系列措施都是在确保地方一定权力的情况下，加强中央权力，增强中央政府的行为能力。如同普京指出的，"俄罗斯复兴和蓬勃发展的关键在于政治领域，俄罗斯需要一个强有力的国家政权体系，也应当拥有这样的一个政权体系。"从当前俄罗斯的状况看，可以说普京改革还是卓有成效的。俄罗斯不仅没有像西方预言的那样遭受与苏联解体同样的命运，[①] 相反，普京改革的重大举措使俄罗斯联邦制度逐渐从叶利钦时期的混乱、主权化和共和国化的离心倾向中摆脱出来，出现了政治上的稳定，经济上的发展和前所未有的巩固和统一。

第四，促进民主、维护宪政。一直以来，对普京联邦制改革诟病最多的地方就是认为普京改革损害了民主，对此我们应该一分为二地看待。不可否认，普京改革在某些方面确实存在侵害民主的行为，但是另一方面我们又不得不承认普京改革在推动民主所起的作用。单就普京统一法律的举措而言，确保联邦主体的法律与联邦宪法相符合、相一致，特别是保证那些漠视宪法、剥夺了其境内公民普

① 1999 年 3 月初美国卡耐基和平基金会的分析家保罗·戈布尔就曾断言，俄罗斯联邦一年之后将不复存在。

遍人权的共和国遵从联邦宪法，绝对是加强民主的关键之举。通过重申法制和正当程序，普京在为保障俄罗斯联邦内所有公民的平等权利方面迈出了重要的一步。所谓两害相权取其轻，当普京为了国家的巩固与发展，以较少的民主换取较大的民主时，我们说这种牺牲是必要的，普京提出的“可控的民主”完全是符合俄罗斯国情的一种现实的需要。至于对宪法的尊重和对宪政的维护，更是普京一直坚持的信条。正像他自己所说的：“我不能违反宪法的条款，尽管有时候我想这样做”。[①] 虽然不否认普京在某种程度上利用了俄罗斯宪法的不完备之处[②]，但是法无明文禁止即为合法，从这个意义上讲，普京的改革至少在形式上并没有违反俄罗斯宪法的规定。而且普京改革在推动俄罗斯宪政方面可以说功不可没。如，取消叶利钦与地方签订的条约，改变了叶利钦时代的契约式联邦关系，恢复以宪政为主导的联邦制；改革联邦委员会改革，改变了立法机关中的立法者同时又是行政领导者的双重身份，将宪法确立的三权分立原则贯彻到实处，等等，都是普京推动宪政的鲜活例子。

梅德韦杰夫对于联邦制度的调整

虽然普京执政时期对联邦制度进行了卓有成效的改革。但是，这并不表明俄罗斯联邦制度已经尽善尽美，问题全无。在普京联邦制度改革的过程中，一个重要的指导思想就是加强国家的垂直权力体系，这对于纠正叶利钦时期扭曲的联邦关系无疑是必要的，但有一点需要警惕的是避免矫枉过正。我们说，必要的时候进行必要的集权是必需的，联邦制度与集权并非是完全对立的，但是集权也需要一定的限度，如果俄罗斯一直保持这种集权化的倾向，显然不利于中央和地方关系的和谐稳定，不利于保持俄罗斯联邦制的健康发展。事实上，包括普京本人执政后期也意识到这一点，并提出国家分权的计划。

梅德韦杰夫继任总统后，坚持俄罗斯联邦制度基本原则不可动摇，继续维护普京的垂直权力体系，对现行的联邦制度并未做大的改变，只是进行了一些调

---

① 斯人编译：《魅力普京》，中国国际广播出版社 2004 年版，附录。

② 俄罗斯宪法也是各种利益集团经过多方面的较量而形成的产物，而且为了对当时的形势作出最适宜的解释，宪法的措辞很宽泛。当时的想法是以后再进行修改使其尽量准确，但是直至今日这项工作也未完成。

整。其中比较突出的是，在普京联邦委员会改革的基础上，进一步改变联邦委员会的人员构成，即取消地方行政长官选派一名地方执行机关代表进入联邦委员会的权力，将该项权力转至地方议会手中，这一做法削减了行政机关对地方机关的干预，促进了立法机构和行政机构的真正分离。此外，为了让议会更好地发挥作用，梅德韦杰夫还提议加强地方立法机构的监督权，授权地方机构在必要时撤换地方行政长官。

2010 年 1 月，梅德韦杰夫还通过了建立北高加索联邦区的决议，从南部联邦区分出北高加索联邦区，任命克拉斯诺亚尔斯克边疆区前行政长官亚历山大·赫洛波宁副总理兼总统驻新联邦区特使。这项决议改变了俄罗斯的联邦区结构，将俄罗斯联邦区的数量由原来的 7 个增至 8 个。

由于梅普处在不同的历史时期，决定了二人政策目标的不同。到梅德韦杰夫时期，俄罗斯的联邦制度初具规模，垂直权力体系已经建立，既没有寡头的压力，也没有分化的威胁，因此其主要目标就是在实践中不断调整和完善俄罗斯的联邦制度，以推动俄罗斯联邦现代化的进程。

俄罗斯联邦制度的前景

正如学者指出的，“俄罗斯联邦制度存在的问题并非是结构性的，而是观念性的”①。无论是对于现任总统梅德韦杰夫还是对于未来的领导人，对俄罗斯联邦制度仅仅进行制度上的完善显然是不够的。对于俄罗斯这样一个联邦传统匮乏的国家而言，如何形成一个正确的联邦价值观念，对其来说可能更为重要。只有逐步确立正确的联邦理念，形成一种尊崇联邦的氛围，地方才不会像在叶利钦时期那样认为加入联邦是一种零和博弈，才会比较积极地维护俄罗斯联邦制度，更愿意遵守联邦的法律，从而保持联邦的稳定，而中央也会更加重视地方的诉求。缺少了这样一种文化的积淀，则可能使俄罗斯中央和地方在面对未来联邦发展过程中出现的问题时，无法从根本上有效地化解。

未来俄罗斯联邦制的发展，在一定程度上还取决于俄罗斯国家对于联邦制所

---

① Elena Chebankova，Putin’s Struggle for Federalism：Structures，Operation，and the Commitment Problem，Europe—Asia Studies，Vol. 59，No. 2，2007.

持的理念。但无论俄罗斯在联邦制度方面采取什么重大举措，有一点可以肯定的是，俄罗斯绝对不会成为单一制国家。就像俄罗斯前总理普里马科夫曾经指出的“对于俄罗斯这样一个幅员辽阔、民族众多、各地经济实力不同的国家来说，联邦制不仅是国家体制的最佳形式，而且是维护和加强国家统一的唯一可能的做法”①。因此，尽管俄罗斯联邦制度改革一度出现新的集权化倾向，但是俄罗斯联邦由高度集权向分权化方向发展的历史大趋势不会改变。与此同时，俄罗斯联邦毕竟处于政治经济转轨时期，联邦制真正建立的时间毕竟还短，其联邦制度尚处于探索过程中，所以在发展联邦制的时候出现一些循环往复的现象也不足为奇。就像梅德韦杰夫在2009年的国情咨文中所指出的：实施地方自治制度和巩固国家的联邦性质对俄罗斯具有基础性意义。俄罗斯在这些问题上的政策在很大程度上是借鉴其他国家的联邦制形式，经过不断失误和不断尝试才制定的。像俄罗斯这样多主体、多民族、多宗教的国家，在世界上再也没有第二个。因此，俄罗斯所做的事都是开先河之创举。② 可以肯定，俄罗斯联邦制度的健全和完善依然是任重而道远。

---

① （俄罗斯）《独立报》1999年1月27日。

② Послание Федеральному Собранию Российской Федерации, 12 ноября 2009г, http: //www. kremlin. ru/transcripts/5979.

7. 俄罗斯司法制度进行了哪些改革?

崔皓旭

司法改革是俄罗斯政治变革的重要组成部分。作为转型国家，俄罗斯在苏联解体后经历了大规模的司法体制变迁。无论是叶利钦总统，普京总统还是现任总统梅德韦杰夫，都在自己执政期间进行了一系列重要的司法制度改革。尽管由于历史和现实原因，司法改革的过程步履维艰，但经过 20 年的司法制度改革，俄罗斯当今的司法制度无疑正在向良性运行的方向发展。

俄罗斯司法制度改革的背景

俄罗斯的司法改革是在苏联解体，俄罗斯政治经济处于转型时期发生的。为了改变过去行政主导的体制，俄罗斯明确了立法权与行政权的划分，与此同时，俄罗斯着手进行司法体制改革，力求改变为苏联意识形态和政治理论主导了 70 年的司法体系。但是，俄罗斯现行的司法体制毕竟是在苏联司法系统的基础上建立起来，由于法律文化的惯性力量，使得俄罗斯司法改革一直处于与苏联传统的司法观念进行较量的过程中。

纵观苏联时期的司法制度，存在的主要问题可以归结为两点。一是法律虚无主义盛行。在苏联时期，法律甚至是作为国家根本大法的宪法，并未得到应有的尊重。法律只是停留在文本上，虽然规定了公民享有的各种权利，但在实践中，法律规则可能会因领导人意志的变化而变化。二是司法独立性缺失。其实，从帝国时代的俄罗斯开始，出于对当局权力的维护，俄罗斯的司法独立性便受到压制。到了苏联时期，司法制度被视为专政的工具，因此司法独立运作的空间也非常小。司法为行政所控制几乎成为公认的事实，司法部门在没有得到相关部门的授意之前，根本不敢独自做出决定。这样的司法机构显然很难取信于民，由此使得司法机关成为法律行业中最不受尊重的部门。尽管当时也有人主张加强司法的独立性，但是司法的独立性始终未能得到实现。

1991 年俄罗斯政治经济制度的变迁为俄罗斯司法改革提供了契机。一方面政治制度的变迁需要司法的快速跟进，以营造一个良好的司法环境，维护和巩固新的利益关系。另一方面，市场经济的建立也对司法体制提出了新的要求。市场经济的建立和发展导致私人之间、私人和公共部门之间的交易快速增多，因此也造成纠纷量的上升，需要国家提供公正有效的司法救济途径，及时处理这些来自社会的纷争。有鉴于此，改革司法成为俄罗斯迫在眉睫的任务。正是在这样的背景之下，俄罗斯的司法体制改革拉开了序幕。

俄罗斯司法改革的内容

制度改革通常分为“内生演进型改革”和“外生推动型改革”两种模式。总的来看，俄罗斯司法改革是在政府推动下进行的“外生推动型”改革。为此，我们将俄罗斯的司法改革划分为三个阶段。第一个阶段为叶利钦任总统时期，即从 1991 年到 1999 年进行的改革，第二个阶段为普京任总统时期进行的改革，即从 2000 年到 2008 年。第三个阶段为梅德韦杰夫时期进行的司法体制改革，即从 2008 年到现在。

一、叶利钦时期的司法改革

叶利钦司法改革十年，特别是从 1991 年至 1994 年，是俄罗斯司法改革取得实质性进展的重要阶段。在这一阶段，俄罗斯人见证了国内司法体系的快速形成和发展，以及司法权限的快速增加和增强。尽管俄罗斯司法改革在很多方面没能实现司法改革的目标，但不可否认这一时期的司法改革还是卓有成效的。

俄罗斯最初的司法改革应该说是有组织、有计划展开的。为保证司法改革的顺利开展，俄罗斯最高苏维埃在 1991 年通过了《俄罗斯司法改革基本构想》，详细规划了俄罗斯的任务和目标；1993 年俄罗斯新宪法颁布，则为俄罗斯司法改革提供了基本的指导原则和根本法上的保障；1994 年俄罗斯又成立了俄联邦总统司法改革委员会，统一协调俄联邦有关部委以及地方司法改革委员会在实现

《俄罗斯司法改革基本构想》方面的活动，以推进俄罗斯司法改革。

总结起来，俄罗斯在这一阶段推出的重要司法改革举措主要包括以下内容：

（一）增设司法系统，构建完整的法院体系。俄罗斯法院系统对苏联法院系统的最大变革是改变了苏联时期单一的法院体系，将原来单一的普通法院体系扩充成现在的三个既相互联系又各自独立的联邦司法系统，即俄罗斯联邦宪法法院系统、仲裁法院系统和普通法院系统。这一新的法院体系不但为公民提供了更多的司法救济途径，同时也有效地扩大了法院的权限，提升了法院在社会上的地位。新设的仲裁法院主要是解决俄罗斯国内日益增多的商事纠纷，而宪法法院作为护法机关，主要职能就是解释宪法，保证宪法得到尊重和遵从。1991 年新设立的宪法法院是俄罗斯司法改革的一大创举，唯一遗憾的是，由于宪法法院的法官们经验不足，未能把握自己的中立立场，过多地干预政治，因此一度被叶利钦下令停止工作，致使其作用在很长时间内都无法发挥出来，直到 1994 年 7 月《俄罗斯联邦宪法法院法》获得通过，俄罗斯宪法法院才得以重建，而真正重新开展工作则一直拖延到 1995 年 3 月。而且，尽管宪法法院的法官们恢复了工作，但是其工作成果并未得到应有的尊重。无论是联邦还是地方法院都不能始终如一地在司法实践中遵循宪法法院的决定，这种公然对抗和藐视宪法法院的行为大大地减损了宪法法院在公众中的形象，降低了宪法法院的权威性及其履行司法职权的能力，以至于很多学者认为当时的宪法法院是“没有牙齿的”，“胆小的、无效的、极具依赖性”的机构。[①]

（二）促进司法独立，保证公正裁决。司法独立是保证司法机关做出公正裁决的前提和基础，司法独立涵盖两个要素：一是司法权在制度上的独立，一是法官个人的独立。前者意味着法院司法过程独立于立法和行政，不受二者的干扰和侵蚀。后者则指法官在审判过程中排除任何干扰，做出客观公正的裁决。

对于司法权独立，俄罗斯宪法做了明确规定：俄罗斯实行三权分立，即立法权机关、执行权机关和司法审判机关独立；审判权只能由法院行使。这为俄罗斯司法独立建设提供了法律依据。但是，仅从最高法的层面确认法院的司法独立权并不足以保证司法权的独立，事实上，保持法院财政上的独立，也是司法独立的

① Jeffrey Kahn，Federalism，Democratization and the Rule of Law in Russia，Oxford University Press，2002，pp. 176—182.

题中应有之义。唯有保证法院拥有足够的财政支持，才能使法院不会因经济上的原因而依附于任何机构或个人，从而获得真正意义上的独立。苏联解体后，由于俄罗斯整体经济状况不好，各部门都受到资金匮乏的困扰，法院的预算资金远远不能满足实际需要，其预算经常被财政部无缘无故地消减，以至法院常常处于捉襟见肘的境地，为此法院不得不寻找预算以外的新财源，由此加大了对地方政府的财政依赖。可以说，充足的财政拨款是减少法院对地方经济依赖和加强法院权力的根本所在。但是，尽管这一问题为叶利钦所关注，并在 1995 年指示几个部委联合推出联邦法院的物质供应标准，然而这一标准并未能在实际中得到贯彻和落实，法院得到的预算资金依然少得可怜。直到 1999 年，在最高法院副院长提出的保护法院预算的倡议下，一部《俄罗斯联邦法院财经法》才终于出台。基于该法，俄罗斯改变了过去那种让法院在财政拨款依附于各级政府的做法，建立了由联邦政府统一管理法院财政预算的制度，也就是由国家财政机构根据预算将经费划拨给联邦最高法院，再由后者逐级往下拨付。为此，俄罗斯还专门在联邦最高法院设立了司法财政管理局，负责整个法院系统的财政管理。实践证明，这部法律的出台的确在很大程度上改善了法院的财政状况。

法官独立主要通过法官遴选程序，法官的任用程序和任期保障，以及人身安全和物质上的保障来实现的。1992 年通过的《法官地位法》，对这些方面做了较为全面的规定。1993 年通过的宪法则对这些内容进行了确认。根据宪法规定，法官独立办案，并只对宪法和法律负责；法官不可撤任，法官权力的中止或暂停必须遵循联邦法律规定的程序和原则；法官不可侵犯，除非按照联邦法律规定的程序，否则不能追究法官的刑事责任；等等。这就从根本法的角度为法官地位法的施行提供了保障。此外，法官薪金的提高也是叶利钦司法改革的一项成绩。根据 1996 年 1 月通过的《关于法官和公职人员的额外补助法》，法官薪金有了大幅度的提高，同时法官还享受额外的优惠待遇，如免费旅游、交通以及免费医疗等等。但是，这种补贴方式也是一把双刃剑，一方面，它使法官的经济状况有所改观；另一方面，由于这些补贴是由法院院长、上级法院甚至是政府官员根据法官个人的业绩派发的，因此旨在通过改善法官的经济状况以确保其公正裁判的法律反过来却有可能导致法官为了获取更多的薪金而失去自身的独立性。

（三）引入陪审团制度，推进程序正义。设立陪审团制度是《俄罗斯司法改革构想》的重要组成部分。1993 年俄罗斯通过《法院体系法》和《刑事诉讼法》

修订案，将陪审团制度引入到俄罗斯的司法体系中来，[①] 这一举措被认为是俄罗斯司法改革的基石之一。改革者们之所以引入陪审团制，主要目的在于借此制度尽可能地减少法官遭受政治控制的可能性，促进司法的公正性；与此同时，为公民参与司法提供机会，以恢复公民对司法的信心。在陪审团引入初期，人们对陪审团制寄予了很高的期望。然而，由于构建这一制度所需要的高成本以及制度本身的复杂性，陪审制度改革并没有像改革者预期的那样顺利地施行。1995 年国家杜马审议了一项扩大陪审团使用范围的草案，但遭到政府的强烈反对，由此使得这一制度在叶利钦时期只是在最初确定的 9 个行政区内适用，并且仅仅针对特定的重罪（如谋杀、强奸、危害国家安全等）使用。不仅如此，在那些实行陪审团制度的试点地区也因为财政不足以及地方行政部门的反对，而使陪审团的作用大打折扣。

（四）增设治安法院，减轻基层法院的办案负担。由于法院财政上的紧张，司法人员短缺问题一直没有得到解决，而向法院申诉的案件却在不断地增加，因而使得法官不堪重负，根本无力应对越来越多的案件。根据相关统计资料，2000 年，法院审理的刑事案件和民事案件只占所有案件的 20%。由于案件审理速度进展缓慢，有的时候犯罪嫌疑人要被监禁 2 到 3 年才能等到审判。[②] 为了缓解基层法官的办案压力，1997 年俄罗斯颁布《联邦司法体制法》，在原来三个法院层级，即联邦最高法院、联邦各主体法院（共和国、边疆区、州、直辖市法院）和区法院的基础上又增加了一个新的层级，即治安法院，负责审理轻微的民事行政案件。与陪审团一样，治安法院也并非一个新鲜事物，早在 1864 年，俄罗斯便已有治安法院，此次设立治安法院，根本目的也是减轻基层法院的判案压力，但是由于缺乏相应的配套法律和经费不足等原因，实践中治安法院并未能发挥应有的作用。

（五）实施检察制度改革，重新定位法院与检察院的关系。[③] 在苏联时期的

---

① 今日俄罗斯陪审制度并非初创，早在 1864 年进行的那次影响深远的司法改革中，俄罗斯就建立了陪审团制度，并一直沿用到 1917 年，被苏联时期的人民陪审团制度所取代。

② Judicial Reform and Human Rights in Russia，Strengthening Democratic Institutes Project Seminar，Harvard University，June 1，2001.

③ 尽管关于检察机关是否属于司法部门尚存在争议，但是鉴于俄罗斯宪法将对检察院的规定纳入到司法权一章中，故而在探讨俄罗斯司法制度改革时也将对检察院的改革列入其中。

司法体制中，法院和检察机构属于同一个系统。检察机构被赋予了相当大的权力，并因此成为司法系统中最有声誉的部门，特别是在刑事诉讼案件中，检察院连同警察部门几乎控制了整个诉讼过程。除了调查犯罪，准备和起诉案件，检察机关还有一项重要职能就是监督审判权。在检察院的法律监督之下，法院实际上成为检察机关的附属品，法院除了遵循检察院的调查别无选择，其审判也不过是对检察机关的调查结果予以确认，法院根本无独立性可言。因此，苏联解体后，改革检察制度，改变检察院对法院控制的状态成为俄罗斯司法改革的重要内容。

在司法改革初期，改革者便对法院与检察院这种不平衡的关系给予关注，并在1991年通过的《俄罗斯司法改革基本构想》中，提出了全面取消检察机关的监督职能，将其权力限定在刑事诉讼程序中的建议。但是，这些改革建议遭到了检察院和政客的抵制，因此并未能全部付诸实践。1992年通过的《俄罗斯检察院法》中，仍然维持了检察官的一般性监督制度，只是否定了其对法院及诉讼参加者的监督权。1993年俄罗斯宪法对检察制度做了比较重大的制度性改革。根据宪法第22条，对任何人的逮捕和羁押只能由法院决定。这条规定实际上是对法院与检察院关系的重新定位，它改变了过去检察机关和侦察机关主导侦查过程的侦查模式，有利于促进司法独立以及实现对犯罪嫌疑人的权利保障。但是，由于叶利钦时期落实这项宪法性原则的配套法律——刑事诉讼法始终未能出台，因此，这条新规定始终是停留在纸面上，无论是对于法院的审判，还是在日常的监督，检察院依然保持着重大权力。总体来说，叶利钦时期检察制度改革在实践中并未发生显见的变化，法院和检察院之间的关系始终处于失衡状态。

二、普京时期的司法改革

普京时期的司法制度改革是在叶利钦司法改革的基础上进行的。尽管叶利钦时期的司法改革取得了重大进展，但是，由于叶利钦时期俄罗斯错综复杂的政治、经济和社会环境，俄罗斯的司法制度改革远未完成。“俄罗斯的司法状况依然很糟糕，而且最为重要的是，公正有效的司法制度并没有最终建立”。[①] 可以说，到2000年普京执政之时，司法制度依然面临着诸多亟待解决的问题。包括司法独立性不强，地方对司法的干预依然存在。司法腐败现象严重，整个社会对

① Judicial Reform and Human Rights in Russia, Strengthening Democratic Institute Seminar, Project, Harvard University, June 1, 2001.

司法机关依然处于一种不信任的状态，法院的公信力极差，司法效率低下，法院仍面临财政窘境等等。面对俄罗斯的司法现状以及社会上越来越高的进行改革的呼声，普京在 2001 年 4 月 3 日国情咨文中，正式提出司法制度改革问题。具体而言，普京的司法改革举措包括以下几个方面：

（一）继续促进司法独立。针对俄罗斯司法权薄弱，法院依然没有摆脱对地方行政依赖的现象，普京司法制度改革的一项重要内容就是从人事权和财政两个方面消除地方对法院的影响，增强法院的独立性。为此，普京于 2002 年 11 月推出了两项改革措施。第一，通过法院体系法修正案，取消地方立法机关参与法官任命和晋升的资格；取消联邦行政长官在 1996 年法院体系法中取得的对法官任命的否决权，以割断叶利钦时期形成的法院对地方政府的依赖性，加强法院的司法权力。① 第二，也是非常令人瞩目的举措是大幅增加对法院的资金投入，为此制定了《2002—2006 年俄罗斯司法制度发展纲要》。根据这一发展纲要，政府每年对法院的投入将保持在 2.3 亿—3.3 亿美元。这些资金投入包括：在全国范围内推广陪审团审判方式（在叶利钦时期只在 8 个区内实施）；增配新法官对审前监禁行为进行审批，以落实新刑事诉讼法的规定；培养新的治安法院法官；实实在在增加所有法官的工资；给法院补充新的人员，特别是书记员等，修缮办公设施，为法院配备电脑，为法官购房提供免息贷款等。根据有关人士统计，截至 2005 年，俄罗斯司法系统的财政预算增长了 8 倍之多。② 普京大量的资金注入使法院对地方财政投入的依赖性大大减少，从而比较有效地增强了其独立性。

（二）加强法官职权和对法官地位的保障。这两方面的改革也是促进司法独立不可或缺的重要内容，因为司法独立所强调的不仅仅是法院独立，作为司法活动中的主要行为人之一，法官独立也是司法独立的题中应有之义。有鉴于此，普京从法官职权和法官地位两方面入手，强化俄罗斯的司法独立。首先，为了改变刑事审判中检察权主导、法院司法权弱化的现象，在 2001 年通过的刑事诉讼法中，将以前由检察院行使的各种审前程序（如审前监禁、搜查、扣押）以及排除非法获得证据的决定权，转移到法院手中，以此改变原来刑事审判过程中对法院

---

① 这两项法案在联邦议院中通过时比较顺利，因为 2000 年普京对联邦委员会进行了改组，使地方精英不再担任联邦委员会议员，从而大大降低了对联邦议会立法的影响力。

② 参见王志华：《解读第六届全俄法官代表大会》，《法制日报》2005 年 1 月 20 日。

与检察院不适当的定位，进而增强法院的司法权以及法官在整个审判过程中的主动权。2001 年 11 月，杜马通过对《法官地位法》的修正案，[①] 基本完善了法官的各项保障措施，为法官公正地履行法律赋予的司法职责创造了比较好的条件。2002 年 3 月，俄罗斯又推出俄罗斯法官团体法法案，该法案的最大亮点就是从法律上保障了法官团体的设置，这是普京保障司法独立和确立法官自治的又一重大举措。2005 年 4 月，普京签署了一部新的法律，将所有法官的退休年龄从原来的 65 岁延长至 70 岁，[②] 这一规定有效地调动了法官的积极性，使法官能够更加恪尽职守，自主、独立地办案。由于法官享有特殊的物质和社会保障，在俄罗斯，法官已经成为非常令人尊敬和羡慕的行业，同时也成为竞争最为激烈的行业，但法院人员和法官的队伍却因此而保持了相对的稳定。[③]

（三）加强司法问责。除了促进司法独立和加强对法院和法官地位的保障，普京改革的另一个重大举措就是实行司法问责制。司法问责主要是指针对司法部门的行政监督。“司法独立是必要的但确实不充分的。一个独立的司法机关本身可能是不负责的或者是腐败的。如果法官不受到外部的有效制衡，他们也会变得懒散、专断和枉法。”[④] 加强司法问责，是保证司法公正的前提。对于这一点，普京及其司法制度改革工作组有着非常清醒的认识。在一次报刊访谈中，卡西亚诺夫明确地阐释了这一问题。他说，“从 1991 年开始，我们一直在强调司法独立，今天这依然是一个重要的问题……然而我们一直假定独立本身能保证任何事情；独立能给我们带来诚实、廉洁和遵守规则的法官。但这完全是乌托邦。我们必须认清法官的本质，他们和我们一样也是人，也和我们一样有弱点并会受到诱惑”[⑤]。在第五次全俄法官大会上，普京也警告说，“司法权独立决不能演变成法官个人的独立”。有鉴于此，在加强法官独立确保其不会受到外部不当影响的同时，普京推出了一些举措以保持对法官权力的监督和制衡。具体措施包括：第

---

① 这是俄罗斯联邦国家杜马对《俄罗斯联邦法官地位法》所进行的第 6 次修改和补充。

② 在此之前，只有宪法法院的法官退休年龄为 70 岁。

③ 任允正、余洪君：《独联体国家宪法比较研究》，中国社会科学出版社 2002 年版，第 289—290 页。

④ Susan Rose — Ackerman, Independence, Political Interference and Corruption, www. transparency. org/content/download.

⑤ Interview with Dimitri Kozak, Rossiiskaia Gazeta, November 1, 2001, pp. 1—3.

一，改变法官评审委员会[①]的人员组成，将原来完全由法官组成的法官评审委员会改为其中1/3的成员由地方的律师和法律学者担任。这一人员构成对社会上“司法一家”批评做出了回应，同时至少在形式上保证了法官对社会负责。第二，明确规定法官的退休年龄。尽管俄罗斯实行法官终身任职制，但是强制法官在70岁时必须退休。另外，规定法院院长只能在固定期限（通常为6年）内保留其行政职位，在任期届满后，需经过一定的程序进行重新任命。这一规定有效地限制了法院院长权力的过度行使乃至滥用，从而在一定程度上避免了法院院长对系统内的主审法官施加不当的影响。[②] 第三，从实质上减少对法官实施刑事和行政责任以及纪律处分的保护。[③] 也就是说，改革改变了法官享有绝对的刑事和行政责任豁免权的状况，规定只要符合一定的程序，便可取消有关法官所享有的免受刑事和行政责任的特权。[④]

（四）提高司法效率，促进公正裁决。如果法院不能为当事人提供快捷、方便的司法救济，那么对当事人的权利保障也只能成为一纸空谈。为了提高司法效率，普京改革的一个重要内容就是充实法院的法官编制，通过增加办案人员解决法院加速案件的审理。通过修改法官地位法，一方面普京提高了法官的待遇，[⑤]从而留住了经验丰富的法官在法院工作；另一方面，改变录用法官的方法，消除遴选法官的主观性，最大限度地减少任命过程中的腐败，以方便优秀的人才进入司法行业。普京还加速推进法院办公设备现代化建设，方便办案人员办案，提高工作效率。与此同时，普京还逐步将治安法官制度建立起来，以进一步解决法院人员不足的问题，缓解地方法官过于沉重的案件负担，使他们能够尽快审理案件、做出判决。为了保证判决的公正性，普京还加强司法正当程序建设，在2001年推出三大程序法：《刑事诉讼法》、《民事诉讼法》、《行政过失法》，这三

---

① JOC（法官评审委员会），是一个负责法官任命和提职的组织机构。

② 事实上，来自司法系统内部特别是上级法院的不当影响也是叶利钦时期法官面临的一大尴尬。

③ Peter H. Jr. Solomon, Putin's Judicial Reform: Making Judges Accountable as Well as Independent, East European Constitutional Review, No. 11, 2002.

④ 就刑事责任而言，只要由上级法院组成的三人专家小组做出裁决，并获得法官资格委员会的同意，那么总检察长便可对有关法官提起刑事诉讼。

⑤ 现在法官最高工资大约是1100美元，而一般工资每月接近300美元。参见IBA（The International Bar Association）（2005），op. cit., and interviews with lawyers。

大程序法对于推动俄罗斯司法公正无疑会发挥积极的作用。特别是刑事诉讼法，为俄罗斯公民和司法人员引入了很多全新的内容，如推行辩诉交易，无罪推定，对抗式审判等，反映出国家在尊重公民权利和惩治犯罪方面达成一定的妥协，而这在苏联时期是不可想象的，当时的司法机关的司法理念就是揭示犯罪，至于对罪犯的权利则没有太多的考虑。此外，根据刑事诉讼法，从 2003 年 1 月开始，俄罗斯所有地方法院审理重罪时都要采用陪审团，确保当事人获得正当审判程序，并最终获得公正的裁决，这一规定标志着陪审团作为一项重要的司法机制，终于在俄罗斯大地上扎根下来。除此之外，普京还重视司法工作的透明性，强调应将其作为司法中的一个工作重点，指出向社会开放有助于增强公众对司法的信任，并因此而增强法院的权威。①

（五）加强宪法法院的职能和作用。“如果一个国家要引进民主，那么其在宪政运行中所能建立的最佳机制就是有效的司法审查”。② 对于俄罗斯的违宪审查制度以及联邦宪法法院的构建，普京给予了很大程度的关注。2001 年 5 月 23 日，普京向杜马提交了一系列关于执行宪法法院裁决法修正案，针对宪法法院的裁决问题进行了补充规定，明确了各部门废除违宪法律的责任，执行宪法法院裁决的期限，以及不能及时履行宪法法院裁决所要承担的法律责任。这些法案的实施有效地推动宪法法院裁判的执行，进而增强了宪法法院的权威和地位。2005 年取消了对宪法法院法官任期上的限制。但宪法法院法规定了年龄上的限制，即法官任职年龄的上限为 70 岁。通过任期上的保障促进宪法法院法官的自治和独立。如果说叶利钦时期的联邦宪法法院基本上处于一种司法抑制的状态，那么在普京任总统后，联邦宪法法院则逐渐活跃起来，在维护俄罗斯国家法律的统一、协调中央和地方关系以及保障公民权利和自由等方面发挥着越来越重要的作用。可以说，普京执政时期联邦宪法法院的声誉和地位较之叶利钦时期均有很大程度的提高。正如普京总统在庆祝俄罗斯联邦宪法法院成立十周年上的讲话所提到的：宪法法院是有效捍卫宪法的工具。宪法法院不仅建立了捍卫宪法的有效机制，并在俄罗斯第一次出现了在法律基础上既能限制立法权力，又能限制执行权力的国家

---

① Rossiiskaya Justitsiya 2003，1.

② Lane，Jan—Erik & Ersson Svante，The New Institutional Politics：Performance and Outcome，Boulder：Westview Press，2000.

机关。宪法法院已经占据了在俄罗斯国家权力机关系统中的稳固而确定的位置。[①]

（六）推动检察制度改革。由于叶利钦时期，检察制度改革进展很小，因此对于普京而言，如何进行检察机构改革，依然是其需要破解的重大问题。为了将宪法第22条规定落到实处，推动法院和检察院职能的理性建构，2001年12月5日俄罗斯终于出台《俄罗斯联邦刑事诉讼法典》，对检察机关职权做了重大变更。其一，取消了检察机关对法院审判的监督权。这一方面减少了检察机关对法院办案潜在的影响，使法院更加独立地审理案件；另一方面，也使刑事诉讼中的控辩双方处于更加平等的地位，从而更加有利于保障犯罪嫌疑人的权利。其二，取消检察长适用强制措施的决定权，将涉及公民人身自由权、财产权、住宅权和通讯自由权等限制公民自由权方面的强制措施的决定权转由法院行使。新刑事诉讼法典的规定是对检察机关的一次重大变革，通过改革对法院和检察院之间的关系进行了重新定位：法院的司法权进一步加强，权威性进一步提高；而检察机关则逐渐从监督机关转变为护法机关。原来主要是作为监督公民的部门而存在，现在更多的则是致力于对保护公民权利的保障。

三、梅德韦杰夫司法改革

梅德韦杰夫出身法律界，进入政坛之初就是负责司法改革，在其担任俄罗斯总统后，更是将司法改革作为其执政的重点。在2008年国情咨文中，梅德韦杰夫详细描述了司法改革的方向和目标。梅德韦杰夫提出，在今后四年里，新一届俄罗斯政府的一项主要任务就是司法制度改革，保障司法体系的相对独立，彻底铲除司法腐败。他还强调，解决这一问题首先需要政治意志，无论他本人，还是国家领导层现在和将来都要有这种政治意志。在推进司法改革方面，梅德韦杰夫采取的举措有：

（一）推动司法独立向纵深发展。司法独立是俄罗斯司法改革永恒的主题。无论是叶利钦还是普京都在自己的任期内推动俄罗斯的司法独立，但是俄罗斯的司法独立始终未能尽如人意。有鉴于此，梅德韦杰夫上任后也着力推进司法独立，他指出，司法改革的主要目标就是促进司法独立。法官只能遵从法律，这是原则，也是人们尊重法院和相信司法公正的基石。为此他推出一系列重大举措，如增加司法部门预算，提高司法透明度，允许法官终身任职而不是每三年就要经

① 《普京文集：文章和讲话文集》，中国社会科学出版社2002年版，第458—460页。

过克里姆林宫的确认等等。

应该说，在梅德韦杰夫司法改革措施之下，俄罗斯在司法独立方面取得了可喜的进展，特别是2011年，司法的独立性更是有充分的展现。在普通公民与政府官员发生纠纷的案件中，越来越多的法院做出有利于普通公民的裁决，而这在以前情况往往是相反的。一个有代表性案例是2011年6月车臣总统梁姆赞·卡德罗夫诉人权中心负责人奥列格·奥尔洛夫的诽谤罪案。法院最终判决奥列格无罪释放。对于这种结果，连奥尔洛夫本人都表现出不可思议："这感觉就像一个奇迹，奇迹不经常发生。"而事实上，法院之所以能做出无罪释放的判决并不是偶然的，它至少表明政治对司法的影响在逐渐减弱甚至慢慢消除，而司法的独立性在日益地提高。对此，人权观察也给予了高度评价，指出从司法体制的角度来看，这次无罪释放是非常重要的，它使人们对改善俄罗斯司法状况又燃起了希望。①

（二）重拳打击司法腐败。打击司法腐败是梅德韦杰夫的执政重点之一。从上任伊始梅德韦杰夫便下令采取措施整饬法院，消除司法腐败。为了有效打击司法腐败，梅德韦杰夫倡导司法的公开和透明，提议学习其他国家的做法，公开法院的司法裁决，并建议取消源于各种压力，电话磋商以及贿赂下做出的不合法裁决的效力。近年来，俄罗斯很多法院已经通过网上发布的形式公开法院的裁决，一方面，加大了法院审判的透明度，将法官的审判置于公众的监督之下，使法官不敢恣意行使自己的审判权，从而做出客观公正的裁决；另一方面，便于公众获得法院的裁判的相关信息，避免他们在信息不畅的情况下，对审判过程或结果进行任意猜测，从而增强他们对法院的信服和认可。唯一遗憾的是，这一做法并未成为俄罗斯所有法院的一种长效机制。目前俄罗斯还有很多法院的司法裁决相当简单，并且缺乏充分有效的司法论证。如果梅德韦杰夫增强司法透明度的措施能落到实处，必将有效地防范司法腐败的发生。

梅德韦杰夫遏制司法腐败的另一个举措是加大打击力度，对腐败的高级法官进行了严厉的惩处。近期莫斯科地区联邦仲裁法院主席柳德米拉便因为不动产交易遭到查处，这是俄罗斯比较少有的高级法官受到惩处的事例，对于其他高级法

---

① Human Rights Watch: Orlov's Acquittal Gives Hope for Serious Improvements in Russian Judicial System, Interfax, 15 June, 2011.

官来讲，无疑会起到重要的警示作用。

（三）全面改革警察系统。一直以来，俄罗斯警察系统都是俄罗斯的阿克琉斯之踵，提到俄罗斯警察，人们首先想到的就是腐败、不称职。可以说，俄罗斯警察的不端行为已成为俄罗斯社会的一大顽疾，不仅制约着俄罗斯经济的发展，还严重损害了国家形象。为此，梅德韦杰夫誓言整顿警察系统，并从两个方面入手发动改革：一是法律制度方面的改革，二是组织机构方面的改革。2011 年 2 月 7 日，俄罗斯总统梅德韦杰夫正式签署《俄罗斯联邦警察法》，详细规定了警察的工作原则、权利及义务、采取强制性措施的条件、法律地位、甄选形式、社会保障和监督等，这是俄罗斯第一个调整执法机关行为并且具有更高法律效力的法律文件。梅德韦杰夫进行的机构改革主要是针对内务部进行的。根据梅德韦杰夫在 2010 年对内务部高级官员发表讲话时指出，内务部的主要职能应该是“阻止犯罪”和“保证社会秩序”。基于这一思想，梅氏主张在机构改革中撤裁、优化内务部的职能，把诸如外国公民遣返、车辆技术检查、医学醒酒等“多余”工作移交其他部门管理。与此同时，减少内务部工作人员的数量。根据该法律，内务部人员将在 2012 年 1 月 1 日前缩减 20%，届时所有人员将被列入或已经被列入编制以外，只有在通过必要的重新考核后才可以进入警察机构。这就意味着俄内务部系统目前的警察中将有 28 万人在未来一年彻底失去饭碗。[①]

与叶利钦和普京在任期间对警察系统的改革相比，梅德韦杰夫所进行的改革堪称是俄警察系统近几年来幅度最大、范围最广，也将是影响最为深远的一次改革。从理论上，这些措施的出台会遏制警察犯罪的可能性，但是“徒法不足以自行”，再好的法律如果不能落实到实践中，那么这些法律也只是纸面上的法律而已。很显然，在俄罗斯有法不依的现象还是比较严重，虽然内务部制定的《警察职业操守规范》对包括腐败、受贿、欺骗、语言粗鲁以及执勤时吸烟等各个方面的行为都有明确的规定，但由于有法不依，警察的不端行为并没有在多大程度上受到惩罚。

（四）大力加强人权保障。梅德韦杰夫上台后，便致力于改变俄罗斯的人权记录。在梅德韦杰夫的倡导下，宪法法院先后做出两个重要裁定。其中之一是在

---

① 自此之后，一项法律草案在进入议会程序之前交由社会讨论将成为所有涉及社会意义的俄罗斯法律的必经程序。

2009年11月宣布俄罗斯从2010年1月开始停止使用死刑。[①] 此次废除死刑之举虽然遭到了各方面的质疑，但是不能抹杀其在保障罪犯人权方面的重要意义，意味着俄罗斯的人权保障进入了一个新的阶段。至此，俄罗斯终于兑现了其对欧洲委员会的承诺。[②] 宪法法院的另一个重要裁定是在2011年6月30日做出的。宪法法院在裁定中对公务员和官员公开批评国家及其结构的权利给予了支持。虽然宪法法院拒绝取消禁止公职人员公开陈述的法令，但是宪法法院的裁定客观上明确了公务员言论自由的权利，从而在事实上否定了现行的关于言论自由的法律。而且宪法法院裁定，对于某一公开言论是否属于禁止的范围将由法院或专门的机构来判定。这一裁定和梅德韦杰夫一直以来主张的言论自由是相契合的。[③]

2011年，在梅德韦杰夫的推动下，俄罗斯再次对《俄罗斯联邦刑事诉讼法》进行了修正，新推出的修正案中针对68类罪行新设了监狱服刑之外的刑罚措施，并取消了这些犯罪监狱服刑的最低期限。这一修改标志俄罗斯刑罚政策的重大改变，意味着俄罗斯正在从传统的控诉模式转向对罪犯从轻处理的人道关怀，推动了对罪犯的人权保障，同时也使法官从判处轻罪即被怀疑收受贿赂的怪圈中解脱出来，从而为法官审理刑事案件提供了更为宽松的环境。在保障人权问题上，梅德韦杰夫另一个值得一提的重大突破是他在2011年5月承诺俄罗斯将履行其在欧洲人权法院的义务，而这个承诺在普京任总统期间是不曾做出的。

司法制度改革的意义及前景

总而言之，经过三届总统的司法改革，俄罗斯联邦的司法制度可以说是发生了深刻的变化，在司法方面的许多指标方面都取得了重大进展，司法的独立性和司法判决的质量都有了很大程度的提高。法院的裁决变得越来越开明，越来越多地做出有利于公民的裁定。这些变化一方面表明法院变得越来越独立，另一方面，也说明法院的价值取向在悄然地改变，即在权衡国家权力和公民权利方面更

---

① 尽管1999年以来，俄罗斯的所有死刑判决事实上都被暂缓执行。然而，对是否要彻底废除死刑制度问题，俄国内一直存在激烈争论，反对废除死刑者不在少数。

② 1996年俄罗斯加入欧洲委员会，之后签署了欧洲关于保护人权的第六号议定书，根据该议定书，俄罗斯从1999年起，暂停执行死刑。

③ RIA Novosti，30 June，2011.

倾向于保护后者。

一、俄罗斯司法制度改革的意义

（一）推动了俄罗斯的法治建设。法治的真正建立意味着没有任何一个机构能够让法律服从于政治目的，因此评估俄罗斯在法治方面的进步首先要确定法院是否享有独立的司法权，不受政治因素的影响。从这个意义上看，加强司法独立的制度改革无疑是推动俄罗斯法治建设的重要之举。尽管实践中俄罗斯的司法独立依然还存在种种问题，但是至少从理论上讲，司法制度改革使俄罗斯在宪政民主的道路上又向前迈进了一大步。通过改革，俄罗斯司法部门逐渐从地方的控制中摆脱出来，成为真正的联邦的法院。法官们的独立程度也正在提高，他们不再迎合政府权力者的偏好或者对政府唯命是从，在审理案件时也不再考虑单纯适应政府政策的需要而是考虑公正和公平。俄罗斯的司法制度正在向国际通行的标准靠近。“这实在令人惊讶，俄罗斯法院采用与欧洲、美国相同的司法公正标准，包括对双方当事人的权利保护，对证据的合法审查，对案件审慎的评议。”[①] 可以说，随着俄罗斯司法制度改革向纵深发展，俄罗斯的法治建设取得了前所未有的进步。

（二）促进了俄罗斯的人权保护。司法是社会救济的最后一道防线。行之有效的司法体系是维护人权的重要保障。正像普京所指出的：“独立和公正的法院是公民权利重要的法律保障。”[②] 俄罗斯司法体制和法律制度方面的重大变革，从根本上扩大和加强了对公民权利的保护，使个人和组织获得了更多地运用司法途径来保护自身权利的机会。与从前人们不相信其能够从法院获得救济相比，人们逐渐地愿意向法院寻求救助。无论是死刑的废除，还是公民言论自由的扩大都标志着俄罗斯人权状况的重大进步。在司法制度改革举措的全面推动下，俄罗斯正在走向“权利的时代”。

（三）为政治经济发展提供了有效的制度保障。有效的司法制度是俄罗斯政治经济转轨成功的必要前提条件，因为只有建立公正的司法制度才能保证合理、有序的市场竞争，从而推动市场经济的形成。一直以来，俄罗斯恶劣的司法环境

① Machura，S.，Faireness，Justice，and Legitimacy：Experiences of People's Judge in South Russia，Law And Policy，25，2，pp. 123—150.

② Speech by President Vladimir Putin on 9 July 2001 at a Meeting with the World Bank President James D. Wolfensohn and the Participants of the Global Justice Conference.

都遭到商界人士的抱怨，并因此影响了国外对俄罗斯的投资。而经过司法制度改革，这些状况可以说得到很大程度的改善。现在，司法腐败现象有所减轻，法院裁判的随意性减少，法院裁判的效率有了很大提高，整个社会对司法部门的信任和尊重也有所提升。根据最近的一项调查，俄罗斯社会对法院的作用持谨慎乐观态度。四分之三的管理者认为在与商业伙伴发生纠纷时能够从仲裁法院获得有效的保护。另外，陪审团对普通法院法官裁判的公正性也表现出高度的信任。①

（四）减轻了欧洲人权法院的负担。自俄罗斯成为欧洲理事会成员，俄罗斯人每年向欧洲人权法院提起的诉讼日渐增多。到2006年，仅俄罗斯人向欧洲人权法院提出的诉讼就达到了12000个，占所有欧洲会议所有成员国提起诉讼的1/5。之所以出现这种情况，很大程度上缘于俄罗斯本国的司法环境差、法院的公信力差，导致人们更愿意向欧洲人权法院提起诉讼，以求获得公正的判决。俄罗斯人比其他任何国家向欧洲人权法院提起的诉愿都多，欧洲人权法院对此可以说是不堪重负，而反过来讲，这种状况的存在也进一步损害了俄罗斯司法乃至国家的形象。而随着俄罗斯国内司法改革的推进，这种寻求国家以外的救济的状况逐渐有所改观。特别是随着国内司法机构透明度的增加，人们对司法的信心日益恢复，在发生纠纷时开始逐渐转向本国的司法。② 欧洲人权法院的审案压力也由此得到缓解。

二、俄罗斯司法制度改革的前景

尽管俄罗斯司法改革取得了一定的成效，但是司法改革依然面临诸多障碍。

第一，司法制度改革需要社会各方面，特别是职业法律工作者的支持。唯有此，改革才能深入地推行下去。而俄罗斯司法改革面临的现实问题是由于司法改革触及了多方面的利益，因此改革招致了很多人甚至司法机构内部人员的强烈反对，致使司法改革中的一些举措无法落实下去，进而造成司法改革的停滞和搁浅。如果被改革者本身不支持改革，那么各项改革举措显然难以有效地落实下去，必然会造成改革预期与结果的偏离。对于检察机关而言，由于司法改革一直强调加强法院的独立性和地位，而反过来削弱检察机关的权力，因此引起检察机

① Maria Popova，Watchdogs or Attack Dogs The Role of the Russian Courts and the Central Election Commission in the Resolution of Electoral Disputes，Europe — Asia Studies，Vol. 58，No. 3，May，2006.

② 诉诸欧洲人权法院的案子主要有两种：一种是违反监禁条件，一种是违反司法程序。

关强烈的不满，并公然进行抵制和对抗。就法院而言，尽管司法制度改革增强了其权力和独立性，但也相应地增加了其责任及对它的监督和控制。如使法院受到更大范围的公众监督；吸纳受人尊重的公众人物进入法官资格委员会，加强对司法人员的问责等等。这些举措的推出也引起了法院及其所属人员的不满。[①] 而对于警察系统的改革，由于俄罗斯警察系统内部官僚主义根深蒂固，改革落到实处也并非易事，所以俄罗斯未来的司法改革之路可以说依然充满了艰难而漫长。

第二，司法独立性问题依然未得到彻底解决，俄罗斯争取司法独立的斗争可谓历史悠久，远至1864年的亚历山大二世的司法改革，近至梅德韦杰夫对司法的宣战，都积极地致力于推动和促进司法独立。不可否认，目前俄罗斯在司法独立方面已经取得重大进展，但是如果就此说俄罗斯已经真正地实现了司法独立尚为时过早。例如，关于法院院长问题，这是几次司法改革都未触及的问题，包括现任总统梅德韦杰夫。而事实上，这一等级结构是阻碍俄罗斯司法独立的一个重大的制度和文化上的障碍。但是，至少从目前来看，梅德韦杰夫执政的主线条是继续巩固和加强普京建立起来的垂直权力体系，因此，要他在这方面做出突破，似乎不太现实。最近，梅德韦杰夫还进行了宪法法院改革，通过赋予总统任命宪法法院院长和副院长的权力，把宪法法院也并入到俄罗斯的垂直权力体系内，而此前宪法法院院长是由宪法法院内部选举产生的。这一举措也遭到来自各方面的指责，被认为是俄罗斯司法改革的一个倒退。

第三，司法腐败问题依然严重。在俄罗斯，司法腐败并不是一个新问题。从苏联时期的“电话审判”到俄罗斯时期的“影子审判”，司法腐败问题一直是困扰俄罗斯公民的梦魇。鉴于司法人员职业的特殊性，司法人员已经成为俄罗斯的高腐败人群。正义是司法的生命线，而司法腐败则从根本上腐蚀了社会正义的底线。腐败的存在影响了法官对案件的客观判断和对法律的公正适用，使得作为正义最大伸张力量的司法部门形同虚设。面对行政腐败，人们可以向司法寻求公正，而面对司法腐败，人们除了绝望只有绝望，因为司法是公民寻求公力救济的最后途径，如果不能通过司法途径得到及时、公正、有效的解决，那么人们除了借助非正当途径来维护自身的权益，别无他途。除了法院系统，作为执法机关的

---

① Guy Chazan，In Move to Reform Russia's Judicial System，Putin Battles Entrenched Vested Interests，The Wall Street Journal，November 20，2001.

俄罗斯警察，也是司法腐败的高发区。尽管俄罗斯一直在消除腐败，但是时至今日，俄罗斯反司法腐败的成效似乎并不明显，仅就警察系统而言，2010 年一年时间政府就查处了 1.5 万起涉及警察的腐败案件，而依梅德韦杰夫总统所言，“这只是冰山一角”。可见，俄罗斯若想彻底清除司法腐败，依然需要政府的继续坚持。

正所谓“冰冻三尺，非一日之寒”，俄罗斯司法中存在的问题由来已久，不可能期望其在短时间内得到彻底解决。对于俄罗斯而言，司法改革只能采取渐进的方式，任何急于求成的功利做法只会使俄罗斯司法改革陷入困境。俄罗斯再不能发生类似苏联解体那样的大地震，寻求司法改革不能损害俄罗斯的国家基础。这也是多数司法精英的想法。目前俄罗斯还不具备进行全面的、彻底的司法改革的条件。改革过程中出现循环往复也是正常的现象，毕竟司法改革并不是在真空中进行的，不能脱离俄罗斯的政治文化背景进行简单的技术调整。因此，除了关注司法制度改革本身之外，还应关注政治、经济领域方面的配套改革措施。事实上，戈尔巴乔夫时期司法改革之所以未能带来实质性的变化，一个重要原因是由于当时政治经济和社会的稳定，将人们的注意力从司法改革上转移开来，从而使司法改革失去了契机，未能继续进行下去。因此，保证俄罗斯政治经济稳定，也是司法改革持续进行的前提。

当今的俄罗斯要在法治的基础上实现现代化，还必须与长达 3/4 世纪的法律落后作斗争，任何领导人都不能与过去决裂，因为历史塑造了俄罗斯的法律文化。对于俄罗斯而言，法律文化的重塑是其司法改革的精髓，也是其改革的难点所在。法律和制度改革相对容易，而观念上的转变则非一朝一夕之功。从“国家本位”到“个人权利本位”，从“电话审判到独立审判”，从“重实体轻程序”到关注“正当程序”，所有这些都需要人们逐渐地适应和改变，俄罗斯的司法制度改革任务依然任重道远。

8. 俄罗斯民族政策有哪些变化？

李　莉

民族国家是当今世界各国普遍的国家形式，指近代以来通过资产阶级革命或民族独立运动建立起来的、以一个或几个民族为国民主体的、建立起统一的中央集权制政府的、具有统一的民族阶级利益以及同质的国民文化的、由本国的统治阶级治理并在法律上代表全体国民的主权国家。在当代的世界不存在单一民族的国家，相反在所有的国家中都生活着不同民族的人们。他们经常分散居住在祖国的领土上，常常缺乏稳固的联系，没有意识到自己是某种族群团体的成员。[①] 因此民族间关系成为多民族国家团结和稳定的重要因素。

苏联的解体很大一部分原因也要归咎于忽视了潜伏的民族矛盾和问题。尖锐复杂的民族矛盾与国内社会、政治和经济危机交织在一起，形成一场规模巨大的民族分离主义运动，最终导致苏维埃联盟解体。俄罗斯是在继承苏联遗产的基础上建立起来的，按照民族区域和行政区域为划分原则的联邦制国家。俄罗斯现有100多个民族，联邦83个行政区划主体（自2008年3月1日起），包括21个共和国、9个边疆区、46个州、2个直辖市、1个自治州、4个自治区。[②] 如此众多的民族关系及由此产生的矛盾冲突、历史遗留积怨是俄罗斯民族政策所面临和亟待解决的问题，甚至包括国家的生存和发展问题。那么，在吸取苏联时期处理民族关系的经验教训基础上，俄罗斯在民族政策上发生了哪些新变化呢？

---

① Хабриева Талия Ярулловна, Правовые и организационные основы национально－культурной автономии в Российской федерации, http: //lawmix.ru/2011－28.

② Федеративное устройство России, ru.wikipedia.org/wiki/2011－08－28.

俄联邦宪法、法律层面民族政策的变化

俄罗斯联邦成立之初，少数民族共和国就公开表示独立的倾向。除车臣外，鞑靼紧随其后，巴什基尔、图瓦、卡累得阿共和国、北高加索、西伯利亚和远东地区争相跃跃欲试。1990 年 5 月俄罗斯召开第一次人民代表大会，会议通过了《俄罗斯国家主权宣言》，宣布联邦制度是新俄罗斯国家的基础。会议还决定起草《俄罗斯联邦条约》，目的是通过确立联邦制度的法律基础，克服国内面临的严峻形势和重大危机，维护国家统一和领土完整。俄罗斯联邦于 1992 年会同各个联邦主体在莫斯科签署联邦条件，旨在就中央和地方权限进行划分，制止联邦的分裂和解体趋势（当时车臣和鞑靼共和国拒绝签字，随后 1994 年俄罗斯联邦政府与鞑靼共和国达成协议，在财政、税收方面鞑靼共和国获得更大的自主权）。该条约规定了三个层次的权限：联邦与共和国、联邦与自治州和自治区、联邦与边疆区和州及莫斯科市和圣彼得堡市的权限。联邦中央政府与地方相互关系的准则有：尊重联邦内各族人民的历史、传统、文化、语言和民族特点；维护历史形成的各族人民的国家统一和领土完整；巩固各民族之间的相互信任和理解；民族不分大小都是平等的，享有同样的权利和自由。

该条约成为俄罗斯联邦宪法的一部分，改变了过去在联邦制的形式下高度集权的体制，实行分权制度。反映了俄罗斯联邦关系的现实状况，有利于联邦制的平稳发展，为解决民族问题创造了前提。条约既考虑到了联邦的整体利益，也照顾到地区的特殊利益、经济特点、民族特点和地区特点等。分权条约对于稳定联邦中央与主要的共和国之间的关系起到了重要的作用，为俄罗斯多民族社会的融合构建了新的制度框架。联邦条约是一种较有吸引力的冲突解决机制，较为有效地解决了民族分离主义问题。1993 年 7 月公布了宪法草案文本，于 1993 年 12 月全民通过，宪法以根本法的形式确立了联邦制的国家结构形式，自此新俄罗斯开始了构建多民族统一国家的进程。宪法中关于民族自决、民族自治和民族权利有了一系列新规定。

一、修改民族自决权，确立国家主权至上的原则

“民族自决”是创建苏联和解决民族关系的重要策略原则。1922 年 12 月 26 日全俄苏维埃代表大会通过的《关于建立苏维埃社会主义共和国联盟的决议》宣布，各苏维埃共和国以自愿和平等原则为联合的基础。1924 年苏联成立后第一部宪法规定，各加盟共和国享有主权国家地位和自由退出联盟的权利，在与联盟中央分权的范围内独立行使自己的国家权利，实质上为后来苏联国家体制建设和发展遗留一个重大问题，为苏联的解体埋下了伏笔。戈尔巴乔夫执政以后，以“新思维”为指导思想，大刀阔斧地推进政治和经济制度改革时，各加盟共和国退出联盟已成多米诺骨牌之势，解体的浪潮一浪高过一浪。继任者叶利钦坚持认为俄罗斯能够有效率地民主化的唯一途径，就是“自下而上”地重新构造国家。1990 年与喀山社会各界见面时叶利钦曾说“只要能吞下，想要多少主权就拿多少”。然而出任总统的叶利钦很快就发现，支持民族独立带来的是民族分裂主义倾向，这将会导致俄罗斯领土瓦解。1992 年发布的俄罗斯联邦条约着力强调，应当保持和维护俄罗斯联邦历史上业已形成的统一国家，要在俄罗斯联邦国家版图内实行民族自决。联邦中央与联邦主体在自愿基础上划分权限，而联邦各主体权力机关要在其权限范围内和在其相应区域内独立实施权力，在遵守联邦国家主权的同时，也要遵守联邦主体的主权宣言，此时对民族共和国和其他联邦主体的主权已加以限制。

最为重要的是 1993 年 12 月 12 日《俄罗斯联邦宪法》通过。新宪法在前言中提及：主张人的权利和自由、公民和睦与团结，维护历史形成的国家统一，遵循公认的民族平等和民族自决原则，宪法正式条文中未涉及民族自决权。宪法坚持俄罗斯联邦中央的主导地位，宣布俄罗斯联邦具有主权，联邦主权遍及它的全部领土，俄罗斯联邦宪法和联邦法律在俄罗斯联邦全境具有至高无上的地位，俄罗斯联邦国家保障自己领土的完整性和不受侵犯。《俄罗斯宪法》条文明确规定：俄罗斯联邦由共和国、边疆区、州、联邦直辖市、自治州、自治区——俄罗斯联邦的平等主体组成。共和国拥有自己的宪法和法律。边疆区、州、联邦直辖市、自治州、自治区拥有自己的规章和法律。宪法确立了各联邦主体权利平等的原则，去掉了原来民族共和国的特殊权利，民族自治更多表现为民族文化自治。俄罗斯联邦的联邦结构建立在它的国家完整、国家权力体系统一，在俄罗斯联邦国家权力机关和俄罗斯联邦主体的国家权力机关之间划分管理对象和职权、俄罗斯联邦各民族平等与自决的基础上。俄罗斯联邦宪法将不再以民族因素作为各联邦主体之间严格划分职权范围，在法律上取消了联邦中民族因素占优势的传统苏维埃联邦体制的基本原则，为建立真正的联邦制创造了条件。俄罗斯努力把维护国家统一建立在法律基础上，规定“国家主权至上和领土完整与统一”的原则，避免出现苏联那种理论与实际脱节的问题。

二、强调人权和公民权高于民族权利

1924年苏联成立后第一部宪法在处理民族关系和民族问题时体现了“民族自决权”原则。虽然在当时历史条件下民族自决权的主张起到了团结加盟共和国，各民族平等的作用，但是却也为国家体制埋下了危机。“双重主权”国家原则未能在实际上解决民族平等的问题，也为民族分离主义提供了合法依据。有俄罗斯学者认为，在俄罗斯缺少类似德国、英格兰等国那样的自证性民族属性。如提问“你是谁”，大多数情况下会回答，俄罗斯人、鞑靼人、车臣人等，而往往不会直接回答是俄国人，俄罗斯缺乏一种民族—国家的自证性属性。① 解体后俄罗斯政府清楚地意识到，按过去的政策不可能达到民族权利的充分实现，应该从历史中吸取教训，赋予民族自决新的含义：摒弃政治独立自主权和民族区域自治权，发扬各民族人民参加决策和管理本民族事务的民主权利和平等权利。而且，民族自决权应主要体现为各民族公民享有人权，享有宪法规定的各项公民权利，享有参加国家和社会管理的民主权利和平等权利，公民权优先于民族自决权。俄罗斯的民族政策旨在培养公民社会和塑造俄国民族，把民族关系建立在平等、互利、团结的基础上，为各民族的社会、经济和文化发展提供同等的条件，淡化民族意识，强化公民意识，未来仍将朝此方向继续发展。不再强化民族特征和民族差别，废除了1934年开始的在证件上登记居民民族成分的做法，证件只有证明国籍的使命。

虽然就民族结构来说，现代国家有单一民族的国家和多民族的国家等的区别，但是民族结构并不是民族国家的本质内容。构成民族国家的本质内容的，是国家的统一性和国民文化的同质性，是国民对主权国家的文化上、政治上的普遍认同。② 为从法律上消除民族歧视，实现各民族公民的平等，1991年俄联邦颁布了《公民法》规定各民族公民一律平等，俄罗斯联邦的每个公民在俄罗斯联邦的

① Шогенов А. А.，Национальная образовательная политика，Педагогика，2008（5）：13—20.

② 宁骚：《民族与国家——民族关系与民族政策的国际比较》，北京大学出版社1995年版，第269页。

领土上都享有宪法所规定的一切权利与自由，并承担相同的义务。[①] 1993 年颁布的《俄罗斯联邦宪法》和 1996 年通过《俄罗斯联邦民族政策构想》都一再强调国家的统一和完整，强调公民权利。1993 年 12 月通过的俄罗斯联邦宪法宣布，人和人的权利和自由具有至高无上的价值，承认、遵循和维护人权、公民权利和自由是俄罗斯联邦国家的崇高职责。1996 年 6 月颁布的《俄罗斯联邦国家民族政策构想》明确指出："构想考虑到在新的历史条件下保障俄罗斯统一和完整的必要性，必须发展俄罗斯的国家性，协调全国利益和所有居民的利益，建立其全面的合作，发展民族语言和文化"。[②] 构想进一步强调各民族公民拥有平等的权利和自由，俄罗斯民族政策的主要目标是遵守人权和公民的权利和自由，承认人是最高价值，加强俄罗斯全体公民精神道德的一致性和共同性，即国家法律层面的国家认同和公民身份认同。

三、联邦制度的发展与变化

俄罗斯联邦是按照民族区域和行政区域相结合的原则建立的混合型联邦制国家，由 83 个联邦行政主体构成，各联邦主体拥有平等的权利和义务，宪法禁止联邦主体退出俄罗斯联邦。苏联时期，根据俄罗斯苏维埃联邦社会主义共和国宪法规定：俄罗斯苏维埃联邦社会主义共和国包括自治共和国、边疆区、州、直辖市、边疆区所辖自治州、边疆区或州所辖自治专区。自治共和国是苏维埃社会主义国家，是俄罗斯苏维埃社会主义共和国的组成部分。自治共和国可根据本国特殊情况制定自己的宪法。自治州是俄罗斯联邦及其领域的一部分，自治州包括在加盟共和国或边疆区内，关于自治州的法律根据自治州人民代表苏维埃的提议由加盟共和国最高苏维埃通过。自治专区是边疆区和州的组成部分，有关自治专区的法律由俄罗斯联邦最高苏维埃通过。最高苏维埃、加盟共和国最高苏维埃和自治共和国最高苏维埃每届任期五年，地方各级人民代表苏维埃每届任期两年半。苏联最高苏维埃由联盟院和民族院两院组成，两院享有平等的权利。联盟院和民族院由人数相等的代表组成。联盟院按人口相等的选区选举。民族院按下列名额

---

① 张俊杰：《俄罗斯民族关系现状及改善民族关系的主要法律措施》，《俄罗斯研究》2008 年第 2 期。

② Указ президента российской федерации "Об утверждении концепции государственной национальной политики российской федерации".

选举：每一个加盟共和国选举代表32人，每一个自治共和国选举代表11人，每一个自治州选举代表5人，每一个自治专区选举代表1人。

20世纪90年代苏联解体后联邦制度发生了变化。1992年的《联邦条约》确立了俄罗斯联邦的三种主体形式，第一类自治共和国组成俄罗斯联邦的"主权国家"；第二类边疆区、州、直辖市不再是垂直的行政区域单位，被赋予联邦主体的法律地位；第三类自治州和自治区也享有联邦主体的平等地位。1993年《俄罗斯联邦宪法》出台，取消了自治共和国名称中的"自治"，明确宣布各个联邦主体享有平等的权利和地位，联邦主体无权单向退出俄罗斯联邦。所有联邦主体在俄罗斯联邦议会上院——联邦委员会的议席数目是一样的，即由每个联邦主体各派两名代表组成：国家权力代表机关和国家权力执行机关各一位。每个联邦主体都拥有自己的宪法或章程法规、地方权力机关、旗帜和徽标。

1993年《俄罗斯联邦宪法》虽然明确规定联邦主体地位平等，但对业已形成的历史状况表现了妥协的痕迹。第一，自治共和国被冠以国家称号，有权制定自己的宪法和法律，有权确定自己的国语，它们可在共和国国家权力机关、地方自治机关、国家机构中与俄语同时使用。联邦中央与共和国的关系主要表现为联邦性质。由此可见，共和国要比边疆区和州具有更大的自主权，并享有特别优惠。第二，对于边疆区、州、直辖市等其他主体形式，宪法中并未做出类似的规定，只是允许它们制定各自的章程和法规。此类联邦主体与联邦中央主要保留着单一性的特点。第三，自治州的地位是由联邦宪法和地方章程确立的，可以通过自治州的联邦法律。第四，自治区的地位是由联邦宪法和地方章程确立的，可以通过自治区的联邦法律。边疆区或州的自治区的关系可由联邦法律和自治区国家权力机关与相应的边疆区或州国家权力机关之间的条约加以调整。[①]《俄罗斯联邦宪法》赋予了某些联邦主体如自治共和国更多的权利，导致联邦制度的不对称性。同时就分权关系而言《联邦条约》也存在弊端。由于地区的离心倾向，联邦政府向政治上强硬的地区提供了比合作的地区更多的利益与特权，因此很难实现地区间资源分配公平、地方宏观经济发展等目标。通过签署双边条约一些共和国（如鞑靼共和国）获得了更多的特权和优惠，这更加扩大了各种类型主体之间的不平衡。因而出现"共和国化"倾向、联邦主体向中央施压要求权力平等、要求

---

① Федеративное устройство России，ru. wikipedia. org/wiki/2011－08－28.

建立自己主体民族的共和国或自治州及自治区等问题。这些矛盾和冲突，往往不是谋求独立或半独立，而是反映了边疆区和州争取平等的联邦主体权利的要求。

就民族关系而言，存在三个层次的民族自治实体情况。由于历史原因、复杂的民族和地区特点、主体民族人口多少、地域大小、各主体间地区经济发展状况的差异，划分为不同层次的民族自治实体，从而自治权利有所不同。自治共和国拥有更多的权利，享有更广泛的自治。自治州享有较多的自治权利，俄罗斯目前仅有一个自治州——犹太自治州。关于自治区的权利和地位比较矛盾。按照历史传统，自治州包括在共和国或边疆区内、自治区一般包括在边疆区或州内，组成俄罗斯联邦的10个自治区既是与边疆区和州平等的主体，又是边疆区和州的组成部分。自治区的法律地位在很大程度上是矛盾的，一方面根据俄罗斯联邦宪法：自治区是边疆区或州的组成部分（10个自治区其中9个是这种类型的），另一方面它们同时又与边疆区、州同样被宪法确认为平等地位的联邦主体。[①] 也就是说，自治区既受俄联邦中央管辖，同时也要受到边疆区或州管辖，这种复杂的关系很难使它们具有真正的平等地位。俄罗斯联邦制度存在的上述问题只有通过进一步改革和完善联邦制度才能逐步得到解决。

由于联邦制度的不均衡性和矛盾性，联邦制度的改革和发展一直进行。首先表现为加强中央对地方的管理和控制。1994年10月俄罗斯总统叶利钦发布了“关于加强俄罗斯执行权力统一体系的措施的命令”。按照规定，边疆区、州、联邦意义的市、自治州和自治专区行政长官的职务，根据俄联邦政府主席的建议，由俄联邦总统命令任免，加强了联邦中央的权力集中。普京上台后的政策调整为：建立一个强大且有效的联邦。为此普京实施联邦制改革的一项重大举措就是建立七个联邦区。2000年5月普京签发命令决定按地域原则在俄罗斯建立由共和国、边疆区和州组成的七大联邦区：中部联邦区，西北联邦区，北高加索联邦区（后改称南部联邦区），伏尔加河沿岸联邦区，乌拉尔联邦区，西伯利亚联邦区，远东联邦区。为了加强中央对地方的控制，每个联邦区任命一位总统全权代表，负责法律权限内的相关事务。联邦区以地域划分原则，有利于淡化民族意识和民族属性，促进地方经济发展。其次，表现了联邦主体的合并与调整。自治区

---

① Особенности правового статуса автономия, http://www.pravo.vuzlib.net/book/ 2011－08－29.

的合并进程从2003年起至2008年已经有6个自治区合并到边疆区或州，分别是科米彼尔米亚克、泰梅尔、埃文基、科里亚克、乌斯季—奥尔登斯基布里亚特、阿加布里亚特等6个自治区。[①] 这种合并趋势未来依然存在。如阿尔汗格尔州和涅涅茨自治区合并的初步工作已经开始；甚至还有建立乌拉尔共和国的设想；讨论将圣彼得堡市与列宁格勒州合并的可能性等。[②] 第三，统一法律空间。叶利钦时期，地方权力急剧扩大并获得立法自由，如宪法规定：共和国可以制定自己的宪法；自治区、自治州可以制定自己的联邦法律；边疆区、州允许制定自己的章程和法规等，甚至是与联邦宪法和法律相抵触的原则，而联邦条约的签署也加剧了这种不平等的状况。因此自普京政府开始，从立法上加强了宪法地位，改变地方立法主导的现象，逐步消除不均衡的联邦制度。有利于促进俄罗斯联邦各族人民的普遍人权和公民权的平等和地位公平。

民族政策实施机构的变化

从苏联时期到解体后的俄罗斯，民族问题和民族事务的管理机构发生了重大变化。1917年十月革命胜利后，列宁曾设立民族事务委员部。1924年苏联颁布第一部宪法，增设最高国家经济委员会，撤销民族事务人民委员部。1992年苏联解体以后，由联邦委员会（议会上院）负责确定国家民族政策的落实措施，对解决民族关系中出现的争端和冲突提出建议，保障各共和国参与解决全国性的问题。叶利钦时期成立了民族事务部，季什科夫担任首届部长，还兼任民族政策委员会主席。2000年5月普京总统将俄罗斯联邦和民族事务部改为俄罗斯联邦事务、民族和移民政策事务部。2001年10月，普京颁布总统令将该部撤销，其职能分别移交俄联邦内务部、俄罗斯联邦外交部和俄联邦经济发展与贸易部。2004年9月根据普京总统的命令成立了俄联邦地区发展部，其中设置了民族事务归口管理机构。地区发展部下设民族关系司，下设四个处，统管民族文化、民族间和族际宗教间的关系、保护少数民族和原住民权利及民族自愿迁移及与哥萨克相互

---

① Коды субъектов Российской Федерации，ru. wikipedia. org/wiki/2011－08－28.

② Федеративное устройство России，ru. wikipedia. org/wiki/2011－08－28.

配合等问题。[①]

民族事务管理纳入地区发展标志着俄罗斯在解决民族问题的方针的转向。第一，表明民族权利和民族事务让位于公民权利，即人的基本权利和公民权利高于民族权利，民族事务包括在地区发展层面之内。这在民族政策方略上与国家淡化民族属性和民族意识、强调国家认同和公民权利是相一致的。第二，体现了民族政策的务实与发展。俄罗斯联邦宪法作为国家根本大法明确了俄罗斯各民族权利、地位平等，而问题的关键是如何由法律意义上的平等进而扩大到事实上的平等。将民族事务纳入地区发展部即体现了俄罗斯政策将在地区的平衡发展中解决民族地区的发展问题和民族间的和睦问题，试图通过促进地方经济、社会及文化等领域的发展来解决民族问题。梅德韦杰夫责成地区行政长官亲自管理民族和宗教事务，并指出，“各地区的领导人都要亲自管理民族和宗教关系问题，以及宽容和法治文明教育的问题”。第三，体现了民族事务认识的深化。民族问题往往与政治、经济、宗教尤其是地区经济发展和社会生活水平等问题交织在一起，是一个综合而多维的问题，因此民族问题的解决需要多领域、多部门的相互协调和配合。将民族事务放置在地区发展部有助于地方机关的相关协调与配合。最后，俄罗斯民族众多，民族矛盾和民族冲突也存在许多差异，可能表现为宗教问题、经济发展问题或者是历史积怨仇恨等问题，也可能是各种矛盾和冲突的交织。将民主事务放置在地区发展层面，有助于充分考虑地区和民族的具体特点，更高效地解决民族问题。

俄罗斯议会中没有设置民族院，也没有成立民族事务委员会。一方面的原因在于民族事务部的存在可能会强化民族意识和民族差别，助力民族矛盾和民族问题。这与俄罗斯联邦民族政策构想的方针淡化民族意识等不相符合。有人提议恢复这个政府部门，俄罗斯总统梅德韦杰夫曾在国务委员会会议上表态说：“总是有人建议成立新的机构，成立一个民族事务部。但我提醒，在以前的局势和以前的生活中，这种机关从来都没有过出色的工作，并没有非常有效。因此我想说，我们不会为此而专门成立新的机构。”另一方面，俄国政府也不希望将民族问题放到联邦这个最高层面来处理，而认为应该由各民族地区，如各加盟共和国自行

① Департамент межнациональных отношений，http：//www. minregion. ru/activities/ 2011－08－30.

解决。地方政府都有专门部分和人员负责民族事务。

民族政策的实施策略

俄罗斯地区发展部部长巴萨尔金指出，民族政策优先方向的工作重点是：加强俄国民族的公民同一性、支持俄罗斯人民的民族文化发展、协调族际关系。[①]为保证民族政策优先发展方向的实现，提出了法制领域、社会经济、民族文化、国家认同甚至动用武力的系列方略。

一、从法律层面消除民族歧视

民族平等首先应该是法律意义上的平等。俄罗斯在遵守相关国际法的原则基础上，通过一系列法律和法规，旨在从法律上消除民族歧视，实现各民族公民权利的平等。维护少数民族和地区原住少数民族的权利，发展和传承各民族文化。第一个层次是国际法，如：《关于保护少数民族的框架条约》、《关于消除各种形式种族歧视的国际条约》、《地区语言和少数民族语言的欧洲宪章》等；第二个层次是联邦法，如：《民族文化自治法》、《俄罗斯联邦原住少数民族的权利保障法》、《俄罗斯联邦北部、西伯利亚、远东原住少数民族村社组织的统一原则法》等；第三个层次是俄罗斯联邦总统令，如：《关于确立俄罗斯联邦民族政策构想》；第四个层次是俄罗斯联邦政府决议，如：《俄罗斯联邦原住少数民族统一纲要》、《关于确立提供给俄罗斯联邦主体的补助金预算用以支持俄罗斯联邦北部、西伯利亚和远东地区原住少数民族经济和社会发展的联邦预算的分配原则》等；除此外还包括俄罗斯联邦政府指令、地方法律法规等。[②] 表明俄罗斯旨在通过规范法律手段而非行政命令手段解决民族事务。

各项法律、法规明确公民权利高于民族权利。1991 年俄联邦颁布了《公民法》，规定各民族公民一律平等；1993 年通过的《俄联邦现行宪法》开宗明义宣称，俄罗斯遵循公认的民族平等原则；1996 年叶利钦签署了《俄罗斯联邦民族

---

① Глава Минергиона Виктор Басаргин выступил в Совете Федерации с докладом о мерах по гармонизации межнациональных отношений и созданию условий для этнокультурного развития народов России. http：//www. minregion. ru/activities/2011－08－30.

② Реализация государственной национальной политики，http：//www. minregion. ru/2010－09－01.

政策构想》规定，俄罗斯继续奉行公民平等和民族平等的原则。为了巩固多民族国家的统一，俄罗斯联邦用地方自治代替民族自治（尽管保留了原来以民族冠名的行政区，但其政权组成和运行方式与其他行政区无异）。限制因民族歧视而导致的地方民族主义和违反人权的行为，各共和国决定自己的经济、政治和语言文化生活，但共和国的国家体制不属于某个民族，共和国是相应区域内所有公民的共和国。目前俄罗斯社会中正在逐渐形成一个完整、有效的民主政治体系，社会民主化和法制化程度大大提高，为民族的发展奠定了良好的社会和政治基础。

二、促进民族地区经济和社会的发展

民族平等更深刻的意义还在于事实上的平等。民族问题始终伴随着具体的社会政治经济问题，渗透和反映在日常社会生活中。解决民族问题是一项系统工程，立法可以解决法律基础上的平等，却无法解决实际上各民族间政治、经济、社会及文化等方面事实上的不平等。经济是民族问题的核心要素之一。俄各民族共和国、民族自治区在经济和财政上的基本处境是一致的——经济贫穷且独立生存能力低下。因此俄罗斯政府以市场为取向，通过政策性引导来促进对少数民族地区的经济开发，将在地区的平衡发展中解决民族地区的发展问题和民族间的和睦问题。如大幅度地提高西伯利亚工作的各种公务人员的工资与津贴标准，各种优惠政策，如投资优惠、信贷优惠、税收优惠等。2010 年 1 月梅德韦杰夫签署总统令，把北高加索地区的 6 个共和国和邻近的南斯塔夫罗波尔边疆区合并，增加俄罗斯第八个联邦区即把远东联邦区划出北高加索联邦区，总统驻北高加索联邦区的全权代表赫洛波宁同时兼任政府副总理。此项特殊安排，旨在振兴当地的经济，保证联邦政府对当地石油资源的支配权，兼有遏制防止地方集权的考虑。

三、实行民族文化自治

解决民族文化差异就要尊重民族差异，认真落实民族文化自治法。在民族认同、文化自治等方面奉行自愿原则，保障民族和文化的多样性，在民族文化上奉行双重不排他的原则，主体民族文化和少数民族文化将平等不均衡地向前发展。1996 年通过《俄罗斯联邦民族文化自治法》，对各民族公民在民族自我意识和民族传统、文化、教育、艺术等自我决定和选择方面做出了法律规定，满足各民族特别是较少数民族的语言需求和精神需求，促进民族传统文化、教育和艺术的发展。不同民族的族际文化和传统差异很大，每个民族既有民族自我意识和民族情感及民族利益，这种条件下，社会生活本身就提出了民族文化自治的问题。就民族属性而言，不再用过去苏联时期确定的民族属性的国家标准，而是公民有权决定自己的民族属性。其宪法依据是第26条规定的“每个人都有权确定和指出自己的民族属性。任何人不能被迫确定和指出自己的民族属性”。宪法同时规定“每个人都有使用本族语言、自由选择交际、教育、学习和创作语言的权利”，这在《民族文化自治法》中的自治权利方面有更细致的规定，如保护民族独特风格、发展民族（自己）语言和民族文化；使用民族（自己）语言获取和传播信息；保护和丰富民族历史和文化遗产，自由利用民族文化财富；尊重民族传统和习惯，复兴和发展艺术类的民族手工业和手艺；创办教育和研究机构、文化机构；通过自己的全权代表参加非政府的国际组织；在俄联邦立法基础上建立和支持没有任何歧视的与外国公民、社会组织的联络；联邦法律、宪法（条例）、联邦主体的法律授予的其他方面的教育和文化权利；等等。当然，民族文化自治在俄罗斯不具有政治自决权的性质，而是另一种为有组织地表达民族权利所创立的社会联合体，是在国家领土内民族自我组织的形式。

四、建立国家认同和民族同一性

尊重民族文化差异的同时还要促进多民族国家的文化认同。在历史—文化背景下，建立宽容、和平的文化—教育氛围，促进个体发展的人文世界观的立场，促使民族、社会和个人之间的理解和认同。从文化层面上消除民族歧视和隔阂，从经济上消除差异和不平等，在民族宽容和理解的基础上才可能解决民族矛盾和冲突。然而，这种文化认同和文化融合是一种自发的，而不是强制性的。要让各民族有充分的发展，才能有自觉的融合，有自觉的融合才有自然的消亡。解决民族问题要依靠高度的物质文明和高度的精神文明。俄罗斯民族政策在精神领域内，用“新俄罗斯思想”统一思想，加强全民族的凝聚力，克服国家虚无主义和民族离心主义，通过教育制度培养国民对联邦整体的国家认同。2005年俄罗斯通过“关于俄罗斯联邦的国家语言”联邦法，强调了俄语作为国语的作用，并指出在统一多民族国家中俄罗斯联邦国家语言能够促进俄罗斯联邦各民族之间的相互理解，加强各民族间的相互联系，增加和丰富民族文化。[①] 教育潜力主要用于

---

① Российская федерация федеральный закон о государственном язык российской федерации，Принят Государственной думой 20 мая 2005 года，Одобрен Советом Федерации 25 мая 2005 года，ОДВО 21.2005.

社会团结，保障国家统一社会文化空间，克服民族间的冲突和社会对抗，多民族的俄罗斯学校面临着在保障和发展俄罗斯语和母语事业方面表达自己的价值，形成俄罗斯的自我意识和自我认同。[①] 俄罗斯语言专家说："一个国家需要有一种通用语言使人民团结起来，在俄罗斯，俄语担负着这样的任务"，因此俄罗斯在全国范围内实行长期"双语教育"。但中央与民族共和国之间在这一点上一直有着明显的争议。民族共和国希望通过推广本民族语言、民族文化和宗教重新拥有他们的地方特性，担心联邦中央推行"俄罗斯化"的文化政策会建立起以俄罗斯人为中心的文化霸权，而自己本民族的文化则可能被边缘化。

五、主权至上，不排除使用武力

在解决民族问题方面，俄罗斯将主权和领土完整放在首位，坚决反对民族分裂等破坏活动。为了维护联邦政府的权威和国家统一，当"地区民族主义"态度强硬、要求完全独立而不妥协的时候，俄罗斯联邦政府不排除用强制性手段解决问题，如经济制裁或武力。一个典型的例子就是两次旷日持久的车臣战争，有效地打击车臣恐怖主义和民族分裂分子；另一个是 1991—1993 年联邦针对鞑靼斯坦实行的经济制裁。但强制手段不仅代价巨大，对民族心理的负面影响也将是持久而深刻的，更深的民族仇恨也会由此而来。武力的打压可能会使民族怨恨越积越深，反抗和离心倾向越来越严重。解决民族问题的手段从对抗、冲突走向政治和谈是大势所趋，和谈已成为一股不可逆转的力量，也终将被越来越多的民族所接受。依靠对抗、流血冲突，甚至是战争不是解决民族问题的好办法，而应通过政治谈判、对话，达成谅解，通过真正改善当代生活水平，在联邦政府管辖下获得有尊严的生活，才会对中央政权持有真正的认同，形成真正的、稳固的民族向心力。

民族政策的经验教训和发展方向

俄罗斯社会转型阶段，面对民族分离主义浪潮导致的国家危机，联邦政府采取一些缓和民族矛盾的措施，对民族冲突的地区作出让步，双方在和谈和妥协的

---

① Министерство образования РФ. Концепция модернизации российского образования на период до 2010 года，www. edu. ru/db/2007－03－12.

基础上解决问题，避免了国家分裂的危机，如俄联邦中央与鞑靼斯坦、巴什科尔托斯坦、萨哈、北奥塞梯等多个共和国签署的分权协议。对于独立态度比较坚决和强硬的车臣共和国，俄罗斯联邦政府不惜动用武力解决，但双方都付出了沉痛的代价。这或许能够成为处理民族问题、解决民族冲突的经验和教训，抑或是某种启示与借鉴。尽管目前俄罗斯民族问题趋于缓和，民族独立和分离倾向得到遏制，但仍然存在不确定因素，面临诸多困难和险境。

一、鞑靼模式与车臣模式的经验

苏联发生剧变和解体的过程中，各地迅速泛起了民族独立和民族分离运动。特别是大俄罗斯民族主义的恶性膨胀，俄罗斯“民主派”带头向联盟中央夺权，于 1990 年 6 月 12 日俄罗斯联邦议会通过共和国主权宣言，宣布俄罗斯为“主权国家”。在大俄罗斯民族分离主义带动下，俄罗斯联邦境内其他少数民族也纷纷起来谋求民族独立。鞑靼斯坦与车臣共和国是俄罗斯联邦境内的两个自治共和国，分别于 1990 年 8 月和 1990 年 11 月提出了主权要求，结果却是相反。

1990 年 8 月 30 日，鞑靼斯坦最高苏维埃第一个通过共和国主权宣言，宣布鞑靼斯坦为独立的主权共和国。接着 1991 年 4 月 18 日鞑靼斯坦最高苏维埃又修改共和国基本法，试图以立法形式巩固其主权地位。1992 年 11 月 6 日通过共和国新宪法，宣布鞑靼斯坦共和国为“主权国家”和“国际法的主体”。此后鞑靼斯坦拒绝签订《俄罗斯联邦条约》，拒不执行俄罗斯联邦宪法和其他联邦法律，拒不参加关于俄罗斯联邦新宪法的全民公决与俄罗斯联邦新议会的选举。经过与俄罗斯联邦的谈判，1994 年 2 月双方签订《关于划分俄联邦与鞑靼斯坦的国家权力机关管辖对象和互派全权代表条约》，明确了联邦中央与鞑靼斯坦之间的关系和权力划分。根据条约规定，俄联邦中央给予鞑靼斯坦以“国家”称号以及保留自己的宪法，解决有关利用和支配土地、矿藏、水流、森林等自然资源，参加国际活动并与外国签订协议，实施对外经济活动，参加国际组织等一系列主权，而鞑靼斯坦则收回“民族独立”的要求，同意向联邦中央上缴税收等。条约签订在一定程度上缓和了联邦中央与鞑靼斯坦之间的紧张关系。1990 年 11 月车臣—印古什共和国最高苏维埃通过了国家主权宣言，宣布“独立”。1991 年 11 月杜达耶夫当选车臣总统后，宣布车臣为主权国家。1992 年 3 月，车臣共和国通过了自己的宪法。期间俄罗斯联邦政府与杜达耶夫政府一直进行谈判，未果。1994 年 12 月，俄罗斯军队进军车臣，第一次车臣战争爆发。1999 年 8 月，第二次车臣战争爆发。

由于两个共和国所处战略地位、社会发展状况、社会文化素质甚至是历史境遇不同，因此尽管出发路径相同，结果却是迥异。鞑靼共和国位于俄罗斯欧洲部分，处于俄联邦工业中心，境内自然资源丰富，盛产石油，同时也是俄罗斯的出口中心。鞑靼共和国经济实力全俄排名第三，仅次于莫斯科、圣彼得堡。鞑靼社会较为稳定，经济发展和人民生活水平较高。以失业率为例，2007—2009 年度的数据分别是 5.6%、4.9%、8.5%，同期人均月收入分别为 11576.9 卢布、14180.5 卢布、15857.8 卢布。[①] 居民文化素质较为整齐，高等教育发达，鞑靼的高校 40 余所，喀山大学于 1804 年建立，是继莫斯科大学、圣彼得堡大学后成立的第三所大学，早已成为鞑靼地区甚至是俄罗斯的教育、文化的中心，学校培养出很多名扬四海的人才，如列宁和列夫·托尔斯泰。2007/08、2008/09、2009/10 年度鞑靼高校大学生数分别是 22.78 万、22.37 万和 22.02 万。[②] 问题的关键在于鞑靼共和国位于俄罗斯的正中央，在首都莫斯科东部一千公里以外的地方，伏尔加河从这里流过。该国身处俄罗斯腹地，称为“国中之国”，与莫斯科的空间距离较近，容易对其进行控制。

车臣位于俄罗斯南部边疆，通过车臣可以与外高加索及整个西亚、中东等地区进行经济贸易往来。车臣独立容易引起连锁反应，使整个高加索地区失去控制，削弱俄罗斯的战略地位。车臣地区的附近有里海石油，石油管道可以经过车臣和中亚地区，直接通到黑海至欧洲。另外车臣地区宗教势力较为极端，如果“独立”可能意味着它永远加入伊斯兰世界，俄罗斯很难将它纳入自己的版图。车臣境内的经济、文化发展不平衡，失业率远远高于全国平均水平，2007—2009 年失业率 53%、35.5%、35%。[③] 车臣共和国仅拥有 3 所高等学术教育机构，2007/08、2008/09、2009/10 年度车臣共和国大学生数量分别为：3.10 万、3.18 万、2.95 万。[④] 贫穷和失业往往成为滋生极端民族主义甚至是恐怖主义的最重要的温床。车臣社会中还保留着氏族时代的残余，以父系血亲家族为单位，具有明

---

① Российский статистический ежегодник 2010：стат. сб. Росстат. М.，2010：С. 135 и С. 175.

② 同上，С. 135，С. 254.

③ 同上，С. 134.

④ 同上，С. 252.

显家长制、父权制特点，公民社会基础薄弱，组织化程度较低，家族化政党或政治组织较为普遍。不同的领导人带领鞑靼和车臣共和国走上了不同道路。鞑靼总统沙伊米耶夫审时度势，明智地通过谈判解决了危机。车臣领导人始终未放弃“独立”主张，甚至不惜通过暴力解决，结果车臣共和国当局执意挑起分裂战争，使车臣经济发展倒退、社会生活遭受破坏、人民也陷入无穷尽苦难。

几年来，鞑靼斯坦被认为是俄罗斯联邦各民族共和国争取独立自主的倡导者，其他一些共和国也试图仿效。就俄罗斯的社会现实和地方差异性而言，“鞑靼模式”的政治价值又是有限的。首先，鞑靼能够取得那么多自主权，既由于自身的基础，同时也是特殊的历史条件决定的，其他共和国虽然有追求分离的意愿，但却不具备鞑靼那样的物质条件和经济实力。而且，给予地方以更多的自主权，又与俄罗斯联邦政府在今后一定时期内加强中央集权的要求不相符合——俄罗斯的新联邦制还在实践和完善的过程中。俄罗斯联邦政府与鞑靼的关系模式可以说只是一个“个案”，它体现的是鞑靼在俄罗斯国家中的特殊地位，有漫长集权历史的俄罗斯不会很快建立起真正意义上的联邦制，甚至还会出现反弹和后退。[①] 鞑靼模式和车臣模式在另一方面也说明了民族问题往往具有独特的民族和地方特性，一个民族地区成功的模式放置在另一民族地区未必适用。但从中我们可以得到某些启示：解决民族争议和民族冲突宜用和谈方式，慎用军事力量。流血的冲突往往会加剧民族矛盾，加深民族积怨，对解决民族问题不利。

二、民族问题的困境

民族的形成、发展和消亡有其客观的规律，要经历漫长的历史发展阶段，只要有不同民族的存在，就会不断出现新的民族矛盾和问题。而且，民族矛盾和问题的长期存在，是与社会发展中其他各种矛盾和问题交织在一起的，致使矛盾和问题变得更加复杂。必须遵循民族和民族关系发展的客观规律，充分认识民族矛盾和问题的长期性、普遍性和复杂性。俄罗斯民族问题往往与联邦体制、地方民族主义和分离主义、宗教极端势力等交织在一起，是多维的难题：既包括现实的又含有历史的问题，既涉及政治和文化的因素，也涉及民族和宗教的影响，因此解决民族问题是一项复杂的系统工程。同时民族问题又是多层级的问题，具体有俄罗斯族与少数民族之间的矛盾、联邦主体与中央政权之间的矛盾、联邦主体之

---

① 侯艾君：《“鞑靼模式”与“车臣道路”的比较》，《世界民族》2004年第6期。

间的矛盾及联邦主体内部主体民族与异族间的矛盾。随着市场经济的发展和社会私有化程度的提高，俄联邦主体要求政治独立的现象弱化，要求经济独立的现象越来越突出，民族共和国与中央的矛盾也由争取政治权利逐渐转向获取更多的经济利益。因此俄罗斯联邦政府在解决民族问题时致力于加强中央集权、促进地方经济发展、民族文化认同和融合等方面缓解族际矛盾，从根本上消除民族的离心倾向。为有效解决民族问题，俄罗斯颁布了一系列法律，解决了少数民族受压迫、歧视和地位不平等的问题。然而一般而言，政治上的平等比较容易实现，但经济和文化上的平等不容易实现，涉及更多因素。从目前的情况来看，俄罗斯政府还面临着许多难题。

民族地区经济水平落后、生活贫困的问题。尽管俄罗斯政府通过出台一系列法律、法规确保各民族平等和自由，然而民族间事实上的不平等是一个现实。由于历史遗留问题，享受同样的政策也无法达到真正的平等。苏联时期为了确保重工业尤其是军事工业的高速发展，对广大的农业地区曾进行过度的剥夺，而大多数的少数民族聚居区又都处在农牧区或条件艰苦的边疆地区，导致其经济发展水平十分落后。处于高度中央集权管理之下，部分民族地区的经济潜力没有得到充分发挥。因此要想彻底解决民族问题，加强民族向心力和凝聚力，首要任务还是从社会生产建设方面入手，加快地区经济发展，增加就业机会，提高居民生活水平，从根本上铲除分离主义滋生的土壤。

民族文化认同和民族文化自治的问题。民族文化的问题，即俄罗斯文化与地方特色文化之间关系的问题——是中央强制同化地方文化，还是中央与地方文化共生。中央政府对待地方文化的态度如何，是强行划一，还是尊重文化的多元性？是接受它、学习它、运用它，还是排斥它、诋毁它甚至消灭它？从历史进程来看，俄罗斯民族文化政策一直具有沙文主义的影子，俄罗斯民族是沙俄帝国中最大的统治民族，对所有异族人进行教育，其最终目的“无疑地应该使他们俄罗斯化，使他们同俄罗斯人融合在一起”，其惯用的手段是征服、使少数民族屈服，但由于文化的独特性，表面的屈服甚至是文化一时的示弱这些并不能使族际文化达到真正融合，却很可能造成新的仇视和仇恨。违背历史客观规律，强制性人为地增进这一过程可能导致少数民族的反感甚至敌视，因此俄罗斯政府吸取历史经验出台法律，实行民族文化自治。然而民族文化自治有助于培养民族自我意识，促进民族传统文化、教育和艺术的发展。但民族自我意识的增长具有双重意义。

一方面，它是积极现象，是民族发展的标志；另一方面，如果把握不当，这种感情也可能超过正当界限，演变为民族主义，具有强烈的民族排他性，甚至可能成为民族分裂势力的精神动力。这两者之间并没有不可逾越的鸿沟。[①]

公民教育与民族教育的矛盾问题。教育潜力主要用于社会团结，保障国家统一社会文化空间，克服民族间的冲突和社会对抗，多民族的俄罗斯学校面临着在保障和发展俄罗斯语和母语事业方面表达自己的价值，形成俄罗斯的自我意识和自我认同。[②] 公民教育旨在培养明达公民，忠诚地履行公民权利和义务，有效地参与国家和社会公共生活。主要培养公民的爱国心、公德心及权利和义务的意识。民族教育旨在对本民族文化的传承和发扬。两种教育过程中语言起到传承文化、沟通交流的作用，少数民族地区还存在着双语教育的问题。苏联时期官方强行推进民族文化融合，20 世纪 50—80 年代中期，苏联官方宣布俄语为各民族的统一交际语言，是加强各民族统一和接近的重要工具。强制推行俄语的结果是民族语言的作用和地位明显下降。1986 年苏联出版发行各种书籍 22 亿册，其中俄文书籍占 86%，而其他少数民族语言书籍仅占 14%（少数民族人口占全苏人口 49.2%）。甚至在一些共和国出现许多青少年的本民族语言水平很低，以至于不会使用本民族语言会话、阅读和书写，从而造成青少年一代人与老一辈人之间语言隔阂。[③] 消极作用还在于导致了少数民族语言和文化的弱化甚至是消失。目前存在的问题是：个别民族自治区通晓俄语的青年一代人数逐渐减少，这便为民族之间交流和对话设置了障碍，也造成了民族理解和认同的困难。1999 年第二次车臣战争初期俄罗斯社会学家就发出警告，提示车臣青年一代发展的危险性。一份苏联居民调查指出，有 70%—80%车臣人掌握俄语。而 2000 年以后在车臣山区，学龄儿童不懂俄语的情况已经不再是罕见的现象了。尽管俄罗斯总体上控制了车臣局势，但缺乏了共同语言的基础，可能民族离心力会变得越来越强烈。同时也很难想象，没有俄语作为平台，车臣与俄罗斯中央政府之间的交流纽带和认同基础何以维系。

---

① 赵常庆等：《苏联民族问题研究》，社会科学文献出版社 2007 年版，第 30 页。

② Министерство образования РФ. Концепция модернизации российского образования на период до 2010 года，www.edu.ru/db/2007－03－12.

③ 许新、陈联璧、潘德礼、姜毅：《超级大国的崩溃——苏联解体原因探析》，社会科学文献出版社 2000 年版，第 51 页。

三、民族政策的发展方向

民族政策的原则和根本出发点是维护俄罗斯联邦统一国家主权，反对民族分离主义。避免民族自决权和民族平等原则，淡化民族观念和民族自我意识。强调俄罗斯联邦是历史形成的统一的国家，其境内所有公民享有同等的权利和义务。

完善联邦制度。俄罗斯继承苏联遗留历史问题，按民族—地域特征划分行政主体，实行以主体民族冠名加盟共和国和行政区域的民族—国家联邦制。这种以民族区域自治为特征的联邦国家体制存在很多问题，如冠名民族与没有冠名民族之间的矛盾，联邦主体之间的矛盾等。不仅人为地形成了民族等级制度，没有解决民族间的平等关系问题，反而强化民族矛盾和民族意识，导致了少数民族自我意识的觉醒和民族主义增强。这些问题需要联邦制度的不断发展和完善来加以解决。

加强规范的法律法规调解作用，统一法律空间，以立法手段解决民族问题。俄罗斯地区发展部部长指出，当前规范法律的管理过程已经激活，关于北部、西伯利亚和远东地区原住少数民族的民族—文化自治在国家民族政策领域里的法律已经统一。同时有必要建立社会—国家监督机制，特别是鉴定和公益性质的部分，甚至还应该建立部门间和地区间的具有跨部门性质的协调机构。[①] 因为民族问题往往具有系统和多维的特点，牵涉到多领域和多部门，因此需要从社会政治、经济、文化、教育和宗教等多个层面综合解决民族问题。还要加强与公民社会机构的联系与合作，从社会层面获得支持，建构俄罗斯公民社会。

俄罗斯政府当局真正理顺族际关系还需时日。在转型阶段的前提下，俄罗斯的国家社会生活中，一系列相互关联的社会发展趋势给予民族关系以直接的影响：民众追求自决的渴望和俄罗斯社会一体化的客观过程；俄罗斯联邦主体不断上涨的自主性和公民对巩固全俄罗斯国家性的愿望；实施经济和政治改革总体方针的必需性和因受历史和经济—文化特点限制的地区的社会—经济的各种潜力；保持和发展民族—文化独特性的渴望和对俄罗斯人民精神同一性的忠诚。[②] 俄罗

---

① Глава Минергиона Виктор Басаргин выступил в Совете Федерации с докладом о мерах по гармонизации межнациональных отношений и созданию условий для этнокультурного развития народов России. http：//www. minregion. ru/activities/2011－8－30.

② Указ президента российской федерации“Об утверждении концепции государственной национальной политики российской федерации”.

斯民族关系不仅关系到国内，还要抵御西方势力参与和渗透，维护多民族国家的完整与统一。民族积怨和历史遗留问题很难短时间化解，地区间经济发展不平衡也很难解决。因此民族政策的落脚点在于：在保持强大武力威慑和民族向心力的同时，必须具备一定社会经济、文化条件，提供民众以必要的、充足的生活保障和生活条件。从文化层面上消除民族歧视和隔阂，从经济上消除差异和不平等，在民族宽容和理解的基础上才可能解决问题。

9. 俄罗斯的移民政策有何特点?

强晓云

自20世纪90年代苏联解体以来，伴随着俄罗斯国内政治、经济、社会转型及国家开放度的不断提高，移民已经成为俄罗斯社会中一个不容忽视、亟待解决的现实问题。经过十余年的发展，俄罗斯的移民管理体系和移民政策框架已经初步建立，移民的法律地位得以明确、外国公民在俄罗斯境内的管理正走向规范化，俄罗斯政府对于移民，尤其是外来移民的管理也经历了一个从无到有、从盲目限制到可控式管理的演变过程。

俄罗斯的移民管理体系

本国人口的自然流失、大量外国人的涌入和与之相随出现的问题，以及它们对俄罗斯未来发展的影响迫使俄罗斯政府必须制订一个可靠的、能够调整和控制移民问题的管理体系。俄罗斯的移民管理体系包含管理移民的机构以及相应的移民管理法规。

目前，在俄罗斯负责对移民实施管理的最主要的机构是隶属内务部的联邦移民局。俄罗斯于1992年成立联邦移民局，2000年9月成立民族和移民政策事务部，2001年10月17日，在国家行政改组的过程中，俄罗斯民族和移民政策事务部被取消，移民事务转归内务部管理，移民局也成为内务部的一个隶属机构。根据2004年7月16日发布的俄罗斯联邦总统第928号令《关于联邦移民局法》的规定，联邦移民局肩负着检查、监管、提供迁移方面的国家服务的任务，同时还行使着协调与其他部委在移民管理方面的工作的职能。

由于劳动移民在整个俄罗斯的外来移民中占有相当的比重，因而俄罗斯卫生与社会发展部属下的联邦劳动就业局也参与国家的移民管理。此外政府还成立了移民政策委员会及跨部门的工作组以制订和完善俄罗斯在移民方面的法律制度。

除联邦层面的移民管理机构，在各个联邦主体实施移民管理的主要是地方政权机关、联邦移民局在各地的垂直分支机构。

除机构保障之外，俄罗斯政府还制定了一系列与移民相关的法律来管理国内日益突出的移民现象。从1991年至2003年，在移民方面，俄罗斯政府已经通过了37个联邦法律、10项总统令、62个联邦级法规、26个部级法规，以及9个国际协议[①]。俄罗斯国家移民管理的基础法主要是由以下几个联邦法构成：1991年4月19日通过的《俄罗斯联邦人口就业法》，1993年2月19日通过的《难民法》、《被迫移民法》，1996年8月15日通过的《俄罗斯出入境程序法》（2003年1月又加以修订），2002年7月25日通过的《俄罗斯联邦境内外国人法律地位法》。而真正意义上可以保障国家实施移民政策的法律基础则是在2002年—2003年间确定形成的，其主要标志是2002年5月21日通过的《国籍法》和同年7月通过的《俄罗斯外国公民法律地位法》以及2003年1月10日的《俄罗斯联邦人口就业法》的修改补充条例。2006年，俄罗斯在移民管理法规方面又迈出重要的一步，即于6月30日通过、2007年1月15日开始生效的《俄罗斯联邦外国公民和无国籍人士移民登记法》、新版《俄罗斯联邦外国公民法律地位法》。所有这些标志着俄罗斯政府在移民管理方面正日趋成熟。

近年来在移民管理方面，俄罗斯还逐渐加强国际合作，加入有关移民的国际条约，共同应对外来移民压力。例如早在1992年，俄罗斯参照欧洲安全与合作委员会的人权规定明确了自己的义务，为了履行这些义务，俄罗斯加入了联合国难民公约和难民法律地位备忘录体系。此外，俄罗斯还与哈萨克斯坦等国签署了有关移民问题的双边协议。为了深化俄中战略伙伴关系，加强国际人口迁移的管理，根据2006年5月16日中俄两国政府签署的《关于成立移民问题联合工作组的议定书》，中俄两国还成立了中俄移民问题联合工作组，从2006年起已经召开了两次会议，共同协商、合作解决中俄人口跨界迁移中出现的各种问题。

---

① Аналитический вестник Совета Федерации Федерального Собрания РФ, №202, 2003.

俄罗斯移民政策的演变

按照时间的跨度和工作重点的演变，俄政府对移民潮的调控经历了以下三个阶段。20世纪90年代初期，俄罗斯调节移民现象的重心在于解决日益增多的难民问题。为了规范管理难民潮，1991年刚刚独立的俄罗斯便依照《世界人权宣言》（1948年）及其他相关国际公约颁布了《人和公民权利与自由宣言》。1992年，俄罗斯又加入了调节难民和被迫移民法律地位的国际法体系。同年，成立了俄罗斯联邦移民局（1993年才开始实际操作）以管理难民和被迫移民事务。1993年年初俄罗斯政府通过了《难民法》和《被迫移民法》，并通过了《支持来自原苏联各加盟共和国难民和被迫移民的长期移民纲要》。1994年，俄罗斯政府又将包括其远东沿海边疆区、哈巴罗夫斯克边疆区和阿穆尔州在内的13个地区定为暂时接纳外来移民的主要地区。

进入20世纪90年代中期，伴随着第二次移民潮的出现，政府移民工作的重点主要集中在调控外国劳务人员和打击非法移民方面。《俄罗斯联邦人口就业法》的第5条就规定，国家支持就业的政策导向是发展劳动力资源、提高劳动力的机动性和保护国内劳动力市场。此外，国家还必须保障在解决就业问题领域的国际间合作，包括如何保证俄罗斯境外劳工的权益以及外国劳工在俄罗斯的利益不受侵害、遵守相关国际标准等等。该法律的第17条还规定了在俄法律允许的范围内可以吸引和利用外国劳工。1998年，俄政府又通过了《1998年—2000年俄罗斯联邦移民纲要》，规定在外来劳动移民领域，国家首先保证本国公民在劳动力市场上的优先就业权，然后确定每年接收难民的限额，同时加强对迁入移民的监督。为了更好地管理外国劳务移民，2002年10月30日俄罗斯政府批准了由劳动部起草的第782号法规《关于确定向外国人发放赴俄劳动签证配额的规定》。该法规制定了2003年俄罗斯所需的外国劳务的数量——即50万人，并规定了具体的操作程序。根据这一法规，2002年11月29日俄罗斯劳动部、内务部及经济发展部共同制订并予以实施了《关于在各个联邦行政主体分配外国人赴俄劳动签证定额的规定》。该项法规规定了俄罗斯各个州、共和国可以吸引外国劳动力的最大限额。尽管这些法规在一定程度上保护了俄罗斯国内劳动力市场，但它们却制约了人力资源的流动性，对吸引外国劳动力也造成了不小的负面影响。

2006年通过、2007年1月生效的《俄罗斯联邦外国公民和无国籍人士移民登记法》、新版《俄罗斯联邦外国公民法律地位法》以及《俄罗斯联邦禁止外国人在售货摊位和市场从事零售工作的政府令》则标志着俄罗斯移民管理进入了一个新的阶段。新法规的出炉不仅大幅简化了接收外国人工作的手续，还简化了外国公民和无国籍人士按照在俄罗斯的居住地点和临时居留地点办理注册和登记的手续，体现出俄罗斯政府对吸引移民的信心。同时，限制外国人在市场上的零售活动则包含着保护本国人口就业权利的意义。可以说，上述新法规的通过意味着俄罗斯对移民的管理日趋成熟，进入了可控式管理的层次。

移民政策的基础和核心内容

《俄罗斯联邦调节移民进程构想》、《俄罗斯联邦外国公民和无国籍人士移民登记法》以及《俄罗斯联邦外国公民法律地位法》在俄罗斯的移民政策中占有十分重要的地位。如果说第一个构想奠定了俄罗斯移民政策的主要纲领性基础，那么后两个联邦法律则构成了俄罗斯移民政策的核心内容。

2003年3月通过的《俄罗斯联邦调节移民进程构想》在发展全方位调控移民问题方面迈出了重要的一步。该理念囊括了俄罗斯政权部门在管理移民活动的内容、基本方向上的主要观点。在《俄罗斯联邦调节移民进程构想》中分析了当代俄罗斯移民活动的现状、国家调节移民活动的目标、原则和任务及今后工作的基本方向。按照该理念，“保证稳定的人口和社会经济发展、保障俄罗斯的国家安全、满足日益增长的俄罗斯经济对劳动力资源的需求、在全国范围内合理分配人口、充分利用移民的知识潜力和劳动潜力以期达到俄罗斯的繁荣和富强”是俄罗斯国家调节移民活动的目标。国家对移民活动进行调节遵循以下几个基本原则：“在遵守法律和国际人权标准的基础上保护人权和人身自由；保护俄罗斯的国家利益和维护俄罗斯的国家安全；将个体、社会和国家的利益相结合；解决不同类型的移民问题采取不同的方法；国家执法机关、联邦各主体的执法机关与移民的社会团体相互协作”①。

为了达到上述目标，俄罗斯还面临着十分艰巨的任务，还有相当多的问题需

---

① Концепция регулирования миграционных процессов в РФ, Положение 2.

要解决：在法制建设方面需要完善同移民有关的相应法规；在对外政策方面要保护俄罗斯公民的自由和权利、制订和实施援助难民的国际机制、发展俄罗斯与其他国家在制止冲突领域的合作以减少大规模难民的出现、签署国际协定打击非法移民等；在科学和信息方面需要大力发展基础科学研究尤其是在社会经济领域、法律学领域、移民心理学领域的研究亟待加强，另外还应定期地对国内国际的移民局势做出分析和预测等等。

《俄罗斯联邦调节移民进程构想》还提出了政府调节移民活动的基本方向：保证对俄罗斯境内移民活动的掌控、提供条件使被迫移民尽快融入当地社会、依照国家对劳动力的需求吸引劳动移民、支持和发展与国外俄侨的联系、改善相应条件使国内移民尽快返回原住地、优化国内移民活动以保证劳动力资源的高效利用、支持波罗的海以及独联体俄侨的自愿移民活动等等[①]。除上述内容以外，该理念还提出了完成这项重要文件的实施机制，即完善立法、制订联邦和地方性移民计划、建立劳动力资源平衡表、建立移民数据库、加强移民政策的科学研究工作等[②]。

尽管《俄罗斯联邦调节移民进程构想》还存在着不足——例如，它没有明确地指明俄罗斯移民政策的战略发展方向，在其行文和表述中经常会看到上下自相矛盾的现象，然而它毕竟是俄罗斯官方认同移民现象、希望合理有效地管理国内移民进程的一个纲领性文件，对将来俄罗斯相关移民政策的制订起着不可代替的作用。

相对于《俄罗斯联邦调节移民进程构想》,《俄罗斯联邦外国公民和无国籍人士移民登记法》、《俄罗斯联邦外国公民法律地位法》则包含了一系列具体的管理来俄外国人的规定，主要内容如下：

1. 根据俄罗斯法律，按照停留时间的长短将来俄的外国人分为临时居住的、长期居住的以及非法逗留的外国人。临时逗留的外国人是指持签证或免签赴俄罗斯联邦、获得移民卡但无居留证或临时居留许可的、在俄罗斯停留 3 个月以内（有时也会放宽到 1 年）的人士。临时居住的外国人是指具有临时居住证、在俄罗斯停留 3 年以内的外国人，长期居住的外国人是指具有长期居住证、在俄罗斯

① Концепция регулирования миграционных процессов в РФ，Положение 3.

② 同上，Положение 4。

停留 5 年以内的外国人，非法逗留的外国人是指没有逗留许可证或居留许可证的外国人。

2. 在俄停留超过三天的外国人在跨越俄边境时将填写移民表格（简称移民卡）。表格内容包括来俄时间、离俄时间、在俄居住地址、来俄目的等。在俄停留期间外国人必须随身携带移民卡，以便随时接受检查。没有移民卡的外国人将被处以高额罚款甚至被遣送回国。

3. 恢复俄罗斯联邦政府确定给按免签程序来俄的外国人发放临时居住许可名额的权力，政府可在国家协助海外俄罗斯同胞志愿迁居俄罗斯计划框架内不考虑名额限制为外国公民及其家庭成员发放临时居住许可，并规定这类公民可在优惠条件下就业。

4. 在俄罗斯联邦境内临时逗留的外国公民应该在逗留地登记，在俄罗斯联邦长期或临时居住的（有常住或临时居住许可证的）外国公民应该在居住地点和逗留地点登记。在俄罗斯联邦临时逗留或临时居住的外国公民应该在抵达逗留地点后的 3 个工作日内向俄罗斯联邦移民局地方机关报告相关情况。长期居住的外国公民应该在抵达逗留地点后的 7 个工作日内向俄罗斯联邦移民局地方机关报告抵达逗留地点一事。在俄罗斯联邦常住的外国公民有权直接或通过邮局向俄罗斯联邦移民局地方机关报告自己抵达逗留地一事。

凭签证来俄罗斯的人，其注册的居留期限最长不能超过签证有效期。凭免签协议来俄罗斯的人，其注册的居留期限在三个月以内。如在此期间该人找到工作，则可将在俄居留期限延长至与工作期相同。

5. 除登记手续之外，临时居住或长期居住的外国人还应确认自己的居住状况——每年向俄罗斯联邦移民局地方机关递交确认自己在俄罗斯联邦居住的报告。如果变更居住地，要按照规定向居住地机关报告。自获得临时居住许可证之日起或自上次递交报告之日起，临时居住的外国公民（有临时居住许可证）应在一年有效期结束前两个月内亲自递交报告。如果有文件能证明存在正当原因，可以晚一些递交报告，但不能超过 6 个月。常住的外国公民（有常住许可证）应该每年亲自向俄罗斯联邦移民局地方机关递交报告，或者按规定在出示能确认身份的证件以及常住许可证的情况下以邮寄的方式递交报告。

6. 对于违反移民登记规定的外国公民，俄罗斯将依法处以 2000 至 5000 卢布的罚款。严重违反规定者将依照法院判决予以遣返。签证过期仍滞留俄罗斯的外国人，将被俄移民管理部门在护照上加盖黑章，而且在一定年限内不能进入俄境内。在俄境内被行政处罚两次以上的外国人，移民局将不再发给签证或拒绝为其办理暂居和长期居住手续。

7. 俄罗斯对引进外国劳工将实行配额制，即由联邦政府审批各地引进外国劳工的额度。外国公民只有在获得工作许可后才有权在俄务工。移民局将在递交申请后 10 天内颁发工作许可。法律规定，对免签证入境的外国公民找工作不做限制，但必要时注册当局和联邦政府可以根据移民的职业和专业技能确定配额。俄罗斯人雇用外国劳工，必须获得劳动部门的许可并在税务部门登记，而外国劳工将缴纳劳动税和移民税。违者将被处以罚款甚至更严厉的惩罚。在引进劳动力方面将只允许引进俄经济发展急需的劳动力，指标将主要分配给建筑业、农业生产企业。

8. 加大对雇用非法劳务移民的企业主的惩罚力度，每发现一个非法移民摊位，生产管理机构将被处以最高 80 万卢布的罚款；非法经营的外国人，将被处以 2000—5000 卢布的罚款并驱逐出境；非法打工的外国人，将被处以 5000 卢布以下的罚款并驱逐出境；非法雇用外国移民的单位，将被处以最高 50 万卢布的罚款。

《俄罗斯联邦外国公民和无国籍人士移民登记法》、《俄罗斯联邦外国公民法律地位法》规范了外国人在俄罗斯的登记、生活和工作的程序，使外国人登记完成了由许可登记制向通知登记制的改变；外国劳工配额制的实行既防止了各地盲目引进外国劳工又杜绝了非法移民的流入。应该说，上述两项法律的通过和实施，为俄罗斯政府有效管理外国移民奠定了法律基础。

移民政策的特点

观察俄罗斯移民管理体系，尤其是俄罗斯的移民政策，不难看出，俄罗斯将人口迁移、国际移民提升到国家安全的高度，保障国家安全是俄罗斯移民管理政策的最根本的目标和基本原则，这恐怕是俄罗斯与其他国家移民政策的最大区别。

在 2003 年 3 月通过的《俄罗斯联邦调节移民进程构想》中明确将保障俄罗斯的国家安全纳入国家管理移民活动的目标和基本原则。按照该理念，“保证稳定的人口和社会经济发展、保障俄罗斯的国家安全、满足日益增长的俄罗斯经济对劳动力资源的需求、在全国范围内合理分配人口、充分利用移民的知识潜力和劳动潜力以期达到俄罗斯的繁荣和富强”是俄罗斯国家调节移民活动的目标。国家对移民活动进行调节遵循以下几个基本原则：“在遵守法律和国际人权标准的基础上保护人权和人身自由；保护俄罗斯的国家利益和维护俄罗斯的国家安全；将个体、社会和国家的利益相结合；解决不同类型的移民问题采取不同的方法；国家执法机关、联邦各主体的执法机关与移民的社会团体相互协作”①。

安全因素在俄罗斯移民管理中的作用基于政府和社会对移民与国家安全关系的认识，主要体现在以下几个方面。

第一，移民与俄罗斯以及具体接收地区的社会安全相关。大部分俄罗斯的精英和民众认为，外来移民与接收国和地区的犯罪率上升具有直接联系，正是由于移民的增多，造成了当地社会治安状况下降，而跨国犯罪集团的跨国犯罪活动则进一步恶化了接收国和地区的社会治安，给当地的社会安全带来威胁。非法移民问题一直困扰着俄罗斯政府。另外，少数移民本身就是恐怖分子或宗教极端分子，极易成为事实上的和潜在的恐怖事件参与者，对接收地区的公共安全造成严重的隐患。打击非法移民、移民犯罪是俄政府在移民管理方面的重要措施。在普京总统上台不久，就发布了《完善国家移民管理》的总统令（2002 年 2 月 23 日），要求俄罗斯内务部制定和实施防范、打击非法移民的政策，指出对于非法移民的打击不应只限于在边防站点进行边境检查，而应扩大到整个国境范围内的移民检查。并且，根据《俄罗斯国家边界法》和《关于入境移民检查措施》的第 2145 号总统令，俄罗斯已经建立起入境管理系统。它包括隶属于内务部移民局的入境移民检查和避难署，设立了 114 个入境移民检查点，内务部和地方内务局设立的入境移民检查处以及 3 个临时安置提出避难申请的入境移民安置中心②。

第二，移民与俄罗斯的国土安全相关。1999 年爆发的科索沃战争使俄罗斯人重新审视移民与国土安全的关系。因为科索沃战争为移民威胁论的支持者提供了一个“假设性启示”：当一个地区的外来移民数量超过当地居民时，外来移民有可能通过多种方式（全民公决甚至战争的方法）来获取独立。如果不对移民入

---

① Концепция регулирования миграционных процессов в РФ，Положение 2.

② 俄罗斯内务部新闻简报，参见内务部网站 http：//www.mvd.ru/press/release/500/。

籍加以严格控制的话，科索沃的例子可能会在远东、俄罗斯南部，以及俄哈边境地带上演。尽管这种可能性发生的概率极低。因为俄哈边境均属于人口稀少地区，移民极少，何来威胁？而俄罗斯南部居民种族构成复杂，单一民族难以获得压倒性的多数，科索沃范例发生的可能性也不存在。俄罗斯远东的问题稍有复杂。但是俄罗斯政府为防患未然，一方面控制来自东部邻国的人口迁移，另一方面鼓励外来移民向整个俄罗斯境内分散，避免单个民族在整个地区居民民族构成中占到主导地位。

为了达到巩固国家的社会安全、国土安全的目标，俄罗斯对于移民入籍的问题一直严加控制。移民要想获得俄罗斯国籍，从程序上要分三步走：首先进行移民机关的登记，获得临时居留身份；其次获得长期居留身份；最后在特定的条件下获得国籍。俄罗斯实行的是血统原则与出生地原则相结合的国籍政策。根据《俄罗斯联邦国籍法》的规定，年满 18 岁的外国公民可申请获得俄联邦国籍，但需具备以下几个条件：一是，获得俄定居证并连续在俄居住 5 年，其中每年出境时间不得超过 3 个月；二是，具有合法的生活费用来源；三是，向原国籍国提出退籍申请并掌握俄语；四是，如果申请者和俄联邦公民结婚或在科技、文化领域作出突出贡献等，申请条件可予放宽。例如《国籍法》规定，只要申请者与俄罗斯公民结婚时间超过 3 年，在俄罗斯境内只要住满 1 年，就有权申请俄罗斯国籍。

第三，移民与俄罗斯的经济安全相关。移民向迁出国的汇款造成俄罗斯资本流失，不利于国家经济的发展。外来移民的偷税漏税行为直接影响到俄罗斯的国库收入；移民参与影子经济不仅恶化竞争环境，对劳动力市场也会造成冲击；劳动移民的过量涌入或者具有一定专业技能的移民可能会恶化国家和地区的就业环境。因而，俄罗斯在管理移民时，一方面对迁入的外国劳动力设置配额，例如俄罗斯政府 2006 年 11 月 11 日颁布的命令中确定，2007 年外国公民赴俄工作邀请的限额为 308842 份、备用额度 11586 份。根据该命令，中央联邦区 2007 年可以颁发 87381 份外国公民赴俄罗斯工作的邀请，其中包括莫斯科市 6 万份以及莫斯科州 17670 份。西北联邦区 2007 年的限额为 23056 份，其中包括圣彼得堡市 1.64 万份。南部联邦区 2007 年的限额为 17202 份、伏尔加沿岸联邦区 27931 份、乌拉尔联邦区 31941 份、西伯利亚联邦区 53244 份以及远东联邦区 56501 份[①]。

另一方面，对移民进入某些经济领域加以限制，以提供更多的劳动机会给当地居民。2007 年 1 月生效的《俄罗斯联邦禁止外国人在售货摊位和市场从事零售工作的政府令》规定，从 2007 年 1 月 1 日起开始限制零售业市场上的劳动移民的数量。从 2007 年 1 月 15 日到 4 月 1 日，外国人在售货摊、市场以及商店以外的场所进行零售业的人数应限制在零售业总人数的 40%，从 4 月 1 日至 12 月 31 日，外国人在零售市场上的份额会从 40%逐步削减为 0%，也就是说外国人将被禁止从事零售业。全国 115 个大型露天市场将陆续关闭。

第四，移民与俄罗斯的文化安全相关。如果对移民数量和质量不加控制的话，会导致过多的移民涌入俄罗斯，可能会对当地原有的俄罗斯文化传统、道德价值观、宗教信仰造成冲击。出于这个考量，在吸引外来移民方面，俄罗斯政府国家希望有更多的生活在俄境外的同根同源的俄罗斯族人返回祖国。具体的就是俄罗斯制定了《俄罗斯联邦对国外同胞政策法》（1999 年通过，后多次修订，最近一次修订是在 2006 年）和其他与鼓励同胞自愿迁移到俄罗斯的具体措施的纲要。基于俄罗斯族人不能够长期填补人口缺口的现实——在俄境外居住着大约 400 万俄罗斯族人仅能够满足 4—5 年的移民寻求，除了将俄罗斯族作为首要选择外，俄罗斯还将吸引独联体国家的移民作为次要选择。因为来自那里的移民在文化、宗教、行为方式上与俄罗斯的认同感比来自其他国家的移民要高。具体的措施是对独联体国家移民互免签证，给予具体的移民优惠政策，例如 2007 年开展的全国性的非法移民合法化运动，对来自独联体国家的非法移民，只要自愿缴纳 2000 卢布罚款，即可使自己的身份合法化，之后 10 天内就可以领取劳动许可证[②]。

第五，移民与卫生安全有关。不加控制的移民可能会带来一些危险疾病的爆发，恶化俄罗斯的医疗卫生环境。因此，外来移民必须具有健康证书，在一定期限之内要向当地移民机构卫生部门申报健康状况。例如，新版的《俄罗斯联邦外国公民法律地位法》第 13 章规定，具有 90 天以上劳动许可证的免签证外国人应在拿到劳动许可证后的 30 天之内向移民管理机构提交健康证明。

---

① 参见《邀请外国公民赴俄工作限额已分配至各联邦区》，俄新社 2007 年 5 月 31 日。

② 参见《俄移民局将开展全国性移民合法化运动》，俄新社 2007 年 2 月 12 日。

第六，移民与俄罗斯的人口安全相关。众所周知，俄罗斯人口形势十分严峻。自20世纪90年代以来，人口已经连续12年负增长，截至2006年年底，俄罗斯境内常住人口1.428亿，与1993年的1.486亿相比累计减少630万[①]。根据联合国专家的预测，俄罗斯人口减少还将继续，适中的数据是，到2025年俄罗斯人口会减少到1.26亿，2050年到1.04亿[②]。另一个俄罗斯面临的人口危机形势是：人口急剧老龄化和劳动力储备严重不足。20世纪80年代，老年人在俄罗斯总人口的比例接近19%，2006年老年人口占到17.3%[③]。为了缓解人口安全的威胁，俄罗斯政府必须吸引外来移民。但是，首先是选择引进境外的俄罗斯族人。

综上所述，俄罗斯的移民管理经历了一个演变历程：从20世纪90年代初的政策真空导致移民潮失控到21世纪初的严格控制再到2007年后的有选择的调节，应当讲，俄罗斯的移民管理也越来越趋向成熟。注重对国家安全的保障是俄罗斯移民政策的最大特点。在俄罗斯移民政策中，国家安全因素占有十分重要的地位：保障国家安全既是俄罗斯国家管理移民活动的目标也是基本原则。可以看出，从国家安全的角度出发，俄罗斯的移民政策正在努力解决三大问题：为什么引进移民？移民引进的目的是保障国家的人口安全。如何引进移民？开放边境、对移民的数量和质量加以控制。引进那些移民？首选是境外的俄罗斯族人，其次是独联体国家的移民。控制、管理移民潮并使之有利于国家安全将在一段时间内成为俄罗斯移民政策的一大特色。

---

① 参见程亦军：《俄罗斯人口形势与普京人口政策》，载《2006：俄罗斯东欧中亚国家发展报告》，社会科学文献出版社2007年版，第174页。

② 《俄罗斯联邦会议联邦委员会分析材料汇编》总第202期，2003年，第48页。

③ http://www.gks.ru/free_doc/2007/b07_11/05-02.htm.

10. 政治精英在俄罗斯社会发挥了怎样的作用?

李雅君　张昊琦

按照一般的精英理论，社会被分为统治阶层和被统治阶层，统治阶层在智力、性格、能力和财产等方面远远超过大多数被统治者，对社会的发展具有重要影响作用，是社会的精英阶层。“其中，极少数的政治精英代表一定的利益集团，掌握着重大决策权，他们的政治态度与言行对国家的政治发展方向和前景产生重要影响，决定着政治的性质”①。借用这种精英理论，本文将现代俄罗斯的“政治精英”限定在那些担任国家最高职务、有权制定国家重大决策，或凭借自己的财力和智力对国家的政治发展进程产生重要影响的人。这些人主要包括：国家最高领导层（总统及其总统办事机构）、政府成员（总理及政府的部长等）、议会议员（包括各议会政党与议会党团领袖）、地方政治精英（地方代表权力机关代表和地方执行权力机关领导人）以及直接参与国家政治领域活动的部分经济精英（金融寡头、大商人等）②。

自20世纪90年代以来，俄罗斯社会的政治经济状况发生了巨大变化，与苏联时期的“党—国精英”相比，俄罗斯精英的生成方式、流动渠道以及功能模式也都同时发生了相应的变化，但是精英，尤其是政治精英在俄罗斯政治进程中依然居于主导地位。考察俄罗斯的政治与社会发展进程都离不开对于精英的研究。

---

① 《中国大百科全书·政治学卷》，中国大百科全书出版社1992年版，第174页。

② 按照俄罗斯宪法，俄罗斯国家权力依照三权分立的民主原则分为彼此独立的立法权、执行权和司法权。但与其他两大权力体系相比，俄罗斯的司法权力体系非常不健全，尤其在当今以总统权力为核心的强大执行权力占主导的俄罗斯政治生活中，司法机关的作用非常有限，所以这里我们暂时没有把俄罗斯司法部门的精英列为主要研究对象。

那么，在俄罗斯社会的民主转型过程中，俄罗斯政治精英是如何形成的？他们在俄罗斯国家发展道路的选择和制度设计上是如何进行博弈和互动的？他们对俄罗斯社会发展发挥了怎样的作用？

社会转型与俄罗斯政治精英的形成

俄罗斯是一个传统的专制国家，在其历史演化与政治发展的进程中，作为国家治理主体的政治精英具有十分重要的地位。20 世纪 90 年代初苏联的解体以及随之而来的社会大转型，再次为俄罗斯政治精英们发挥其主导作用提供了一个巨大的政治舞台。

在探讨苏联解体的原因时，学术界的主流观点一般认为：苏联的极权主义政治制度和高度集权的计划经济模式已经走进了死胡同，苏联的解体已经变得不可避免。但也有一些政治学者通过大量的经验研究发现，苏联解体的直接原因来自苏共内部，当时占据党政机关重要领导岗位的大部分“党—国精英”倾向于放弃共产主义意识形态，改走资本主义道路，因为他们希望将自己的特权和资产合法化并传给自己的子孙。他们与新兴企业家阶层和知识分子组成了“亲资本主义同盟”，推动了苏联政治制度的改变。正是这种来自上层精英的“革命”摧毁了苏联。[①] 尽管这种观点值得商榷，但有一个事实却是：1991 年以后，虽然有将近 50％的苏联时期的“党—国精英”们被迫离开了自己的职位，然而苏联解体 20 年来，俄罗斯的“政治阶级”并没有完全实现更新，“新瓶旧酒”的情况仍然存在。[②] 据俄罗斯科学院社会学所精英研究室提供的调查资料，叶利钦时期 75％以上的政治精英、61％的商业精英都来自苏联时期上级任命的工作人员。[③] 叶利钦时期绝大多数的地方精英也主要来自苏联时期的官僚机构，其中曾在勃列日涅夫时期任职的占到 57.4％，在戈尔巴乔夫时期任职的占到 39.7％，只有很少一部

---

① （美国）大卫·科兹、弗雷德·威尔著，曹荣湘等译：《来自上层的革命：苏联体制的终结》，中国人民大学出版社 2002 年版。

② Ольга Крыштановская，Анатомия российской элиты. М.：Захаров，2005. С. 375.

③ 转引自潘德礼主编、许志新副主编：《俄罗斯十年：政治·经济·外交》，世界知识出版社 2003 年版，第 139 页。

分人来自社会的其他领域。[①] 在当今俄罗斯的政治精英中，由苏维埃时期政治精英转变而来的俄罗斯“新一代”政治精英仍占据了很大比例，与通过其他渠道进入政治领域的政治精英相比，他们往往拥有着更为丰富的政治经验和政治影响力，以及在仕途上更为广泛的人脉关系。

概括起来，俄罗斯政治精英的形成主要经历了以下四个时期：

一、从 1985 年戈尔巴乔夫推行政治改革到苏联解体

这是俄罗斯社会从苏维埃体制向新的民主体制的过渡时期。

苏联时期，国家政权始终强调：苏联社会只存在“工人、农民和知识分子”三种社会结构，对“精英”一词讳莫如深，因为它违反了苏联社会倡导的“人人平等”的价值观。苏联时期对于精英的研究也是被禁止的，因为苏联领导人认为，精英理论与马克思的阶级理论是相矛盾的，是不符合苏联社会发展现实的。事实上，正是苏联社会上层精英集团内部的严重分化加速了苏联解体的进程。

众所周知，苏联是一个高度官僚化、具有严格等级制度的国家。苏联的上层政治精英都是由苏共中央批准、任命并加以监督控制的，他们同时也是党的精英，即所谓的“党—国精英”。这些政治精英有着高度制度化的组织，它的人员组成完全由党的最高机构——苏共中央政治局、书记处及其各部门负责指定和任命。位于权力金字塔最高点的是大约由 20—25 人组成的苏共中央政治局，它负责领导国家所有关键部门的职位，制定国家的发展战略、确定国家的意识形态和经济方针，规定国际事务的基本原则，尤其是确定和任命国家最高职务。其他进入国家权力圈的人都要经过严格的层层筛选，所有最高国家职务的更换也都是由政治局内部决定的，民众丝毫没有知情权和参与权。

作为苏联社会特殊的挑选精英的渠道，根据不同时期的统计，全国大约有近 40 万人被列入“职位名录（номенклатура）”，几乎占当时苏联人口的 0.1%。其中，由苏共中央书记处负责掌管的“职位名录”大约有 14000—16000 人，由苏共中央各部门负责掌管的“职位名录”最多时达到 25 万人，而最终有机会升入最高权力层的人数只有 800—1800 人左右，其余的人则归入苏共各级基层党组织——党的州委会、边疆区委会、市委会等机构的“职位名录”。[②] 被列入“职

① Elites in Post Communist Countries.

② Ольга Крыштановская, Анатомия российской элтиы. М.: Захаров, 2005. С. 17.

位名录”的人不仅在仕途上拥有了不断升迁的“通行证”，而且还享有着与之相匹配的社会地位与特权。这一庞大的政治精英集团就构成了一群高高在上、占有国家大量财富的“权贵阶层”，或称具有相同政治利益的“政治阶级”。所有国家政策的制定几乎都出自这一“权贵阶层”，而真正的劳动阶层并不享有任何直接的政治权利。此外，为实现政治阶级内的新陈代谢，苏联社会还设有专门为“权贵阶层”输送后备力量的机构，其中最著名的就是苏联社会的“共青团组织”。

1985 年 3 月 11 日，54 岁的戈尔巴乔夫被推选为苏共中央总书记。经历了勃列日涅夫时期长期的社会停滞，苏联社会正面临着严重的经济衰退。上任仅一个月，戈尔巴乔夫就提出了加速社会经济发展的战略。然而，苏联社会庞大官僚体制的惰性使戈尔巴乔夫意识到，改革的出路首先在于调整干部队伍。于是，从 1985 年的 4 月全会开始，经过 1986 年的苏共二十七大，直至 1988 年的党的第十九次代表大会，在三年时间内，戈尔巴乔夫先后提出了一系列政治体制改革的方针和纲领，其中包括：提出在苏联社会实行公开性、民主化和舆论多元化原则、将权力交给人民及其代表机构、从上到下公开选举新的国家权力机构——苏联人民代表大会、建议把同级党委的第一书记推荐到苏维埃主席的职位上，等等。为了消除改革的阻力，在当选总书记的一年内，戈尔巴乔夫就更换了 61.6％的政治局委员，并开始在党内积极寻找和任命自己的支持者。在 1989 年 4 月全会上，戈尔巴乔夫撤换了 74 名中央委员和 24 名候补中央委员，将中央委员会的组成人员消减了 22％。[①] 值得一提的是，1985 年 12 月戈尔巴乔夫进行了一项重要的人事任命——任命原斯维尔德洛夫州委书记叶利钦为莫斯科市委第一书记，自此叶利钦正式进入了国家最高权力圈，并逐渐成为党内激进改革的主要代表。

1988 年 12 月 1 日，苏联最高苏维埃通过了《苏联人民代表大会选举法》，这部苏联历史上第一部有关公开选举国家权力机关代表的法律具有划时代的政治意义。正如戈尔巴乔夫所说：“我们最高领导层的改革者已经悬空了，像赫鲁晓夫时期一样。我们更应该吸引人民参加，从底层获取支持。我们决定通过自由选举来这样做……通过从社会组织中推出代表，我们成功地在代表大会中注入了所谓的不安定分子，‘酵母’。”[②] 根据该法，苏联最高国家权力机关——苏联人民代

① Ольга Крыштановская, Анатомия российской элтиы. М.: Захаров, 2005. С. 226.

② Горбачев М.С. Реформы губит номенклатура //Независимая газета, 24 апреля 1994 г.

表大会的所有2250名代表均通过差额选举直接产生。1989年3月，按照新的人民代表选举法，通过差额选举和无记名投票的方式选举出了2250名人民代表(地区选区、民族选区和社会组织各选出750名代表)，其中88.1%的代表是首次进入国家最高权力机关[①]。1989年的民主选举将一些苏联社会新的政治精英推上了政坛。1989年5月，召开了经民主选举产生的苏联第一次人民代表大会，代表任期五年，从人民代表中选举542人组成最高苏维埃，作为苏联国家权力机关的常设机关。最高苏维埃主席团则全部由公职人员组成，受最高苏维埃主席领导。最高苏维埃主席成为国家元首，并且实际成为行政权的核心，负责处理内政外交一切国家大事。

随后，包括俄罗斯联邦在内的各加盟共和国也相继举行了各自的地方苏维埃选举。1989年10月，俄罗斯联邦最高苏维埃通过了《俄罗斯苏维埃联邦社会主义共和国人民代表选举法》。该法在一些内容上进一步发展了《苏联人民代表选举法》，其中规定：所有代表全部由选民推荐、选举产生，不再专门从社会组织中选举部分代表。这样，那些“党—国精英”和权贵阶层再不能通过苏共与其他社会组织的渠道进入政权机关，他们也必须要经过选民提名的方式参加竞选。1990年5月，俄罗斯选出了第一次人民代表大会的代表共1068名，其中900名代表是在全联邦境内按人口数量划分的选区中由选民直接选举产生的，其余168名代表则是根据不同的代表名额在联邦各主体内选举产生，其中共和国各选出4名代表，自治州各选出2名代表，自治专区各选出1名代表，边疆区、州和两个直辖市共选出84名代表。人民代表大会每1年举行一次例行会议。在这次选举中，来自“权贵阶层”的代表明显减少，在上一届最高苏维埃成员中，只有67人在这次选举中重新当选。当选代表中知识分子占了很大比例，受过高等教育的达到了93%，222位代表拥有学位，其中律师80名、经济学家47名、记者50名、工程师423名、医生97名。代表的平均年龄为43岁。[②]

戈尔巴乔夫倡导的政治体制改革成为苏联历史性的转折点，它根本改变了苏联的政治体制，从任命制到选举制的过渡也根本改变了苏联社会政治精英的生成

---

① 周尚文、叶书宗、王斯德：《苏联兴亡史》，上海人民出版社1993年版，第690—691页。

② Ольга Крыштановская，Анатомия российской элиты. М.：Захаров，2005. С. 115.

方式。虽然，苏联时期领导干部的产生往往也是通过选举产生，但那种可控的选举往往只是形式上的，并没有真正民主选举的实际内容。可以说，民主选举不仅将一部分对改革抱有抵触情绪的旧精英从国家的政治体系中清除了出去，同时也为苏联社会新的政治精英开启了上升渠道。一个鲜明的事例就是，当时那些曾经被"权贵阶层"视为不受欢迎的持不同政见者和"自由思想的代表"——A. 萨哈罗夫、Д. 利哈乔夫、P. 麦德维杰夫等，在这次选举中当选了人民代表，进入到国家的最高权力机关。这一时期，他们不仅在民众中充当了"思想领袖"的角色，也成为苏联体制内的激烈批评者。无疑，这些民主派的当选一方面为苏联政治体制输入了新鲜的血液，但另一方面也对 1991 年苏联体制的终结起到了很大的推动作用。

1989—1990 年选举活动的另一个直接结果，是奠定了叶利钦在民众中的领袖地位。早在 1987 年 10 月，身为政治局候补委员的叶利钦，在中央全会上激烈批评戈尔巴乔夫的改革进展缓慢，受到了中央全会的严厉批评，被认为是"企图破坏中央的团结"，1988 年 2 月宣布解除叶利钦中央候补委员的职务，此前他的莫斯科第一书记的职务也被撤销了。这一事件在社会上引起了很大轰动，但这反而为叶利钦带来了很多社会支持者。不久，叶利钦参加了苏联人民代表选举并顺利当选。1989 年 7 月 29 日，400 多名苏联人民代表宣布成立"跨地区议员团"，推举叶利钦、萨哈洛夫等人为该组织领导人。他们广泛开展活动，以各种形式攻击党内的"保守派"，提出"放弃一党制，允许多党制，苏共中央应该自动放弃苏联宪法中保障苏共领导地位的第 6 条"等政治要求。在这种形势下，1990 年 3 月，第三次苏联非常人民代表大会通过了《关于设立苏联总统职位和苏联宪法修改补充法》等决议，决定删去 1977 年制定的苏联宪法第 6 条，宣布苏共和其他政党及工会、共青团等社会组织通过被选为人民代表、苏维埃代表及其他形式，参与制定苏维埃国家的政策、管理国家和社会事务。决议还宣布实行总统制，将党和国家的职权分开，使国家不从属于任何一个政党。[①] 这期间，作为党内改革派的代表人物，叶利钦的个人威望迅速提高。在 1990 年 5 月举行的俄罗斯人民代表选举中，叶利钦被看成是激进民主派的领袖，受到了很多选民的推崇。选举结果，叶利钦当选新一届俄罗斯最高苏维埃主席。1991 年 3 月 17 日，俄罗斯举

---

① 周尚文、叶书宗、王斯德：《苏联兴亡史》，第 696 页。

行了全民公决，宣布在俄罗斯实行总统制。1991 年 6 月 12 日，叶利钦在第一轮投票中以 57.3%的选票胜出，当选第一任俄罗斯总统。叶利钦是俄罗斯第一位真正的民选总统，在与联盟中央以及以后与俄罗斯最高苏维埃的政治交锋中，叶利钦正是以一个全民总统的形象为自己赢得了主动，巩固了自己的政治权力。

除了叶利钦本人，1990 年举行的俄罗斯人民代表选举也使一批俄罗斯的地方政治新人第一次进入到国家权力体系，如列宁格勒当选市长索布恰克等。其中，很多人日后被叶利钦吸收到政府部门担任职务。据资料显示，苏联解体后，在叶利钦派往联邦主体的总统代表中，有 30%的人曾在 1990 年第一次当选俄罗斯人民代表。

实际上，戈尔巴乔夫实行“民主化”和“公开性”的目的并非是要改变苏联的社会主义制度的性质和架构，而是要实现社会主义制度的自我更新。改革初期，苏共的政治精英也没有出现像一些政治学家所说的“内部分裂”，这种分裂直到戈尔巴乔夫改革后期才出现。由于戈尔巴乔夫改革政策的失误，加上国内民族问题的凸显，不仅打乱了戈尔巴乔夫推行的社会民主化的步伐，也使联盟中央逐渐失去了对国家局势的控制，地方精英趁机对联盟中央的权威提出了挑战，并在“是否保存苏联”的问题上与联盟中央进行了多轮的讨价还价。与此同时，席卷全国的选举活动改变了苏联政治精英的格局，废除一党制，实行多党制的政治改革措施，也使苏共和联盟中央失去了对精英形成过程的控制权和监督权。一大批通过选举进入国家权力系统的新的政治力量站到了苏联体制的对立面。正在这时，苏共党内的强硬派发动了“8·19”政变，更激起了社会的反对情绪，这在一定程度上也加剧了苏联解体的步伐。政变失败后，联盟中央在苏联社会的权威已丧失殆尽，以俄罗斯联邦为首的各加盟共和国公开蔑视联盟中央的存在，戈尔巴乔夫希望建立新联盟的幻想也随之破灭了，至此他已无力阻止联盟的解体。在这一过程中，加盟共和国领导人，尤其是俄罗斯总统叶利钦的政治选择起到了决定性的作用。正因如此，后来戈尔巴乔夫将苏联解体的主要责任推卸到了叶利钦等人的头上。

二、从苏联解体到 1999 年叶利钦提前辞去总统职位

这一时期是“新俄罗斯”的形成时期，也是俄罗斯总统集权体制的确立时期。

从俄罗斯政治转型的整个进程来看，苏联解体只是一个转折点，它并没有为俄罗斯的政治转型带来直接的影响。苏联解体后，俄罗斯成为独立国家，开始了创建“新俄罗斯”的过程。

如果从时间上来说，叶利钦创建俄罗斯新的政权体制的第一个行动是在苏联解体前夕，即1991年7月，发布了《有关俄罗斯联邦总统办公厅的命令》，宣布成立一个由13个部门组成的总统办事机构——总统办公厅。叶利钦希望通过这个办事机构吸引一批有实际工作经验的人协助他进行经济改革实践。

苏联解体后，正当叶利钦准备开始启动俄罗斯的经济转型时，主导俄罗斯发展进程的民主派精英之间在选择国家发展道路问题上出现了严重分歧，甚至造成了内部的分裂，俄罗斯政局再次陷入僵局：一方面以总统为核心的国家执行权力机关逐渐成为国家最强大的权力部门，另一方面经过反复修改、补充的现行宪法仍保持着“旧的”国家权力体制——苏维埃体制。与此同时，一些原民主派人士及其中间派同盟者由于在经济改革、对外政策、国内政治等问题上同掌握国家执行权力的民主派产生分歧，也开始与总统和政府疏远，并逐渐与议会中的左派、中派和民族主义势力接近，在议会内外结成反政府同盟。这一时期，前最高苏维埃主席哈斯布拉托夫和前俄罗斯副总统鲁茨科伊扮演了反对派领袖人物的角色。

1993年10月，总统和旧议会之间的政治争斗最终以流血的方式宣布结束，总统一方获得了胜利。

用武力解散了“阻碍改革”的旧议会后，叶利钦趁势向社会抛出了以加强总统权力为核心的新宪法草案，同时宣布在对新宪法草案进行全民公决的同时举行新议会的直接选举。在12月12日的全民公决中，新宪法草案得到了58.4%参加投票选民的赞同，俄罗斯新的权力结构得以建立。宪法危机终于过去，叶利钦也摆脱了旧议会的掣肘，获得了广泛的权力。在此基础上，俄罗斯确立了以强势总统制为标志的三权分立的民主架构。

根据1993年俄罗斯宪法，俄罗斯新的立法机关——联邦会议的下院（国家杜马），其成员将全部按照“混合式选举体制”经选举产生。在一定意义上，作为一个社会各种政治力量活动的场所，议会已经成为当代俄罗斯社会一个主要的“干部实验室”，以及俄罗斯政治精英的重要储备库。[①] 这一时期，按照俄罗斯宪法和议会选举法，俄罗斯的政党制度也进入了一个相对发展时期：政党的活动和

① Ольга Крыштановская, Анатомия российской элиты. М.: Захаров, 2005. С. 146.

作用被严格限定在宪法和法律允许的范围内，定期的各类选举活动使政党的发展摆脱了混乱无序状态，政党体制逐渐趋于稳定。从苏联后期开始建立起来的各类党派的政治主张更加鲜明——形成了按照意识形态划分的民主派、左派和民族主义政党，以及按照对国家发展方向不同选择而划分的“政权派”与“政府反对派”（包括左派、中派、右派和民族主义势力），各类政党以议会为舞台，积极参与国家的政治生活。

然而，“十月事件”后，由于激进变革而出现的社会庞大贫困阶层开始倾向左翼反对派或带有民族主义情绪的政党和组织，社会出现了否定叶利钦政权政策路线的倾向和怀旧情绪。加上政府在车臣问题上的久拖不决，民众对现政权的不满情绪越来越强烈，“民主派”在取得武力胜利的同时也失去了大批民众的信任，这一点在 1993 年 12 月按照新宪法举行的第一届国家杜马（议会）选举中得到了证实。选举结果，刚刚被解禁的俄罗斯共产党（简称“俄共”）获得杜马 450 个席位中的 65 席，成为议会第三大党，而且俄共与具有极端民族主义倾向的日里诺夫斯基俄罗斯自由民主党（获 70 席）所获的选票相加竟包揽了国家杜马中的近三分之一席位，在议会中几乎与“民主派”政党（“俄罗斯选择”、“亚博卢”集团和“俄罗斯统一和谐党”）形成了鼎立之势①，令叶利钦及其“民主派精英”极为震惊和失望。在 1995 年 12 月 17 日举行的第二届国家杜马选举中，对现政府不满、希望改变现状的选民，再次把大量选票投给了许诺“恢复俄罗斯大国梦想”的俄罗斯共产党。俄共共获得 157 个代表席位，占 450 个杜马议席中的三分之一强，一跃成为议会第一大党。

俄共等左翼政党在 1993 年和 1995 年杜马选举中的连续获胜，也使一些来自旧苏维埃体制党团系统的人员通过这些政党直接进入了国家立法权力机关，占据

---

① 根据俄罗斯国家杜马选举法，国家杜马代表共有 450 名，其中 225 名代表按单名制（全国划分为 225 个选区，1 个选区选举 1 名代表）方式与多数代表制原则由选民直接选举产生，另外 225 名代表则在全联邦选区从参加竞选并获得 5%以上选票的政党或选举联盟中，根据其获得选票的多少，按比例选出。每个政党或选举联盟除了有权参加全联邦选区的选举，还可以提出本党或选举联盟的某一具体候选人参加单名制选区的选举。因此，每个在全联邦选区获得 5%以上选票的政党或选举联盟在杜马中占有的议席数，应该是它在全联邦选区和单名制选区获得席位的总和。在第一届杜马选举中，共有 8 个政党和选举联盟在全联邦选区获得 5%以上选票，它们分别是：俄罗斯自由民主党、“俄罗斯选择”、俄共、俄罗斯农业党、“俄罗斯妇女”运动、“亚博卢”集团、“俄罗斯统一和谐党”和俄罗斯民主党。

了议会中的大量议席。据统计，这类人当时几乎达到了议员总数的40%左右，[①]这一时期他们成为了议会中反对叶利钦政权的主要力量。在叶利钦执政的大部分时间里，由于议会长期被俄罗斯共产党等议会反对派所占据，政府和议会之间围绕着各种经济和社会问题展开的争斗此起彼伏。

在执行权力机构内部，除了总统本人，叶利钦时期的政治精英主要分为三类：

第一类是政府官员，包括总理、各部部长及政府部门工作人员。根据联邦宪法和法律，政府总理及其主要成员都由总统按照规定程序直接任免。叶利钦执政后的第一届政府成员（总理E. 盖达尔、副总理A. 丘拜斯和A. 绍欣等），大多是经济学家和知识分子出身，都拥有学术学位，以前主要从事科学研究，平均年龄在35—40岁。这些人中，除绍欣曾在苏联部长会议中工作过十年，盖达尔曾在《真理报》和《共产党人》杂志社工作过几年外，绝大部分人都没有过从政经历。应该说，叶利钦任用这些政治新人的目的，一方面是为了完全打破苏联时期旧的官员任用制度，为一批年轻的政治精英提供升迁的机会，另一方面也想通过利用这些政府中的经济专家，推进俄罗斯的经济体制改革。但由于第一届政府成员总体上缺乏执政经验，盖达尔领导的休克疗法式经济改革最终失败了，新政府被迫辞职。曾在苏联天然气部门担任经济领导工作的切尔诺梅尔金取代了盖达尔，担任了下一任总理。为平衡社会各方利益，缓和与议会反对派的关系，在切尔诺梅尔金的政府成员中吸收了一些苏联时期的旧官员和左翼党派的代表。

政府组成结构变化快、流动性大是叶利钦执政时期政治精英变化的一个主要特点。如盖达尔领导的第一届政府总共执政了一年时间。盖达尔被解职后，政府中的34名成员中只有2名保留了原职位。政府成员的频繁更替大大减弱了政治精英对总统的个人依附和忠诚度，这也是造成叶利钦时期政局不稳定的一个重要原因。对此，一些俄罗斯学者将叶利钦时期这种政府成员频繁更替的现象直接比喻为“干部绞肉机”。[②]

第二类是“总统身边的人”，也称为总统的政治团队，包括总统办公厅主任、总统顾问、总统高级助手以及总统新闻秘书（大约30人）等。新宪法通过后，

---

① Ольга Крыштановская, Анатомия российской элиты. М.: Захаров, 2005. С. 151.

② Ольга Крыштановская, Анатомия российской элиты. М.: Захаров, 2005. С. 186.

由于刚刚经历了激烈的权力斗争，叶利钦政府中出现了干部真空，急需忠于自己的政府管理人员帮助他推动经济转型进程。这一时期，在排斥戈尔巴乔夫时期旧官员的同时，叶利钦起用了一些新干部，这些新人主要来自三个渠道：一是在1989年苏联人民代表大会期间形成的跨地区议员团的成员；二是1990年俄罗斯人民代表大会期间支持过叶利钦的部分俄罗斯人民代表；三是来自斯维尔德洛夫州的叶利钦的同乡。他们聚集在总统周围，所以这些人常被称为“总统身边的人”。他们负责帮助总统制定一些公共政策，对其他政治集团施加影响。这些人年龄一般在40—50岁之间，与总统本人一样没有参加过任何政党，没有担任过议会议员，但他们大部分都是民主改革的支持者，只是他们对改革的理解有些不同。另外，作为叶利钦的助手或高级顾问，他的周围还聚集了一些学者，为叶利钦制定政策出谋划策，如1994年民族问题专家Ю.巴图林曾担任过总统的国家民族安全问题顾问，受到过叶利钦的器重。

叶利钦时期，总统办公厅是除政府各部之外最重要的政府部门之一。1996年10月叶利钦发布了一项《有关总统办公厅地位的命令》，进一步扩大了总统办公厅的规模，由原来的13个部门增加到26个部门。该命令明确规定：总统办公厅是保证总统活动的国家机关。在丘拜斯担任总统办公厅主任期间，总统办公厅的作用明显提高，直接参与了很多国家政策的制定，其地位远远超过了其他政府部门。叶利钦在1999年3月向议会发表的国情咨文中表示，总统办公厅的任务非常艰巨，它必须和政府部门积极配合，监督各部门执行总统决定的情况。有些学者将叶利钦时期的总统办公厅与苏联时期的中央政治局相比，认为它们有很多相似的地方，但实际上它们并不完全一样，总统办公厅只是总统的一个办事机构，并不具有绝对权力。总统办公厅和办公厅主任在多大程度上发挥作用，完全取决于总统的个人意愿。在自己执政后期，由于叶利钦的身体原因和政治上的孤立，叶利钦更加依赖和信任自己身边的亲信和“家族内的人”[①]，他们也成为这一时期俄罗斯政治中最有影响和权势的政治精英。

第三类是商业精英。这部分人是叶利钦执政后期，俄罗斯政治生活中出现的一种特殊现象。1996年总统选举期间，叶利钦的社会支持率大大低于他的主要

---

① 叶利钦执政后期，曾任命自己的小女儿塔季扬娜·季亚琴科担任自己的总统形象顾问，让她直接参与了很多政府决策。

竞争对手、俄共领导人久加诺夫。为保证国家的政治制度不发生大的逆转，别列佐夫斯基、波塔宁、穆拉夫连科等俄罗斯部分主要金融工业寡头达成协议，联手支持叶利钦竞选。为此，他们投入了大量资金、利用他们所控制的广播、电视、报刊等大众宣传工具，最终帮助叶利钦竞选连任成功。总统选举后，为兑现承诺，1996 年 6 月，叶利钦先后任命了银行家波塔宁为俄罗斯政府第一副总理，任命企业家别列佐夫斯基为俄罗斯国家安全会议副秘书，为金融工业寡头提供了直接进入国家政权机关的机会。由于权力精英与商业精英的紧密联结，两者之间的相互流通得到了加强，这一时期，代表集团利益的商业寡头对俄罗斯政治的影响越来越大。

叶利钦时期俄罗斯政治精英中的另一个重要组成部分是地方精英。由于俄罗斯联邦结构的复杂性，地方精英除了具有政治精英的一般特点外，更多地还表现出试图摆脱中央控制、独立自主地解决本地区社会经济问题的政治愿望。苏联解体之初，在政治精英的产生方式上实行的是选举和任命并行。尤其在地方层面，叶利钦始终不愿放弃任命地方行政长官的权力，直到 1994 年 10 月，叶利钦才签署命令，最终批准并颁布了《俄罗斯地方行政长官条例》，宣布在全联邦范围内实行地方行政长官的直接选举。地方行政长官由总统任命变为由当地居民直接选举产生之后，其权力的合法性得到了充分的保障，同时也为他们违背总统和中央政府意愿，形成自己的势力范围自行其是提供了极大的可能性。根据 1995 年通过的联邦委员会（议会上院）组成法，地方行政长官和地方议会领导人作为地方执行权力机关和立法权力机关的代表被允许直接进入联邦委员会，自动成为上院议员，这项规定更为地方政治精英挑战联邦权力创造了法律条件。

这一时期，苏联时期的一些旧精英在地方政权机构中担任领导人的情况也越来越多，这一方面是因为在 1994 年之前，部分地方行政长官仍是由总统直接任免的。1991—1992 年期间，叶利钦曾任免了大批地方官员，这批官员主要是以前的“苏维埃工作人员”，他们一变而成为民主转型的推动力量，在新政权中重新掌握了权力，实现了“角色”更替。另一方面，由于这些旧精英在地方的影响力较大，且拥有深厚的行政资源，在地方选举中大多都能获得当地选民的支持而继续执政。这些地方政治精英以鞑靼斯坦共和国总统沙伊米耶夫最为典型，直到 2010 年，73 岁的他才自愿辞职离任，可谓俄罗斯地方精英中的“常青树”。

持续不断的政治斗争、频繁的政府更迭，以致政权危机，始终充斥着叶利钦整个执政时期。根据俄罗斯宪法，俄罗斯总统的任期不得超过两届。为了保障俄罗斯的政治体制不发生改变，从叶利钦执政后期开始，总统接班人问题就被正式提上了总统的议事日程。叶利钦充分利用宪法赋予总统的权力，先后解除了普里马科夫和斯捷帕申两届政府总理的职务，最终把自己选定的接班人——普京推举到政府总理的位置上。1999 年 12 月 31 日，叶利钦在时机成熟的情况下，突然宣布辞去总统职务，最终帮助普京赢得了 2000 年总统大选，顺利实现了国家最高权力的正常交接。

三、从 2000 年普京担任总统到 2008 年形成“梅普组合”

这一时期是普京执政时期，也是俄罗斯总统集权体制进一步巩固和发展时期。

普京执政以来，为了消除国家面临崩溃的危险，提出了“建立强大而稳定国家”的口号，在政治上注重加强中央权力，并采取了一系列改革国家政治体制的措施，通过打击金融寡头、废除地方行政长官直选制、限制舆论自由、扶持亲政府的“政权党”等手段，重新确定了以总统为核心的国家权力体制。

由于执政理念发生了根本改变，与叶利钦时期相比，普京时期政治精英的人员的构成、升迁模式与组成方式也随之发生了较大变化。具体表现为：

1. 重新恢复了国家对政治精英，尤其是地方精英升迁渠道的控制，加强了国家垂直权力体系的稳定性

2000 年 7 月，国家杜马通过了普京向联邦会议提交的《联邦委员会组成原则修正法案》和《俄罗斯联邦主体国家立法与执行权力机关基本原则的修改与补充法案》，宣布改变改革联邦委员会组成方式，联邦委员会成员将不再由各联邦主体行政长官和立法机关的领导人兼任，而改由各联邦主体行政机关和立法机关的代表组成，同时赋予联邦中央以解散地方议会或解除地方长官职务的权力。

2003 年俄罗斯通过了《关于俄罗斯联邦国家机构系统的法律》，恢复了 18—19 世纪俄国的“官员等级表”，并对官员的遴选、待遇、退休后的保障等许多事项进行了规定。2004 年 3 月 9 日，普京发布《关于联邦执行权力机关系统和结构》的第 314 号总统令，对俄罗斯联邦执行权力机关进行重大调整，大大缩减了部级单位的数量，变以前政府机构中的多重架构为三级架构；改组政府组成，削减政府成员及行政人员的数量等。

2004 年 12 月，杜马通过了一项有关改革联邦主体地方行政长官产生方式的

法案，取消了地方行政长官的直选制，改由联邦总统提名候选人、地方议会批准。

通过以上法律，普京严格规范了国家的权力体系，改变了叶利钦时期地方精英干预中央政策的局面，整顿了国家公务员队伍，中央权力大大增强。

2. 改变了俄罗斯国家最高权力的决策主体

叶利钦时期国家最高权力的决策主体主要来自政府官员、地方精英和商业精英。普京上台后，在保证不重新审理私有化结果的同时，首先清理了寡头控制的媒体王国，接着又以法律手段打击“不听话”的寡头：2000 年对某些“不听话”寡头的经济活动进行刑事调查，先后迫使古辛斯基、别列佐夫斯基流亡国外；2003 年 10 月又将试图干政的俄罗斯第一大富豪、尤科斯石油公司总裁霍多尔科夫斯基投入监狱，追究该公司的逃税罪，拍卖该公司资产。普京用强硬手段瓦解了敢于挑战政权的寡头的经济基础，对他们进行经济剥夺，不仅明确宣告寡头干政和寡头政治的终结，而且通过拍卖和提高征税的办法实现了国家对更多资源的控制。

与此同时，从 2001 年起，普京一方面推动议会通过了《俄罗斯政党法》、新的《俄罗斯国家杜马代表选举法》等相关法律，另一方面积极促成议会中亲政府的中派势力的联合，2002 年 4 月，在普京的协调下，议会中亲政府的三大中派组织——“团结党”、“祖国运动”和“全俄罗斯党”宣布组成统一政党——统一俄罗斯党。由于普京的大力扶持，并利用普京在民众中的个人威望，统一俄罗斯党在 2003 年议会选举中大获全胜，取代了俄共在上届议会选举中的第一大党地位，近 10 年来俄罗斯议会中也首次出现了起主导作用的所谓“政权党”。在 2007 年议会选举中，统一俄罗斯党一举获得 2/3 以上宪法多数席位，统一俄罗斯党也成为普京政权的主要政治支柱。另外，在俄罗斯 83 个联邦主体中，统一俄罗斯党已经占据了大部分联邦主体代表权力机关内的多数席位，表明该党已经完全控制了从中央到地方各级政权机关的主导权。

目前，统一俄罗斯党的党员人数已达 200 多万，在各联邦主体建有 5 万多个基层组织，党员队伍遍及俄罗斯社会的各个阶层，其中包括大批各级政府官员和众多社会名流，如国家杜马主席格雷兹洛夫、国家紧急状况部长绍伊古、前莫斯科市长卢日科夫和前鞑靼斯坦共和国总统沙伊米耶夫等。不论在党员人数，还是在议会中所占有的议席数量，统一俄罗斯党都已经远远超过任何其他政党，成为俄罗斯名副其实的第一大党。为进一步扩大在民众中的影响，统一俄罗斯党在其党纲中自称为是“代表全民族利益的人民党”。

正是通过对议会中政权党的掌控，普京在俄罗斯形成了一个单一的政权结构，其核心就是联邦总统。

3. 改变了政治精英队伍的基本构成，在政府中大量起用来自强力部门的人和彼得堡帮的亲信，允许“听话”的商业精英进入政府

如上所述，叶利钦执政后期，苏联解体前后那些曾跟随叶利钦进行民主改革的“改革者”几经权力斗争，已经所剩无几了，叶利钦不得不重用自己的亲信或“家族内的人”。随着叶利钦离开政坛，这些人也逐渐失去影响力。普京在其第一任期间开始巩固自己的地位，逐渐排挤叶利钦的“家族”亲信。到第二任期时，已将叶利钦时期的那些“旧人”从总统办公厅到政府的职位上全部清除了出去，同时普京大力组建自己的势力。普京执政时期起用的政府官员主要来自强力部门和“彼得堡帮”。

据俄罗斯社会科学院提供的研究数字，2003 年强力部门成员在俄罗斯最高权力机关所占的比例高达 58.3%。有 2000 多个最具影响力的政府和行业机构的领导人来自前克格勃和特工，如圣彼得堡石油公司以及斯拉夫涅夫石油公司的老总、多家航空公司的总裁、圣彼得堡电讯公司的总裁和莫斯科中央水资源公司的老总等，都曾是前克格勃成员。① 此外，在普京任命的由 24 人组成的联邦安全委员会多数成员都是前克格勃成员；在普京第一次任命的 7 个驻联邦区总统代表中，有 4 个来自前克格勃和军方；在普京第一任期的政府成员中，有 4 名部长是强力部门成员。大批强力部门和军队中的人进入政府，构成了普京政治团队的一个“强力集团”，并形成了普京执政的基础。这种状况除了普京本人具有克格勃的职业背景、对强力部门的人有所偏好外，还与普京上任后制定的稳定国家局势的政策有关。正如俄罗斯社会学家奥尔加·克雷施塔诺夫斯卡娅所分析的：“强力部门人员性质单一，非常团结，对普京高度忠诚，很少有人贪污。……前苏联解体后，克格勃成员成了最大的‘失意者’，但普京的崛起让他们找到了自信，

---

① Алла Ярошинская，Кто нами правит：высшая политическая элита России от Ельцина до Путина. http：//www. rosbalt. ru/2007/11/26/434516. html.

‘团结起来，全力支持普京’成为前克格勃成员们的共识。”①

在政府部门中大量任用来自“彼得堡帮”的人，也是普京上任后实行的一项主要干部政策。其中主要代表人物有：政府副总理（后来普京的接班人、“梅普组合”之一）Д. 梅德韦杰夫、国防部长 С. 伊万诺夫、总统办公厅主任 И. 谢钦、财政部长 А. 库德林等等。

另一个引人注目的现象是，虽然普京执政初期大力打击干政的金融寡头，剥夺了他们参与政治的权利，但同时普京又允许那些“听话”的商业精英大批进入政府机构，其速度甚至超过了强力部门的人，代表人物主要有：Р. 阿布拉莫维奇。据统计，在普京执政的前两年进入政治精英圈的商业人士比 1993 年增长了 5 倍；而强力部门人员则相应地从 11.3%增长到 25.1%，增长了一倍多。② 这种情况不仅在联邦层面如此，在地区层面更是如此。由此可以看出，在大力打击一些不听话的寡头的同时，商业精英仍是普京时期国家政治精英的一个重要组成部分。

4. 减弱了政治精英的垂直流动，增强了政治精英的水平流动

上任后，普京将一些忠实于自己的地方领导人或卸任的部长、总统办公厅官员等，委任以新的部门职务，如让他们担任国家大企业的领导人等等，以此稳定政治精英队伍，使他们可以对国家现行体制和总统个人表现得更为忠诚，政治精英的结构也更趋稳固。

5. 调整了政治精英的内部关系模式

普京时期与叶利钦时期在政治精英构成的显著区别，不仅在于精英来源基础的差异，更在于精英内部间关系模式的变化。如果说叶利钦时期的精英构成是在“无序的民主”上形成的“节制与平衡”系统，那么普京建立的“垂直权力”则将所有的精英无条件地置于总统的控制之下，“叶利钦时期所有的权力‘影响中心’，如总统办公厅、政府、国家杜马、联邦委员会、地区集团以及商人，在普京当政时期都被彻底拔除”③。

---

① Ольга Крыштановская, Анатомия российской элиты. М.：Захаров, 2005. С. 263—265.

② Зудин А. Властные элиты современной России. Ростов－на Дону, 2004.

③ Гаман－Голутвина О. В. Политические элиты России. Вехи исторической эволюции. М.：РОССПЭН, 2006. С. 355.

在任八年，普京在治理国家方面取得了显著业绩，俄罗斯的国力和国际地位大大增强，普京在俄罗斯民众中也获得了长期居高不下的支持率，这使他拥有了比当年的叶利钦总统更多的政治资本与左右俄罗斯政局的手段。2008 年 5 月，普京即将结束他的第二个总统任期。随着 2008 年的日益临近，俄罗斯国内希望普京继续留任的呼声越来越高。普京曾多次在公开场合声明他不会违背宪法而谋求第三次连任总统职务，但同时又明确表示，他还年富力强，还想“继续为俄罗斯政治服务”。一时间，“2008 年以后普京将以何种方式继续执掌政权”这道“2008 难题”，摆在了俄罗斯人面前。

早在多年以前，普京的政治智囊们就已经为普京 2008 年以后继续执掌国家政权设计过种种方案；俄罗斯议会中的最大政党——统一俄罗斯党更是大张旗鼓地声称自己为“普京党”，希望普京能长期执政；亲政府的地方精英们积极鼓动民众，准备组织一场拥戴普京为“全民族领袖”的社会运动。所有这一切都预示着：即将举行的 2007 年第五届议会选举和 2008 年第四届总统选举，已经不可避免地被打上了普京的个人烙印，普京的个人意志也将对选举结果产生至关重要的影响。

为确保自己制定的国家发展战略的延续性，普京亲自在自己的团队中挑选接班人，并公开支持其竞选总统职位。早在 2005 年 11 月，作为未来总统接班人的人选之一，梅德韦杰夫就得到了普京的信任与器重，被直接任命为政府第一副总理。梅德韦杰夫年轻、办事低调，与普京共事多年，完全符合普京提出的总统候选人的四个必备条件——能力出众，精力充沛，品行端正和具有现代化思维。2007 年 12 月 10 日，在议会选举中获得多数选票、具有一定代表性的 4 个亲政府政党——统一俄罗斯党、“公正俄罗斯党”、“俄罗斯农业党”和“俄罗斯公民力量党”，以 4 党联合提名的方式，推举梅德韦杰夫为总统候选人，普京随即表示赞成。由于普京和统一俄罗斯党等政党的全力支持，在 2008 年 3 月 2 日举行的总统选举中，梅德韦杰夫一举获得 70.2%的选票，以绝对优势轻松战胜俄共领导人久加诺夫等其他总统候选人，顺利当选俄罗斯新一届总统。

2008 年 4 月 15 日在统一俄罗斯党第九次代表大会上，普京接受了统一俄罗斯党党员的推举，同意以非党员身份出任该党主席一职。在 2008 年总统选举结束后，普京此举无疑可以达到两个目的：一是通过进一步掌控议会中的“政权党”，切实保证国家政权的稳定性；二是通过对立法机关的实际影响力，有效制约未来新总统的权威。

宣誓就任总统后，2008 年 5 月 8 日，梅德韦杰夫提名普京为政府总理。当日，俄罗斯国家杜马即以 392 票赞成、56 票反对和 0 票弃权的表决结果，批准了梅德韦杰夫对普京的总理提名。5 月 12 日，普京向梅德韦杰夫总统提交了新政府成员名单，该名单很快获得总统批准，新政府正式成立，俄罗斯国家最高权力也最终完成了在宪法基础上的“王车易位”。

至此，2007 年俄罗斯议会选举与 2008 年总统选举的结果完全达到了普京预想的政治目标，它不仅实现了国家最高权力的顺利交接，而且还保证了离任总统职务后的普京能够继续执掌国家行政大权，从而在俄罗斯形成了一种新的权力配置，即“梅普组合”。

四、从“梅普组合”到“普梅组合”

“梅普组合”是在目前俄罗斯特殊的历史条件下形成的一种独特的国家权力配置，它是俄罗斯现有法律秩序与政治领袖人物个人权威相结合的产物，是在宪法和法律基础上，为满足俄罗斯大多数民众及执政集团内部希望普京继续执政，以延续普京确立的路线方针的愿望，依靠普京极高的个人威望和民众支持率，以及执政集团对普京个人的忠诚与信任而建立起来的一种特殊的执政方式。在某种程度上，“梅普组合”的形成既符合了目前俄罗斯政治现实的需要，也反映了俄罗斯历史上崇尚强人治国的大众心理与民族文化特点。

2008 年 2 月 8 日，在即将结束自己的总统任期之时，普京在国务委员会扩大会议上发表了题为《俄罗斯 2020 年前发展战略》的重要讲话，确定了俄罗斯未来 12 年的发展目标。一个星期后，2 月 15 日，梅德韦杰夫即以普京的这篇讲话为基础，公布了自己的竞选纲领，“对 2020 年前俄罗斯发展战略的具体内容进行了细化与补充”。与此同时，自“梅普组合”形成以来，在分工合作方面，梅德韦杰夫和普京各司其职，配合默契，其中，梅德韦杰夫主要负责外交和国防等领域的事务，而普京则侧重经济和社会领域的工作。2008 年下半年，面对突如其来的“俄格冲突”与“金融危机”，两人共商对策，协调行动，表现出了很强的解决国家重大问题的能力。在对外宣传上，梅德韦杰夫和普京都避免谈及“双重权力”问题，而是以“目标一致、协商共事”来表示彼此的关系。出任政府总理以后，普京曾多次在不同场合明确表示：“俄罗斯是总统制国家，这一点没有变化，我本人只是一名主管经济和社会事务的公务员。”与此相呼应，一个时期以来，俄罗斯主流媒体在评论“梅普组合”的性质时，也有意识地将总统选举结束之初经常使用的“Дуэт（意为：二重唱，引申为：各司其职、分工合作）”一词，改为了“Тандем（意为：串联式装置，引申为：相融共处、休戚与共）”一词。这一修辞上的改变也说明，就目前俄罗斯政治现实来说，“梅普组合”的政治含义远远大于它的实际内容，唯有梅德韦杰夫与普京之间的“团结一致”，才能保证“梅普组合”权力机制的正常运行。

“梅普组合”期间，尽管普京一再强调总统权力在国家政治生活中的重要性，但由于他在俄罗斯政治生活中的特殊地位，事实上普京在总理职位上拥有了历任政府总理都无法比拟的实际权力，如：普京获得了独立行使任命政府成员、召集政府会议等在内的实际权力；改组了政府组成，设立政府主席团机制，对政府实施全面监督管理，以提高政府工作效率；普京掌握了部分任免地方行政长官和管理地方事务的实际权力；等等。

事实上，近四年来，俄罗斯主要的国家内外方针政策都是普京制定的，国家的权力体系依然是围绕着普京在运行。尽管梅德韦杰夫在一些执政理念上提出过自己的主张，首次提出了“全面现代化”的理念，但梅德韦杰夫并没能在总统职位上表现出更多独立性和政治作为。这预示着，“梅普组合”这种特殊的政权结构不可能长久存在下去。

2011 年 9 月 24 日，俄罗斯总统梅德韦杰夫在统一俄罗斯党代表大会上提议，由现任总理普京参加 2012 年总统大选，普京当即表示：如他当选总统，梅德韦杰夫将出任新一届政府总理。至此，宣告了“梅普组合”的结束，新的“普梅组合”即将到来。

针对自己的这一政治选择，普京自我评价道：“重新竞选总统是为了保证俄罗斯的稳定发展。”[①] 无疑，这预示着普京将很快重新回到国家权力的最中心，同时在今后很长一段时期内，普京建立的这种政治体制和政治秩序也将不会发生大的变化。

---

① 《普京称再任总统是为了俄罗斯的稳定》，转引自财新网：http：//msn.finance.sina.com.cn 2011－10－18.

政治精英与俄罗斯的政治发展

一些政治学家将社会转型划分为“自下而上的变革”、“交易型变革”、“退出型变革”、“撕裂型变革”和“自上而下的革命”等五种模式[①]。无疑，俄罗斯的政治精英们选择的是一种自上而下的转型。

苏联解体后，俄罗斯的政治精英们急于“移植”西方的自由民主模式，但这种民主转型是政治精英之间通过武力对抗，而不是通过协商谈判而达成，因此它的建立也注定了是一种不成熟的民主。虽然叶利钦总统在其后的执政期间加强了与其他精英阶层的协商，并在某些问题上进行了妥协，但是他的权威与合法性由于国内经济形势的恶化而愈来愈受到质疑，最终不得不提前离开总统职位。

新俄罗斯的政治转型充满了波折，虽然建立了三权分立的民主框架，但超级总统制的确立为领导者施展个人权威提供了政治条件，从而促使俄罗斯的政治发展重新又回归到了威权主义。[②] 普京执政后，总统集权体制得到了进一步加强。普京执政以来，通过一系列行政和法律手段有计划、有步骤地打击各种有碍国家稳定和发展的势力，在俄罗斯形成了新型权力结构，即：普京大权在握，高高在上，其权力已很少甚至基本不受制约；军队、国家安全部门和内务部等强力部门的支持是其权力基础，广大民意的支持是其社会基础；通过联邦政府和“政权党”，普京政权确保了对官僚系统的控制，这一权力结构的核心就是总统集权。

为了回应西方针对俄罗斯“民主倒退”、“民主回潮”的批评，普京政府进行了强烈的反击，强调俄罗斯走自己的民主化道路，并提出了所谓的“主权民主”。但是“主权民主”与其说是一种民主模式，毋宁说是一种标签，或者是一种对外宣示的策略。在经历了叶利钦时代民主混乱期的俄罗斯，普京强势总统的执政方式无疑是一种现实的选择。首先，这种强势总统的执政方式不同于专制独裁、极

---

① Gerardo L. Munck and Carol Skalnik Leff，Modes of Transition and Democratization：South America and Eastern Europe in Comparative Perspective，Comparative Politics，Vol. 29，No. 3，1997.

② 民主侵蚀与民主崩溃是民主转型中回归威权主义的两种情况，其区分可参见：Andreas Schedler，What is Democratic Consolidation，Journal of Democracy（1998），pp. 91—107.

权统治，甚至也很难说它导致民主的倒退，因为它并没有超越宪法和法律，并且也始终遵守基本的民主原则，起码是保持了程序民主。其次，与西方的民主制不同，这种执政方式的理念是国家主义，总统拥有的超大权力使他事实上成了凌驾于民主之上的控制者，而这种“可控民主”其实就是“人治”的一种表现形式，一种以民主形式出现的“强人政治”。

俄罗斯的精英队伍在普京时期逐渐实现了“稳定”，但是普京时期精英的分野和帮派化也使得精英的内部关系比叶利钦时期更为复杂，对总统的严格从属并没有消除精英派别之间深刻的分歧和矛盾。现任俄罗斯总统、时任总统办公厅主任的梅德韦杰夫曾表示：精英之间的矛盾已经成为俄罗斯国家安全的威胁，“如果我们不能使精英保持团结，俄罗斯作为一个统一国家可能会消失。当精英失去了统一思想并陷于你死我活的大厮杀时，整个帝国就会被从地缘政治地图上抹去。因此，凝聚俄罗斯精英的平台只有一个，即在现有边界范围内保持有效的国家性”。[①] 团结在普京周围的俄罗斯政治精英们虽然表面上维持了和谐的局面，但是内部的明争暗斗在2007—2008年选举之前已经充分显示出来。2007年12月，普京在离规定提出总统候选人的最后期限只差十余天的时间里，才推出梅德韦杰夫作为自己的接班人，这并非是他匆忙之间决定的，而是因为精英内部的复杂性需要他选择决定的最佳公布时间。在推举梅德韦杰夫为总统候选人之前，普京也曾考虑了很多人选，但始终举棋不定。其精英之间关系的复杂程度由此可见一斑。

事实上，威权体制下俄罗斯的政治精英们已经失去了推动政治发展的动力，俄罗斯在政治稳定的目标下正在逐渐走向停滞，而精英结构也在逐渐走向僵化。

决定一个国家政治精英内部稳定的因素很多，但对于俄罗斯来说，“最高权力”是至关重要的一个方面，这也是传统的俄国专制政治给俄罗斯人所留下的遗产。帝俄时代的沙皇、苏联时代的共产党总书记、新俄罗斯时期作为威权领袖的总统，都是在一定程度上决定精英构成与流通的“最高权力”。虽然普京在任期内实现了精英的稳定，但在他离任总统后却不得不作出了“梅普组合”这种奇特的政治设计，这在俄罗斯历史上还没有先例。显然，除了普京本人恋栈权力外，

---

① Интервью с Д. Медведевым. Сохранить эффективное государство в существующих границах. //Эксперт, № 13 (460), 4 апреля 2005.

“梅普组合”的另一个明确目标是继续保持权力结构的稳定。普京执政期间打造的所谓“普京团队”并非“铁板一块”，他们继续需要一个作为平衡器的领袖，不是“民族领袖”，而是“精英领袖”。“梅普组合”从成立之日起就引发了各种猜测，梅普之间的分歧和矛盾也一直被外界跟踪、关注并放大，其中一个最主要的原因就是，普京的“领袖”地位与梅德韦杰夫总统职权之间的内在矛盾，时时威胁着政治精英队伍的稳定。

随着2012年俄罗斯总统选举的临近，梅普之间究竟谁将成为下一届总统候选人的问题成为俄国内外媒体关注的焦点。梅德韦杰夫总统曾几次表示要尽快决定，但是普京作为一个“政治运作高手”，更想保持这种政治精英之间的“不确定性”，其理由是：“现在距离大选还有将近一年的时间，如果我们现在发出某些不正确的信号，那么无论是总统办公厅还是政府，一半以上的人员都会放下手头的工作，转而等待某些变化。”[①] 普京的担忧也是实情，俄罗斯的政治精英们唯“最高权力”是瞻，他们当然希望候选人早日尘埃落定，以决定自己的投靠方向。由此可见，“梅普组合”这项政治设计的“稳定”的目标事实上被“不确定性”的前景所取代。就这个意义上来看，它虽不能说是失败，但至少不能说是成功。

“梅普组合”只是一种过渡性的体制，它的终结表明其存在着很大的弊端。但更为重要的是，俄罗斯政治系统中的“停滞”现象已经成为一个不争的事实，它表现为：政治精英中缺乏竞争，政权党一党独大，其他反对派政党逐渐被边缘化，在议会中已经起不到任何作用；政府对经济的强力干预几乎窒息了市场经济的活力；腐败已经成为俄罗斯社会和政治中的痼疾，正严重地侵蚀着社会的机体，短时间内难以根除。梅德韦杰夫总统已经认识到了“政治停滞”和腐败给国家造成的损害，为此他上台后不久也提出了一系列改革方案：通过了一些反腐败措施；推出了“政治现代化”这个新概念；提出要降低议会准入门槛，允许小党进入议会。但到目前为止，梅德韦杰夫提出的这些改革措施并没有对俄罗斯政治体制产生任何实质性的影响，也无法真正提高俄罗斯政党的竞争力。至于他提出的要消除法律虚无主义的主张，也几乎是一句空话，打击腐败的行动则更多地停留在了口号上。当然，梅德韦杰夫在任期间不能在改革俄罗斯政治体制方面施展

---

① Коротко, но неясно. Владимир Путин ответил на вопрос о третьем сроке. //Газета “Коммерсантъ”, № 65 (4606), 14.04.2011.

拳脚，普京的政治地位与绝对权威的掣肘是一个很重要因素，但已经逐渐被固定化了的俄罗斯这种政治精英结构，却是一个更为主要的制约因素。

从叶利钦时期到普京时期，俄罗斯精英结构的一个重大变化是从“帮派分立”体系转变到垂直权力模式，各种不同的帮派都被纳入到了国家的垂直权力体系中。俄罗斯著名学者B. 伊诺泽姆采夫曾对普京时期俄罗斯的精英结构做过这样的分析，他指出：俄罗斯“不会崩溃，也不会发生激烈变革，还会是老样子”，因为目前俄罗斯体制的“稳固”，来源于普京通过“垂直权力”建立起了一种“比过去等级更多”的新封建化的精英结构。在这种结构下，国家成为“公司国家”，政治问题当成生意问题来解决，而生意问题则被当做政治问题来看待，腐败是这个结构的“黏合剂”。这个结构最重要的特点，一是精英队伍中充斥了大量的平庸之辈，精英的流通出现了前所未有的高度的逆淘汰现象；二是与苏联末期的情况相反，庞大的社会群体不是反对而是竭力进入这个体制。这种结构所导致的后果是，目前的政治精英们把持着国家最高权力的各种“位置”而大捞好处，激烈反对任何体制上的革新；很多年轻人都将进入公务员系统当成自己首选的职业方向[①]；而优秀的人才则大量流失。[②]

在俄罗斯的各种精英之中，政治精英与商业精英是一个中心主题。在苏联解体以来的俄罗斯政治经济转型中，这两类精英既是最主要的受益者，也是俄罗斯社会中起决定性作用的力量，同时这两类精英之间的关系也一度影响到俄罗斯政局的变化。俄罗斯的一些精英研究者，如И. М. 布宁、А. Ю. 祖金、Н. Ю. 拉宾娜、С. П. 佩列古多夫、И. С. 谢缅年科等，都对这些问题进行过比较深入的研究。学者们指出：随着由“国家私有化”模式向“重新国有化”模式的转变，国家和大商人之间的关系也发生了根本的变化，执政当局不再将商业精英视为对

---

① 据俄罗斯“社会舆论”调查中心的一项最新调查结果显示，目前公务员在俄罗斯最热门职业排行榜中高居首位，其中42%的受访者认为国家公务员是“最具吸引力的职业”，超过一半的18岁至30岁受访者认为“当公务员比经商好得多”。2011年7月14日，俄罗斯总统梅德韦杰夫在克里姆林宫会见企业家时，针对目前俄罗斯青年人中的公务员热，不无忧虑地指出：“青年人热衷于成为公务员，是因为这是一种快速致富的手段。”转引自新华网：http：//www. xinhua. com. 2011－07－20.

② Vladislav L. Inozemtsev，Neo－Feudalism Explained，The American Interest，the March－April，2011.

话的优先伙伴，而且还在一定程度上压制他们表达自己的要求。① 一些学者还对俄罗斯的经济集团进行了分类，指出他们在发展理念上的区别。例如，佩列古多夫将其分为新自由主义和新国家主义两类，前者主要是原料部门的公司，后者主要是原来的军工部门、机械制造部门以及一些加工工业部门的公司。② 商业精英和政治精英的关系主要体现在产权的分配和再分配上③，从一种分配模式向另一模式转变，不仅改变了“玩家”们的相互关系性质，而且还改变了它们的组成结构。佩列古多夫认为：“大商人和国家行政官员相互倚靠，某些地方甚至融为一体，构成了所谓的‘统治阶级’，以全社会的名义管理国家事务……而社会却被排挤出了管理功能之外……甚至被正式纳入到国家管理体系的公民社会组织，却不能参与实际的政治管理。”④ 因此，俄罗斯学者认为，政治精英与商业精英的关系其实就是国家和商业集团的关系，其实质是大商业（不论是国有的还是私有的）受控于政治权力，而且已经被后者纳入到了国家的垂直权力体系中。

政治精英对于民主制度的巩固和发展有着至关重要的作用。西方转型学家认为，一个国家要想巩固已经建立的民主制度，必须要具备相互关联的五种社会条件，它们包括：一个自由而有活力的公民社会；相对自主并受人尊重的政治系统；保障公民自由和社团生活的法治体系；可以为新民主政府所利用的完善的国家官僚体系；制度化的经济结构。⑤ 显然，这五种条件目前在俄罗斯均不具备。对于俄罗斯来说，由于历史传统及社会的结构性原因，精英是民主转型的首要力量。叶利钦时期，在民主转型过程中忽视了政治的重建，尤其是对官僚系统的民主改造过程，从而为整个社会留下了后遗症。普京从保持社会稳定出发，对精英队伍进行了部分改造，但它也只是延续了俄罗斯传统的政治惯性，并没有真正打破这种精英结构，相反在某种程度上却使它更加稳固。梅德韦杰夫上台伊始，提

---

① Перегудков С. П. Бизнес и власть в России: к новой модели отношений // Властные элиты современной России в процессах политической трансформации. С. 29.

② 同上。

③ Перегудков С. П. Трипартистские институты на Западе и в России: проблемы обновления// Полис. 2007. №3.

④ Перегудков С. П. Конвергенция по — российски: золотая середина или остановка на полупути // Полис. 2008. №1.

⑤ （美国）胡安·J. 林茨、阿尔弗莱德·斯泰潘著，孙龙等译：《民主转型与巩固的问题：南欧、南美和后共产主义欧洲》，浙江人民出版社 2008 年版，第 7 页。

出了“民主发展的俄罗斯模式”[①]，但同样是出于社会稳定的考虑，仅仅希望通过“自上而下”的稳步改革对体制进行一些小修小补，其结果因缺乏变革动力，梅德韦杰夫的改革尝试最终难有作为。

2011年8月，在纪念“8·19”事件20周年前夕，戈尔巴乔夫在媒体上激烈批评统一俄罗斯党，认为它对国家政权的垄断甚于苏联时期的苏共中央，正在“将国家拖向过去”，“其他所有党派只不过是统治阶层手中的玩偶”。[②]

值得注意的是，通过对俄罗斯政治精英发展进程和典型特征的分析，让我们得出这样一个结论：如今俄罗斯的政治发展，似乎又重新回到了戈尔巴乔夫改革苏联体制时所面临的状况，即上层精英阶层已经成为改革的强大阻力，而消除这种阻力却又存在着打破俄罗斯政治“稳定性”的巨大风险。

---

① Институт современного развития：Демократия：развитие российской модели. http：//www. riocenter. ru/.

② Михаил Горбачев：Единая Россия тянет страну в прошлое. http：//www. argumenti. ru/politics/2011/08/120430.

11. 当代俄罗斯有哪些重要的社会思潮？

李　莉

20 世纪 80 年代末 90 年代初，俄罗斯社会发生重大转折，政治、经济领域的重大变革往往伴随着激烈的政治斗争和思想冲突，一时间各种社会思潮涌动，流派纷呈，新见迭出，呈“百花齐放、百家争鸣”之态势。

以时间的纵向为轴，1991 年转型后俄罗斯社会思潮大致经历着右—左—中的演变过程，即由右翼激进自由主义到左翼社会主义思潮再度兴起，再到中间保守主义的发展道路；从社会思潮的分支流派来看呈现出自由主义、社会主义、民族主义、欧亚主义、保守主义等各种思潮杂乱纷呈、既有矛盾和对立也有融合和交叉的局面。从普京执政开始至梅德韦杰夫走马上任，俄罗斯社会思潮趋向中派保守主义的稳定，极左势力基本消退，右翼思潮式微的态势。一方面反映出转型时期俄罗斯社会思潮多元化的形势，另一方面也体现了俄罗斯正在努力塑造全体公民认可的核心价值观。

自由主义——因何由兴盛走向衰落？

1991 年，苏维埃大厦轰然坍塌。一种逻辑出现在改革家的头脑当中，苏联 70 年的社会主义制度遭遇失败，没有将人民带入共产主义的理想王国。既然在与西方的比赛中失败了，那么最好就是摒弃这种制度，全面推行西方社会体制。于是，右翼激进、浪漫的自由主义甚嚣尘上。

一、自由主义的滥觞

一百多年来西方政治哲学的主流一直是自由主义，自由主义既是一种意识形态，又是一种政治实践。它包括两个方面：一方面是自由价值，另一方面是自由制度。自由主义最核心的原则是自由，强调法制原则下的个人自由，在不危及社会稳定前提下最大限度地鼓励个人自由；政治上强调统治者与被统治者的社会契约，在契约下公民制定法律并同意加以遵守。强调个人的权利和价值，个人是社会政治生活的中心。推行民主制度，给予所有成人公民选举权。经济上反对财产的公有，强调私有财产神圣不可侵犯。奉行“不干涉主义”，强调小政府，大市场，即主张市场的力量限制政府的权力。文化注重个人在道德观和生活方式上的权利，包括如性自由、信仰自由、认知自由等，强调理性和知识，并保护个人免受政府侵犯其私人生活。

20 世纪 80 年代末 90 年代初，自由主义思潮取代社会主义成为俄罗斯主流意识形态。自由主义在如此短的时间内挤垮苏联社会主义意识形态具有深刻的国际、国内历史背景和思想根源。苏联 70 年的社会主义实践并没有完成政治民主化的任务，苏维埃布尔什维克党在抛弃了帝俄时期的选举制、多党制、地方自治等资产阶级的民主因素的同时，并没有建立起真正的社会主义民主制。权力没有真正交给人民的代表机构，而是逐渐构建起高度集权的政治体制。人民没有获得尊重和公平，社会阶层板结。早在 20 世纪 70 年代，苏联经济发展开始进入“停滞”时期，这使得苏联与西方已经接近的距离再次拉大，几乎步入发展的死胡同。戈尔巴乔夫的“改革”并没有引导国家走向复兴，反而致使国家解体、政治和经济体制转型。从苏维埃向后苏维埃体制的过渡，伴随着由完全拒绝资本主义向盲目拷贝资本主义过渡。“我们踏上了一条迫不得已的革命变革道路，即由东方结构向西方结构的转变，往后退，直到 1917 年我们停下来的地方”，“我们正在经历一场‘反社会主义革命’，反社会主义革命是自上而下的革命，如果不说总是如此，也基本上如此”。[①] 苏联长期的高度集权和高压消失之后，骤然解放思想，实行公开性、民主化和多元化，民众不满情绪一发不可收，这些因素促使自由主义思潮迅速蔓延。“在俄罗斯新的领导人看来，‘告别社会主义’，选择一条新的、西方式的发展道路，俄罗斯会在一两年的时间内踏上文明、复兴之

① 安启念：《俄罗斯向何处去——苏联解体后的俄罗斯哲学》，中国人民大学出版社 2003 年版，第 245 页。

路。”[①] 即全面移植资本主义，用自由资本主义的方法改造俄罗斯，自由主义登上俄罗斯的历史舞台。早期的表现形式是激进、极端甚至是浪漫的自由主义，且一度十分泛滥。

苏联剧变和解体过程中俄罗斯开始了激进自由主义改革实验，打开通向自由资本主义之门，用自由主义作为政治文化填补思想和意识形态的真空。即割裂历史传统，完全抛弃社会主义，实行“休克疗法”。政治上极端自由主义采取“革命式的做法”，从西方移植议会民主、多党政治、三权分立和自由选举等为基本原则的西方民主政治，完成从极权主义向民主制度的转变。经济上反对国家调节经济，主张尽量缩小国家的作用，反对国家干预，坚持市场万能，建立绝对自由的市场，推崇私有制，推行大规模的私有化政策。反对社会主义制度中人为制造的平均主义，主张“起点公平”和“程序公平”，即每个人都应当凭自己的个人才能获得成功。在不使人民生活状况恶化的情况下，迅速把整个经济纳入市场的轨道，培植中产阶级成为社会基础。废除国家对价格的控制，开放物价。

由于缺乏自由和民主传统，公民社会的基础薄弱，自由主义改革并不成功，它没能给人民带来幸福和有尊严的生活，短时间里主要消费品的价格急剧上涨，改革将大多数居民抛到了贫困线以下，绝大多数俄罗斯居民生活状况急剧恶化。自由主义也没有在俄罗斯开花结果，逐渐从兴盛走向衰落。“很难想象，俄罗斯在脱离历史、闭目不承认我们是复杂历史政治体系一部分的前提下，能够解决经济或者是政治问题。”[②]

二、极端自由主义的消退

在启动现代化的国家中俄罗斯属于“后发外生型”国家，现代化不是内部现代性积累的结果，而是强行从外部引进的变迁过程。只有运用国家机器的强大力量来推进现代化，现代化才有可能启动和成功。[③] 几乎每一次俄罗斯现代化的道路都是面向西方，追求“改革开放”，视向西方学习为基本特征。自上而下进行改革，应该说是一切“追赶型现代化”国家的共同特点。俄罗斯政治文化的传统

---

① 张树华、刘显忠：《当代俄罗斯政治思潮》，新华出版社 2003 年版，第 121 页。

② Анна Никлаус，Особенности современной политической культуры России，Власть，№11，2010. С. 19—21.

③ 孙立平：《现代化与社会转型》，北京大学出版社 2005 年版，第 27 页。

弊端是："在面向未来时，对过去重视不够，缺乏有意识地遵循传统，对新思潮极度模仿和敏感。"[①] 因此才出现了改革初期自由主义极度泛滥和激进极端的局面。20世纪90年代俄罗斯的社会转轨的实质是：少数知识分子和精英接受了西方自由主义思想等所谓的先进文化，利用自己手中的权力强行实行对俄罗斯的改造。指望自发自动解决问题的激进—自由主义战略是错误的、危险的，在很大程度上挑起了有害的趋势。

这种政策的结果就是：在经济领域里产生了极端衰落，物质—技术基础的破坏；在社会领域，大部分人民赤贫，社会阶层断裂，贫富极化；在人口领域，人口衰减，寿命极度缩短，死亡率大于出生率，家庭分裂，无从照管的流浪儿数量增加；在民族领域，民族关系急剧激化，独立浪潮，国家分裂，车臣战争，共和国内民族权力至上；在精神领域，劳动伦理瓦解，道德堕落，音乐的放纵和文化的庸俗，人民的失望和愤怒。[②] 数据统计显示：1992年头三个季度社会生产能力总体下降了20%，在所有部门中下降最厉害的就是社会领域的保障部门，肉和香肠生产几乎缩减了30%，电视机、洗衣机、布匹缩减了22%—27%。在俄罗斯家庭需求收支中食物的支出占收入的60%，而带小孩和退休人员的家庭该项支出则占到了80%—90%（战后年代中一直没有出现过的），随后的几年里情况一直恶化。经济改革并没有带来生活的稳定和富裕，相反物价飞涨，居民收入减少。1993年1月，通货膨胀达到26%，2月降至20%，而到了10月又升到24.5%。牛奶和酸奶的价格与1990年相比，1994年9月上涨2600倍，面包上涨2800倍，地铁票价上涨5000倍，理发10000倍。1994年俄罗斯人的平均月货币收入能够买59公斤牛肉的话，那么在1995年第三季度则能买49公斤，以下物品对比如下：海鱼82公斤/65公斤；牛奶322升/255升；砂糖180公斤/130公斤；小麦面包308公斤/242公斤；大米287公斤/162公斤；土豆373公斤/247公斤；卷心菜178公斤/221公斤；人造黄油66公斤/52公斤。[③] "国家在制度转

---

① Анна Никлаус, Особенности современной политической культуры России, Власть, №11, 2010. С. 19—21.

② Станислав Пронин, Смена парадигмы национальной политики как фактор укрепления федеративной государственности в России, Власть, №2, 2011. С. 54—57.

③ Владимир Белоус, Сергей Устинкин, Социальные последствия Российских радикальных реформ 90－х гг. XX столетия, Власть, №3, 2010. С. 9—12.

轨过程中，贫富差距日益严重，社会迅速极化；在向市场经济过渡进程中，大部分人的生活水平急剧下降，社会呈现出贴近地面的、低矮的锥体型，大多数人——80%被压在最低层，只有大约3%—5%的富人位于锥体尖端，而中间阶级几乎不存在。”[①]

从国家杜马的选举变化可以看出极端自由主义由兴盛到式微的没落轨迹。一度兴盛的自由主义在1993年由强变弱，1993年4月25日全民公决，叶利钦和政府的经济政策得到多数选民的支持。围绕经济改革走向的问题，最终导致政治斗争和权力斗争，总统和议会兵戎相见，结果是1993年10月叶利钦取得了“炮打白宫”的胜利。12月国家杜马选举，民众对自由主义者的支持率下降了大约40%，持典型自由主义立场的、盖达尔领导的“俄罗斯选择”，获得了15%的支持率，当时4个自由主义政党加在一起总计获得34.1%的选票（按政党比例制）。鼓吹极端民族主义的日里诺夫斯基领导的自由民主党，以22.7%（按政党比例制）的得票率高居各党之首。而刚刚取得合法地位不久的俄罗斯共产党则获得了12.35%的选票（按政党比例制）。1993年12月国家杜马选举标志着政治思潮转换的开始。1994年1月叶利钦接受盖达尔的辞职，标志着自由主义力量进一步削弱。1994年车臣问题进一步导致自由主义的阵营分裂，自由主义风华不在。

在自由主义思潮席卷俄罗斯社会后，经过激进的“休克疗法”和短暂社会实践，极端自由主义并没有把俄罗斯带向民主和富强，相反人民生活大部分陷入了贫困状况。政治上的民主和权力转换并没有形成法制、高效的机制，相反社会逐渐失去控制。民主有变成无政府主义、街头政治的趋势和倾向。各党派之间无休止地争斗，地方分裂主义、分离主义泛滥，社会缺乏法治权威。在经济上，国有资产大量流失，物价飞涨，居民收入锐减。西方许诺的援助口惠而实不至，国家综合国力和国际影响力下降，俄罗斯失去了昔日大国的地位和尊严。主要的尽管不是唯一的原因，就是“休克疗法”，在缺乏社会缓冲器的状态下，从一种社会—经济体制向另一种体制的震荡式转轨。[②] 因此各界对西方自由主义的怀疑和批评日益增多，怀旧情绪上扬。社会主义等左翼势力复兴，民族主义、爱国主义等

---

① （俄罗斯）З. Т. 戈连科娃主编，宋竹音、王育民译：《俄罗斯社会结构变化和社会分层》（第2版），中国财政经济出版社2004年版，第12页。

② Владимир Белоус, Сергей Устинкин, Социальные последствия Российских радикальных реформ 90－х гг. XX столетия, Власть, №3, 2010. С. 9—12.

社会思潮风起云涌。

民族主义——为何在自由主义消退后抬头？

90年代中期，激进自由派进一步边缘化。俄罗斯政治复仇主义和革命浪漫主义情绪已经有所减弱，由怀旧情绪和自尊心而激发的民族主义思潮蔓延开来，俄罗斯社会政治思潮惯性地由钟摆的右翼摆向左翼。左翼思潮的泛起和复兴与其说是民众的道路重新选择，不如说是对右翼的失望和排斥。正如俄罗斯学者所认为的，说到关于俄罗斯政治文化的特征，经常会提及她的二律背反和矛盾性，双重性和非理性主义。①

苏联解体后，首先掀起了自由主义改革。随着对自由主义日益失望，特别是对俄罗斯国际地位的下降和国力的衰退感到沮丧，对西方的空头许诺感到失望和反感，民族自尊心大受伤害。1994年后，俄罗斯社会时髦的口号不再是“自由、民主、主权”，而是“宪法、稳定、国家秩序”。民族主义甚至是极端的纳粹主义在俄罗斯复活了，因为它们迎合了俄罗斯人失落的大国自豪感，也勾起了往昔的回忆，即对强大国家的夙求。当社会缺乏以明确利益划分结构为基础的合作的组织时，打着民族主义旗号的运动往往会兴起，进而代替以利益整合为基础的社会整合。甚至连一些原自由主义者和民主主义者也开始转向，纷纷捡起了“爱国主义、民族主义”的旗帜。② 民族主义既是一个政治现象，也是一种意识形态。在俄罗斯国家形成和发展过程中，俄罗斯的国家、民族意识相伴而生。关于民族主义的定义很多，一般认为：民族主义是一种复杂的文化和社会现象，其基本含义是：对一个民族的忠诚和奉献，特别是指一种特定的民族意识，即认为自己的民族比其他民族优越，特别强调促进和提高本民族文化和本民族利益，以对抗其他民族的文化和利益。③ 一般可以将民族主义分为温和的民族主义、激进的民族主义和极端的民族主义。尽管俄罗斯民族主义的流派和激进程度有所不同，但共同点都是主张国家利益至上，强国作为国家复兴的基础，往往以“爱国主义”和

---

① Анна Никлаус, Особенности современной политической культуры России, Власть, №11, 2010. С. 19—21.

② 张树华、刘显忠：《当代俄罗斯政治思潮》，第187页。

③ 徐迅：《民族主义》，中国社会科学出版社1998年版，第40页。

“强国主义”为招牌，意图恢复俄罗斯历史上的帝国光荣。由于各党派的民族主义内容和政治主张有所差异，因此呈现左、右翼色彩。

一、左翼强国主义

几乎大多数俄罗斯共产党人都属于左翼强国主义。随着激进自由主义改革的失败，民众生活的下降、政治上的持续动荡及社会的混乱使民众开始出现怀旧思潮，左翼思潮得以复兴。苏共垮台后，俄罗斯主张社会主义或以共产党命名的党派很多，主要以俄罗斯联邦共产党为代表。1993 年 2 月 13—14 日召开了俄共第二次（恢复和重建）的非常代表大会，同年 3 月 24 日俄共在司法部登记，以合法政党的身份开始了自己的活动。

重建后俄共申明放弃阶级斗争和暴力革命的思想，认同议会民主的道路，奉行平民主义路线，维护劳动者及弱势群体的利益。拒绝西方的自由主义，支持“公平、公正”的社会模式。左翼社会主义思潮中还带有民族主义、爱国主义甚至是大俄罗斯主义成分。1995 年俄共纲领草案明确提出：保持俄罗斯的国家完整，重建更新了的苏联人民的联盟，确保俄罗斯人民的民族统一；恢复苏联在世界上的传统利益和地位，巩固联盟的政治独立和经济自主。遵循发展的马克思列宁主义学说与唯物主义辩证法，依靠本国和世界的科学与文化的经验和成就。左翼社会主义思潮打出“复兴社会主义”旗帜，在对外关系方面主张增强国力，提出“民族实用主义”对外政策概念，反对“一边倒”外交政策，主张与独联体国家一体化，恢复超级大国地位。经济上强调国家的干预作用，私有化的财产重新国有化。社会方面关注民生和弱势群体，强调社会保障。左翼强国主义曾经一度十分兴盛。

俄罗斯共产党在 1993 年国家杜马选举中获得 12.35％的选票，占 65 席，排在自由民主党、“俄罗斯选择”党之后，成为第三大党；1995 年 12 月的国家杜马选举中，在 43 个获准参加选举的政党中，12 个自由主义政党总共获得了按政党比例制选举的 16.2％的选票。民族主义政党共有 9 个参加角逐，结果获得了按政党比例制选举的 21.69％的选票。与此同时，包括俄共在内的社会主义政党大获全胜。俄共、俄罗斯农业党及“共产党人—劳动俄罗斯”三个参加竞选的持社会主义观点的政党一举获得按政党比例制选举的 30.61％的选票，俄共获得 22.3％的选票，如果把按地区选举的议席加起来，俄共在此次选举中共获得了国家杜马 450 个席位中的 157 席，居于第一位，成为国家杜马的第一大党。它在这届国家杜马中占有三分之一席位，可以单独否决民主派提出的任何动议。

二、右翼强国主义

右翼强国主义作为民族主义的支流，主要以日里诺夫斯基领导的主张极端民族主义的自由民主党为代表。该派系的具有鲜明的帝国主义思想，表达出对恢复苏联甚至是构建东斯拉夫帝国的渴望。往往以“爱国主义”和“强国精神”作为自己的口号，鼓吹和煽动民族主义情绪。1991 年日里诺夫斯基在参加总统选举时将爱国主义作为自由民主党的意识形态基础，含义是：热爱俄罗斯，主要是热爱俄罗斯人民，要在民族问题上消除作为苏共无产阶级国际主义遗产的民族歧视，俄罗斯人民应该巩固整个国家。该流派主张在政治经济和社会生活各方面都要保持俄罗斯传统及发展道路的独特性。经济上，实行保护性的关税制度和孤立主义的封闭政策。军事上，主张建立一支强大的军队，增强国家武装和军事力量。对外政策上，强调俄罗斯应与世界大国划分势力范围，恢复俄罗斯地缘政治地位，反对外国势力以各种借口干涉本国内政。

民族主义曾经一度是俄罗斯绝大多数政党和政治组织普遍认同的一种意识形态，而且在民众中也有较强的认同基础。1992 年，俄罗斯外交政策开始发生变化，提出了“双头鹰”的全方位外交政策，既要西方也兼顾东方的平衡外交。1993 年 12 月，日里诺夫斯基领导的主张极端民族主义的自由民主党一举成为俄议会第一大党，以 22.7%（按政党比例制）的得票率高居各党之首，标志着民族主义思潮在俄罗斯真正得以复兴。1994 年车臣战争的爆发表明俄罗斯政府对维护国家主权和领土完整的决心和坚定信念，对民族分裂和民族分离主义的打击和警示。1995 年 12 月的国家杜马选举中，民族主义政党共有 9 个参加角逐，结果获得了按政党比例制选举的 21.69%的选票。1996 年亲西方的俄罗斯外交部长科济列夫被解职，标志着民族主义在俄罗斯执政集团内的崛起。自此，民族主义不再停留在精神层面，形成了以国家权力为诉求的广泛的政治运动。自从 1993 年以来，俄罗斯自由民主党在历届国家杜马选举中一直稳居其中，这一方面表现了俄罗斯民族主义有其深刻的历史文化传统，同时也表明该思潮反映了相当一部分民众的夙求与渴望。

三、极端民族主义和纳粹主义

极端民族主义指那些压制社会其他认同形式，具有强烈的封闭性、进攻性和冒险性，经常采取违背人类基本道义的血腥暴力手段的民族主义。[①] 俄罗斯独立之初，面对国内少数民族地区争相要求分离和独立的风潮，俄罗斯人的民族意识和自尊心也随之增强，社会上鼓吹俄罗斯民族至上，号称“俄罗斯是俄罗斯人的国家”，排斥其他民族的极端民族主义情绪愈发高涨。其中以亚历山大·巴尔卡绍夫为首的“俄罗斯民族统一党”为最大的极端主义组织。该党的主要纲领是确立俄罗斯民族在俄罗斯国家中的统治地位，主张对非俄罗斯人采取暴力手段，把反犹太主义作为自己的意识形态，通过东正教保持俄罗斯精神的纯洁性。

在极端民族主义的政党和组织中，最突出、影响最恶劣的是极端排外的新纳粹主义团体“光头党”。“光头党”在严格意义上讲不是一个完善组织架构的政党，没有统一的组织和纲领，而是带有黑社会性质的小团体，散布于全国各地，经常作为极端民族主义的战斗队。“光头党”最早出现在20世纪90年代，其成员绝大部分是俄罗斯族的十几岁到二十几岁的年轻人。信奉极端民族主义和纳粹主义，崇尚暴力，主张白人至上、仇视外族人尤其是非洲黑人和亚洲黑发黄色人种。尽管极端民族主义和纳粹主义思潮在俄罗斯的蔓延形势难以短期内彻底解决，但在俄罗斯这种思潮不具备发展甚至繁盛的政治环境和社会环境。根据俄罗斯宪法以及俄罗斯签署加入的《国际法》规定，俄罗斯禁止有关种族歧视和排斥的宣传，煽动种族和民族仇恨、挑唆种族和民族事端的宣传和行为都被列为刑事犯罪。因此说，极端民族主义和纳粹主义的许多主张和行为在俄罗斯被视为非法。而且，一些社会组织和活动家专门成立反法西斯组织，目的就是要与种族歧视和法西斯主义作斗争。

俄罗斯民族主义素来具有深刻的历史渊源和民族心理及宗教文化传统。从“第三罗马”学说，到“东正教、专制制度、国民性”三位一体理论，再到苏联时期的全能国家，都带有浓厚的民族主义情绪和强国意识。第三罗马演变成莫斯科王国，以后变成帝国，最后则变成第三国际。[②] 自由主义不符合俄罗斯的传统，国家至上、集权、专制是政治文化的主要特点。在俄罗斯和苏维埃专制主义产生和发展的合理性，对其进行社会—政治性的理解，不如是文化—制度性的理

① 郑羽、蒋明君总主编，庞大鹏主编：《普京八年：俄罗斯复兴之路（2000—2008）政治卷》，经济管理出版社2008年版，第141页。

② （俄罗斯）尼·别尔嘉耶夫著，雷永生、邱守娟译：《俄罗斯思想》，三联书店2004年版，第9页。

解，作为一种现象，深刻地、天然地、根深蒂固在俄罗斯千年的历史和俄罗斯民族意识当中。这可以从20世纪俄罗斯文化中专制主义趋势的相对稳定性、牢固性得到解释。① 同时，俄罗斯历史上形成的对西方世界价值观念本能的抗拒心理以及力图维护大国形象重返世界大国舞台也是导致民族主义产生的直接原因。

由于激进自由主义破坏式的改革，俄罗斯国内社会政治形势动荡不安，经济结构几乎遭到崩溃，民众生活水平急剧下降。国际形势严峻，西方许诺迟迟未到，北约趁机向俄罗斯传统势力范围内频频扩张，地缘政治环境危机。俄罗斯经历着前所未有的灾难，内忧外患的形势下民族主义上扬，寻求左翼思潮或向往社会主义的怀旧情绪是一种本能的反射。叶利钦时代，选民支持俄共，与其说是拥护“光明的过去”，不如说是反对“黑暗的现在”。俄共的崛起是与叶利钦时代的一系列错误密切相关的。② 左翼思潮的抬头与其说是追求，不如说是对极端右翼的一种本能的反抗，是希望破灭后的一种心理反应。别尔嘉耶夫曾指出，（俄罗斯）民众的政治意识是矛盾的，无政府主义和国家主义的矛盾方向。在其他国家中可以找到所有对立性，但在俄罗斯：命题转身可能变成反命题：官僚主义的国家性产生于无政府主义，奴役产生于自由。在这个不断复制的共生现象中包括俄罗斯政治传统的特性，这就是二元性和反理性主义者，它的二律背反的悖论就是同时准备为自由和全面奴隶性牺牲生命。③ 解体后短短几年内，俄罗斯社会思潮经历了由一极向另一极的钟摆式移动，可能会为这种说法提供良好的注解。

新保守主义——社会的主流思潮吗？

度过了极端右翼的浪漫自由主义时期和左翼社会主义及民族主义、爱国主义时期后，俄罗斯社会已经百孔千疮，再也经不起任何折腾。拒绝“激进主义”、冻结革命，告别极端主义成为全社会的共识。经过冷静、理性的思考，俄罗斯社会上下选择了既不实行激进改革也不走回头路的第三条道路，极左、极右思潮渐

---

① Кондаков И. В. Культура России：краткий очерк истории и теории：учебное пособие, М.：КДУ，2007：35.

② 张树华、刘显忠：《当代俄罗斯政治思潮》，第165页。

③ Анатолий Бондар，Владимир ДИНЕС，Российские политические традиции и российская государственность，Власть，№4，2008. С. 3—8.

渐消退，中派保守主义思潮在进入新世纪后逐渐在俄罗斯国内占据主导地位。

一、自由主义重组与分化

90年代初俄罗斯的激进自由主义改革最终宣告失败，激进自由主义失去了主流地位。自由主义政治思潮在社会转型过程中的失误在于忽视了俄罗斯自身的文化特点。俄罗斯社会缺乏自由主义传统，个人主义没有在西方那样的地位，国家和村社占据个人生活首位。盛行的是集体主义，个人自由总是与责任结合在一起。国家不是敌人，是秩序的源头，是庇护者。而新的东西不是来自自身，不是从自身社会的下层生长出来的，而是来自外部，来自上层强行灌输下来的；是一种无根的、脱离俄罗斯传统和现实、脱离俄罗斯下层的异己的文化。无论从俄罗斯发展的历史，还是政治、经济及文化，甚至是宗教的角度来看，自由主义都与俄罗斯的传统脱节，这也注定了失败的命运。

激进的改革并没有带来所预言的社会进步和生活富足，反而导致大多数居民的贫困化。照搬、照抄西方模式，实行"一边倒"政策，导致俄罗斯民众的反感，而"革命式的做法"也深深地伤害了俄罗斯民众的心理。一度兴盛的激进自由主义为代表的极右思潮从1993年即已经开始走向式微。1993年12月首届国家杜马选举标志着自由主义政治思潮由强变弱转换的开始，同时标志着左翼思潮和民族主义的上扬。尽管持典型自由主义立场的"俄罗斯选择"获得了15%的支持率（按政党比例制），但影响力已经出现下滑的趋势，而激进民族主义的影响反而出现上升态势。如果说1993年12月的国家杜马选举意味着俄罗斯三种思潮平分天下的话，那么从1995年12月杜马选举开始，自由主义严重地被边缘化了，日益失去了与民族主义和社会主义抗衡的力量。1995年12月举行的第二届国家杜马选举中，除了"亚博卢"集团外，"激进民主派"惨遭失败。从自由主义运动本身来看，关注公平、公正的民主自由主义思潮的影响在逐渐上升，极端自由主义的影响在下降。同时自由主义派系内部问题多多，矛盾纷争比较突出，多派林立，自身组织不统一，1995年在人权问题、车臣问题上又出现分裂。1998年5月的金融危机打击及1999年3月的北约东扩和对南斯拉夫的入侵，标志着自由主义在俄罗斯的试验彻底失败。

自由主义萎缩的原因主要来自内外两个方面。从外部环境来看，主要是普京政府的严厉打压，而这种严厉打击又有着深厚文化基础和民众心理支撑。经历了90年代急风暴雨般的自由主义改革之后，俄罗斯人民已经厌倦了动荡，他们虽然渴望自由、需要民主，但他们更需要公正和公平，俄罗斯的村社传统和集体主义所强调的就是公平。面对自由主义给俄罗斯带来的困境以及民众对此的反应，普京政府从历史的经验中选择了对于他们更熟悉的国家主义方式。另一方面，从内部来看，自由主义背负着20世纪激进改革所带来的骂名，在俄罗斯普通居民中形象不佳。对人民痛苦的漠视和对社会动荡的束手无策使得自由派领袖们的公众形象是负面的、消极的。何况，自由主义政党声称自己代表中产阶级的利益，而中产阶级在俄罗斯的根基还非常薄弱，它的选民基础非常脆弱。[①]

二、左翼社会主义和极端民族主义式微

左翼社会主义思潮的复辟并没有持续多久，其势头和影响变得更加微弱了。特别是普京上台后，国内经济形势出现了转机，国内经济水平有所恢复，国民生活水平逐步提高。人们在某种程度上已经融入了新的生活中，不再想回到过去。普京曾说，“谁不为苏联解体痛心那就是没良心，谁想恢复苏联那就是没头脑”。加之俄共自身问题及缺乏明确和科学的纲领，没有做到与时俱进，逐渐失去吸引力，俄共社会主义进一步分化和被排挤了。1999年12月议会选举中，俄共获得24.29%的选票，维持第一大党的地位。但由于“统一”运动的崛起和“右翼力量”联盟进入国家杜马，俄共只分得110个议席，从而失去议会的控制权。2000年3月的总统选举，普京顺利当选，获得52.9%的选票。久加诺夫只获得29.21%的选票，俄共的影响已经衰弱了。2001年7月《政党法》通过后，特别是2001年12月全俄罗斯“团结——祖国”党成立后，俄共的国家杜马第一大党的地位已经为全俄罗斯“团结——祖国”党所取代。俄共于2003年12月杜马选举中得票率仅为12.6%，在国家杜马450席里只得51席。2007年12月，俄罗斯联邦国家杜马举行第五届选举，俄共以11.58%的得票率进入国家杜马，获得57个席位，俄共在议会选举失去优势。

作为一种政治意识形态，俄罗斯的民族主义来源于对国家的整合的需要。从历史上看，俄罗斯民族主义和帝国紧密联系在一起。与西欧民族主义最大的不同是，它源于独特的民族心理和宗教文化，有着深厚的国家基础，它完全为整合帝

---

① 郑羽、蒋明君总主编，庞大鹏主编：《普京八年：俄罗斯复兴之路（2000—2008）政治卷》，第148—149页。

国和对外扩张服务，而不是以建立现代民族国家为目的。[①] “俄罗斯民族优秀论”是俄罗斯民族主义一个不可缺少的理论基础。在急剧动荡的社会转型时期，民族主义能够整合思想，对内团结民众，增强民族向心力和民族认同，为发展提供了思想依据和动员力量。既是对解体后政治混乱、经济衰落、社会失衡的一种本能回应，也不例外俄罗斯今后发展中必须依赖的精神资源。民族主义对外具有排外倾向，增强俄罗斯的民族意识和自尊心。然而民族主义思潮是一把双刃剑，如果民族主义走向极端，必然陷入种族主义和沙文主义的深渊。其防御性的民族主义和非理性主义成分，对政治制度构成巨大的挑战，对俄罗斯建构民主和公民社会是一种障碍。难怪俄罗斯科学院研究员纳罗奇尼茨卡娅认为，在社会生活中很难找到比民族主义更能引发激烈争论和得到各种截然不同评价的现象。

左翼社会主义思潮和右翼强国派等民族主义思潮经过一段短时期的复辟和兴盛，最终也走向式微的命运。一方面，社会思潮由右翼摆向左翼并非出于一种理性的选择，毋宁说是一种本能的反射。随着民众对新生活的适应和融入，理性选择占据上风。普京领导下的俄罗斯政治、经济和社会都处于恢复和平稳发展的境况，俄共进一步遭到孤立，生存空间进一步被挤压。另一方面，普京执政后，既打击地方民族分离主义，又坚决反对俄罗斯极端民族主义。“民族主义、排外活动、宗教和种族歧视不仅严重侵犯俄罗斯境内俄国公民和外国人的权利，也严重地威胁到俄罗斯整体的稳定和安全。”因此不断打压极端民族主义生存空间，所以尽管以上两党仍为议会党，但已经难以与统俄党抗衡了，俄罗斯民族主义极右翼势力在政治生活中基本被边缘化了。

三、欧亚主义的回归

20 世纪 90 年代初激进自由主义改革的失败在俄罗斯引发了一场民族主义思潮的泛起和蔓延。1993 年 12 月，日里诺夫斯基领导的主张极端民族主义的自由民主党以 22.7%（按政党比例制）的得票率高居各党之首，是民族主义思潮的顶峰。解体后如此短的时间内，俄罗斯社会经历了由右向左的钟摆式移动。面对新自由主义改革的失败，俄罗斯的发展道路再次成为社会所关注的主题：俄罗斯将向何处去，东方还是西方？欧亚主义的回归正是在苏联解体和激进自由主义改革给国家带来危机的大背景下出现的。而维持强大的、统一的、横跨欧亚大陆的

---

① 张昊琦：《当代俄罗斯民族主义》，《俄罗斯中亚东欧研究》2008 年第 3 期。

俄罗斯帝国，是欧亚主义再次产生的深层原因。

欧亚主义是20世纪20年代在欧洲的俄罗斯侨民中出现的一种思想和社会政治学说，它的基本内容是从理论上阐述俄罗斯的文化特征和历史命运。欧亚主义主要包括以下思想内容：论证俄罗斯最基本的特点是地跨欧亚两洲，它是一个特殊的文化、历史、地理世界；地理上的特殊性决定了文化的特点。在俄罗斯精神结构中有两种对立的因素，既不属于东方，也不属于西方。“俄罗斯精神的矛盾性和复杂性即：东方与西方两股世界历史之流在俄罗斯发生碰撞，俄罗斯处于二者的相互作用交汇处。俄罗斯是世界的完整部分，巨大的东方—西方。”[①] 欧亚主义秉持俄罗斯特殊历史道路和特殊使命的思想，认为俄罗斯自身具有特殊的发展特点和空间，寻求俄罗斯走向现代化的中间道路；强调国家的作用，维护统一的、地跨两洲的俄罗斯大国；主张保留俄罗斯民族传统的积极因素，宣布东正教是俄罗斯独特性及俄罗斯复兴的基础。

在当代欧亚主义流派中，以杜金的新欧亚主义最具代表性，也最有影响力。亚历山大·杜金将欧亚主义整理成一个完备的理论体系，并于2001年4月成立全俄“欧亚”社会政治运动，2002年将其改建为“欧亚党”，完成由哲学理论向政治实践的过渡。杜金在建党时提出五项政治原则：第一，科学的爱国主义。俄罗斯必须建立联合欧洲和亚洲的统一战略空间，在内外政策上均实行多中心论。第二，社会取向。把市场经济置于非市场国家，即公平、团结一致、道德的国家环境中。第三，欧亚地区主义。俄罗斯的每个地区都有自己的特征、每个地方在中央都应该有自己的代表、自己的声音。第四，传统主义。必须转向完整的传统主义，转向传统的宗教信仰，从中寻找真理、道德和精神的基本原则、革新和复兴的基础。第五，欧亚民族主义。给予每个民族以更加适应的政治地位和政治空间，普遍关心俄罗斯的每个民族，关心欧亚世界的每个民族，保持他们的语言，不实行俄罗斯化。[②] 新欧亚主义在解决民族问题、各阶层民众团结及社会公平和正义事业等问题上具有积极现实的意义，在重塑俄罗斯民族思想、传承和弘扬民族传统和民族文化方面具有促进作用。普京总统任职时期的一些改革措施确实与

---

① （俄罗斯）尼·别尔嘉耶夫著，雷永生、邱守娟译：《俄罗斯思想》，第1页。

② 郑羽、蒋明君总主编，庞大鹏主编：《普京八年：俄罗斯复兴之路（2000—2008）政治卷》，第166页。

“欧亚主义”的主张有些相近，但在国家发展道路选择和发展战略方面并不一致。总体上看，欧亚主义并没有成为主流，欧亚主义的哲学意义大于政治意义。

四、中派—保守主义崛起

自20世纪90年代末到21世纪初开始，俄罗斯国内政治思潮经历了自由主义思潮的兴起与衰落，以民族主义整合的多种思潮并存，到新保守主义思潮开始占据俄罗斯社会的主导地位。新保守主义思潮是在俄罗斯社会经过剧烈震荡人心思定的背景下提出来的。由于激进经济改革对社会带来的负面影响，加之国力几乎耗尽，国家影响力下滑，西方承诺的经济援助口惠而实不至，所有这些因素导致民众普遍对西方模式的自由经济感到失望，同时担心极端民族主义所带来的可能的风险，俄罗斯在失望和迷茫中反思，最后选择西化的价值观与传统观念相互融合和妥协的一条道路。即强调实用主义和保守主义的中派道路。他们需要实实在在的利益和实惠，他们最关心的是有效的治理，而不是治理的形式。而对既得利益者而言，他们关注的重点自然是力图维护自己的既有利益。所以，在某种意义上来说，维持社会稳定，先保住“存量”的利益，然后伺机获得“增量”利益，已成为俄罗斯社会的一种共识。①

2000年3月普京正式就职，新保守主义对俄罗斯的影响逐渐扩大。统一俄罗斯党十一大首次确定党的意识形态是俄罗斯保守主义，标志保守主义思潮上升为主流意识形态。2000年10月，统一俄罗斯党把该党定位为“保守主义的中派”，当时把保守主义和中派主义作为同义语使用。俄罗斯新保守主义的社会价值观是：强有力的国家、俄国历史道路的独特性、维护现存制度、反对激进主义，强调民族国家利益、强调俄罗斯的传统价值观以及历史文化传统。它经常以“稳定、国家至上”的面目出现，反对以改革或复仇面目出现的激进主义，认为国家是社会的保护神。强调秩序和传统，主张改良和渐进。其含义是在俄罗斯的传统和价值基础上保持稳定和发展，避免停滞和革命，进行社会革新，实行保守主义现代化。

新保守主义思潮与当时的俄罗斯总统普京的想法颇为一致。自1999年普京执政以后，俄罗斯经济开始全面复苏，并随后逐年进入稳定增长。随着对“休克

① 冯绍雷、相蓝欣：《转型中的俄罗斯社会与文化》，上海人民出版社2005年版，第309页。

疗法”后果的理性总结，右翼思潮渐渐消退，社会思潮纷纷转向更加稳定和务实的中派新保守主义。“拒绝革命、冷冻激进”是普京反复强调的思想。正如普京在2001年12月1日统一俄罗斯党的代表大会上的发言指出，“政治激进主义时期已经过去了。今天赢得胜利的是那些能够觉察到时代脉搏和社会情绪的力量。未来属于那些能够克服野心、放弃狭隘利益的人……政权必须依靠能够反映国内大多数居民利益的社会运动，否则注定会灭亡”[①]。

普京执政以后，国家内忧外患，处于历史上发展最困难的时期之一，民族国家复兴成为普京重要的战略目标。普京以国家民族主义作为政权的正当性基础，政治上实行的是带有“国家主义”色彩的保守主义。国家主义的核心理念是“主权民主”，通过巩固和完善政治体制，加强国家政权才能促进民主化发展。强调国家的作用，相信强有力的国家政权在俄罗斯现代化进程中的作用。对俄罗斯人来说，国家在人民生活中一直起着重要的作用，一个强大的国家是“秩序的源头和保障，是任何变革的倡导者和主要推动力”。[②] 强大的国家可以保证社会的稳定，市场经济体制的转型不能没有强有力的国家的庇护。最为重要的一点是，俄罗斯缺少公民社会基础，民主制度本身在其建设时期也需要强有力的国家的保护。重塑国家机构的威信，加强中央对地方政权的控制，强调军队在维护国家稳定和秩序过程中的作用。经济上奉行的是带有自由色彩的保守主义。普京认为，俄罗斯当前的任务是自由主义原则不可逆转，市场经济方针不变。广泛参与全球化进程，实现俄罗斯经济同世界经济结构一体。同时打击金融寡头势力，加强国家对经济命脉的有效控制。文化上重视宗教在维系俄罗斯社会道德传统方面的积极作用，东正教应该成为某种道德的、精神的支柱。强调法制，宣布要实行“法律的专政”，统一法律空间，各地区权力一律平等。建立公民社会和强有力的法制国家是普京十分重要的政治目标。

社会思潮的特点和动向

在俄罗斯转轨和制度变迁的特定历史时期，各种思潮纷至沓来，信奉不同思

① 《普京文集：文章和讲话选集》，中国社会科学出版社2002年版，第514页。

② Путин В. В. Россия на рубеже тысячелетий. Независимая газета，30 декабря 1999г.

潮的政党不停粉墨登场。纷繁复杂的多样性、潮起潮落的交替性以及价值观念的矛盾性，勾画出当今俄罗斯社会政治思潮的复杂画面。

一、社会思潮的特点

多样性是俄罗斯社会思潮的一个特点。随着苏联的解体，以马克思主义为核心的社会主义意识形态的统治地位被打破，受到来自各种社会思潮的挑战和替代。首先登上政治舞台的是自由主义，然后是社会主义思潮复兴，民族主义抬头，接下来新保守主义崛起。自由主义又分化为极端自由主义思潮和民主自由主义思潮；民族主义包括温和民族主义、激进民族主义和极端民族主义；保守主义也划分为“自由保守主义”和“社会保守主义”两个派别。除此之外，政治激进主义、政治权威主义和欧亚主义等也纷纷抬头，提出自己的见解和主张。俄罗斯联邦宪法第 13 条明确规定：俄罗斯联邦承认意识形态多元化，任何一种意识形态不能充当国家的或社会的意识形态。就未来发展而言，社会思潮多种并存将是一种常态。

动态性是俄罗斯社会思潮的主要特点。习惯性“钟摆式”移动曾被认为是俄罗斯社会文化的主要特点，文化学家康达科夫曾指出，俄罗斯文化发展的摇摆性相当明显，在俄罗斯历史中，文化—历史范式经常是相互剥离的：一个阶段还没有结束，另一个阶段已经开始了。当然，这种文化范式的剥离在其他文明如西方和东方文明当中也是存在的，但不具备俄罗斯这样经常性的、典型的特征。[①] 社会转型时期形势瞬息万变，或兴起或衰退，各种社会思潮大有“你方唱罢我登场”“各领风骚”的态势。

冲突性也是该时期社会思潮的一个特性。有学者指出，俄罗斯政治文化的传统是矛盾性和二律背反。俄罗斯政治文化的特点是专制制度与民主相互制约。在俄罗斯的历史进程中，当民主制度不能得到专制制度的平衡时，通常社会陷入极度的社会危机。而同时，当专制制度不能得到民主制度的平衡时，完全摆脱了社会的监督的权力就会变成独裁，最后这两种趋势的极化能够导致国家平衡状态的彻底毁坏。[②] 20 世纪末的社会转轨为这一理论做了很好的解释。同理，俄罗斯政

---

① Кондаков И. В. Культура России：краткий очерк истории и теории：учебное пособие，М.：КДУ，2007：13.

② Анатолий Бондар，Владимир Динес，Российские политические традиции и российская государственность，Власть，№4，2008. С. 3—8.

治文化的矛盾性导致了以此为基础的社会思潮的冲突性：既表现为阶级立场的冲突，也表现为施政纲领和内容上的冲突；既有哲学基础的冲突，也有文明观的冲突；既有左、中、右的对峙，也有东方和西方的碰撞。由于俄罗斯地处欧亚交界，历史上接受多种文明影响，向东方还是西方一直是未解命题。道路之争及引发的社会思潮冲突在俄罗斯周期性上演，构成了俄罗斯政治文化的传统特点。

二、社会思潮的现状

首先，俄罗斯社会转型的历史表明，自由主义作为一种思潮，尽管失去主流文化的特征，但是目前的政治和经济体制在总体架构上仍然是以“自由主义”为取向的，即在国家制度和结构上完善以私有制为基础的自由市场经济体制，实行政党选举制度，这一点与右翼思潮相吻合。宪政原则，民主选举、议会制、多党制、新闻自由等保留了下来。更重要的是，社会日益形成比较稳固的民主文化心理基础，使得权力部门之间、政党之间斗争都能遵守民主的规则。任何人都无法改变业已建构起的议会民主和市场经济框架，不会抛弃自由主义的某些价值和规则。自由主义的价值观已经在俄罗斯社会扎根，它对俄罗斯未来的发展仍会产生深远的影响。

其次，社会舆论是政治的“晴雨表”，是社会现实生活的折射。俄罗斯学者指出，经历了十几年的风风雨雨，激进革命已经成为过去，追求西方的“赶超模式”行不通。俄罗斯社会将逐渐形成传统的俄罗斯式的政权形式，这种政权应当适应俄罗斯特有的社会基础和社会心理，强调转型时期作为整体的国民经济和国家的作用，主张重建“俄罗斯新思想”。有成效的建设性工作不可能在一个四分五裂的、主要社会阶层和政治力量信奉不同的价值观和不同的意识形态的社会里进行，明确一些基本的自古以来就使俄罗斯人团结在一起的价值观念是有必要的，它们就是：爱国主义、强国意识和国家的作用。[①] 正如俄罗斯学者所说，俄罗斯政治文化的现今态势，并没有将其列入自由主义—民主之队列的基础，毋宁说，她倾向于政治文化的威权—集体主义类型。国家在俄罗斯人的社会生活中一贯处于支配地位。[②] 俄罗斯政治生活领域的“制度化”水平还十分低下，权力与

---

① 安启念：《俄罗斯向何处去——苏联解体后的俄罗斯哲学》，第305页。

② Анна Никлаус, Особенности современной политической культуры России, Власть, №11, 2010. С. 19—21.

社会缺乏对话机制。牢固地存在于政治文化中的“法制虚无主义”扩展到制度的层面，也就是说导致了整体上的对制度的消极认知。这不仅影响到了国家机器的效率，同时也成为转变权力分配机制的重要方式。最重要的现象就是人民对普京“实际上的”总统和法理上的总统梅德韦杰夫的态度上。重点从制度层面到个人层面的偏移，与对权力态度的重新评估紧密相关——对于居民来说，更加重要的是政治领导的个人形象，而不是他的决策。依赖于专制制度的政治文化认为协商制度的发展有问题，并且再生产建立在控制和服从基础上的严格的等级制度，形成了消极的非正式体制。在这种情况下，建立在对制度信任和平等关系基础上的公民文化，不可能发展，这不仅成为民主的非稳定因素，同时也是其他任何政治体制的不稳定因素。[①] 这些情况可以说明，今天在俄罗斯社会的政治文化当中，主导的原则仍然是威权的价值观，表现为，在个体自由原则面前，集体的公平具有优先权，最后表现为，国家在调节政治和社会生活方面的主导力量。[②]

最后，自由主义、社会主义和民族主义三种主要思潮出现务实地结合并有所侧重的态势。社会思潮层面上来看，人们对自身社会转型的态度和认识从最初的浪漫逐渐向现实回归。这里凝聚了俄罗斯人民自己的切身感受和对自己沉痛教训的反思，人心思定、社会求稳。俄罗斯独立之初奉行世界主义的对外政策，对西方的文化价值全盘接受，政治、经济变革追随西方模式。但西方国家的经济援助口惠而实不至，在国际舞台上对俄罗斯又处处遏制，俄罗斯人因而感到数十年来从未有过的屈辱和压力。这一切在俄国人看来，都是因为原来的自由主义领导人奉行亲西方政策的结果。在民众对这种现实的绝望和愤怒的情绪支配下，左翼势力抬头，民族主义运动日益壮大，社会主义运动也显示出民族主义的色彩。左翼思潮从本质意义上讲是民众对自由主义带来消极后果的一种本能的反抗和怀旧的情绪。普京团队停留在中派的立场上，企图寻找俄罗斯主要的政治文化价值的综合公式。这个平台包括传统的、现代的、保守主义的、温和的、自由主义的和社团的（其中包括社会主义的）政治文化因素。俄罗斯学者也指出，在 21 世纪的头十年，俄罗斯出现了保守主义价值观增长的势头，以及在三种政治文化即保守

① Иван Большаков，политическая культура，неформальные институты и стабильность системы，Власть，№2，2011. С. 70—73.

② Анатолий Бондар，Владимир Динес，Российские политические традиции и российская государственность，Власть，№4，2008. С. 3—8.

主义、温和自由主义和社会主义基础上的综合。[①] 因此俄罗斯的社会思潮呈现中左、中、中右三种势力长期共存，相互影响。由于多种思潮的内在张力，使得未来极端主义、极端党派的空间越来越小，而那些趋于中间化的政党和派别易于取得优势。俄罗斯目前左翼和中左党派太弱或暂时太弱，无法觊觎权力。但也显示了自己的力量，努力恢复社会对正义公平、团结精神、社会责任和凝聚力等理念的需要。同时，在相当长的时间内任何思潮都不能单独成为主流意识形态，任何政党若信奉其中一个单一的意识形态都不会有大的作为。而这些特点对俄的政治变迁、政治走向都会产生深远影响。

三、社会思潮的发展动向

2008 年普京选定具有“自由主义”色彩的梅德韦杰夫作为自己的接班人，而梅德韦杰夫则选择跟随普京的道路。随着时代的前进和时势的变化，特别是 2008 年以来的国际经济危机，让梅德韦杰夫这位俄罗斯新领导人深入反思近年来的发展模式，促使其认识到俄罗斯需要彻底改革政治和经济体制，实现国家经济和社会全面现代化。

以 2009 年 9 月 10 日发表《前进，俄罗斯!》一文为起点，梅德韦杰夫严厉抨击“能源经济、官僚腐败和家长制作风”三大积弊，吹响了实现“全面现代化”的政治号角。2010 年 2 月被视为梅德韦杰夫智库的现代化发展研究所发表的《21 世纪的俄罗斯：理想的明日图景》，2011 年 3 月《赢得未来：2012 战略》表明了梅德韦杰夫的现代化基本理念。梅德韦杰夫的现代化战略对于政治精英层面的共识以及社会层面的情绪与心理也都产生了重要影响。梅德韦杰夫不仅通过提出现代化战略确立了自己的风格，还被认为符合俄罗斯发展阶段的要求。一部分政治精英认为，与西方建立现代化联盟需要梅德韦杰夫这样的适度、理性、平和现代的领导人，而且还认为梅德韦杰夫扩大了政治参与，政府与社会以及政党之间的政治沟通比普京八年大大加强。[②] 在社会政治领域，要保证公民的自由发展，保证人才脱颖而出；保障公民的宪法权利，让“俄罗斯公民能得到所需要的最广义信息”。积极推动建立公民社会；严厉打击腐败，反对家长制作风；确保

---

① Станислав Пронин, Смена парадигмы национальной политики как фактор укрепления федеративной государственности в России, Власть, №2, 2011. С. 54—57.

② 庞大鹏：《俄罗斯政治现代化》，《俄罗斯中亚东欧研究》2011 年第 3 期。

国家稳定；最大限度地提高司法制度的威信；让人民保持健康。在经济领域，要维护所有权；对效率低下的国企进行“重新私有化”，让中小企业成为经济发展的中坚力量；要改变单纯依赖能源、资源的现状，成为世界经济“创新发展的带头人”，将新能源与提高能源效率、生物—医疗技术、航空航天、战略信息技术，以及电信作为创新发展的五大优先领域。外交方面，要与经济发达国家建立“现代化联盟”和“创新领域伙伴关系”。

尽管梅德韦杰夫的现代化战略是普京计划的继承和发展，两者在总体战略方向上是一致的，但两者并不完全相同，甚至可以说存在一定的差异和区分。与普京计划不同的是梅德韦杰夫强调的是全面的现代，即不仅包括经济领域还包括社会政治领域的现代化。如果说普京计划是带有“权威主义”色彩的，那么梅德韦杰夫的现代化战略则带有“自由主义”色彩。这种“路标转换”究竟意味着什么？社会思潮是否会因为这种“路标转换”再次发生向左或向右的摆动？

12. 叶利钦时期为什么会出现“寡头政治”现象?

郝　赫

叶利钦政府拉开了俄罗斯社会转型的大幕，其执政期间也因此成为俄罗斯社会转型最剧烈也是最为关键的时期，日后俄罗斯发展的基本路径都在这一时期确立，同样，诸多的矛盾与问题也在这一时期形成。作为俄罗斯社会转型中非常具有代表性的社会现象之一，俄罗斯“寡头政治”的出现与叶利钦政府的政策安排可谓是息息相关，一方面叶利钦政府的经济发展思路是寡头成长壮大的基础，另一方面，在政权争夺激烈复杂的局面下，叶利钦政府区分敌友的政治抉择也决定着干政的寡头能否登上政治舞台。

寡头是怎样产生与形成的

俄罗斯寡头从产生到形成经历了从投机者到金融大亨、从金融大亨到金融工业集团巨头，再从巨头演化成寡头的历程。

一、寡头的起步阶段——变动之秋的投机者

寡头们的发迹史可以追溯到苏联末期。高度集中、运转僵化的苏联经济体制在20世纪80年代中期开始松动，出现了许多诸如“合作社经济”、“共青团经济”的经济现象，地下、半地下的经济活动更是空前活跃。及至戈尔巴乔夫政权于1987年6月中央全会上通过了《根本改革经济管理基本原则》的决议后，苏联形同铁板一块的经济体制开始了更大规模的调整，并在1988年又通过企业法等文件。此后，苏联许多部改为大型康采恩，部长、副部长变成了康采恩董事

长，财政局长变为银行行长，物资局长变为交易市场总经理，石油部改为石油公司，苏联的计划经济开始有意识地注入更多的市场经济元素，这也同时为嗅觉灵敏、善于钻营的投机者提供了生存发展的契机。

在这一时期，后来的俄罗斯寡头们无一例外早早地即弄潮于市场经济的浪潮中，并近乎天才般地整合利用各类资源，成功挖掘到了自己的第一桶金。这期间也是投机者们最为分化的一段时期，他们分散在各个领域各显其能，而后随着攫取利益的机会的集中，投机者们才从各个领域聚合起来。

二、寡头的壮大阶段——经济转轨中成长起来的大亨

苏联解体后，俄罗斯社会经历着急剧的转型，旧的规则与秩序被打破，但新的规则和秩序却还没有建立起来。此时的叶利钦政府，面临着建立一个全新的俄罗斯社会的迫切挑战，在各种因素的促使下，叶利钦政府选择了一条激进的转型之路。

激进的经济政策一时间使国家的经济生活出现了严重的混乱，国民经济凋敝，人民生活水平锐降。但之前就已受过市场经济历练的日后寡头们，却是游刃有余，大肆浑水摸鱼，并很快就发现与把握住了两条攀上金山的脉络——掌握金融与利用私有化。但显然，这样的通途必须建立在政府决策失误或纵容的基础上，遗憾的是，俄罗斯政府给他们提供了得偿所愿的机会。

首先是对金融命脉的把握。苏联解体后，叶利钦政府实行了旨在迅速向市场经济过渡的“休克疗法”，在紧缩银根的同时，全面放开商品市场，允许价格自由浮动，期望“看不见的手”可以发挥魔力，使市场自发地发挥效力。但问题在于，急剧的经济体制转型割断了原有的经济脉络，却没有相应确立起新的动力源与运行结构，原有的各级计划部门失去了效力，新的适应市场经济的货币政策等刺激手段建设却严重滞后，金融领域的先天不足与后天失调很大程度造成了俄罗斯经济转轨之初的混乱局面。

政府作用的缺失使得投机者有了机会大举进入号称经济血脉的金融领域，后来的寡头们这时敏锐地把握住了这一契机，纷纷组建了自己的银行，并在极短的时间内飞速成长，使自己成为了俄罗斯社会转型之后的第一批金融大亨。

大亨们的银行事业之所以如此顺风顺水，很大程度上是利用了转型之初的政府缺位，结合以自身的投机甚或非法手段，获得了数额巨大的灰色收入。这种局面的出现显然与改革步骤的不协调有着很大关系，金融开放与微观经济环境改善这相辅相成的两方面没有同步发展，这为投机者提供了先天的便利条件，得以轻松地利用了巨大的漏洞。投机者们如同寄生虫一样，附着于国民经济的血管上大肆攫利，并在势力壮大之后，掌控住了经济的血脉。这可以说是在混沌的转型社会中获得暴利的一条最有效的捷径。俄罗斯最精明的大亨们很快就意识到了这一点，并由此开始步入了影响国计民生的核心经济领域。

其次是利用私有化。势力局限在金融领域不会满足大亨们的欲望，作为一个超级大国的继承者，俄罗斯异常巨大的财富蕴藏在它庞大的工业体系与自然资源中，这些资源才是新生大亨们更加梦寐以求的追逐目标。这时，同样诞生不久的叶利钦政权给大亨们提供了一个千载难逢的契机，这就是俄罗斯国有财产的私有化。

1991 年颁布的《俄罗斯联邦私有化法》对私有化的定义是："国有企业和市政企业的私有化，是指把国有的和市政所有的企业、车间、设备、厂房、设施、其他财产以及股票，出售给公民、股份公司（合伙公司），变为私有。"① 从 1992 年年初到 1997 年 7 月，通过"小私有化"和"大私有化"两大阶段完成了大规模私有化改造并转入个案私有化阶段。到 2002 年 1 月 1 日共有 13 万家国有企业实现了私有化，占私有化之前全部国有企业总数的 66%。国有成分从 1990 年的 88.6%下降到 10.7%，私有成分从 1.2%上升到 75.8%，集体与其他混合成分从 10.2%变为 13.4%。以非国有制为主导的多元化所有制体系为基础的市场经济框架基本形成。

私有化作为俄罗斯经济转轨的一揽子政策之一，其用意在于确立激励机制，刺激市场效能发挥作用。但同其他相关政策一样，私有化的推行也有过快过猛之嫌，其结果是良好的预期实现甚少，被扭曲、被利用的现象却比比皆是。其中最为恶劣且影响深远的后果就是财富被不公正、不公平地迅速集中。自 1992 年 10 月发行私有化证券的短短数年内，经过合法的和不合法的买卖，有 50%以上的私有化证券集中到 600 多家投资基金会，在"证券私有化"结束的 1994 年，被称为私有化设计师的丘拜斯就说，俄企业的股份将不可避免地集中于 10%—15%的少数人之手。同时，市场的活力却没有得到应有的释放，经济持续萧条，国家财政出现了难以为继的局面。而此时的金融大亨们已经积蓄相当可观的实

---

① 《俄罗斯联邦私有化法律法》，《苏维埃俄罗斯报》1991 年 7 月 17 日。

力，趁虚而入便成为了水到渠成的事情。

三、寡头的形成

这一阶段是寡头形成的关键阶段，寡头们先是利用政府财政出现危机、难以为继的局面，开展一次大胆而关键的进取计划，得以实现了资本的急速扩张；其后又高调投身到政治旋涡中，力助叶利钦连任成功，最终得以混迹于政坛高层，实现了从经济领域到政治领域的跨越，也完成了从工商巨头到寡头的身份转换。

这其中第一个关键步骤是利用“贷换股”计划。大亨们利用“货币私有化”实现资本进取的手法用趁火打劫来形容并不为过。趁着政权羸弱，急需注入能量之际，大亨们直接亮出了改变游戏规则的砝码，即自己提出具体方案，要求政府接受。虽然方案会做得很具欺骗性，但却是改变了政策的性质，一旦成功，政府的政策实际上就纳入了大亨们所设计的发展轨道，政策即开始为这一小撮人服务，大亨们也就达到了“要对私有化过程本身私有化”的目的。

1995 年 3 月 30 日，波塔宁作为发言人向俄罗斯政府内阁的全体成员说明了“贷换股”计划的方案，陪同在场的大亨还有霍多尔科夫斯基和斯莫棱斯基。波塔宁的方案是：整个由几个俄罗斯顶级大亨组建的财团可以为政府提供 9.1 万亿卢布（相当于 18 亿美元）的贷款，作为交换，财团将获得在一批重要企业中的国家股份的管理权，这些企业包括诺里尔斯克镍业公司、尤科斯石油公司、国家电力公司等。

根据这样的计划，第一轮拍卖的胜出者可以被允许廉价售出他们用于作政府贷款抵押的股份，和明眼人预测的一样，他们把股份卖给了自己人。例如，霍多尔科夫斯基在 1995 年贷给政府的 1.59 亿美元，政府凭此获得了尤科斯 45％的股权。一年以后，霍多尔科夫斯基利用一个空壳公司用 1.6 亿美元将这笔投资转入自己账下，政府在这次交易中的获利几乎为零，霍多尔科夫斯基却获得了这家大型石油公司 45％的股份。

同样狡猾的方案是，他们使政府通过一项法令：债权人可以通过发行新股票的方法偿还子公司的债务。这条看似不起眼的规定其实却隐藏了深远的布局，那就是新股的发售可以稀释原有的股本掌握结构，国有股占优势的局面将有机会被打破，这使得这些握有大量机动资本的大亨可以趁机加购股票，从而取代国家成为这些企业的最大股东。

实际情况为这样，霍多尔科夫斯基在稀释股票的过程中，又加注投资 1 亿美元买走大部分的新股，使自己在尤科斯石油公司的股份达到了51%，实现了自己掌控企业的预谋。波塔宁表现得更为夸张，他一年前贷给政府1.3亿美元购得辛丹卡石油公司的51%股权，一年后则用1.298亿美元又转到了自己的名下，而又仅仅一年后，波塔宁将辛丹卡仅10%的股份卖给了英国石油公司，其作价达到了5.71亿美元。1997年波塔宁又得到了梦寐以求的诺里尔斯克镍业公司的38%股份，而出价仅为2.5亿美元，相比他为此贷给政府的1.7亿美元仅高出了8000万美元。诺里尔斯克镍业公司是俄罗斯最大的有色金属采掘企业，号称俄罗斯工业的明珠，其价值可以以成百上千亿来衡量。别列佐夫斯基同样以微小的代价获得了巨大的收益，他在1995年贷给政府1.001亿美元获得西伯利亚石油公司51%的股权，在18个月之后以1.1亿美元使这部分股权归为己有。

俄罗斯的这些金融大亨们到这个时候就已经演化成了拥有金融—工业集团的巨头了，不仅操控着国家的金融命脉，而且已经在逐步攫取国家的工业核心，这数个大型的金融—工业集团各自形成了一张不断蔓延的巨网，在不断吞噬国家财富的同时，也开始伸张自己的政治诉求。他们贿赂官员，安置权力掮客，并大举进入传媒领域，控制舆论，提升影响。这时的金融大亨们，已经没有争议地晋升为经济领域的巨头，初步具备了与核心权力层进行讨价还价的实力，更进一步的发展就只待与最高权力的结合了。

巨头们的进取与政府的孱弱在这段时期内形成了鲜明的对照。叶利钦政府此刻内忧外患，车臣战争、经济发展陷入困局、身体健康恶化等一系列严重问题使叶利钦政府的民望达到了历史低点，议会中俄罗斯共产党为首的左派势力日益增长，取代叶利钦政府似乎已是大势所趋，不容逆转。在这种情况下，找到新的强有力的盟友是叶利钦政府的当务之急，而从叶利钦政府中获益最丰富、最有能量的金融—工业巨头们无疑也具有最大的合作意愿与实力，双方一拍即合，迅速整合资源，在1996年与左派展开了大选决战。

大选的契机也由此成为了第二个关键的步骤。俄罗斯学者罗伊·麦德维杰夫曾谈道："所有学者都认为，1996年初是俄罗斯'寡头资本主义'制度建立的时间。"[①] 本文也赞同这样的时间划定。1996年2月，在瑞士达沃斯举办的世界经

---

① （俄罗斯）罗伊·麦德维杰夫著，王晓玉译：《普京——克里姆林宫四年时光》，社会科学文献出版社2005年版，第286页。

济论坛上，以别列佐夫斯基、古辛斯基为首的俄罗斯金融—工业巨头决定组成一个同盟，以打败俄罗斯共产党领导人久加诺夫，帮助叶利钦赢得总统大选。随后加入这个组织的还有霍多尔科夫斯基、斯莫棱斯基、波塔宁、弗里德曼—阿文等巨头，他们为丘拜斯的私有财产保护基金会投入了500万美元用以支持叶利钦的竞选。这个小群体的合作组织因而也被称为“达沃斯同盟”。

当时的俄罗斯政治局势已经呈现“一边倒”的局势，共产党候选人久加诺夫当选呼声高涨，俄共在议会选举中也大获全胜。在1995年12月17日举行的杜马选举中，俄共获得了22.3%的选票，得到了157个代表议席，占450个杜马议席中的三分之一强，一跃成为议会第一大党。而叶利钦此时似乎已经处在被遗忘的边缘，1996年1月，距离大选仅剩半年的时间，叶利钦的民调支持率还只有5.4%。可是就是在这样不利的局势下，叶利钦集团与巨头们的结合展现出了超乎想象的巨大能量，实现了惊人的大逆转。

这期间巨头们充分利用自身的资源，提供了巨额的资金支持，并全力配合开展媒体攻势，在俄罗斯全国范围内掀起了一场轰轰烈烈的选举游说大战。他们找到了丘拜斯，找到了季亚琴科，找到了伊留申，[①] 成立了专门的竞选组织小组，统筹安排，协调动作。在随后的日子里，竞选小组高效运转，用尽各种或明或暗的手段，终于成功拉下了久加诺夫，使叶利钦连任成功。

叶利钦打败了久加诺夫，演绎了一段在西方观察家眼中都堪称不可思议的神话，“寡头七人组”在竞选成功后有三个人进入叶利钦的政府，实现了资本与权力的高度结合，资本的支持稳固了政治势力，政治的回馈更是加剧了资本的扩张，此后这七个人的财团一度控制了50%的俄罗斯的经济。“寡头政治”正式形成。

寡头形成的原因

俄罗斯寡头虽然出身于经济领域，但在促使俄罗斯寡头现象产生的要素中，来自政治领域的政策因素更为关键。这首先在于，俄罗斯寡头其之所以可以冠之

---

① 塔季扬娜·季亚琴科，叶利钦的女儿，负责与叶利钦的沟通工作；维克多·伊留申，叶利钦的助理，协调克里姆林宫内部事宜，两人都是关键人物。

为“寡头政治”，其特点即在于俄罗斯寡头的“干政”属性，换句话说，如果可以抛却政治要素的话，也就没有俄罗斯寡头政治可言；第二，在政权有足够的权威与意愿的情况下，经济政策方面的失误及所造成的后果通常来讲并非不可弥补，恶果的扩大一般是建立在政治不作为与纵容的基础上的；第三，俄罗斯寡头与俄罗斯的政治、政权、政策有着不可分割的紧密联系，寡头成长历程中，最关键的几个步骤都是由政权关键性的有利决策所推动，而政权在推进政策与派系斗争方面对寡头的利用与依赖也同样显而易见，寡头与政权有着近乎伴生的关系；第四，寡头们作为权力竞技场中的一支力量存在，权力局势的变化会直接改变财富格局，寡头势力的消长也同样影响权力版图；第五，寡头的发展前景很大程度上取决于政权的发展方向。下面分析一下俄罗斯寡头形成的几个关键因素。

一、激进的经济转轨为投机者攫利创造了机会

叶利钦在后来曾经回忆过：“16个中央银行代替了原来的统一的银行，没有私人经营的传统，在波兰有强大的私人经济成分，而在俄罗斯却没有。没有一分钱的外汇，没有黄金储备，没有能力在国际金融市场上吸引游资。除此之外，我们没有时间再等了，我们再也不能什么也不做，只是解释为什么不能做任何事。”[①] 这段话很典型地道出了转型之初俄罗斯政府高层的心态，那就是无论怎样，首先要去做。这种急切的心情推动了20世纪90年代初期俄罗斯开展了一场暴风骤雨式的经济改革，以“休克疗法”、大规模私有化为核心的经济转轨被迅速实施，这种罔顾实际条件，缺乏细致研究与安排的激进做法很快导致经济生活出现混乱，在国民经济大幅下滑、良性微观经济环境难以建立的同时，也滋生出了大量寄生性投机出现的机会。

而在混乱的局面下，这些机会往往同腐败、贿赂、内幕联系在一起，这也决定了这些机会的阴暗属性，它们产生的利润通常不是生产与创造出来的，而是靠挖国家墙脚、巧取豪夺国家资财来获得。这时典型的投机机会就是利用早期的价格双轨制从事外贸，和稍晚时候的金融业。后来的寡头们几乎都是在这一时期攫到了自己的第一桶金，并得到了更为重要的金融优势。如前文所言，“休克”的经济肌体此刻最需要的就是营养源——资金，但仓促上阵的改革设计者们却没有

① （俄罗斯）鲍里斯·叶利钦著，曹缦西、张俊翔译：《午夜日记——叶利钦自传》，译林出版社2001年版，第105页。

对此有周密的安排，导致经济血脉的控制权拱手相让。经济改革出现失误与漏洞在所难免，但设计师必须要有前瞻的安排，用补救措施把失误限定在可控的范围之内，但俄罗斯经济转轨的冒进使得人们没有时间与机会去做好准备，一时间百孔千疮的漏洞全部暴露出来，补救措施根本就跟不上新问题的出现，这在客观上为精明的投机者们提供了最好的浑水摸鱼的条件。

二、造就大亨本就是经济政策的初衷之一

求大求强一直是俄罗斯人的追求，经济方面也不例外，早在转型之初，决策者们就希冀在短时间内造就俄罗斯的世界级企业。1993 年 12 月起，叶利钦颁布俄罗斯《关于金融工业集团及其建立程序》的临时条例等十几个法令、总统令与行政法规。于是巨头经济迅速崛起：1993 年全俄还只有一家金融工业集团，1994 年便有了 7 家，1995 年 21 家，1996 年 37 家，1997 年已有近 60 家。并进一步从中产生了“巨人中的巨人”。

出身于国营大托拉斯的切尔诺梅尔金总理在上台伊始便表示：“我们国家有强大的基础设施，不应变成小商小贩的国家”，“想用小店铺把我们国家包围起来并在此基础上振兴经济改善生活的做法不会成功”。1994 年在结束证券私有化之际，以经济学家阿甘别吉扬为代表的一批学者也表示反对分散化，主张“把国有大型企业改组为集生产、销售、金融活动为一体的金融—工业集团”，认为这种组织“应在今后俄经济中占优势”。经济学家什梅廖夫也提出：俄罗斯今天的主要任务是“组织强大的工业—金融集团”。在这种思想指导下，一批大型企业集团的合并重组得以上马，国家具有竞争力的经济资源被迅速整合。

俄罗斯政府的大集团战略无疑有增强国家经济竞争实力的考虑，我们此处姑且不去理论其动机的正确与否，只是讨论这种行为的实际后果。在近乎失控的经济转型过程中，在缺乏运作经验、缺乏操作能力的情况下，尤其是具有前提意义的金融链条被少数大亨把握的状况下，大集团战略实际上为金融大亨成为金融—工业集团巨头打开了方便之门。

值得注意的是，即使是这样的结果，国家的巨额财产轻易地转给了个人，对于俄罗斯的决策者们来说也是能够接受的，因为他们的逻辑在于，国有财产私有化是必经之路，因此出现了巨头并不可怕，重要的是能够让企业产生活力，产生民族经济的竞争力。这样的思路与资本的进取结合在一起，直接促成了私人拥有的金融—工业集团的出现。

三、监管乏力是养虎为患的重要原因

监管的乏力是由多种因素造成的，单从经济政策制定的角度而言，没有严密科学的制度设计和制度安排显然是监管乏力的重要原因。在俄罗斯的经济转轨过程中，改革方案设计能力方面的不足一直是影响转轨顺利进展的重要因素。

制度设计的缺陷首先即体现在金融业的管理与规范上，金融贸然开放却没有相应的监管措施跟进，这在很大程度上刺激了“国家预算无偿赠与”的荒唐局面的出现。以“委托银行”为例，作为担负国家预算结算的委托银行，竟然没有严格的资金流动监管纪律和审核程序，这不可避免会导致国家财富的挪用与流失。其后的货币私有化进程中，国有企业的资产评估，买家的授信资质审定都没有一套统一的、完整的制度。至于行业规划、反垄断条例等保障性的规章、法规的建设更是严重滞后。

监管的“软骨症”因制度设计能力的缺陷变得更加严重，寡头们的势力却是日益高涨，及至1996年大选之后，寡头们获得了更多的资源，开始跳出了单纯的经济领域，经济政策方面的制约就更难以发挥作用了。

四、政治需要的催生最为关键

在此需要强调一点：俄罗斯的社会转型首先是政治制度的变革，其次才是生产方式的变革，改变政治制度一直是变革者们的第一目标。在俄罗斯社会转型的过程中，追求这一目标的实现是贯穿始终的主线，经济增长方式的调整不过是为实现首要目标而采用的手段，尤其在转型的初期，经济改革基本上是围绕政治诉求来展开的，私有化也好，出现大亨也好，都可以看作是有意识用来彻底诀别旧制度的手段。

首先来看经济转轨背后的政治理想。原苏联的迅速崩塌出乎很多人的意料，似乎是一夜之间，一个新的制度、新的政府就出现了。茫然是此刻俄罗斯大地上最主要的情绪，人们不知所措、无所适从，各种思潮、团体、组织都处于混沌与萌芽时期，没有谁形成完整的势力。这对于当政者来说是一个最重要的时机：一定要在其他势力形成壮大之前，推行展开自己的政治抱负，占据所有的盲区。以“休克疗法”和私有化为主要特征，目的在于建立西方式的市场经济的经济转轨就是在这样的具有强烈政治需求的背景下展开的。号称俄罗斯“私有化之父”的丘拜斯后来说：“每个工厂把国有资产转移到个人手中都是对共产主义的摧毁，毫不夸张地说，我们就是这样理解当时的形势的。我们每多工作一天，就可以把

10 个、20 个、30 个的企业私有化。在那个阶段，根本不管这些企业到了谁的手中，也不管谁得到了资产。得到资产的那个人是否做好了接受的准备也绝对是无关紧要的事。”[①]“私有化的目的，就是在俄罗斯建成资本主义，并且要在突击性的几年中完成在世界其他地方用了数百年才完成的那个工作定额。”[②]

在这样的政治理想的驱动下，俄罗斯的经济转轨几乎以一种不计代价、不计后果的状态全速推进，每一份资财的私有就意味着一份旧势力的消失，每一张私有化证券就意味着产生一张新制度的投票，同样，每一个大亨诞生也意味着一个强有力的同盟者出现。从这个意义上我们就很好理解，企业家、大亨与巨头身后都有着很大的政治期望，也有着很大的政治助推能量的存在。

其次要认识到，当时成就巨头是政治斗争的筹码。经过了最初一段时间的分化整合，俄罗斯政坛的各种力量在 1994 年前后又重新活跃起来，并形成了复杂的派系斗争局面。按照经济领域的划分，有学者提出三大派系的说法，即“派系是按照产业部门组成的，其中有三个最主要和最大的派系，即原料出口、金融—贸易、工业派系”。而综合整理此三大派系的政治主张，又可以按照政治利益划分出若干势力集团，公认的集团包括：推动经济转轨的“激进改革派”，总统身边握有实权的“保守派”，共产党为首的左派，及民族主义的极右派等。

其中“激进改革派”是当时推动社会转型的动力源，他们的理想是把俄罗斯打造成完全西方式样的社会。“激进改革派”是最坚定的坚持与旧制度彻底决裂的群体。总统身边的“保守派”是主张以强力来实现统治的实权派，他们较少有浪漫的政治理想，更关注现实权力的把握。“保守派”的利益与总统高度关联。与“激进改革派”的政治理念冲突最大的是俄共为首的左派，双方立场相反，势同水火。两者之间的斗争是 20 世纪 90 年代中期俄罗斯政治斗争的焦点。但在经济形势不断恶化的背景下，“激进改革派”获得的支持越来越少，左派逐渐获得了明显的优势。至 1996 年年初，距离最为关键的总统大选还有半年的时间，左派取得了压倒性的优势，在议会大选中取得了 1/3 强的议席，取得最终的胜利已经指日可待。

---

① （美国）戴维·霍夫曼著，冯乃祥译：《寡头——新俄罗斯的财富和权力》，中国社会科学出版社 2004 年版，第 189 页。

② （俄罗斯）罗伊·麦德维杰夫著，徐葵等译：《俄罗斯往何处去——俄罗斯能搞资本主义吗?》，新华出版社 2000 年版，第 201—202 页。

面对这样的威胁，为了保住已经取得的政治果实，遏制政治局势出现“开倒车”的可能，“激进改革派”做出了一次被称为“浮士德交易”的选择。所谓“浮士德交易”是说浮士德用把自己的灵魂交给魔鬼的代价换取愿望的实现，“激进改革派”这次的交易则是用廉价出售国家最有价值的企业来换取商界巨头的支持。此时的商界巨头已经成长得渐趋失控，获得这些资源后必然如虎添翼，难以驯服，但两害相权取其轻，“激进改革派”还是选择了交易，这就是“贷换股”计划得以实施的至关重要的政治方面的原因。

后来丘拜斯就此曾有过清楚的阐述：“只能是这样一种私有化，在其过程中我们能够运用某种巧妙的手段把我们人数众多的敌人中的某些人变为自己的拥护者。显然，在此阶段谁也无法让实行私有化企业的厂长们成为拥护者……也就是说，只剩下了一个潜在的同盟者——购买者……这时波塔宁在政府的发言中提出了抵押拍卖的建议。我立刻明白，我将尽一切力量支持这项建议。抵押方案能让购买者自动成为我们的拥护者。”“如果我们在1995年末向本国的银行家们提出这样的价格（来实现抵押拍卖），就会使潜在的购买者立刻变成我们的敌人。”[①]

一个弱势的势力集团选择了同咄咄逼人的商界巨头合作，谁会占上风是没有悬念的。于是在成功遏制了左派登台后，另一派新的势力——寡头站到了前台。总统这时评价说：“……在大选期间，金融资本变成了政治资本。银行家们开始试图公然地、直接地对政权机构施加影响，在政治家的背后操纵国家。我们才刚刚摆脱叛乱的威胁、‘左派’复仇的威胁，我们才刚刚建立起公民社会的正常制度，可突然间又出现了新的、危险的挑战。”[②]

再次，羸弱的政权需要资本的合作才能维持运转。寡头势力做大的第三条政治方面的因素在于羸弱的政权已经没有办法独立地管理国家，必须要有大资本的势力介入才可以勉力维持。在货币私有化阶段进入到1995年时，预算需要从当年私有化中筹集8.7万亿卢布，但国家财产委员会才拿到了微不足道的1400亿卢布。全国的工资和养老金都未支付，这时就是银行家们为政府提供了一个一举把全年的所有私有化收入筹集起来的方案。大选结束之后的情况更加恶化，一方

---

① （俄罗斯）阿纳托利·丘拜斯主编，乔木森、冯育民等译：《俄罗斯的私有化》，新华出版社2004年版，第158—159页。

② （俄罗斯）鲍里斯·叶利钦著，曹缦西、张俊翔译：《午夜日记——叶利钦自传》，第105页。

面寡头们的势力更加强大，国家的经济命脉已经尽在掌握，另一方面选战后的国家经济治理上升为政权的主要任务，寡头的重要性更加突出。以至有很多观察人士认为，国家已经成为了寡头们的人质。

此时寡头们不仅控制了诺里尔斯克镍业、辛丹卡石油控股公司、尤克斯石油公司、西伯利亚石油公司等国际核心工业企业，还掌握着帝国银行、首都农业储蓄银行、俄罗斯联合进出口银行、梅纳捷普银行、阿尔法银行等顶级金融机构，构成了数个准卡特尔的大型垄断企业集团。与此同时，寡头们还刻意收拢控制媒体资源。经过几年的竞争，反复的分化组合，俄罗斯天然气集团、桥媒介集团、罗戈瓦斯汽车集团和奥涅克西姆银团成为控制俄罗斯媒介四强。通过对媒体的控制，寡头们有了更多的与政权叫板的资本。因为在转型期的社会中，社会共识没有形成，社会的群体意识很容易被传媒所影响甚至蛊惑，因此，本身就有“第四权力”之誉的媒体在转型社会中的作用尤其重大。

在相助叶利钦赢得大选之后，随着选战红利的派发，寡头们的势力达到了全盛时期。在经济方面，寡头们获得了更多的扶植政策，之前诸多的禁锢在这一时期相继被取消，寡头旗下的金融工业集团得以空前壮大；政治方面，寡头们正式涉足政坛，出任高官，开始把影响力直接作用于政府决策。此时的寡头们终于拥有了足以影响国家走势的巨大能量，一度成为国家最为核心的领导力量之一。

13. 俄罗斯腐败缘何难以遏制？

陆南泉

腐败已是关系到俄罗斯前途命运的一个重大问题，它引起了当今俄罗斯高层领导高度关注并采取了不少反腐措施，但至今未取得成效，并呈“越反越腐”的趋势，根由何在，值得研究。

腐败之历史渊源

腐败并不是在苏联剧变后的俄罗斯才出现，在18世纪前的俄国，君王对其官员不发给薪俸，官吏依赖接受贿赂维生，只是在1715年开始，在彼得学习了西方才向官吏发给固定的薪俸。但在封建帝国的沙俄，庞大的官僚机关在办事效率低下与缺乏监督的情况下，并不能消除普遍存在的腐败。

到了苏联时期，斯大林采用红色恐怖与利用革命初期的对社会主义的信仰，对官吏贪污腐败得以控制。但在二战后，由于斯大林对高度集权体制出现的种种弊端不思改革，从而在各级领导干部代表国家掌控与支配公共资源而广大群众又无权监督的情况下，盗窃公有财产等腐败日益严重起来。特别要指出的是，苏联时期的腐败突出的表现形式是特权阶层以权谋私。

苏联的特权阶层早在斯大林时期就已经形成。我们这里讲的特权并不是指对某些有特殊贡献的人或一部分领导人给予较高的工资或待遇，而是指利用权力享受种种特权。苏联特权阶层的特权表现在：名目繁多的津贴；免费疗养和特别医疗服务；宽敞的住宅和豪华的别墅；特殊的配给和供应；称号带来的特权；等等。对苏联上层领导来说，高薪并不是主要报酬，远为贵重得多的是上层所享有的特权。他们一切的获得主要靠特权。因此，在苏联的任何时期，作为特权阶层的一个基本特征是一样的，即他们掌握着各级党、政、军领导机关的领导权。这个领导权是实现特权的基础。

赫鲁晓夫时期，领导人的特权虽有些削弱，但依然存在。到了勃列日涅夫时期，又开始悄悄地斯大林化。这期间特权阶层扩大化与稳定化，成为勃列日涅夫时期改革停滞不前的一个重要原因。俄罗斯著名学者、苏联发展演变过程的目睹者阿尔巴托夫指出："早在30年代，所有这些已经形成完整的制度。根据这个制度的等级——政治局委员、政治局候补委员、中央书记、中央委员、人民委员、总局的首长，等等——每一级都有自己的一套特权。战争之前，享有这种特权的人范围相当小，但特殊待遇本身是非常优厚的，特别是同人民生活相比更是如此"。[①] 在战后，对苏联上层领导人的配给制达到了非常精细的程度。特别是各种商品的购货证与票券大大发展了，逐渐成了高中级干部家庭正常生活方式的一部分。

勃列日涅夫时期特权阶层扩大化与稳定化的主要原因有：第一，由于勃列日涅夫时期实际上没有进行政治体制改革，干部领导职务搞任命制与终身制，干部队伍较为稳定，因此，特权阶层也比较稳定。而斯大林时期，虽然形成了特权阶层但它是不稳定的。这是因为，斯大林一方面给予上层人物大量的物质利益和特权，另一方面又不断地消灭这些人。在30年代的大清洗运动中，首当其冲的便是这个特权阶层。第二，由于勃列日涅夫时期的僵化和官僚主义的发展，各级领导机关干部数量大大膨胀，与此同时，特权阶层的人数也随之增加。据俄国学者估计，当时这个阶层大约有50万—70万人，加上他们的家属，共有300万人之多，约占全国总人口的1.5%。[②] 人们对特权阶层的人数估计不一。英国的默文·马修斯认为，连同家属共有100万人左右。西德的鲍里斯·迈斯纳认为，苏联的上层人物约有40万，如果把官僚集团和军事部门的知识分子包括进去，约70万人。苏联持不同政见者阿·利姆别尔格尔估计，苏联的特权阶层有400万人，另一些人估计不少于500万人。[③] 第三，斯大林时期，特权阶层的主要使命

---

① （俄罗斯）格·阿·阿尔巴托夫著，徐葵等译：《苏联政治内幕：知情者的见证》，新华出版社1998年版，第311页。

② （俄罗斯）A. H. 博哈诺夫等：《20世纪俄国史》，莫斯科1996年版，第571页。

③ 陆南泉等编：《国外对苏联问题的评论》，求实出版社1981年版，第82页。

是维护、巩固斯大林的体制模式。而勃列日涅夫时期，特权阶层的主要使命是抵制各种实质性的改革，维护现状，使斯大林模式的社会主义更加“成熟”。这也是这个时期体制改革停滞不前的一个重要因素。笔者认为，不能以斯大林时期特权人物不稳定和人数可能没有勃列日涅夫时期那么多为根据，得出只是到了勃列日涅夫执政后期才形成特权阶层的结论。这个结论是不符合苏联历史发展情况的。虽然在斯大林时期特权人物不稳定，今天是这一批人，明天是另一批人，人数这个时期多一些，那个时期少一些，但总是存在这么一个阶层的人。这些人，用苏联人的话来说，就是列入“花名册”（也称为“等级官员名册”）的人，即那些被党的首领选来掌管最重要的职位的人的秘密名单。

在苏联时期曾任州委书记、苏共政治局候补委员、莫斯科市委书记后来任俄罗斯总统的叶利钦，在其《叶利钦自传》一书中，根据个人亲身经历对苏联特权阶层的种种特权加以揭示：特权阶层有专门的医院、专门的疗养院、漂亮的餐厅和那赛似“皇宫盛宴”的特制佳肴，还有舒服的交通工具。你在职位的阶梯上爬得越高，为你享受的东西就越丰富。如果你爬到了党的权力金字塔的顶尖，则可以享受一切——你进入了共产主义！那时就会觉得什么世界革命、什么最高劳动生产率，还有全国人民的和睦，就都不需要啦。就连我这个政治局候补委员，这样的级别，都配有3个厨师、3个服务员、1个清洁女工，还有一个花匠。特权阶层享受着现代化的医疗设施，“所有设备都是从国外进口的最先进的设备。医院的病房像是一个庞大的机构，也同样很豪华气派：有精美的茶具、精制的玻璃器皿、漂亮的地毯，还有枝形吊灯……购买‘克里姆林宫贡品’只需花它的一半价钱就行了，送到这儿来的都是精选过的商品。全莫斯科享受各类特供商品的人总共有4万。国营百货大楼有一些柜台是专为上流社会服务的。而且那些级别稍低一点的头头们，则有另外的专门商店为他们服务。一切都取决于官级高低。所有的东西都是专门的——如专门提供服务的师傅；专门的生活条件；专门的门诊部、专门的医院；专门的别墅、专门的住宅、专门的服务……每个党中央书记、政治局委员和候补委员都配有一个卫士长。这个卫士长是受上级委派办理重要公务的职员，是一个组织者。他的一个主要职责是立刻去完成自己的主人及其亲属请求办理的任何事情，甚至包括还没有吩咐要办的事情。譬如要做一套新西服。只要说一声，不一会儿裁缝就来轻轻敲你办公室的门，给你量尺寸。第二天，你便能看到新衣服，请试试吧！非常漂亮的一套新西装就这样给你做好了。每年3

月 8 日妇女节，都必须给妻子们送礼物。这同样也不费事，会给你拿来一张清单，那上面列出了所有能满足任何妇女口味的礼品名称——你就桃吧。对高官们的家庭向来是优待的：送夫人上班，接她们下班；送子女去别墅，再从别墅接回来。每当政府的‘吉尔’车队在莫斯科的大街上沙沙地飞驶而过时，莫斯科人通常停下脚步。他们停下来不是因为此刻需用敬重的目光瞧一瞧坐在小车里的人，而是由于这确实是个令人有强烈印象的场面。‘吉尔’车尚未来得及开出大门，沿途的各个岗亭就已得到通知。于是，一路绿灯，‘吉尔’车不停地、痛痛快快地向前飞驶。显然，党的高级领导们忘了诸如‘交通堵塞’、交通信号灯、红灯这样一些概念。若是政治局委员出门，则还有一辆‘伏尔加’护卫车在前面开道。”叶利钦谈到自己的别墅时叙述道：“我头一次到别墅时，在入口处，别墅的卫士长迎接我，先向我介绍此处的服务人员——厨师、女清洁工、卫士、花匠等等一些人。然后，领我转了一圈。单从外面看这个别墅，你就会被它巨大的面积所惊呆。走进屋内，只见一个 50 多平方米的前厅，厅里有壁炉、大理石雕塑、镶木地板、地毯、枝形吊灯、豪华的家具。再向里走，一个房间、二个房间、三个房间、四个房间。每个房间都配有彩色电视机。这是一层楼的情况，这儿有一个相当大的带顶棚的玻璃凉台，还有一间放有台球桌的电影厅。我都弄不清楚到底有多少个洗脸间和浴室；餐厅里放着一张长达 10 米的巨大桌子，桌子那一头便是厨房，像是一个庞大的食品加工厂，里面有一个地下冰柜。我们沿着宽敞的楼梯上了别墅的二楼。这儿也有一间带壁炉的大厅，穿过大厅可以到日光浴室去，那儿有躺椅和摇椅。再往里走便是办公室，卧室。还有两个房间不知是干什么用的。这儿同样又有几个洗脸间和浴室。而且到处都放有精制的玻璃器皿，古典风格和现代风格的吊灯、地毯、橡木地板等其他东西。”①

法国作家罗曼·罗兰 1935 年访问莫斯科时，发现连无产阶级作家高尔基也享受贵族待遇，在金碧辉煌的别墅里，为他服务的有 40—50 人之多。在罗兰的《莫斯科日记》里写道：苏联已出现了“特殊的共产主义特权阶层”和“新贵族阶层”，“他们把荣誉、财富与金钱的优势攫为己有”。②

---

① 参见（苏联）鲍里斯·叶利钦著，朱启会等译：《叶利钦自传》，东方出版社 1991 年版，第 140—147 页。

② 转引自陆南泉等主编：《苏联真相——对 101 个重要问题的思考》（下），新华出版社 2010 年版，第 1193 页。

事实上，苏联特权阶层享受的特权是很多的。那么，在苏联为何需要建立这样一个让苏共党内少数领导干部享受厚颜无耻的特权制度，为什么要建立那种财富帮会式的官僚机构配给的方式。关于这个问题，阿尔巴托夫提出的分析是很有道理的。他说：特权阶层的形成，“这是斯大林故意采用的政策，目的在于收买党和苏维埃机关上层，使其落入某种连环套之中，这是一种路线，旨在借助于直接收买，借助于灌输丢掉职位就丢掉特权、失掉自由甚至生命的恐惧思想，从而保证官员们绝对听话，并积极地为个人迷信服务”。① 应该说，斯大林为苏共领导层提供的种种特权，是他建立的一种制度，或者说是苏联政治制度的一个内容。斯大林—苏联模式的一个重要内容是高度集权，权力掌握在少数领导人手里，后来集中在斯大林一个人手里，他掌握着主要领导乃至地方各级领导干部的任免权。这是斯大林为了巩固其统治的重要手段。

苏联剧变后，特权阶层中很多成员，在俄罗斯经济转轨过程中，特别在国有企业私有化过程中，又大量侵吞国家财产。据一项调查，俄罗斯61%的新企业主曾经被列为党、政府、企业的精英成员。就是说，私有化为原苏共领导人大量侵吞国有资产大开方便之门。他们从事投机，大发横财。正是由于这个原因，在俄罗斯私有化过程中围绕公司控制权而展开了各种斗争。被称为俄罗斯私有化之父的丘拜斯对此坦言：“在证券私有化起步时，苏联的经理厂长的第一次突破就是要把一切都据为己有，通过各种合法的和近似合法的途径把尽可能多的财产置于自己的控制之下。为配合这项任务，他们创建了各种各样的子公司及其下属的公司，积聚资金以收购财产。在许多情况下，钱被非法地转到这类公司和商行的账上：钱是从已被私有化的企业本身的流通中取得的。后来，这些钱被投到收购私有化证券上去。当某个时刻，即母企业进行证券拍卖的时刻来到时，他们便用私有化证券大规模地把工厂收买了。通过这种简单的行动，经理厂长便成了实际的所有者。”

主要集中在苏共党内的特权阶层，不顾广大民众长期受商品严重缺乏之苦，不顾人民为弄到一块面包和最起码的住房处于艰苦奋斗的境地，如此丧失道德地享受特权，如此无耻地对社会财富的掠夺，当人们了解到社会如此的不公这就使

① （俄罗斯）格·阿·阿尔巴托夫著，徐葵等译：《苏联政治内幕：知情者的见证》，第312页。

人们对苏共失去最后一点的信任。这样的党，怎么能不脱离群众，怎么能得到人民的信任和拥护呢，怎么能不垮台呢！

日趋严重的俄罗斯腐败

1991年年底苏联剧变后，国家制度虽进行了根本性的转型：实行了经济市场化与政治民主化的改革。1996年已基本上形成了市场经济体制框架，并建立了以总统权力为核心、多党议会民主、三权分立、自由选举为特征的西方式政治体制模式。但在叶利钦执政时期俄罗斯社会存在严重的社会混乱，无序状况。从经济体制来讲，离有序的、文明的市场还有很大距离；从政治体制来讲，民主制度很不完善，多党制并没有真正建立起来，缺乏有效的监督机制。特别要指出的是，在快速私有化过程中在形成金融—工业寡头的同时，各种侵害国家财产的情况大肆泛滥，加上在转型头几年，经济情况严重恶化，各个权力机关与官员通过各种手段捞取实惠以缓解其困难。

当今俄罗斯是存在严重腐败的国家。2008年，它在世界180个国家透明国际清廉指数排行榜上排名第147位。腐败已成为阻碍俄罗斯社会经济健康发展的一个重要因素，它对俄构成了最大威胁。为此，俄一直把反腐作为政府的一项重要任务。普京早在2006年致联邦会议的总统国情咨文中强调：腐败是俄罗斯发展道路上的“一个重大障碍”。2007年12月12日，他在答美国《时代》周刊记者问题时也明确表示，俄罗斯的护法机关与社会组织不要容忍腐败现象，国家再也不能容许腐败分子逍遥法外了。① 梅德韦杰夫任总统后一再表示要把反腐进行到底的决心。他认为，“腐败问题是俄罗斯社会中最尖锐、最现实的问题之一”。他在2008年的总统国情咨文中指出：腐败是现代社会的“一号公敌”。为此，他把反腐问题视为其首要任务，国家工作的“优先日程”。2009年梅德韦杰夫总统发表的《前进，俄罗斯!》一文中他给自己提出了一个简单而又严肃的问题，即“我们应该不应该把……长期存在的腐败和根深蒂固的恶习带入我们的未来?”他还说：“长期存在的腐败，一直在吞噬着俄罗斯。”梅德韦杰夫在2009年11月提出的总统国情咨文中，正式提出了俄将以实现现代化作为国家未来十年的任务与

---

① 参见《普京文集：文章和讲话选集》，中国社会科学出版社2002年版，第647页。

目标。而作为现代化主要内容的经济现代化要着力解决经济由资源型向创新型转变。2010 年 7 月 27 日，他在经济现代化委员会的发言中指出，俄向创新型经济过渡就需要解决贪污的阻力、减少行政影响与发展良性竞争，不解决这些问题就不可能实现现代化。

俄罗斯不仅对反腐重要性与紧迫性的认识不断提高，而且还制订了不少反腐计划与采取一系列反腐措施。

普京在 2002 年就提出惩治腐败的两项措施：一是要改革行政机关，使现行的国家机关不要成为助长行贿受贿之风的行政权力机关，要使行政管理机关系统现代化，让其能为经济自由服务；二是加强法制，主要途径是推进司法制度现代化。2006 年普京又提出，为了反腐取得成效，就必须改变公民对国家权力机关信任程度不高的问题，而要提高公民对国家机关信任度必须建立公平的法律并在实际生活中付诸实施。俄在 2006 年与 2007 年加大了反腐力度，在联邦安全局、海关总署与总检察院等部门揭露出不少腐败官员。2006 年俄加入了《联合国反腐公约》缔约国行列，从而成为世界上第 52 个参加该公约的国家，这也反映了俄惩治腐败的决心。普京任总统期间虽在打击腐败方面采取了不少措施，但效果甚微，2007 年 12 月 12 日美国《时代》周刊向普京提问时说：俄“腐败蔓延，这是您的一个障碍”，他回答说：“这个问题我们解决得不成功，也未能控制住局势。”①

梅德韦杰夫上台后，提出了更多严厉的反腐措施。2008 年 7 月 31 日，梅德韦杰夫签署了《反腐败国家计划》。该计划分 4 个部分：出台反腐的法律法规、完善国家管理（系指行政改革）、加强对居民进行法律意识教育与反腐措施。2008 年 12 月 25 日，俄出台了《俄罗斯联邦反腐败法》，该法明确了腐败的定义，规定了预防与打击腐败的一些基本原则。该法的另一个重要意义是扩大了反腐的监控范围，规定了公务员及其配偶、子女都必须提交收入与财产信息。2009 年 5 月 18 日，在梅德韦杰夫签署的反腐的五项总统令中，进一步明确了财产申报制度的实施细则，规定除国家与地方行政官员外，法院、检察院、警察、军队、安

① 《普京文集：文章和讲话选集》，第 641 页。

全部门、选举机构的工作人员都被纳入申报人之列。[①] 另外，在签署的总统令中把财产申报主体范围还扩大到国有公司的领导人。以《反腐败国家计划》为基础，2010 年 4 月 13 日，梅德韦杰夫签署了《反腐败国家战略》与《2010—2011 年国家反腐败计划》的总统令，这表明在俄罗斯已从国家发展前途的战略高度来对待反腐问题了。2010 年 7 月 22 日，俄罗斯总统下令成立国家反腐委员会，并由梅德韦杰夫总统亲自领导。同时，批准了“国家公务员工作守则”草案，要求公务员认真履行职务。2009 年 3 月，俄出台了新的警察职业操守规范。国家杜马还将出台对受贿官员处以高额罚款，规定每次受贿达到 3000 卢布将罚 50 万卢布，同时规定在 3—10 年禁止再担任公职。

梅德韦杰夫为了表示反腐决心于 2009 年 4 月 6 日在官方网站公布了个人与家庭财产情况。接着，4 月 7 日普京总理公布了财产情况。梅德韦杰夫还强调，如果官员拒绝向有关机构提供收入与财产情况，将会被开除公职。他还希望以此来使官员接受公众监督。应该说，官员财产申报制度是个进步之举，国际社会称之为“阳光法案”，目前世界上已有 90 多个国家与地区建立了相对完善的官员财产申报制度。

2011 年 5 月 4 日梅德韦杰夫签署对相关刑事和行政法的修正案，受贿的商业贿赂今后将面临多倍于受贿金额的罚款。该法案规定，对受贿和商业贿赂处以从 2.5 万亿至 5 万亿卢布的多倍罚款，这将使违法乱纪者明白，惩罚的矛头将不仅指向他本人，还将指向其财产。

俄罗斯高度重视反腐，一再表达了反腐的政治意愿与决心，还采取了不少严厉措施，亦取得一些效果，2009 年透明国际清廉指数排行榜上俄罗斯的排名从 2008 年的第 147 位升到 146 位。据一项民意调查显示，2007 年只有 12%的人认为俄政府反腐行动是有效的，而在 2009 年这个数字为 21%。但应看到，总的来说，俄政府的反腐行动收效甚微。对此，梅德韦杰夫总统 2010 年 7 月 14 日在立法委员会会议上说：“无论是国民，还是官员或者腐败者本人都对打击腐败现状不满意。国民认为腐败是最严重的问题，是对国家最大的威胁之一。但我没有看

① 参见《俄罗斯东欧中亚国家发展报告》（2010），社会科学文献出版社 2010 年版，第 164 页。

到这方面取得明显效果。”① 2009年俄行贿金额平均价码涨了1倍多，约7700美元，而2008年约3000美元。据俄有关学者估计，腐败所涉及的金额几乎与国家财政收入相当。据俄反贪污组织2010年8月17日发布的最新材料显示，俄官员贪污金额总数已占GDP的50%，这与世界银行公布的48%相差不远。还应指出的是，连国防开支亦有20%被贪污。那么，俄罗斯缘何难以遏制腐败呢？应该说有其多方面的原因，下面就一些主要问题作些分析。

一、俄罗斯腐败已带有制度性、普遍性与合法性的特点

2008年5月19日，梅德韦杰夫总统在反腐败会议上指出，在当今俄罗斯“腐败已变成一个制度性问题，我们应该用制度性的对策来应对”。制度性因素表现在很多方面：一是行政机关系统办事效率低但权力大，对经济干预多，使得公司、公民要办成一件事就靠行贿去解决。对此，普京早在2002年的总统国情咨文就指出，国家机关的工作助长了行贿之风，它们限制经济的自由，其结果是：“人们都在用贿赂来克服种种障碍。障碍越大，贿赂数额就越大，收受贿赂的人的级别就越高。”② 企图参政的金融寡头虽受到打击，但那些“忠诚”的寡头依然存在，他们与官员结合，营私舞弊，成为腐败的一个重要温床。二是存在不少垄断性的国家大公司。梅德韦杰夫批评俄罗斯近几年来过度重新国有化的做法。他在2009年的总统国情咨文中指出，目前俄政府控制着40%以上的经济，这些企业效率低，又是派官员任大型企业的领导人，这容易形成官商一体的垄断组织，也是滋生腐败的重要因素。在上述体制因素影响下，在俄罗斯企业、公民个人与官员之间发生关系时，就难以避免出现贿赂。据2010年8月17日俄报纸网公布的一份报告说，俄企业界人士表示，行贿支出占到企业总支出的一半。

腐败的普遍性在俄罗斯显得尤为突出。普京据俄罗斯总检察院2004年的初步估计，俄80%以上的官员有腐败行为。据俄社会舆论基金会2008年9月提供的一份调查数据显示：有29%的俄罗斯人曾被迫行贿，经常被迫行贿的企业家更高达56%，而且，即使是在那些从未行贿过的人中，也有44%准备向俄政府公职人员行贿。梅德韦杰夫总统指出，2009年查明的国家公务人员职务犯罪数量达到4.3万起，这比2008年有所增加，其中涉及审判机关滥用职权的刑事犯

① （俄罗斯）《观点报》2010年7月15日。

② 《普京文集：文章和讲话选集》，第607页。

罪与官员收受贿赂的犯罪均上升了10%，但俄媒体与学者普遍认为，实际上尚未破获的此类案件要比已破获的多10倍甚至百倍。据俄内务部统计，2009年俄罗斯受贿金额高达3000亿美元。[①] 2010年8月2日俄《每日商报》报道，根据《干净之手》社会组织的报告材料，俄商人被腐败掉的金额几乎要占其收入的一半。从地区来说，莫斯科居首位，莫斯科州居第二。因为这两个地区集中更多的现金渠道，有发达的金融业。腐败几乎涉及所有领域，普京有一次讲话中提到，一个孕妇分娩找产科医生亦要行贿。在俄罗斯1/4的学历是伪造的。在大部分教育机关，学习机构到高校，80%的流动资金是不走账的。学历造假的新闻已经常出现。2009年5月，乌里扬诺夫斯克第二儿童医院持假文凭的医师罗辛竟然为很多小孩做手术。据全俄患者维权联盟统计，俄每年有5万人死于医生的医疗事故，其中不少就是丧命罗辛这种持假文凭的人的手里。为了取得假文凭，还得造假成绩，每次取得考试的假成绩，5000美元起价，若是知名学府要价可能高达4万美元。[②] 至于警察的腐败已惹民怨。拿交警来说，俄报刊是这样描述的：他们经常“埋伏”起来，抓到违规司机后，如果不严重，司机“反应快”就会“私了”。俄司法系统的腐败也是尽人皆知的。俄罗斯纳税人为每英里高速路支付的价格是欧洲人的三四倍，其主要因为贿赂和回扣。而即使造价如此之高，工程质量的低劣使得修缮成为必要，于是有了更多的腐败机会。[③]

在俄罗斯不少腐败行为已是合法化或半合法化，如各种小费、向医生送红包和向老师送礼等，已司空见惯，在客观上人们默认了其存在的合法性。

二、俄民众对腐败的容忍度高，有些人甚至不希望惩罚行贿行为

在俄罗斯之所以出现上述情况，有以下的原因：

一是作为苏联继承国的俄罗斯，在叶利钦执政时期的经济社会转轨，出现了严重的混乱与制度缺失，特别在私有化过程中，腐败大肆泛滥，而在普京执政8年，在反腐方面又未取得明显成效，腐败成为十分普遍的现象，有人认为，腐败在俄罗斯已成为社会的一种顽疾，无法根治。甚至还有认为，腐败在俄罗斯已发展成为人们的一种生活方式。在此背景下人们对反腐失去了信心，所以，笔者认

① 参见（俄罗斯）《观点报》2010年7月15日。

② 参见（俄罗斯）《消息报》2010年7月20日。

③ （美国）《华盛顿邮报》2010年5月26日。

为，俄民众对腐败的容忍度高，实际上是对惩治无所不在的腐败丧失信心的表现，是一种无奈。正像俄学者说的：俄罗斯人对普遍存在的腐败现象也怀着复杂的心情，一方面，他们深恶痛绝；另一方面，他们也默认了它的存在，认为它是不可根治的。

二是由于普京时期在经济高速增长的基础上，人民生活水平的大幅度提高与腐败的发展并肩同行。普京执政8年，坚持实行居民收入超前增长的政策。从1999年到2007年，俄GDP增长了68%，而居民实际收入与退休金都增加了1.5倍，失业率与贫困率下降了50%。同时，普京还特别注意解决俄罗斯最紧迫的问题，提出让老百姓买得起房、看得起病与上得起学的社会政策。另外，普京提高了俄罗斯在国际社会的地位。这些因素，对缓和广大俄罗斯民众对腐败问题的不满起了不小的作用，提高了对它的容忍度。对此，俄有学者指出，“俄罗斯政治稳定在很大程度上是靠金钱买来的”。“普京个人及其政府的社会支持率是靠给老百姓钱换来的。一旦钱没了，拿什么来维持社会支持率。”

三是由于行政机构官僚化，使得人们通过行贿来解决问题，并由此提出不要惩治腐败的观点。2009年5月20日，俄罗斯司法部长科诺瓦洛夫在国家杜马汇报工作时坦言，有25%的俄罗斯人希望官员腐败，愿意让腐败继续存在下去。他还认为，这是个被大大压缩的数字，实际上有更多的人不希望惩罚受贿行为，希望通过腐败机制获得非法好处，容忍官员的索贿行为。在俄罗斯之所以出现上述情况，与俄行政机构办事效率低下，故意失职不作为，不给好处就不办事有关。据2007年列瓦达分析中心的民意调查结果，39%的俄罗斯人认为，俄罗斯腐败不会根除，因为腐败比法律途径更能解决各种日常生活和生意上的问题，而且速度更快、成本更低，所以，人们宁愿选择腐败而不是法律途径。[①] 据民调材料，有53%的俄罗斯人曾通过行贿解决个人问题，其中19%的人经常这么做。年龄在25—44岁的人群中，有61%—64%的有行贿的经历。

以上情况告诉我们，民众对腐败持宽容态度，甚至默认腐败存在的必要性，并视为生活的一个内容。更为糟糕的是，据俄一项调查报告得出一个结论说：俄有相当一部分民众认为：“能够中饱私囊成了工作体面和稳定的标准。”[②] 笔者认

---

① 参见《俄罗斯中亚东欧市场》2009年第11期。

② 《俄罗斯报纸网》2010年8月17日。

为，俄民众对腐败的这种心态，就成为反腐的一个羁绊。这对一个国家、一个民族来说是极为可怕的。正如俄律师根里·列兹尼科夫所指出的，在俄“反腐之所以没有效果，主要由于行贿对俄罗斯人来说已习以为常，这种现象并没有遭到整个社会的谴责，因此必须要首先解决社会的深层问题”①。对此，梅德韦杰夫总统也呼吁：俄罗斯社会应对腐败采取不容忍的态度。② 因此，加强对公民的教育，提高其自身的道德情操，培养廉洁奉公的社会风气，对抵制腐败也是十分重要的。

三、俄罗斯司法弱化与严重腐败

1993 年《俄罗斯宪法》通过、生效。该宪法第 10 条规定：“在俄罗斯联邦，国家权力的行使是建立在立法权、执行权和司法权分立的基础之上。立法、执行和司法权机关相互独立。”从宪法来说，规定和保障了司法的独立性。但从俄罗斯的实际情况看，一直存在两个问题：一是司法独立性不强，其力量在三权中最弱，二是司法腐败严重。

人所共识，司法是维护社会公正和正义的一个重要机构，它又是反腐败的主要机构，但在俄罗斯，司法腐败成了一个十分尖锐的问题，俄罗斯报纸网 2010 年 8 月 17 日公布的一份报告指出：俄“司法系统的受贿现象尤为普遍”。司法的不公与不能救助民众正义，一个重要因素是司法腐败。司法腐败主要表现在：一是个人腐败，系指法官索贿、受贿、敲诈勒索等徇私枉法行为；二是出于政治考虑或受握有经济权人士的影响，不能公正执法。这里特别要指出的是，俄司法受地方权力机构干预十分严重，这是难以行使司法独立的一个重要因素，也是至今存在“电话审判”的原因之一。据调查，在俄腐败机构排名中列在首位的是地方政府。在俄罗斯这两种腐败均大量存在。据透明国际的调查，俄罗斯法院及其司法人员已经成为俄高腐败人群。在俄罗斯有这样一种说法：“当诉讼缠身的时候，最好的解决办法是和解。我们不害怕审判，但我们害怕法官，因为法官最容易被贿赂。就像鸭子的肚子，法官的口袋很难被填满。进入法院时你穿着一身衣服，出来时你会一丝不挂。”③ 根据俄罗斯智库的调查，在俄罗斯，当事人要赢得诉

---

① （俄罗斯）《观点报》2010 年 7 月 15 日。

② 《俄罗斯政治评论网》2010 年 4 月 14 日。

③ 参见《俄罗斯中亚东欧市场》2009 年第 11 期。

讼所花费的额外成本为9570卢布（相当于358美元）。而根据俄某社会调查基金的调查，一个州法院院长每次办案平均受贿1.5万到2万美元，一个市法院普通法官办案的平均受贿金额也达4000美元。[①] “在司法系统，决定职业威信的标准不是执法工作，而是能否持续腐败。肥缺岗位本身就成了买卖对象。‘就业’已经变成护法机关的摇钱树。例如，一个区检察长助理至少值1万美元，而到交警支队工作可能需要花比这多4倍的钱。”[②] 司法腐败造成了极其严重的后果：一是使人们对司法机关失去信任，普遍认为不能依赖司法求得公平与正义。2010年6月10日俄罗斯科学院社会学所一项调查报告说：“连幼儿园的儿童都不相信法律面前人人平等”。二是对国家造成重大经济损失，俄官方公布的2007年司法腐败案件中造成的损失为4300万美元，但根据俄检察院下属调查委员会的调查，实际损失是它的2000倍。三是司法腐败助长了政治腐败，试想，腐败的法官会去追究腐败的政府官员吗！四是司法的腐败导致破案率低，俄罗斯有90%的受贿者都没有受到法律严惩。这一情况，亦是造成俄腐败猖獗的一个原因。

俄罗斯腐败是严重的，俄有人甚至认为反腐是“越反越腐”。治理腐败将是一件十分艰巨与复杂的事，腐败能否得到遏制，关系到俄罗斯国家发展前途的问题。

---

① 参见《俄罗斯中亚东欧市场》2009年第11期。

② 《俄罗斯报纸网》2010年8月17日。

14. 车臣问题为何难以解决?

李雅君

车臣位于北高加索地区的中南部，与格鲁吉亚接壤，面积不足 2 万平方公里，是俄罗斯联邦中 21 个共和国主体之一。苏联解体前，趁联邦中央领导人与联盟中央进行权力斗争之机，1990 年 11 月车臣共和国率先在俄罗斯联邦内发表了共和国主权宣言，公开与联邦中央分庭抗礼。苏联解体后，以杜达耶夫为首的车臣非法政府拒不参加俄罗斯联邦条约的签署，并自行通过了车臣共和国宪法，正式宣布车臣独立，在俄罗斯联邦内部引发了一场"车臣危机"。

为阻止地方分裂、维护国家主权和领土完整，从 1994 年起，在长达十余年间，叶利钦和普京政府先后组织发动了两次针对车臣非法武装的军事行动，并为此付出了高昂的社会代价，最终才基本肃清了车臣境内的非法武装势力，重新恢复了联邦政府对这一地区的控制与管理。2009 年 4 月 16 日，梅德韦杰夫总统签署命令，宣布取消自 1999 年起在车臣地区实行的"反恐行动状态"，这也意味着旷日持久的车臣战争终于结束了。然而，仅仅过了不到一年，2010 年 3 月，车臣非法武装残余就在莫斯科等地又制造了多起大规模的恐怖袭击事件，再次给俄罗斯社会和民众造成了巨大的心理恐慌和物质损失。

如今苏联解体已经过去整整 20 年，然而对于俄罗斯来说，车臣问题仍像一道无法抹去的阴影，时时牵动着人们的神经。10 余年间，在俄罗斯爆发的这两次车臣战争，也使车臣这个在俄罗斯 100 多个民族中原本不起眼的小民族，瞬间成为世界关注的焦点。然而，车臣问题并不是一时形成的，它既是一个历史遗留问题，又是俄罗斯面临的一个现实问题，同时它还受到了现代俄罗斯政治、经济、文化、民族、宗教与外部势力等各种因素的共同作用和影响，所有这些不仅构成了车臣问题的复杂性，也决定了俄罗斯政府在解决车臣问题上不可能一蹴而就，必然要经历一个长期而艰难的过程。

车臣问题首先是民族问题

车臣问题凸现于苏联后期，它是在当时社会民主化浪潮推动下，俄罗斯境内民族地区争取独立地位的典型事例。苏联解体后，俄罗斯不仅保留了苏联时期的多民族性，也继承了它在民族政策和民族关系方面的全部遗产。车臣问题从一个侧面反映了俄罗斯社会民族关系的现状和特点，即“民族自我发展与国家整体利益的冲突”。

在一个多民族国家里，所有民族矛盾都与其民族国家发展的历史分不开，车臣问题亦是如此，它的形成经历了一个长期而复杂的历史过程。

众所周知，经过300多年不断对外扩张，吞食相邻民族地区，20世纪初，俄罗斯最终成为一个横跨欧亚大陆、囊括上百个民族的庞大帝国。这100多个民族大小不一、起源不同，经济发展水平和所处历史发展阶段也各有差异。这些民族包括斯拉夫民族（主要有俄罗斯人、乌克兰人和白俄罗斯人）、波罗的海民族、中亚穆斯林、高加索民族、犹太人，以及若干西欧和东亚民族。而在一些大的民族地区中又生活着许多小的民族。在沙皇俄国辽阔的版图内居住的这100多个民族使用着近百种民族语言，分属印欧、高加索、阿尔泰、乌拉尔、古亚细亚、汉藏、闪含等七大语系，20多个语族。每个民族都有自己的宗教信仰。俄罗斯、乌克兰、白俄罗斯和波罗的海民族信奉东正教；中亚穆斯林民族几乎全部属于伊斯兰教逊尼派；高加索民族中有的信奉基督教，有的信奉伊斯兰教；犹太人则有自己的犹太教。除此之外，各民族还有着各自的文化传统和风俗习惯。到第一次世界大战以前，俄罗斯、乌克兰、白俄罗斯、波罗的海沿岸等民族已进入资本主义发展阶段，高加索各民族中刚刚出现资本主义生产关系的萌芽，中亚各民族基本上还处在封建社会阶段，而西伯利亚等边远地区的个别民族仍处在原始社会阶段。到十月革命前，俄国人口大约为1.5亿，其中俄罗斯族人约占44%。①

然而，凭借武力扩张建立起来的俄罗斯帝国从一开始就缺乏内在的凝聚力和

① （俄罗斯）B. 科兹洛夫：《苏联民族》，莫斯科1992年版，第9页。

向心力，尤其对边远地区的少数民族来说，随时都潜伏着对沙皇俄国的巨大离心倾向。历代沙皇为了维系自己的统治地位和帝国的完整，无一例外地采用了高压和同化的政策：政治上，建立高度中央集权的专制统治，在行政区划和土地管理上从不考虑民族因素与各地的经济发展水平，民族地区则由内务部和军事部门的人员负责管理，利用军队严加控制；经济上，推行殖民掠夺政策，不仅摊派名目繁多的苛捐杂税，而且把各少数民族地区变成了俄罗斯的原料产地和销售市场，影响了民族经济的发展；文化上，沙皇强制推行民族同化政策，宣扬大俄罗斯民族优越论，甚至提出所谓的“一个民族、一个国家、一个沙皇、一个宗教、一种语言”的口号，极力摧残少数民族的文化，禁止其使用本民族语言，强迫其改变宗教信仰。尽管 19 世纪在高加索等一些边疆地区民族被归入俄罗斯版图后，在民族经济和民族文化上获得了一定发展空间，但总的来说，沙皇政府长期推行的这种民族压制政策，在俄罗斯国内产生了极深的民族矛盾和民族隔阂。

作为北高加索的土著居民或称“原生民族”，车臣民族与北高加索其他民族共同创造了属于本民族的古代文明，拥有本民族自己的古老语言和独特文化。13 世纪之前，车臣等北高加索各民族始终处于一种封闭的自我发展状态，与外界的交往非常少。虽然在某一时期内，曾有部分北方游牧民族（如“阿兰人”等）进入过这一地区，但由于这些游牧民族在文明程度上远远低于北高加索各民族，所以他们并没有对当地民族的生存构成威胁，相反在与北高加索当地居民的日常交往中，这些游牧民族逐渐被后者所同化而最终与之相融合。直到 13 世纪，随着鞑靼蒙古军队的入侵，以及沙皇俄国等周边大国对这一地区的领土扩张，车臣及北高加索各民族才被迫结束了自我封闭的发展阶段，进入到抵御外来民族入侵、征服与反征服，直至归顺占领民族的时期。

从 16 世纪末起，日益强大的沙皇俄国开始了大规模的对外领土扩张。由于北高加索地区特殊的地理位置和战略地位，占领高加索地区成为几届沙皇政府国内政策的主要内容。从伊凡四世时期的“和平征服”计划到彼得大帝时期的“直接军事进攻”，以及叶卡捷琳娜二世时期的“挤压渗透”式的军事占领，再到 1817 年亚历山大一世发动的针对高加索当地民族的、长达近半个世纪的“高加索战争”，沙皇政府终于实现了对这一地区的领土要求。在这一过程中，较之北高加索其他民族，车臣民族对占领者们表现出了尤为强烈的反抗情绪，车臣人也自然成为他们重点征服与惩罚的对象，历史上的“车臣问题”也由此而产生：

1785—1791年，在车臣等地区爆发了第一次针对沙皇政府的民族起义——曼苏尔起义；高加索战争期间，1834—1859年，车臣和达吉斯坦地区的山民在宗教领袖沙米尔的领导下，武装对抗沙皇军队的进攻，并以车臣为中心，建立了一个北高加索宗教军事神权国家——“伊玛玛特”，使这场带有殖民主义色彩的战争变成了反抗沙皇政府殖民主义统治的宗教民族运动，车臣也成为沙皇军队重点进攻的地区之一，并对车臣人采取了极为严酷的武力驱逐与武力镇压政策。

高加索战争结束后，作为被征服民族，车臣人接受了沙皇政府的统治，成为沙俄帝国的一个边疆少数民族，车臣人也获得了几个世纪以来相对和平的社会环境，进入了其历史发展的一个相对稳定时期。为安抚不驯服的车臣人，沙皇政府对车臣人采取了一些较为宽松的社会政策，如允许车臣人保留自己的生活习惯和内部管理方式、帮助车臣人提高社会经济与文化教育水平，但车臣人希望归还其被占土地的要求却遭到了沙皇政府的拒绝，土地问题成为这一时期车臣及北高加索各民族与俄罗斯民族关系中的最主要矛盾。一方面，沙皇政府不断鼓励俄罗斯内地居民向北高加索地区大量移民；另一方面，于19世纪60—70年代，有计划地组织了一场车臣及北高加索当地居民向土耳其的移民行动，以致使这些民族在北高加索地区的人口数量大幅减少。但这一时期车臣人与沙皇政府对抗的方式相对缓和，车臣地区也没有发生大规模的民族冲突。

十月革命胜利后，列宁及布尔什维克党提出的民族自决权思想得到了车臣及北高加索民族的欢迎，大多数车臣人对苏维埃政权表示出了极大的信任。苏维埃政府不仅归还了车臣人在沙皇时期被强占的部分土地，还帮助他们建立了民族自治实体：1921年1月20日车臣与印古什等7个北高加索少数民族共同成立了山地苏维埃社会主义自治共和国[①]；山地苏维埃社会主义自治共和国解体后，1922年11月30日又成立了车臣自治州；1934年1月，车臣自治州和印古什自治州合并为车臣—印古什自治州；1936年车臣—印古什自治州改为车臣—印古什自治共和国。这一时期，车臣人中出现了一些有威望的本民族的苏维埃地方领导人，初步形成了本民族的知识分子队伍和教育科研体系，车臣民族的整体经济文化水平也有了很大提高。

---

① （苏联）苏联科学院历史所编，赵常庆等译：《苏联民族—国家建设史》上册，商务印书馆1997年版，第197页。

然而，正当车臣民族内部发展处于上升期时，卫国战争期间，斯大林以“背叛祖国、与德国法西斯合作”为由，借口维护“国家安全”，从1941年至1944年间，将整个民族作为惩罚对象，强行将车臣人、印古什人、巴尔卡尔人、克里米亚鞑靼人等十个少数民族从他们传统的居住地集体迁移到西伯利亚和中亚地区，同时撤销了部分民族的自治建制。流放期间，苏联内务部和流放地政府对这些民族的居民实行了严格的军事管制，禁止他们返回原籍，并强迫他们在“特殊移民居住区”内从事繁重的体力劳动。这些“特殊移民”不仅完全丧失了民族自治权，还丧失了公民权和人身自由。直到1957年赫鲁晓夫当政时期，苏联政府才为这些遭受不白之冤的民族平反，允许他们返回家园。

这次大流放是车臣人历史上经受的最为严重的一次民族迫害，又重新将他们置于了“特殊民族”的地位。它不仅中断了车臣民族正常的社会发展进程，还将车臣人推到了苏联社会的边缘，从而进一步加重了车臣人历史上形成的民族屈辱感和对俄罗斯人的仇恨心理。在这一过程中，车臣人受压抑的民族情感再次被激发出来，对自己民族的认同感明显增强。根据相关研究资料显示，从移民区返乡后，与同一时期遭流放的其他民族相比，车臣人普遍对此次流放的痛苦记忆更为强烈，始终没能摆脱“大流放后遗症”的影响，其中造成的一个严重的后果是：形成了车臣人群体意识中对苏联政府的长期不信任，这种心理创伤甚至影响了整整几代车臣人。据称，在包括杜达耶夫、马斯哈多夫在内的20世纪90年代初推动车臣独立运动的主要领导人中，绝大多数都是在1944—1957年间于流放地出生的，他们几乎也都有过因流放而丧失自己家族中亲人的经历①。不仅如此，1957年返乡后，由于苏联政府在政治与社会生活上对车臣人实行了种种限制性政策，20世纪60—80年代，车臣地区贫困人口大量增加、居民受教育程度普遍很低、社会失业率长年居高不下，车臣民族的整体社会发展水平远远落后于同时期苏联其他民族，这种状况一方面加深了车臣人对苏联政府的怨恨情绪，另一方面也不利于在车臣人中培养一批有能力团结民众与领导地方事务的领袖人物，继而强化了车臣民族特性中的反权威与强调个人自由的倾向，最终也为20世纪90年代出现的车臣危机埋下了伏笔。

---

① 参见（俄罗斯）列昂尼德·姆列钦著，徐葵等译：《权力的公式——从叶利钦到普京》，新华出版社2001年版，第469—471页。

20 世纪 80 年代中期，在戈尔巴乔夫社会民主改革浪潮的推动下，苏联各民族的民族意识开始觉醒，民族分离倾向初现端倪，苏联各加盟共和国相继爆发了“争取主权运动”，随后这一社会风潮很快蔓延到俄罗斯联邦内的民族自治地区，而苏联解体前俄罗斯联邦领导人与联盟中央之间的权力之争在客观上也为各民族共和国扩大自己的权利创造了机会。在这种“极有利”的形势下，包括车臣在内，俄罗斯联邦境内的所有自治共和国先后都发表了各自的主权宣言。1990 年 11 月，车臣—印古什最高苏维埃在其通过的共和国主权宣言中，宣布车臣—印古什共和国为主权国家，同时谴责斯大林时期对车臣人和印古什人的流放是“种族灭绝行动”，表示“共和国保留要求补偿 1944—1957 年给共和国及其人民带来的精神和物质损失的权利”，并要求归还位于北奥塞梯境内、原属于车臣—印古什的土地。1990 年 11 月 23 日车臣人民代表大会召开，正式宣布成立独立的“车臣共和国”，曾参加过阿富汗战争的原苏联退役将军、车臣人杜达耶夫被选为大会执行委员会主席。车臣人民代表大会的成立表明车臣人已经在政治独立的道路上迈出了第一步。

俄罗斯独立之初，由于联邦领导人上层之间激烈的政治斗争和政府在经济改革政策上的失败，社会出现了严重动荡，车臣地区的民族分离运动也趁机愈演愈烈。在 1992—1994 年期间，因受到极端民族主义与恐怖活动的威胁，约有 14.7 万名非车臣族居民，其中 80％是俄罗斯族人，被迫离开了车臣，迁移到俄罗斯其他地区居住。1994 年以后，车臣境内的常住居民基本上是车臣族人。

1994 年 12 月，为恢复车臣境内的宪法秩序，叶利钦总统命令军队进攻车臣，打响了对车臣的第一次战争。第一次车臣战争持续了近两年的时间，除成功击毙杜达耶夫外，联邦军队并没有对车臣非法武装取得决定性胜利，叶利钦总统的民众支持率也降到了历史最低点。1996 年 8 月，为尽快结束这场旷日持久的战争，缓解国内在车臣问题上的各种矛盾，无奈之下联邦政府被迫与车臣地方政府签订了一份停战协议——“哈萨维尤尔特协定”，宣布将“车臣地位问题推迟 5 年以后解决”。

第一次车臣战争后，大量阿拉伯雇佣军从边境地区潜入车臣，阿富汗、巴基斯坦和中东地区的一些国家的原教旨主义组织不断向车臣的非法武装提供物资、武器和人员方面的援助，宗教极端势力也趁势向北高加索地区渗透，车臣成为瓦哈比派在中亚和高加索地区新的中心，对俄罗斯的南部边境安全构成了极大威胁。这期间，车臣内部四分五裂，军阀派系林立，犯罪活动猖獗，车臣政府已无力控制当地局势。

时隔三年，1999年8月，针对车臣非法武装日益严重的分裂活动和在俄罗斯境内不断制造的各种恐怖事件，刚刚被任命为政府总理的普京即组织发动了第二次车臣战争。对车臣军事行动的成果也迅速奠定了普京的政治地位，使他在2000年3月举行的提前总统大选中，顺利当选俄罗斯第二任总统。利用民众的广泛支持和"9·11"事件后有利的国际环境，普京在车臣问题上始终坚持奉行两手政策：一是不遗余力地打击车臣非法武装，不同任何非法武装分子谈判；二是促成车臣人内部的分化，扶植当地亲俄罗斯的、有影响的上层人物管理车臣事务。为此，从2000年起，俄罗斯政府每年用于国防和反恐行动的资金逐年增加，2005年达到了联邦预算的近30%。然而，普京的这些强硬政策在狠狠打击了车臣非法武装气焰的同时，也更激起了车臣非法武装残余的报复行动。2002—2004年，在一些国际恐怖组织财政和人力的支持下，车臣非法武装残余开始将恐怖行动的范围由车臣和北高加索地区扩展到俄罗斯其他地区。他们主要针对平民百姓，在莫斯科等地有组织地制造了多起震惊世界的重大恐怖事件。

2006年2月17日，普京发布总统令，宣布在全国成立统一的"反恐委员会"，以协调全国的反恐活动；2月26日，俄罗斯议会正式通过了由普京提出的新《反恐怖法》草案，为有效打击恐怖分子创造了条件。到2006年6月，联邦军队先后成功清除了包括马斯哈多夫、萨杜拉耶夫和巴萨耶夫在内的六名车臣非法武装重要头目，车臣非法武装的恐怖活动受到了很大抑制，俄罗斯政府也终于走出了"越反越恐"的怪圈。此后，车臣非法武装残余仅限于在车臣南部山区一带活动，车臣非法武装的势力和影响力越来越小，车臣的内部局势也开始逐渐朝着良性循环的方向发展。2007年3月1日，普京提名车臣前总统艾哈迈德·卡德罗夫年仅30岁的儿子拉姆赞·卡德罗夫为车臣总统候选人，3月2日，车臣议会以绝对多数批准小卡德罗夫为该共和国总统。上任后，小卡德罗夫向联邦政府表示："将保证在一、二年之内彻底肃清车臣境内非法武装残余，最终使车臣成为俄罗斯的一个稳定地区。"

自20世纪90年代中期以来，由于车臣地区持续不断的战争，以及车臣非法武装残余在整个俄罗斯境内制造了大量针对平民的恐怖活动，车臣已经成为世界上一个最不安定和恐怖活动最猖獗的地区之一。"9·11"事件后，美国和西方国家认定车臣非法武装与本·拉登的“基地”组织有牵连，宣布将其列入恐怖主义组织名单，并最终承认了俄罗斯打击车臣非法武装的反恐怖主义性质。然而，与世界一些地区主要由极端宗教组织发动的恐怖活动不同，俄罗斯境内的恐怖活动大多与车臣民族分离势力有着直接联系，直至今日，车臣非法武装残余仍没有放弃他们试图实现车臣独立的政治目的。

车臣问题难于解决的主要原因

从车臣问题产生的历史过程来看，在俄罗斯历史发展的不同时期，车臣问题都会以不同的内容和形式表现出来。在一个多民族国家内，一个弱小民族何以能不断挑战强大的国家政权？与俄罗斯境内的其他少数民族相比，车臣民族为何具有更强的反抗精神？车臣对俄罗斯的国家安全利益意味着什么？苏联与俄罗斯领导人在处理国内民族问题上到底有哪些重大失误？对以上问题的回答也许可以帮助我们找寻车臣危机在俄罗斯产生的特殊土壤、了解车臣问题的特殊性，从而深入分析车臣问题至今难于解决的其中原因。概括起来，这些原因主要有以下几个方面：

一、地缘政治因素

车臣具有独特的自然地理环境，是俄罗斯重要的地缘战略地区。以武力阻止车臣独立，坚决不允许车臣从俄罗斯分离出去，是当今俄罗斯政府制定车臣政策的首要前提，但这种状况在客观上也加剧了最终解决车臣问题的难度。

车臣人世代居住在北高加索中部地区，北面是富饶的平原和低地，南面是险峻的大高加索山脉，与格鲁吉亚依山相邻。历史上，如遇到战争或外族入侵，车臣人就会举家搬到南部山区生活，和平时期再返回平原地区，车臣人经常在平原与高山地区反复迁移，形成了车臣人独特的半农半牧式的生产方式。不仅如此，这里还是北高加索最重要的交通要道，也是连接南高加索地区的主要桥梁。然而，这种面对宽阔平原，背靠险峻高山的独特地理环境，不仅使车臣人很容易受到外族的入侵，同时也便于他们借助有利的地形条件与入侵者周旋。由于车臣地区在高加索具有的重要战略意义，历届沙皇政府都把占领车臣作为占领整个高加索的突破口，而勇猛善战、不畏强暴的车臣人也就成为入侵者们加倍惩罚与重点打击的对象。伊凡四世时期，俄罗斯军队在车臣平原地区修建了第一座军事城堡；高加索战争中，俄军集结大量兵力，使用武力驱赶车臣当地居民，首先占领了车臣的平原地区，继而才逐渐控制了整个北高加索。战争期间，大批车臣人逃到南部山区生活。这里的高山密林成为车臣人抵御入侵者的安全屏障，也成为他们时常袭击平原地区俄国军队的大本营。俄罗斯很多史书中有关“车臣人常以奔袭方式，袭击邻近部落”的文献记载，大多也主要来源于此。例如，1815 年，在沙皇政府有关高加索地区事务的官方文件中，对车臣人曾有过这样的评价：“……车臣人最不安分，他们不仅在捷列克河沿岸边界骚扰我们，还时常沿着格鲁吉亚军事通道抢劫我们的财物，有时还袭击相邻民族地区的村庄。”[①] 因此，武力征服车臣人就成为高加索战争中沙皇军队的最主要任务之一。

苏联解体后，俄罗斯的地缘环境发生了巨大变化，其南部边境线由外高加索退回到北高加索地区，车臣等北高加索共和国也由苏联时期的内陆地区变为了俄罗斯的边界地区。作为连接俄罗斯与外高加索交通和输油管线的枢纽，车臣对俄罗斯无疑有着极其重要的战略意义。而外高加索地区持续不断的种族冲突（亚美尼亚和阿塞拜疆的纳—卡之争、格鲁吉亚的阿布哈兹与南奥塞梯问题）、伊斯兰极端主义的泛滥，以及外部势力对这一地区能源和自然资源的激烈争夺，在一定程度上也加剧着车臣独立出去的危险性，直接威胁着俄罗斯的国家利益和领土安全。车臣的独立不仅会对北高加索其他民族地区的分离主义产生示范效应，而且由此引起的动乱还会向周边地区蔓延，使这一地区的安全形势更趋复杂。因而，以武力制止车臣的独立，坚决不允许车臣从俄罗斯分离出去，目前已成为俄罗斯政府制定车臣政策的首要任务。然而，这种状况在客观上也加剧了最终解决车臣问题的难度，使车臣问题陷入了长期化的趋势。尤其在第二次车臣战争期间，普京在车臣问题上坚持强硬立场，绝不允许车臣独立出去，为此他调动一切政权手段，不惜一切代价，在军事上彻底消灭车臣非法武装，希望以“快刀斩乱麻”的方式，“一劳永逸”地解决车臣问题。然而，普京的强硬车臣政策在显示国家权威方面达到了预期目的，阻止了分裂势力的蔓延，但却没能消除恐怖主义威胁，双方对抗的方式由直接军事对抗变为恐怖与反恐怖的较量，联邦军队在车臣的主要作战目标也转为反恐行动，进一步加剧了军事斗争的残酷性，也使战后车臣的

① （俄罗斯）Я. 戈尔金：《高加索：土地与鲜血——19 世纪高加索战争中的俄罗斯》，圣彼得堡，“星星”杂志出版社 2000 年版，第 268 页。

重建因恐怖活动频仍而无法实现。

二、社会文化因素

几个世纪以来，由于长期战争与来自外部的威胁，车臣社会始终处于自我发展的封闭状态，社会传统习俗根深蒂固，至今车臣人中仍保留着氏族社会的某些特征，这种社会状况不仅严重阻碍了车臣民族的自身发展，也为联邦政府以和平手段解决车臣问题设置了无形的障碍。

作为俄罗斯民族构成中的土著民族，车臣拥有自己独特的民族文化与民族传统。自中世纪起，长期的战争环境使车臣社会始终处于自我发展的封闭状态，车臣人也始终没有被其他强盛民族所同化，至今仍保留着氏族社会的某些特征，尤其是以家族为单位的社会民主管理形式——"泰普"[①] 制度。车臣"泰普"制度的核心内容包括：自下而上形成的社会管理方式——"自由村社"制度；以"陪审法庭"为内容的司法审判制度；"一致对外"的"血族复仇"习俗；等等。几个世纪以来连续不断的外族入侵，客观上也激发了车臣民族的传统意识，以及对本民族传统习俗和生活习惯的推崇。高加索战争后，随着车臣地区被正式纳入沙皇政府的行政体系，虽然车臣"泰普"制度作为社会制度的功能逐渐消失了，但它作为社会动员与社会组织的功能仍然存在。尤其在外部压力过于强大或国家政权极度软弱的时期，"泰普"制度中的部分内容就会在车臣社会自动起作用，而车臣"泰普"制度中重视家族的观念和"一致对外"的思想，在一定程度上也起到了稳定车臣社会的作用，形成了车臣民族性格中坚韧与顽强的一面，使车臣人在面临民族毁灭的恶劣环境下也能生存下去，并迅速从废墟中重新站立起来。然而，这种独特的民族性格也常常使车臣人走进另一个误区，即不顾客观条件的限制，盲目与外界为敌。车臣人生性刚烈、不畏强暴，为固守家园敢于与所有来犯的外敌抗争，所以他们曾是统治者眼中的异类与不安分的民族，常常被形容成强盗、骗子、杀人犯，历史上也往往成了被统治者镇压、惩罚和驱逐的首选。在遭受屈辱的同时，车臣人通常会更加倍地报复施害者。在与俄罗斯的关系中，车臣人就时常陷入这样一个怪圈。在 20 世纪末 21 世纪初爆发的两次车臣战争中，

---

① "泰普"一词来源于阿拉伯语，它只是一个单位量词，表示"一组、一群或一些集团"，被用来表示人类社会关系时，有"家族、氏族或族群"的意思。17 世纪以后，随着伊斯兰教在车臣地区的广泛传播，"泰普"一词开始在车臣社会被广泛使用。

“血族复仇”等传统习俗又重新在车臣年轻一代中盛行起来，并以一种更加极端的形式表现了出来。他们崇尚暴力、追求残忍报复手段，甚至不惜自我毁灭，这一时期出现的所谓车臣“黑寡妇”，以及一些车臣恐怖分子在俄罗斯境内专门从事针对平民和地方政府官员的“自杀式”恐怖袭击活动，就属于这类现象。这种状况也引起了很多车臣知识分子的担忧，著名车臣作家阿布扎尔·艾达米洛夫曾专门发表文章指出：“长期的车臣战争及战争的残酷性使车臣社会古老习俗中的一些非理性内容得到了强化，这已经成为车臣人现代悲剧命运的主要根源。”① 在他看来，两次车臣战争给车臣民族精神上的毁灭已经远远超过了大流放时期的物质贫乏。

从这种意义上来说，俄罗斯当政者在制定车臣政策时首先应该考虑如何为车臣人创造一个更文明和更开放的生活环境，使他们尽可能地接受现代文明的生活方式，放弃对古代理想社会不切实际的幻想。然而，这项需要系统规划、长期实施的历史任务却常常因为俄罗斯当政者们政治上的短视和国家战略利益的驱使被忽略或放弃。正因如此，几个世纪以来，车臣民族悲剧命运的历史才总是一再被重演。

三、民族特性因素

长期以来车臣社会始终没有建立起现代生产关系，自由民阶层成为社会的主要力量，车臣人普遍崇尚“个人自由与人人平等”的社会关系，反对个人崇拜和任何权威，致使车臣民族的文化特质中具有明显的保守性与排他性，车臣人对自己民族的认同也远远高于对俄罗斯民族国家的认同。

据史料记载，16 世纪中叶，车臣地区爆发了多次大规模反对封建领主的自由民运动，最终在居民中占少数的封建主贵族被赶出了车臣人居住的地区，他们的私有财产被没收，归各个“泰普”所共有，封建领主和封建土地所有制的管理体系也宣告破产。对封建主贵族的胜利提高了自由民阶层在车臣社会中的地位，车臣人中的平等自由思想得到了进一步加强，个人主义更加盛行。车臣社会的这一特点，一方面造成了车臣社会生产力的长期低下，另一方面也使日后车臣民族对沙皇政府的同化政策产生了一种本能的抵触情绪。1856 年在巴黎全欧国际会议上欧洲列强承认了俄罗斯对高加索的所属权，1859 年车臣正式并入俄罗斯版

① （俄罗斯）A. 艾达米洛夫：《解决车臣问题的途径》，《新报》2000 年 8 月 7 日。

图。被沙俄占领后，车臣人也从未停止过反抗沙皇专制的斗争，反抗民族压迫的起义连年不断。在镇压车臣民族反抗的过程中，沙俄政府对车臣人也不得不采取了一些软硬兼施的政策，如允许车臣人保持当地的传统制度和山民的传统风俗等。因而，在沙皇统治时期，与其他少数民族不同，车臣人仍恪守着自己的传统制度和风俗，始终没有完全融入俄罗斯社会。苏联初期，苏联政府将沙皇时期占据车臣人的部分土地归还给他们，帮助他们建立了民族自治实体，使他们摆脱了沙皇时期遭歧视的“特殊民族”地位。但1944—1957年的大流放却中断了车臣民族正常的社会发展进程。返乡后，由于在政治与社会生活上对车臣人的种种限制，20世纪60—80年代，车臣贫困人口大量增加、居民受教育程度很低、失业率长年居高不下，车臣民族的整体发展水平也没有得到相应提高，远离工业文明，始终落后于苏联其他民族，属于苏联社会的边缘人。

由于车臣人崇尚自由，历史上车臣人中很难产生真正有权威的领袖人物。沙皇统治时期在北高加索民族中普遍实行的拉拢、赎买当地贵族阶层的政策，在车臣人中也从未取得过实效。苏联时期，由于斯大林的极权体制，车臣人在政治上更是备受歧视，以致车臣人长期缺乏独自管理共和国的实际经验，直到1990年，车臣人才开始担任共和国内的最高领导职位。而恰恰是在这一时期，车臣上层出现了一批以杜达耶夫和马斯哈多夫为代表的军界人士，他们大多经历过1944—1957年的大流放时期，后来长期在苏联军队任职。其中，杜达耶夫参加过阿富汗战争，是苏军中唯一的车臣籍将军。1990年，杜达耶夫作为驻爱沙尼亚的军队将领，亲身感受了爱沙尼亚人的民族独立运动。这些经历很容易激发起杜达耶夫们的民族主义情绪，促使他们以争取车臣独立为自己的最高政治目标，鼓动车臣人武装对抗联邦军队的军事进攻。第一次车臣战争前后，车臣内部派别林立，犯罪猖獗，共和国的经济命脉被一些犯罪团伙所掌握，社会处于失控状态，无论是强硬的杜达耶夫政权，还是温和派马斯哈多夫，都没有能力稳定车臣内部的局势。

实际上，在车臣历史上的大多数时期，真正“人人平等”的社会关系只是车臣人对古代氏族社会民主管理方式的美好向往，带有追求理想社会的主观色彩，在现实生活中根本无法实现，但由于它的宣传教育功能，却经常被车臣上层作为鼓动民众暴动和造反的工具，以达到他们的个人政治目的。所以说，车臣人的民族性格中有很多自相矛盾的东西，既有反对任何权威的平等自由思想，又有对宗教—军事领袖人物的盲目崇拜。应该说，与俄罗斯境内的其他民族相比，车臣民族的这一特性为俄罗斯政府试图通过政治手段解决车臣问题提出了巨大挑战，同时也在很大程度上考验着俄罗斯领导人的政治智慧。

四、社会经济因素

由于长期的外部压力，车臣民族的整体文明程度和社会发展水平远远落后于俄罗斯其他民族，苏联解体前后，车臣社会中充斥着强烈的民族主义情绪和民族独立的愿望。两次车臣战争客观上进一步拉大了车臣与其他地区的经济发展差距，如果这种状况得不到彻底改变，车臣社会中的极端民族主义情绪和极端宗教思想赖以生存的土壤就不会消除，车臣问题也不可能真正得到解决。

在与俄罗斯关系发展的 200 多年历史中，车臣人始终处于战争和颠沛流离之中，这对车臣民族的整体素质和民族特性的形成产生了极其消极的影响。无论是沙皇统治时期，还是苏联时期，几乎每隔十几年或几十年就会发生一次对车臣民族的整体迫害，如：高加索战争后对车臣人的大迁徙、苏联时期 20—30 年代对车臣人的三次清洗、40 年代对车臣人的集体流放等，其结果使车臣人失去了很多民族自身发展以及与其他民族相互交融的最好时机，致使车臣人长期难以适应现代文明社会的国家体制和经济体制。

到 1991 年苏联解体前，在社会经济方面，车臣一直是苏联最落后的地区之一。因在就业方面受歧视，车臣人中的失业人口比例比共和国内的其他民族要高。这一时期社会上出现了大批闲散人员和投机倒把分子，车臣—印古什境内的社会犯罪率也随之提高。据有关资料记载，20 世纪 70 年代中期，在苏联国家安全委员会的一项相关调查报告中曾提到，车臣“在 1958～1972 年间，因各种犯罪行为而被内务部机关依法追究刑事责任的有 115455 人，即每六个共和国居民中就有一个人曾有过犯罪记录”[①]。从 20 世纪 60 年代末开始，在车臣和印古什人中出现了一股外出打工浪潮。为了寻找合适的工作，很多车臣人和印古什人移居到周边其他地区居住。1989 年苏联人口普查时，常住车臣—印古什共和国的车臣人只有 76.6%，其中 5 万多人生活在达吉斯坦，3 万多人生活在斯塔夫拉波尔边疆区、伏尔加格勒州和卡尔梅克等地区，还有将近 5 万人生活在哈萨克斯坦等

---

① 转引自徐振泽、孙景源、舒梓：《车臣之鉴——俄罗斯恐怖事件根源及教训》，社会科学文献出版社 2005 年版，第 264 页。

地。此外，每年还有大约 10 多万车臣和印古什农民到苏联各地打短工，以补贴日常家用。这些打工者因得不到劳动法保护，往往不得不在最恶劣的环境下工作，属于当时苏联社会的边缘人。在与外界接触的过程中，与其他民族相比，车臣人生活水平和社会地位的低下，也使很多车臣人产生了强烈的民族自卑感和屈辱感。20 世纪 80 年代末，苏联社会出现了严重的经济危机，很多车臣人失去了外出打工的机会，他们的生活水平受到很大影响。据统计，1991 年车臣境内的失业人口高达 30 万人，占当时居民总数的 1/4。[①] 车臣居民失业人口增多的一个直接后果，是唤起了大批年轻一代车臣人崇武的民族习性。阿富汗战争期间，很多找不到工作的车臣年轻人选择了参军，并被直接派到阿富汗战场作战。军事作战的经历在为这些车臣年轻人提供工作机会的同时，也使他们确信：武力可以解决一切。据统计，很多后来成为车臣独立运动积极分子的人，几乎都参加过阿富汗战争，或在前苏联其他军事冲突地区作过战。

在受教育程度方面，车臣人也长期落后于其他民族。1957 年从流放地返乡后，与同期苏联其他地区相比，车臣人中受过高等教育的人为 1.2 人/千人，是平均水平的 1/18；与其他遭流放的民族，如巴尔卡尔、卡尔梅克、卡拉切伊和印古什人相比，为 1/5 左右；在基础教育方面，1957 年车臣人中 10 岁以上儿童入学率不到 30%，1970 年增长到 65%，远远低于同期苏联其他地区的水平。[②] 直到苏联解体前夕，这种状况也没有得到改善。据 1989 年苏联最后一次人口普查结果显示，在高等教育方面，车臣人每 1000 人中只有 45 人接受过高等教育（占居民总数的 4.67%），而北高加索其他民族分别为：奥塞梯人—153 人；阿迪盖人—128 人；巴尔卡尔—111 人；卡拉切伊—110 人；切尔克斯—108 人；卡巴尔达—88 人；库梅克人—79 人；鞑靼人—78 人；印古什人—60 人；哥萨克—50 人（同期全苏平均指数为 113 人）。在基础教育方面，1989 年，25%的车臣和印古什青少年没有接受过十年义务教育，这一数字大大高于同期全苏指数（6%），也高于北高加索其他民族的居民。20 世纪 80 年代末，车臣人中从事科学工作的

---

① （俄罗斯）Д. 加卡耶夫：《20 世纪车臣历史概要》（第 1 卷），莫斯科 1997 年版。转引自 http：www.chechnyafree.ru。

② （俄罗斯）M.M. 伊卜拉欣莫娃：《90 年代车臣共和国危机的特殊性》，载《车臣共和国与车臣人：历史与现实（2005 年 4 月 19—20 日莫斯科全俄科学研讨会资料汇编）》，莫斯科 2006 年版，第 354 页。

居民仅占居民总数的0.04%，大大低于同期全苏平均水平，也低于北高加索其他民族地区。[①] 以上数据表明，车臣人的平均受教育水平不仅低于同期全苏平均水平，也与北高加索其他民族有很大差距。可以说，苏联后期，在所有被流放过的北高加索民族中，车臣人的整体教育水平提高得最慢。

导致车臣人受教育程度低的原因主要有两个方面：一是70%以上的车臣人居住在农村地区，这些地区的义务教育长期处于落后状态，教师、校舍和课本严重缺乏，许多车臣家庭的孩子不能上学；二是苏联政府从50年代中期开始，用行政命令的方式在全国强制推广俄语，规定车臣的中学和大学必须使用俄语教学，车臣语只能在乡村学校作为一般课程使用。[②] 但由于俄语师资不足，加上很多车臣人对学习俄语有抵触情绪，[③] 因而这一时期很多车臣农村居民的子女都没有受过正规的学校教育。

两次车臣战争使车臣的社会经济受到了进一步破坏，车臣地区的失业率高达70%以上，位居全联邦各主体之首，大部分车臣居民的主要生活来源依靠政府救济。[④] 而与此相对应的却是车臣人口的高增长率。以2004年俄罗斯人口统计数据为例，当年在全俄89个联邦主体中，只有17个联邦主体人口获得增长，其中就包括车臣等6个北高加索共和国，其出生率均在14.2‰—25.2‰之间，自然增长率达到了9.9‰—19.6‰，这与俄罗斯全国人口负增长5.6‰的状况形成了鲜明对照。[⑤] 在经历了两次车臣战争并造成共和国内大量居民死伤的情况下，车臣人口依然呈高增长趋势，一方面说明战争并没有改变车臣人重视家庭的传统生活习惯，另一方面也使车臣地区尚未缓解的高失业率更加突出，为战后车臣地区的恢复和社会发展带来了更大的困难。加上内部资金管理不善、社会治安差等原因，

---

① 转引自M.P.奥夫拉多夫：《苏联时期车臣共和国的教育与语言问题》，载《车臣共和国与车臣人：历史与现实》，第352页。

② 陈之骅主编：《苏联史纲（1953—1964）》，人民出版社1996年版，第244页。

③ 在语言方面，根据1989年人口统计的材料，98.79%的车臣人以车臣语作为日常使用语言，只有1.06%的车臣人经常使用俄语。参见（俄）B.A.季什科夫：《车臣危机》，莫斯科1995年版，第16页。

④ （俄罗斯）乌·阿里苏达诺夫：《车臣危机的起源、进程及其发展前景》，《中亚与高加索》杂志2004年第2期第23页。

⑤ （俄罗斯）俄罗斯联邦统计署：《2005年俄罗斯统计年鉴》，莫斯科2006年版，第106—123页。

虽然联邦政府每年拨出大批款项用于车臣重建，如2003年政府专门拨款200亿卢布用于车臣的经济恢复，但车臣经济和人民的日常生活仍没有得到很大改善。应该说，大部分车臣人早已厌倦了长期战乱，他们希望过和平生活，但如果生活状况长期得不到改善，铤而走险的人就会增加，恐怖主义和恐怖分子赖以生存的土壤也将难以消除。两次车臣战争又使原本落后的车臣社会的教育体系遭到了彻底破坏，车臣的年轻人受不到正规的教育，出现了整整一代的文盲和半文盲。据2004年俄罗斯相关部门的统计数据，在年满15岁的车臣人口中，文盲率达到了4%。这种状况极易使一些车臣年轻人接受恐怖主义和宗教极端势力的煽动，成为新的恐怖分子的来源。

著名车臣作家阿布扎尔·艾达米洛夫曾对车臣人和车臣社会的这种状态做过深刻剖析，他指出："车臣人长期缺乏教育，对科学和宗教的知识贫乏，社会的整体意识差。在社会的教育水平、人民的健康状况、民族文化与经济发展程度等方面远远落后于处于同一历史发展时期的北高加索其他民族。这使车臣人易于接受煽动，也易于被利用，缺乏内聚力。他们既不接受权威，也不崇拜领袖，只强调个人意识与勇气；既没有国家概念，也没有民族思想。尤其是最近十年来，战争和车臣境内的无秩序完全破坏了车臣社会的教育体系，车臣人受不到正规的教育，出现了整整一代的文盲与半文盲，这种状况完全可以同斯大林时期车臣人遭流放相提并论。"[①] 应该说，车臣问题中所表现出来的这些新特征，对俄罗斯政府最终彻底解决车臣问题提出了严重挑战。

五、宗教因素

车臣的伊斯兰教带有世俗化与政治化的双重功能，在外来压力的威胁下，车臣伊斯兰教中的政治化功能就会被无限放大，这为极端宗教思想在车臣社会的传播和盛行提供了条件。

车臣是北高加索各民族中最晚接受伊斯兰教的民族之一。16世纪中叶，随着内部封建关系的发展，车臣自由民阶层的生活状况严重恶化，社会矛盾加剧，主张避世思想与神秘主义的伊斯兰教苏非教派逐渐被车臣人所接受，并与车臣传统的生活习俗相结合，成为车臣人社会生活准则的主要内容。从16世纪中叶到18世纪末，伊斯兰教在车臣人的日常生活中起到了协调社会关系，保持社会稳

---

① （俄罗斯）《新报》2000年8月7日。

定的重要作用。这一时期，伊斯兰教在车臣的传播和发展完全是一个自然的过程，没有受到任何外部力量的推动和影响，具有明显的宗教世俗化的功能和特点。

18世纪末，伴随着车臣人反抗沙皇殖民统治的运动，曼苏尔在苏非派基础上创建了以宣扬针对异教徒的“圣战思想”为主要内容的穆里德派，车臣伊斯兰教中也第一次出现了政治化倾向。高加索战争期间，沙米尔在北高加索建立的宗教神权国家“伊玛玛特”将车臣的伊斯兰教完全政治化。直至20世纪末21世纪初，在两次车臣战争期间，宣扬宗教激进主义的瓦哈比派试图在北高加索建立统一的伊斯兰国家，车臣的伊斯兰教中又出现了极端宗教主义的内容，车臣伊斯兰教也被车臣分离主义分子当做实现其政治目标的主要思想工具。可以说，18世纪以后，车臣民族历史上发生的很多重大历史事件几乎都与伊斯兰教有直接关系，车臣伊斯兰教也被涂上了一层浓厚的政治色彩，宗教政治化成为车臣伊斯兰教发展过程中的主要特征之一。

车臣人信仰的伊斯兰教属于具有避世思想的苏非派，原则上苏非派教徒注重个人内心修炼和人的精神自由。曼苏尔在组织车臣和达吉斯坦人反抗沙皇统治之前，也曾是一名虔诚的苏非教徒和享有声望的苏非教传教士，最初他并不主张使用暴力对抗外部压力。在传教时，他曾极力号召山民们放弃氏族社会血族复仇的陋习，停止彼此的敌对，主张社会和谐与伊斯兰信徒精神道德的自我完善。后来，由于沙皇政府担心曼苏尔的传教活动和他的个人声望会威胁到俄罗斯人的利益，随派军队对他进行搜捕和镇压，结果完全改变了曼苏尔对沙皇政府的看法，他的传教活动也开始脱离纯粹的宗教性，具有了明显的宗教政治特点，并逐渐形成了反对沙皇统治的“圣战”思想。同样，高加索战争时期沙米尔建立的宗教神权国家“伊玛玛特”，以及20世纪末21世纪初爆发的两次车臣战争期间在车臣境内出现的瓦哈比运动和极端宗教势力，都是在与政府的长期军事对抗中产生的，尽管后者并没有得到大多数车臣人的支持。

车臣的瓦哈比派出现在20世纪90年代初，他们起初都是“全苏伊斯兰复兴党”的党员。该党于1990年在俄罗斯联邦的阿斯特拉罕州宣布成立，随后其影响不断扩大，北高加索的达吉斯坦、车臣与中亚的塔吉克斯坦等很多穆斯林聚集的地区都设有它的分支机构。最初，车臣的瓦哈比分子主要以“纯洁伊斯兰教”为目的，他们反对车臣社会的传统习俗和大多数车臣人信奉的苏非派。在瓦哈比分子看来，车臣社会的传统习俗与宗教形式（如伊斯兰苏非派兄弟会，尊重苏非派长老的社会礼仪等等）违背了最高的伊斯兰教教义，应该被废除。[①] 1995 年，车臣瓦哈比分子曾试图破坏被车臣苏非派信徒视为“圣墓”的昆塔—哈吉母亲的坟墓，受到了很多传统的车臣苏非派，尤其是中老年人的激烈反对。两派最终也由内部争斗发展成了武装冲突，其中以 1998 年在车臣第二大城市古杰尔梅斯爆发的瓦哈比分子与当地苏非派穆斯林之间的武装冲突规模最大。苏联解体前后，瓦哈比派开始通过政治手段实现其“回归伊斯兰教”的主张，苏联各地伊斯兰复兴党的积极分子都参加了当地政府反对派的活动，其中 1993 年塔吉克斯坦伊斯兰复兴党还进入到由反对派组成的联合政府。

第一次车臣战争后，车臣内部秩序陷入混乱，那些在车臣战争中曾与俄罗斯军队作战的车臣非法武装战地指挥官，如 M. 乌杜戈夫、З. 扬达尔比耶夫和И. 巴萨耶夫等新军阀，依仗着他们的权势和影响各自为政，致使车臣的地方政权机构无法正常运转，社会上的各种犯罪活动异常猖獗，车臣也成为恐怖分子犯罪的天堂和避难所。1997 年北高加索瓦哈比运动的鼓动者 Б. 克别多夫为躲避达吉斯坦政府的追捕逃到车臣境内，得到了 M. 乌杜戈夫等战地指挥官的庇护。车臣的瓦哈比分子受到了极大鼓舞，其力量迅速增长，1997 年以后车臣也取代达吉斯坦成为了北高加索瓦哈比派的中心[②]。

与瓦哈比分子的联合为车臣非法武装头目实现车臣独立的政治目的提供了理论基础，在他们的逼迫下，车臣当局宣布建立伊斯兰教法典法庭以代替俄罗斯联邦地方法院，以伊斯兰教法典作为刑法典审理案件；修改车臣宪法，宣布车臣为伊斯兰教国家。为扩大影响，瓦哈比分子在车臣建立了瓦哈比派清真寺、瓦哈比青年教育中心和军事培训中心。另外，车臣的瓦哈比分子还与国际上的瓦哈比组织建立了经常性联系，并从这些组织获得了大量资金和人员资助。在两次车臣战争中，以来自约旦的瓦哈比好战分子哈塔卜为首的大批阿拉伯雇佣军直接参加了与俄罗斯军队的作战行动，直到 2003 年哈塔卜才被俄罗斯安全部门清除掉。

20 世纪末瓦哈比思想的传播和瓦哈比运动的出现对车臣及北高加索伊斯兰教

① 与其他伊斯兰国家不同，车臣及北高加索地区的伊斯兰教中保留了很多当地民族传统习俗的内容。传统习俗与伊斯兰教义的结合是车臣及北高加索地区伊斯兰教的主要特点。

② 参见（俄罗斯）P. Г. 哈吉夫：《高加索地缘政治中的瓦哈比因素》，格罗兹尼 2004 年版，第 121 页。

的发展产生了很大的消极影响。首先，引发了这一地区教会内部和教会之间的矛盾，造成了当地穆斯林居民的分裂、相互敌视与争斗。与世界其他地区的瓦哈比派相比，车臣和北高加索的瓦哈比分子大多出自当地传统的苏非派宗教团体，所以他们最初都把矛头对准了车臣社会传统习俗和苏非教派中不符合伊斯兰教义的内容，因而他们的宗教极端性首先构成了对车臣社会传统文化的威胁：瓦哈比分子不承认“族群”意义上的民族，而只推崇宗教意义上的统一伊斯兰民族。对他们来说，建立统一的伊斯兰教国家比保持民族内部的传统生活习惯更重要；在否认苏非派宗教信仰与生活方式的同时，瓦哈比分子也否认了车臣及北高加索民族的传统生活准则。正因为如此，自瓦哈比派产生以来，在车臣、达吉斯坦等地，瓦哈比分子与传统苏非派之间的冲突不断，1998 年 10 月，车臣宗教领袖卡德罗夫号召反对车臣境内的所有瓦哈比分子，称他们是“伊斯兰教和车臣人民的敌人”。[①]

其次，加剧了车臣伊斯兰教的政治化趋势。瓦哈比分子宣扬的“建立统一伊斯兰国家”的主张带有明显的政治目的，瓦哈比思想的传播也使车臣苏非派中的激进派别走向了极端宗教主义的泥潭。在两次车臣战争中，车臣瓦哈比分子已经成为宗教极端主义、民族分离主义和恐怖主义的代名词。自 18 世纪中叶曼苏尔领导的反沙皇统治的“穆里德”运动以来，车臣伊斯兰教中的宗教政治化趋势被 20 世纪末 21 世纪初兴起的瓦哈比运动进一步扩大，瓦哈比的极端宗教思想也成为这一时期车臣上层人物进行政治斗争和意识形态宣传的工具。

第三，瓦哈比主义割断了伊斯兰教与车臣民族传统习俗的联系，它与传统的车臣伊斯兰教思想背道而驰。16 世纪中期接受伊斯兰教后，车臣的伊斯兰苏非派教徒并不排斥本民族的传统习俗，车臣人上千年形成的日常生活习惯也不妨碍他们接受伊斯兰教义中的积极内容。然而，瓦哈比派对车臣人传统生活习惯的否定及其激进、极端的政治立场却与车臣穆斯林居民最初追求的“避世与内心自我完善”的苏非派思想毫无共通之处。需要特别强调的是，两次车臣战争期间，瓦哈比思想在车臣社会的泛滥给在战争中长大的车臣年轻一代带来了十分消极的影响，瓦哈比派学说中极端与激进的内容也受到了很多车臣年轻人的青睐。面对这种情况，一些有社会责任感的车臣知识分子不无担忧地指出：“由于常年的战争

---

① 参见（俄罗斯）Р.Г. 哈吉夫：《高加索地缘政治中的瓦哈比因素》，格罗兹尼 2004 年版，第 34 页。

和社会动荡，车臣人中的那些传统道德观念在现代车臣年轻一代中正在慢慢丧失”[①]。“在20世纪末21世纪初的两次车臣战争中，那些车臣人长期信奉的如礼貌待人、与人为善、尊重长者、慷慨大方等民族传统，正在逐渐被遗忘，而贪婪、残忍、无情等人类的恶习却在车臣人的日常生活中不断蔓延，这对整个车臣民族来说已经成为一个最难以克服的现实危险”。[②]

但是，与其他伊斯兰国家不同，车臣伊斯兰教中保留了很多当地民族传统习俗的内容，传统习俗与伊斯兰教义的结合是车臣伊斯兰教发展中的一个主要特点。16世纪苏非派之所以能在车臣地区广泛传播，一个最主要的原因就是苏非派教义中宣扬的“避世与内心自我完善”的宗教思想与车臣传统习俗中的“自由村社”的社会理想相吻合，反映了车臣人追求社会和谐的愿望。在接受伊斯兰教的过程中，车臣的伊斯兰苏非派教徒从一开始就不排斥本民族传统习俗，车臣人上千年形成的日常生活习惯也没有妨碍他们接受伊斯兰教义中的积极内容，并将它视为自己社会生活准则的一部分，这也是车臣伊斯兰教中带有明显世俗化特点的主要原因之一。

正如俄罗斯学者B. X. 阿卡耶夫所说：“在车臣民族历史发展过程中，宗教因素的确起了很大作用，但不是绝对作用，而车臣民族的传统习俗与传统文化才是长期起作用的主要因素。然而，那些试图将外来宗教文化移植到车臣社会的各种势力却恰恰忽视了这一点。”[③] 两次车臣战争期间，车臣社会的内部矛盾也主要集中在传统苏非教穆斯林与坚持极端宗教思想的瓦哈比派之间的激烈冲突。可以说，在车臣伊斯兰教发展的过程中，其世俗化与政治化的功能总是相伴而行，或此消彼长，或相互排斥。车臣伊斯兰教的这一特点，也是造成车臣社会内部长期分化的主要原因。

无疑，车臣伊斯兰教的这些特点应该引起俄罗斯当权者的足够重视。在制定

---

① （俄罗斯）Я. 切斯诺维：《泰普的历史及其在现代社会中的作用》，载《独立报》1995年9月22日。

② （俄罗斯）P. 马斯哈多夫：《异乡人——车臣人及其车臣国家的政治历史概要》，莫斯科2003年版，第15—16页。

③ （俄罗斯）B. X. 阿卡耶夫：《车臣的伊斯兰教：传统与现代》，载《车臣共和国与车臣人：历史与现实（2005年4月19—20日莫斯科全俄科学研讨会资料汇编）》，莫斯科科学出版社2006年版，第94页。

国家有关车臣政策时，不应人为地夸大伊斯兰教对车臣社会的影响，同时也应该消除一切诱发车臣伊斯兰教中政治化倾向的社会环境，保护和发展车臣伊斯兰教中那些对稳定车臣社会有益的世俗化内容。

六、外部因素

两次车臣战争期间，美国等西方国家以干预车臣问题为由，将车臣问题作为筹码，削弱和打击俄罗斯，使车臣分离势力受到了鼓舞，车臣问题也成为俄罗斯与西方利益冲突的焦点。

苏联解体后，随着世界格局的变化，车臣在新的地缘政治中的战略地位越来越突出，车臣问题也被赋予了更多的国际化色彩。利用俄罗斯国内政治经济的严峻形势，以及俄罗斯政府在处理车臣危机上的失误，车臣问题常常成为美国等西方国家牵制俄罗斯的重要手段；俄罗斯与其周边国家在民族和国家利益上的矛盾也为俄罗斯解决车臣问题设置了很多无形的障碍。

如上所述，车臣所处的北高加索地区位于欧亚大陆的接合部，是俄罗斯通往中亚和西亚的咽喉，也是俄罗斯与中亚各地油气管道和铁路运输的枢纽，地理位置十分重要。苏联解体后，国际上的各种势力利用俄罗斯国内的困难纷纷向这一地区渗透，希望将其置于自己的控制之下。车臣的民族分裂分子无疑成为这些势力实现各自目的的工具。

两次车臣战争期间，阿富汗、巴基斯坦和中东地区的一些国家的宗教激进组织以车臣为中心，向北高加索地区大力传播瓦哈比教义，并向车臣的非法武装提供物资、武器和人员方面的支援，帮助车臣分裂分子与联邦军作战。由于宗教极端势力的渗入，这一时期打着宗教的旗号，从事恐怖破坏活动，已经成为了北高加索地区民族分裂主义和恐怖活动的主要特征。

与此同时，里海丰富的石油、天然气资源也引来各方势力插手该地区事务。阿拉伯国家的石油出口商不希望里海的石油在国际市场上与之竞争，而车臣的独立可以堵塞从阿塞拜疆首都巴库经车臣境内向俄罗斯西部港口的输油管道，从而减少里海石油的出口，车臣周边国家，如土耳其和格鲁吉亚等，则希望重新修建一条通过其境内的新的输油管道，以期为自己带来巨大的收益。在这些利益驱使下，以上国家都曾或明或暗地支持或纵容车臣的民族分裂主义活动，有的国家甚至还为车臣非法武装提供人员和物质方面的援助，阻碍俄罗斯政府对车臣非法武装的军事行动。

而在这些外部因素中令俄罗斯最不能忍受的是，冷战以后美国欲建立单一世界的战略目标促使其加大了对高加索和中亚地区的渗透，欲削弱俄罗斯在这一地区的影响力，目标之一就是利用车臣危机打击俄罗斯，而这种局势也为车臣民族分裂主义者寻求国际支持，为车臣问题国际化创造了有利条件。科索沃战争后，各国的民族分裂势力从中受到了鼓舞，他们都在努力把民族对抗闹大，引起西方等外部势力的插手和干预，以此达到民族独立的目的。对俄罗斯来说，车臣非法武装分子的分离活动是对国家领土完整与安全的最大威胁，它希望其打击车臣恐怖主义的行动能够得到包括美国在内的国际社会的理解和支持，而美国却在车臣问题上奉行“双重标准”，不断指责俄罗斯的车臣政策：两次车臣战争期间，西方国家多次激烈谴责俄罗斯在车臣的军事行动是“侵犯人权”、“制造人道主义灾难”；北约、欧盟及欧安组织更是利用各种场合对俄施压，不惜以经济制裁相威胁，甚至提出召开车臣问题国际会议讨论车臣问题，试图使车臣问题国际化。尽管俄罗斯对西方国家在车臣问题上的指手画脚和无理指责采取了强硬态度，坚持认为车臣问题属于俄罗斯的内政，外国无权干涉，但美国等西方国家依然暗中支持车臣分离分子。据报道，目前在俄罗斯境外申请“政治避难”的车臣非法政府高官主要有：在美国的有车臣“外长”阿赫马多夫；在法国的有车臣“卫生部长”汉比耶夫；在英国的有车臣“文化、信息和新闻部长”扎卡耶夫。此外，车臣流亡分子在外高加索地区、沙特阿拉伯、卡塔尔、土耳其等国都有流亡基地。这些事实表明，虽然“9·11”之后，俄罗斯与美国等西方国家在国际反恐合作上存在共同利益，但今后这些国家依然不会放弃在车臣问题上做文章，以此作为打击和削弱俄罗斯的手段，俄罗斯在解决车臣问题上也仍将不断受到美国等西方国家“双重标准”的牵制。

可以说，所有这些外部因素都不同程度地加剧着车臣问题的复杂化，为俄罗斯最终彻底解决车臣问题带来了很大的消极影响。

俄罗斯在解决“车臣问题”上的经验教训

一、“民族主权”还是“国家主权”

车臣问题是在苏联解体的过程中被引发出来的。苏联后期，为缓和苏联各地日益紧张的民族关系，戈尔巴乔夫提出了改革苏维埃联邦体制的设想，通过了

《加盟共和国退盟程序法》等一系列法律。但是，戈尔巴乔夫试图通过改革苏联联邦体制，恢复列宁时期提出的“民族自治”与建立“自由民族的自由联盟”的联邦思想，来解决国内民族问题的努力，非但没有制止联盟分裂的势头，而且还为各民族共和国内的民族分离主义势力所利用，成为他们从事民族分离活动的主要依据。苏联解体前后，包括车臣在内的俄罗斯联邦内的所有民族共和国几乎都提出了“主权”要求。

应该说，由戈尔巴乔夫改革引发的全国范围内共和国争取主权的运动与苏联时期实行的民族政策和联邦国家建制形式有直接关系。

首先，十月革命前后，列宁和布尔什维克党提出以民族为基础建立联邦制的思想，在现实中并不能保证主体平等的联邦原则。在苏联内部，各民族按照民族建制的不同被赋予了不同的权力和法律地位，而这些权利和义务也都由联盟中央来确定。苏联宪法中规定的各联盟主体一律平等，各联盟主体拥有主权和自由出入苏联的承诺因无法实现而毫无意义。而斯大林时期经常随意撤销民族自治实体，或强制某一民族集体迁往异地的现象更加重了这些民族权力地位上的不平等。在苏联一党专政和强大国家机器的作用下，社会上的各种民族不平等与民族矛盾都被掩盖起来，一旦苏联的集权体制出现松动，这些隐藏的矛盾便浮出水面，并迅速发展成了一场民族共和国与联盟中央争取主权的社会运动。

其次，多年来苏联领导人一再强调，苏联在解决民族问题和促进民族平等方面作出了显著成绩，甚至宣称“苏联已经进入各民族进一步接近和达到完全一致的新阶段。在苏联已经形成了具有共同特征的、不同民族的新的历史性共同体，即苏联人民”。甚至在苏共二十七大会议上所作的政治报告中，戈尔巴乔夫仍不忘再次宣称，苏联已经“一劳永逸地消灭了民族压迫和民族不平等的各种形式和表现”。但这种表面的族际认同感并没有消除各民族之间的矛盾和不信任，各联盟主体争夺主权的运动，以及苏联解体后一个庞大帝国迅速分裂成15个独立民族国家这一事实，也说明了苏联各民族人民对作为苏联公民的集体认同感非常脆弱，而成为俄罗斯人、乌克兰人、白俄罗斯人等本民族的人民对他们来说则更具号召力和影响力。另一方面，苏联后期，对历史问题的反思和在民族问题上“不留历史空白点”做法的矫枉过正，在很大程度上也诱发了某些民族地区的极端民族主义倾向，出现了新的民族矛盾和民族不平等。苏联后期，打着“民主化”、“公开化”的旗号，一些加盟共和国内的激进民族主义势力悄然形成并逐渐发展壮大，直至掌握了共和国内的政权，并进一步提出了国家独立要求。

任何理论都有特定的适用范围。按照我国学者宁骚的观点，“在当代民族国家已经得到普遍建立的情况下，民族自决权理论的基本适用范围是：首先，它适用于一切根据现行国际条约有权建立自己的民族国家，但由于种种原因，现在还没有赢得政治独立的民族；适用于一切根据现行国际条约享有民族自决权，但是这种权利却遭到了别的民族践踏和蹂躏的那些民族；适用于一切现在仍处于殖民地地位的那些民族。其次，它适用于国际关系的范围内”[①]。

当代世界，几乎每一个大国都是融合了众多的小民族而形成的，而且有些大民族事实上也是由若干个小民族组成的民族联合体。那么，在这些多民族国家中，究竟哪些民族享用分离和独立的权利，哪些民族不享有这样的权利，无论在理论上还是实践上，都是一个极其复杂的问题。从苏联的解体，以及苏联解体后俄罗斯联邦境内出现的众多民族共和国争取国家主权的运动来分析，民族自决权理论尤其不适用在一个独立的多民族国家内部解决民族问题。而前苏联、前南斯拉夫和前捷克斯洛伐克等民族联邦国家的相继解体也表明，列宁提出的以民族为基础建立联邦制的思想不仅难以实现，而且当这些民族联邦国家内部出现不稳定时，极易出现联邦国家解体的危险。

二、苏联后期俄罗斯民族的独立倾向为车臣问题的产生起到了推波助澜的作用

按照世界民族国家发展的经验，在由主体民族和非主体民族构成的多民族国家内部，因民族分离导致国家分裂的过程，一般都表现为非主体民族竭力摆脱主体民族的控制而最终走向独立，然而90年代初苏联的解体却恰恰相反。作为苏联最大的加盟共和国，俄罗斯联邦领导人却带头谋求独立地位。

20世纪80年代末，苏联国内的民族矛盾主要体现在两个方面，一是以俄罗斯人为一方和以非俄罗斯人为一方的矛盾，二是非俄罗斯民族之间的矛盾，两种矛盾相互交织，并以一种群体爆发的形式表现出来。在苏联解体的过程中，作为苏联的主体民族，俄罗斯人的民族意识也被激发出来。这一时期，一些俄罗斯人抱怨最多的就是在整个苏联时期俄罗斯人充当了哺养其他少数民族的“奶牛”角

① 宁骚：《民族与国家——民族关系与民族政策的国际比较》，北京大学出版社1995年版，第398页。

色，为其他民族的发展做出了巨大牺牲，同样受到了不公平待遇，要求改变这种状况等等。1989 年在苏联人民代表大会上，俄罗斯作家瓦连京·拉斯普京的一番讲话很能代表当时俄罗斯人的这种民族主义情绪，他说："我们俄罗斯族人一贯尊重苏联各民族的民族感情，理解各民族的民族问题，当然我们也同样希望得到各民族的理解和尊重。那些指责俄罗斯族人具有沙文主义和盲目自高自大的说法，纯粹是一些玩弄民族感情的人散布的谣言……俄罗斯人一贯乐于帮人，既然你们认为，你们的所有不幸都是由俄罗斯制造的，是俄罗斯的贫穷和落后拖了你们的后腿，那么我想，还不如让俄罗斯从苏联脱离出去？这样岂不是更好？如此一来，也可以帮助俄罗斯解决许多现有的和今后出现的问题。"①

为与联盟中央争夺权力，以叶利钦为首的俄罗斯联邦最高权力机关在苏联内部率先提出了国家主权的要求，这为其境内的民族地区争取独立地位起到了示范和推动的作用。1990 年 5 月，叶利钦当选为俄罗斯最高苏维埃主席，6 月 12 日，俄罗斯人民代表大会通过了《俄罗斯联邦国家主权宣言》，宣布"俄罗斯联邦是一个主权国家，保留退出苏联的权利；联邦宪法和法律在俄罗斯全境至高无上；苏联国家权力机关的法律、文件、总统令等，只有经俄罗斯联邦最高苏维埃批准后才能在其境内生效"。1990 年 7—11 月，俄罗斯联邦最高苏维埃还通过了一系列有关保障实施俄罗斯主权的法律，例如在《俄罗斯联邦土地所有权法》中宣布俄罗斯境内的所有土地，及其矿藏、水和森林等自然资源的所有权归俄罗斯联邦和各自治共和国所有。实际上，俄罗斯已经将自己置于联盟中央之上。

俄罗斯联邦对联盟中央的背弃无异于釜底抽薪，使这个强大帝国失去了赖以存在的支柱，它的解体也就变得不可避免。正如俄罗斯政治学家米格拉尼扬所说，多数俄罗斯人在支持俄罗斯人民代表大会提出国家主权宣言的同时，并没有意识到要求俄罗斯的主权与保留苏联是根本不相容的，因为"苏联能够以从前的形式存在仅仅是靠了俄罗斯和俄罗斯人"②。

不仅如此，为缓和民族矛盾、安抚地方精英，叶利钦对地方提出的各种主权要求也做出了部分让步。1991 年 1 月，苏联驻立陶宛首都维尔纽斯的内卫部队

---

① （俄罗斯）罗伊·麦德维杰夫：《苏联的最后一年》，社会科学文献出版社 2005 年版，第 231 页。

② （俄罗斯）安德兰尼克·米格拉尼扬著，徐葵等译：《俄罗斯现代化与公民社会》，新华出版社 2003 年版，第 220 页。

与该国最高苏维埃主席兰茨贝基斯的支持者发生武装冲突，造成13人死亡，叶利钦随即发表声明，谴责联盟军队是在镇压“民主”力量；1990年8月，在视察鞑靼斯坦时，叶利钦向地方领导人许诺：“地方能拿多少主权，就拿多少主权。”在这种形势下，争取主权的运动席卷了各加盟共和国。到1990年年底，前苏联的15个加盟共和国，有5个发表了独立宣言，10个发表了主权宣言，致使苏联名存实亡。

苏联后期，正是俄罗斯联邦内部这两股平行的独立势力加速了苏联解体的进程，也使车臣问题随之凸显了出来，进一步助长了车臣分离势力的气焰。

三、俄罗斯政治集团之间的争斗加重了车臣问题的复杂化

第一次车臣战争期间，利用车臣战争作为政治斗争的工具成为俄罗斯政治集团内部斗争的一个非常特殊的现象。围绕车臣问题，一向支持叶利钦的“民主派”坚决反对叶利钦的车臣行动，在联邦政府出兵车臣的当天，以盖达尔为首的“俄罗斯选择”联盟在莫斯科举行抗议集会，要求政府立即从车臣撤军；“亚博卢”集团领导人亚夫林斯基也公开批评政府的车臣政策，要求叶利钦自动辞职；以政府反对派——“俄罗斯共产党”为主的议会两院部分议员，积极主张和平解决车臣危机，联邦委员会主席舒梅科甚至措辞强烈地指出，联邦委员会绝不会批准总统关于在车臣地区实行紧急状态的任何命令。期间，联邦委员会还通过了一项决议，就总统和政府在车臣动用军队的命令是否违反宪法问题向联邦宪法法院提出质询。在军队上层，一批反对使用武力的将领先后被解职，军队内部矛盾进一步公开化。

俄罗斯各政治集团在车臣问题上的分歧，一方面反映了各派政治势力对车臣问题的不同态度，另一方面也表明他们都在利用车臣战争来实现各自不同的政治目的。车臣战争适逢1995年议会选举与1996年总统大选，政府反对派则希望以坚决反对车臣战争来降低叶利钦的威望，提高自己在民众中的影响力。而1996年总统大选期间，叶利钦连任的主要障碍之一也是车臣战争，因而尽快结束车臣战争也就成了叶利钦能否再次当选俄罗斯总统的主要决定因素。在这种情况下，第一次车臣战争也成为一场匆忙发动，最终没有结局的战争。

第一次车臣战争期间，正是俄罗斯政治集团在车臣问题上的公开争斗，没有形成针对车臣问题的一致政策，致使车臣非法武装势力趁势坐大，车臣危机也愈演愈烈，并最终形成了对俄罗斯领土完整的严重挑战。

四、应将民族融合与促进民族的共同发展作为解决国内民族问题的最主要手段

历史上任何一个多民族国家的建立不外乎有两种方式，一种是通过自愿的方式实现的民族联合，另一种是通过大民族对小民族的武力（或和平）征服的方式而建立起来的。而后一种多民族国家内的民族问题也相对比较严重，车臣问题就属于这类民族问题。

在归顺俄罗斯近一个半世纪中，车臣民族曾有过短暂的休养生息时期。尤其是沙皇统治后期和苏联初期，车臣民族在社会生活的各个方面都得到了很大发展，在第一次世界大战和苏联卫国战争中，车臣人也表现出了与其他民族同样的爱国热情，为俄罗斯民族和国家的发展建立过卓越的功勋。但是在其余的大部分时期，尤其是斯大林时期，由于苏联政府推行的错误民族政策，车臣民族一直处于受压抑和遭迫害的状态。20 世纪末 21 世纪初爆发的这两次车臣战争，在很大程度上也使车臣民族降到了其历史发展中的最低谷。

现代世界民族发展的历史表明，民族分离并不一定有利于该民族的整体发展，战争和武力也不是国家解决国内民族问题的最有效手段，因而强调各民族的相互融合和相互交往，是多民族国家解决内部民族矛盾的最好途径。在保证国家主权和领土完整的前提下，制定既符合所有民族的共同利益又适合弱小民族发展的国内民族政策，最大限度地为所有民族创造和谐发展的社会环境，使他们感受到多民族国家的益处，增强对多民族国家的认同感，是摆在每一个多民族国家面前的首要任务。

15. 如何认识普京的治国理念?

庞大鹏

以2005年国情咨文为标志，普京治国理念的形成与发展在总体上可以划分为两个阶段。1999年12月—2005年4月为“俄罗斯新思想”时期，形成了普京执政的思想基础，并在此基础上提出强国战略，也逐渐形成了普京特色的发展模式。2005年以后为“主权民主”思想时期，概括了普京的政治模式及发展道路，并在“主权民主”思想的基础上提出了“俄罗斯保守主义”。

“俄罗斯新思想”

世纪之交刚刚上台的普京面临国家治理的重重困难：就国家结构形式而言，联邦制度反而造成俄罗斯面临国家分裂的危险，地方权力自行其是；就国家权力结构而言，立法机构与执行机构之间矛盾重重，互相争斗，严重影响了政权的执政能力与效率；就政权的基础而言，叶利钦依靠“家族”和寡头的政治力量造成民怨极深，腐败问题也难以解决；就政治价值观而言，社会思潮千姿百态，难以形成凝聚俄罗斯全民族的思想。以1999年12月的《千年之交的俄罗斯》、2000年2月的《致选民的公开信》和2000年7月的国情咨文这三份重要的政治文献为标志，普京提出了以俄罗斯传统价值观为思想基础的“俄罗斯新思想”。

“俄罗斯新思想”的提出主要基于普京的两点判断。第一，普京认为，苏联的社会主义实践没有使国家繁荣，经济的意识形态化导致俄罗斯远远地落后于发达国家。第二，20世纪90年代的激进改革也没有使俄罗斯走上富强之路，却导致俄罗斯政治和社会经济动荡，民族的忍耐力、生存能力和建设能力都已处于枯竭的边缘，国家面临崩溃。因此，普京说："90年代的经验雄辩地证明，将外国的抽象公式简单地移植到俄罗斯的土地上不可能使我国的改革真正成功和不付出昂贵代价，机械地照搬别国的经验也不可能成功。"他相信，只有将市场经济和民主的普遍原则与俄罗斯的现实有机地结合起来，俄罗斯才能期望有美好的未来。①

正是基于这个结论，"俄罗斯新思想"有两个方面的基本含义。一方面，在普京看来，体现市场经济和民主的普遍原则的超国家的全人类价值观是"俄罗斯新思想"的内核之一，它包括言论自由和出国自由、个人拥有基本政治权利和自由这样一些观念，以及珍惜可以拥有财产、从事经营活动和创造财富这样的机会等等。

另一方面，普京也明确指出：社会团结的思想基础是俄罗斯传统的价值观。普京认为，俄罗斯社会长期处于动荡，其根本原因是"公民意见不一致，社会不团结"。所以，一方面尽管普京表示反对恢复"强制性的""国家的和官方的意识形态"，另一方面又特别强调，社会和人民"在目标、价值观、方针水平这样一些重要问题上意见一致十分重要"。普京认为，支撑俄罗斯社会团结的思想基础是"俄罗斯人民自古以来就有的价值观"，即"俄罗斯的思想"。普京把"俄罗斯的思想"归纳为：第一，"爱国主义"，即对自己民族"历史和成就的自豪感"和建设强大国家的"心愿"；第二，"强国意识"，强调俄罗斯过去和将来都是"伟大国家"，而正是这一点始终决定俄罗斯人的思想和国家政策；第三，"国家权威"，强调"拥有强大政权的国家"是"秩序的源泉和保障"，是改革的"倡导者和主要推动力"；第四，"社会互助精神"，认为俄罗斯人的传统更重视"集体活动"，"习惯于借助国家和社会的帮助"改善自己的状况。

"俄罗斯新思想"的"新"就是体现在它是一个合成体，它把全人类的普遍的价值观与俄罗斯的经过时间考验的传统价值观有机地结合在一起。普京的本意是要把历史与现实、传统与现代完美地结合在一起，既顾及传统价值观，尤其是70年的社会主义实践，也考虑到20世纪90年代以来的变革实际。

由此可见，普京的"俄罗斯新思想"具有很强的针对性。普京提出的"俄罗

---

① Владимир Путин, Россия на рубеже тысячелетий. Независимая газета, 30 декабря 1999г.

斯新思想”是对20世纪90年代以来在俄罗斯占主导地位的政治思潮的挑战和纠正：“爱国主义”实质上就是俄罗斯民族主义，针对的是自戈尔巴乔夫“改革”以来社会上盛行的世界主义和民族虚无主义；“强国意识”，主要针对的是“民主派”奉行的、力图使俄罗斯尽快融入“西方文明世界大家庭”的欧洲—大西洋主义；强调“国家的权威”，针对的是20世纪90年代以来占统治地位的、认为市场万能的自由主义；“社会互助精神”，针对的是一度泛滥的以“个人主义”为核心的西方文化，为包括苏联70年在内的俄罗斯传统文化的核心——集体主义正名。

“主权民主”思想

俄罗斯“主权民主”思想的产生有特定的政治需求，与普京执政后期抵御“颜色革命”，消除政治压力，确保发展道路延续等历史背景密切相关，这也使得“主权民主”思想的积极意义主要体现在促进了普京政权掌握政治思想导向的主动权，并确保了俄罗斯政治体系的稳固和连续。

抵御“颜色革命”的必要性。俄罗斯提出“主权民主”思想的直接动因就是应对“颜色革命”的挑战。俄罗斯认为，独联体地区一些国家爆发的“颜色革命”实际上是外部势力要在民主化的旗号下达到控制这些国家的目的。[①] 同时，在“颜色革命”酝酿、组织和实施过程中，来自美国的资金支持、非政府组织以及由他们资助的青年激进组织发挥了极为积极的作用。[②]在这种抵御“颜色革命”的形势背景下，尤其是在围绕制定《非政府组织法》的进程中俄罗斯与西方的争论，坚定了普京政权提出并宣传“主权民主”思想的政治意志。

消除政治压力的迫切性。2004年的别斯兰人质事件对俄罗斯的政治发展产生了重要影响。普京认为俄罗斯的政治体系不能适应社会发展的现状，俄罗斯应建立一个更为有效的安全体系，使护法机关在面临新威胁时能够采取有效的行

① В России демократии больше, чем на Западе, http://www.edinros.ru/news.htmlid=115327.

② Б. Дмитрий, Урок украинского для России, Время новостей, N231, 20 декабря 2004г.

动，[①] 为此普京政权采取了一系列政治举措。[②] 对于这些举措，西方更多是从民主制度的层面加以看待，认为以别斯兰人质事件为代表的俄罗斯恐怖主义实际上成全了普京政权的掠夺性。[③] 美国重新开始关注俄罗斯集权体制复活的可能性，担心普京寻求类似苏联时期对政治的重新控制。[④] 此外，普京政权的反对派也在别斯兰人质事件后对普京大肆批评。[⑤] 可以说，面对这种来自国内外的政治压力，普京希望整合他执政以来俄罗斯关于政治发展领域的一系列重要思想，从而在政治话语权上掌握主动。

确立根本发展道路的延续性。普京上台后采取了一系列战略举措，俄罗斯逐步实现了从危机到复兴，从动荡到发展的历史转变。面对俄罗斯 2007 年的国家杜马选举和 2008 年的总统大选，普京认为其首要任务就是确保俄罗斯发展道路的延续性。要想确保这种延续性，就政治心理学的角度而言，普京政权需要用一种主流政治价值观引导俄罗斯民众继续支持已有的发展道路，并继续在统一的思想下完成强国目标。政治思维的发展特点可以影响到政治探索的进程和阶段性成果。俄罗斯需要积极创建自己的意识形态，创造性地运用传统的思想。

可见，虽然“主权民主”思想的产生具有鲜明的历史背景，是普京政权在特定历史条件下的一次成功的政治设计，但由于该思想深刻揭示了普京执政八年俄罗斯发展道路的特点，从而能够提升到俄罗斯主流政治价值观的政治高度。它是普京执政理念一以贯之的有效继承与发展，是俄罗斯探索发展道路的一次厚积薄发。

2005 年 4 月 25 日，普京发表了 2005 年国情咨文。此次国情咨文开宗明义地表示：“这次国情咨文涉及关于俄罗斯意识形态和政治领域一系列的原则问题。

---

① Владимир Путин выступил с обращением к россиянам, http://www.rian.ru/politics/20040904/672429.html.

② Путин объявил о перестройке государства после трагедии в Беслане, http://www.newsru.com/russia/13Sep2004/putin.html.

③ Fred Weir and Scott Peterson, Russian Terrorism Prompts Power Grab, The Christian Science Monitor, September 14, 2004.

④ А. Самарина, Е. Григорьев, Участники встречи в Братиславе сосредоточились на стратегическом партнерстве, Независимая газета, 25 февраля 2005г.

⑤ S. Peterson, Broad Backlash to Putin Reforms, The Christian Science Monitor, January 19, 2005.

在俄罗斯当前的发展阶段明确这些问题非常重要。”在国情咨文中，普京指出，俄罗斯当前最主要的思想政治问题是俄罗斯要作为自由民主国家的发展问题。俄罗斯需要解决的最困难的问题是如何保护好个人价值并确保俄罗斯民主制度的发展潜力。当前对于俄罗斯而言，民主的价值同经济发展和社会稳定一样重要。俄罗斯在这个问题上解决得越好，俄罗斯在国际上的地位就越稳固。

国情咨文发表后，激起了俄罗斯政治精英的热烈讨论。前《独立报》总主编、俄罗斯著名政治评论家特列季亚科夫继2000年率先提出“可控民主”概念后，2005年4月28日，在《俄罗斯报》发表文章《主权民主：普京的政治哲学》，再次首先提出了“主权民主”概念来评价普京的国情咨文，并概括普京的治国理念。他认为，民主、自由和公正，是俄罗斯自然形成的三个主要价值观，这不是外国带给俄罗斯的，而是俄罗斯内生性的价值理念。①

2005年5月17日，总统办公厅副主任苏尔科夫在“实业俄罗斯”协会总委员会上作报告，也第一次代表官方明确指出：俄罗斯的民主是依据本国历史、地缘政治、国情和法律，由本国自主确定的民主，即“主权民主”。②

统一俄罗斯党迅速确立了“主权民主”思想对该党的指导地位。经过2006年7月11日“主权民主的经济——怎样使俄罗斯经济发展得更快”研讨会、2006年8月30日“全球化条件下的主权国家：全球化与民族认同”圆桌会议和2006年9月12日第二届传媒论坛，统一俄罗斯党迅速确立了“主权民主”思想在党内的主导性影响，并于2006年12月2日，统一俄罗斯党的七大上，明确将“主权民主”思想定位为党的意识形态基础。2007年12月2日的第五届国家杜马选举结果巩固了“主权民主”思想的重要影响。

2007年12月的第五届国家杜马选举结果巩固了“主权民主”思想的重要影响。经过三年的充实与发展，“主权民主”思想的重要意义已经超出了意识形态的范畴。“主权民主”代表了俄罗斯当前和今后一段时期的状态。得到普京全力支持的政权党统一俄罗斯党已将“主权民主”思想作为党的指导思想。该党在

---

① Виталий Третьяков, Суверенная демократия: О политической философии Владимира Путина, Российская газета, 28 апреля 2005г.

② Выступление заместителя руководителя Администрации Президента РФ Владислава Суркова на закрытом заседании Генерального совета объединения “Деловая Россия” 17 мая 2005 г, http://www.polit.ru/dossie/2005/07/12/surk.html.

2007 年国家杜马选举中大获全胜。这充分表明：俄罗斯民众不仅充分认可了这一主流政治价值观，而且也认可和支持以“主权民主”为政治理念基础的普京特色发展道路。尤其需要强调指出，今后俄罗斯发展的指导性纲领——“普京计划”，其实质就是建立在以“主权民主”思想为基础上的国家复兴战略。“普京计划”是“主权民主”思想的载体，具有极强的操作性，可以看作“主权民主”思想的细化与深化。

在俄罗斯政治和学术界精英中，对“主权民主”这一提法是否科学，有不同意见，但是对其基本内涵大都是肯定的。一般分析，“主权民主”大体上包含这样一些内容：一、俄罗斯选择民主的发展道路，认为自由、民主是全人类的共同价值，是人类社会发展的康庄大道；二、俄罗斯是主权国家，独立自主地决定自己内外政策，不接受外来干涉；三、民主作为一种制度和原则，必须适合俄罗斯现状和发展阶段，必须适合俄罗斯的历史传统和文化特点；四、民主化是一个过程，俄罗斯的民主还处在发展的初期阶段；等等。

“俄罗斯保守主义”

2008 年 11 月 20 日，统一俄罗斯党召开第十次代表大会，最高委员会主席格雷兹洛夫明确表示：统一俄罗斯党意识形态的基础是保守主义。[①]

早在 2005 年 4 月，格雷兹洛夫就曾经指出：统一俄罗斯党坚持保守主义。在当代俄罗斯，保守主义作为一种政治观念是与共产主义复辟思想和激进自由主义相对立。[②] 也就是说，虽然俄罗斯保守主义的核心观念也是反对一切激进的革命，主张以妥协手段调和各种社会势力的利益冲突，但是在当代俄罗斯政坛保守主义在大多数情况下代表了一种政治符号，即代表中派主义，更多地强调的是一种政治价值取向。可以说，普京执政团队出于当前对俄罗斯政治发展全局的考虑，已经将保守主义政策化和官方意识形态化。

保守主义官方意识形态化的实质是“主权民主”思想。2008 年 9 月，作为

---

① Идеология Партии основана на консерватизме, http://edinros.er.ru/er/text.shtml32471/110022.

② 刘淑春等：《当代俄罗斯政党》，中央编译出版社 2006 年版，第 113 页。

统一俄罗斯党主席的普京总理在瓦尔代会议上表示，他本人愿意成为将民主价值与俄罗斯国家传统相结合的保守主义者。可见，保守主义的政治实质是2005年以来被俄罗斯官方深入论述的“主权民主”思想。

保守主义政策化的发展是指适应俄罗斯2020年创新发展战略的“普京计划”。2007年5月，统一俄罗斯党把“普京计划”作为竞选纲领，一方面是出于竞选的需要，另一方面，而且是更重要的，是为了保证普京的治国思想和方针政策得以延续。普京说，“普京计划”就是俄罗斯的中长期发展战略。统一俄罗斯党的负责人说，“普京计划”是在“主权民主”基础上的俄罗斯复兴战略。“普京计划”实际上包含三方面的内容：普京执政八年形成的思想理论体系；行之有效的一整套方针路线；俄罗斯未来的发展战略。2008年2月，普京提出了《俄罗斯2020年前发展战略》，使“普京计划”进一步具体化。

2008年2月，普京提出了《俄罗斯2020年前发展战略》。这一新战略被称为“国家创新发展战略”。普京说，“国家创新发展战略”是俄罗斯“唯一现实的选择”。目前，俄罗斯国内正对这一战略进行细化，各个部门也在根据这一战略原则制定本部门的长期规划。“国家创新发展战略”的实施将标志着俄罗斯进入新的发展阶段。

普京的“国家创新发展战略”的核心内容是：依靠俄罗斯的主要优势即人的潜力，依靠人的知识和技能对国家的经济和社会生活进行全面的改造和提高。“国家创新发展战略”的目标是：到2020年使俄罗斯“处于世界科技领先国家的行列”。新战略的具体经济和社会指标有：到2020年GDP从现在的1.25万亿美元增至5万亿美元，居欧洲第一位，世界第五位；人均GDP从现在的9000多美元增至3万—5万美元；劳动生产率提高4倍；人均寿命从60岁提高到75岁；中产阶级的比重从15%—20%提高到60%—70%。

实现“国家创新发展战略”的主要措施有：第一，对人力资本进行大规模的投资，以实现人的全面发展。首先加大对教育和科研的投入，把俄罗斯教育办成“世界上最好的教育”；继续实施医疗、住房等“国家重点项目”。第二，建立“国家创新体系”。这包括建立现代化的能源产业；改造“现在几乎所有的”技术设备；建立高新技术产业，引领“知识经济”；发展包括金融系统在内的基础设施，等等。第三，继续改革，培育市场机制和竞争环境，特别是改革政府机关。

由此可见，俄罗斯的“国家创新发展战略”实质上是以科技进步为主要手段的俄罗斯振兴战略，简单地说，就是科教兴国战略，其中不乏以人为本的精神。“国家创新发展战略”将使俄罗斯在过去成就的基础上，从粗放式的能源型增长方式转到由高科技带动的科学发展轨道。所以，普京说，实施“国家创新发展战略”标志着俄罗斯进入“国家发展的全新阶段”。

在统一俄罗斯党十大上，格雷兹洛夫透露，普京作为统一俄罗斯党主席要求革新该党的指导思想。为此格雷兹洛夫指出，保守主义的常量是文化、精神、爱国主义和国家力量，其变量是指科学的发展、新技术的运用和民众生活水平的提高。[①] 变量因素的确定无疑与普京在统一俄罗斯党十大上的表态密切相关。一方面，普京表示，尽管俄罗斯发生了金融危机，但俄罗斯发展绝不会放弃既定的发展战略，另一方面，普京指出，统一俄罗斯党的政治前景，直接取决于现在如何解决国家和世界面临的问题。[②] 可见，统一俄罗斯党创新保守主义理念，既要结合 2020 年发展战略的创新实质，又要兼顾金融风暴影响下俄罗斯民众的生活水平，而这两点都是“普京计划”的核心内涵所在。

总之，从俄罗斯的长期发展来看，普京执政团队坚持的主要政治思想是以“主权民主”为内核的保守主义。2020 年发展规划即国家创新发展战略是政权主要关注点。着力解决困扰俄罗斯多年的深层次经济结构问题，为强国富民打下坚实的基础是俄罗斯政策的主要出发点。加强国家政权、法制与秩序是俄罗斯强国的首要保证，也是俄罗斯民众的普遍要求。在俄罗斯民众的意识中，政治稳定被提到首要位置。稳定、效率、秩序、社会公正方针具有团结人心的潜力。强国是目的，民主是手段，发展是核心，控制是实质，普京执政团队将牢牢把握这些治国原则。这些治国原则之间的博弈结果则左右俄罗斯具体政策的动向。爱国主义和强国意识已是全社会的精神支柱。虽然各政治派别从政治倾向上分属不同阵营，但他们都把爱国主义和强国意识作为意识形态基础。可以说，当代俄罗斯保守主义的基本特征将在俄罗斯相当长的发展阶段中占有重要的指导地位。

---

① Идеология Партии основана на консерватизме, http://edinros.er.ru/er/text.shtml32471/110022.

② Россия не откажется от планов стратегического развития, http://www.edinros.ru/er/text.shtml32467/100019.

16. 如何认识“梅普组合”?

庞大鹏

2008年5月7日，梅德韦杰夫正式成为俄罗斯新一届总统。5月8日，国家杜马以高票通过对普京的总理任命。这样，俄罗斯政坛形成了由梅德韦杰夫担任总统、普京担任总理的权力运作机制。这是俄罗斯政治生活中过去从未出现过的现象。人们把俄罗斯新的权力结构称之为“梅普组合”。如何评价这种权力结构?

为什么能够形成“梅普组合”

普京继续掌权，这是“梅普组合”的核心。众所周知，到2008年5月，普京总统第二任期届满。按照俄罗斯联邦宪法，他不能第三次连任总统了。但是，俄罗斯民众和政治精英们强烈要求普京继续领导他们的国家。

这是因为在普京执政的八年中，他提出的一整套治国思想、推行的振兴俄罗斯的方针政策，以及提出的今后若干年的国家发展战略，已被实践证明是正确的，已为全社会所接受。俄罗斯在普京的领导下，各个方面都取得了巨大的成就。普京纠正了叶利钦时期全盘西化的改革路线，把建设强大的俄罗斯作为一切工作的中心。俄罗斯历史发生了转折性的变化。普京的历史功绩主要表现在以下几个方面。

建立了统一的国家政权体系。普京刚上台时，国家实际上处于瓦解的边缘。车臣分裂主义不用说了，其他联邦主体也是各行其是，例如，地方可以不向中央缴税，可以制定与宪法相抵触的法律，有些联邦主体甚至相互提出领土要求，等等。在普京的领导下，俄罗斯建立了强有力的中央集权的国家权力体系，实现了自20世纪80年代后期以来前所未有的政治统一。

实现了经济持续和快速发展，人民生活水平大幅提高。1999—2007年，俄罗斯GDP年均增长6.9%，大大超过世界经济4.7%的平均速度。2007年名义GDP达到1.25万亿美元，上升到世界第七位。人均GDP从2003年的3000美元增加到2007年的9000多美元。2000—2007年，居民实际收入增长1.5倍；外贸总额增长4倍；吸引外资增长6倍，2007年达到823亿美元；证券市场总市值增长21倍，2007年年底达1.33万亿美元。

使民族精神重新焕发。20世纪90年代，民族虚无主义盛行，各种思潮的角逐导致社会的分裂。普京提倡的反映俄罗斯民族精神的“俄罗斯新思想”、“主权民主”等已得到社会的广泛认同。人民不再迷惘于诸如“什么是俄罗斯”，“俄罗斯走向何方”等所谓“文明选择”问题。爱国主义、强国意识已成为俄罗斯民族精神和主流意识形态的两大支柱。俄罗斯社会实现了自20世纪80年代改革开始以来空前的思想统一。

使俄罗斯以世界强国的姿态重返国际舞台。20世纪90年代，俄罗斯曾一度沦落为西方的“小伙伴”和世界乞丐。普京上台后，随着政策的调整和国力的增强，俄罗斯满怀信心，以世界强国的姿态重返国际舞台，坚决捍卫国家和民族利益，国际地位和影响日益提高，成为多极化世界重要的力量中心。

普京自己表示，他执政八年的主要成就是实现了稳定。因此，对俄罗斯来说，普京继续掌权具有以下几个方面的重要意义：第一，保证政策的连续性。行之有效的政策和路线不会发生改变，俄罗斯的发展势头不会逆转。第二，保持俄罗斯社会的稳定。俄罗斯民众在20世纪90年代动荡中产生的恐惧和屈辱心理还没有消失，非常害怕因领导人更迭而导致局势发生变化。第三，业已形成的精英集团的地位和利益能够保住。第四，俄罗斯的世界大国地位得以继续维持。

所以说，“梅普组合”符合俄罗斯大多数人民的愿望，符合俄罗斯社会发展的客观需要，是俄罗斯社会政治发展的产物。在拥有多数民众支持的情况下，本来也可以通过修改宪法的有关条款，使普京获得连任，正像中亚某些国家所做的那样。但是，普京反对为他个人而修改宪法。从这个角度说，“梅普组合”又是民主和法治的普遍原则同俄罗斯具体情况相结合的产物。

按照宪法，大权集中在总统手中，总统处于国家权力的中心。但是，鉴于俄罗斯的实际情况，普京仍然处于国家权力中心，至少与总统同处于权力中心，共同执政。普京的权威是在政治实践中形成的，不是人为树立的。人们对权威的崇拜超过对法律和制度的崇拜，这是俄罗斯政治文化的一大特点。

“梅普组合”形成后权力机制有什么变化

联邦政府成员构成的人事权归于总理。2008 年 5 月 12 日，新一届政府组成人员确定，副总理人数由上届的 5 人增至 7 人。原总理祖布科夫和原总统助理舒瓦洛夫被任命为第一副总理，原副总理茹科夫、原第一副总理伊万诺夫、原总统办公厅主任索比亚宁、原总统办公厅副主任兼总统助理谢钦和原副总理兼财政部长库德林被任命为新政府副总理。其中，索比亚宁兼任政府办公厅主任，库德林兼任财政部长。原副总理兼政府办公厅主任纳雷什金改任总统办公厅主任。外交部、国防部、财政部、农业部、经济发展部、内务部、紧急情况部、地区发展部、卫生和社会发展部、教育和科学部、自然资源部、运输部的部长人选未发生变动。强力部门只有司法部长和联邦安全局的人选发生变动。从俄罗斯政府 5 月 12 日的组阁进程来看，普京实际掌握了联邦政府成员构成的人事权。政府组成人员的名单体现了普京的政治意志。值得注意的是，俄罗斯宪法第 112 条明确规定，俄罗斯联邦政府总理向俄罗斯联邦总统提出俄罗斯联邦政府副总理和联邦部长人选。也就是说，普京此举并没有违宪，只是充分行使宪法赋予总理的权力而已。在以往的历届政府中，该项权力并没有得到真正实行。现在普京凭借他的政治影响力充分利用了这一条款。

普京与统一俄罗斯党的政治联系更加紧密。俄罗斯新的政治格局，从国家杜马选举开始经过总统大选，直到普京正式出任联邦政府总理和统一俄罗斯党的主席才正式成形。2008 年 4 月 15 日，统一俄罗斯党第九次代表大会全票选举普京从 5 月 7 日起担任该党主席，行使该党最高领导人的职责，可以撤换党内任何人的职务。从某种意义上看，通俗地说，普京甚至掌握了俄罗斯的干部政策。普京出任总理和担任统一俄罗斯党的主席，首先都是为了保证政局稳定，这也是他政治布局的主要目的。此外，普京担任统一俄罗斯党的主席也是落实 2020 年战略发展计划所必需的，利用党的力量完成这个计划，同时它也是信息反馈的工具。普京的行为逻辑就是不允许出现混乱和动荡，就是在不违反宪法前提下，不打破国内的稳定局势，同时整个国家必须有效地发展。普京拥有总理和政权党领袖两个职位，也就是说，在俄罗斯执行权力机关和立法权力机关中都居于核心政治地位。由此统一俄罗斯党在俄罗斯政坛的地位举足轻重。在中央层面，统一俄罗斯党在国家杜马中是普京实施强国战略的坚实保障；在地方层面，统一俄罗斯党作为势力最为广泛的全国性政党是普京继续巩固联邦统一的核心力量。不仅如此，普京成为统一俄罗斯党的主席的象征意义，甚至大于实际意义：普京成为了俄罗斯的精神领袖，成为了格雷兹洛夫等政治精英反复强调的国家领袖。[①] 当然，如果从纯粹技术性角度分析，普京成为国家杜马中占据绝大多数席位的政党的领袖，就使得宪法中总统可以撤换总理的规定不可能实现了，因为这与罢免政府、撤换总理、弹劾总统等一系列技术性环节互相关联，牵一发而动全身，更何况这还涉及俄罗斯政治稳定问题。

普京通过设立政府主席团的工作机制，继续控制强力部门并加强了总理的政治领导。普京对政府工作机制调整的核心举措是成立了政府主席团。2008 年 5 月 15 日，在首次政府工作会议上，普京提出成立政府主席团的倡议。他表示："为了提高政府工作的效率和讨论现有问题，将组建由政府副总理和一些部长组成的政府主席团。"在这次政府会议上，普京在解释这项决定的动机时表示：原先的政府会议形式主义严重，效率不高。普京表示，政府会议每月至少召开一次，政府主席团将每周召开一次例会讨论当前问题，并根据需要可邀请其他部门的部长出席（政府主席团由总理、副总理以及外交部、内务部、国防部、地区发展部、经济发展部、农业部、卫生与社会发展部的部长组成）。普京设立政府主席团的政治意义在于把政府总理从烦琐的技术性工作中解脱出来，从而加强总理的政治领导。政治技术中心副主任阿列克谢·马卡尔金强调指出，这个决定再一次证明了政府的两重领导机制：基础力量是各部部长，在各部部长上面现在是副总理的负责制。此外，专家指出，在政府主席团会议上将讨论大量的次要的技术性的问题。习惯了处理战略性任务的普京显然不会适应技术性的工作。马卡尔金认为："官僚主义的按部就班只适合弗拉德科夫和祖布科夫这样的技术型总理。"从决策者向执行者的角色转变对于普京是个挑战。因此，政府主席团的成立就是

---

① Борис Грызлов，Путин остается лидером России，Российская газета，17 октября 2007г.

为了处理日常烦琐事务。政治问题将在政府会议上得到最大程度的讨论。①

普京继续控制对地方行政长官的任免权。普京担任统一俄罗斯党的主席的一个重要政治效果就是普京对地方行政长官的有力控制。根据《关于联邦主体立法机关和执行机关组织总原则》的修改法，在地方议会选举中获胜的政党有权提出联邦主体的行政长官人选。由于统一俄罗斯党在联邦主体中居于议会多数地位，普京实际上通过控制统一俄罗斯党在地方议会党团的行动，从而控制了对地方行政长官的任命。

综上所述，作为俄罗斯政治发展的四个基础——中央执行权力、政权党、强力集团和地方势力都被普京控制。在“梅普组合”的权力机制中，普京居于权力的中心地位，普京也已经成为事实上难以被罢免的强势总理。

此时的“梅普组合”显示了俄罗斯政治发展在三个层面上互为关联和影响。

在国家发展模式和战略目标层面，“梅普组合”基本一致，这是“梅普组合”的基础。正如普京所指出的：俄罗斯面临诸多挑战。如果能取得成功，最高层的权力组合将来就不会那么重要。共同的目标才是最根本的。普京团队将尽可能长久地保持团结。分担角色的方式是次要的。② 梅德韦杰夫也表示，相对解决俄罗斯所面临的艰巨任务来说，他和普京确实是不错的组合。为了实现俄罗斯的目标，“梅普组合”会在法律的框架内运行良好。③

在权力运行机制层面，“梅普组合”既是一种政治信任的结合，又是一种权力互相制衡的关系，甚至可以说，“梅普组合”是在不改变俄罗斯宪政制度框架的前提下，俄罗斯政治权力呈现一种罕见的权力让渡和共享局面。从政治学的核心问题，即如何掌握和运用政治权力的角度来看，这种某种事实上的让渡与共享，可以看作是“梅普组合”的实质。

在政治精英层面，不论是从普京的政治意愿来看，还是从政府与总统办公厅

---

① Игорь Наумов，Путин освободил правительство от затяжных бюрократических процедур：Министрам больше не нужно собираться на еженедельные заседания кабинета，Независимая газета，16 мая 2008г.

② Александра Самарина，Игорь Романов，Юля Петровская，Михаил Сергеев，“Основной сигнал”，Независимая газета，2 июня 2008г.

③ Интервью информационному агентству Рейтер，http：//president. kremlin. ru/appears/2008/06/25/1257 _ type63379 _ 203010. shtml.

的人事调整来看，都表明“梅普组合”是一个团队组合。普京八年形成的执政团队是“梅普组合”重要的沟通平台。

“梅普组合”对宪政制度有什么影响

普京曾经说过：“政治的艺术就是在必要与可能之间找到黄金分割点。”自从2007年9月份俄罗斯进入新选举周期以来，普京就又在政治黄金分割点上从容地走步，转身间潇洒地留给世人一个个惊叹号：解散弗拉德科夫政府、任命祖布科夫出任总理、领导统一俄罗斯党参加国家杜马竞选、支持梅德韦杰夫为总统候选人，等等。

不仅如此，纵观普京执政八年，他还采取了一系列广为国内反对派和西方国家诟病的政治举措：以立法与行政分权的原则改组了联邦委员会的组成，建立了设立总统代表的联邦区制度，通过了总统直接任命或撤换地方行政长官的法律，启动了联邦主体的合并，建立和扶植了强大的政权党。

普京用足了宪法和宪法性联邦法律赋予总统的权力，将总统权力的效用发挥到了极致。不违背宪法，却游走于法律规范边缘，这让国内反对派咆哮不止，让西方国家出离愤怒，也一次次地敲打着世人的神经：俄罗斯还是一个宪政国家吗？

先不忙下结论，可以先琢磨一下政治效果。普京有效地改善了立法机构与行政机构的关系，既提高了行政效率也提高了立法效率。普京在建立国家的统一的法律空间、打击寡头、重建车臣秩序、控制媒体、改革行政体制、加强反腐败斗争等领域取得的成效，实现了社会动荡到政局稳定的国家治理，给俄罗斯带来了经济发展和社会进步，让民众生活大为改善。

良好的政治效果为普京带来极高的民意。而且，仔细研究一下这些政治举措可以发现，叶利钦时代形成的俄罗斯宪政制度的基础并没有变，变的只是普京时代宪政制度框架下的国家治理模式。也就是说，叶利钦时代完成了从议行合一苏维埃制度到三权分立宪政制度的转变，普京时代则完成了新权威主义原则指导下对宪政制度的完善和巩固，这是一种国家治理模式的重大变化。

俄罗斯还是宪政国家，只不过宪政制度框架下俄罗斯的发展道路越来越俄罗斯化，越来越走上俄罗斯熟悉的发展轨迹而已。在这条轨迹上，有东正教带给执政者的使命感，有专制文化传统带来的强人政治心理，有人民性带来的政权效应。

普京时代俄罗斯政治发展道路就是建立和完善新权威主义下的宪政民主政体。这条道路符合俄罗斯的历史传统与现实需要。基本制度没有发生变化，但国家大的发展战略和具体的运行机制发生了根本性变化。恰恰是这种变化带给老百姓实惠，带来国富民强。架子还是那个架子，但支撑架子的材质变得更加符合俄罗斯的国情与传统。

在普京心里，他觉得俄罗斯在现阶段实现了宪政制度与俄罗斯特色的完美结合，他觉得自己为俄罗斯找到了一条可以在15年内只用“手动挡”就可以实现俄罗斯重新崛起的发展道路。而在俄罗斯老百姓心里，他们也觉得普京道路切实可行，也觉得俄罗斯当前的战略性任务就是继承这条发展道路，舍此无他。于是，普京拥有了高民意，这种高民意的效应又叠加给了政权党以及普京的总统继承人。

然而，就是这种俄罗斯特色，让西方有些受不了。他们难以理解：西方宪政民主制度的范式怎么在俄罗斯就走了样呢？怎么还能得到曾经在集权体制下生活了大半个世纪的俄罗斯民众的支持呢？于是，西方开始在反导问题上，在独联体的“颜色革命”问题上，在北约东扩问题上，在选举公正性问题上，在一切俄罗斯国内政治改革中不符合所谓民主要求的问题上，向普京频频发难。所有这些问题都是由头，都是表象，都不是俄罗斯与西方矛盾关系的核心问题。核心问题就在于西方难以忍受普京走在一条越来越具备俄罗斯特色的发展道路上。根子在这，这才是俄罗斯与西方关系所谓的“结构性”矛盾所在。

理解俄罗斯，认识俄罗斯的发展道路，这是看待俄罗斯问题的前提。当然，这不等于说我们作为局外人就认可这条发展道路。对俄罗斯发展道路的理解和评价是两个问题。即便是理解，这种理解也可以称之为“同情之理解”。因为俄罗斯越走上它熟悉的发展轨迹，就越有可能再次出现俄罗斯历史上的钟摆式发展的兴衰规律。俄罗斯著名思想家别尔嘉耶夫深刻地指出：“间断性是俄罗斯历史的特点。”

17. “梅普组合”缘何变成“普梅组合”？

庞大鹏

2011 年 9 月 24 日，俄罗斯总统梅德韦杰夫在统一俄罗斯党代表大会上宣布，他提议由现任总理普京参加总统选举。普京表示，如果他当选总统，梅德韦杰夫将出任总理一职。梅德韦杰夫同时接受普京提议领衔统一俄罗斯党竞选名单，带领该党参加新一届国家杜马选举。普京肯定出山，“梅普组合”只是过渡性权力机制，这是普遍共识。在 9 月 24 日的统俄党代表大会上梅德韦杰夫表示，早在他与普京之间联盟关系的形成阶段，双方就讨论了这一设想。普京也表示，他与梅德韦杰夫在数年前已就二人的合作模式达成共识。围绕俄罗斯最高领袖权力更迭的上述政治布局揭晓了 2012 年总统大选的谜底。

“梅普组合”的治国理念

梅德韦杰夫执政初期面临的政治现实是：“普京计划”已经成为俄罗斯的治国理念与战略规划，俄罗斯发展的核心问题是要从发展道路的“继承性”转到全面执行“普京计划”上。因此在 2009 年 9 月以前，梅德韦杰夫没有对普京八年形成的政治结构进行任何实质性改变。例如，虽然梅德韦杰夫决定总统驻联邦区全权代表不再拥有联邦主体行政长官的提名权，把候选人的提名权完全交给在地方议会选举中赢得多数席位的政党，但他并没有质疑普京规定的任命地方长官的原则。又如，梅德韦杰夫提倡发展多党制，让获得 5%—7%选票的政党在议会中占有 1—2 个席位，还放宽对非政府组织的限制。但是，普京将政党进入国家杜马的得票率提高到 7%的标准并没有动。

在这一时期，梅德韦杰夫治国理念遵循两点原则：不改变政权的权威地位和不改变普京八年的政治发展道路。梅德韦杰夫明确表示，俄罗斯20世纪90年代关于民主的认识，是一种幼稚的认识，政权必须具有权威地位。他还表示，当代关于政治体制的认识、当代政党体系以及现有的划分州长权限的体制远比在90年代的时候更为民主。

金融危机的爆发极大地改变了俄罗斯的政治议程。要建立创新型发展模式，促使经济多样化，就要推行深层政治体制改革，这种改革产生的多元化和竞争性将反哺经济，促进创新型经济的良性发展。在这种社会背景下，2009年5月，梅德韦杰夫宣布成立由他亲自负责的俄罗斯经济现代化和技术发展委员会。2009年9月梅德韦杰夫在《前进，俄罗斯！》一文提出了"新政治战略"的概念。11月，梅德韦杰夫在总统国情咨文中具体阐述了新政治战略付诸实施的计划，并在新政治战略概念的基础上首次提出了"全面现代化"的理念。"全面现代化"触及了俄罗斯在苏联解体后如何走向现代化、民主化以及如何融入当代世界等具有普遍意义的问题。

全面现代化战略是在"普京计划"及2020年国家创新发展战略的基础上，根据俄罗斯新的形势要求提出来的，是"普京计划"和国家创新发展战略的延续、补充与完善。它们一起构成了俄罗斯国家发展的新战略。"全面现代化"战略不仅强调要实现经济现代化，而且强调实现政治现代化和人的现代化，等等。

"全面现代化"战略中的经济现代化有明确的目标和重点，这就是：进一步私有化，降低国有经济成分的比重，培育市场，改善投资环境，特别提出要优先实现能源、核能、信息技术、太空和医药五大部门的现代化。

实现经济现代化在政治精英集团中没有不同意见。2010年12月，普京要求根据金融危机后俄罗斯社会发展的实际情况调整《俄罗斯2020年前发展战略》，并任命舒瓦洛夫为总负责人制定最终报告。这被视为普京的总统竞选宣言。与此同时，2011年3月，现代发展研究所发布了《赢得未来：2012战略》的报告初稿，声称这是为梅德韦杰夫总统尝试制定的竞选计划。[①] 这两份重要的政治纲领在改变能源型发展模式，实现经济现代化问题上基本一致。

---

① Обретение будущего: Стратегия 2012. Конспект. http://www.riocenter.ru/files/Finding_of_the_Future%20.Summary.pdf.

关于政治现代化，除了现在进行的行政改革、完善司法体制、反对腐败等具体行动外，还看不出改革的总体方案，只能看到某些意向和原则，其中包括打破政治垄断，实行多元竞争。正如梅德韦杰夫所说："如果反对党在诚实的斗争中没有一点获胜的机会，那么它就会退化，并逐渐被边缘化。而如果执政党在任何地方和任何时候都没有失败的可能，那么也会铜锈化，最终也会退化。摆脱困境的途径就是要提高俄罗斯政治竞争力。"①

与此同时，梅德韦杰夫和普京一样，也反对进行脱离俄罗斯传统、超越阶段的民主化改革。他明确指出，"第一，俄罗斯的民主绝不能超前。我不认为，我们正处于一种最低级的民主发展阶段。但我们暂时还不是那种已有 150 年、200 年或 300 年历史的民主。俄罗斯的民主总共也就 20 年。苏联没有民主，沙皇时期同样没有任何民主。所以，从传统意义上说，我们国家有 1000 多年了，但从民主意义上说，才 20 年。第二，俄罗斯不需要为自己发明任何新的民主价值观。当前，俄罗斯已经处在世界发展的主流。第三，民主理应符合社会和经济制度的发展水平，因此，如果我们的民主逐步平稳地发展，那它就不会对国家的存在和国家的完整构成任何威胁。但如果企图越过各阶段，推行未经我们历史检验的制度，毫无疑问，就有可能打破形势的平衡。我不想隐瞒，我们上世纪 90 年代这方面是出现过问题。"②

梅德韦杰夫历来认为民主就是民主，不赞成在"民主"前面加什么限制词。但是，他上面的讲话明显地包含两个方面的意思：其一，俄罗斯实行的民主不是什么别的民主，而正是世界上"有 150 年、200 年或 300 年历史的民主"，俄罗斯已进入"世界发展的主流"；其二，俄罗斯的民主历史很短，民主化只能"逐步平稳地发展"，否则就会威胁到国家的生存和完整。此外，他也强调，俄罗斯民主化是俄罗斯人"自己做的事，不需要别人指挥"③。

---

① Наша демократия несовершенна，мы это прекрасно понимаем. Но мы идём вперёд. 23 ноября 2010г，http：//www. kremlin. ru/news/9599.

② Интервью датской радиовещательной корпорации， 26 апреля 2010г， http：//www. kremlin. ru/transcripts/7559.

③ Кремниевая долина впечатляет и вдохновляет， 24 июня 2010г， http：//www. kremlin. ru/transcripts/8160.

“普梅组合”的政治基础

尽管梅德韦杰夫和普京存在某种程度的政治竞争，但是政治竞争并不表明一定会产生政治对抗甚至政治冲突。梅普两人的政治竞争最终以政治妥协的方式告终。“普梅组合”的政治基础主要包含以下因素。

普京始终处于权力的中心地位。“梅普组合”形成后，普京拥有总理和政权党领袖两个职位，在俄罗斯执行权力机关和立法权力机关中都居于核心政治地位。普京还通过设立政府主席团的工作机制，继续控制强力部门并加强了总理的政治领导。在“梅普组合”的权力机制中，普京一直居于权力的中心地位。梅普政治硬实力对比悬殊。虽然梅德韦杰夫实际上提出了一个有别于“普京计划”的“梅德韦杰夫计划”，但是梅德韦杰夫的战略本质上还是要靠他自己的人来实现，而梅德韦杰夫的人主要集中在司法系统，在核心位置上没有他可以倚重和完全信任的政治资源。从近年来俄罗斯政局的实际变化来看，每到关键时刻点，梅德韦杰夫总是模糊他已有的政治立场和观点，这不能不让人想到普京政治硬实力的作用。

普京团队的根本利益一致。在强国富民的战略目标层面，“梅普组合”基本一致，这是“梅普组合”的基础。普京和梅德韦杰夫之间的权力实际上可以不需要重新分配，但这必须建立在两人之间的相互信任基础上。换句话说，“梅普组合”是一种信任关系为基础的政治关系。在这种特殊的权力机制中，政治分歧的出现首先需要调和而不是决裂。当分歧发生以后，如何避免对抗就成为普京团队力求解决的重要问题。同时也应该指出，在政治转型的所有条件中，以妥协解决分歧是非常重要的。妥协是民主程序的核心。政治妥协精神是政治转轨中具有长远意义的问题。

普京八年形成的政治体制具有合理性决定了民意的走向。9 月 30 日，梅德韦杰夫在接受电视台采访时，对于他为什么决定不参加竞选解释说，普京是最有权威的政治家，他的支持率更高。遵从民意也就意味着尊重社会占多数的民众的选择，而社会多数人选择了普京，也就表明俄罗斯多数民众依然认可普京的主权民主理念及其代表的政治经济体制。俄罗斯是一个拥有强大执行权力机构的总统制国家。按照普京的理念，俄罗斯政治体制的关键应该在于总统治理体系的不断完善。在俄罗斯的政治实践尤其是普京八年的执政中，俄罗斯也确实逐步形成了一种保持宪政民主政体形式并实行总统统一领导的权力体制和管理方式。这种体制在普京八年需要维护国家统一的特定阶段起到了积极作用。普京自己认为，在他执政的八年间，俄罗斯一直在为建立稳固而有效的政治体系而努力，最终俄罗斯成为一个强国、一个不容忽视并有能力保卫自己的国家，并以此面貌重返世界舞台。俄罗斯民众尤其为重获大国自豪感而认可普京进而支持普京建立的体制。而俄罗斯在地理因素、人口因素、资源因素等各个方面的状况都为俄罗斯威权政治的确立提供了现实可能性。

“普梅组合”与俄罗斯的未来

从“梅普组合”过渡到“普梅组合”虽然没有悬念了，但是“普梅组合”的权力架构依然面临一系列问题与挑战。

调整与变革是俄罗斯未来一个时期的基调。基于金融危机爆发以来梅德韦杰夫全面现代化理念对于俄罗斯政治生态的冲击和影响，观察未来俄罗斯形势发展的关键是看普京在当选总统后如何调整国家战略以适应俄罗斯发展道路的要求。

梅德韦杰夫的政治命运尚难预料。普京事实上是难以被罢免的强势总理。普京政府与历届政府的本质区别，不在于它的人员构成，而在于政府在政权体系中的角色发生了变化。与历届政府相比，普京政府的政治色彩非常浓厚。以往的政府是执行总统的政治决定，自己不去解决政治问题，而普京政府提出了政治任务，并去完成这些任务。梅德韦杰夫则完全不具备这些要素。梅德韦杰夫也许会带领统一俄罗斯党参加国家杜马选举，也可能当选总理，但是很难预测他能在总理的职位上干多久以及发挥多大作用和影响力。

如何适应政治现代化的要求。普京通过政治阶层依靠强力维持对国内的控制回归了俄国历史上政治演变的常态。这种控制体现在俄罗斯生活的方方面面，但由于这种政治体制缺乏现代化改革的动力必将严重制约俄罗斯现代化的有序进行。它至少面临以下三个挑战。第一，如何摆脱行政效率低下和政治腐败？威权政治的有效发挥必须依赖于强力高效的官僚政治阶层，这直接刺激了俄罗斯官僚集团的壮大。但是，这个官僚集团由于缺乏监督和竞争，腐败在所难免，而且在危机情况下，并没有发挥应有的作用。第二，如何树立法律权威？梅德韦杰夫一直强调法律虚无主义是俄罗斯政治弊端的原因，但在这种政治体制下，法律权威本身也难以建立。第三，这种体制对推行创新经济是否有利呢？创新经济需要多元化和竞争性，需要中小企业的活力以及产权保护，这意味着要推行深层体制改革，而这将对官僚制度和原料贸易构成打击。

经济结构改革依然任务艰巨。苏联早在20世纪70年代就提出调整经济结构，但历届政府都没能改变这种不合理的经济结构，降低对外部市场的依赖程度。90年代改革开始以后，即使有市场的参与，俄罗斯的经济结构也没有好转，在很多方面甚至恶化了。可见，俄罗斯经济结构调整的任务非常艰巨。

人的社会心理的改造也任重道远。实现人的现代化，是现代社会进步的基本目标和必要条件。但是，俄罗斯国民对于皇权和权威的崇拜、对国家的依赖由来已久，总是“相信所有问题都应该由国家解决”。如何让民众实现自我完善和更好地发挥聪明才智，是俄罗斯发展的迫切需要。这实际上涉及“国民性”的改造问题。俄罗斯领导人反复强调，改革和现代化的根本目的是提高人的福祉，实现人的全面发展，同时提出要改变民众的落后心理观念。所以，俄罗斯现代化的重要任务就是要帮助民众抛弃落后的心理观念，培育自立、自强、自我负责的现代精神和公民意识。

外交重心将转向独联体。在欧美债务危机的背景下，俄罗斯外交政策调整的方向在于亚太并积极参与亚太事务，核心则是回归独联体。10月4日普京欧亚联盟的建议已经发出了调整信号。与此同时，俄罗斯同西方在战略稳定、地缘政治方面还存在尖锐的利益冲突。从较长时期看，俄罗斯如何处理好同西方的关系，为国内的改革和发展创造和平与合作的国际环境，这是俄罗斯面临的又一大挑战。

虽然面临很多挑战，但是俄罗斯拥有20世纪90年代和新世纪以来正反两个方面改革和发展的经验，普京执政期间也已经形成一套比较完整的、符合俄罗斯国情的治国思想和治国方略。而且，俄罗斯国民教育水平高，自然资源丰富。俄罗斯能够实现国家的重新崛起。总之，俄罗斯政治精英集团对俄罗斯的形势有比较清醒的认识，制定的方针政策比较符合俄罗斯当前的实际，也为多数人所拥护，因此，普京及其执政团队会有足够的政治智慧处理好俄罗斯的问题。

18. 俄罗斯史学界对苏联史的研究究竟发生了怎样的变化?

刘显忠

苏联剧变后，新俄罗斯的领导人对苏联时期的看法一直在变化。20 个世纪 90 年代初，叶利钦全盘否定苏联时期以强调苏联解体的合理性，普京就任总统之前，也基本上是持全盘否定苏联时期的立场。就任总统后，普京对苏联历史的态度发生了改变。而现任总统梅德韦杰夫对苏联历史基本上持否定和批判的态度。不过，政治家作为历史事件的直接参与者，往往从自己的政治需要来阐释历史，他们对苏联历史的评论并不是基于对苏联历史的深入研究而得出的。这里集中谈苏联剧变后俄罗斯史学界苏联史研究发生的变化。

俄罗斯史学界苏联史研究的特点

苏联剧变后，以前人们无法接触到的有关苏联历史的档案文件大量解密，世界各国从事苏联史研究的大学者，为了使自己的研究建立在坚实的档案资料的基础上，都把收集、整理、研究新解密的苏联历史档案作为自己的首要任务。在各国学者的共同努力下，目前已结集出版了大量有关苏联历史的档案文件。如国际民主基金会资助出版的大型系列文件集《20 世纪的俄国：文件集》（该套书已被译成中文正由人民出版社陆续出版），俄罗斯国家社会政治史档案馆与美国胡佛战争、革命与和平研究所联合整理出版的《俄共（布）—联共（布）中央政治局会议速记记录（1923—1938）》，俄罗斯科学院历史—哲学部与俄罗斯国家现代史档案馆联合编辑的《苏共中央主席团速记记录（1954—1964）》（三卷本），俄罗斯联邦国家档案馆和胡佛研究所联合整理出版的七卷本的文件集《斯大林的劳动改造营管理总局史（20世纪20年代末至50年代上半期）》，正在陆续出版的俄罗斯科学院远东研究所与俄罗斯联邦外交部历史文献司、俄罗斯国家社会政治史档案馆合作编辑的文件集《20世纪俄中关系》等等。苏联时期大量档案文献的解密及整理出版，极大地推动了当今俄罗斯的苏联史研究，在俄罗斯开始了研究苏联史的新时期。苏联剧变后俄罗斯的苏联史研究表现出了与苏联时期不同的新特点。

第一，研究的内容更加丰富。苏联时期，尤其是1985年以前，苏联的苏联史研究禁区很多。"大恐怖"、苏联对异见人士的迫害、为工业化而进行的农业集体化造成的农村悲剧、对少数民族的迁移、持不同政见者运动、书报检查制度、大饥荒、斯大林的劳动改造营管理总局、俄侨问题等都是研究禁区。研究者不但见不到有关这些问题的档案，就是根据当时已有的材料进行的研究也受极大限制。比如，研究苏联农村问题的著名学者И. Е. 泽列宁参与撰写的两卷本的《农业集体化和苏联的集体农庄建设》，该书1965年出版就根据苏共中央学术司的指示被禁止。[①] 当时，不仅存在大量的学术研究禁区，而且有些事实长期不为苏联政府承认。比如，苏德划分势力范围的《苏德互不侵犯条约》的秘密附加议定书，从1939到1989年这50年间，苏联一直不承认存在这样的文件。卡廷森林事件，自1943年4月13日希特勒宣称在斯摩棱斯克以西的卡廷森林发现了1万多名被苏军杀害的波兰军官尸体时起，苏联一直否认该事件为苏方所为。

苏联解体后，俄罗斯的言论出版相对自由，新的档案材料不断出现，这为拓宽苏联史的研究领域创造了有利条件。俄罗斯学者在对战时共产主义政策、新经济政策、工业化及农业集体化这样一些老问题根据新材料进行重新研究的同时，大清洗、冤假错案、农业集体化造成的悲剧、俄侨问题等以前的研究禁区和无人研究的历史空白，由于可发掘的空间比较大，首先成了很多俄罗斯历史工作者关

---

① Зеленин И. Е. Сталинская "революция сверху" после "великого перелома" 1930—1939. Москва, 2006, С. 307.

注的重点。推出了一大批有关这些问题的严肃的学术著作。[①] 这些著作的出版大大丰富了苏联史的研究内容，相关的研究成果已经被一些高校教科书、新近出版的俄罗斯大百科全书吸收采纳。苏联长期不承认的苏德划分势力范围的《苏德互不侵犯条约》秘密议定书、苏联制造的卡廷森林惨案，也因大量档案的公布都得到了官方的承认。而且关于卡廷森林事件，近两年还不断有新档案公布，使得该事件的脉络更加清晰。与苏联时期相比，苏联解体后，俄罗斯苏联史的研究内容更为丰富。

第二，档案材料成了苏联史研究的主要依据。苏联时期，由于解密的档案极为有限，苏联国内从事苏联史研究的学者，主要以公开出版物、党的代表大会的决议、党的领导人的讲话、高层领导人的回忆及政论作品、西方学者的研究成果作为苏联史研究的依据。

苏联解体后，苏联时期档案材料的大量解密，使得档案材料成了俄罗斯学者从事苏联史研究的主要依据。叶利钦基金会资助出版的“斯大林主义史”丛书的大部分作品，都是以档案材料为依据写成的。В. Н. 泽姆斯科夫、В. П. 波波夫、Р. Г. 皮霍亚、Н. Ф. 布加伊、Е. Ю. 祖布科娃、А. В. 佩日科夫、泽列宁等一大批以档案为依据从事苏联史研究的学者的作品，在国际上也得到了认可。

以档案为依据完成的历史著作的大量出现，使一些回忆录、政论作品中的有些提法的可靠性大打折扣，使以前不太清晰的历史事件更加清晰。比如基洛夫遇刺，赫鲁晓夫在回忆录中认为是自上而下策划好的，是国家政治保安总局局长亚

---

① 关于特殊移民及大清洗规模的重要作品有：Попов В. П. Государственный террор в советской России. 1923—1953гг.: источники и их интерпретация. См. Отечественные архивы. 1992，№2；Земсков В. Н. Спецпоселенцы в СССР 1930—1960. Москва，2005；Иванова Г. М. История ГУЛАГа（1918—1958）. Москва，2006；Зима В. Ф. Человек и власть в СССР в 1920—1930－е годы: политика репрессий. Москва，2010. 关于苏联时期对少数民族的迁移及迫害的作品有：Виктор Бердинских Спецпоселенцы. Политическая ссылка народов Советской России. Москва，2005；Бугай Н. Ф. Народы Украины в “Особой папке Сталина”. Москва，2006；Реабилитация репрессированных граждан России（20—21века）. Москва，2006. 关于苏联时期大饥荒的主要成果有：Зима В. Ф. Голод в СССР 1946—1947 годов: происхождение и последствия. Москва，1996；Кондрашин В. В. Голод 1932—1933 годов: Трагедия российской деревни. Москва，2008. 关于书刊检查方面的著作有：Блюм А. В. Советская цензура в эпоху тотального террора 1929—1953. СПб. 2000；Жирков Г. В. История цензуры в России 19—20 вв. Москва，2001；Татьяна Горяева Политическая цензура в СССР. 1917—1991. Москва，2009.

戈达一手包办的。但在已公布的档案中无法找到相关的证据。而且，戈尔巴乔夫上台后，曾下令组成专门的委员会在 1988—1989 年对基洛夫案进行调查。当时，委员会由政治局委员亚历山大·雅科夫列夫牵头。苏联总检察院、克格勃调查处都参与了此事。调查的结果是没有任何文件和证据可以证明斯大林参与了基洛夫谋杀案。当然，也不能排除档案被销毁或还没有解密。但已解密的文件只能证明，尼古拉耶夫刺杀基洛夫纯属个人行为。再如，关于赫鲁晓夫的“秘密报告”。在赫鲁晓夫回忆录中说，是在苏共二十次代表大会快要结束时才通过作这个报告的决议。而根据解密的苏共中央主席团的会议记录看，实际上在二十大之前的 2 月 13 日的苏共中央主席团会议上，就做出了由中央第一书记赫鲁晓夫作关于个人崇拜的报告的决定。这说明赫鲁晓夫作“秘密报告”绝不是突然袭击，而是党的集体决定。在赫鲁晓夫作报告之前，已经有了谢皮洛夫起草的稿子、波斯佩洛夫和阿里斯托夫的报告文稿及赫鲁晓夫的口授稿、米高扬和萨布罗夫等就外交关系和战时对非俄罗斯民族的压制提出的文字稿。在这些稿本的基础上形成了赫鲁晓夫的最后报告草本。2 月 23 日赫鲁晓夫将最后的报告草本分发给了苏共中央委员会主席团委员、候补委员及中央书记征求意见。他们同意了这份报告文本并提出了各自的修改意见。报告文本于 2 月 25 日前最终完成校订。[①] 另外，关于二战爆发前后苏联对少数民族的集体迁移问题。赫鲁晓夫在苏共二十大上作的《关于个人崇拜及其后果》的“秘密报告”中，只提到了 1943 年年末到 1944 年 4 月对卡拉恰伊人、卡尔梅克人、印古什人、车臣人、巴尔卡尔人等 5 个民族所进行的强行集体迁移（包括所有的共产党员和共青团员在内）。而解密的档案材料表明，即使在卫国战争后期，遭强行集体迁移的少数民族也不止这 5 个，还应包括 1944 年 5—6 月对克里木鞑靼人的集体迁移。根据解密档案来看，二战爆发前后，苏联共有 10 个少数民族被强行集体迁移。其中有 7 个民族：德意志人、卡拉恰伊人、卡尔梅克人、印古什人、车臣人、巴尔卡尔人、克里木鞑靼人，当时丧失了自己的民族自治的行政建制。他们的总人数大约 200 万人，放逐前他们居住的面积为 150000 平方公里。还有 3 个民族：芬兰人、朝鲜人、梅斯赫特土耳

---

① 参见徐元宫：《赫鲁晓夫“秘密报告”若干问题考证》，载《当代世界社会主义问题》2011 年第 1 期；杨存堂：《如何评价赫鲁晓夫反对对斯大林个人崇拜的“秘密报告”》，载陆南泉等主编：《苏联真相——对 101 个问题的思考》，新华出版社 2010 年版。

其族人也被认定遭到了强制集体迁移。[1]

第三，研究苏联史的方法论的变化。苏联时期，从十月革命直到 20 世纪 80 年代初的苏联史学树立了马克思主义的历史方法论的“学科模式”。马克思主义的历史方法论的两个基本特点，一个是认为历史科学的基本职能是认识历史发展规律。在斯大林时代，苏联史学所确立的五种社会经济形态的有序的、进步的更替，被视为全世界历史发展的普遍规律，并被逐渐绝对化。一种社会经济形态被另一个更高的形态所代替的过程就是社会革命。社会革命是“历史的火车头”。另一个特点是强调历史科学的阶级性，用苏联的术语说，即“党性原则”。党性原则实际上是肯定历史学的阶级性。苏联历史科学的党性原则，在斯大林时代在实践上被庸俗化、教条主义化了，使历史研究变成了政党的“直接订购物”，为了党性原则，不惜伪造历史。60 年代后，苏联历史学家意识到了党性原则存在的问题，开始了自我批评。[2] 但并没有根本改变这一状况。总体来讲，20 世纪 80 年代中期以前，苏联的历史研究中，马克思主义的历史方法论一直占据主导地位。

苏联剧变后，国家制度发生改变，一党制结束，不信奉马克思主义的政治力量掌权，社会的多元化特点，导致马克思主义的历史方法论丧失了在历史研究中的主导地位。按伊格尔斯的说法，在 1989 年苏联体系崩溃时，大多数东欧的与苏联的历史学家都察觉到了正统的马克思列宁主义理论的不恰当性。[3] 俄罗斯社会的多元化，使得苏联剧变后的俄罗斯的历史研究的方法论也表现出了多样性的特点。

苏联剧变后，俄罗斯出版的通史性著作及教学参考书，开始从各种不同的视角阐释苏联历史，有从文明的视角进行阐释的，有从现代化的视角阐释的，有从全球视角阐释的。莫斯科大学历史学系教授 Л. И. 谢缅尼科娃个人完成的《世界文明体系中的俄国》（莫斯科 2003 年版）、A. A. 拉杜根主编的《俄国史（世界文明中的俄国）》（莫斯科 2002 年版）、奥里斯金斯基主编的《世界历史进程中的

---

① Под общ. ред. Яковлева А. Н. Сталинские депортации. 1928—1953. Москва, 2005, С. 8.

② 有关马克思主义历史学方法论的内容，详见朱本源：《历史学理论与方法》，人民出版社 2007 年版。

③ （美国）格奥尔格·伊格尔斯：《二十世纪的历史学》，山东大学出版社 2006 年版，第 86 页。

俄国社会发展的基本阶段和特点》（莫斯科 2002 年版）、俄罗斯科学院俄国历史研究所所长、通讯院士 A. H. 萨哈罗夫主编的两卷本《俄国史——从古代到 21 世纪初》（莫斯科 2005 年版）以及他主编的《人类史》第八卷《俄罗斯》（莫斯科 2005 年版），都从文明的视角对俄国历史的发展进程进行了阐释。萨哈罗夫在其最近主编的高校、中学教科书及个人专著中，反复强调俄国历史是整个人类历史的有机组成部分，俄国历史的发展模式就基本特征来讲是世界历史各个主要阶段的重现，但也带有俄国自身的一些特点。[①] 而俄罗斯科学院俄国历史研究所的 C. B. 丘丘金、A. K. 索柯洛夫、A. П. 科列林，俄罗斯社会和民族问题独立研究所教授、研究俄国自由主义的专家 B. B. 舍洛哈耶夫等这批当今俄罗斯著名的历史学家的史学著作中，则采用现代化的方法。而就实质来讲现代化方法同文明方法在某种程度上是一致的。而莫斯科大学历史学系教授 A. C. 巴尔先科夫和 A. И. 弗多温则反对从文明的角度阐释苏联历史，认为这只能在中学和大学培养大量的民族虚无主义者和反爱国主义者。他们的教材在方法论上采用历史主义原则，认为历史主义原则合乎俄国历史学派的最高准则。他们主张在具体的历史条件下对历史现象和历史事件进行分析。[②] 莫师大历史学系教授 Э. M. 夏金反对当今俄史学界很流行的俄国发展的赶超性观念，实际上也主张历史主义的研究方法。

而前不久出版的 A. Б. 祖波夫主编的两卷本《20 世纪俄国史（1894—2007）》（莫斯科 2009 年版），更是明确强调该书的任务是要使俄罗斯历史回归人和历史事实，力求把历史写成人的历史，而不是过程和力量的历史。

当然，当今俄罗斯也还有少数的教学参考书，虽然也使用了近年来公布的一些新的材料，增加了一些新内容，但在方法论上主要还是苏联惯用的方法。比如，Ш. M. 蒙恰耶夫和 B. M. 乌斯季诺夫合著的《苏联国家史》（莫斯科 2002 年版）。

---

① 详见 Под ред. Сахарова А. Н. История России. Т. 1. С древнейших времен до конца ⅩⅧ в. Москва，2003，С. Ⅰ—ⅩⅤ.

② Барсенков А. С. Вдовин А. И. История России. 1917—2004，Москва，2005，С. 8.

对苏联时期一些重大历史事件认识的变化

研究苏联史的方法论的变化，也导致了对一些重大历史事件的认识的变化。

1917 年俄国革命仍被大多数学者看成是影响俄国历史进程的重大事件，但很多教材及通史性著作不再像苏联时期那样把 1917 年革命作为俄国现代史的开端，很多作者都是从 20 世纪初开始写俄国现代史。而萨哈罗夫的教科书甚至认为，十月革命是一场历史悲剧，标志着一种“文化和文明体制的崩溃”。①

苏联早期推行的新经济政策，在改革年代，成了持有自由主义立场的共产党人的旗帜。当时，很多人认为，新经济政策是列宁发现新的社会主义模式——市场社会主义模式的结果，认为新经济政策能解决一切问题，不仅仅是经济问题。大部分“六十年代人”知识分子都相信新经济政策制度的功效，认为废除新经济政策是斯大林的主要罪行之一。这一时期，学者们过于强调列宁与斯大林的差异，褒扬列宁，以列宁为标准批判斯大林，完全割裂了列宁和斯大林的联系，把两者完全对立了起来，把斯大林的社会主义建设模式看成是对列宁的背叛。苏联解体后，一些学者对新经济政策的看法发生了变化，开始强调新经济政策的暂时性和矛盾性。如俄科学院世界历史所的 A. B. 舒宾认为，列宁的模式规定权威国家对市场的调节，权威国家的目标是建立非商品社会——社会主义。新经济政策对列宁而言是一种过渡方式，它要建立的是“战时共产主义”期间要直接建立的那种体制。新经济政策思想本身不是理论探索的结果，而是迫不得已的环境造成的结果。② 新经济政策问题专家 E. Г. 吉姆佩尔松也认为，“布哈林的选择”注定失败不仅仅是因为“右派”的政治上的孤立，就本质而言，“布哈林的选择”的理论原则是乌托邦思想，即通过发展商品货币关系、市场自由、企业经营活动、混合经济可以走向社会主义，进入根本否定所有这些经济范畴的社会。能替代斯大林道路的不是规划社会主义的新经济政策，而是能导致在民主政治体制下发挥

① Под ред. Сахарова А. Н. История России. Т. 2. С древнейших времен до конца ⅩⅧ в. Москва，2008，С. 438.

② Шубин А. 10 мифов Советской страны. Москва，2008. С. 142—143.

作用的正常的市场经济的“反新经济政策”。[①] C. A. 叶西科夫也持类似的观点。[②] 近年来几部比较有影响的教科书也都有类似观点。如萨哈罗夫主编的教科书把新经济政策时期看作恢复期，认为：“所谓的新经济政策的选择只有在对政权本身的性质进行重大改变、在根本改变整个国家的经济建设模式的情况下才有可能，而对此甚至最优秀的党的理论家布哈林都没有准备。国家政治谱系中的任何一个有影响的流派都没提出市场关系完全自由化的要求。”[③] 莫斯科师范大学历史学系的夏金教授主编的教科书也指出，新经济政策经济是一种复杂的、不大稳定的市场—行政结构。而且，把市场成分纳入其中带有被迫性和临时性，保留行政命令成分具有原则性和策略性。在不放弃最终目标（建立非市场经济）的情况下，布尔什维克利用商品货币关系，同时又把对外贸易垄断、国有化的土地、矿山、大型及大部分中型工业、交通运输、银行业这些“命令的高地”保留在国家手中。打算使社会主义经济成分和非社会主义经济成分在相对长的时期内共存，并利用“命令高地”把后者逐渐排挤出国家经济生活。[④] 莫大历史学系教授谢缅尼科娃也认为，不能夸大新经济政策的实际结果和可能性，认为新经济政策是布尔什维克当局在居民反抗和特殊环境（饥荒、内战）压力下、在社会经济领域做出的暂时退却，作为制度的新政策实际上不存在。以粮食税代替余粮征集制导致私人企业活动、贸易的复苏，使得经济在短期内得到改善。但是，城市和农村的私营者都受到摧残。在社会意识中出现了作为阶级敌人的耐普曼的形象。新经济政策的经济从危机走向了危机：销售危机、粮食收购危机等。“谁战胜谁”的问题非常尖锐，因此，政权在新经济政策年代不仅没有改变，而且还更为加强了。1921—1927 年国家管理系统内发生的变化实际上没有涉及权力系统。[⑤]

与此相关联的是对中断新经济政策的认识，上述作者基本认为 20 年代末开

---

① НЭП：Экономические，политические и социокультурные аспекты. Москва，2006，С. 91—92.

② 详见 Есиков С. А. Российская деревня в годы НЭПа. К вопросу об альтернативах сталинской коллективизации（по материалам Центрального черноземья）. Москва，2010.

③ Под ред. Сахарова А. Н. Новейшая история России. Учебник. Москва，2010，С. 227.

④ 详见 Под ред. Щагина Э. М.，Лубкова А. В. Новейшая отечественная история. ХХ век. Книга 1. Москва，2004，С. 375—376.

⑤ Семенникова Л. И. Россия в мировом сообществе цивилизаций. Учебник. Москва，2003，С. 563—564.

始的工业化，是20年代苏联整个经济、社会和文化的落后性提出的客观要求，强调经济性原因在中断新经济政策中所起的作用。比如萨哈罗夫在教科书中指出，20世纪20年代中期，国家只是回到了1913年的水平，当然这不能保证苏联在经济封锁情况下发展的可能，主要是为布尔什维克“把世界无产阶级从资本主义压迫下解放出来”的目标宗旨打下了基础。1927—1928年，工业出现明显高涨，工业品的产量超过了年度任务，产品的成本连续两年下降，利润增加。但这些年工业增长的高速度，是动用以前积累的国家的物质和精神潜力、利用以前的闲置设备、各地区之间经济联系恢复的结果。新经济政策的模式无疑需要修正。[①] 夏金、叶西科夫也认为，新经济政策无法满足加速工业化对粮食、资金的需要。还有学者对近些年出版的各种文件集进行了仔细研究，认为文件中揭示的材料证明了，从1923至1924年起经济政策就已经在集中于使第一部类达到极高的、不平衡的增长速度，这为未来的粮食征购危机作了准备。根据新公布的材料可以看出，20年代和30年代的继承性。新经济政策通过贫困化和游民化为未来的农业集体化建立了社会基础。[②] 而另一些学者对不中止新经济政策就不可能使国家工业化，也无法经受住第二次世界大战挑战的观点持反对态度。《俄国史——苏联社会（1917—1991）》的作者们分析了斯大林“自上而下”的革命框架内的加速工业化的原因。书中强调新经济政策是“被中断的”，他们援引了20年代苏联经济发展的资料及一些党的活动家和著名经济学家的观点。这些资料和观点可以让读者得出在新经济政策的框架内加速工业化方案的可行性。作者们认为，斯大林加速工业化方案之所以会取得胜利，是因为斯大林在20年代末就通过向群众意识中灌输“外部”和“内部”敌人形象的方式在国内营造了一种社会紧张气氛，正是这种紧张气氛证明了在政治和经济上采取非常措施的必要性。[③] 俄科学院俄国历史研究所的索柯洛夫也同意这样的观点，即20世纪20—30年代之交的“社会主义进攻”是由政治和意识形态动机造成的，主要是斯大林及其身

---

① Под ред. Сахарова А. Н. Новейшая история России. Учебник. Москва, 2010, С. 228.

② НЭП: Экономические, политические и социокультурные аспекты. Москва, 2006, С. 58—59, 69—70.

③ Под общ. Ред. Журавлева В. В. История России. Советское общество. 1917—1991. Москва, 1997, С. 173, 192, 194, 199—205.

边的人对无限权力的追求造成的。[①] 作为《新经济政策是如何被断送的》文件集的主要编者之一 В. П. 丹尼洛夫也认为，新经济政策实际上不单是执政党的政策，也是一种社会经济和政治发展模式，既不同于以前的"军事共产主义"的军事动员体制，也不同于后来的斯大林的命令镇压体制。新经济政策起初被看作是对农民的小资产阶级自发势力的让步，这种让步仅仅局限于地方商品交换的范围内，但很快使布尔什维克领导人承认，"我们对社会主义的整个看法根本改变了"，相应地国家要转入市场经济条件下的新的社会体制，合作社成了保证解决社会经济问题的新经济政策的最重要因素。他认为 1928—1929 年农业合作社的危机和消失不是新经济政策危机的因素，而是"破坏新经济政策"的直接结果。合作社作为市场经济的机构变成了国家机关、首先是整个贸易人民委员部的附属物。新经济政策作为俄国社会经济改革与发展的政策，的确是替代斯大林主义的一种选择。1927—1929 年党的领导层的政治斗争的内容就在于此。[②]

方法论及研究视角的多元化，也导致了当今俄罗斯史学界对斯大林的评价呈现出了多样化的特点，改变了苏联时期只有一种声音的状况。从苏共二十大到苏联解体，俄罗斯学界还主要从社会主义、马克思主义的国际主义视角评价斯大林，因此，对斯大林的评价比较低。而近些年，由于俄罗斯的国际地位受到挑战，民族主义情绪高涨，在俄罗斯社会出现了为斯大林辩护甚至颂扬的倾向。这种倾向在史学界也有反映，人们将苏联社会的巨大成就——国家的工业化、科学和文化的发展、居民的社会保障（普遍就业、免费教育和医疗保健、近乎免费的住房等）都归功于斯大林。[③] 俄罗斯科学院俄国历史研究所的研究员 Ю. Н. 茹科夫根据各种档案材料证明，斯大林就曾想要使国家民主化，按差额选举的原则进行自由选举；他要使继续靠世界革命幻想生活的党内权势分子离开政权，他试图使一知半解者脱离对经济的管理，代之以专业人士；他要使国家回归平静的生

---

① Соколов А. К. Курс советской истории. 1917—1940. Учеб. пособие для студентов вузов. Москва，1999，С. 171.

② НЭП：Экономические，политические и социокультурные аспекты. Москва，2006，С. 26—31.

③ （俄罗斯）Л. С. 列昂诺娃：《从十月革命到苏联解体——现代俄国史学发展基本趋势》，《陕西师范大学学报》（哲学社会科学版）2006 年第 5 期。

活，他只按俄罗斯的民族利益推行国内外政策。[①] 还有一种更为学术性的为斯大林辩护的观点，即从现代化的角度评价斯大林。持这种观点的人不仅把"工业化"和"文化革命"纳入现代化进程的总轨道，而且把"对农村的全盘集体化政策"也纳入了现代化进程的总轨道。按照一些历史学家的观点，所有的这些变革都"完全符合民族国家的利益，这也是这些改革获得了社会支持的一个相当重要的因素。这些改革成了祖国历史上苏联时期特别引以为自豪的东西"[②]。

在斯大林的评价问题上，持相反观点的也大有人在。历史学博士、农民问题专家 B. П. 丹尼洛夫的观点很具有权威性，他指出："苏联社会的所有成就都是强大的社会主义动力推动的结果，而社会主义动力归根到底是革命的成果，它决定了经济和文化建设的趋势和内容，它是人民的丰功伟绩。"[③] 萨哈罗夫的教科书认为："斯大林的现代化的结果是极为不一致的。由于加速工业化，本国经济在次序上远远落后于西方的局面暂时得到了克服。到 30 年代末，苏联确实成了世界上能够生产各种类型的最现代的工业品的三四个国家之一。同时，另一个方面也很明显：国内的现代化进程具有片面性的特点。30 年代，苏联经济具有'兵营'的面貌。当时经济完全军事化、完全从属于军备生产的势头开始加强，苏联领导人在脱离了社会文化和共同文明的情况下，只是重复西方先进国家的技术成就和一些组织形式，这就奠定了后来国家落后的基础。动员型的现代化模式就自身的本质而言，就不是以建立自我发展、自我调整的机制为目标，正是由于这个原因，苏联的整个经济系统都效率不高。而且，就是在斯大林的血腥工业化之后，苏联有很多数字仍旧落后于发达国家。国内人均主要工业产品的生产要比大多数西欧国家和美国都低很多。比如，在人均发电量、钢的冶炼、煤炭的开采、水泥的生产、布匹的生产方面是美国指标的一半到四分之一。甚至在最先进的生产部门，手工劳动的比重也在 50%以上，这在欧洲是最高的。斯大林的现代化在对历史的挑战做出回答的同时，也为后来经济的稳定发展，为国家向后工

---

① 详见 Жуков Ю. Н. Иной Сталин. Москва，2005.

② Вопросы истории. 2002，№10，С. 6.

③ （俄罗斯）Л. С. 列昂诺娃：《从十月革命到苏联解体——现代俄国史学发展基本趋势》，《陕西师范大学学报》（哲学社会科学版）2006 年第 5 期。

业发展方向迈进带来了严重的问题。"[①]

关于苏联时期政治镇压的规模问题，是争论比较激烈的问题。俄罗斯科学院俄国历史研究所的泽姆斯科夫，根据档案材料对罗伊·麦德维杰夫、A. B. 安东诺夫－奥夫谢延科、O. Г. 沙图诺夫斯卡娅的有关苏联政治镇压规模的数字提出了质疑。但他不同意一些人认为斯大林本人不是大规模镇压、其中包括大恐怖的发起者的说法。而是认为根据已经公布的文件可以清楚地看到斯大林在镇压政策中所起的发起作用。[②] 最近又有人根据档案对泽姆斯科夫的镇压数字提出了质疑。[③] 这个问题还有待进一步深入研究。

关于大恐怖，一般认为发生在 1937—1938 年。不过最近萨哈罗夫根据近年公布的新资料和档案文件，用专文论证了 1930 年是斯大林的大恐怖的开端。[④]

关于赫鲁晓夫的改革，近几年出了两部专著，一部是佩日科夫的《赫鲁晓夫的"解冻"（1953—1964）》，另一部是阿克秀金的《赫鲁晓夫的"解冻"和社会意识》。这两部专著的作者基本上都认为，赫鲁晓夫的改革促进了苏联社会的进步，但也都承认赫鲁晓夫的改革具有不彻底性，保留了太多的斯大林时代的东西。如佩日科夫认为，做出揭露斯大林个人崇拜的决定的目的，无论如何不是在于改变现存的社会制度，"个人崇拜"这个题目是被用来作为进行权力斗争的工具的。赫鲁晓夫还没有来得及摆脱自己的政治竞争对手，就立即大规模地重新提出了共产主义建设的问题，不过在这里扮演主要角色的已是他，而不是斯大林和斯大林的学说和遗产了。赫鲁晓夫的所有重要改革原则，实际上都是党和国家的部分精英在斯大林在世时的战后最初几年中制定的。书中指出，把 1953—1964 年这一时期评定为俄罗斯民主制诞生的时代是缺乏法律上的根据的。揭露斯大林的个人崇拜，恢复基本的法制规范、削弱全面的刑事压制，这对克服 30 至 40 年代的黑暗遗产是必要的，这种遗产是中世纪精神和宗教裁判所精神的混合物。在

---

① Под ред. Сахарова А. Н. История России—С начала XIX века до начала XXI века. Москва. 2008. С. 586—587.

② 详见 Земсков В. Н. О масштабах политических репрессий в СССР. См. Мир и политика. 2009，№6（33）.

③ 详见 Леонид Лопатников О Сталине и сталинизме. Москва，2010.

④ 详见 Сахаров А. Н. 1930：год "коренного перелома" и начала Большого террора. См. Вопросы истории. 2008，№9.

这个意义上是有民主的成分的，但不能认为这是制度，是稳定的社会发展倾向。在斯大林去世之后，苏联的社会和政治制度并没有摆脱通过各种暴力和镇压的方式对社会主义进行的最严重的歪曲。[①] 阿克秀金认为，赫鲁晓夫决定进行各种成熟的社会经济变革的出发点有两个：一个出于个人的考虑，加强自己的权力，另一个出于意识形态考虑，只有那些符合社会主义价值观、有助于更迅速地向共产主义推进及战胜共产主义的反对者的东西才是进步的。正是由于赫鲁晓夫的改革，使得在斯大林去世后的十年间，苏联的社会政治体制在从极权变为权威的道路上迈出了相当大的步子。以前对体制的真正反对者及臆造的反对者伴有肉体消灭的大规模的政治镇压成了过去。对政权组织活动的法律原则进行了一些调整。在有些方面，党国对公民生活和活动的各个方面的监督放松了。公民的劳动权和休息权、居住权、受教育权、医疗服务权都得到了扩大。通过对“个人崇拜”年代犯法行为的谴责，出现了以含糊的形式批评制度性的拥有无限权力的各种最令人厌恶的表现的可能。在社会意识的各个层面上——社会心理、道德和意识形态上都发生了变化。他认为，赫鲁晓夫所推行的改革的目标只是要完善现存体制，而不是要根本改变现存体制。作为完善体制的改革是经过了深思的，但在实施改革的过程中，当时就已经出现了一个没有意识到的各个主要机构的无效性问题。[②]

萨哈罗夫主编的教科书，实际上也持类似的观点。该书认为斯大林去世后所开始的改革是被迫的、不可避免的，主要是由维持同西方的经济和军事对抗的必要性的外部挑战决定的，改革没有触动权力基础，斯大林体制的本质没有被触动。赫鲁晓夫在谴责斯大林的个人崇拜的同时，竭力要为党、为社会主义思想和共产主义思想恢复名誉，维护了斯大林的社会主义建设所依据的那些主要的理论教条。这就使得对苏联体制进行真正改革的道路关闭了很多年。书中指出赫鲁晓夫时期是“苏联体制的最后机会”，在40—50年代之交，苏联存在着“按中国道路”根本改革苏联体制的有利条件。[③]

---

① （俄罗斯）亚历山大·佩日科夫著，刘明译：《“解冻”的赫鲁晓夫》，新华出版社2006年版，第343、345页。

② 详见 Аксютин Ю. Хрущёвская “оттепель” и общественные настроения в СССР в 1953—1964 гг. Москва，2004.

③ 相关内容详见 Под ред. Сахарова А. Н. Новейшая история России. Учебник. Москва，2010.

当今俄罗斯史学界在苏联解体问题上的分歧比较大。按莫斯科大学历史学系的 Л. С. 列昂诺娃教授的总结，一些学者认为苏联解体是必然现象。他们指出，巨大的多民族国家存在着动力低效的规律，按照这一规律，在人种、社会经济和文化关系方面大相径庭的社会不可能长期隶属于一个统一中心。还有一些学者将苏联解体归罪于政治家的错误，或者归罪于戈尔巴乔夫和叶利钦的叛变行为。同时，苏联瓦解也与外国特工机构及其代理人的破坏活动有关。苏联解体初期，史学界把苏联解体与民族问题联系在一起。然而学者们现在认为，在政治斗争中利用民族问题之所以成为可能，是因为这与其社会政治、经济现象有关，而社会政治、经济现象有自己的发展逻辑。近年来史学界对苏联解体问题的研究有两种取向：一是从多种角度分析苏联解体的原因；二是对避免苏联解体的可能性进行论证。学者们认为，苏联解体的主要原因有以下方面：历史原因、苏联的政治和社会经济状况、苏联共产党从权力机构退出、民族精英政策、政治领袖的立场、在民族问题上缺乏科学的理论根据。毫无疑问，西方的压力也是苏联瓦解的原因之一，但没有证据证明它是主要原因。[①]

综上所述，苏联解体后俄罗斯的苏联史研究发生了很大的变化。苏联时期对一些重大历史问题的认识只有一种声音、思想一统的状况已经不存在了。史学家们已达成了一定的共识，认为学术研究不能再回到从前那种思想一统的老路，方法和意见的多元化是任何一门学科顺利发展的首要条件之一。方法和观念的多元化在当今俄罗斯的苏联史研究中得到了充分体现。这一点，就连普京都给予了高度赞扬："我认为，我们可以为一点感到高兴，那就是我们不再从一个政党和单一的意识形态的角度来阐述我国的历史了。这当然是一个重大的成就。"[②] 苏联时期的研究"禁区"，由于档案材料的大量解禁成了学者研究的重点，苏联史上以前不为人知的一些内容，都逐渐展现在了读者的面前。苏联史的内容更加丰富了，而且过去很多不确切的内容得到了进一步的澄清，对一些重大历史问题的认识更加深刻了。当然，如列昂诺娃教授所说的，在当今俄罗斯的苏联史研究中也仍存在着某些偏差。这主要表现为偏重于政治史研究，过分注意那些并非对理解

---

① （俄罗斯）Л. С. 列昂诺娃：《从十月革命到苏联解体——现代俄国史学发展基本趋势》，《陕西师范大学学报》（哲学社会科学版）2006 年第 5 期。

② 《普京文集：文章和讲话选集》，中国社会科学出版社 2002 年版，第 72 页。

俄国历史进程起决定性作用的问题，例如，移民、国家机关的镇压职能、政府政策中的阴暗面问题；美化布尔什维克的反对派等问题。[①] 实际上，这些问题的出现，正是苏联时期出于某种考虑对这些问题长期回避的结果。不过应当承认，最近几年俄罗斯历史学界对苏联历史的研究，与20世纪90年代相比，显得更加理性了。

① （俄罗斯）Л. С. 列昂诺娃：《从十月革命到苏联解体——现代俄国史学发展基本趋势》，《陕西师范大学学报》（哲学社会科学版）2006年第5期。

19. 民意调查在俄罗斯获得了怎样的发展?

徐向梅

俄罗斯民意调查起源于苏联时期，在转轨以后逐步发展并系统起来。目前在俄罗斯最有影响的民意调查机构主要有三家，即全俄社会舆论研究中心（ВЦИОМ)、社会舆论基金会（ФОМ)、尤里·列瓦达分析中心（ЛЕВАДА－ЦЕНТР)[①]。其他如总统办公厅公共政策分析中心、Б. А. 格鲁申的《人民之声》，应用系统分析研究所等也是有一定声名的民意研究机构。此外还有些专业调查机构，在各相关领域影响较大。

俄罗斯民意调查的主要特点和方式

一、民意调查发展的历史与国家现实社会政治进程密切相关

十月革命后至斯大林时期，在禁锢严格的政治文化体制下苏联几乎不存在民意调查。赫鲁晓夫“解冻”以后至勃列日涅夫时期，苏联成立了社会学协会，建立了调查机构和社会舆论研究所，对劳动群众生产生活的态度、人们的交际行为、居民对地方有时也针对国家存在的社会问题的态度、青年人的社会政治积极性等开展了一些社会调查，有时调查也具有全国规模。不过调查是在党的监督下进行，调查方式以及调查结果的公布和使用受到严格限制。

随着戈尔巴乔夫改革的推进，苏联社会向着公开性和民主化迈进，社会学领

① 下文资料除特殊注明均来源于全俄社会舆论研究中心网站（http://wciom.ru)、社会舆论基金会网站（http://www.fom.ru）和列瓦达中心网站（http://www.levada.ru)。

域呈现繁荣景象。20世纪80年代末90年代初，在苏联国内从中央到地方成立了很多调查机构，仅在莫斯科和圣彼得堡就有20家左右。俄罗斯最著名的，历史最悠久，也可以说是最权威的社会舆论调查机构全俄社会舆论研究中心就成立于这个时候，社会舆论基金会和列瓦达分析中心都是后来从全俄社会舆论研究中心分离出来的。苏联公民不只能对社会经济问题，很快开始对阿富汗战争、禁酒运动、改革这些国内和国际重要的政治问题发表看法。

1989年5月25日至6月9日苏联第一次人民代表大会召开前夕以及期间的两周中，科学院社会学研究所和全俄社会舆论研究中心在全国范围内对公民有关代表大会的态度进行了日跟踪调查，调查结果迅速被整理和公布在为代表大会参加者提供的专门的通讯上，在《消息报》、《莫斯科晚报》上，在当晚的电视新闻中。在苏联存在的全部历史中，执政当局高层机关的工作第一次如此近距离地接触到居民层面，人民代表得以及时地与选民沟通，形成并确立自己的立场。[①] 苏联解体后俄罗斯民意调查更得到快速发展。

二、官方色彩浓厚是一个主要特点

全俄社会舆论研究中心是官方色彩最浓厚的调查机构。中心始建于1987年12月，隶属于苏联劳动部和总工会，在苏联各加盟共和国建立了社会学中心网络。1998年全俄社会舆论研究中心按照俄联邦《非商业性组织法》重新登记为单一制国营企业，并于1999年被赋予科研机关的地位。2003年全俄社会舆论研究中心被改组为100％国资开放式股份公司，它是俄罗斯三大民意调查机构中唯一全资国有的公司。中心的管理机关经理理事会主要由联邦劳动部、社会发展部、财产关系部和总统办公厅代表组成。中心的最主要任务是接受国家委托，按照联邦和地方政府的订单进行有关政治、社会和选民特点的社会学调查。中心的客户以国家权力机关为首，包括总统办公厅、联邦会议、最高法院，联邦各部及地方政府。

社会舆论基金会最重要的客户是总统办公厅，在多次总统大选中，该基金会都与总统行政班底进行了密切合作，此外客户名单中还有联邦政府、中央银行等。

当然，除此之外，这些调查机构也接受国际国内一些社会组织和商业机构的

---

① Общественное мнение как социальный институт. 2005. http：//www. bestreferat. ru/referat－56266. html.

委托，进行社会问题和营销调查。在三大调查机构中，列瓦达中心官方色彩最为淡化，客户也以国内外社会组织和公司为主。

三、民意调查内容丰富，其中尤以政治性民调最为发达

全俄社会舆论研究中心成立以来进行了大量的社会调查，从2000年以后更逐渐增多，其中2009年一年就进行了1463项调查。这些调查按专题可以归纳为：国内政治；经济；社会问题；俄罗斯地区；对外政策：后苏联空间；对外政策：其他国家；宗教、生活方式、文化；大众传媒；商业专栏共九大类。九大类中尤以政治性民调最为频繁和普及，涵盖着国家体制、政治体制；国家与社会机构；政治思想体系，基本的价值和标准；爱国主义、国家标志，国徽、国歌、国旗；总统，总统选举；国家杜马，国家杜马选举；政党；政府，各部委，政府成员；政治家和国务活动家；社会活动家；军队和国防；居民的政治积极性；政治中的青年；公民权利和自由；政治极端主义、法西斯主义；恐怖主义；腐败；官僚主义，行政改革等内容。政治调查分全联邦和地方两个层面进行，全联邦的调查每周进行，跟踪观察社会政治动态，及时捕捉居民社会情绪的变动，研究问题地带，预测国家政治局势的发展。地方调查针对有关地方管理和社会日常生活有关问题根据需要进行。

四、民意调查基本上沿用国际通行的方式，网络调查还处于起步阶段

俄罗斯几大民意调查机构都是欧洲市场研究学会的会员，调研活动遵循国际通行的道德准则，采用的调查方式基本上是国际通用的，例如综合调查、个人面对面访谈、电话访谈、视频和音频监测、焦点群体的深入访谈、专家咨询，对工商业产品、包装和广告进行测试、日志式调查等等。它是用科学的调查和分析方法，从调查计划的制定，包括调查问题的设计和调查对象的选取，调查计划的实施，到运用各种描述性和推论性统计工具处理调查所获得的数据，进而做出分析报告，调查工作具有完整的工艺周期。

比如综合调查，针对有关选举、政治、经济、社会、文化和大众传媒领域，生活水平和生活方式，商品和服务市场等方面，都可以采用这种调查方式。以全俄社会舆论研究中心为例，这样的调查是在全俄范围每周进行。调查采取多阶段整群抽样方式，一般分四个阶段进行：随机选取行政区（联邦主体）；选择行政地域单位（居民点）或行政区内的选区；规划调查路线；选取居民点中的家庭和家庭中具体的受访人。对受访人的要求是18岁以上的成年人，对年龄层、性别、职业和教育背景规定一定的限制。通常是在俄罗斯领土上根据地区经济发展指标、政治发展指标和居民点结构从80多个联邦主体中选择不少于40个联邦主体，在其中挑选140个以上的居民点，每个居民点抽取的被访者不低于5人，随机抽取的总人数要达到1600人。有时也按照类似的方式进行定制的专题调查。

社会舆论基金会的一项有特点的调查方式是焦点群体的电子监测。就是对电视和广播里正在播放的节目进行监测，目的是观测人们对所发生事情的第一反应。以政治监测为例，把对候选人在选举过程中的电视和广播演讲的监测结果提供给政治家，将有利于他们改进自己的行为，获取更大的成功。社会舆论基金会进行这类监测一般选择人数在48人以内，根据具体的调查任务选择不同的参与者，选择时可能会考虑到这些人的年龄、教育、收入、爱好和政治倾向等特点。每个参与者被发给一个传送器，借助于传送器对被监测的资料第一时间做出自己的反应。这类监测中所设计的最流行的问题包括：你对看到的和听到的事情有多少信任？你对看到的和听到的事情有多少赞同？你对看到的和听到的事情感到高兴吗？你对看到的和听到的事情感兴趣吗？这种监测一般不会超过25—30分钟，因为人很难长时间保持注意力的高度集中。

在俄罗斯已经开始利用网络进行民意调查，但至目前为止还不是最普及的方式，这与互联网在俄罗斯的应用程度有关。可以预见，随着互联网的普及，网络调查方式有着更为广阔的发展空间。

俄罗斯民意调查存在的主要不足是民间调查机构欠发达，官方定制使得民意调查具有自上而下的特点，可能影响到数据的客观性，也增加了民意的可操纵性。民间调查机构特别是地方性的尽管不少，但是在全国范围内影响有限。

民意调查在俄罗斯的应用

任何一种现代政治制度，无论是民主的还是威权的，都越来越关注和重视民意，都希望将民意纳入当局对重要的社会、政治和经济问题的决策过程。俄罗斯政府对民意的关注一方面体现在上述民意调查机构的发展和壮大上，应该说这些机构的创立和发展很大程度上基于政府的支持，政府成为它们的最大客户；另一方面体现在各级政府对民意调查结果的应用上，而且显然政府部门对民调的需求与应用呈增多的态势。

一、国家领导人对民意调查的重视

俄罗斯现任总统梅德韦杰夫非常重视民意，在他的许多发言和报告中都特别强调这一问题。2010 年 7 月 22 日，梅德韦杰夫在征兵工作会议上的讲话中指出，“在任何情况下都必须考虑民意，因为这涉及我们国家相当大数量的人”。2010 年 7 月 6 日，梅德韦杰夫在主持召开有关《警察法》讨论会议时指出，“民意应该成为评价警察工作效率的主要标准”。2010 年 1 月 22 日，在主持召开有关俄罗斯政治体制发展问题的国务会议上，梅德韦杰夫指出，“评价地方领导人工作的主要标准是且总是当地居民对他的信任度”。①

2007 年 2 月 1 日，普京在其第二任总统期间召开的外国记者招待会上针对俄罗斯正在进行的地区联合与合并问题表示，“任何地域上的变更，如合并或是分解，只能在征求民意的基础上通过。根据各地法律，可以通过不同方式进行，但都是生活在这片土地上的公民的意愿的表达。”②

叶利钦在退休后撰写的回忆录中讲道：“在我的工作会晤开始和电话铃声响起前，我一定要浏览一下报纸、杂志、新闻摘要和社会学调查结果，非此我不能开始自己一天的工作。”③ 叶利钦意识到，社会舆论研究，这不只是国家最高领导层决策的最重要因素，而且是他的工具。

尽管我们无法度量民意调查的结果究竟在多大程度上作用于领导人的认识并影响其作出决策，但是从他们的言辞中可以明确地看出，这种作用是存在的。

二、民意调查在选举运动中的应用

民意调查应用于各级各类的选举运动在全世界都很普遍，美国最早的民调起源就是总统大选。俄罗斯也一样，在总统选举，国家杜马选举，甚至地方议会选举中都广泛利用民意调查工具。全俄社会舆论研究中心、社会舆论基金会、列瓦达中心都将对选举的民意监测作为自己工作的重要内容。

全俄社会舆论研究中心网站的档案库中对总统选举和杜马选举分别列了专题。该中心对 2008 年总统大选所进行的专项调查从 1 月 17 日到 3 月 25 日投票前一日就进行了 25 次，调查内容涉及总统与东正教会的关系、总统候选人的个

---

① http：//news. kremlin. ru.

② http：//www. russia. org. cn.

③ Елищин Б. Президентский марафон. М. ，2000. С. 177.

人品质和形象、对未来总统职责和任务的认定、对选举结果的调查和预测、国家发展战略、对梅德韦杰夫和普京关系的认识、未来总统与俄罗斯民主制的命运等等。这些资料无疑对当局、社会政治力量和居民阶层了解选举情况，预测国家政治形势的发展提供了很好的依据，特别是对候选人了解选民意图、制定和及时调整自己的竞选纲领、策略和行为提供了重要的参考。

列瓦达中心是2003年才从全俄社会舆论研究中心分离出来的，但如果从历史上追溯，它也算从1991年就开始在国家杜马选举和总统选举前定期进行系列调查。2007年12月列瓦达中心被俄联邦中央选举委员会授予2007年国家杜马选举社会学预测竞赛的优胜者。

社会舆论基金会1992年建立后发展迅速，在1995年的杜马选举过程中进行了成功的民意监测，在1996年总统大选中被叶利钦的竞选班子选中，成为其竞选团队的基础社会组织，针对叶利钦的竞选纲领、公众形象、广播电视讲话、竞选旅行等进行民意调查，收集民众的反应。社会舆论基金会总裁A.奥斯隆以及其他一些年轻的分析研究专家成为叶利钦的竞选智囊——“分析小组”的成员。叶利钦后来回忆这段经历讲到，“在讨论某个想法的时候，当大家都沉寂下来，就会提出一个问题：‘人民在想些什么?’此时，所有人的目光都转向奥斯隆，而他则埋头在自己的小本本里，给出最后的评论，说出人民想些什么，为什么这么想。亚历山大·奥斯隆在分析小组工作时就是使用这个别名‘人民’。”① 社会舆论基金会以及其他民意调查机构的民调结果，成功地帮助叶利钦认清形势，消除不利因素，争取选民，从而扭转了最初的不利形势，赢得了最后的胜利。浏览社会调查资料、分析舆情成为日后叶利钦每天工作必不可少的一项内容。俄联邦总统办公厅也从此成为社会舆论基金会调查项目的主要埋单者。在1999—2000年和2004年普京竞选俱乐部中社会舆论基金会也发挥了类似的作用。

三、俄罗斯政府机构对民意调查的应用

前面讲到，几家大的社会调查机构的调查项目主要是官方定制。有关国内局势、国家领导人信任度、政府和国家机关工作绩效及满意度评价、居民社会生活水平和居民情绪、选举运动的情况、国家重要社会经济计划实施的民意反应等都是政府关注的重要问题，此类问题的常年定期的综合性和专题调查基本上都是政府埋单。

---

① Елицин Б. Президентский марафон. М., 2000. С. 31.

全俄社会舆论研究中心地方分支机构网页上直接列出了受地方政府委托的调查项目。南部联邦区分部2007年10月刚成立，就接受罗斯托夫州政府委托在2008年针对当地居民对市政府和区行政首脑活动的评价，罗斯托夫州公共教育机关的教师对中等公共教育问题的看法，对该州医院提供的医疗服务问题的社会意见，对公共住宅服务质量的评价，罗斯托夫州居民对社会政治信息来源的评价，居民对联邦、州和地方权力机关地位的认识，学生父母对普通中等教育的意见以及居民对腐败的意见等问题实施了民意调查计划。中央联邦区分部2008年3月建立后接受图拉州政府的委托实行了一系列调查计划，例如图拉州牺牲军人和护法机关职员家庭社会经济状况评估，居民对交通问题的态度，残疾孩子的父母对社会支持措施、对国家提供的服务质量的满意度评价，劳动力市场和工人的职业技术水平，等等。

对政府活动的绩效评价始终是政府关注的问题，有关这一问题的调查每年都会进行。2010年3月6—7日，全俄社会舆论研究中心针对“政府在过去一年工作的主要成绩和失误”进行了民调，调查涉及全俄42个联邦主体的140个居民点，总计1600人参与。调查结果显示，被列为政府工作成绩的主要包括：退休金、工资和津贴的提高（13%受访者）、反危机计划（4%）、社会领域的发展，军队和内务部系统的改革以及外交政策的成就（2%）、创新（1%）。认为政府工作没有任何成就的人从上一年的40%下降到35%。认为政府的主要失误有：失业问题（7%）、通货膨胀（6%）、发生严重的危机（6%）、对体育事业的忽视和社会领域的失误（4%）、生活水平的下降和公用住宅事业问题（3%）、政府对农业的疏忽以及反腐败斗争的无效和国家计划实施的失败（2%）。与2009年相比，一些新的问题被列入政府工作失误的清单中，如国内状况的不稳定，强力部门的问题，安全等级的下降等等（1%）。

对政府活动绩效、对社会经济计划实施、对政治家信任度等问题进行的社会调查及分析报告，渗入到各级政府的决策过程，有利于政府在制定涉及重要民生问题的计划和措施中吸收民意并调整自己的工作方向，使决策更具针对性和更有效。这些调查和分析对政治家调整自己的行为，改善公众形象也提供了重要参考。

四、其他商业机构和社会团体“对民意调查的应用

俄罗斯民意调查机构除了接受官方定制，还受许多国内外社会团体、党派和商业机构的委托，进行一些社情和商情调查。例如，统一俄罗斯党、工商俄罗斯、俄罗斯管理人协会、俄罗斯足联、转型经济研究所基金、普希金图书馆非商业基金、联合国发展计划署、红十字国际委员会、保护自然国际联盟、北约莫斯科局、美国大使馆、荷兰大使馆，俄罗斯电视第一频道、体育频道、俄罗斯统一电力公司、韩国三星公司等等，都是全俄社会舆论研究中心的客户。社会舆论基金会的客户有桥银行、天然气工业公司，还有一些电台、电视台、投资公司，外国驻俄使馆、欧亚基金会、斯坦福大学等。列瓦达中心与全俄社会舆论中心和社会舆论基金会存在的最大区别就是，它的主要客户是俄罗斯和国外的公司、科研机构和非商业性组织。许多重要的国际组织如：世界银行、世界卫生组织、国际劳工组织、联合国发展计划署、联合国儿童基金会等，国内外许多著名高等院校如：国立高等经济学院，美国耶鲁大学、匹兹堡大学等，都在其客户名单中。其他商业与商业性机构有：戈尔巴乔夫基金会，美国国际发展国家通讯社；俄罗斯诺里尔斯克镍业公司，俄罗斯统一电力系统等。列瓦达中心的客户中也有一些国家机关，如俄央行，俄联邦社会院，联邦教育通讯社。

商业机构和社会团体按自己的特定需求委托调查机构进行专项调查，调查结果的应用更具有专门性。2010 年 1 月 18 日，俄罗斯联邦知识产权、专利和商标局正式承认 Mail. Ru 网站为俄联邦领土上著名商标，这赋予了该网站与因特尔、可口可乐、天然气工业公司等著名企业同等的地位。Mail. Ru 是俄罗斯最大的在线通讯和游戏平台，如今被俄官方承认为著名商标的总共只有 85 家最大的俄罗斯和国际公司。这项重要决定的产生正是基于全俄社会舆论研究中心在网民中进行的社会调查结果。

俄罗斯民意调查的发展已经有 20 年，尽管存在一些不足，但可以客观地说，其民意调查体系已经比较系统和完备，特别是针对国家政治、经济、社会和外交等重要问题的定期大范围的综合调查已经形成机制，民意调查基本上遍布全部国土，从理论上讲，每个公民都有被抽取进行民调的机会。老百姓通过参与调查能够将自己对国家政治和社会生活的意见和需求表达出来，从而形成社会各界一定程度的互动。不过，民意调查具有双面性，民意调查结果一方面向埋单者提供民意参考，对决策过程发生重要的影响，与此同时，调查结果的公布也对民意具有明显的导向性，直接影响到人们的判断和行为，正是因此，它有可能被利用成为决策者的工具。进行设定的民意调查，借助民众之口表达自己的意愿，这在许多政治家和利益团体中已经不是秘密。

20. 俄罗斯民族主义有哪些特点?

薛福岐

随着苏联解体，俄罗斯一夜之间从原来的超级大国沦为经济严重衰退、高度依赖西方的区域大国。经济发展、人口出生率等一系列指标大大落后。2500多万俄罗斯族人身处外国—前苏联加盟共和国。这一系列变化给俄罗斯人造成普遍的群体挫败感。这是俄罗斯独立以来民族主义发生和发展的重要社会历史背景。

俄罗斯民族主义的发展阶段

20世纪80年代末，俄罗斯民族主义开始复苏，填补苏联解体之后的意识形态真空状态。人民爱国阵线“记忆”是新俄罗斯最早一批极端民族主义组织之一。

20世纪90年代初，亚历山大·巴尔卡绍夫领导的俄罗斯民族团结运动是当时较为活跃的组织之一。在1993年俄罗斯总统叶利钦与议会的冲突中，该运动成员参与了保卫议会大厦的行动。在1993年的国家杜马选举中，极端民族主义口号被部分政党积极利用。其中俄罗斯自由民主党借助这些口号赢得部分选民支持，进入国家杜马。

1995年，9个具有极端民族主义色彩的政党和运动参加了国家杜马选举。1999年，7个极端民族主义政党和运动参加了杜马选举。从20世纪90年代下半期，光头党运动开始在俄罗斯各地发展。

进入新世纪，在车臣战争、莫斯科恐怖袭击事件的背景下，俄罗斯社会仇外情绪开始抬头。德米特里·罗戈津的“祖国”党和亚历山大·别洛夫的反对非法移民运动等部分政治力量试图利用这种情绪，在俄罗斯政坛占据一席之地。

2004 年 12 月，俄罗斯政府将 11 月 4 日的法定节假日“独立日”改名为“人民团结日”。2005 年 11 月 4 日，俄罗斯部分极端民族主义分子组织第一次“俄罗斯人游行”。此后每年 11 月 4 日民族主义分子的游行成为定例。

俄罗斯极端民族主义活动策略的转型发生在 2000 年下半年，他们利用外国劳工问题大做文章，获得了一定的社会支持。光头党和足球球迷团体是俄罗斯民族主义运动中最为积极活跃的成分。

与此同时，大多数极端民族主义组织在 2005 年前后基本失去影响力，而目前它们已经不可能在俄罗斯国内获得民众的大规模支持，更无法影响民众的社会意识和情绪。到 2010 年，极端民族主义的活动有明显减少，主要表现在针对非斯拉夫人的袭击数量减少。但是，这种变化显示的是另外一种趋势，即极端民族主义者从街头暴力转而实施恐怖袭击，其目标是所宣称的所谓新纳粹革命。

俄罗斯民族主义的基本主张

俄罗斯民族主义成分复杂，既有温和派，也有极端立场，既有政治意义上的民族主义，也有种族意义上的民族主义——前者的目标是捍卫俄罗斯语言、文化、传统等，后者则主张俄罗斯人至高无上，排挤其他民族，属于种族主义，且往往从纳粹德国的理论和实践当中汲取素材。

一些极端民族主义团体不仅全盘接受纳粹主义的思想，而且直接使用纳粹的符号、语汇，以及纳粹政党和军事化团体的组织原则。他们主张俄罗斯族高于一切，呼吁完成“民族革命”，主张俄罗斯人（包括乌克兰人和白俄罗斯人）团结起来，建立一个民族思想基础上的“俄罗斯人的国家”，即“第三帝国”（第一帝国是沙皇俄国，第二帝国是苏联）[①]。

21 世纪初俄罗斯民族主义与欧洲 19 世纪民族主义十分类似，其目标是在原帝国废墟之上建设民族国家。在这个意义上，俄罗斯民族主义同时也是俄罗斯分

---

① 持极端民族主义立场的人士认为，在“俄罗斯人的国家”里，非俄罗斯族原住民将不受任何威胁和歧视，但犹太人不属于原住民，应该被驱逐。这种观点具有十分明显的反犹主义色彩。——作者注

离主义。俄罗斯分离主义者主张彻底“放弃”现行宪法中规定的多民族国家建构（многонациональная государственность），放弃以异族文化，尤其是伊斯兰文化为主的边疆地区，按照欧洲19世纪民族主义的逻辑建设一个纯粹俄罗斯人的国家。当然，主张放弃以穆斯林为主部分领土的只是少数极端分子。

俄罗斯民族主义的主流立场是强化大俄罗斯族的“领导和指导”作用。在这个意义上，俄罗斯民族主义呈现为传统帝国意识与一般意义上族群民族主义的混合物。

俄罗斯民族主义的最基本主张是，作为主体民族的俄罗斯族人应该在国家政治、经济和社会领域享有特殊权利和地位，排斥一切非俄罗斯族裔，具有较为明显的反犹主义色彩。从政治主张和立场来看，俄罗斯民族主义呈现为从极右翼的法西斯纳粹团伙到极左翼的“红色近卫军”等等，在政治上处于边缘地带和体制之外，往往属于当局打击的对象。

在地缘政治层面，部分民族主义者如巴尔卡绍夫等人主张保卫俄罗斯的“生存空间”，使其免遭美国等西方国家的侵蚀；保护俄罗斯的自然资源以免其落入“国际银行家”之手。基于这一点，俄罗斯民族主义支持军队和国防建设。

此外，俄罗斯足球球迷当中的种族主义情绪是一个显而易见的事实。但在俄罗斯，普通民众和当局对此的态度十分宽容。整体而言，俄罗斯社会对其国内其他民族和族群的种族主义态度是较为明显的。

俄罗斯民族主义的社会基础

在当代俄罗斯，民族主义在一些社会阶层拥有社会基础和心理基础，拥有自己的支持者和同情者。其中的原因何在？

第一，俄罗斯出现民族主义，尤其是极端民族主义势力的社会因素首先可以归结为“苏联解体后遗症”。苏联解体之前，以叶利钦为首的部分政治力量为了搞垮联盟中央，极力主张俄罗斯的权利与利益，主张与联盟中央分离，甩掉其他加盟共和国这个“包袱”。俄罗斯民族主义者与部分加盟共和国的民族主义势力在瓦解苏联这一问题上利益相同或相近，这是苏联解体的主要因素之一。同时，苏联解体本身使原来的超级大国成为一个严重依赖西方的区域大国，对于俄罗斯民众而言是巨大的心理冲击，造成一种巨大的群体心理挫败感。这种挫败感很容易导致行为上的侵略性，其对象则在很大程度上是“非我族类”。

第二，俄罗斯在独立以来进行的一系列“休克疗法”式激进改革，在很大程度上是对普通民众的经济剥夺，造成严重的贫富两极分化。社会流动，尤其是青年人向上流动的渠道缺失。社会的普遍贫困化与极少数富人恣意挥霍而形成的巨大社会反差，是俄罗斯民众不满情绪的主要因素。一般而言，贫困是民族主义最为强烈的催化剂。世界各国社会研究都证实了这一点。俄罗斯也不例外。列瓦达中心进行的一项问卷调查表明，60％的专家学者认为，近10年来俄罗斯人当中极端民族主义观点发生发展的主要原因是贫困，在一些不发达地区尤其如此。

第三，俄罗斯独立以来人口结构发生重大变化，俄罗斯族成为主体民族，伴随而来的是民族意识的复苏和高涨。俄罗斯极端民族主义团体和组织、出版物以及支持俄罗斯自由民主党的选民（其中相当比例的人持民族主义立场）、民族共和国内部的分裂主义情绪等都说明这一现象。据全俄社会舆论调查中心的统计数据，43％的俄罗斯人认为俄族人应比其他民族拥有更多权力，23％讨厌来自北高加索的移民，3％不喜欢中国人，2％自称不喜欢犹太人。

第四，移民问题是俄罗斯民族主义崛起的背景之一。俄罗斯2002年人口普查显示，来自高加索和中亚国家的移民人数集中在莫斯科——12万亚美尼亚人，10万阿塞拜疆人，5万格鲁吉亚人，1.5万车臣人，3.5万塔吉克人，2.5万乌兹别克人①。

除莫斯科之外，俄罗斯南部地区来自北高加索和南高加索地区的移民人数也有明显的增长。人口普查数据显示，在俄罗斯克拉斯诺达尔边疆区和斯塔夫罗波尔边疆区，亚美尼亚族人口已经占当地人口的5％以上。此外，斯塔夫罗波尔边疆区、罗斯托夫、阿斯特拉罕、伏尔加格勒州车臣人口均超过1万人。

民意调查显示，莫斯科市居民对外来人口问题十分关切，38％的受访者对大量来自高加索地区的移民表示不满。莫斯科州也存在类似的情形。其他民调数据显示，60％的俄罗斯人主张限制外来移民进入，因为担心会被外来移民抢走饭碗、恶化治安。绝大多数人表示，他们只同意原苏联加盟共和国的俄罗斯族人入境。

第五，部分政党试图利用民族主义话语争取选民支持。俄罗斯宪法第29条

---

① http：//www.perepis2002.ru/ct/html/TOM_04_03_1.htm.

禁止以任何形式宣传任何一种社会、种族、民族、宗教或者语言的优越性。但是，在2003年的国家杜马选举中，日里诺夫斯基领导的俄罗斯自由民主党提出的口号是"为穷人、为俄罗斯人谋利益"。而格拉济耶夫—罗格津领导的"祖国"联盟持温和的民族主义立场，反对寡头。这两个党在选举中共赢得15%的选票。此外，俄共和统一俄罗斯党也在争取温和民族主义立场的选民。在2009年莫斯科市杜马选举中，俄共就积极利用所谓的"俄罗斯问题"来争取选民的支持，这反映在该党新出台的一系列纲领性文件之中①。

第六，极端民族主义口号具有一定的社会基础。根据俄罗斯民意调查机构列瓦达中心的跟踪调查，支持"俄罗斯人的俄罗斯"口号的受访者人数在2000年达到高峰，当时有16%的人公开支持这一口号，而42%的人则认为可以在合理的范围内实现。只有20%的人表示反对。

2002年，17%的受访者支持极端民族主义，38%的人部分支持，28%的人反对。

2003年，16%的受访者支持极端民族主义，38%的部分支持，26%的反对。

2004年，22%的受访者支持极端民族主义。

2007年，14%的人支持"俄罗斯人的俄罗斯"这一极端民族主义口号。

2009年，18%的人支持"俄罗斯人的俄罗斯"，36%的人部分支持。此外，35%的反对来自乌克兰、白俄罗斯等国的打工者。61%的人认为应该限制外来劳工移民。

2010年一项针对俄罗斯女性与其他民族男性的婚姻问题的调查显示，65%的受访的俄罗斯女性反对与"车臣人"结婚，63%的人反对与阿拉伯人结婚，46%的人不能接受与犹太人的婚姻。

主要民族主义组织

人民爱国阵线"记忆"。领导人是德米特里·瓦西里耶夫，在苏联戈尔巴乔夫改革时期组建，属于法西斯性质的极端组织。该组织宣称君主制是最好的政治制度，反犹主义和反自由主义、东正教是其政治纲领的基本内容，复兴俄罗斯人

① http：//www. sova—center. ru/racism—xenophobia/publications/2010/02/d17889.

民是主要政治目标。一般认为，“记忆”是现代俄罗斯极端民族主义组织的“母体”和源头。1992 年该组织成员袭击了《莫斯科共青团员》报社。1995 年在俄罗斯司法部注册为地区性社会团体。该组织部分成员参加每年 11 月 4 日“俄罗斯人游行”。

“俄罗斯民族团结运动”。成立于 1990 年，创始人是亚历山大·巴尔卡绍夫。该组织宣传纳粹主义思想，使用法西斯符号。1993 年该组织曾派出 300 名武装人员前往议会大厦。1999 年年底，该组织曾经试图参加国家杜马选举，但被俄罗斯司法部取消注册。2005 年以来，该组织成员涉嫌参与一系列恐怖爆炸事件和政治谋杀。

“反对非法移民运动”。该组织成立于 2002 年，但未能在司法部获得注册，号称是青年俄罗斯人的运动，反对非法移民。2005 年，该组织成员积极参与了极端右翼组织于当年 11 月 4 日在莫斯科举行的“右翼游行”。2006 年 6 月，该组织在圣彼得堡举行活动，打出的口号是“支持普京打击犯罪”，声称得到当局的非正式支持。在 2008 年俄格五日战争期间，该组织呼吁限制俄罗斯境内格鲁吉亚公民的活动。

2011 年 4 月 18 日，莫斯科市法院裁决“反对非法移民运动”为极端主义组织，禁止其活动。此前，在法庭审理过程中，莫斯科警方代表作证时指出，有证据表明该组织参与了 2010 年 12 月 11 日在莫斯科市中心马涅日广场骚乱。8 月 9 日，俄罗斯最高法院驳回了该组织的上诉，莫斯科市法院的判决正式生效。这意味着，从判决生效之时起，任何人，如果被证明是该组织成员，将被依法判处 2 年以下有期徒刑。

与此同时，俄罗斯有关专家在支持最高法院裁决的同时也表示，类似的判决并不能解决俄罗斯仇外症问题。此外，法庭的禁令并不能影响此类组织的活动，因为他们可以改换门庭。据报道，“反对非法移民运动”成员全体加入了一个名为“俄罗斯人”的组织。

“斯拉夫联盟”。民族社会主义运动“斯拉夫联盟”成立于 1999 年，骨干成员来自“俄罗斯民族团结”组织。该组织主要目标是，建立俄罗斯民族权力，扩大俄罗斯人的代表性。该组织负责人声称得到克里姆林宫的支持，以反制“橙色革命”。该组织成员积极参与 2005 年 11 月的“右翼游行”。此外，该组织成员多次被指控涉嫌制造恐怖袭击。如 2006 年 8 月莫斯科切尔基佐夫市场爆炸案造成

14 人死亡，其中包括 4 名儿童。

2010 年 4 月，莫斯科市法院裁决禁止该组织的一切活动。此后该组织宣布自行解散。根据《俄罗斯报》的报道，虽然该组织被禁止，其成员依然多达 1 万人左右。

民族布尔什维克党。成立于 1994 年。该组织宣称是革命的、民族主义、反政府和反资本家政党。该党在乌克兰、白俄罗斯、立陶宛、爱沙尼亚、哈萨克斯坦、吉尔吉斯斯坦及其他国家设有分部。该党领导人宣称要建设一个从符拉迪沃斯托克到直布罗陀的大欧亚帝国。该党以青少年为主要工作对象。

此外，目前在全国范围内行动的民族主义政党和运动组织有："俄罗斯民族团结"党、"棕色时代"、"人民民族党"、"自由党"、"俄罗斯全民族联盟"和已被取缔的"俄罗斯民族至上党"。此外，地方性民族运动组织也很活跃。如"哥萨克联合会"、阿斯特拉罕的"勇士"、叶卡捷琳堡的"无毒品城市"等等。它们的战斗队总人数在 1 万至 1.5 万人，已参与制造了数起屠杀高加索和吉卜赛移民的暴行。

民族主义的活动

一、街头暴力，其对象主要是非斯拉夫人，尤其针对来自高加索地区、亚洲和非洲等地区国家的外来人口。2010 年上半年，种族主义和新纳粹分子的暴力犯罪共造成 167 人受害，其中 19 人死亡（2009 年则有 242 人受害，其中 52 人死亡）[①]。莫斯科地区（包括莫斯科市和莫斯科州，53 人被打伤，9 人致死）、圣彼得堡（26 人被打伤，1 人致死）、下诺夫格勒德（12 人被打伤，2 人致死）是俄罗斯新纳粹暴力犯罪的重灾区。全国共有 32 个地区发生类似暴力事件[②]。2011 年年初以来，俄罗斯全国各地共有 15 人死于种族主义暴力袭击，70 人受伤，7 人受到死亡威胁。这些事件发生在全国 19 个地区，其中莫斯科市（6 死 18 伤），莫斯科州（3 死 7 伤），圣彼得堡（3 死 20 伤）是类似暴力袭击的"高发区"。死伤者主要来自中亚国家（8 死 17 伤）、高加索地区（6 死 4 伤）以及当地左翼和

① http：//www.sova－center.ru/racism－xenophobia/publications/2010/07/d19289.

② 同上。

青年组织（14 伤）。

二、以国家重要基础设施和政府机构为目标的政治恐怖。除了针对非俄罗斯族裔的暴力犯罪之外，极右翼团伙继续实施针对国家战略目标的恐怖袭击。俄罗斯新纳粹分子的恐怖活动逐步褪去种族主义色彩，越来越明显地具有反国家性质。恐怖袭击的对象成为国家机关、警察局、招兵办公室、司法部门工作人员的住所等。

极端主义分子使用爆炸物和纵火进行犯罪活动的案件急剧上升。仅 2009 年就发生五起针对司法机关的纵火案件（分别发生在莫斯科、下诺夫格勒德等地），在新西伯利亚，恐怖分子曾经试图在调查种族犯罪案件的警员住所进行纵火。2009 年 3 月 11 日俄罗斯国家反恐怖委员会公布的材料显示，极右翼恐怖主义的威胁仅次于北高加索恐怖分子，居第二位①。

2010 年 2 月发生圣彼得堡近郊铁路爆破案。警察局纵火（奔撒市、顿河罗斯托夫市）——2010 年上半年发生 9 起类似事件。此外，2010 年极右翼分子从事政治暗杀，其受害者是莫斯科市法院审理极右翼组织“白狼”案件的联邦法官艾·丘瓦绍夫。此案在俄罗斯社会各界引起强烈反响。

三、非法集会活动。极右翼势力积极组织各种游行集会活动，尤其是利用每年的“五一”节。主要的协调者和组织者是以反对非法移民运动等为口号。俄罗斯全国 10 个城市组织了类似的游行，其中莫斯科市有 600 多人参加。

2010 年 4 月 25 日的莫斯科集会是上半年最为显著的全国性活动，来自 18 个组织的 400 多人参加，其中绝大多数组织是极端民族主义性质。此次集会的一个重要特点是，几乎所有参加者都认为，此前因种族敌视而被审判的罪犯，包括系列杀人犯和恐怖分子，都是政治犯，是“反抗外敌占领”的斗士。

四、新的动向。在俄罗斯政府加大打击力度的背景下，极端主义分子开始改变策略。

1. 极端民族主义主张暴力推翻现政权，建立所谓“俄罗斯人的国家”，依靠这样的口号是无法取得民众广泛支持。因此，右翼分子开始调整策略，主动放弃公开的纳粹宣传，转而使用接近官方的社会议题，如人口问题，健康生活方式，反对酗酒，号召人们从事体育锻炼等等。纳粹宣传往往局限在“自己人”内部进

① http：//www. sova－center. ru/racism－xenophobia/publications/2010/02/d17889.

行，同时也通过青少年亚文化活动（如音乐会等）招募新人。莫斯科市高年级中学生当中，四分之一的人支持光头党。这是莫斯科市教育局对 9—11 年级高中生进行问卷调查得出的结果。

2. 分散发展平行组织，深度隐藏，但仍然能够制造类似 12 月 11 日那样大规模的骚乱。极端民族主义组织对现政权采取敌对态度，将自己的活动看作是“游击战”，而依然合法存在的民族主义分子则与其声气相通，为其充当辩护者。

3. 试图把自己打扮成为民主反对派。2010 年 11 月 21 日，一个新的运动“俄罗斯公民联盟”宣告成立，并声称要展开俄罗斯民族主义分子与民主反对派之间的广泛合作。

4. 民族主义组织和团体之间也采取努力实现联合。2010 年 8 月 28 日，“反对非法移民运动”与“俄罗斯形象”宣布联合，发表“俄罗斯民族主义组织宣言”，宣称其目标是民族主义分子的政治合法化，反对当局的打击，并将他们组织的暴力行动解释为“争取宪法权利”而被迫采取的斗争形式。此后，一批民族主义组织宣布签署这个宣言。

据俄罗斯有关专家指出，目前在俄罗斯联邦一级行动的民族主义政党和运动组织有 7 个：“俄罗斯民族统一”、“棕色时代”、“抵制非法移民组织”、“人民民族党”、“自由党”、“俄罗斯全民族联盟”和已被取缔的“俄罗斯民族至上党”。地方性民族运动组织也很活跃。如“哥萨克联合会”、阿斯特拉罕的“勇士”、叶卡捷琳堡的“无毒品城市”等等。它们的战斗队总人数在 1 万至 1.5 万人，已参与制造了数起屠杀高加索和吉卜赛移民的暴行。

俄罗斯当局的应对措施

俄罗斯政府和社会各界充分认识到各种极端民族主义对民族和谐与政治稳定可能构成的严重威胁，正在积极采取各种努力，从各个方面多管齐下，遏制极端民族主义的发展势头。

一、国家领导人高度重视。俄罗斯总理普京在 2007 年 1 月 11 日的一次讲话中表示，极端民族主义、仇外症、宗教和种族仇视不仅侵害俄罗斯公民和外国公民的权利，而且已经给俄罗斯国内的整体稳定与安全构成严重威胁。遗憾的是，社会舆论对极端民族主义组织的活动的认识还不到位。因此，各政党和非政府组织应该站出来表明立场。

梅德韦杰夫总统分别在 2010 年 12 月 27 日和 2011 年 2 月 11 日接连主持召开国务委员会会议，讨论民族关系及其相关的教育、媒体宣传等问题，要求俄罗斯政府对现行的大中学生公民教育课程进行评估①，改善青少年公民教育等，增强社会对极端民族主义的“免疫力”；决定设立一个专门的由副总理牵头的政府委员会，协调目前由 15 个联邦部委和地方政府实施的民族政策。

二、强化打击极端民族主义的法律基础。俄罗斯宪法第 29 条禁止以任何形式宣传任何一种社会、种族、民族、宗教或者语言的优越性。此外，俄罗斯刑法典第 282 条对有关煽动仇恨、敌视的行为规定有罚金、有期徒刑（1 年到 3 年）、禁止从事特定职业、强制从事社会工作等处罚。俄罗斯政府和立法机关不断强化打击极端主义的法律法规。其中 2009 年通过立法程序，理顺了就极端主义宣传向新闻媒体进行警告的程序。

三、司法部门加大打击力度。俄罗斯警方加大力度侦破种族主义暴力犯罪。其中团伙犯罪被追究刑事责任的案件在不断上升，减少了被判处缓刑的案件。从 2008 年开始，俄罗斯政府对极端民族主义分子开始进行严厉的打击，警方逮捕许多极右翼分子，公开审理了一批极端主义活动的案件。

2010 年上半年，警方和法庭共侦察审理 45 起案件，159 人被判处有期徒刑②。此外，2010 年上半年俄罗斯法院以种族主义宣传、号召进行极端主义行动等罪名做出 26 项有罪裁决，35 人被判刑。

2011 年，莫斯科市检察院有关极端主义宣传材料的案件增加了一倍，而因极端主义活动被追究责任的个人人数增加了 1.7 倍。

2011 年年初以来，俄罗斯各地法院共审结 35 起种族暴力犯罪案件，其中都有种族敌视情节。共有 145 人被判刑，其中 8 人被判处终身监禁，77 人被判处有期徒刑。此外，另有 43 人因种族敌视宣传被判刑。

2011 年 7 月初俄罗斯司法部官方网站公布的极端主义组织名单，目前有 23 个组织。

2011 年 7 月 6 日，俄罗斯政府机关报《俄罗斯报》公布了《涉嫌从事极端主

---

① http：//www.rian.ru/analytics/20101227/314123977.html.

② http：//www.sova－center.ru/racism－xenophobia/publications/2010/07/d19289/.

义和恐怖活动的组织和个人名单》，其中境外部分包括 104 个组织和 401 名外国人，俄罗斯部分则包括 46 个组织，1510 名个人。

四、取缔有关组织。2010 年 2 月 1 日，俄罗斯最高法院裁定国际社会团体“民族—社会主义协会”为极端主义组织并禁止其活动。此后不久，该组织被列入俄罗斯国家反恐委员会的极端主义组织名单。“民族社会主义协会”是近年来俄罗斯最为激进的新纳粹组织之一。2010 年莫斯科军区法院审理的该组织北部分部犯罪案件中，就有 30 多起谋杀案。这在一定程度上标明俄罗斯国家坚决打击新纳粹组织的政治意志。

五、审定极端主义书籍资料。此外，极端主义文件资料的联邦清单也在迅速扩大。截止到 2010 年年底，该清单已列入 621 种材料，仅 2010 年就增加了 153 种。在新增加的材料当中，77 种属于新纳粹和煽动民族仇恨性质的[①]。

此外，司法部门针对极端民族主义行为采取法律行动，对煽动民族敌视的新闻媒体予以警告。

与此同时，对极右翼犯罪行为的处罚从整体上来看依然力度不够。许多具有危险性的宣传者依然逍遥法外。警方关注的大多是轻微犯罪以及警告图书馆对于收藏极端主义书籍的法律责任等。而对于组织极端主义团伙的行为基本上没有进行调查和追究责任。此外，从法律角度依然没有解决禁止极端主义书刊宣传材料的问题。所有这一切为极端主义分子的活动依然留下了广阔的空间。

六、组建统一俄罗斯党的青年组织——统一俄罗斯青年近卫军。青年近卫军，原为青年统一俄罗斯党，2008 年改为“统一俄罗斯党青年近卫军”，是俄罗斯最大的青年组织。该组织的口号是：主权民主、“普京计划”，梅德韦杰夫的四个关键词（制度、投资、创新、知识）、2020 战略。该组织认为，俄罗斯发展的基础是，合法的总统权力、正常运转的政党制度、国家兑现对公民的社会保障和义务、人才和经济现代化、法治。

七、发挥俄罗斯东正教会[②]的作用。在俄罗斯政府与社会各界采取共同努力，遏制和打击极端民族主义活动的背景下，俄罗斯东正教会负责社会联络部负责人与部分青年组织的代表举行圆桌会议，参加的有：统一俄罗斯党青年近卫

① http：//www. sova－center. ru/racism－xenophobia/publications/2010/07/d19289/.

② http：//www. gazeta. ru/politics/2010/12/30 _ a _ 3483346. shtml.

军，青年俄罗斯运动（其领袖为国家杜马议员马·米先科），反对非法移民运动，俄罗斯村社大会以及各个足球俱乐部的球迷代表，讨论的主要议题是民族和族群关系问题[①]。俄罗斯东正教会牧守基里尔与国家杜马青年议员讨论俄罗斯民族关系问题。

值得指出的是，俄罗斯的反法西斯社会团体也十分活跃，组织针锋相对的集会，向社会各界说明极端民族主义、新纳粹的危害，尤其是向青少年一代当中开展各种宣传活动。当然，这些团体是自愿公益性质的，其影响力也十分有限。

几点展望

从政治发展理论的角度看，俄罗斯民族主义的兴起及其所突显出的社会矛盾，可以理解为“认同危机”，即俄罗斯民众对国家的认同感，包括政治制度、经济制度、国家发展道路、具体的经济社会政策等等，尚处在形成过程之中，迷惘和矛盾伴随着认同感的形成过程。一般认为，苏联解体这一历史性事件对俄罗斯民众的心理造成巨大的冲击——原来的超级大国地位不复存在，民众对国家的自豪感和自信心无所依托。近期社会调查也显示，俄罗斯社会缺乏公民认同，即人们对“俄国人”这样一个精神共同体缺乏归属感。这也是俄罗斯独立20年之后，在维护国家安全、领土完整方面的一个重大挑战。民族意识的真空，严重的社会分化和社会不公，给各种极端主义思潮的流行提供了土壤和条件。可以说，俄罗斯社会的群体挫败感是各种以民族复兴为旗号的民族主义理论和实践开始流行的重要社会心理因素。

从极端民族主义的主张来看，虽然俄罗斯族占联邦87%的人口，但同时国内还有100多个民族。极端民族主义所主张的“俄罗斯人的俄罗斯”，最终只能导致国家的分裂。

总而言之，俄罗斯国家正在面对来自极端民族主义这样一个社会边缘化群体的挑战。俄罗斯政府需要从发展经济、改善民生、民族政策、青少年的公民教育、立法和执法等层面加强工作，积极动员宗教团体和社会各界的力量，采取综合治理的办法，来逐步消除极端民族主义对政治和社会稳定的威胁。

---

① http：//www.ovco.org/2010/12/2411.

21. 俄罗斯非政府组织发展情况如何?

薛福岐

俄罗斯的非政府组织在法律上一般被称为“非商业组织”，学术界又将其称之为“第三部门”，指的是国家政权机构（发展资金主要来自税收）、商业机构（发展资金主要来自运营利润）之外的非营利性组织，自身发展和活动所需经费来自政府财政、企业和组织及私人捐赠。一般而言，发达国家的“第三部门”是公民社会的基础，以全社会福祉为开展活动的主要目的。

哪些组织可以算作是非政府组织

俄罗斯法律将非政府组织定位为不以营利为主要目的、不分配利润的组织和机构。非政府组织可以开展社会工作、慈善事业、文化教育事业、从事科研和管理、卫生保健、体育运动、维护公民个人和组织的权利和合法利益、调解纠纷、提供法律援助等活动（《非商业组织法》）。非政府组织可以在章程规定的范围内从事经营活动。

俄罗斯民法典和非商业组织法以及其他20多部联邦法都涉及非政府组织的活动。根据俄罗斯现行法律，可以成立七类非商业组织。

1. 消费合作社。由自然人和法人在自愿基础上建立，目的是满足参与者的物质和其他需求，其参与者可以是年满16岁以上的自然人和法人。

2. 社会和宗教组织。是公民自愿结社满足精神和其他非物质需求的法人，只能由自然人组成。

3. 各类基金会。是发起人以资产投入方式设立的非商业机构。这是俄罗斯独立以来一个较为新颖的法人类型，在较短时间内得到迅速发展。与其他非商业法人相比，基金会有自己的特点，如不实行会员制，法人可以作为发起人，必须公布资产使用情况等等。

4. 机构类组织。出资人为实现管理、社会文化及其他非商业目的而建立、全部或者部分由其出资的组织。出资人可以是法人和自然人、国家和地方自治机关。

5. 法人联合会（协会和联合会）。为协调企业经营活动、代表和维护利益而设立的非商业组织。

6. 非商业合伙组织。1995 年 12 月 8 日，俄罗斯国家杜马通过的非商业组织法规定，可以设立俄罗斯民法典未加规定的其他形式的非商业组织，非商业合作组织就是其中之一。

7. 自主非商业组织。自然人与或法人自愿出资设立的、提供教育、医疗卫生、文化、科学、法律、体育和运动等服务的非商业组织。可从事经营活动。

与此同时，根据俄罗斯非商业组织法，此类组织的形式共有 30 多种，其中部分类型只是名称各异，其基本功能相近。

1. 自主非商业组织；

2. 自主机构；

3. 律师组织（律师办公室，律师同业协会，法律咨询部）；

4. 联合会与协会（包括交易所协会）；

5. 慈善组织；

6. 国家集团公司；

7. 国家公司；

8. 国有和地方自主、财政供养机构；

9. 国家公园、自然公园、国家自然保护区；

10. 哥萨克社团；

11. 非商业合伙组织；

12. 非政府组织；

13. 业主委员会；

14. 社会团体（政党，社会组织，社会运动，社会基金，社会机构，工会）；

15. 相互保险协会；

16. 法人社团；

17. 雇主协会；

18. 原住民社团；

19. 消费合作社（包括信贷消费合作者，农业消费合作社，住房公积金合作社）；

20. 宗教组织与社团。

就目前而言，俄罗斯非政府组织开展活动的领域主要涉及以下方面：

——公民人权与法律援助；

——环保（阻止砍伐森林、救助流浪动物）；

——工会组织：新的独立工会，大学的学生会组织等；

——业主委员会和社区公共自治组织；

——文化组织（博物馆、非商业组织、非正式社团）；

——“体制外”和议会外政党；

——抗议性社团和集体（在大规模群众抗议活动中出现的、领导抗议活动的、以抗议为主要活动内容的）；

——国际大学生组织的俄罗斯分支机构；

——智库；

——青少年组织；

——辩论俱乐部；

——非正式体育协会；

——政权机关创办的青年组织；

——自愿者和慈善组织。

就非政府组织的活动形式而言，既有单个的积极分子（包括人权活动人士），也有“传统性”的组织（提供各种服务，在居民与国家之间充当中介人），社团（公民个人参加的，或者机构参加者），联合（共同兴趣、共同问题），工会等，以及“体制外”政党和尚处于组建阶段的新组织。

自1996年俄罗斯通过《非商业组织法》以来，非政府组织经历了一个快速发展的阶段，其数量逐年增多。2002年，全国共有非政府组织60万个。2007年已经发展到278万个。正式注册登记的非政府组织的数量在10年之内翻了一番。根据俄罗斯统计当局的数字，目前，全国共有673019万个非政府组织（美国为

120 万个，法国为 80 万个）。

从非政府组织的活动范围分布来看，55%在教育领域，41%在文化休闲领域，30%涉及社会工作，24%从事青年工作。而 60%以上的非政府组织员工人数不超过 100 人。78%的组织固定员工人数不超过 10 人。

另外，只有 19%的非政府组织开展经营活动（发达国家这个比例为 53%到 65%）。2002 年，非政府部门的就业仅占劳动人口的 0.8%，其产出占全国 GDP 的 1.2%。2006 年，这两个指标分别为 0.6%和 0.5%。与发达国家相比，这两个指标明显落后。如法国非政府部门就业比例为 2.5%，比利时、荷兰则占到 10%；美国非政府部门的产出占国内总产值的 7%，日本则为 5%，法国为 4%。

大多数非政府组织集中在俄罗斯的欧洲部分，其中半数非政府组织在莫斯科、中央和沿伏尔加联邦区开展活动，而在远东联邦区、乌拉尔联邦区的数量较少。

俄罗斯非政府组织主要活动范围是教育、科研、文化和体育。俄罗斯非政府组织占经济实体总量的 8%。但近年来非政府组织对 GDP 增长的贡献却在逐年降低。可以说，非政府组织的发展势头落后于国家总体的经济增长。

2007 年之前的俄罗斯非政府组织

在俄罗斯独立之初，许多体育和宗教性质的非政府组织享有各种税收优惠。许多企业公司纷纷建立自己的非商业组织，将利润划拨过去，而后再通过各种途径返回到母公司。这在一定程度上造成俄罗斯非政府组织声誉不佳。

1996 年 1 月 12 日生效的俄罗斯联邦《非商业组织法》给非政府组织的活动提供了较为广阔的发展空间。正因为如此，在十多年的时间里，非政府组织数量快速增长。

2004—2005 年间，俄罗斯周边的乌克兰、格鲁吉亚等国发生“颜色革命”。当时俄罗斯有许多人认为，这些事件完全是境外策划指挥，由境外支持的非政府组织在这些国家内部组织实施的。在此背景下，接受外国资金援助的非政府组织被看作是具有潜在的危险性，可能对政治稳定构成威胁。一些政治人物指责俄罗斯部分非政府组织接受俄罗斯敌人的资助——指的是外国情报机关、寡头、恐怖分子和犯罪团伙等等。

在这个背景下，2005 年年底俄罗斯国家杜马通过新的"非政府组织法"，对此类组织机构的建立和活动设定一系列限制性条款，同时加大了对此类组织接受国外资金的检查力度。

这个新的法律在俄罗斯非政府组织中间引起强烈反应。当时尚未完成建立程序的俄罗斯社会院对此提出强烈批评，要求国家杜马暂缓审议该法案。

而美国国会众议院更是通过一项决议，要求俄罗斯政府召回或者修改非政府组织法案，认为该法案与俄罗斯的西方民主国家成员身份不相称。决议认为，俄罗斯政府的法案对"外国援助施加空前的限制"，此外，俄罗斯政府"有关外国利益集团和情报机构利用非政府组织进行破坏活动的担心，可以通过更为适当的方式得到照顾"。

2005 年 11 月底，国家杜马对该法案进行了一读审议，二读审议预定在 12 月 9 日。但在俄罗斯社会院的强烈要求下，延后一周进行。

考虑到新法案引起的强烈反响，2005 年 12 月 12 日，普京总统决定对该法案提出修正。普京认为，该法案旨在使俄罗斯政治局势免遭外部干预，使俄罗斯社会和公民不受到恐怖主义思想的影响。此前，普京曾经表示禁止外国资金资助俄罗斯政党。

2006 年年初的"英国间谍案"更是火上浇油。俄罗斯当局指控英国间谍以外交官身份做掩护向十多个俄罗斯非政府组织提供资金。

2006 年 4 月 18 日，新的非政府组织法正式生效。

新法对非政府组织的注册程序、重新注册和核查等作出了十分严格的规定：

1. 法案对非商业组织的国家注册程序做出专门安排。要求尚不具有法人身份的非政府组织必须向俄罗斯联邦司法部国家注册局进行通报，以便国家建立完整的非政府组织登记名册。

2. 法案大大增加了拒绝注册的依据。

3. 对非政府组织的资金和经营情况加大监督力度。如国家可以检查资金实际使用是否合乎非政府组织章程中所预设的目标。

按照新的规定，所有在俄罗斯境内开展活动的非政府组织必须经过重新登记。2008 年 4 月 15 日是提交申请的截止日期。而重新登记要求填写多达 200 多页的材料。

此外，还对非政府组织向司法部提交的年度报表内容提出新的要求，如必须提供本组织领导机构的信息，资金使用规模与去向，以及来自国际、外国组织机构和公民个人的资产使用情况。如果连续两年不提交报表，则有可能被司法部取缔。在此之前，根据1996年的非商业组织法，撤销非商业组织或者禁止其活动的依据是，极端主义活动，洗钱，侵犯人权与自由，多次违法或者从事不法活动等等。该法律要求外国非政府组织提供详细的季度报表和财务报表，年度工作计划等。如果监管部门发现外国非政府组织的活动、目标和任务“对俄罗斯联邦的主权、政治独立、领土完整、民族团结、特色和文化遗产与国家利益构成威胁”，则可以依法拒绝注册外国非政府组织或者注销其注册。

在解释新的非政府组织法中的有关规定时，普京总统表示，这部法律旨在防止外国资助那些“实际上从事政治活动的”俄罗斯非政府组织，它们因而往往“成为外国手中的工具，被用来达到自己的政治目的”。

在俄罗斯开展活动的数百家外国非政府组织中，仅有50家通过了重新登记这个程序。在2006年11月底，160多家外国组织获得重新注册。最终共有300多家在俄罗斯开展工作的外国组织通过了这一程序。

2007年，联邦注册局拒绝了11000多家非政府组织的注册申请，占申请总数的13%。个别地区拒绝率更高。如圣彼得堡的拒绝率为35.6%，斯维尔德洛夫州的拒绝率达到36.8%。

一般认为，俄罗斯2006年生效的非政府组织法主要针对接受外国资金、开展国际合作的俄罗斯非政府组织。此外，该法律对非政府组织的发起人、成员等进行详细规定，已被宣布为不受欢迎的外国人、正在监督服刑的人和被法院认定为进行极端主义活动的人不得成为非政府组织的发起人、成员和参与者。

2007年之后的俄罗斯非政府组织

与此同时，俄罗斯执政当局认识到非政府组织并非一无是处，并非完全是西方赖以对抗俄罗斯执政当局、发动“颜色革命”、颠覆国家政权的工具，它的确能够起到一定的积极作用，因此也在积极采取措施，扶持本国相关组织开展活动。其中作为对新的非政府组织法的“补偿”，普京在2006年年初与新成立的俄罗斯社会院第一次互动时提出，当年由国家财政拨款5亿卢布支持非政府组织，其中2.5亿卢布将用于实施一些重要的社会项目。这笔资金将由俄罗斯总统办公厅负责发放。另外2.5亿卢布将由社会院以招标方式分配给非政府组织。

普京总统在2007年的国情咨文中指出，财政对非商业组织的支持将达到12.5亿卢布。普京表示，俄罗斯非商业组织和志愿者的数量在不断增多。全国有800多万人在从事这方面的工作。

近年来，俄罗斯政府每年从财政拿出10亿卢布左右的资金用于支持非政府组织。2011年，梅德韦杰夫总统决定追加9亿卢布支持从事社会福利事业的非政府组织。

此外，俄罗斯政府对从事社会服务的非政府组织提供支持。2010年4月5日，梅德韦杰夫总统签署有关向部分从事社会事业非政府组织提供资助的联邦法。其新意在于，在2011年财政预算中向从事社会事业的非政府组织拨款9亿卢布。这个计划将解决两大问题：其一是增加国家投入，解决俄罗斯非政府组织的经济来源，创造条件加快“第三部门”的发展；促使非政府组织扩大吸收志愿者、捐款等。其二是利用非政府组织来解决社会问题。

梅德韦杰夫总统签署文件，明确在2010年联邦财政拨款10亿卢布用于发展非政府组织。这笔资金拨付给五家全国性非政府组织，而后由其安排资助给其他从事社会项目的组织。

2011年3月2日，梅德韦杰夫总统签署文件，指定俄罗斯6家大型非政府组织获得国家财政10亿卢布的资金。根据有关规定，这6家机构负责在全国范围内遴选合适的项目，分配这笔资金。这6家机构是，后备干部培训基金“国家俱乐部”，主要支持青年团体的项目（2.8亿卢布）；“全国慈善基金会”，主要向低收入者提供救助，从事居民卫生保健和环境保护等（2.4亿卢布）；“社会项目设计研究所”，主要对非政府组织的活动进行跟踪研究（6000万卢布）。

梅德韦杰夫总统表示，非政府组织不仅要使用好财政资金，而且要开辟新的资金来源。此外，梅德韦杰夫提出非政府组织工作的三大优先方向：第一是儿童救助，首先是针对儿童的暴力行为，此外还包括孤儿，问题家庭的儿童，重症儿童的治疗等等。第二是支持优秀青少年。第三是民族关系和谐，解决民族冲突和纠纷，保持社会安定。

2011年4月，俄罗斯决定由联邦政府经济发展部负责制订政策，并对从事社会服务的非政府组织进行管理。根据该部的计划，2011—2012年俄罗斯联邦财政拿出8亿卢布支持上述组织，其中6亿卢布将拨给联邦主体，1.4亿卢布用于支持优先项目，以及信息咨询等服务。0.6亿卢布用于技术支持。此外，预计将有1亿卢布用于非政府组织骨干的培训。俄罗斯经济部计划逐年扩大对此类非政府组织的财政支持力度，预计2012年的财政拨款额度将达到15亿卢布，2013年为21亿卢布。同时，俄罗斯联邦政府积极鼓励地方政权支持“第三部门”的工作。

2011年7月19日，梅德韦杰夫总统签署对非商业组织税收法的修正案，对从事社会服务、慈善服务和志愿者工作的非商业组织的税收问题进行部分改进。例如，非商业组织从事社会服务免征增值税，对免费制作和发行公益广告的组织给予税收优惠。此外，对于志愿者从事志愿活动取得的交通、伙食、房租等补助免征个人所得税。

此前，2011年4月6日，梅德韦杰夫总统签署关于支持从事社会服务非商业组织的有关法律修正案。

非政府组织与国家、企业和居民的关系

总体而言，俄罗斯当局对非政府组织的态度是“将信将疑”。20世纪90年代开始出现的俄罗斯非政府组织未能成为社会政策的主体。其主要的原因是当局对非政府组织缺乏信任。在这种情况下，地方政府一般只愿意与“经过检验”的组织开展合作。只有那些积累了相当的智力资本、领导人能力突出的非政府组织才能获得地方上的支持，其活动成效也最为明显。

2011年4月7日，俄罗斯体育旅游与青年政策部和内务部、联邦安全局联合发布“预防和反制青少年极端主义工作手册”，指出外国非政府组织和国际组织试图利用青少年实施改变俄罗斯政治制度的活动。根据专家估算，大约80%的极端组织参与者的年龄不超过30岁。而根据俄罗斯内务部的资料，内务系统在全国范围共监控302个非正式青少年团体，其中50个团体极具社会危害性。此外，近年来俄罗斯部分地区极左翼和极右翼青少年团体活动频繁，光头党针对外国人的袭击事件频频发生，且致死的情况越来越多。

1. 非政府组织与企业的关系

俄罗斯企业界不大愿意支持非商业组织。2003年之后，大企业一般仅仅支持那些经过当局首肯的项目。在地方层面，企业在很大程度上受到地方政权党的

直接控制和影响。

许多商人也同时是地方议会的议员。因此，维护工人利益与企业的利益直接发生矛盾。而企业追求短期利益，不愿意支持非商业组织的长期项目。俄罗斯企业很少对自己的形象做长期投资。

在地方层面，多年形成的习惯做法是，地方政权将各种各样的区域、机构和项目非正式地“划分”给企业，要求予以支持。这个过程往往伴随着大量的腐败活动。

另外一个特点是，俄罗斯企业愿意用自己的产品支持一次性的活动，而不是经常性支持非商业组织。但在大多数情况下，企业依然只愿意支持政府首肯过的项目。

一般认为，与俄罗斯大企业有直接关系的大型基金会往往愿意支持那些“政治上中性”的项目。危机之后在俄罗斯恢复活动的俄罗斯和外国大公司的慈善项目基本上也遵循类似的模式。

2. 资金来源与非政府组织的独立性有一定的关系

居民个人捐款、自愿者的帮助和提供有偿服务有可能成为国家资助、企业赞助和外国基金支持之外的新的资金和资源来源。

在吸纳居民捐款方面，如果说，非政府组织要想在人员密集区域开展募款，就必须取得政府当局的批准。但如果是通过网络，尤其是社交网络开展募捐，则可以避免官僚主义手续。在这方面，各种青年团体尤其活跃。

吸引志愿者为非政府组织提供服务也是一个较为流行的做法。尤其为举办一次性活动（节庆活动、夏令营等）。此外许多组织将志愿者看作为自己培养人才。

3. 居民对非政府组织的态度

就目前而言，俄罗斯民众对非商业部门及其作用和意义、非政府组织与政府当局的相互关系以及对当局和商业机构的影响力等问题尚未形成较为固定的看法。其关键原因之一在于，民众对非政府部门缺乏了解；普通民众并不清楚非政府组织是干什么的，在社会发展过程中能够发挥什么作用。有关的问卷调查表明，过半数人对当地非政府组织一无所知。近半数民众对非政府组织对其他部门的影响几乎也是一无所知。近年来，民众对非政府组织的了解依然停留在较低水平上。绝大多数人认为非政府组织的主要活动就是维权。这显然与实际情况有较大出入。多数民众期待非政府组织能够解决一些直接关系到民生的社会问题（尤其是低收入群体），同时希望这些问题的解决能够覆盖到大多数人。而发展新闻媒体、科学研究、文化艺术等活动则被看作是次要的。显而易见，民众的看法可以理解为这些活动与解决切身问题关系不大。此外，俄罗斯民众较少参与非政府组织的活动（仅有13%的人表示曾经参与过）。同时，只有14%的受访者表示愿意参加非政府组织的活动。这些情况可以解释为，俄罗斯民众较少参与各种形式的公民自我组织。

非政府组织的发展前景

目前，俄罗斯有四个相互独立的非政府组织发展资助项目。第一是总统资助。第二是卫生和社会发展部的项目。第三是地区发展项目。第四是俄罗斯联邦经济发展部的社会导向非政府组织资助计划。这四个项目之间相互独立，缺乏协调。

一些非政府组织长期以来依赖外国资金的支持。在新的条件下，无法独立自主地开辟新的渠道。随着外国基金会各种项目资助逐步减少，俄罗斯非商业组织面临资金危机。虽然名义上非政府组织在2009—2010年的间歇之后可以继续获得国家资助，或者从其他渠道获得资源。但实际上，俄罗斯公民社会的机会十分有限。事实上只有两个渠道：要么利用国家资源，要么取得居民的支持。俄罗斯企业界对非商业机构的资助规模基本上可以忽略不计。一般而言，发达国家非政府组织48%的资金来自国家。而俄罗斯只有5%，另有73%的资金来自商业机构、个人和外国基金的捐赠。

就发展趋势而言，公民的积极性往往以非正式结社方式，通过社交网络表现出来。显而易见，在未来一个时期，网络将对非政府组织的发展起积极作用。

在缺乏外国基金和本国企业有力支持的情况下，俄罗斯非商业组织开展活动的资源只有两个渠道——居民和国家。从这个意义上来说，非商业组织的未来就在于它们能够在多大程度上满足这两个主体的需求。

而满足国家的需求，意味着非政府组织能够获得各种资金的支持，其中包括企业的资金支持。

与外国基金的合作意味着一系列风险，包括政府机构和部门可能进行各种各样的“检查”，“谈话”，甚至被列入“黑名单”等等。

发展遇到的困难。一方面，国家不愿意斥资扶持非政府组织，另一方面，非政府组织由于信息不透明和不发达，无法有效利用国家的资助。

迄今为止，俄罗斯缺乏良好的捐资环境，对捐赠者没有相应的税收优惠；缺乏对非政府组织进行资金配套支持的经验；对非政府组织活动的宣传不够；非政府组织的年度报表要求过于烦琐等因素，都不利于“第三部门”的健康和快速发展。

总而言之，俄罗斯非政府组织发展缓慢。一方面，国家财政资助规模十分有限。另一方面，缺乏经济上的支持措施。譬如说，只有从事教育工作的非政府组织才免征增值税，而从事社会工作的组织则不享受房屋租金和通信方面的优惠。另外，用于慈善事业的资金不免税，而接受实物捐赠的人还要缴纳13%到35%的税金。

俄罗斯非商业部门的产出仅占国内总产值的不到1%（发达国家往往达到6.5%，其中荷兰达到15%）。可以说，目前俄罗斯非政府组织面临许多困难和挑战。总体而言，俄罗斯非政府组织正处于一个充满不确定性的时期。

22. 俄罗斯为何恐怖袭击频发？

薛福岐

20 世纪 90 年代俄罗斯独立以来，恐怖事件频频发生。俄罗斯民众面对恐怖袭击处变不惊、组织有序，着实令人感叹。与此同时，频繁发生的恐怖袭击造成大量人员伤亡和重大财产损失，给许多家庭造成无法抚平的伤痛，对社会治安和民众生活造成巨大的威胁。简而言之，恐怖主义给俄罗斯人民的正常生活和工作造成严重威胁。那么，俄罗斯到底为什么会不断发生恐怖袭击事件？

俄罗斯恐怖活动由来已久

从俄罗斯历史角度看，恐怖袭击事件并不是一个新现象。早在 19 世纪 50 年代，一批居住在国外的俄国侨民开始设计采用暴力手段改变本国社会制度的有效方式。实践这些设计的是 1879 年俄罗斯出现的一个名为“人民意志”的恐怖主义组织。该组织成立之后立即对沙皇亚历山大二世下达“死刑判决”，并连续组织 8 次谋杀行动，最后一次发生在 1881 年 3 月 1 日，沙皇遇刺身亡。1917 年十月革命之前，俄国社会部分受过教育的人对恐怖分子抱有好感，认为这些人是为理想而甘愿自我牺牲。1901 年成立的社会革命党继承“民意党人”的恐怖主义实践。1901 年年底，社会民主党人组建专门的战斗队（1907 年年初解散），内部分工明确，有专人负责招募，专人负责制造炸弹，专人负责设计和实施恐怖袭击。1902 年至 1907 年五年间，俄国社会革命党人在全国各地制造 5500 多起恐怖袭击事件，遇害者包括沙皇俄国政府部长、警察、宪兵、检察院工作人员、国家杜马议员等。

除了社会民主党人，当时俄国的无政府主义者和民族主义者也都奉行恐怖主义。1905年至1907年第一次俄国革命期间，恐怖浪潮席卷全国。从1905年10月到1907年年底，全国共有4500名各级官员被杀或致伤，2180名平民遇害，2530人受伤。恐怖主义的浪潮直到1910年年初在俄国政府的高压之下才得以逐步平息。

苏联时期20世纪60—80年代，绝大部分恐怖分子属于“单干”，甚至有一些是心智不正常的人，当时近50%的劫机事件就是这些人干的。1969年甚至发生一名苏军下级军官企图刺杀勃列日涅夫的事件。1990年年初，苏联出现了一批武装团伙，这主要与当时一些民族地方的所谓独立运动有关。有鉴于此，1990年苏联领导人戈尔巴乔夫发布“关于非法武装团伙自愿解除武器”的命令，但效果有限。

在苏联解体前后和新俄罗斯之初的1990—1993年间，恐怖分子的人员来源、武器装备和行动方式都发生了巨大变化。譬如说，此前的恐怖分子基本上使用自制的枪支和自制爆炸装置，从1990年起恐怖分子开始使用国产和进口最新式武器。1990—1993年间，非法进口到俄罗斯境内的枪支达到150万支之多。1992年起，俄罗斯开始出现一种新的犯罪形式——雇凶杀人。

从最近一个时期的情况来看，恐怖袭击的势头依然在继续。仅2010年之内俄罗斯就发生529起恐怖袭击事件，造成218人死亡，536人受伤。其中最为严重的袭击是发生在2010年3月的莫斯科地铁爆炸案，共造成40人死亡，100多人受伤。2010年3月31日发生在基兹利亚尔市的两起连环爆炸，当时警察拦住一辆汽车进行例行检查，结果汽车爆炸；而后有一名自杀式袭击者又在前来救援的警察当中引爆了炸弹，共造成12人死亡，27人受伤。2010年5月，斯塔夫罗波尔市爆炸案造成7人死亡，40多人受伤。2010年9月9日，俄罗斯南部弗拉季高加索市中心市场发生爆炸，造成18人死亡，140人受伤。2010年10月19日，恐怖分子袭击车臣共和国议会大厦，造成3人死亡，17人受伤。

俄罗斯恐怖袭击事件频发原因复杂

显而易见，俄罗斯恐怖袭击事件频发有着十分复杂的原因，涉及俄罗斯政治经济发展、社会和民族关系诸多方面。

首要的因素无疑是苏联解体“后遗症”。

伴随着苏联这个超级大国的解体，国家政权在一个时期之内处于半瘫痪状态，司法机关遭到严重破坏。苏联原有的社会控制体系不复存在或者名存实亡。这给各种极端恐怖主义组织和个人的活动创造了“良好”的环境。

经济危机蔓延，居民生活水平在短时期内大幅度下降。俄罗斯社会迅速出现一小部分非法致富的人，同时大批民众失业，生活难以维持。贫富差距急剧扩大，引起社会矛盾不断激化。

此外，人们原有的世界观、价值观和人生观被颠覆。各种政治、社会、民族和宗教矛盾激化。俄罗斯社会原有的侵略倾向被释放出来。社会道德水平普遍下降，社会风气严重恶化。法律虚无主义盛行，有法不依。俄罗斯社会相当一部分人感觉到孤立无援、无助。人们的绝望情绪、社会挫败感不断增强，不再相信有能力改变现状。

与此同时，司法机关、国家机构在维护人们权利方面工作不力，导致政府威信和法律权威性下降。

值得注意的是，俄罗斯有一大批军人曾在阿富汗、塞尔维亚、车臣、塔吉克斯坦等“热点”地区服役，经历过战争，复员之后却无法适应和平环境，其中的许多人相信只有使用武力才能解决问题。

1992年俄罗斯历史上首次出现“雇凶杀人”现象。而恐怖分子的“专业水平”在迅速提高。

俄罗斯存在着一批极端主义团伙、民族主义组织，甚至新纳粹团伙。他们崇尚暴力，穿制服、开辟武装训练营地、使用武力方式开展活动，实际上是军事化、半军事化组织。这些非法团伙的存在，导致团伙犯罪活动猖獗，治安情况严重恶化。更有甚者，俄罗斯强力部门，如国防部、内务部和联邦安全局等系统的一些受过专门军事训练的退役“专业人士”加入犯罪组织，无疑大大提高了暴力犯罪活动的“专业化”程度。俄罗斯警方专家估计，1994年前后，犯罪团伙中的“打手”人数多达20万人至30万人之众。而这个人数与当时俄罗斯司法机关打击有组织犯罪的警察人数基本相当。

在苏联剧变和解体过程中，国家政权机关一度处于混乱之中，国家对经济资源、金融资源、武器流通的控制大为减弱。军队也曾处于动荡之中，一些军事基地防护薄弱，武器丢失严重，甚至军人倒卖武器装备也不是什么秘密。与其他国家和地区相比，俄罗斯国内存在一个十分庞大的非法武器交易市场，购买武器弹药等相对容易。

与此同时，境外极端主义组织和邪教组织开始加强对俄罗斯的渗透及其在俄罗斯境内的活动。一些外国情报机构、国际恐怖组织针对俄罗斯所进行的活动，俄罗斯周边地区恐怖活动的增多，凡此种种更增加了问题的复杂程度。

因特网等新传播方式也给恐怖主义的活动带来更多“便利”条件。2011 年 8 月 3 日，俄罗斯内务部长称，国内约有 7500 家极端主义的网站在运行。

这些情况一方面给恐怖主义组织的形成与发展提供肥沃的土壤，另一方面也给司法机关的工作、国家反恐政治的制定和实施造成十分不利的影响。

此外，新闻媒体、影视和文学作品在这个过程中也发挥了推波助澜的作用。新闻媒体的不当报道，有时是给恐怖分子做免费广告。在这个背景下，一些暴力甚至恐怖主义的方式甚至得到了俄罗斯民众的“理解”。

恐怖活动的主要策源地和重灾区——北高加索地区

在北高加索地区的反恐军事行动是此后俄罗斯境内恐怖主义活动发展的一个新的长期和重要因素，“车臣综合征”对国内治安情况造成长期的不利影响。

从 1994 年 12 月起，俄罗斯开始大规模打击宗教激进主义分子。从那个时候起，恐怖分子开始使用国产和进口的最新式武器和装备从事恐怖袭击活动。1994 年 12 月之后，车臣非法武装组织则在车臣当地和俄罗斯其他地区制造恐怖袭击事件。对俄罗斯国家和社会构成严重的恐怖主义威胁。这个情况成为长期影响俄罗斯反恐形势的一个重要因素。

从历史角度看，随着苏联解体前夕政治自由化的发展，高加索地区各民族的代表开始主张本民族的主导地位和“集体权利”。1990—1991 年间，高加索地区出现一大批自行宣布独立的国家。譬如，仅在一个卡拉恰耶沃—切尔科西亚共和国就宣布了所谓的卡拉恰伊共和国、两个哥萨克共和国（巴塔尔巴什、乌鲁普斯科—泽列楚科）、阿巴扎共和国等。1992 年，北奥塞梯共和国的奥塞梯人和印古什人之间爆发民族冲突，5 天之内共造成 478 人死亡。1991—1994 年间，车臣共和国被车臣非法武装控制，实际上是不受联邦政府控制的“独立王国”，自行推行自己的内外政策。2009 年，俄罗斯当局宣布车臣的反恐行动结束。但在此后的 12 个月当中，恐怖袭击事件来到了俄罗斯的首都莫斯科。2010 年 3 月 29 日，莫斯科地铁爆炸案造成大量人员伤亡。

传统上认为，北高加索的西部较为稳定，而东部较为不稳定。如位于西部的卡巴尔达—巴尔卡尔共和国在 20 世纪 90 年代车臣局势最为紧张的时期被称为北高加索“睡美人”。但在 2010 年，该共和国境内连续发生多起恐怖袭击事件。2010 年 6 月，该共和国总统同意混合反恐部队进驻，应对日益频发的恐怖袭击和破坏活动。

值得注意的是，对恐怖组织头目的“定点清除”行动，在很大程度上也未能改善该地区的安全局势。2010 年，俄罗斯反恐部门打死了包括制造莫斯科地铁爆炸案在内一系列恐怖袭击事件的主要头目 3 人。

1991 年至 1994 年是恐怖活动的高发期。当时俄罗斯政府对警察系统和军队的改革较为仓促。1992 年至 1994 年间，国家大幅度裁减内务部和联邦安全局的编制。结果是警察和安全部门的人员数量与当时固定犯罪团伙的人数基本相当。一方面是警力明显不足，另一方面则是有经验的人员大量流失。如 1995 年俄罗斯警察系统 65％的刑侦人员工作经验不满五年。这些因素给俄罗斯当局维持社会治安的工作造成极大的困难。

此外，俄罗斯有组织犯罪团伙一般使用的犯罪形式与恐怖袭击十分类似——搞爆炸、抓人质、伤害或者杀害竞争对手等等。俄罗斯官方给此类犯罪下了一个专门的定义——“刑事恐怖主义”或者“经济恐怖主义”。仅 1995 年 9 月份一个月内，全国共有 469 名企业家被杀，其中在莫斯科就有 210 人。类似的犯罪与一般意义上的政治恐怖主义极为相似。因为它严重恶化社会环境、制造恐怖气氛、导致民众对当局和司法部门的不满、给国家机关的正常运行造成极大的破坏。

恐怖袭击的分类与动机

从恐怖袭击的对象来看，有针对特定某个人的恐怖袭击事件，如政府的高级官员、司法机关人员、企业家、银行家等等。同时，恐怖分子也制造没有特定目标的恐怖事件，如发生在人流稠密的地铁等交通工具、音乐会等大型群众活动期间的恐怖袭击、大规模劫持人质，以及恐怖分子袭击特定设施时受到伤害的人群等等。1995 年 6 月车臣武装分子在医院劫持人质，就是典型的例子。

从恐怖事件的社会反响而言，有隐蔽进行的恐怖袭击事件，如恐怖分子往往在不引起注意的情况下进行的如投毒、劫持特定人员、恐吓、讹诈等等。同时也有意制造引起广泛关注的恐怖袭击事件，如制造爆炸、枪杀等等，或者公开对已经发生的恐怖袭击事件“承担责任”等。

就恐怖袭击背后的动机而言，大致可以分为以下几类：

“社会”恐怖主义（又可分为“左翼的”和“右翼的”），主要是持极端左翼和右翼立场的组织和个人以改变或者推翻现体制为目标进行的恐怖袭击，针对的对象主要是官方机构和人员，如警察局，法官等。

极端民族主义性质的恐怖活动（民族分裂主义也属于此类），如车臣分裂主义分子在俄罗斯境内各地所组织的恐怖袭击事件。

宗教性质的恐怖活动。

犯罪团伙的恐怖袭击活动。

俄罗斯打击恐怖主义的做法

面对来势凶猛的恐怖主义浪潮，俄罗斯当局采取综合治理的办法，多管齐下，在不断对恐怖主义活动进行军事打击的同时，也在不断完善法律手段，包括立法和参与国际反恐怖公约，采取一般预防措施，包括加强对武器和其他大规模杀伤性武器“市场”的监控，积极开展反恐方面的国际合作；采取特种行动，包括侦察、技术和防护等预防性措施。

2003 年 2 月 14 日，俄罗斯最高法院认定 14 个恐怖主义组织，并禁止其在俄罗斯境内开展活动。此后的数年间，俄罗斯方面对这个名单进行补充。

2004 年莫斯科和别斯兰发生恐怖袭击事件之后，俄罗斯国家杜马开始制定《反恐法》并于 2006 年 2 月 16 日三读通过，2006 年 3 月 6 日正式生效。根据该法律，俄罗斯反恐任务主要由联邦安全局负责，该局局长同时兼任联邦反恐作战指挥部负责人。该项法律允许联邦安全局在反恐作战中使用武装力量，如“拦截被用来进行恐怖袭击或者被恐怖分子劫持的飞机”，直至击落。同时，经总统批准，俄罗斯军队可以对境外恐怖分子的基地进行打击。

2006 年 2 月 15 日，俄罗斯总统下令成立全国反恐委员会，其职责是协调联邦和地方政府机构在打击恐怖主义方面的工作，向总统提交有关的政策建议。该委员会主任由联邦安全局局长兼任，成员包括俄罗斯所有强力部门、情报部门、关键政府部委和议会两院的负责人。同时，成立联邦作战指挥部，负责组织实施具体的反恐作战行动。依照该命令，俄罗斯各地区也建立了类似机构，协调组织反恐行动。

俄罗斯强力部门的反恐行动不断取得战绩，如 2010 年俄罗斯强力部门共进行 30 多次大型反恐作战行动，击毙 300 多名恐怖分子。

2010 年 12 月 9 日，梅德韦杰夫总统签署刑法典修正案，加大对恐怖主义犯罪的惩治力度，规定对协助恐怖活动的犯罪行为可判 8 年到 20 年的有期徒刑。

俄罗斯当局认识到，学术界、新闻媒体、政党组织和运动等也可以在反恐斗争中发挥积极作用，并吸纳有威望的社会各界人士参与解决社会矛盾和冲突等，以此来降低俄罗斯社会城乡的社会紧张程度，消除恐怖主义和极端主义滋生的土壤。

趋势与前瞻

近年来，俄罗斯恐怖活动出现的一个新趋势是，部分极右翼青年极端主义团伙越来越频繁地使用恐怖主义手段来试图达到自己的目的，如使用爆炸物和自制炸弹等等。

与此同时，民族极端主义和恐怖主义正在试图通过鼓励穆斯林聚居区的分离主义，不惜采取任何手段建立伊斯兰国家。目前，宗教极端分子在北高加索地区、鞑靼斯坦共和国、巴什基尔共和国、莫斯科等地区十分活跃。

从恐怖袭击“高发”的程度而言，车臣共和国是恐怖袭击频发的地区。此外，达吉斯坦共和国、斯塔夫罗波尔边疆区、北奥塞梯和莫斯科都属于恐怖袭击的“高危地区”。在莫斯科和南部联邦区之外，恐怖袭击事件则较为少见。

总体来看，恐怖主义也许是俄罗斯一个特定发展阶段所面临的一个重大的安全挑战。国家和社会必须采取共同行动，才能彻底消除恐怖威胁，为经济社会发展创造良好的环境。

1991 年至 2010 年间俄罗斯发生的重大恐怖袭击事件

1991 年 11 月 9 日

巴萨耶夫等三名恐怖分子在矿水城机场劫持一架民航飞机上的 178 名乘客和机组人员作为人质。飞机被劫持到土耳其，恐怖分子释放了人质，并要求俄罗斯不要向车臣派遣军队。

1992 年

矿水城劫持公共汽车上的 18 名人质。

1993 年 12 月 23 日

恐怖分子劫持 15 名儿童和 2 名成人。

1994 年 7 月 28 日

4 名恐怖分子劫持一辆长途汽车上的 41 名乘客作为人质。在解救行动中，1 名恐怖分子被打死，3 名受伤，5 名人质被杀。

1995 年 6 月 14 日至 6 月 20 日

巴萨耶夫率领 195 名恐怖分子在一家医院劫持 1600 名人质，要求俄罗斯政府停止在车臣的军事行动并进行谈判。在解救行动中，共死亡 129 人，伤 415 人。30 名恐怖分子被打死，20 人被俘。

1996 年 1 月 9 日至 1 月 15 日

恐怖分子拉杜耶夫等在基兹利亚尔市一家医院劫持约 2000 名人质。在解救行动中，共有 78 名军人和平民被打死。

1996 年 6 月 11 日

莫斯科地铁爆炸案，4 人死亡，12 人受伤。

1996 年 7 月 11 日

莫斯科有轨电车爆炸案，8 人受伤。

1996 年 7 月 12 日

莫斯科有轨电车爆炸案，26 人受伤。

1996 年 11 月 10 日

莫斯科科特里亚科夫公墓爆炸案，14 人死亡，30 人受伤。

1997 年 6 月 27 日

莫斯科—圣彼得堡火车爆炸案，5 人死亡，13 人受伤。

1998 年 1 月 1 日

莫斯科地铁爆炸案，3 人受伤。

1999 年 3 月 19 日

符拉迪高加索市中心市场爆炸案，52 人死亡，168 人受伤。

1999 年 8 月 31 日

莫斯科市中心马涅日广场购物中心爆炸案，1 人死亡，40 人受伤。

1999 年 9 月 9 日和 9 月 13 日

莫斯科两栋住宅楼爆炸案，分别死亡 100 人和 124 人。

2000 年 5 月 9 日

恐怖分子使用汽车炸弹，共造成 30 多名俄军官兵和警察死亡。

2000 年 8 月 8 日

莫斯科普希金广场地下过街通道爆炸案，13 人死亡，61 人受伤。

2001 年 2 月 5 日

白俄罗斯地铁站爆炸案，20 多人受伤。

2001 年 3 月 24 日

矿水城市中心市场汽车炸弹案，21 人死亡，100 多人受伤。

2002 年 4 月 28 日

矿水城市中心广场入口处爆炸案，9 人死亡，46 人受伤。

2002 年 5 月 9 日

在达吉斯坦共和国的卡斯皮斯克市，俄军队列被炸，45 人死亡，170 多人受伤。

2002 年 10 月 23 日至 10 月 26 日

恐怖分子在莫斯科一家剧院劫持 900 多名观众作为人质。在解救行动中，所有恐怖分子被打死，但 120 名人质死亡。

2001 年 12 月 27 日

车臣共和国政府大厦爆炸案，自杀式袭击者引爆了炸弹，共造成 72 人死亡，210 人受伤。

2003 年 5 月 12 日

自杀式袭击者在联邦安全局车臣一个分支机构办公大楼附近引爆一辆装着炸药的卡车，60 人死亡，200 多人受伤。

2003 年 7 月 5 日

两名自杀式袭击者在莫斯科一个摇滚音乐会场引爆炸弹，造成 16 人死亡，50 多人受伤。

2003 年 12 月 9 日

莫斯科市中心一家饭店门口发生自杀式袭击者制造的爆炸案，6 人死亡，14

人受伤。

2004 年 2 月 6 日

自杀式袭击者在莫斯科地铁车厢引爆炸弹，42 人死亡，250 多人受伤。

2004 年 5 月 9 日

在车臣共和国首都格罗兹尼胜利日庆祝活动期间，恐怖分子引爆安装在体育场主席台下的炸弹，车臣共和国总统卡德罗夫、国务委员会主席伊萨耶夫被炸死。

2004 年 8 月 24 日

自杀式袭击者制造两起民航飞机爆炸案，90 人死亡。

2004 年 8 月 31 日

自杀式袭击者在莫斯科地铁站引爆炸弹，10 人死亡，50 多人受伤。

2004 年 9 月 1 日至 9 月 3 日

恐怖分子在北奥塞梯的别斯兰市第一中学劫持 1300 多名人质。350 人死亡，其中一半是儿童，500 多人受伤。31 名恐怖分子被打死，1 人被捕并被判处终身监禁。

2005 年 10 月 13 日

12 组恐怖分子袭击强力部门办公大楼，12 个平民、35 名军人被打死，100 多人受伤。87 名恐怖分子被击毙，50 名被捕。

2006 年 8 月 21 日

莫斯科切尔基佐夫市场爆炸案，14 人死亡，61 人受伤。

2007 年 8 月 13 日

莫斯科—圣彼得堡“涅瓦快车”列车爆炸案，60 人受伤。

2008 年 11 月 6 日

一名女性自杀式袭击者在北奥塞梯的符拉迪高加索市一辆汽车上引爆炸弹，12 人死亡。

2009 年 11 月 27 日

莫斯科—圣彼得堡“涅瓦快车”列车爆炸案，28 人死亡，95 人受伤。

2010 年 3 月 29 日

莫斯科市中心“卢比扬卡”地铁站和“文化公园”发生两起爆炸，40 人死亡，85 人受伤。

2010 年 3 月 31 日

达吉斯坦共和国基兹利亚尔市发生连环爆炸案，12 人死亡，23 人受伤。

23. 俄罗斯黑社会为何如此猖獗?

薛福岐

提起俄罗斯的黑社会，可以说是尽人皆知。在许多俄罗斯民众的眼里，黑社会头目驾豪车、住豪宅、满嘴“黑话”、挥金如土的生活方式还颇有几分浪漫色彩。俄罗斯甚至有人将黑社会称为行政、司法、立法、新闻媒体之外的“第五权力”。与此同时，俄罗斯黑社会是与正常社会生活平行的另外一个“世界”，它有自己的“戒律”、“行为规范”和“道德准则”，以及自己的语言和行为方式，在官方文件中一般被称为有组织犯罪。俄罗斯黑社会对国家安全和社会安宁构成严重威胁，因而也是当局严厉打击的对象。

俄罗斯黑社会历史悠久

简单说，俄罗斯黑社会已有数百年的历史——早在沙皇俄国时期便已经初步形成，在苏联时期继续存在，20 世纪 90 年代初以来更是获得空前的发展空间。

早在 15 世纪末 16 世纪初，俄国政府大规模没收农民土地，随之出现犯罪团伙。这也是俄国历史上最早的犯罪团伙。彼得一世（1695—1725）统治时期的俄国可以说是窃贼横行无忌，仅莫斯科地区当时就有 3 万多人，不过组织化程度十分有限。这些人聚居在一起，一般“上工”时分组出发。当时的窃贼大多属于小偷小摸。18 世纪，单独的窃贼联合成为团伙，“入伙”者要缴纳费用。正是从那个时期开始，俄国的犯罪分子开始使用绰号和自己的专用语“黑话”。到 19 世纪末，犯罪分子之间开始出现明确的分工，以及头目（“教父”）。俄国各地都有窃贼和劫匪的聚居地。在这个时期，黑社会的行为方式和“戒律”逐步形成，其中部分传统延续到今天：如新入伙的人要缴纳一定数量的入伙费，要举行入伙仪式，给新入伙的人起绰号，相互之间使用“黑话”等等。

十月革命胜利之后，俄国有组织犯罪方面的情况发生根本变化。在革命胜利之后最初的几年里，许多职业罪犯被释放，其中有些人甚至被招募到“契卡”（苏联克格勃的前身）和警察部门任职。而与此同时，以前的沙皇宪兵和被击溃的白军军官则加入到黑社会队伍中来。

在20世纪20、30年代，当时的黑社会成员主要从事扒窃、偷盗、抢劫等犯罪活动，并逐步形成一个个内部组织严密、等级森严、遵循一定“行为规范”的犯罪团伙。这些规则包括：头目（“教父”）不得伤害自己的“同行”更不能向警方作证；禁止与国家政权发生任何接触（包括不得服兵役）；不得从事一般的体力劳动（甚至包括在监狱）；在监狱监督其他成员的行为；不得拥有个人财产（“理想”的“教父”应该是身无长物，其生活来源是亲自组织的犯罪活动所得，以及团伙其他成员自愿缴纳的钱物）；等等。最初的“教父”们实际上是对监狱进行集体管理的一种组织方式（当然是在监狱当局之外）。苏联当局对此曾经进行过不遗余力的严厉打击。尤其在20世纪50年代的打黑行动中，第一批“教父”几乎被斩尽杀绝。但是，这种组织方式却在后来得以“重生”。

赫鲁晓夫“解冻”时期，随着对刑事处罚的改革，有组织犯罪在新的社会条件下有了质的转变，形成与西方发达国家十分类似的局面：出现了网络化组织，各个犯罪集团之间划分“势力范围”；有组织犯罪集团与腐败分子逐步合流。到20世纪60年代，苏联地下经济开始大行其道。黑社会的犯罪活动也“与时俱进”，随之开始“转型”，不再是小偷小摸，而是打劫从事地下经济的商人，而后进一步“转型”到传统意义上的讹诈勒索——收取保护费。1979年是俄罗斯黑社会发展历史上的一个重要分水岭，黑社会“教父”与地下商人在苏联南部城市基斯洛沃茨克市共同举行秘密聚会。在这次会议上正式决定，黑社会不再随意收取保护费，而是按照地下企业经营收入10%的标准定期收取，同时向地下企业提供保护。

从此以后，俄罗斯黑社会的主要收入来源就是收取保护费。尤其从20世纪80年代末以来，黑社会收取保护费的范围更是扩展到合法经营的企业。在政府无力提供有效法律支持的情况下，合法企业家不得不向黑社会“纳税”。根据俄罗斯警方有关资料，到20世纪90年代中期，俄罗斯黑社会向国内85%的企业收取保护费。而幸免于此的基本上属于强力部门保护下的企业和公司。

到20世纪80年代中期，苏联社会已经形成两大高度组织化的集团：党政官僚当中的腐败分子和黑社会。在戈尔巴乔夫的反酗酒运动期间，黑社会得以迅速积聚大量原始资本。而此后，在卢布不能自由兑换、国内物价被人为压低、存在大量灰色资本的情况下，苏联政府允许合作社以及合资企业从事对外贸易活动。这给黑社会的活动创造出空前广大的空间。

自从20世纪90年代初俄罗斯开始实行市场经济改革以来，黑社会也逐步"转型"，成为一个犯罪经营实体网络，在俄罗斯社会占据了"合法"地位。譬如，当时著名的"500天计划"就提出要将灰色资本合法化作为改革的重要资金来源。一般认为，俄罗斯20世纪90年代的私有化过程伴随着大量的犯罪活动。

在经济自由化过程中，黑社会活动逐步侵蚀到与居民消费直接相关的部门，如生活日用品的运输、仓储和销售企业与机构。在20世纪90年代，虽然司法机关采取了严厉的打击措施，但有组织犯罪的规模日益扩大，它的特点是专业水平高，层级组织严密，角色分配明确。这些组织流动性强，一般都有自己的交通工具，装备精良（夜视仪，无线电通信器材，气枪和喷雾罐，防弹背心等等），拥有各种自制或者制式武器。俄罗斯内务部打击有组织犯罪总局的资料显示，在20世纪90年代中期，俄罗斯全国大型的犯罪集团约有150个，总人数约为12万人。

到20世纪90年代末，俄罗斯黑社会与合法的保安公司和从事商业活动的强力部门发生竞争。在这个过程中，俄罗斯黑社会逐步丧失垄断地位。

进入21世纪以来，黑社会收入增长的主要来源是犯罪活动，而不再是收取保护费。俄罗斯黑社会越来越倾向从事经济犯罪、贩毒、非法武器和古董贩卖、色情业等。在新的形势下，有组织犯罪也在采用新的方式，如二次私有化，通过犯罪手段将合法企业据为己有，而后进行分割出售。

俄罗斯研究犯罪问题的有关专家认为，21世纪初俄罗斯有组织犯罪已经上了一个新台阶。黑社会团伙利用合法设立的企业公司参与经济活动，从而大大提升自我组织能力，并在此基础上大大提高了在信贷金融领域进行大型犯罪活动的效率。

俄罗斯黑社会对国家政权机关和经济生活的渗透规模是空前的。有鉴于此，在1997年美国战略与国际研究中心公布的《俄罗斯有组织犯罪》报告中称，俄罗斯正在成为一个“犯罪辛迪加国家”（即腐败官员、不法商人与犯罪分子相互勾结共同控制整个国家）。

俄罗斯黑社会的组织结构

一、“金字塔”式的结构

一般而言，俄罗斯黑社会呈现为一个金字塔结构。位于金字塔顶端的是“教父”。他们遵守一定的行为规范，如不得工作，不得结婚，不得服兵役，正在入狱服刑或者曾经长期服刑，禁止与司法机关有任何来往等等。俄罗斯黑社会“教父”来自不同民族，重要的决定一般在“教父”会议上做出。

俄罗斯黑社会的层级结构

层级	人数［全国］	职责范围
“教父”［вор в законе］	300人左右	指导“辖区内”多个犯罪团伙；调解纠纷；管理“金库”；与其他“教父”互动。不直接参与犯罪活动。
“头目”［авторитет］	数千人	管理特定团伙；向“教父”缴纳一定比例的收入。
“军师”［советники］	不详	提供信息与资讯。
“供应组”［группа поставок］	不详	建立和管理监狱与外界的物品输入输出通道，“金库”资金与物资的分配等。
“伙计”［шестерки］	数十万人	直接从事犯罪活动。

注：根据多名俄罗斯学者的研究资料整理。

二、角色分配

“教父”在俄罗斯黑社会居于金字塔最顶层的位置。在监狱服刑的“教父”实际上控制监狱的事务；如果“教父”是自由人，则影响到所“管辖”区域内多个犯罪团伙。而每个犯罪团伙则有自己的“头目”。根据俄罗斯警方的数据，俄全国大约有2万多个“头目”，而“教父”级人物则不超过400人。

20世纪40—50年代，苏联黑社会“教父”级人物一度曾达到数千人。到50

年代末60年代初，黑社会头目几乎被彻底消灭。80年代初再次“复苏”。根据俄罗斯内务部的资料，当时全国黑社会头目在500—600人。俄罗斯独立以来，黑社会的“行为规范”也有了调整和变化，取消了许多原有的禁令，如不再禁止与司法机关工作人员的接触，不再禁止“教父”拥有自己的资产等等。与此同时，俄罗斯出现了一些特定民族成员组成的团伙，如车臣帮、阿塞拜疆帮等等。

“教父”有自己信任的军师，后者往往十分熟悉监狱系统，帮助建立“渠道”，将违禁物品运进监狱。

在军师之下，还有“供应组”。这个层级的成员往往与“教父”关系密切，负责团伙的活动，负责“金库”的保管和使用。在监狱里，团伙成员一般要保护“供应组”成员免受监狱当局和其他犯人的干扰。

下一个层级是所谓的“伙计”，跑腿的。

在监狱的牢房中，“教父”占据最为舒适的位置，一般靠近窗户，远离门口和茅厕。一般来说，远离茅厕（蹲坑）象征着“教父”的权力。

三、“教父”的“戒律”与“职责”

1.“教父”戒律

所谓的“戒律”，是黑社会成员在多年犯罪活动中总结出来的，其目的不外是维护犯罪团体的稳定性。

第一，不得有妻子儿女；第二，禁止工作，只能依靠犯罪活动取得收入；第三，使用“金库”资金，向其他同伙提供精神和物质上的支持；第四，只能以最为保密的方式提供有关自己同伙的信息；第五，如果“教父”被司法机关调查，则手下的人必须把责任揽到自己身上，以便使受调查的“教父”有时间逃跑；第六，如果团伙内部和“教父”之间出现纷争，必须召集秘密会议；第七，如果有需要，“教父”必须出席秘密会议，以审判有问题的“教父”；第八，秘密会议对“教父”决定的惩罚必须得到执行；第九，必须熟知黑话；第十，如果没有钱，则不得赌牌；第十一，必须教会新人；第十二，必须有自己的伙计；第十三，不得醉酒；第十四，任何情况下都不得与官方来往，不得参加社会组织；第十五，不得接受政府当局的武器，不得在军队服役；第十六，必须兑现给其他“教父”的承诺。

从俄罗斯黑社会的人员构成来看，绝大多数“教父”是俄罗斯人。

苏联解体之后，黑社会“教父”对监狱的态度也发生了变化。如果说此前在监狱服刑度过大半生是一种荣耀，那么现在的“教父”则对监狱避之唯恐不及。此外，今天的黑社会已经不再喜欢刺青。开名车、住豪宅、衣着光鲜，这就是今天的黑社会“教父”的新形象。这也是与黑社会传统的背离。值得说明的是，“教父”们努力吸引更多的青年人加入自己的行列。

2．“教父”的“职责”

一般而言，所谓的“教父”要做四件事情来维持自己的领导地位。

第一，随时掌握各种信息和情况，消息灵通。

第二，策划行动，根据手下人的特点分配任务，并监督执行。

第三，维持团队的正常运转。要维护纪律，赏罚分明；协调各个团伙之间的关系，保护自己团伙的利益。同时还要给黑社会的生活方式赋予浪漫色彩，吸引年轻人。

第四，决策。这是最为基本的工作，涉及黑社会活动的方方面面。作为“教父”，要对自己的决策负责，要符合“戒律”。只有正确地决策，才能不断增强“教父”的权威。

20世纪90年代末，俄罗斯黑社会“教父”的人员构成发生变化，大部分“教父”由于各种原因不复存在。在市场化环境下，禁止“教父”拥有资产和合法地位等“戒律”也不再适应新的形势。当然，在监狱和劳改营依然保留着“教父”的“影子权力”。在社会上的商业犯罪活动中，新一代“头目”逐渐占据上风，并不再承认原来的条规。

根据俄罗斯警方的不完全数据，目前俄罗斯全国共有近400名“教父”，其中100多人在监狱服刑。就民族构成而言，三分之二的“教父”是俄罗斯族人（占33.1%）和格鲁吉亚人（31.6%），另外还有亚美尼亚人（8.2%），阿塞拜疆人（5.2%），乌兹别克人、乌克兰人、哈萨克人、阿布哈兹人等（21.9%）。大多数“教父”集中在莫斯科地区活动。

总的来说，“教父”在黑社会当中往往享有极高的威望和权力，掌握黑社会规则的解释权，一般不直接参与犯罪活动，但充当组织者和裁决者的角色，解决犯罪团伙之间的纠纷，对触犯规则的同伙进行惩罚。

苏联解体之后，“教父”们对规则进行调整修改，以便适应竞争更为激烈的新环境。“教父”大会依然是主要的管理机制。俄罗斯尚未建立类似美国犯罪集团的“委员会”那样的协调机构。

四、“金库”

“教父”们的重要任务之一就是管理黑社会“金库”。它的用途在于：第一，“金库”资金的规模与“教父”的地位直接相关。第二，在监狱之内，“金库”资金和物资用于向监狱管理当局的有关人员行贿。在监狱之外，则用来收买官员。第三，“金库”的资金往往用来为服刑的黑社会成员购买食品、烟酒、毒品等。第四，部分资金被用来进行新的犯罪活动。第五，这些资金还可以用来资助入狱服刑的黑社会成员的家庭。

“金库”资金来源有三个：犯罪活动的收入；违反“戒律”的黑社会成员缴纳的罚款；各个团伙缴纳的资金。

俄罗斯黑社会的基本活动方式

按照俄罗斯20世纪90年代以来的情况，可以大致将有组织犯罪活动分为以下五类：

第一，虚假经营。1988年苏联颁布“合作社经营法”之时起出现，主要涉及诈骗（通过虚假破产案、收买银行工作人员、卢布兑换、使用假造的汇票及其他银行票据等手段骗取贷款），将国家资金转移到商业机构名下并据为己有，对国有和集体所有制资产非法私有化，转卖战略原材料，收买官员取得许可证和配额等等。

第二，充当打手。主要从事讹诈勒索，以及抢劫、盗窃等。主要的讹诈对象是从事虚假经营的不法商人，向其收取“保护费”。此外，打手也往往控制一些传统的犯罪活动，如贩毒、博彩业、色情业等等。“雇佣杀手”也属于这个类别。

第三，侵占国有资产。主要是勃列日涅夫时期在商业领域形成的有组织犯罪集团，在改革时期主要从事国有资产的私有化，出口原材料、有色和稀有金属、木材、将卢布和外汇资金转移到“虚假经营”商人控制的商业机构账户。也是“打手”收取“保护费”的对象。

第四，腐败分子。主要是政府管理机构当中的官员、司法机关中的叛徒，被收买之后向“虚假经营”的商人提供非法服务和优惠，参与分配超额利润，在遇到司法机关调查时向其提供掩护。

第五，“协调者”。这是有组织犯罪的上层精英，是所谓的“教父”或者犯罪团伙的头目，与上述四类犯罪分子进行沟通互动，保障犯罪集团的“稳定”活动。协调者负责管理本地区犯罪团伙共同的“金库”，其资金一般投入到商业机构获取利润并保值增值。

当然，这只是一个概况性的描述。在实际生活当中，这几类犯罪活动之间往往相互交错，没有明确的界限。

俄罗斯黑社会的“国际联系”日益广泛

俄罗斯独立以来，社会变迁巨大，原有的道德规范和社会风气土崩瓦解。在这个背景下，组织严密、“纪律严明”的黑社会组织表现出一定“战斗力”。与此同时，随着俄罗斯的开放，俄罗斯的犯罪团伙不仅在莫斯科和俄罗斯境内活动，许多团伙在以色列、乌克兰、摩尔多瓦活动。一个名为坦波夫团伙的犯罪集团就在北欧各国活动。

俄罗斯犯罪集团与美国、意大利、西班牙、德国、瑞典、芬兰、以色列、哥伦比亚等国的犯罪集团建立了密切联系。一般而言，国际犯罪集团主要从事贩毒、洗钱、走私、汽车盗窃、色情业等活动。根据国际刑警组织对俄罗斯公民以及移居到国外的俄罗斯人犯罪团伙的调查显示，这些团伙与欧洲、美国、拉丁美洲和亚洲的黑社会有着千丝万缕的联系。如果用图像来表示的话，那就是“一团乱麻”。

2007 年至 2010 年间，西班牙警方采取一系列行动（如代号为“红色大理石”、“三驾马车”、“雅哇”等）逮捕一批俄罗斯黑社会“教父”。西班牙警方认为这些人是俄罗斯有组织犯罪集团的重要头目并指控他们在西班牙境内从事洗钱和逃税。

一些犯罪集团的头子加入外国国籍。这给俄罗斯司法机关的打击活动造成一定困难。这些人身处境外，依然在遥控指挥其在俄罗斯境内的同伙继续进行犯罪活动，以合资企业的名义对犯罪所得进行合法化“漂白”处理。

俄罗斯当局的打黑斗争

毫无疑问，俄罗斯黑社会给国家的社会安定和经济安全造成严重威胁。20 世纪 90 年代俄罗斯黑社会利用当时的不稳定局面，横行霸道，在一些地区甚至取代了国家机关。同时，这一时期也是犯罪组织积极进行“合并与吞并”的时期，大型犯罪团伙吞并小的，而大型犯罪团伙之间开始划分势力范围。黑社会猖獗在很大程度上阻碍着经济的正常发展，有组织犯罪集团对企业收取“保护费”，给企业造成额外负担，阻碍企业的投资活动。因此，世界各国都在不遗余力地打击有组织犯罪活动。俄罗斯也不例外。

应该说，普京上台之后俄罗斯当局开始对黑社会进行严厉打击，取得了积极成效。黑社会不得不改变自己的活动方式，有所收敛。但是，俄罗斯时常发生的雇凶杀人案表明，黑社会很快适应了新的形势。

与此同时，单纯的警察手段是不够的。在与国家机器的公开对抗中，任何有组织犯罪迟早都会被打败（如意大利西西里黑社会、哥伦比亚曼德林贩毒集团等）。同时，清除特定犯罪集团的头目或者特定的犯罪集团，并不足以完全清除有组织犯罪本身。新的犯罪分子会占据空出来的位置。因此，司法机关的打黑战略不能是单纯的打击，而是将其活动限制在一定范围之内。

由于黑社会采取各种犯罪手法获取收入，一般认为采用经济手段来遏制黑社会最为有效。所谓经济手段，就是限制“洗钱”和违法活动的合法化。如果黑社会很难“漂白”犯罪所得的资金，那么犯罪分子转而从事合法生意更为有利。如果犯罪经营活动可能获得合法地位（如荷兰的卖淫和大麻交易），那么黑社会就会丧失收入来源。但是，经济手段也有一定的限度。譬如说，彻底杜绝“洗钱”在实际操作上几乎是不可能，因为对银行存款和汇兑的严厉监控会妨碍银行业的发展。与此同时，一些违法商品和服务是不能合法化的，如雇凶杀人等。因此，有组织犯罪将长期存在下去，作为一种不可避免的恶，它只可能被限制在一定范围之内，却不可能完全消除。

从俄罗斯黑社会与政治权力和政治制度的关系来看，我们不能说俄罗斯的有组织犯罪集团已经进入政治领域。但在一些地方层面，政治人物往往有意与黑社会建立联系。与此同时，目前俄罗斯的黑社会并不反对现政权和政治制度，它已经学会了在其中生存。当今的俄罗斯在很大程度上与20世纪70年代的意大利十分相似，许多犯罪分子摇身一变成为企业家和商人，因此很难在犯罪集团与合法经营的企业之间做出区分。

24. 俄罗斯军事战略发生了哪些变化?

于淑杰

苏联解体是20世纪末人类社会发生的重大历史事件之一。这一事件使二战后形成的两极格局彻底瓦解、公开的东西方对抗消失，使俄罗斯版图缩回到了17世纪的边界内，其人口锐减到1.48亿，苏联坚守了70年之久的共产主义意识形态和社会主义国家制度被全盘否定，新俄罗斯朝着西方式的民主政体和市场经济模式发展。苏联原来的内地变成了俄罗斯现在的边境，俄罗斯许多重要的工业和政治中心、能源和战略原料储备地区、重要的武器生产中心暴露在边境地带。

在外部地缘战略环境极度恶化的情况下，国内政治、社会、经济形势动荡，冷战时期被掩盖起来的民族、宗教矛盾凸显，军队陷入全面危机。为阻止军队战斗力走向衰弱和维护国内外安全，叶利钦总统于1992年5月7日颁布了《关于组建俄联邦武装力量》的命令，俄罗斯据此开始组建自己的军队。俄军在继承苏联军事历史传统的基础上，创立了一整套与以往不同的军事观点体系，该体系打破了原来所坚持的马克思列宁"关于战争与军队"学说的"条条框框"，在新的战争经验体系、地缘政治理论和国家关系体系基础上提出了全新的战争观和安全观，并据此对原有的军事战略进行了大幅度的调整，对原来的军队规模、体制编制、兵役制度等进行了大刀阔斧的改革。

在威胁判断上，由无外敌威胁转向重新视美国及北约为主要战略对手

1991年12月26日俄罗斯正式独立。1992年至1999年年底，叶利钦担任总

统。在其任期内，俄罗斯军事战略出现了俄苏战略史上从未有过的急剧变化，几乎推翻了十月革命以来形成的所有战略价值观。由于俄罗斯奉行市场经济方针，它与西方国家的关系发生了质变。与西方相对抗的意识形态矛盾已不复存在，俄美两国不再互为敌人，而变成了“以民主为基础的盟友”。俄美关系进入了建立信任与合作伙伴关系的新阶段。叶利钦根据变化了的国际战略环境和新的国家战略目标，制定了新形势下关于预防、准备和进行战争的一系列战略方针。与此同时，在军事战略的基本性质上，保留甚至强化了苏联后期戈尔巴乔夫的“纯防御”战略思想，在戈尔巴乔夫“五不”原则[①]基础上，又提出“三不”原则，即“俄罗斯不把任何国家视为自己的敌人，不把任何奉行不同政治制度的国家、任何邻国包括任何从苏联分离出去的国家视为潜在敌人，不对任何国家使用武装力量和其他军队，除非当俄联邦及其公民、领土、武装力量或盟友遭到武装进攻时需要进行独立或集体自卫”。

叶利钦这种绥靖的、纯防御的军事战略在 1992 年至 1993 年期间受到了国内的严厉批判，被指责为“是国家在未来战争中被预先注定了必然失败的死亡战略”[②]。在这种情况下，叶利钦被迫修改“纯防御性”军事战略，于 1993 年批准了《俄罗斯军事学说基本原则》，提出了攻防兼备的军事战略，放弃了不首先使用核武器的承诺，但由于国家高层对国家安全保障方式存在严重分歧，对昔日的主要敌人美国和北约抱有太多不切实际的幻想，没有深入分析和预测可能面临的政治、军事战略形势及其未来发展，更没有明确对过去主要对手美国和北约的长远政策，因此在威胁判断上并未纠正无外敌威胁之说，只是强调俄罗斯面临的主要威胁来自国内的分离主义势力及其策划的内部动乱。

正当俄罗斯沉浸于与美国和北约和平共处的幻想之中时，北约于 1993 年夏推出了“东扩战略”，1995 年 9 月正式通过了《北约东扩可行性研究报告》，

---

① 戈尔巴乔夫 1987 年批准的苏联军事学说提出了著名的“五不”原则：第一，苏联在任何条件下都不首先开始军事行动，也不首先使用核武器；第二，苏联武装力量不制定、不掌握、不使用任何旨在对敌实施突然袭击或先发制人突击的行动；第三，在战争过程中苏联武装力量不对大城市、文化中心，也不对一系列其他民用目标实施预先计划的突击，只要敌人不采取类似的行动；第四，主要通过回击行动，多半是防御和反攻行动来抗击侵略；第五，不规定、在许多情况下干脆排除武装力量从战役一开始就展开大规模进攻战役的可能性。

② 石泽、翟德泉：《世纪之交俄罗斯核战略的调整变化》，《外国军事学术》2004 年第 7 期。

1997年在北约马德里首脑会议上做出接纳波兰、匈牙利和捷克加入北约的决定，并于1999年将其付诸行动，实现了北约的首轮东扩。不仅如此，1999年北约还绕过联合国对俄罗斯的盟友南联盟发动了科索沃战争，将其防区外干预的“新战略概念”进行了首次尝试。美国和北约对俄罗斯毫不客气的紧逼，使其如梦方醒。俄罗斯国防部于1995年10月制定了《对付俄罗斯国家安全主要外来威胁的战略构想》，1999年公布了新军事学说草案。2000年普京上台后正式批准了新军事学说文本。新军事学说在冷战结束后首次重新把北约确定为俄罗斯的主要外部威胁和潜在敌人，并提出“用武力对抗北约是俄罗斯面临的一项紧迫任务”。

2001年美国发生的“9·11”事件和2002年的“莫斯科人质”事件，使俄罗斯在威胁判断上又出现了新的易位，认为国际恐怖主义跃升为面临的首要威胁，而北约东扩则退居到第二位。这种判断直接导致国防部在2003年10月出台的《俄联邦武装力量的紧迫任务》白皮书中提出，“俄罗斯面临的威胁性质发生了变化，除传统的内外威胁外，出现了兼具内外威胁特征的跨境威胁，即形式上表现为内部而实质是外部的威胁”①。从所罗列的种种跨境威胁来看，俄罗斯的主要担心已由北约转向境内及其周边可能爆发的“颜色革命”和有组织的大规模恐怖事件。这一状况被随后爆发的俄格战争所打破。

2008年5月梅德韦杰夫接任总统，同年8月俄格战争爆发。战争虽以俄罗斯的胜利告终，但与格军相比，俄军装备老化、战法过时、战斗力不强，相反，格军依靠美国和一些西方国家为其提供的武器装备和军事训练而羽翼日益丰满，这使俄罗斯有了深刻的危机感，感觉外部威胁已近在眼前。因此，俄格战争之后，俄罗斯再度对军事战略做出了重大调整，于2009年和2010年先后出台了《2020年前俄罗斯国家安全战略》和2010年版《俄联邦军事学说》，首次明确指出，俄罗斯面临的外部威胁大于内部威胁。外部威胁主要表现在：第一，北约谋求全球性职能，不断东扩并将军事机器推进到俄罗斯边界。第二，美加紧建立和部署战略导弹防御系统与精确制导武器系统，加快太空军事化的步伐。第三，在俄罗斯毗邻地区恐怖主义、极端主义和分离主义势力蔓延，国际安全形势恶化，有些国

① 这类威胁有：在境外建立、武装和训练武装组织以便投送到俄罗斯及其盟国境内活动；对俄罗斯及其盟国采取敌对的信息行动；国际恐怖组织的活动；得到境外直接或间接支持的分离主义、民族主义和宗教极端主义组织旨在破坏俄宪法制度、威胁俄领土完整和公民安全的活动；跨境犯罪；可能在俄境内进行运输或利用俄境中转的毒品交易。

家企图干扰、破坏俄罗斯的国家和军事指挥系统，在境外组织和训练针对俄罗斯的非法武装等。这些威胁对俄罗斯来说已具有很强的现实性。

在战争准备上，由注重应付世界大战转向主要应付局部战争和武装冲突

苏联军事战略过去一直坚持“帝国主义就是掠夺，就是战争”的观点，认为只要地球上还存在帝国主义，对苏联发动大规模侵略战争的危险就必然存在。戈尔巴乔夫的“新思维”改变了上述看法，认为现在的国际形势已发生了“积极的变化”，战争的威胁已经推迟，世界开始变得安全了。不过这种“积极的变化”尚未达到不可逆转的地步，因此，战争的危险依然存在，当前的主要任务是防止战争和避免战争。

叶利钦在立国初期也基本认同戈氏的无外敌威胁之说，但随着形势的变化，对威胁和未来战争的可能性有了新的见解，认为，尽管对俄发动直接侵略的现实威胁已大大降低，尚没有对俄发动武装进攻和构成直接侵略的现实敌人，但军事危险依然存在，社会、政治、经济、领土、宗教、民族和其他矛盾，以及许多国家和政治力量企图使用武力解决这些矛盾的想法，都是战争危险依然存在、爆发武装冲突和战争的重要根源。其中最危险的是由极端民族主义和宗教偏执而引发的武装冲突。因此，武装冲突可能成为未来战争的主要类型。

普京上台后原则上维持了叶利钦时期对未来战争的基本看法，认为新的、更合理、更民主的国际经济和政治关系体系正在形成，可以排除核战争以及俄与美国和北约之间爆发大规模常规战争的可能性。但鉴于20世纪至21世纪初爆发的科索沃战争、阿富汗战争、伊拉克战争，认为军事力量在解决危机和保障国家安全中的作用重新凸显，为此，俄罗斯在本国军力受到明显削弱的情况下必须强化核武器的遏制功能，同时要更加重视做好应付局部战争和武装冲突的准备。基于此，俄罗斯提出了要发展“同时”应付“两场”武装冲突和局部战争的能力。按俄罗斯的预测，可能同时爆发的“两场”武装冲突或局部战争，一是在高加索（南部）方向和中亚方向，一是在西部、南部或东部方向。这表明俄罗斯对未来战争的规模和所波及的范围有了新的估计，预想较过去更为严重。

梅德韦杰夫执政后，依然坚持“未来战争将以局部战争和武装冲突为主要类

型”的观点，并对局部战争和武装冲突的特点作了进一步深入分析，认为，在未来战争中参战各方将综合使用军事手段和非军事手段，密集使用以新物理原理为基础的、与核武器等效的武器和军事技术装备系统，扩大军队及兵器在空中和太空领域的使用规模，加强信息对抗的作用，缩短准备实施军事行动的时间，通过从绝对垂直的指挥体系向全球自动化网络指挥体系过渡来提高军队及武器的指挥效率，在对抗双方领土上建立常设军事行动区，速战速决，有选择地毁伤目标且毁伤程度高，所使用的兵力和火力机动快等。从上述战争特点出发，俄表示将在确保核遏制潜力的前提下，采取在战略方向上诸军兵种联合作战的行动样式。它要求在遭敌突然袭击的情况下，俄军能迅速组织各军兵种部队实施联合作战，海空军以及防空部队和战略导弹兵负责抗击敌空中袭击与导弹突击，组织近海防御作战，力求拒敌于海上；陆军在海空军配合下实施抗登陆战役和边境地区防御战役，抗击外敌入侵。

在战略遏制上，由核遏制转向核遏制与非核遏制并举

苏联解体后，俄罗斯与美国及其盟国相比，在常规力量方面明显处于劣势。在这种情况下，核武器成为俄保障国家安全、确保大国地位、遏制外来入侵的最重要战略手段。它可以在平时防止出现对俄罗斯及其盟国的武力压迫和侵略，在战时防止对抗升级，最终以俄罗斯能接受的条件停止军事行动，或使敌遭受应有的损失。由于认识到核武器所具备的不可替代的战略遏制作用，俄罗斯前两版军事学说放弃了不首先使用核武器的承诺，2010 年版军事学说则进一步降低了核武器的使用门槛，宣称，“不仅可在核战争和大规模常规战争中使用核武器，而且可在受到任何形式的常规武器侵略使国家生存受到威胁时使用”。“核武器不仅用于保障国家安全，而且也可在盟国生存受到威胁时使用”。与此同时，还放弃了以有核与无核来区分打击对象的原则，转而以军事冲突的性质来衡量是否使用核武器，从而使核武器的威慑效能达到了最大化。

在俄罗斯强大的核遏制面前，尽管直接针对俄的大规模地面入侵威胁基本被排除，但随着美国反导系统的部署和空天袭击能力的增强，俄罗斯面临的、从空天抵消俄罗斯二次核打击能力、先发制人对俄罗斯实施“解除武器式”打击的威胁却不断加剧，俄罗斯在空天领域的对抗中一旦失手，所面临的核打击和大规模

地面入侵威胁将急剧上升。为确保战略遏制的有效性，俄罗斯军事战略由单一的核遏制转向核遏制与非核遏制并举。其中空天防御力量被俄视为除核武器之外与核武器等效的遏制手段。2006 年 4 月，俄罗斯制定了《国家空天防御构想》，准备建立统一的国家空天防御系统，将分散在各部门和各军兵种的侦察—预警力量、防空力量、反导力量、太空防御力量及资源整合起来，改变国家空天防御无人统管的不利局面，从而提高国家的总体战略遏制能力。2011 年 12 月，已完成了空天防御兵的组建，为与美达成新的战略平衡提供了力量保障。

此外，俄罗斯还准备根据国家安全的需要综合使用军事和非军事手段来应对各种威胁与挑战，使之同样起到战略遏制的作用。认为，如果军事和非军事手段运用得当，一整套相互关联的政治、外交、经济、军事和信息措施也可以遏制、降低和防止某个国家或国家集团的威胁和侵略行动。为此，将开展积极的政治、外交和信息活动，避免与美进行消耗性对峙和开展新的军备竞赛，与美在核裁军、增强军事互信、防扩散和反恐领域加强合作，力求达到一方面通过政治手段来防止和解决冲突局势，另一方面使用军事手段来巩固政治、外交、经济、信息行动的成果。

在兵力部署上，由前沿攻势部署到大规模战略收缩再到“按区域重点配置与机动设防相结合”

俄军的战略部署是按战略任务和行动性质进行的兵力区分与配置。它既是俄军事战略的一项重要内容，也是俄军战略企图和作战理论的集中体现。

冷战前半期，苏联推行“战略防御地区前推”战略，不断加强西、东、南三个战略方向上的前出攻势部署，甚至不惜以直接出兵、武装干涉来谋取有利的战略态势。然而，这些行动不仅未能达到预期效果，反而使苏联陷入多面受敌的不利局面。冷战末期（1985 年至 1991 年），戈尔巴乔夫上台执政。为了扭转苏联在国际上的被动局面、降低其与周边国家军事对峙的水平、挽救因与美军备竞赛而濒临崩溃的国民经济，开始实施大规模战略收缩，无条件撤回海外驻军，同时减少沿边境部署的部队。但戈尔巴乔夫“雪崩式”的大撤军导致俄罗斯欧洲地区的防御体系遭到严重破坏，原来的第一战略梯队全部留在了境外，俄罗斯在其西部和西南部战略方向丧失了近千公里的战略屏障和防御纵深。

俄罗斯独立后，根据所处战略环境和所确定的防御性军事战略，制定了“按区域重点布置与机动设防相结合”的战略部署原则，首先调整了军事行政区划，将苏联解体时继承下来的八大军区压缩为六大军区；其次重新划分了战略方向，改变了收缩性的防御部署态势，在西部、西南部、东部3个战略方向和欧洲、中亚、东亚3个战争区加强了兵力部署；再次，建立了新的战略梯队，把原苏军处于纵深地区的战略预备队——列宁格勒军区、莫斯科军区和北高加索军区改为第一战略梯队、伏尔加河沿岸军区和乌拉尔军区改为第二战略梯队。

进入21世纪后，俄军根据“按区域重点配置和机动设防相结合”的部署总原则，对军区和战略方向又作了进一步调整。按西部、南部、中央、东部4个战略方向将六大军区调整为四大军区，并在此基础上成立了“西部”、“南部”、“中央”和“东部”4个联合战略司令部。西部战略联合司令部主要负责遏制大规模战争、参加局部战争和边境冲突、保障俄罗斯经济利益和俄罗斯重要交通线的安全以及履行联盟义务。南部战略联合司令部主要负责在盟国遭到外部侵略时提供援助、在盟国内部不稳定时提供援助、打击跨境恐怖主义、实施维和行动、保障俄罗斯经济利益、在俄罗斯境内实施武力行动、参加局部冲突；防范来自外高加索地区的恐怖主义威胁，准备应对一场较小规模和中低强度的武装冲突。东部战略联合司令部主要应对来自外敌的海上和陆上威胁，以及东北亚地区可能发生的紧张局势。中央战略联合司令部主要作为战略预备队使用，随时准备支援其他几个战略方向，同时兼顾中亚方向。

根据各战略方向面临的军事威胁和任务，俄军采取了如下的部署方式：第一，在边境一线的重点地区和受威胁较大的方向部署一定数量的常备部队，其主要任务是有效反击任何侵略者，并兼顾对核工业、能源燃料工业、基础工业和军事指挥机构等要地的防护。第二，在纵深地区部署强大的机动力量，其任务是战时能在短期内迅速调动至任何方向和地区并实施机动作战，支援常备军队或独立遂行作战任务。第三，在内陆腹地部署由统帅部控制的战略预备队。第四，在一些关乎俄切身利益的独联体国家，保持军事存在。目前俄在独联体国家有约10万人驻军。

总之，俄军的战略部署较之苏联解体前已大大收缩，但其传统的“西重东轻”、“南密北疏”的基本态势未变。这一特点集中体现在俄核力量的部署上。例如，作为战略进攻力量的战略导弹兵和远程航空兵由于打击距离基本不受限制，采取分散配置方式，全境部署，但重心在西部。俄战略核潜艇主要部署在北方舰队和太平洋舰队。2010 年俄新组建了北方舰队潜艇战役司令部和太平洋舰队潜艇战役司令部。俄战略防御力量中的反导系统则部署在莫斯科周围地区。莫斯科地区的防空由不久前在莫斯科特种司令部基础上组建的空天防御战役战略司令部负责。

尽管如此，苏联解体在客观上仍导致了俄军事战略重心的东移，因此，俄军的战略部署日益呈现出“东西并重”的趋势。近年来，俄军对亚洲地区的裁减幅度低于其他地区的平均水平。例如，俄军在亚洲地区的常规武装力量与欧洲地区相比已大大超过苏联时期的比例。俄陆军 10 个集团军有 4 个部署在东部军区，从法国购买的两艘“西北风”两栖攻击舰计划于 2014 年部署到太平洋舰队，首艘“北风之神”级“尤里·多尔戈鲁基”战略核潜艇也将部署到太平洋舰队的维柳钦斯克基地。此外，还考虑在堪察加半岛建立新的航母基地，并将在俄日存在领土争端的南千岛群岛部署先进的 C—400 防空导弹系统和岸基反舰导弹系统，以用于保护战略设施。俄国防部副部长波波夫金证实，2011 年俄军将新增 5 个 C—400 防空导弹营，其中 1 至 2 个将部署在远东地区。

北部方向也将成为俄潜在的重点战略方向。北极对俄不仅具有重要的经济价值，而且具有重要的战略意义。北极地区的资源产出占俄国内生产总值的 20%，资源出口占全国出口额的 22%，俄所拥有的北极大陆架面积相当于整个西欧，其内储藏有数十亿吨石油和天然气。在北方开辟“北方海路”、建立“北方战略堡垒”，可以拓展俄的战略空间和为俄开辟一条新的海上便捷通道，使俄可以从北冰洋通过巴伦支海迂回进入大西洋或越过加拿大对美构成战略威慑。据计算，从北冰洋发射洲际弹道导弹 10 分钟之内就能打到美腹地。为此俄计划加强北极地区的兵力部署，沿北极边境建立军事基地，组建一支常规部队并构筑有效的岸防体系。

在力量建设上，由大战动员型转向常备机动型

苏联解体后，俄罗斯的地缘政治环境、经济实力和军事实力与原苏联相比已不可同日而语（据一项分析显示，俄罗斯 1999 年的国内产值甚至比处于动荡时期的 1989 年还少三分之一）。尽管俄军建设举步维艰，但仍有 3 任总统、5 任国

防部长不遗余力调整军队建设方针，并进行一轮又一轮的军事改革，从而使俄军建设在曲折中保持了发展的连续性，并取得了较明显的成效，如建立了新的国防领导与军队指挥体制，这种体制与苏联时期已截然不同，军令政令分开，国防部长由文职人员担任；大幅裁减了武装力量的编制员额，从建军初期的280万人削减至113万人；调整了军队的组织结构与编制，由5军种结构调整为3军种3兵种结构；摒弃了苏联时期的普遍义务兵役制，开始实行合同制与义务兵役制相结合的混合兵役制，并逐步向职业化过渡。

苏联刚解体时，俄接管了苏联大部分（75%—80%）军事遗产，并于1992年5月7日组建了本国军队。1993年11月，俄公布了首部军事学说——《俄联邦军事学说的基本原则》，提出武装力量建设应坚持“防务够用”的原则，既要合理限制编制数量，又要使武装力量拥有强大的战斗力和快速的机动力，能够在各种战争和武装冲突中、在各种条件下与任何敌人作战。按照“防务够用”的原则，俄战略遏制力量应保持在能确保在任何情况下给侵略者造成规定损失的水平上，一般任务力量和军队集团的战斗潜力平时应保持在能确保反击局部或全面入侵的水平上。与“防务够用”原则相对应，《军事学说》初步确立了“质量建军”的目标，即建立并发展一支适应世界军事政治形势以及俄罗斯实际能力，能可靠维护国家独立、主权和领土完整的，能可靠保护公民安全以及社会和国家重大利益，能履行俄对独联体成员国和国际社会在维护和平与稳定方面义务的军队。这支军队应当“人数相对不多，机动力强，装备现代高效能武器，训练有素”。“防务够用”原则和“质量建军”目标的提出，为俄罗斯军队的根本性重建指明了方向。

1993年年初至2000年年底，根据上述建军原则和目标，俄国防部采取了一系列改革措施：大规模裁军，把武装力量员额减少一半以上；压缩核军备规模，加强核武器质量建设；建立并完善领导指挥体制；调整军兵种结构；使部队编制结构部分由集团军、师结构向轻型的军、旅结构过渡；组建机动力量等。但由于这一时期军队建设和改革的主题重点围绕大规模裁军进行，增加的军费多半都用在了安置退役军人的住房上，因此，俄军在战备程度、装备水平、组织编制、机动性等方面并没有发生明显的变化，与建军目标的要求相去甚远。

普京主政后，根据俄军在第二次车臣战争中暴露出来的弱点以及北约东扩后俄战略环境的恶化，对军队建设方针进行了积极调整，提出了全面推进质量建军的要求，重点扭转叶利钦时期只侧重发展战略核力量而忽视常规力量发展的倾向，强调均衡发展战略核力量和常规力量，着力提高军队应付局部战争和地区武装冲突的能力。针对北约东扩以及美国退出《反导条约》并加快部署导弹防御系统的举措，为与美达成总体战略平衡，俄决定重点打造能突破美反导系统的战略进攻力量和抵御强敌空天进攻的战略防御力量。普京时期武装力量建设的主要依据是2001年年初出台的《2001—2005年武装力量建设计划》和2003年10月制定的《俄联邦武装力量发展的紧迫任务》。这两份文件集中反映了普京"均衡发展战略核力量和常规力量"的思想，改变了在常规力量中常备部队数量过少的现实，与此同时，在战略核力量建设方面主张与美国保持低水平的战略平衡，奉行"重质减量"和保持适度的发展速度与规模的原则。2001年，战略火箭军由武装力量的一个独立的军种转为独立兵种。军队总体规模也进一步从120万减到113万。

2008年梅德韦杰夫接任总统3个月后爆发俄格战争。这是自冷战结束以来俄首次与拥有西方装备的外国军队进行正面交锋。这场冲突以俄军的胜利而告终，但却暴露了俄军在编制体制、装备、战备等方面存在的严重不足，使俄军作战能力与现代战争不相适应的矛盾浮出水面。与两次车臣战争不同，这场战争彻底改变了俄领导人的建军思路，成为一场以"新面貌"命名的大规模军事改革的导火索。俄军总参谋长马卡罗夫指出，"当前俄地缘政治环境发生了根本性的变化，国家安全面临新的威胁和挑战，军事斗争形式和作战样式发生了巨大变化，世界主要国家纷纷酝酿和实施符合本国国情的军事变革，俄罗斯在这方面已落后于美国等世界军事强国，必须通过改革跟上世界军事发展的步伐，解决多年来困扰军队建设的问题"。2010年4月俄出台了《2020年前武装力量发展构想》。在此背景下，以改革部队编制结构为切入点，决定将俄军"战时广泛动员型"军队逐步转变为"保持经常战备型"军队，并按照"精干、合成、高效、灵活"的原则，全面解决俄军常规作战兵力架构松散、与现代战争不相适应的矛盾。其中引起较大反响的举措是，使作战部队的平时编制最大限度地接近战时编制。长期以来，俄军一直保持着大战动员型编制体制，平时只有17%的部队编制满员，其他都是简编部队，一旦发生战事，动员的兵员数量可以达到300万—500万人。而在"新面貌"改革过程中，俄军通过撤、并、改的方式，减少了团以下建制单位的数量，取消了简编部队，使所有现役部队装备满编率达到100%，人员满编率达到80%以上，能够在24小时内投入战斗。如此一来，动员规模明显缩小，根据新的动员计划，俄军战时需动员的兵员数量仅为70万人。

在兵役制度上，由单一的义务兵役制过渡到义务兵役制与合同制相结合的混合兵役制

苏联普遍义务兵役制始于1939年。建设职业化军队的设想由戈尔巴乔夫率先提出。20世纪80年代中后期，苏联开始出现人口危机，普遍义务兵役制的社会基础遭到破坏，依靠义务兵役制越来越难以保障军队正常的兵员补充。但当时苏军只是在海军和防空军的一些部队进行了“合同制”的试验，未来得及在全军推广。

俄建军后，开始尝试推行混合兵役制。1993年2月11日制定了新的《兵役义务与服役法》，规定实行义务兵役与志愿兵役相结合的混合兵役制度，并逐步向职业化军队过渡。国防部为此还拟定了分3个阶段向新兵役制度过渡的方案，计划到2000年合同制军人数量将占军人总数的50%。按照这一方案，俄军于1992年12月1日起正式开始征召合同制军人。1993年招收了12万合同制军人，1994年招收了15万合同制军人。

为了加快推进兵役制度的改革进程，叶利钦1996年5月16日签署了《向职业化过渡》的第722号总统令，决定在2000年前废除义务兵役制，从2000年春季开始全面实行合同兵役制。但是，这份命令草案由于配套措施不健全，经济条件不允许，最终没有逃脱落空的命运。到1997年，俄军只有23.1万名军人转为合同兵，仅占现役士兵总数的25%。1997年7月16日，叶利钦批准了新的军事改革方案，将废除义务兵役制、实现军队职业化的时间推迟到2005年。1998年3月28日，俄颁布了新版《兵役义务与服役法》，再次确认了混合兵役制。

普京执政后，由于看到俄军同世界军事强国在军事实力上的明显差距，同时意识到只有拥有强大的职业化军队才能有效维护国家安全，因此，继续把建立一支职业化的军队作为俄军建设的一项重要任务，并表示“将以超前的速度”加快职业化建设。为此，俄军制定了合同制改革规划，充分重视合同制军人的薪金标准、实行合同制后军人维持费用的变化，合同制军人的招募、管理、训练以及合同兵与义务兵的关系等问题，尤其是充分考虑到了国家经济发展这个最重要的因

素，并采取了先试点后推广、常备兵团和部队以及士官优先转成合同制、建立与职业化军队相配套的后备兵员训练和储备体制等措施，使职业化军队改革得以向深层次发展。

2003年8月25日，俄政府批准了《2004—2007年部分兵团和部队的军人补充向合同制过渡的联邦专项纲要》，规定从2004年开始，武装力量常备兵团和部队、边防军和内卫军的15万人将在2007年优先向合同兵役制过渡，并逐步实现全面职业化。然而，俄军的职业化建设进展并不顺利。由于用于施行合同兵役制的经费有限，加之合同兵役制度暴露出兵源不足、兵员素质差等问题，俄军全面转向合同兵役制的目标基本被放弃。

2010年10月1日，俄总统签署秋季征兵令，宣布暂停征召合同制军人，并逐步降低合同制军人的比例，同时相应提升义务兵的比例。俄国防部长和总参谋长公开承认，国家用于保障合同兵役的预算无法承担15万合同兵的工资，以现有的条件无法保证招募到高素质的合同兵。[①] 俄改变原计划，减少合同兵，增加义务兵，实属无奈之举。可以预见，将来，如果经济、社会和人口条件许可，俄武装力量将会继续推进兵役制度改革，重新推行义务兵役制与合同兵役制相结合、以合同制为主的混合兵役制原则。因为从一种兵役制度向另一种兵役制度转变是一项庞大的系统工程。建立职业化军队需要重新考虑武装力量的结构、武装力量使用原则、训练制度、军事预算等一系列的根本性问题，美国始于20世纪70年代的兵役制度转型用了将近20年的时间，而且是在政治稳定、经济正常发展的情况下进行的，所以作为政治经济形势一直不够稳定的俄罗斯，要想完成兵役制度的改革，必须假以时日和付出长期努力。

在训练上由准备打大规模战争转向主要准备应付局部战争和地区武装冲突，由注重传统的合同训练转向注重跨军种（跨部门）的联合训练

苏联解体后，由于经济困难，军费紧张，军事改革出现反复，俄军稳定的战役和战斗训练体系遭到严重破坏，战备训练基本处于半瘫痪状态。在最艰难的时

---

① 于海宽等：《俄罗斯军事发展动向述评》，《外国军事学术》2011年第1期，第40页。

期，无论是指挥机关与军队的大规模合练，还是集团军、师和团的演习，几乎都很少涉及，勉强维持的部（分）队战斗训练也被简化为单兵训练或技术训练。部队集训次数锐减，前线航空兵的战斗飞行缩减了 1/6 至 1/5，唯一的一艘航空母舰“库兹涅佐夫”号长达 10 年没有执行过战斗值勤任务。这种状况导致第二次车臣战争爆发前俄军连一个 6.5 万人的陆军集团都组建不起来，最后将所有做好战斗准备的陆军部（分）队拼凑在一起也不过 5.5 万余人。

普京上台后，面对部队战斗力急剧下滑的局面，多次提出要把实现战备训练的常态化作为武装力量日常工作的一项首要任务。2002 年，俄军重新设立了负责监督检查部队战备、训练和执勤情况的军事监察局。2003 年 10 月，国防部把具有“高度的战斗准备和动员准备程度”作为对武装力量的一项原则性要求，列入新时期俄军建设的指导性文件——《俄联邦武装力量发展的紧迫任务》。文件要求，“必须恢复实施大演习和带部分实兵的现地首长—参谋部演习的做法”，“必须以战略和战役指挥环节首长—参谋部演习为背景来制定战斗训练措施”。当年年底，俄军开始恢复大规模军事演习，包括远洋作战演习。2004 年，俄军举行了俄罗斯独立以来最大规模的军事演习——“机动—2004”，重点检验了实施跨战区投送兵力的能力。2007 年 8 月 17 日，俄罗斯空军远程航空兵开始恢复在北冰洋、大西洋、太平洋和黑海水域的战备巡航。

俄军训练活动恢复以后，如何确定新的训练重点、训练组织领导体制、训练模式、训练设施等问题成为一项迫切的任务。回顾 20 世纪 90 年代以来战争样式的发展变化，俄军发现，大规模战争爆发的可能性已越来越小，局部战争和武装冲突将成为未来战争的主要类型，它越来越具有多领域、全方位、高立体的特点，呈现出联合作战、整体制胜的特征，因此，跨军种联合训练的作用凸显，武装斗争的进程和结局首先取决于各军兵种行动的协调一致。俄认为，美军及其盟国军队在伊拉克的行动表明，为作战胜利做出最大贡献的与其说是新式武器装备，毋宁说是美军各级指挥官的“诸军兵种联合作战”意识。基于上述认识，俄军在训练指导上首先确立了从准备打大规模战争向主要准备应付局部战争和地区武装冲突方向转变、训练内容上从单一军种的合同训练向跨军种（跨部门）联合训练转变的基本方针。

很长时间以来，俄军一直未使用美军提出的“联合训练”概念，但“联合训练”在俄军的训练中其实是存在的，只不过俄军使用的术语是合同训练，但细究起来，俄军的合同训练虽然有联合训练的内容，但那种“联合”通常指以某一军种为主，其他军种与之配合的行动。近年来出现的“联合”概念，突破了俄军原有的联合观念，着眼点在于实现跨军种、跨部门联合。所谓“跨军种联合”，是指诸军兵种在联合战役的编成内不分主次、以平等身份共同完成抗击外来侵略的任务。所谓“跨部门联合”，是指俄国防部所属武装力量同内卫军和联邦安全局所属边防军等其他军队与强力机构的联合行动，其主要任务是反恐、维和及维稳。

为了实现军事训练的根本转型，使之更加符合现代联合作战样式的需要和俄军的指挥体制调整、兵役制度改革，以及部队编制结构和武器装备的变化，俄军重点调整和改革了训练体制、训练内容和训练方法。

第一，改革了训练领导管理体制。1992 年至 1996 年，俄军在训练领导体制方面基本继承了前苏军的体制模式：陆军战斗训练总局和总参作战总局战役训练局。陆军战斗训练总局负责确定各军兵种部队合成训练方针和制定武装力量共同条令。总参作战总局战役训练局负责全军战役训练的组织、计划和协调。全军性的重大战役训练活动，由国防部长、总参谋长或国防部副部长等总部首长亲自主持。

通常俄军训练分战斗训练和战役训练。战斗训练是基于能力的训练，通过单兵基础训练和部（分）队战术训练，提高战斗指挥和行动能力，为联合作战奠定能力基础。战役训练是基于任务的训练。在联合作战任务确定以后，俄军加快了从合同战役训练向“联合训练”方向发展的步伐。

1996 年 3 月，为加强各军兵种之间及其与其他军队之间的协调与合作，强化战斗训练的统一性，俄军曾组建过跨部门战斗训练协调委员会，负责制定相关的训练组织规范、总结交流训练经验。但由于该委员会没有法律赋予的权限，无法解决整个武装力量范围内的训练问题，很快暴露出其领导与管理乏力的问题。

2004 年 11 月，俄军以陆军战斗训练总局为基础组建了国防部直属的战斗训练与队务总局，由一名国防部第一副部长主管。该局被赋予领导整个武装力量战斗训练的职能，同时还负责指导和协调武装力量之外的其他军队和其他强力部门所属部队的战斗训练，建立和完善武装力量统一的战斗训练组织计划体系，以及对各军兵种的战斗训练情况进行综合检查等。国防部战斗训练与队务总局的建立，在某种程度上反映了俄军欲把联合训练推向战斗训练层面的努力。

2010年，为加强从战略—战役层次对联合训练的领导与管理，俄军在保持现行战役训练体制不变的情况下，解散了国防部战斗训练和队务总局，新组建了联合战略司令部，并对联合训练职能进行了明确的划分。武装力量总参谋部被确定为组织跨军种训练的机构，总参作战总局战役训练局则负责制定平时和战时武装力量的使用计划和战役训练计划，联合战略司令部作为联合训练的主体，负责联合战略司令部所属部队及兵团联合训练方面的具体事务。

第二，根据使命任务更新训练内容。进入新世纪后，俄军提出了“以核遏制为依托的机动战略”和应做好“同时”应付“两场”武装冲突准备的作战目标。据此，俄军在训练内容上重点突出了力量投送训练、空中输送训练、各军兵种兵力兵器机动能力演练以及海军远洋作战能力训练等内容。同时，也加强了跨军兵种、跨部门的联合训练。一是在俄武装力量内部，增加了“跨军种训练”课目。二是加强了与内卫军、边防军、紧急情况部民防部队和其他强力机构所属部队的联合训练，更加强调建立统一的指挥机构，实施统一的训练。三是加强了与友军的联合训练，加大联合演习的训练比重。如“边界—联合演习”已成为独联体制度化的联合演习。除传统的战斗行动样式外，俄军开始关注并演练维和行动、特种行动、反恐行动、参与局部冲突等样式。

第三，加强了训练基础设施的配套建设。为确保能够为联合训练提供有力支撑，俄军依据《国防部对训练中心和靶场体系的改进计划》，修建并完善了训练场等基础设施，据俄军公布，至2010年，俄军通过精简、整合，建成了107个靶场（或中心），其中包括地区性联合（跨军种）训练中心、军区靶场、军种和兵种战斗训练和战斗使用中心、空军和海军航空兵地面靶场，为跨军种联合训练和各军兵种训练提供了多种平台。在设施改造上，俄军主要扩大了训练场面积，按实战要求调整了训练场的结构；在设备器材更新上，用信息化训练技术手段取代了陈旧过时的机械化设备，设置了逼真的战场环境。在功能上，训练基地的基本定位是为受训部队和人员练谋略练战术、练指挥练协同提供全面保障。

在武器装备上由谋求技术上的全面优势转向谋求“关键技术”优势，由注重发展传统的重装备转向注重发展适于机动作战的现代化轻型装备和机动装备

苏联解体后，由于军事战略的调整和军费开支的限制，俄军在武器装备发展上采取了与冷战时期截然不同的方针，由谋求技术上的全面优势变为谋求“关键技术”优势、由注重增加武器数量变为注重提高武器质量、由注重发展重装备变为注重发展适于机动作战的轻型装备和机动装备、由发展多种类多型号武器装备变为减少繁杂型号提高通用化水平、由注重提高单项武器装备性能变为注重提高武器装备的一体化和综合作战水平。

为实现上述方针目标，俄军组建后，首先制定了新的军事技术政策，提出要从军事技术上保障俄罗斯的安全，武器装备水平必须与军事安全的需要相适应；武器装备的发展应“减少数量，提高质量”；根据未来高技术战争的要求，以高科技为主导，重点发展高精度武器装备，巩固军事领域“关键技术”的科技优势。为此俄国防部制定并颁布了为期10年的“国家武器装备发展长期规划”。

2005年之前，由于经济危机和军费投入严重不足，俄军在装备建设上一直坚持多进行技术储备、少采购成品的方针，经费向科研与试验设计部门倾斜，力求在困难的条件下保持技术优势。多年来，俄军保持了一定的超前科研、设计和生产能力，研制开发了新一代武器装备，建立了必要的科技半成品储备，为新式武器装备的批量订购打下了基础。针对20世纪90年代末美国重新启动“星球大战”计划和以高技术和现代化兵器长期维持霸权的企图，俄罗斯放弃了“被动追赶、对称发展”的老路，谋求在关键装备技术上形成对美的非对称优势。为谋求与美在C3I系统、电子战系统、导弹袭击预警系统、战区导弹系统、空战及防空武器系统等“关键技术”上的平衡与优势，俄军制定了庞大的武器发展规划。特别是在空中进攻与防空兵器的发展上，增加了给防空导弹和战区反导弹防御系统的拨款。俄空军侧重于优先发展高机动、抗干扰的防空导弹系统，发展战术性能更加优越的新一代歼击机和精确制导武器。目前研制定型的有：苏—32、苏—34、苏—35、苏—37、米格—33歼击机；苏—33、卡—31舰载机等。陆军以提高突击、精确打击和信息能力为主要目标，研制成功了T—90型坦克、БМП—3

型步兵战车、БМД—3型伞兵战车，试射了取代“飞毛腿”导弹的SS—X—26战役战术导弹，发展了新型电子对抗系统和抗干扰能力、生存能力更强的防空武器系统，以及新型通信器材和自动化指挥器材。海军则重点研制新型水面舰艇和多用途核动力与常规动力潜艇。

此外，为加速实现武器装备的现代化步伐，俄军的武器装备采购标准明显向“现代化”倾斜。俄格战争中，俄军暴露出在无人侦察机、通信与电子侦察装备、单兵装具等现代武器方面与西方存在巨大落差，直接影响到了战争进程和作战效果，战后俄痛下决心，放下架子，开始向西方发达国家洽购本国军队亟须而国内又无法生产或达不到质量要求的现代化武器装备。其种类包括军舰、无人机、仪器、通信与电子侦察装备、单兵装具、步兵轻武器等。2009年下半年，俄军开始与法国洽购“西北风”级两栖登陆舰，并就“未来单兵作战系统”展开谈判。2010年俄与以色列签署了40多架无人机合同，并就采购军舰事宜同西班牙、荷兰进行了前期谈判。此外，俄军还设法引进西方先进的武器装备技术，在本国建立生产线。2010年6月，俄军工企业获得了根据法国许可自行生产法制“凯瑟琳”热成像仪部件的权利，计划将相关产品首先装备T—90主战坦克。俄以（色列）目前正筹备在俄建立生产无人机的合资企业。

就武器装备更新问题，普京曾指示，“今后只为武装力量采购新的、现代化的技术装备，而不是20年前甚至是30年前研制出的武器系统”。俄国防部长谢尔久科夫也指出，俄军目前只有10%的现代化装备，而世界军事强国军队现代化装备已达70%—80%，俄军到2015年必须将现代化武器装备的列装比例提高到占装备总量的35%，2020年达到70%。其中高精度武器、高效侦察和电子对抗系统、自动化指挥系统将作为装备采购的重点。常备兵团和部队将作为优先考虑的换装对象。为落实普京和谢尔久科夫的指示，俄军制定了《2006～2015年武装力量兵团与部队装备配套纲要》和《2007～2015年国家武器纲要》。预计，这些计划一旦落实，俄军装备的现代化水平将有一个大的提升。

第二编

俄罗斯教育与文化

25. 俄罗斯为何颁行《联邦教育法》?

赵 伟

苏联解体之后，俄罗斯政治经济发生巨变。作为社会文化最重要的一部分，教育也在所难免地受到社会转型的影响。1992 年 7 月俄罗斯颁行历史上第一部教育法——《俄罗斯联邦教育法》（以下简称《联邦教育法》），具有划时代意义。《联邦教育法》是俄罗斯在教育领域的第一大法，具有教育领域“母法”的功能。《联邦教育法》的颁行，是建立完备教育法制、实现依法治教的重大举措，标志着俄罗斯走上依法治教的轨道，也是国家发展的重要战略。《联邦教育法》自颁布之日起至今几近 20 年，俄罗斯政府组织人力曾于 1996 年和 2004 年进行两次较大的修正和补充。该法的颁行和修改反映了俄罗斯转型时期各阶段的教育策略，同时也展现了教育在经历转型的阵痛之后，逐渐走向现代化的过程。

《联邦教育法》颁行的背景

俄罗斯政府在苏联解体不到一年的时间即推出《联邦教育法》，究其背后的原因，除了政府一直比较重视教育立法活动之外，更重要的还是该法的颁行受到当时教育系统内外部各种因素的影响。

一、教育系统的外力推动

教育作为社会的一个重要领域，在国家利益当中居于重要地位。教育的法制化程度标志着一个国家教育发展的水平，教育的法制化终将成为教育发展的必然趋势。20 世纪 80—90 年代，在世界范围内掀起教育立法的国际新浪潮。1988 年英国颁布《教育改革法》，1989 年法国颁布《教育改革指导法》，1990 年日本颁布《终身教育振兴法》。在国际教育法制化的影响下，顺应国际教育发展趋势，俄罗斯在90年代初颁布历史上第一部教育基本法——《俄罗斯联邦教育法》。

1992年《联邦教育法》颁行之际，俄罗斯正值政治、经济转型的试验期。俄罗斯政府刚刚建立，叶利钦就提出学习西方社会的自由、民主，并建立三权分立的政治制度。经济上全盘照搬西方的市场经济，大规模推行经济私有化，从原来的社会主义计划经济快速向资本主义市场经济转轨。教育作为社会现象之一，势必受到外部政治经济环境的影响。在所谓的民主政治和自由经济的影响下，俄罗斯政府也在政权初建之时出台《联邦教育法》，构建俄罗斯教育法制化体系。

二、教育系统自身发展的催生

随着俄罗斯教育的发展，教育规模日渐壮大，靠“人治”和过去简单的行政手段已不能解决教育活动中出现的问题。教育领域中存在的关系也愈来愈复杂，教育管理机关、教育机构、教育者和受教育者之间相互联系、相互制约。这就需要更多的制度和规章来调节教育领域的关系。尽管俄罗斯教育历史悠久，教育法律法规比较丰富，但国家更需要教育领域有一部反映宪法精神的基本大法，以便从整体和宏观层面调节教育关系，加强国家对教育的全方位管理。因此，《联邦教育法》的诞生正是担此重任。

此外，《联邦教育法》的出台也可以为教育发展提供法律保障：首先可以保障教育的国家地位和公民的受教育权。其次，可以保障教育体系有序化发展，明确联邦与各层次管理机构之间的教育权限。因此，为实现公民教育权利以及教育的良性发展，《联邦教育法》的颁行势在必行。

《联邦教育法》的主要内容

《联邦教育法》共有六章五十八条。六章分别为：总则；教育体系；教育体系的管理；教育体系经济；公民受教育权的社会保证；教育领域的国际活动。与苏联时期的教育法令相比较，《联邦教育法》在教育机构创办、教育内容管理、教育经费的划拨等方面都做出开创性的尝试。

一、总则

该章提出国家教育政策方面的主要原则，即：教育的人道主义性质、全人类价值、个性自由发展的优先地位，教育的自由和多元化，教育管理的民主性质、国家—社会性质以及教育机构自治的原则。

《联邦教育法》第一次提出不允许在学校组织政党、宗教团体；不允许强迫学生参加社会政治组织、运动和党派及其活动。这一规定造成教育领域的去意识形态化。

《联邦教育法》规定，公民接受免费普通教育、在竞试基础上接受免费职业技术教育。这一规定实际上将初等职业教育从普及免费教育中剥离出来。这样，普及免费教育年限从苏联时期的 11 年缩短为 9 年。1996 年俄联邦政府对此处进行了修正，改回了 11 年。

苏联时期，各级教育教学评估没有统一的标准，这样给教育质量的评价及比较带来不便。《联邦教育法》第一次确立包含联邦成分、民族、区域成分的国家教育标准。规定，教育标准是客观评价毕业生教育水平和技能的依据，与受教育的形式无关，每十年修订一次。国家教育标准的制定不仅为教育教学工作提供指导性方向，同时为教育监督和评价提供了统一的标准。1996 和 2004 年版《联邦教育法》对国家教育标准的成分又进行了调整。

二、教育体系

《联邦教育法》重新划分了苏联时期的国民教育体系，将整个教育体系由原来的学前教育、普通中等教育、中等专业教育、高等教育四部分整合为普通和职业两大部分，并分别实施普通教育大纲和职业教育大纲。普通教育板块包括：学前教育、普通初等教育、普通基础教育、普通中等（完全）教育大纲。职业教育板块包括：初等职业教育、中等职业教育、高等职业教育、大学后职业教育大纲。这样，传统意义上的高等教育就被称为了高等职业教育。

苏联时期，一切教育机构均为社会主义国家所有，其创办者均为国家和地方政府。《联邦教育法》首次规定，教育机构的创办者可以是国内外的机构、团体和个人，此外还允许联合创办教育机构。这一规定赋予教育可拥有多位办学主体和教育机构私有化的法律地位，标志着国家已经不是举办教育的唯一主体，社会和个人也有权利办学。这一条款的确立调动了社会和个人办学的积极性，私立教育机构如雨后春笋般涌现。

三、教育体系的管理

苏联时期，国家设置教育部、高等教育和中等专业教育部、国家职业技术教育委员会等管理机构，对教育实施垂直式的中央集权制的统一管理。《联邦教育法》首次确定教育的分权性和国家—社会的管理原则，并详细划分联邦、联邦各主体、地方自治机构和教育机构在教育领域的权限，初步确立联邦中央、联邦主体、地方自治机构和学校三级教育管理体制。

联邦教育管理机构的权限集中于宏观层面：制定和贯彻联邦教育政策；制定国家教育标准；开办、改组和撤销直属教育机构；对教育机构进行鉴定和国家认证；编制联邦教育预算；监督联邦教育法律及教育标准的执行情况。联邦主体的权限在于：贯彻执行联邦教育政策；制定各主体的教育法规；管理辖区内的教育机构；根据本地区的实际情况，制定并实施共和国、地区教育发展纲要；制定国家教育标准中的地区成分；编制主体在教育支出部分的预算。地方的权限在于：管理、监督地方（市）教育行政管理机构和学校的工作，贯彻国家及地区教育政策；在市、地区内组织并提供普及、免费的学前、初等、基础，中等（完全）教育；开办、改组、撤销地方（市）属教育机构。目前，俄罗斯在联邦中央设立教育科学部，作为联邦政权在教育领域的最高执行机构，对联邦中央、联邦主体和地方实施三级管理。

国立和地方教育机构由选举产生的校委员会实施总领导，委员会的选举程序由教育机构章程确定。学校由通过相应鉴定的主任、院长、校长和其他领导人（行政负责人）实行直接管理。非国立教育机构由创办人直接领导，或由创办人组建、委托的管理委员会领导。

四、教育体系经济

苏联时期教育经费完全由国家负担，而转型期教育经费的投入发生重大改变。《联邦教育法》中首次对教育经费投入的具体数额做出明确：政府每年应拨出不低于国民收入10%的资金用于教育需要。这一条款在2004年版的《联邦教育法》中被删掉。国家鼓励社会组织、机构、企业及个人对教育投资，制定专门的税收优惠政策；对于教育机构的商业性经济活动所获得的收入，国家在税收上给予优惠；国立和市立教育机构有权为居民、企业、机关和团体提供有偿补充教育服务。《联邦教育法》规定，国家通过教育贷款（不偿还的、部分偿还的、偿还的）形式保证经过考试的公民接受高等职业教育和大学后职业教育。

另外，在教育拨款方面，《联邦教育法》给予私立教育机构大力支持。如非国立普通教育机构自获得国家认证之时起，便享有国家和（或）地方拨款的权利。其拨款标准不得低于该地区同类国立和市立教育机构的拨款标准。这些规定在1996和2004年版《联邦教育法》中被修改。

五、公民受教育权的社会保证和教育领域国际活动问题

《联邦教育法》规定，国立和非国立学校的学生有同等权利接受高一级教育。学生及其家长有权选择教育机构和受教育方式，有权维护儿童合法权益，有权参与学校管理。

《联邦教育法》还规定，教育机构工作人员的最低工资和职务薪金，要高于联邦平均工资水平；高等职业教育机构的教学人员高于工业部门工作人员平均工资的一倍；中小学教师不低于其平均工资；教育机构其他工作人员相当于其平均工资。此外，凡连续教学工作10年以上的教育工作者，有权享受一次为期一年以内的带薪长假；为远离城市的农村学校教师提供更多的优惠待遇。但在2004年版的《联邦教育法》中，很多有关教师优惠待遇的规定被取消。

《联邦教育法》第六章用最小的篇幅对教育领域的国际合作活动做出了规定。

从主要内容可以看出，《联邦教育法》颁行自身就是俄罗斯改革教育思维的首要标志。一方面它继承和发扬了苏联教育中人道主义、人文主义的教育理念，另一方面又为教育的多样化发展、民主发展、创新发展开辟了更大的空间。俄罗斯教育发展进入一个新的时代，教育改革也因有了《联邦教育法》的保障而呈现新的面貌。

《联邦教育法》的修正

《联邦教育法》的颁行规范着俄罗斯教育的发展，保障教育改革的方向，其进步意义世人可见。但其自身仍然存在一定的理想主义色彩和技术方面的欠缺，加之实施环境的不断改变，导致该法实施过程中出现诸多冲突。为及时指导教育改革与发展，俄罗斯政府于1996年和2004年组织人力对《联邦教育法》进行修订和补充，使其内容和技术水平更加完善，实施更加有效。

一、1996年《联邦教育法》的修正

上世纪90年代初期，在俄罗斯社会进入猝然转型的起步阶段，俄罗斯教育亦和其他领域一样步履维艰，甚至在某些方面出现倒退的现象。

普及、免费教育年限从11年倒退到9年后，1993年弃学的未成年人从27%上升到37%；10—11年级的学生数量毫无理由地减少，1990—1993年学生总数

减少了6.1%，由于各种原因，从不完全中学辍学的学生数量增加了2—3倍。[①]

由于学校教育思想意识形态真空，学生的思想道德下滑，导致未成年人犯罪率上升，几乎十分之一的案件都是未成年人犯罪，触犯法律的未成年人数量从1990年的1.53万人，扩大到1993年的2.04万人，其中少女犯罪人数剧增。[②]儿童卖淫、酗酒、吸毒、流浪和乞讨的现象极其普遍。

这一时期，政府只颁布促进教育私有化的法令，而没有及时颁布相应对非国立教育机构的规范和监督法令。因此，大量良莠不齐的非国立教育机构同时上马，其中很多非国立教育机构没有通过国家的认证。很多高校设立的分校，无论在教育基础设施还是在师资上都没有达到一定标准，造成这一时期教育管理混乱，整体教育质量下降的局面。

而最为严重的问题是教育拨款的极度匮乏。教育经费的严重不足造成教育机构和学生数量的减少；教师师资力量短缺；教育基础设施差等问题。

教育实践中出现的各种问题及其带来的社会非议暴露了1992年版《联邦教育法》内容在实施中已经超出现实社会发展的承载，1996年对《联邦教育法》进行第一次修正。

（一）恢复11年普及、免费教育年限。1993年俄罗斯独立后的第一部《宪法》颁布，其中的第43条第2款规定普及、免费的教育当中包括学前教育、基础普通和中等职业教育，而这一规定恰恰造成1992年《联邦教育法》的相关规定与之矛盾。鉴于《宪法》的规定和社会各界的强烈谴责，俄罗斯政府在1996年就普及免费教育年限做出修正，将普及、免费的教育年限恢复为11年。

（二）调高法定辍学年龄下限。1996年版《联邦教育法》提高了学生法定辍学年龄下限。1992年版《联邦教育法》规定辍学年龄为14岁，而1996年将这一年龄提高到15岁。这一改动有助于防止更多未成年人流入社会，造成社会无业人员的增多，将更多学生留在学校，消除未成年人犯罪的社会隐患。[③]

（三）逐步限制、规范私有化，保障教育公有化。1996年版《联邦教育法》

---

① Е. М. Рыбинский. Положение детей в России. Народное образование, №6, 1994. С. 4, С. 7.

② 同上。

③ 生建学：《〈俄罗斯联邦教育法〉的两次修订与补充》，《世界教育信息》2004年第5期。

依然鼓励社会和私人力量办学，但开始对教育领域的私有化现象进行限制。例如：国立和市立教育机构不得私有化；实施军事职业教育大纲的各类教育机构的创办者，只能由联邦政府充当等。可见，联邦政府已经逐步恢复国家对教育，特别是普通教育的领导权力。1996 年版《联邦教育法》中明确添加了规范非国立教育机构的相关规定，这也是国家加强私立教育管理的举措之一。这版《联邦教育法》还改变了过去高校教育拨款方式，即学生只有考取国立学校的公费生，国家才免费支付教育费用。国家已不再负担非国立学校的免费教育。

（四）重视高等教育及大学后职业教育的发展。1996 年版《联邦教育法》在职业教育阶段新添加大学后职业教育，并增加大学后职业教育大纲。此版《联邦教育法》还规定为教育机构从教人员得到所需书刊提供保障。在高等职业教育机构及相应的补充教育机构里，每月发给相当于最低工资 1.5 倍的现金补偿。其工作人员每月要领到高于其他教育工作人员 0.5 倍的现金用于书刊的购买和订阅。这些规定保障了高等职业教育机构中工作人员的权利和社会福利，为高等级大学后职业教育的发展提供条件。

从以上描述与分析可见，1996 年《联邦教育法》的修正解决了教育实践中存在的一些问题。然而，《联邦教育法》实施中还有很多问题没有得到解决。例如：教育经费短缺问题、教育质量下降问题等。这里主要原因有两点：其一，这次修正的重点在于及时纠正错误，解决燃眉之急。政府还没有精力和时间解决其他问题。其二，就当时混乱的政局和糟糕的经济状况而言，政府也没有能力解决其他问题。

二、2004 年《联邦教育法》的修正

随着政治和经济状况的好转，特别是 2000 年之后，俄罗斯政府将更多的精力投向教育的发展，教育开始良性、有序地发展，教育拨款逐年上升，教育管理趋于完善。但伴随着 1996 年版《联邦教育法》的实施，以往教育发展中悬而未决的问题，以及教育实践中的新问题逐渐暴露出来。例如：职业教育体系的发展不能完全适应劳动市场的需求。四分之一以上的高等职业教育毕业生和约三分之一的中等职业教育毕业生不能按照学的专业予以就业；教育财政拨款中不仅存在拨款数量问题，也有拨款的程序和利用问题。在财政拨款法规的执行过程中，存在不符目的地利用预算资金，或无效果地浪费资金情况；教育腐败现象严重。80％的家长表示，在子女上中学时，家庭“经常”向学校提供“经济援助”，

90%的家长承认曾给孩子的教师送过礼物。[①] 2004 年 12 月《联邦教育法》历次的修订汇编正式出版，该版《联邦教育法》在以下方面做出修订：

（一）学前教育首次被纳入普及免费教育范畴。苏联时期，学前教育全部免费，但并没在法律中明确规定为普及性教育。2004 年《联邦教育法》规定：国家保证公民接受普及性的、免费性的学前、初等普通、基础普通、中等（完全）普通和初等职业教育，以及通过竞试在国立和市立学校免费接受中等职业、高等职业和大学后职业教育。这一规定首次明确学前教育纳入到普及免费的教育范畴内。

（二）进一步确认联邦、主体、地方三级教育管理制度。2004 年之后，俄罗斯政府进一步确立联邦中央、各联邦主体、地方的三级管理模式。《联邦教育法》的很多条款不仅涵盖联邦和各主体的管理规定，还明确地添加地方一级的说明。联邦权力逐步下放，政府更加注重宏观控制下的分权管理。

首先，1992 年和 1996 年的《联邦教育法》中，有关联邦教育法令的职能阐述主要调节联邦国家权力机关与各主体国家权力机关在教育领域中的权限和职责，而 2004 年的《联邦教育法》中，除了上述联邦和主体国家权力机关外，明确地增加了各地方自治机关。其次，2004 年《联邦教育法》重新确定，国家教育标准包括三个层次：联邦成分、地区成分和教育机构成分。此项修订扩大了教育机构对教学内容的自主管理权。各个学校可以根据地区特点、资源优势、学生个性办出特色。再次，2004 年《联邦教育法》规定，隶属于联邦的国立教育机构，其创办程序由联邦政府规定。隶属于各主体的机构由主体的执政机关规定，市地级的机构由地方自治机关规定。

（三）加强教育机构各种活动的宏观调控。2004 年《联邦教育法》中多项条款的修正和补充，旨在加强对各级教育机构中各种活动的宏观管理和控制。例如：删掉分校独立核算和在银行及信贷机构开设独立账户的权限；在教育机构章程的有关规定中添加更加细致的要求；根据教育机构的申请书，国家考评署（аттестационная служба）组织重点教育机构和社会各方代表来实施教育机构的考评。这些新规定分别对教育机构的分校、教育机构的考评及经济活动等做出更

① “俄罗斯教育腐败问题严重，想上大学就得行贿”［EB/OL］. http：//euroasia. cass. cn/news/89450. htm. 2003－04－29。

细致的规范，加强对其监督和管理。

（四）撤销国家财政拨款的保障，鼓励多渠道筹措资金。2004 年《联邦教育法》较之前相比，最突出的变化就是有关国家教育财政拨款的规定。首先，撤销财政拨款不少于国民收入 10%的承诺，撤销国家提供的一系列税收优惠政策。其次，重新确定财政拨款方式。隶属于联邦国立教育机构的财政拨款，按照国立教育机构联邦财政拨款标准实施；各主体所辖教育机构、市立教育机构的财政拨款，根据联邦标准和联邦主体标准实施。俄联邦居住的每 1 万人中有不少于 170 名大学生的比例，依靠联邦预算资金接受高等教育。再次，鼓励教育机构多种渠道筹措资金，一方面鼓励有偿教育，可以根据合同培养人才，不再限制专业和人数；另一方面，不再对教育机构的企业活动及其他能带来收入的活动进行束缚和限制。

（五）教师福利待遇减少。2004 年版《联邦教育法》删除保障教师工资待遇的条款，对教师权利的规定进行修改。例如：取消远离城市中心地区从教人员的某些优惠政策；不再为师范学校的毕业生和农村教育机构的工作人员提供购买生产工具的补助金；取消教育机构中科研院所及实验室工作人员的优惠权和特惠权。在减少教师待遇和权利的同时，政府鼓励教师进行有偿教育服务，扩大个人收入。教师在进行个人从教活动时无须再办理许可证，即可进行从教活动。

经历了两次的修正和完善，《联邦教育法》自身的立法水平有了很大提高，同时由于外在环境的改善，其精神和内容在这一时期得到了切实的贯彻。这主要得益于：第一，《联邦教育法》实施环境的好转。俄罗斯政治经济环境好转，政府有精力、有能力关注教育。第二，经历了两次修正，其立法水平有所提高，避免较大的错误。第三，随着国家对教育领导权的恢复，《联邦教育法》的执行力度有所加强。

《联邦教育法》颁行、修正的意义及成效

《联邦教育法》的颁行为俄罗斯教育法制体系的构建，教育的良性发展提供了基础和保障。经历了两次较大的修正之后，《联邦教育法》自身更加趋于完善。其在教育实践中及时引领教育改革，为教育的发展起到了保驾护航的作用。因此，《联邦教育法》的颁行及修正对教育改革与发展具有深远的影响。

一、《联邦教育法》颁行的开创性意义

《联邦教育法》的颁行开启了俄罗斯教育法制化的序幕，其在教育理念和教育管理等方面创造了俄罗斯教育史上的许多第一次。

（一）开创自由、民主的教育理念。苏联时期的教育与政治联系紧密，教育政治化、行政化现象严重。《联邦教育法》抛弃了中央集权的管理体制和社会主义意识形态，开创教育自由、民主的新理念。首先，《联邦教育法》明确规定：国家制定教育政策应遵循教育自由、多元化的原则，教育管理的民主性和国家—社会性，教育机构的自治性等原则。教育领域的民主化促进教育管理体系的分权化，铲除过去苏联时期教育政治化、行政化的毒瘤。其次，教育目的的规定具有鲜明的民主价值取向，即培养独立的、自由的、有文化的、有道德的人，使之意识到对家庭、社会和国家的责任。再者，在《联邦教育法》实施的过程中，政府通过办学体制改革，高等教育结构改革，侧重性教学改革，为学生和家长提供自由、民主的教育。在《联邦教育法》中，能够看到有关社会价值、个性自由发展、自由、多元问题的反映。《联邦教育法》的颁行标志着在复兴民主法律、国家社会和公民社会的路上前进一大步。

（二）首次确定教育在国家的优先发展地位。在《联邦教育法》总则中规定教育的国家政策，即“教育领域是国家优先发展领域”的基本国策。这一规定首先确认教育在国家的优先发展地位，给予教育发展高度的重视。这是俄罗斯历史上第一次以教育基本大法的形式确定教育优先发展地位。这一表述加强了教育的战略性功能，给予教育在国家发展中的重要地位，将教育视为保障民族安全和实现国家现代化的重要手段。虽然，苏联时期也比较重视教育发展，但并没有以法律的形式公布于众，而此次以教育宪法的形式，且在法律文本的首要位置公布教育的优先地位，并以法律的强制性推行该思想，使之具有普遍意义。这说明了国家优先发展教育、强化教育法制的决心。

（三）构建俄罗斯教育法制体系。在沙俄时期以及苏联时期，俄罗斯就曾颁布多项教育法律、法规，但这些法律法规都是教育某一领域的部门法规，而《联邦教育法》是统领整个教育领域的母法。该法保障公民的教育权利，调节教育内部的各种法律关系。该法能够完全体现宪法精神，其颁行标志着俄罗斯教育已走上法制化的轨道。在此基础上，俄罗斯教育法制将走向系统化，规范化，教育法制的建设也会因此变得理性和有序。

（四）办学体制多元化，私立教育蓬勃发展。《联邦教育法》的颁行确定了教育办学主体多元化，私立教育机构作为新兴的事物迅速涌现。1992年年底，私立普通学校已有300所，学生近20万人。1994—1995学年，为447所，学生39.5万人。1995—1996学年，私立普通学校已发展到525所，在校学生达45.8万人。由此可见私立学校的发展速度之快。五年的时间里，在私立学校学习的学生数量增加了5.8倍。[①]

虽然私立教育的发展中有鱼目混珠的成分，但终究利大于弊。私立学校的出现，给更多学生提供接受教育的机会，让学生拥有选择教育的权利。私立学校在很大程度上缓解国家的经济负担。同时，私立学校的出现使国立学校陷入竞争之中，国立学校更加具有紧迫感，改变过去唯我独尊的地位。

二、《联邦教育法》两次修正的成效

《联邦教育法》的两次修正在教育实践中取得卓越的成效。1996年《联邦教育法》修正的成效在于及时制止了教育倒退，纠正自由主义在教育领域的泛滥。2004年，俄罗斯政府对《联邦教育法》进行进一步的补充和完善，而此次修正的成效在于加强了宏观调控，扩大了公民的教育权利。

（一）1996年《联邦教育法》修改的成效。首先，国家逐步恢复对教育的领导权，私有化得到控制。1996年《联邦教育法》颁行后，国家逐渐控制教育私有化的发展，私立教育增长速度放慢。1993年以后的4年时间里，私立高校以101％（1994）、23％（1995）、26％（1996）、24％（1997）的速度递增。1997年后，增长速度明显下降，从1998年开始的7年间分别为10.5％（1998）、4.5％（1999）、2.3％（2000）、8.1％（2001）、－0.8％（2002）、2％（2003）、4.3％（2004）。私立普通学校同样存在这样的状况。1994年和1995年，私立普通学校以21.4％和17％的速度递增。1996年后增长速度明显下降，分别为2.9％（1996）、5.5％（1997）、－0.4％（1998）、77％（1999）、5％（2000）、4％（2001）、3％（2002）、4％（2003）、0.1％（2004）（见下图）。

---

① 肖甦：《俄罗斯市场经济条件下教育的私有化趋向》，《东欧中亚研究》1999年第6期。

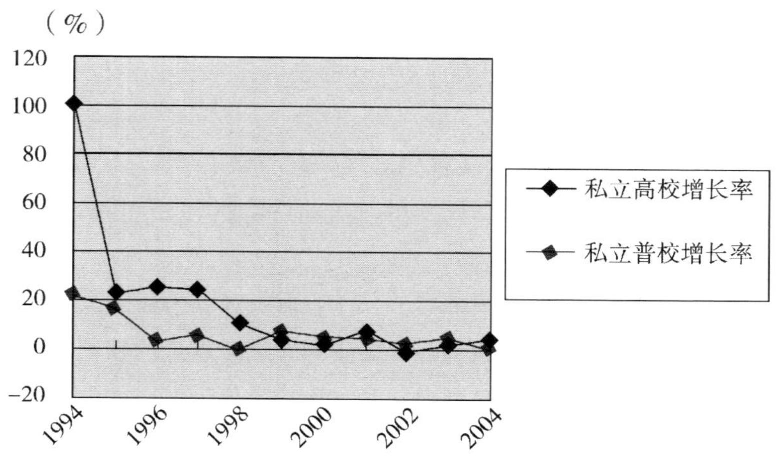

1994—2004 **年私立高校和普通学校的增长比例**

资料来源：Российский статистический ежегодник 2005：247.

其次，流浪儿童和犯罪儿童数量减少。普及免费教育期限的延长，使那些有意接受初等职业教育的学生能够有机会回到学校，接受 11 年免费教育。国家提高辍学年龄下线，制约家长和学校有责任把 15 岁以下的孩子留在学校接受教育。使社会上流浪儿童的数量减少。特别是 2000 年之后，政府开始连续签署生效多个法令法规，加强学生的道德意识培养。这一时期儿童的犯罪量减少，2000 年未成年人中犯罪案件比上一年降低 5.2%。2000 年 12—16 岁少年犯罪量比 1999 年降低 6.2%。①

再次，高等教育质量监督能力增强。1996 年《联邦教育法》的修正以及《高等和大学后职业教育法》的颁布推动高等教育进一步发展。国家开始重视教育质量问题，并率先构建高校认证制度。该认证制度实施后，国家对高等教育质量的监控能力明显增强。尤其是对非国立高校和国立高校分校的认证，保障高等教育质量的整体水平。1999 年初，所有国立和非国立高等学校都必须通过评定，进入国家鉴定程序，95%的国立高等学校通过鉴定。② 有资料显示，1999 年只有

① 付轶男：《国家政策的回归——新世纪俄罗斯思想道德教育发展走向》，《外国教育研究》2003 年第 3 期。

② Татур Ю. Г. Образовательная система России ：высшая школа. Исследовательский центр проблем качества подготовки специалистов. Изд－во МГТУим. Н. Э. баумана. 1999. С. 85.

12所非国立学校具备大学后教育许可证，而到2004年时，已有90所非国立高等学校获得该许可证。[①] 1998—1999年年均250所新分校通过认可，2000年有307所国立高校的分校和98所非国立高校的分校获得许可证[②]。

（二）2004年《联邦教育法》修正的成效。首先，构建起国家教育统一空间。2004年《联邦教育法》颁布之后，俄罗斯政府加强对教育的宏观管理，逐步构建起国家教育统一空间。政府通过全面实施国家统一考试，修改国家统一教育标准，构建全民教育质量监督体系等措施，加强标准化建设，制定统一评价标准，加大教育质量的监督力度，从教学、评价等几个方面形成国内教育统一空间。与此同时，俄罗斯政府加速高等教育的国际化。通过落实博洛尼亚条款措施，改革学分制，取消“文凭专家”的培养模式，深化落实高等教育两级体制等措施，完成与国际文凭对等的重任。加强国际学术交流，为国际教育有偿服务的输出提供条件，实现与世界高等教育接轨。

其次，教育机构多渠道筹措资金，教育经费得到补充。为增加教育经费，很多国立中小学开办商店、餐厅和健康中心来创收。农村学校通过田间劳动，收获农产品送到学校食堂或者出卖，获得资金用于补充教育经费。职业教育机构通过开办工业企业和有偿教育服务等方式获得经济利润。很多学校都是依靠预算外的资金维持学校各项工作的正常运转。

再次，学前教育受教人数增加。2004年《联邦教育法》宣布学前教育为普及免费教育之后，学前教育机构的数量虽然在减少，但学前教育机构的受教儿童人数在随后的5年里一直在增加，分别为：442.26万人（2004）、453.04万人（2005）、471.32万人（2006）、490.63万人（2007）、510.54万人（2008）、522.82万人（2009），即每年依次以2.4%、4%、4.1%、4%、2.4%的速度平稳增长（见下图）。这也说明将学前教育纳入到普及免费教育范畴内，为更多的学龄前儿童提供了受教育的机会，这一举措切实推动了学前教育的发展。

---

① Гуров. В. Качество образования в негосударственных вузах. Высшее образование в Росси. №6，2004. С. 149.

② 同上，С. 150—151.

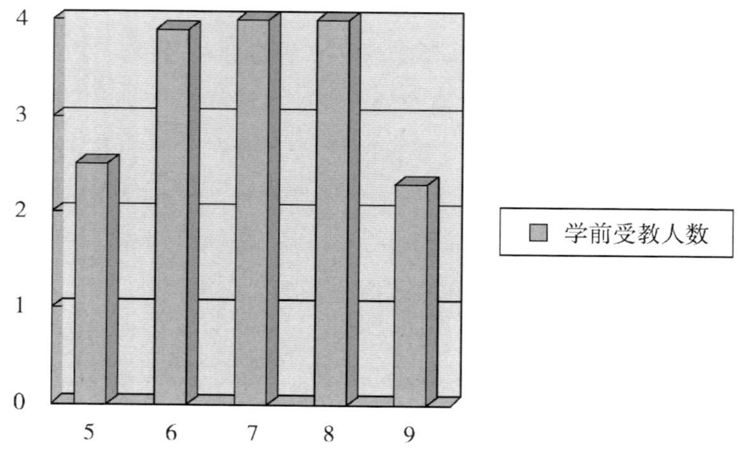

2005—2009 **年学前教育受教人数增长百分比**

资料来源：Российский статистический ежегодник 2009：220.

随着社会转型的日臻平稳，国民教育领域的改革与落实在不断推进，《联邦教育法》在颁行过程中仍需不断完善和修正。最近几年俄罗斯一直对《联邦教育法》进行微调和补充。为了新版《联邦教育法》的出笼，联邦政府及其主管部门一改以往的局部征询意见的形式，将 2010 年新的《联邦教育法》草案公开发布在教育网站上，向全国各界征求意见。由于这部法律的现行版还存在某些空白，法律内部之间以及与相邻法律部门有大量冲突。因此，这一次的修改在考虑实践需求、教育现代化任务和司法技术的情况下，进行加工和完善。新法中将突出民主、开放、权责明确、信息化等特点，《联邦教育法》自身的立法水平和科学性都将有明显提高。目前，该草案正在热议中，新一版的《联邦教育法》即将在 2012 年出台，届时俄罗斯的教育法制必将展现出新的面貌。

26. 俄罗斯的普通教育发生了哪些变化？

肖　甦

普通教育在苏联时期以及苏联解体早期，指的就是中小学教育，是学前教育和高等教育之间的桥梁。1992 年颁布的俄罗斯第一部《俄罗斯联邦教育法》将整个国民教育体系划分为两部分，由普通教育大纲和职业教育大纲组成。对应我国传统意义上基础教育的各学段概念，俄罗斯的普通教育大纲具体包括四学段：学前教育，即幼儿园阶段（两个月至 6—7 岁）；初等普通教育，即小学阶段（1 至 3 或 4 年级）；基础普通教育，即初中阶段（5 至 9 年级）；中等（完全）普通教育即高中阶段（10 至 11 年级）。

学前教育

苏联时期，统一的免费的学前教育作为共产主义教育的一部分，发展迅速，规模稳定、效果明显，上世纪 80 年代中期，小学一年级新生中有 60％以上来自幼儿园。苏联解体后，在动荡的社会变革以及市场经济的冲击之下，学前教育的职能、学前教育机构的规模和类型等方面都发生了很大变化。

一、学前教育职能的变化

学前教育在苏联是指从婴儿出生到入小学前的这一阶段的教育，它是苏联国民教育体系的起始部分。由于学前教育不属普及义务教育范畴，所以有家庭学前教育和公共学前教育，通常言及的学前教育一般指后者。学前教育被看作教育和文化事业的基础之一，其任务和职能被明确地规定为，一是与家庭相配合，对学前儿童进行和谐发展的教育和共产主义教育，为儿童入小学做准备；二是使母亲从照顾孩子的家务中解脱出来，为其参加工作和从事社会活动创造条件。[①]

苏联解体之后，俄罗斯在1991年颁布的《学前教育机构临时条例》中保留了1985年《学前儿童教育机构条例》的大部分内容，但是删去了共产主义教育的相关内容，增加了学前教育在保护和巩固儿童健康及心理发展，儿童智力与个性发展，以及儿童情感幸福等方面的内容。1992年的《俄罗斯联邦教育法》规定，国家保证从财力和物力上支持幼儿教育；设立学前教育机构网，以便帮助家庭教育儿童，保护和增强他们的身心健康，开发他们的智力和纠正儿童发展中的缺陷；国家对于在家里教养学前儿童的家庭提供教法和咨询方面的帮助。

可以说，俄罗斯的学前教育基本上延续了苏联时期的模式，所不同的是，受人道主义思想的影响，更注重发展儿童的个性，充分考虑儿童生理和心理发育的特点，反对使学前儿童承受过重的学习负担。

二、学前教育机构类型的变化

苏联学前教育机构以托儿所—幼儿园为主，同时也存在独立的托儿所，独立的幼儿园，以及诸如疗养幼儿园，幼儿之家，学前儿童之家，特殊儿童幼儿园，体弱儿童幼儿园，幼儿体育学校等其他幼教机构。解体之后最大的特点就是托儿所—幼儿园的数量大大减少，其他类型的机构增多，整个学前教育机构领域呈现多元化的趋势。

（一）托儿所—幼儿园。托儿所—幼儿园（简称托幼园）统一制度是苏联学前教育的一大特色，是中央政府为加强对学前教育的领导、对其施以统一的规范化管理所建立的幼教机构。托幼园接收2个月到7岁的儿童，并根据年龄层级分为从婴儿班到学前班7个级次，每级班次间相差一岁。

上世纪90年代后托幼园这一特色机构得以保留，俄罗斯教育主管部门在其基础之上根据实际需要进行了改革，使其在前瞻性、科学性、系统性和可操作性等方面超过了前苏联时期的构想和实践模式。尽管近20年俄罗斯的学前教育机构种类增加不少，但家长对托幼园联合体情有独钟，十分愿意把孩子送到这种机构，使得托幼园仍然是供不应求。

（二）托儿所。受学前教育统一制度的影响，苏联时期独立的托儿所很少。1991年后，在市场经济条件下，出现了许多私立托儿所，这些私立机构招收2个

① 顾明远：《战后苏联教育研究》，江西教育出版社1991年版，第8页。

月至 3 岁的儿童，每天开放 8—12 小时，每周工作 6 天。托儿所对养护人员的要求很高，保育员一般至少是有高中文凭，充满爱心的已婚并生育过的妇女。照理说，俄罗斯的托儿所从理念到实践，都可以算得上水准不低，理应吸引大批家长把儿童送来，但实际上，当前俄罗斯的托儿所正面临着生源不足的问题。究其原因，有人口下降、适龄儿童数量少的因素，也有俄政府对婚育妇女制定了优惠政策的因素，一般规定妇女怀孕 8 个月后就可以在家休息，直到孩子出生后 15 到 18 个月；此外，俄罗斯的年轻父母受教育程度较高者占很大比例，注重早期亲子接触对子女健康成长的重要性，所以常常推迟送孩子进入学前教育机构的年龄。

（三）幼儿园。幼儿园招收 3 岁至 7 岁的儿童，开放时间一般为 8 点半至 19 点。近年来，为了满足家长需求，幼儿园设有开放 14 个小时的全天班和 24 小时全托班的。由于工作需要，有很多家长选择全托班。公立幼儿园由政府创办，有很大的公益性质，收费较低，一般只收伙食费。这些幼儿园一般没有固定的教材，多选择有浓郁俄罗斯民族文化特色、有益儿童身心发展的优秀作品对开启儿童心智、进行文化熏陶，同时也还很注重道德和劳动教育。

上世纪 90 年代后随着社会转型和市场私有化政策的推行，政府不但鼓励社会各界打破政府单一办学的局面，创办私立的特色幼儿园，而且还规定可以在国家标准大纲的框架指导下，结合具体情况，制定新的幼教大纲。私立幼儿园规格的高低在费用上体现明显，一般月平均收费在 300—500 美元，但在莫斯科有的私立幼儿园月收费甚至高达 1000 美元。昂贵的私立幼教机构一般设立在远离喧嚣环境优美的地方，引进现代化多媒体教学器材，开办有特色的活动科目，比如有的幼儿园注重学习计算机，有的注重学习外语，有的私立幼儿园还会带儿童去高尔夫球场，学习骑马术等等。

但对于工薪家庭，尤其是对贫困家庭来说，因私立幼儿园的费用昂贵而望而却步，所以绝大多数家庭还是会选择公立幼儿园。

三、学前教育机构的特点

1991 年以后俄罗斯学前教育机构有两个突出特点，一个是公立幼教机构数量和规模持续萎缩；另一个是幼教机构形式从单一化向多样化发展。

进入社会转型期以后，随着新经济情况持续恶化，学前教育一度不再是国家的福利机构。政府有关“国家从财力、物力上支持幼儿教育”的许诺在相当程度上无法兑现，国家人口总量持续呈负增长，低出生率与糟糕的经济形势恶性循环，使学前教育机构的处境每况愈下，儿童的入园率、幼教机构对儿童的覆盖率持续下降，许多幼儿园被迫关闭，学前教育机构的数量迅速减少。据统计，1995年，俄罗斯全国各类学前教育机构6.86万所，在园儿童总数558.36万；到2005年，机构总数减少至4.65万所，在托儿童总数减少到453.04万；而2009年各类学前教育机构总数为4.53万所，在托儿童总数522.82万。[①] 可见，幼教机构的数量、幼儿的数量都在减少，虽然2009年在托儿童数量大幅回升，但幼教机构是在减少，由此城镇儿童入托难的问题也就凸现出来。这使得近年来俄罗斯的家长们也出现了提前两三年就得到公立幼儿园去排队报名的现象。有报道称，截止到2010年年初，尚有189.5万儿童需要进入学前教育机构。

从类型和所有制形式上看，近些年学前教育的发展都更加多样化。除传统幼儿园外，还出现了特长幼儿园、家庭幼儿园、特殊教育幼儿园等幼教机构；按教学内容还可分为普通幼儿园、观察性和康复性幼儿园、混合型幼儿园、艺术—美学优先发展型幼儿园、体育优先发展型幼儿园等。此外，还有一类是学龄前与学龄早期儿童一体（3—10）的教育机构，具体可分为初等学校—幼儿园、补偿型初等学校兼幼儿园等类型，这类教育机构的任务是，保证学前与初等教育之间的衔接性，保证为维护和增强受教育者和学生的健康及其身心发展创造最佳条件。

总的来说，现在俄罗斯学前教育是在苏联时期打下的坚实基础之上发展起来的，有继承，有改革。继承体现在其对学前教育的重视，学前教育的公益性质，以及学前教育机构的特点上；改革体现在经济政治体制发生变化而导致的指导思想和教育任务发生的变化，突出表现在教育中意识形态的成分逐渐消散，取而代之的是对发展儿童个性的关注，并且，随着时代和市场的需要，学前教育在内容、规模、类型等方面都增加了很多具有时代特色的元素。

普通中等教育

苏联时期的普通教育制度不但与旧俄完全不同，而且与同时期世界其他国家

---

① Российский статистический ежегодник －2010г. http：//www.gks.ru/bgd/regl/b10_13d2/07－01.htm/2011/03/07.

的制度也大相径庭。在70多年的建设历史中，苏联政府不断对普通教育进行改革，希图寻求最优的发展道路。到1991年解体之前，苏联的普通教育无论在发展规模还是在发展质量上都在世界上位居前列。俄罗斯独立后的20年来，随着转型进程的发展，俄罗斯普通教育的学制、义务教育、学校类型、课程标准、道德教育、高中教学法等方面也发生了一系列的变化。

一、学制和义务教育发生的变化

苏联的学制前后经历了五次改革，最后一次是在1984年，这次改革确定了十一年学制，即小学四年、初中五年、高中二年的四五二制。俄罗斯独立后继续延续十一年学制，但由于上世纪80年代中期的普教改革除沿袭儿童7岁入学的规定外，增加了允许6周岁儿童入学的条款，所以实际上出现了两种学制：有6岁入学的四五二，即十一年制，也有7岁入学执行的三五二，即十年制。解体之初，俄罗斯尚未顾及修改普通教育学制，即便是1992年颁布的《俄罗斯联邦教育法》也未专门更改学制年限。

但在转型头10年中，随着社会的发展不断暴露出一系列的问题，俄罗斯学界要求延长学制的呼声越来越高，理由之一是，科技加速进步使普通教育内容不断加大、加深，而俄罗斯的孩子在经济危机和自然环境每况愈下的情况下，要比其他国家同龄人少用一到两年时间学完这些内容，这导致学生学习负担加重、身心发展受阻，只有将学制延长至十二年，才可在一定程度上缓解学生学习压力、改善学生健康状况，同时也能够与世界主要国家的学制接轨；理由之二是，转型初期社会秩序混乱、经济滑坡，失业现象加剧，年轻人口中频发酗酒、吸毒以及犯罪等社会问题，若将学制延长，就意味着相当数量的年轻人在校时间延长，受教育水平提高，有利于缓解社会压力，维持社会稳定。为此，俄罗斯普通与职业教育部从2001年开始进行由十一年制向十二年制过渡的改革试点，计划每年推进一个年级并逐步扩大范围，利用10年时间过渡到全面实现12年学制。但由于国家经济条件，社会舆论等众多方面的因素，这项改革中途停止。俄罗斯现行的普通中等教育学制仍然是11年学制。

在普通中等教育阶段中，义务教育年限的划分标志着国家对提高国民整体素质的重视，对教育投入的重视程度。而这个年限的划分在俄罗斯也可谓一波三折。苏联解体之前整个普通中等教育阶段都属于义务教育范畴。但1992年俄罗斯颁布的首部《俄罗斯联邦教育法》将公民义务教育的年限缩减为九年，即只在普通初等教育和不完全中等教育阶段实行义务教育。这一被称为“教育倒退”的引起社会和教育界的强烈不满。1996 年 1 月的颁布的《俄罗斯联邦教育法》修订版重新将义务教育的年限确定为 11 年，但实际并没有落实到位。普京担任总统之后，经济大大好转，延长义务教育年限的问题也逐渐提上日程。2005 年，普京在克里姆林宫会见中小学毕业生时提出，要在俄罗斯引入普及的、义务的、免费的中等教育，即取代原来的九年制义务教育，转而实施十一年制义务中等教育。2007 年，俄罗斯国家杜马和联邦委员会通过议案，确定于当年的 9 月 1 日起实施十一年制义务教育。迄今为止，俄罗斯已经基本普及了十一年制义务教育。①

二、普通中等教育机构的变化

苏联时期高度集中的管理体制表现在教育领域，是办学主体单一化，学校类型模式化。解体之后，在市场经济的影响下，办学主体向多元化发展，学校类型也开始多样化。目前俄罗斯普通教育阶段的学校可分为两大类，一类是传统型学校，另一类是新型学校。传统型学校主要有普通教育学校：独立小学，九年制中学，十一年制学校；长日制、寄宿制、夜课制（轮班制）普通学校，疗养学校，加深某科目学习的特科学校等。社会转型过程中新出现的学校主要有九年制和十一年一贯制的教育中心、侧重对某学科或某几个学科学习的特科学校、文科中学、实科中学、补充教育学校等。这些新类型学校可以是国立的、地方公立的，也可以是私立的，甚至是教会办的学校。文科中学（гмназия）和实科中学（лицей）在新型学校中最有特点，数量也最多。

（一）文科中学。最早的文科中学是在伊丽莎白女皇（1709—1761 年）的授命下建立的，最初只有两所，一所是为贵族子女办的，另一所是为知识分子家庭的子女办的，两所学校均附设于莫斯科大学，其目标就是为高校培养优秀生源。苏联解体之后，1994 年 8 月莫斯科大学附属文科中学宣布成立，它属于国立普通中学，学生来源是初等学校的毕业生。从结构上分，文科中学有两大类型，一类是包含普通初等、不完全中等和完全中等，即小学、初中和高中三个阶段的学校；另一类是只包含后初中和高中两个阶段的学校。

现在的文科中学是俄罗斯教育改革中的新型中学，招生的对象也不再受家庭

---

① Перемены в школах: одиннадцатилетка снова обязательна и бесплатна. http://2007.novayagazeta.ru/nomer/2007/02n/n02n—s30.shtml.

地位与财产的限制，而是有其他方面的要求，其中天赋能力是首要条件，具体来说标准有三个：第一，学生的智商不低于100；第二，学生在测试中须表现出明显的个性和创造性；第三，学生具备进行紧张智力劳动的愿望和能力。在实际的选拔过程中，还要参考教师、心理学家和医生与学生的谈话结果，综合评定之后才决定是否录取。

从入学选拔上即可以看出，文科中学实施的是一种精英教育，这一点在教学内容以及教学方式上也有所体现。文科中学的学生在完成普通学校教育大纲的同时，偏重人文科学的学习，要求学生拓宽学习外语、古代语、文学和艺术等方面的课程。实行小班（15人左右）教学，教师大多是高等师范院校的毕业生或者高校的兼职教师，其中有80%以上的教师拥有硕士学位。此外学校还经常请科学家和大学教师为学生授课或作报告。此类学校虽然从入学开始，竞争就比较激烈，有的学校还实行学年末淘汰制，但因其各方面的高品质和口碑，仍深受学生和家长的青睐。

（二）实科中学。旧俄时期的实科中学也是为贵族子弟所设的学校，与文科中学不同的是，实科中学侧重培养实用型人才。同样是1994年，新型的实科中学被俄罗斯纳入普通学校系统。它以实施普通完全中等教育教学大纲为主，侧重自然科学、数学和技术方面课程的教授，兼具职前培训的功能。学校教学组织形式丰富多样，包括教学游戏、讲习班、实习、讨论、小组研究等。实科中学从结构上分也有两种类型，一类是包括初中和高中两个阶段的学校；另一类是只包括高中的学校，学制二至三年，以后者居多。

实科中学通常都有自己独特的办学章程，很多学校还有自己相对固定的高校联盟对象。实科中学同样青睐于天赋较高的学生，入学考试的竞争也十分激烈，被录取的通常是在数学、物理、化学、生物方面有才华有天资的学生。如果是高校附属的实科中学，学生毕业后可以面试进入此高校。实科中学师资也是毋庸置疑的，由于与高校联系紧密，经常可以请高校的教师来给学生作报告，或者做职业训练和指导等。因其生源质量好，教学力量雄厚，所以，在普通中等教育中具有较高的声誉。

从地位上讲，如果一般的公立普通学校经过改组、整合、提升，变成实科或文科中学，则学校获得的财政经费可在原有基础上增加25%到30%。从上面列举的特点可以看出，无论是文科中学和实科中学在现阶段的功能和特征都不同于沙俄时期的性质，全然不是旧俄学校版本的回归，而是新时代背景下的新式学校，但如何将其准确翻译成汉语，一直没统一。为了表明区别，有人将 гмназия 以音译加意译的思路翻译为“集美纳佳”学校，将 лицей 译为“利才”中学；还有人将前者译为重点中学，将后者译为重点高中，虽然这与我国中学的分类方式有相似性，但前者有的有小学，后者有的还有初中，仍无法被包括进去；因此也有更多的学者在谈到问题时，还是使用文科中学、实科中学的译法，同时再加上脚注作必要的说明。

三、教学大纲和课程标准发生的变化

苏联时期，全国的普通教育学校各个年级均按相应学段全国统一的教学计划和教学大纲进行教学。教学计划、教学大纲和教材全国范围内的单一、统一程度可以达到不分区域、不分时差、不分城乡甚至不分民族地在成千上万所学校同时进行的程度。从上世纪 90 年代开始陆续颁布了《俄罗斯联邦教育法》、《俄罗斯普通教育基础计划》、《俄罗斯教育必修内容最低限度》和《普通基础教育国家教育标准（草案）》，高度划一的课程管理模式被打破，普通基础教育出现了人文化、个性化和区别化教学探索，对课程及教学内容也进行了重新设计，注重自然科学与人文科学、国家与地方、综合课程与学科课程之间的协调和统一，以便满足学生的不同需求。

1992 年的《俄罗斯联邦教育法》明确提出了比教学大纲、教学计划更大、更广、更立体，又更具约束力的概念——教育大纲和国家教育标准。教育大纲规定一定层次的教育及其培养方向的内容，包括普通教育大纲和职业教育大纲，在普通教育大纲里又包括学前教育、初等普通教育（即小学）、基础普通教育（即初中）和完全中等普通教育（即高中）大纲；职业教育大纲包括初等职业教育、中等职业教育、高等职业教育和高校后职业教育大纲。每一种基础普通教育大纲和基础职业教育大纲所包括的最低限度的教育内容由相应的国家教育标准确定。

俄罗斯联邦国家教育标准由联邦的、民族的、地区的三个组成部分（2004 年《俄罗斯联邦教育法》修订版改为联邦成分、民族区域成分和教育机构成分三部分）。其中，国家教育标准的联邦部分必须由中央国家权力机关和管理机关制定，这部分必须规定基础教育大纲中必修内容的最低限度、学生学习负担量的最高限度，以及对毕业生培养水平的起码要求。此外，编订普通教育学段的国家教育标准的基本思路以及其研制和批准程序须依照联邦法确定。[①]

国家教育标准是新俄罗斯时期的新生事物，在功能上它一方面可以取代以往高度划一的教学计划和教学大纲，为普通中等教育各个学段、各个学科限定课程内容和教学要求，另一方面在多样化普通教育机构实施个性化、特色化教学的同时成为其不可逾越的、全国一致的普通教育最低修业标准。通俗地说，就是对教什么、什么时段教、教成什么样等作了下限规定，而对怎么教、用什么（教材）教等方面没有统一规定，这实际上在教学创新、多样化教学手段、多样化教材编写和选用等方面给学校提供了更大的自主空间。

虽然法律上规定了要制定国家普通教育标准，但实际上在相当长的一段时间内，人们对是否需要制定国家教育标准，制定怎样的国家教育标准争论不休。依照《俄罗斯联邦教育法》，国家教育标准的制定以招标产生，至少每十年修订一次。事实上，在国家教育标准的制定和执行上一直不稳定。第一个关于俄罗斯普通教育国家标准的法律文件是 1997 年在俄罗斯教育科学院的多位教授参与下，由俄罗斯联邦委员会和国家杜马制定的《普通基础教育国家教育标准（草案）》。这一文件包括一些基本内容，以及对师范生和教育类学科毕业生水平的标准型要求。但该法案在教育界存在严重分歧，虽然形式上已经进入学校层面，但无论是内容还是形式上都不能很好适应当时的学校教育需要，使得最终国家杜马教育委员会未能向议会提交一份协调统一的法律草案。

在先后几次提出的教育标准草案都未能获得通过的情况下，时任俄罗斯联邦总统普京曾写信催促议会迅速通过普通教育国家标准。2001 年在联邦教育与科学部的支持下，成立了由议员和政党代表组成的工作组，在先前提出的《普通基础教育国家教育标准（草案）》和《关于宪法保障公民在普通教育领域权利的问题》基础上，联合拟定了《普通教育国家教育标准（草案）》。[②]

2004 年俄罗斯颁布了第二代联邦《普通教育国家标准》，该标准中规定了教育内容的最低限度，最高教学负担以及学生培养水平等。在几年的实践中，该套标准也暴露出了许多问题，所以尽管还不到十年，俄罗斯联邦就开始着手制定新

---

① 肖甦、王义高编译：《俄罗斯转型时期重要教育法规文献汇编》，人民教育出版社 2009 年版，第 145 页。

② 石少岩：《俄罗斯普通教育国家标准研究》，首都师范大学硕士学位论文，2007 年，第 11—12 页。

的，也就是第三代标准，并于2009年颁布了《联邦国家普通教育标准（初等教育部分）》，该标准自2011年9月1日起在小学（1—4年级）阶段实施。按照计划，2012年在初中（5—9年级）推行新教育标准，2013年在高中（9—11年级）推行新教育标准，并预计到2020年在俄罗斯所有普通中等教育机构普及新教育标准。①

四、高中阶段独特的教学改革

俄罗斯进入社会转型以来，在普通教育的高级阶段，即10—11年级，有两项重要的教学改革十分引人注目，即侧重专业式教学（профильноеобучение）改革和高考制度改革，由于它们开始实验性改革的起步时间很长，并一直延续至今，所以成为新世纪俄罗斯普通中等教育改革的最重要内容。

2001年年底，俄罗斯颁布《2010年前俄罗斯教育现代化构想》，首次将以往教育领域的“改革”换成 教育“现代化”的表述，强调俄罗斯教育的现代化任务是保持教育的奠基性，保证教育的时代质量，发展和完善符合个人、社会和国家当前和长远需要的高质量教育。在普通教育高级阶段（即高中）实行侧重专业式教学，是俄罗斯政府在教育现代化构想中对普通高中提出的新要求。为落实这种新教学形式的改革，俄教育部于2002年7月公布了几经讨论和修订后的《普通教育高级阶段实行侧重专业式教学的构想》(简称《高中侧重教学构想》)。随后，侧重专业式教学在普通学校的高中阶段逐步试行。

按照《普通教育高级阶段实行侧重专业式教学的构想》的表述，“侧重专业式教学”(профильноеобучение)是区别化和个别化教学的手段，它通过对教育过程的结构、内容和组织的侧重性调整，更全面地关注学生的兴趣、爱好和能力，为高中生能根据自己的职业兴趣和意向选择继续学习的专业方向创造条件。“侧重专业式学校”(профильнаяшкола)是实现这一教学目标的基本机构，在个别情况下也可以其他形式组织侧重专业式教学，包括在普通教育机构之外根据教育标准和大纲个别展开工作。

实行侧重专业式教学的基本目标包括四项内容：一、保证深入学习完全中等普通教育大纲的一门或几门科目；二、为实现高年级学生教学内容的区别化创造

① 《福尔先科反对将初中和高中教育标准分开》，俄罗斯普通教育门户网，http://www.school.edu.ru/default.asp.2011－02－28。

条件，同时加大和拓宽建立个别化教育大纲的可能性；三、在保证受教育机会平等的情况下，尽可能满足学生不同的个性需求；四、保证普通教育和职业教育之间的衔接性，拓宽学生社会化的可能性，使中学毕业生对高等职业教育大纲的内容有更多的了解。

“侧重专业式教学”改革与之前已有的加深某科目学习的“特科学校”不同，后者是精英培养模式，而“侧重专业式学校”和“侧重专业式教学”是针对普通学生的有侧重性教学的学校和教学方式。它类似于我国的文理分科，但我们的文理分科目的都是指向高考，是在考试方向提前做出区分。而侧重专业式教学的分科更详细，如：自然—数学专业、社会—经济学专业、人文科学专业、工艺学专业，在有条件的学校里甚至更多，它不仅细分了高考的侧重方向，也为高中毕业直接就业规划了可选方向（如工艺学专业方向），更重要的是，这种形式不仅是为高考而决定专业趋向，而且更是为了满足学生学习兴趣、提前引导他们发现自己、挖掘自身的专业潜能。在课程设置上侧重专业式教学的课程分为三类，即基础性普通教育类课程，侧重专业类教育课程和选择类课程，三类课程的比重为5∶3∶2。

在实施方面，根据《高中侧重式教学构想》，从2004—2005学年起，在9年级开始实行分专业前的培养；2005—2006学年在高中开始普及侧重专业式教学的实施。由于俄罗斯学校众多，情况各异，所以具体实施方式不同，大体有两种，一是以学校为独立单位的内部侧重性教学，二是以一个较强的学校为主体联合其他教育机构的个别资源提供多个专业的侧重性教学。

侧重性教学实施一段时间后，引起社会的广泛关注。俄罗斯国立赫尔岑师范大学针对侧重性教学的实施状况和实施效果进行调查，并于2007年4月20日在学校网站公布结果，94%的参与调查者对侧重性教学改革表示赞同，6%的人持反对意见。目前俄罗斯普通教育机构实施侧重性教学三年以上的学校占26%，一年至三年的占9%，实施一年的占24%，刚开始实施的占41%。[①] 俄罗斯联邦政府计划在2011年前完成侧重性教学原则的组织过渡。

俄罗斯另一项对高中影响重大的改革是国家统一考试制度（ЕГЭ）的改革。

---

① Обсуждение результатов анкетирования и семинара Профильное обучение：современное состояние，проблемы，перспективы. http：//profil. 3dn. ru/forum/12—20—1. 2009—03—16.

进入新世纪之前，苏俄高等学校入学考试一直实行由各高校自主命题、考试、录取的非统一政策，长期的各校“独霸一方”的高考机制暴露出多方面的弊端。从2001年起，俄罗斯着手改革高考制度、推行国家统一考试的试点。与其说这是高教改革的一部分，不如说更是高中阶段的另一项重要改革，因为这是将原来的中学毕业考试和大学升学考试合二为一，由国家统一组织出题、评阅。那么如何成功应考，如何能够使学生在多样化普通中等教育结束之时顺利通过国家统一标准的高中毕业考试，实际上是给高中阶段的教学组织提出了方方面面的新任务。比如每年参加全国统考，同时也是高中毕业考试不合格人数的多少，在一定程度上也是测试学校教育教学质量的试金石之一，甚至可以成为主管部门取消或合并某个低水平学校的重要依据。

俄罗斯普通教育的未来走向

今天的世界是市场化的世界，俄罗斯不可能置身“市”外。俄罗斯需要高素质的公民，不是一部分，而是全体公民，为此，国家教育经济投入必然向普通教育倾斜。放眼未来，未来人应该具有连续的教育技能，一生持续不断学习的能力，选择职业的能力，而这些技能需要从小打下基础，在普通教育的学校中培养。为此，俄罗斯联邦总统于2008年11月5日在联邦议会上提出了国家教育战略方案“我们的新学校”。该提案经过广泛的讨论，制定成草案，公布于俄罗斯联邦教育与科学部官方网站上，经教育界和社会各界进行广泛讨论后，于2009年6月交由政府进行审议。[①] 俄罗斯联邦总统梅德韦杰夫于2010年2月正式签署国家教育优先战略方案“我们的新学校”。

“我们的新学校”为俄罗斯普通教育的发展指出了方向：第一，革新教育标准，使学生在学校里能获得展露才能的机会，能够在高科技竞争的世界中占据一席之地；第二，建立专门的体系，支持天才儿童的发展；第三，发展教师队伍，建立教师精神和物质奖励机制；第四，改善学校的基础设施，将学校建设为创新、信息、智力和运动的中心；第五，建立良好的医疗、卫生、运动系统，改善

---

① 俄政府审议国家教育战略方案“我们的新学校”，俄罗斯教育门户网，http://www.school.edu.ru/default.asp.2009－03－20。

学生的健康状况。就此，俄罗斯总统梅德韦杰夫不止一次地强调，“我们的新学校”并不是一个短期的项目，而是俄罗斯教育领域的战略性决策，它代表了俄罗斯普通教育发展的方向。

27. 博洛尼亚进程给俄罗斯高等教育带来了哪些变化？

刘　楠

博洛尼亚进程的正式名称是“欧洲高等教育的共同空间”，它是欧洲迄今为止的涉及面最广、触及高等教育基本体制最直接、最受相关国家重视的一次重要改革，对欧洲高等教育空间的打造产生了重大影响。根据博洛尼亚进程的目标和任务，俄罗斯的高等教育系统采取了多方面的改革措施，包括实行学士—硕士学位制度，实行欧洲学分，实行欧洲高等教育毕业证书附件等。可以说，作为欧洲高等教育国际化浓墨重彩的博洛尼亚进程，对促进俄罗斯高等教育现代化和国际化的步伐起到了重要作用。

什么是博洛尼亚进程？

1999 年 6 月 18—19 日，欧洲 29 个国家的教育部长齐聚欧洲最古老的大学——意大利的博洛尼亚大学，签署了欧洲高等教育改革的实施文件——《博洛尼亚宣言》，标志为期十年的“博洛尼亚进程”正式启动。博洛尼亚进程的主要目标是在 2010 年建立欧洲高等教育区，实现欧洲高等教育的一体化。博洛尼亚进程以整合欧盟的高教资源、打通教育体制、消除欧洲内国家之间学生流动的障碍、实现教育的开放性并提高竞争力为宗旨，从而实现所有签约国中公立大学毕业生的本科毕业证书和成绩都能获得其他签约国家的承认，大学毕业生可以毫无障碍地在其他欧洲国家申请学习硕士阶段的课程或者寻找就业机会，实现欧洲高教和科技一体化，建成欧洲高等教育区。

"博洛尼亚进程"的主要内容体现在1999年签署的《博洛尼亚宣言》等文件中，主要包括：1. 建立统一的、可相互比较的学位体系。采取"学历文凭对等附录"，便于欧盟各国的公立大学之间对每个专业的相互理解和认同。2. 建立一个学士和硕士为基础的高等教育体系。3. 建立欧洲学分转换系统（European Credit Transfer System，简称ECTS）。传统的学分代表着一个学分相当于多少学时的课，而新的学分制，一个ECTS学分意味着25—30个学习小时，授课、作业、自学或实验各占1/3。4. 促进师生和学术人员流动。使欧盟各公立大学的师生都可以到欧盟其他大学任教或学习，并能得到所在大学的认可。5. 保障欧洲高等教育的高质量。缩短欧盟与美国在科技发展领域的差距，保障欧盟各大公立大学的教学质量以及所培养的人才具有足够的竞争素质或科研能力，是建立欧盟高等教育统一体系的最终目的。6. 促进欧洲范围内的高等教育合作。7. 提倡终身教育、高等教育机构和学生的参与。①

显然，博洛尼亚进程的关键词是"统一"、"整合"、"质量"、"竞争力"，其旨意为通过统一的形式、整合的方式，提高教育的质量和竞争力。可以说，博洛尼亚进程是欧洲在高等教育全球化和国际化趋势下的一种应激反应。那么，对于位于欧亚大陆、一直倾向欧化之路的俄罗斯来说，又会有何反应并受到何种影响呢？

俄罗斯地处欧亚大陆交汇处，在其社会发展进程中，"欧化"是其历史长河的主流。除此地理和历史要素外，政治经济一体化的需要也促使俄罗斯融入欧洲教育一体化的空间。在政治经济全球化背景下，俄罗斯与世界各国尤其是欧洲国家在政治、经济、社会领域的联系日益密切，迫切需要在文化教育尤其是高等教育领域里加强合作。加之俄罗斯高等教育在世界教育领域所处的封闭、被动的地位，限制了其与国际高等教育界的竞争与交流，与欧美等发达国家相比明显处于劣势。因而无论是教育自身发展需要，还是外部环境的大势所趋，都决定了俄罗斯必须积极加入博洛尼亚进程。

从1999年起俄罗斯便开始加入博洛尼亚进程的运作。2002年教育部专门成立了工作组负责欧洲高等教育一体化问题的调研。继而发布《关于修改2010年前教育现代化2002—2004年度执行方案的决定》，规定了一系列促使本国高教向

---

① 徐辉：《"博洛尼亚进程"的目标、内容及其影响》，《教育研究》2010年第4期。

博洛尼亚体系靠拢的措施。2003 年 9 月，俄联邦教育部部长在柏林召开的博洛尼亚进程成员国高等教育部长会议签署《博洛尼亚宣言》，使俄罗斯成为第 40 个参与“博洛尼亚进程”的国家。这一决定载入了“欧洲国家高教部长会议公报”并巩固了俄罗斯作为欧洲教育共同体成员国的地位，同时也昭示着俄罗斯为加入欧洲教育一体化空间将要开始对本国高等教育进行系列改革。

“进程”框架下俄罗斯高等教育的制度性改革

在《博洛尼亚宣言》进程框架下，俄罗斯高等教育系统采取的改革措施包括以下几个方面：（1）实行高等教育学士—硕士两级体制；（2）实行以欧洲学分转换系统（ECTS）为基础的学分制；（3）增加大学生和教师的流动性，加强高等教育领域的国际合作；（4）建立独立的外部教育质量鉴定和监督系统。

一、实行高等教育学士—硕士两级体制

（一）俄罗斯特有的文凭专家—副博士—博士培养体系。长期以来苏联的高等教育培养模式只有 5 年制文凭专家和副博士—博士培养系统，没有学士、硕士层次。学位制度亦向来与本科生层次无关，只包括副博士和博士两级。文凭专家证书是苏俄特有的高等教育学历，主要培养面向专门实践领域的专家，学制 5—6 年，学生毕业后发给相应专业的资格证书，获得文凭专家称号，证书上面注明学生的专长和所学的专业，一般沿用传统专业称呼如工程师、教师、医生、艺术家等。

俄罗斯高等教育所谓的本科生阶段不设学士学位，其研究生教育层次专指副博士及以上的学位教育，且不在高等职业教育范畴内，而属于高校后职业教育。研究生教育由高等学校或科研机关所设的研究生部进行，修业 3 年，不脱产学习的修业 4 年，通过基本课程考试后撰写论文，通过论文答辩取得副博士学位。

俄罗斯的“副博士”学位与我国的“博士”及欧美等国家的 Ph. D 是对应的。目前，俄罗斯培养研究生的机构约有 90 个，高等学校 300 多所，研究生总人数约 7 万人，其中不脱产学习的约占 60%。而俄罗斯特有的“博士”学位是比“副博士”高一级的学位，在多数国家没有对应的等级，现一般翻译为“科学博士”。“科学博士”学位不属于高等教育的范畴，取得这一学位者必须在工作中卓有成绩，在专业领域有深入的研究，并通过“科学博士”论文答辩，由国家最高

学位评定委员会决定授予。

一直以来，由于这种特殊的学位体系不能与国际接轨，在学历认证上出现了许多问题。例如，中国使馆对在俄留学生的学历认证，如果学生获得的是专家资格，只能认证学士，而不是硕士；但俄罗斯认为他们的专家相当于其他国家的硕士学位，因此使国际间的教育交流陷入困境。

（二）引入学士—硕士—副博士—博士学位制度。俄罗斯学位制度改革始于1992年颁布《联邦关于建立高等教育多级结构的决议》之时，文件将高等教育分为三级，并在1996年《联邦高等教育职业和大学后职业教育法》中以法令形式明确下来。具体分为不完全高等教育、基础高等教育、完全高等教育。《决议》指出，建立多级高等教育结构的一个重要内容就是增加学士、硕士两个学位层次。尽管如此，当时政府并没有对各高校采取硬性的规定，而是给予各高校充分的自主权，在新旧两种体制间自由选择。加之各界人士对新体制下诞生的毕业生的待遇并没有做出明确的划分和规定，所以绝大多数本国学生还是选择5年的文凭专家学历的方式毕业。

自加入博洛尼亚进程起，俄罗斯开始按照其要求进行高教结构的实质性改革，逐渐将学士、硕士两级学位制度的推行落到实处。2007年5月，俄罗斯国家杜马通过《关于引入两级高等教育体制的法律》草案（简称《法律草案》），重新厘清了这两级之间的相互关系，并从法律层面上正式确定实施两级高等教育体制。《法律草案》明确规定，自2007年9月1日起俄罗斯全面实行的新体制是把原来5—6年的文凭专家体制拆解为学士＋硕士的两级高教体制，第一级学士阶段的学制为3—4年，旨在为社会经济领域和生产部门培养具有高等教育水平的普通人才，毕业生将获得高等职业教育毕业证书和学士学位，完成这一级教育大纲的学生有资格通过考试进入硕士阶段；第二级硕士阶段实施2—3年（以2年为主）的专业教育，旨在培养从事科研活动、分析设计工作的研究型人才，授予硕士学位，完成这一级高等教育是进入属于高校后职业教育阶段的研究生部继续学习的基本条件。

从学位制度角度看，俄罗斯已经切实推行了学士—硕士—副博士—博士这一新制度模式，但因5年制文凭专家的培养依然有广大的供需市场，所以在引入两级高教体制的同时，依然保留了俄罗斯特色的5年制文凭专家的培养系统，形成了现阶段学士—硕士和文凭专家两个子系统并行的状况。原有的文凭专家—副博士—博士制度，只在极少数重点大学的重点专业保留，往往是一些需要连续学习5—6年的专业，如医学专业和某些工程专业，以保证该类专业有继续培养精英型研究人才的生源。有资格保留文凭专家培养形式的高校及专业需由教育部直接申请批准。

实施新的学位制度——“学士+硕士”的层级划分，与欧洲国家的学位划分保持一致，有利于本国学子走出国门，进入欧洲国家的大学继续学习深造，也为广大外国留学生到俄罗斯学习、工作提供了便利；其次，新的学位制度为社会铸造了不同层级的专业人才，3—4年的学士学位制度，为社会各个领域和生产部门培养了大批人才，2—3年的硕士学位制度也为科研领域输送了研究型人才。

二、实行以欧洲学分转换系统（ECTS）为基础的学分制

欧洲学分转换系统是欧洲委员会制定的旨在促进欧洲国家高等教育系统学分互认和转换的系统，其目的在于提高大学生的学术流动性，增强欧洲教育系统的国际吸引力，加强欧洲高等教育空间一体化建设的重要措施。[①] 欧洲学分转换系统规定每学期的学分为30分，每学年为60分，至少修满180学分方可获得学士文凭，修满300学分方可获得硕士文凭。欧洲学分转换系统可以用来表示教育大纲的所有要素（模块、听课、实验、实践、自习、考查、考试、论文等），可表明在学年教育大纲总量中各个要素所需要的学习时间。[②]

（一）进行学时与学分的换算。在引入欧洲学分转换系统前，俄罗斯一直实行的是学时制。2003年俄罗斯教育部在研究欧洲国家使用ECTS学分系统经验的基础上，结合本国的实际，制定了学时与学分的转换规则，并在22所高校开始学分制试验。试验规定必须遵循以下几点：（1）1学分＝36学时（每学时45分钟）或27小时。（2）大学生一周最大工作量为54学时，合1.5学分。（3）用学分计算某门课程的工作量时，用该课程的学时工作量除以36并将小数位四舍五入到0.5即可。在使用学分制的情况下，课程考查和学年设计（论文）计入课程学习的总工作量之中。（4）一周的实践合1.5学分。（5）一门课程的学期考试合1学分（包括3天的复习准备时间和1天的考试时间）。（6）毕业会考的工作

① 李联明：《高等教育一体化进程中的欧洲学分转换系统》，《比较教育研究》2002年第10期。

② 李春生、时月芹：《欧洲学分转换系统与俄罗斯高校的学分制改革》，《比较教育研究》2006年第4期。

量视考试的周数而定，1 周＝1.5 学分。

（二）改变评价计分方法。与俄罗斯传统的“四级评分法”（优、良、及格、不及格）或“两级评分法”（考查合格、考查不合格）不同，在学分制框架下，高校对大学生知识掌握情况的考核通过分数的排名系统来实现（以百分制为主）。高校对大学生知识掌握情况的考核主要包括阶段性测验和日常测验。专业方向教学层面的总体考核架构由学校制定，每门课程分数—排名系统的具体流程和规章由系和教研室以学分制为基础制定。各系可根据学生阶段性测验和日常测验的成绩进行排名，分数高的学生可获得相应的学术优惠和物质奖励。

三、增加大学生和教师的流动性，加强高等教育领域的国际合作

俄罗斯在博洛尼亚框架下与欧洲各国开展了广泛的合作。积极参与国际交流计划，设立专项基金，提高大学生和教师的国际流动性。加强与欧洲国家高校间的联合办学，设立联合学位。加强外语授课教学大纲的开发，培养学生的欧洲意识。增强师生流动性的原则主要表现为，扩大学生在欧洲范围内学习和实践的机会并为其提供相应的服务，而教师、研究人员和管理人员从事教育研究工作的经历可在欧洲范围内得到认可。

加入博洛尼亚进程后，俄罗斯政府开始在拓展海外留学服务市场上大展拳脚。教育部单独为留学生制定学习年限和教学大纲，并由国家承担对留学生实施教育所需的一切资金。2003—2004 学年度在俄罗斯依靠俄罗斯联邦预算学习的外国留学生的数量为 2.5 万人，其中 1.57 万人来自独联体成员国。2003 年 12 月，教育部颁布《关于进一步支持教育领域与外国机构合作》决议，为留学生制定单独的学制和教学大纲，鼓励各高校扩大留学生招生名额，发展留学生教育，吸引外资以促进高校自身发展。2004 年，国家杜马扩大会议决定从 2005—2006 学年开始，外国留学生同样享有获得助学金的权利。这一时间前后，约有 8 万名自费留学生在俄罗斯学习；俄罗斯高校在国外共建了 70 多个分校；俄罗斯高校分支机构在独联体国家也拥有广阔的市场。①

目前，大部分的欧洲国家暂时还没有对俄罗斯颁布的学位证书予以承认。但俄罗斯政府正在努力进行此项工作的推进。2009 年 12 月，俄罗斯和意大利将签

---

① 李春生、时月芹：《博洛尼亚进程框架下俄罗斯高等教育系统的改革与面临的挑战》，《复旦教育论坛》2006 年第 2 期。

订关于互相承认学历的协议。这意味着，这两国的毕业生会很容易地在对方国家继续求学或就业。2010 年 3 月，俄罗斯总理普京和印度总理辛格还就两国互相承认高等教育学历的问题有过专门探讨。

四、建立独立的外部教育质量鉴定和监督系统

加入博洛尼亚进程后，创建合理的教育质量内部管理体系也就成为俄罗斯提高教育质量的关键。面对建立与欧洲公认要求接轨的、独立于教育管理机构之外的国家教育质量鉴定和监督系统的任务，俄教育部敦促各高校根据欧洲通行的质量要求建立自身的校内质量监督系统。

俄罗斯的教育质量评价体系包括外部质量评价体系和内部质量评价体系。外部评价体系由国家所认可的机构对教育机构进行认证、鉴定和评估，以确定职业教育组成部分的特点，还包括在科学—教育团体、科学协会、科学联合会的基础上形成的社会认证机制。内部评价体系产生于教育机构内部，主要通过结果性和阶段性鉴定（自我鉴定）两种形式对学者及毕业生进行评价和心理诊断等。

一直以来，俄罗斯的教育质量外部评价体系只有国家认证体系，借加入博洛尼亚进程的东风，俄罗斯的社会认证机制发展起来。2002 年俄罗斯工程教育协会创建独立的认证中心，制定了具体的社会职业认证的标准和程序，初步构建了一套完整的认证体系，其职责在于，创建一个类似“华盛顿公约”的协议，使各协议国的认证机构有统一的标准与要求，通过认证的高校及其专业即可得到所有协议国的认可。2005 年，全欧洲在工程和技术领域项目质量评估的平台得以创建。2006 年年初，全欧洲已形成了一个工程教育认证网络。

事实表明，与国家认证作为在俄罗斯本国内对高校地位的一种肯定相比，社会认证有利于俄罗斯高等教育质量向国际水平靠拢。社会认证体系与国家认证体系都属于高等教育质量评估的形式，其根本目的都是为提高俄罗斯高等教育质量，但与国家认证体系相比，社会认证体系具有以下特点：

首先，认证主体为独立的第三方团体。国家认证的实施主体是联邦教育与科学部及其下设的部门机构，包括认可、评定与鉴定管理局、国家学校评定督导司、鉴定委员会、国家鉴定中心与国家鉴定中心数据库等。而社会认证的实施主体是俄罗斯工程教育协会认证中心，类似于美国的社会中介组织。国家认证具有强制性和国家主义色彩，而社会认证则具有自愿性。从认证专家组成方面看，俄罗斯教育部 1997 年创建的鉴定委员会中，高校的领导和教育部的代表占 60%，法律和执行权利机构代表占14%，社会组织的代表占19%，其他机构的代表占7%。[①] 而社会认证的评估人员主要包括技能熟练的专家、科学社会团体的代表、企业和雇主代表，构成的是相对独立的第三方团体，因而社会认证的结果更能充分体现社会雇佣者、职业团体对高校的认可程度。

其次，社会认证的评价指标更符合市场需求。俄罗斯高等教育国家认证体系三个阶段的评价指标各有侧重：认可阶段的评价指标侧重于高校的办学条件（基础设施和师资等），评定指标侧重于高校的具体教学和人才培养质量，而国家鉴定指标更注重的是高校的财政经费与科研成果方面。[②] 社会认证体系是对教育大纲的评估，因而其指标侧重于教育大纲的合理性、保障大纲实施的各项条件（师资、设施）等。从具体指标来看，社会职业认证的指标与国家认证体系中的评定指标及国家鉴定指标都有相同之处，前者主要是衡量高校是否达到职业社会对其人才培养质量的需求；后者主要是以国家高等教育质量的统一标准衡量高校是否达到其要求。

第三，社会认证的评估课题是具体可见的教育大纲。从评估的直接客体来看，社会认证的客体是教育大纲和教育计划，是针对于高校的某个专业或者某个培养项目，最后颁发的社会职业认证证书是对高校的某个专业或教育大纲质量的认证。国家认证体系是对学校各方面的进行整体的认证，其评估的直接客体是高校，最后颁发的鉴定证书是对高校地位的确认。

由于具有以上特点，社会认证体系更有利于对高校进行更详尽更客观的评价，更能充分反映社会雇主、各种职业团体对高等教育的需求，更有利于推进俄罗斯高等教育国际化进程。但目前在俄罗斯，社会认证的影响力远远不如国家认证。在俄罗斯教育部国家鉴定中心数据库中有1200所大学、2600所中等职业教育机构和300所补充职业教育机构的信息。[③] 其中，有79%的高校通过了国家鉴定；而在俄罗斯多所大学众多专业中，只有40个教育大纲是通过社会职业认证的。

---

① 孙明娟：《20世纪90年代以来国内外学者关于俄罗斯高校评估问题研究综述》，《佳木斯大学社会科学学报》2006年第4期。

② 夏人青、吕济峰：《俄罗斯高校的综合评价体系述评》，《化工高等教育》2006年第6期。

③ Геворкян Е，Мотова Г，Наводнов В. Развитие системы аккредитации высшего образования в Российской Федерации. Вестник высшей школы，№1，2004. С. 25—28.

“进程”框架下俄罗斯高等教育的质量保障举措

以统一、质量为重心的博洛尼亚进程是高等教育国际化的反应，以加入“进程”为契机，俄罗斯的高等教育系统进行了一系列面向现代化的改革，以促进俄罗斯高等教育结构的优化，提高俄罗斯高等教育的质量和竞争力。

一、高等教育的优质化

苏联解体后，俄罗斯高等教育在世界范围内影响力日渐衰微。与欧洲其他国家的高等教育机构水平相比俄罗斯明显处于劣势。来自国外的评价表明，跻身世界大学排行榜500强的大学中，德国有40所，加拿大22所，法国21所，中国9所，而俄罗斯只有2所（莫斯科国立大学和圣彼得堡国立大学）。此外，在俄罗斯就读的外国大学生数量与发达国家相比呈明显下降趋势，1993年为34000人，2005年不到17000人，下降近50%。同时，俄罗斯大学生在经合组织成员国就读的人数占其总数的2%，且近5年每年递增10%。[①] 在此情况下，俄罗斯不得不重新考虑本国高等教育如何保持在欧洲、在世界、在全球化和国际化浪潮中的地位。

加入博洛尼亚进程后，俄罗斯急需一批能够在欧洲乃至全世界高等教育领域具有竞争力的高校，建立现代重点大学体系的计划由此提上日程。2008年，在向政府新进提交的《教育与创新经济的发展：2009年至2012年现代教育模式实施方案》中，俄罗斯教育科学部对高等教育再度进行了分类和职能定位，提议创建新的联邦大学和国家研究型大学。建立现代重点大学体系的计划包括：赋予少数古典综合性大学以特殊地位（主要指莫斯科国立大学和圣彼得堡国立大学）；打造数所联邦大学并形成网络；在竞争基础上确定部分高校的国家研究型大学地位。

为进一步清晰俄罗斯所要打造的具有发展成世界高水平潜力的新型大学的特征，有必要专门作如下解说。

（一）特殊地位大学。2009年11月，俄罗斯总统签署关于俄罗斯莫斯科国立大学和圣彼得堡国立大学享有特殊地位的法令。法令的内容包括，扩大两所大

---

① 李芳：《俄罗斯组建联邦大学述评》，《比较教育研究》2010年第2期。

学的自主权，保障其在独立调整教育标准和要求的基础上，独立实施高等职业教育和大学后职业教育的教育计划；这两所大学同样拥有颁发特有样式毕业证书的权力，大学招生时增加额外测验的权力。按照法令，制定这项法令的国家政府充当大学创始人的角色，两所学校的校长将由俄罗斯总统亲自任命和罢免，其任职期限与总统相同。校长任期不得超过 5 年，年龄不得超过 70 岁，国家元首有权重新分配新一届的大学校长，甚至可能两次延长校长任期。

由此可见，俄罗斯赋予莫斯科大学和圣彼得堡大学以极大的自主权，为提高其教育质量和水平，打造世界一流大学和本国高校的领军者，以带动高等教育整体水平的发展。

（二）联邦大学。联邦大学是达到世界水平、具有产学研一体化功能的大学，旨在解决地缘政治任务和满足大型跨区域投资项目的人才需求，是区域技术创新的领军者。俄罗斯政府计划到 2020 年，以现有大学为基础在全国范围内共组建 10 所联邦大学。联邦大学要承担的义务是：在 5—6 年时间里跻身俄罗斯名校 10 强，2020 年前跻身世界高校百强。可见，联邦大学在获得了充分自主权及国家专项经费条件下，肩负的不仅是本地区创新发展的重大责任，而且还承担着使俄罗斯高等教育达到国际水平、使俄罗斯高校在世界高校排名中占据领先地位的重要使命。[①] 现在俄罗斯已经组建了 8 所联邦大学，分别是 2008 年组建的西伯利亚联邦大学和南方联邦大学，2010 年组建的北方（北极）联邦大学，喀山（伏尔加）联邦大学，乌拉尔联邦大学，远东联邦大学和东北联邦大学，2011 年组建的北高加索联邦大学。目前，在沃罗涅日国立大学的基础上创建中欧联邦大学的方案也得到了俄罗斯联邦政府的支持。

俄罗斯联邦大学具有与其肩负的使命相符合的一系列特点。一方面，俄罗斯联邦大学的组建考虑了高校的布局结构。以莫斯科国立大学和圣彼得堡国立大学为中心，向西伯利亚、南部、北部、远东四个地区辐射。另一方面，联邦大学的组建还考虑了高校的综合性和行业性特点。有多所高校合并改建而成的联邦大学是综合性大学的代表，同时整合了行业性拔尖大学的学科优势。

2010 年 3 月，俄罗斯副总理亚历山大·茹科夫在会见乌拉尔各高校大学生时说，目前乌拉尔联邦大学进入《泰晤士报》世界 500 强排名榜，但这还不够，

---

① 李芳：《俄罗斯组建联邦大学述评》，《比较教育研究》2010 年第 2 期。

俄罗斯创立的联邦大学应该以进入世界百强为目标，并争取在十年内实现这一目标。俄罗斯这种强强合作、优势互补的组建原则，使组合后的联邦大学既加强了自身教学实力，又突出了学科在科研与服务方面的职能，有利于世界一流高校的培育与建设。

（三）国家研究型大学。国家研究型大学旨在保障国内经济稳定和竞争力的基础技术平台需求的人力资源。2008 年 10 月，俄总统又签发了总统令《实施建立国家研究型大学计划》，计划建立一批具有世界水平的研究型大学，旨在提高俄罗斯科研水平和市立，建立高水平的人才培养基地。

普京指出，新建的研究型大学一方面是对其作为地区大型科学和教学中心的成就的一种确认，与此同时也对其提出了更高的要求，首先，从严格提高投入资金的效率的观点出发，教育部将严格跟踪为高校制定的指标的完成情况，包括科研成果的数量和质量，获得发明专利的数量，创建小型创造性企业等方面。

国家研究型大学的地位是在高校竞赛的基础上确定的。至今，俄罗斯分别举行了二次竞赛，第一次竞赛确定了 14 个胜利者，第二次竞赛确定了 15 个胜利者，共分布在来自不同联邦地区的 13 个州。现在，共有 29 所学校获得了国家研究型大学的地位。

此外，原有的数量最多的地方大学的职责主要是实施多专业教育大纲，保证为俄罗斯联邦的社会经济发展提供专业人才；学院主要实施文凭教育，仅完成高等教育的第一部分任务——培养学士。

换言之，俄罗斯试图新创建的现代重点大学体系如下图所示，就是试图形成以莫斯科国立大学和圣彼得堡国立大学两所特殊地位大学为尖端、以联邦大学为辅翼、以研究型大学为支撑、由地方大学和学院共同构成基座的新型高等教育系统，打造一批世界一流水平的大学。

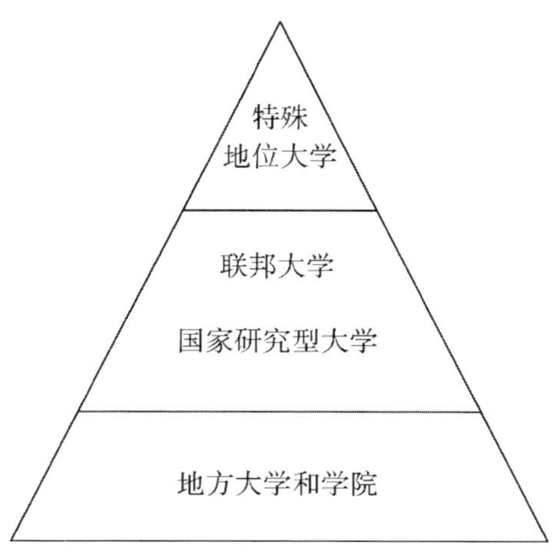

图 1　高等教育系统类型结构图

二、高等教育的统一化、标准化

为保证高等教育质量、增加大学在国际竞争中的优势，俄罗斯除着手建设新型高校结构体系外，在教育内容的统一化、标准化方面也一直进行着改革。

（一）统一入学考试的实施。2001 年，俄罗斯政府在全国 5 个联邦主体首次实行了国家统一考试，这标志着俄罗斯高校入学考试制度改革的开始。显然，俄罗斯实施国家统一考试是由社会以及教育的多方面因素决定的，尽管如此，推行国家统一考试也是俄罗斯教育与国际接轨的步骤之一。俄罗斯加入博洛尼亚进程以后，必须达到其内容的要求，建立统一的教育评价标准和体系。由此，2004 年，俄罗斯举行“国家统一考试试点工作总结会”，认识到没有国家统一的教育评价标准导致俄罗斯的基础教育文凭和高等教育文凭在国际上得不到承认，限制了留学生的互派和教育的国际化。推行统一考试意在建立全国统一的教育考试评价体系，为其他国家提供俄罗斯学校教育质量水平的参考体系。国家统一考试的出台正是迎合了这一选择，而且从考试题目的设置到评价方式，都顺应了此前签署的欧盟《博洛尼亚区宣言》中的要求。

2001—2008 年间，国家统一考试处于试行阶段，虽然没有全国推开，但是规模逐年扩大。2007 年国家统一考试制度被写入法律，规定自 2009 年起国家统一考试正式结束试验，正式作为一项制度在全国实行。伴随着对各科目考试的内容和题型、难度做统一的规定，考试成绩采用百分制替代传统的五分制等，可以说，高等教育的生源水平在一定程度上得到了标准化的控制。

（二）高等教育标准的更新。1992 年的《俄罗斯联邦教育法》、1996 年的《俄罗斯联邦高等和大学后职业教育法》都相继规定，国家教育标准是确定相应阶段教育大纲必修内容的最低限度、学生学习负担量的最高限度，以及对毕业生培养水平的起码要求的依据，是保证高等和大学后职业教育质量、保证俄罗斯联邦统一教育空间、保证对高等教育机构实行统一评估的参照。自 1994 年俄罗斯教育部批准第一代高等教育国家教育标准以来，至今俄罗斯已经先后两次更新高等教育标准，第二代高等教育标准于 2000 年实行，2007 年出台第三代高等教育标准。俄罗斯国家高等教育标准确定了高等教育的结构、高等教育的文凭、对高等教育计划和高等教育计划实施条件的一般要求、学生学习负担的标准，大学的学术自由，高等教育标准对高等教育培养方向名录提出要求，并制定国家管理的规则。

俄罗斯国家教育标准是国家为了形成统一的高等教育空间而实行重要的教育政策，以一系列官方文件的形式确立，这些文件规定了高等教育标准的内容、管理机构等相关内容。高等教育国家标准由教育标准、培养方向及专业名录和相应的示范性教学计划组成。

俄罗斯高等职业教育专业与方向的数量是欧洲高等教育的数十倍。除了数量方面的差异外，内容上也存在很大的不同。有时即使是名称完全相同的方向或专业，在俄罗斯和欧洲却分别代表不同的方向或专业。这一状况不但限制了本国大学生在国内高校间的流动性，也阻碍了大学生由俄罗斯高校转入欧洲其他国家高校学习，不利于文凭的承认，降低了毕业生在劳动力市场上的流动性。

在加入博洛尼亚进程后，俄罗斯出现了专业整合化的趋势。为了与欧洲国家的专业目录更加适应，第三代教育标准与第一代和第二代相比，在高等教育的培养方向和专业分类方面进行了很大的更改。1994 年批准的高等教育国家标准包括六类共 976 个专业。2000 年的高等教育标准以取向宽口径和重基础为原则压缩为 536 个培养方向和专业。俄罗斯现行高等职业教育方向与专业清单共包括约 150 个学士和硕士培养方向与 80 个专业，此外，还包括 80 个文凭专家培养方向，共 377 个专业。

无论是高等教育入学考试的统一，还是高等教育标准的日益完善，都体现了俄罗斯高等教育注重内容与质量的统一化与标准化，当然，统一化与标准化并不是绝对的，正如除国家统一考试外还有奥林匹克竞赛等个性化选拔方式、国家教育标准只是对教育内容与方法的最低限度和宏观的规定，各联邦主体、各高校还有很大的自主权等，统一化与标准化不意味着排除个性与多样的固化。相反，这样的统一化与标准化对本国高等教育质量的监控与提升，与外国高等教育的比较与沟通有着重要意义。

综上各点不难看出，博洛尼亚进程体现了全球化时代和高等教育国际化的基本要求，它开启了俄罗斯高等教育走向欧洲，面向世界的步伐，对于提高高等教育的质量和竞争力，以及促进本国经济和社会发展都起到了重要的推动作用。但是，俄罗斯高等教育加入欧洲共同空间的征程才刚刚开始，俄罗斯高等教育的国际化之路还存在着诸多的阻力。未来的几年是俄罗斯高教改革的重要时期，如何既能积极融入世界教育浪潮，又能继续保持和发扬民族教育的优良传统，是俄罗斯高等教育所面临的值得慎重思考的问题。

28. 俄罗斯的师范教育有何特色?

刘　楠

俄罗斯是世界上把培养教师作为高等教育的独特任务，并由专门的高等师范教育机构来实施的为数不多的国家之一。俄罗斯的师范教育发端于18世纪末期，早在苏联时期，就建立了比较系统师资培养系统，形成了以师范院校为主，综合大学及其他专业院校为辅的师资教育体系。教师教育的机构主要包括高等师范院校、中等师范学校、综合大学和其他专业院校。在这个体系中，师范学院承担了80%的中小学师资的培养任务，综合大学承担15%，其余的5%由其他院校供给。[①]

从教育层次来讲，苏联的师范教育机构主要包括中等师范学校和高等师范院校。其中，中等师范学校负责培养小学、幼儿园教师、教养员等。中等师范学校招收不完全中学的毕业生或完全中学毕业生，前者修业年限为3—4年，同时接受中等专业教育和完全普通中等教育；后者修业年限为2—3年，只接受中等专业教育。高等师范院校包括师范学院、综合大学、其他专业高校等，主要培养中学教师和职业技术学校教师。招收完全中学毕业生和具有一定工龄的中专毕业生，学制为4—5年。

苏联时期的师范教育体系具有如下特点：一、封闭的，侧重于师范院校培养教师；二、非连续的，两个主要层次的中等师范教育与高等师范教育是独立的分开的；三、单一目标的，中等师范教育只培养小学教师、高等师范教育只培养中学和大学教师。

苏联解体后，作为新兴国家的俄罗斯为适应全球化及其本国发展需要，开始

---

① 顾明远、梁忠义：《世界教育大系·教师教育》，吉林教育出版社2000年版，第81页。

打造独具特色的连续师范教育体系。那么，俄罗斯的师范教育有何特色呢？下面将从师范教育体系、师资培养机构、师范教育课程、教师工资与考核机制等方面给予总结和分析。

师范教育体系——连续性、多层次、职前职后一体化

苏联解体后，俄罗斯开始打造连续师范教育体系，它具有连续性、多层次性和职前职后一体化等特点。1992 年，俄罗斯颁布《关于在俄罗斯联邦建立多层级高等教育的决议》及《关于建立多级结构师范教育体制》的法令，标志着俄罗斯新的师资培养体系的建构。随后，在 2001 年《俄罗斯 2001—2010 年连续师范教育体系发展纲要》，2003 年《师范教育现代化纲要》等文件的指导下，俄罗斯开始真正实施打造连续性多层次的师范教育体系。

一、连续师范教育体系的内容

俄罗斯统一连续的师范教育体系从范畴上看，是指由中等、高等和高等后师范教育的教师职业教育大纲共同构成的综合体系。它包括这三个环节的教育机构（及分校）、与各类学校之间的协作网络、国家及地方的师范教育行政管理机构、师资进修及再培训机构即补充师范教育机构等组成部分。从功能上看，俄罗斯连续师范教育体系具有教学—科研—师范教育一体化的特征。[①]

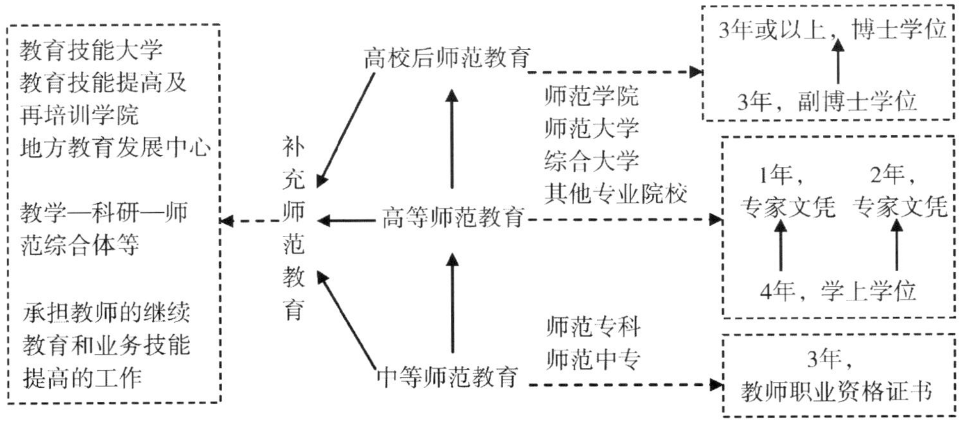

① 肖甦：《世纪之交的俄罗斯教师教育改革——打造连续师范教育的完整体系》，《比较教育研究》2003 年第 4 期。

连续师范教育体系包含中等师范教育、高等师范教育、高等后师范教育及补充师范教育。其主要教育机构、修业年限、获得证书如上图：

（一）中等师范教育。在苏联时期，中等师范教育是师资培养的一个重要组成部分。自苏联解体以来，俄罗斯师范教育也朝着高学历水平发展，中等师范教育逐渐减少，但在大城市不多见的中等师范教育机构，在农村和边疆区地区仍比较集中。中等师范教育以培养小学教师、幼儿园教养员等为目标，招收不完全中学毕业生或完全中学毕业生，前者修业2—3年，接受中等专业教育和完全普通中等教育；后者修业3—4年，只接受中等专业教育。

师范专科学校是苏联解体后出现的新类型学校，多由师范学校升格而来，比中师稍高，比师范本科略低，学业年限上比前者多1—1.5年，比后者少1.5—2年不等，在俄罗斯多级高教体制中应属第一级教育层次（在我国相当于大专），但在连续师范教育体系中被划归为中等师范机构，这种师专的毕业生成为高等师范院校的重要生源之一。

（二）高等师范教育。1992年3月13日，俄联邦通过了《关于在俄罗斯联邦建立多层次的高等教育结构的决议》，开始实施高等学校多级结构改革，以不完全高等教育、基础高等教育和完全高等教育的三级结构取代了运作几十年的五年制单一高教结构，由此，俄罗斯开始了高等师范教育结构多层次改革之路。

高等师范教育体系变为由不完全高等教育、基础高等教育和完全高等教育共三个层次组成。其中第一阶段属于不完全高等教育。招收中学毕业生，修业年限为2—3年，主要进行师范教育的基础培训，毕业生将授予基础教育教师证书，有资格在9年一贯制学校任教。第二阶段属于基础高等教育。在第一层次基础上继续学习，修业年限为2年，给学生以全方位的职业培训，毕业生将被授予学士学位，有资格在各种中等专业学校包括文科中学、私立学校及师资培训机构中任教。第三阶段属于完全高等教育。在第二层基础上继续学习，修业年限为1—2年，主要研究教学法及教育创新，这一层次致力于理论与实践密切联系的硕士生的培养，目标定向为培养教师—研究者，这一些阶段的教学以学生按计划独立开展的研究工作为主，导师从旁加以调控。在这几年中他们还必须完成并通过论文答辩。经过“4+1”培养的毕业生可获得完全高等教育专家文凭，经过“4+2”培养的毕业生可获得硕士学位，毕业生有资格任高中、私立学校、中专、古典中学和专业学校及大学助教。

由此，不完全高等教育证书、学士学位、完全高等教育专家文凭或硕士学位等几个层次的学历水平取代了原来唯一的高教专家文凭。在多层次师范教育体系中，各层次有机连续又相对独立。新的教学体系按照教学分层次过渡时可获得2—3个证书。这种多层次高等师范教育的培养模式主要有3种类型，即“3＋2＋1.5”模式、“2＋2＋2”模式和“2＋2＋1”模式，目前一般采用“2＋2＋1”模式。[①]

2007年5月16日，俄罗斯国家杜马通过《关于引入两级高等教育体制的法律草案》（简称《法律草案》），从法律层面上正式确定高等教育实施学士—硕士两级结构。由此，俄罗斯多层次的高等师范教育体系逐渐向两级师范教育体制转变。第一级为4年制本科阶段，毕业后获得学士学位；第二级为2年制硕士阶段或1年制专家文凭教育阶段。培养模式包括4＋2模式与4＋1模式两种类型：4＋2模式培养师范硕士，教育领域的科研人才；4＋1模式培养高等师范职业专门人才。

（三）高校后师范教育。俄罗斯的高校后师范教育指高等师范教育本科及硕士阶段之后的研究生教育，包括副博士研究生阶段和博士研究生阶段。俄罗斯的副博士学位与我国和欧美的博士学位是对应的。而俄罗斯特有的博士学位是比副博士高一级的学位，在多数国家没有对应的等级。

俄罗斯的副博士培养模式有两种：一种是5＋3模式，即招收五年制本科的毕业生，修业3年，通过基本课程考试后撰写论文，通过论文答辩取得副博士学位。俄罗斯开始实施高等学校多级结构的改革以后，高校后学位教育的形式也随之发生变化，除原来唯一的5＋3模式外，还增加了4＋2＋3模式，即4年本科＋2年硕士＋3年副博士教育。

除此之外，苏联时期的在职申请副博士学位的形式得以保留，而且近几年由于报考条件的放宽、答辩形式的灵活，使攻读副博士学位的在职申请者队伍明显扩大。攻读博士学位的资格仍然是在获得副博士学位基础上再加3年，如果是不脱产申请学位，则可以延长年限。

---

① 孟威佳、张丹华：《俄罗斯高等师范教育结构和课程改革概述》，《外国教育研究》2000年第6期。

（四）补充师范教育。补充教育是上世纪90年代俄罗斯进入社会转型时期以后提出来的新概念，它包括正规学校教育之外的各种教学教育服务。1992年颁布的《俄罗斯联邦教育法》将各级各类教育分别包括进普通教育和职业教育两个大纲之中。职业教育大纲里包括5种职业培训层次：初等职业教育、中等职业教育、高等职业教育、高校后职业教育和补充教育。该法阐明，补充教育由普通教育机构、职业教育机构和补充教育机构实施，目的在于不间断地提高工人、职员、专业人才的技能，全面满足公民、社会、国家发展的需要。补充教育机构包括进修机构、培训班、职业定向中心、各类音乐、美术、艺术学校，各类儿童之家、少年活动站等。

补充师范教育系统，是指各类教育机构对教师实施职后培训及职业转型培训的工作领域。也就是说，从体系上看，以前相对独立（属各级教育管理部门）的教师培训进修机构，被明确划归为补充教育机构，成为补充师范教育，从而成为连续师范教育体系的有机组成部分。

二、连续师范教育体系的特点

（一）连续性。在苏联时期，师范教育体系中中等师范教育和高等师范教育是独立的分离的，中等师范教育定位于培养小学教师和部分中学教师，高等师范教育定位于培养中学和大学教师，中等师范教育的毕业生不能进入高等师范学校继续学习，只能在就职以后进行提高学历的培训。改革后的中等师范教育与高等师范教育、高校后师范教育是次第的连续的，这在保证了师范类学生专业性的同时，增加了学生的自主选择，也利于师范教育质量的提升。

（二）多层次。多层次的特征在高等师范教育体系表现得尤为明显。高等师范教育的三个不同层次是环环相扣、层层递进的。每个层次的学生既可以直接工作，也可以顺利升入下一个阶段就读。每一阶段都有相应侧重的学习内容和任务，并且各个阶段犹如一层一层的台阶，逐级升高。

（三）职前职后一体化。苏联时期，师范教育体系的教师职前培养和职后进修是独立的分离的，自俄罗斯推行连续师范教育体系后，职后培训被纳入到连续师范教育的补充师范教育范畴。打破了职前职后这种时间划分的方式，以教育机构的类型来区分，有助于统筹兼顾职前职后师范教育，这种改变实际上提高并扩大了教师培训进修机构的地位和职能，将教师的在职进修变得更加规范和必要，而且有利于教师教育的统一管理。

师资培养机构——师范院校为主的多样化

总体说来，俄罗斯的师范教育仍然属于封闭性的师资培养模式，即主要有师范院校培养教师，要想在普通学校任教必须接受正规的师范教育。但近些年逐渐出现一种新的现象：一方面，师范院校培养的学生有相当大的比例并未进入教师行业，而是流向了更高收入的商业、服务领域。另一方面，许多非师范的专业院校开设师范班，综合大学开设教育系，用来进行师资培养。也就是说，俄罗斯师范教育体系逐渐由封闭走向开放，俄罗斯以师范院校为主要师范教育机构的传统受到冲击。

一、中等师范教育机构

俄罗斯中等师范教育机构主要包括中等师范学校和师范专科学校。中等师范学校（师范专）是最低级别的师范教育机构，一直以来都是中等师范教育的实施主体。后来，又出现了一种新的中等师范教育机构——师范专科学校。

苏联解体后，师范教育机构体系中出现了“升格”与“合作”现象。一是低层次向高等次的升格。如师范中专升格为师范专科，师范专科升级为师范大学。伴随着师范专科学校的大量建立和师范中专的升格，中等师范教育机构的主体逐渐向师范专科学校倾斜。1995 年，俄罗斯师范教育系统中有 362 所中等专业层次的师范学校，其中 287 所师范中专和 75 所师范专科。2001 年，这两种师范学校的总数上升到 346 所，其中中师减少为 163 所，师范专科增至 183 个。二是各师范教育机构的合作，如“师专—高师教育联合体”，这是一种在教学计划和教学大纲上有互带联系的伙伴式的中、高师范教育机构联合体。师专招收 9 年级毕业生读 4 年，招收 11 年级毕业生读 3 年，分别获学士学位和完全高等教育专家文凭。超过 90%的师范专科学校与高等师范院校建立了合作关系，一些高等师范院校还同时与几所师专进行合作。除了这种合作关系外，师范专科学校也可以直接设在高等师范学校的各系中，如莫斯科师范大学数学系就开设了数学师范专科学校。

目前，中等师范学校在俄罗斯的大城市数量并不多，绝大部分集中在农村及边疆区的城镇，政府对农村中小学教师的学历要求仍以中师水平为起点。因此，虽然提高师范教育人才学历是世界潮流也是大势所趋，但俄罗斯的中等师范教育机构的总体数量仍未大幅度减少。截至 2004 年，俄罗斯中师和师范专科体系仍有 345 个师范教育机构（1996 年为 353 所），其中包括 254 个师专（占 74%），学生总数 204000 人，设置 20 个专业，绝大多数隶属于地方政府，9 个师专隶属于师范大学。[①]

二、高等师范教育机构

苏联时期，高等师范教育机构主要为师范院校。苏联解体后，高等师范教育机构的结构发生了很大改变。

第一，师范学院升格为师范大学。从上世纪 90 年代起，俄罗斯高等教育出现了大学化的趋势，且发展速度极快。1992 年时，俄罗斯只有 5 所师范学院变成师范大学，1993 年有 13 所，1994 年有 29 所，1995 年为 39 所，到 1997 年已有近 60 所，到 2002 年已有 44 所师范大学，约占高等师范院校总数的 50%以上。

第二，师范院校类型呈多样化。目前在俄罗斯，以培养教师为主业的，且被官方划归为师范类大学的，已经不只是原来意义上的师范院校，除专门的师范大学外，还包括有几所语言大学、叶卡捷琳娜工程师范大学、马加丹国际师范大学、圣彼得堡国立教育技术大学、俄罗斯教育科学院大学等。

第三，师范教育机构多元化。苏联时期，师范教育机构都是以师范院校为绝对主体，21 世纪以来，综合大学和非师范类专业院校在师范教育中发挥着越来越大的作用。其中，在专业学院开设师范班，成为培养师范人才的措施之一。比如冶金矿业学院设置了培养化学教师的师范性专业，农学院开设了生物师范专业，普希金俄语学院开设了培养语言学师资的专业等。而在许多综合大学中，都开设了教育学院和教育系，以培养教师和教育科研人才。这表明，师范专业在适应社会变革、满足市场经济需求方面正逐步走出原来的几乎封闭和垄断的培养格局。

据统计，目前俄罗斯从事培养师范人才的高校有 135 所，其中 43 所国立大学，43 所国立师范大学，33 所国立师范学院，16 所国立工科大学。[②] 随着社会转型的需要，非师范院校尝试培养教师的规模也在陆续扩大。据全国师范专业教

---

① 杜岩岩、朱小蔓：《俄罗斯师范教育政策调整的动因、策略与措施》，《教育研究》2009 年第 3 期。

② 张男星：《当前俄罗斯师范教育改革研究》，《全球教育展望》2007 年第 7 期。

学方法协会的统计，在有权设置师范类专业教学的 526 个专业点中，406 个设在师范院校，120 个设在非师范院校。

高校后师范教育机构与高等师范教育机构大体相同，以师范大学为主。有些师范学院和非师范类专业院校以培养教育实践者为主，则不培养副博士和博士。

三、补充师范教育机构

苏联时期，建立了一个完整的多层次的教师进修系统。这个系统包括：191 所各加盟共和国、州、边疆区和市的教师进修学院；近 5000 个区和市的教学法研究室；58 个师范学院和综合大学附属的学校校长进修系；近 200 个设在师范学院的函授部和夜课部；数百个每年由大学、师范院校等举办的师训班；普通学校和校际的教学法研究联合小组；直属苏联教育科学院的全苏教育科学干部和国民教育领导干部进修学院。①

1992 年《俄联邦教育法》颁布，教师培训进修机构被划归为补充教育机构，成为职业教育的组成部分。因此，地方政府和管理部门对传统的教师进修学院进行了重组，向着多样化的办学机构方向发展，出现了教育技能大学、教育技能提高及再培训学院、地方教育发展中心、教学—科研—师范综合体等不同规格和类型的补充师范教育机构。2003 年左右，全俄罗斯有 90 所此类补充教学机构及其 12 个分校，13 个国际和地方师范教育中心承担教师的继续教育和业务技能提高工作。②

除了正规的教育进修和再培训体系，师范的大学和综合大学，城市教学法教研室和联合会还要定期为教师组织讲座、讨论和问题答疑、国际会议和教育讲演会，以使教师了解新的教学法著作、优秀教师的经验，吸引教师参加教研室的研究和副博士学位论文写作等。不间断远程教育形式也是提高教师专业技能的重要形式之一。

---

① 李贤智：《俄国近现代师范教育发展研究》，华中师范大学学位论文，2007 年，第 33 页。

② 肖甦、王义高著：《俄罗斯教育 10 年变迁》，北京师范大学出版社 2003 年版，第 122 页。

师范教育课程——专业学术兼容，理论实践并蓄

苏联解体后，俄罗斯的中等师范教育和高等师范教育都被纳入职业教育的范畴。有关师范教育的改革也都跟随职业教育改革的方向和步伐，与中等职业教育相比，高等职业教育改革的力度要大得多，经过 1995 年、2000 年、2005 年三版《高等职业教育国家标准》的调整，中等师范教育课程的变化程度远不及高等师范教育课程。因而，仅以高等师范教育课程为例加以介绍和说明。

一、兼容并包的四大课程板块

师范教育的课程设置直接关系到培养教师的质量和教师专业化的实现。前苏联高等师范课程分为政治理论课、教育理论课和专业课三类，三者课时比例大约为 1∶1∶6。1995 年 6 月俄联邦国家高等教育委员会发表了《高等职业教育国家教育标准》，该文件将接受本科教育的未来教师所设置的课程分为 4 个类别，即一般文化课、医学—生物课、心理—教育课和专业课。若将医学—生物课与心理—教育课归为一类，则三类课时量的比例大致为 1∶1∶3。

经过 2005 年第三版《高等职业教育国家教育标准》的调整，目前，俄罗斯师范教育的课程设置分为 4 个系列：普通人文和社会—经济课程；普通数学和自然—科学课程；一般职业课程和专业课程。每个板块的课程都包含 3 个部分：俄罗斯联邦部分、民族—地区部分和学校部分。如，托木斯克国立师范大学教育学系的课程主要包括：普通人文和社会—经济类课程 1500 学分，普通数学和自然—科学类课程 400 学分，普通职业类课程 1600 学分，教育培训类课程 4934 学分，总计 8884 学分（1 学分等于 1 课时）。

俄罗斯师范教育的课程体现了如下特点：

（一）课程人道化与人文化倾向突出。四大板块中的普通人文和社会—经济课程，普通数学和自然—科学课程都属于通识教育的课程。在此类课程中，开设了人文社科、经济管理、数学、自然科学等多样化的课程，充分显示了现行师范教育课程在设计和实施上注重人文知识和提高学生素养的特点。另外，国家规定的医学—生物类课程设置充分考虑到了未来教师是以发展中的青少年为工作对象的，突出了人性化教育的职业特征。

（二）课程的灵活化更强。苏联时期的高等师范教育课程存在目标单一、结

构相同、内容比例不协调等弊端，俄罗斯现行的高等师范教育课程变得更加灵活、更加具有适应性。现行课程结构分为三级，国家仅仅规范出教育的最低课程要求，允许地方与学校根据实际学要灵活确定课程。这为多样化与多层次的师范教育开辟了发展空间，有利于师范教育面向社会更广阔的就业市场，打破了过去仅仅学科作业专业、课程划分的依据，增加了针对市场上的人才需求做出调整的可能。

（三）学术性与师范性并重。课程标准对教育—心理类课程和专业课程具有要求，且比例架构合理，既侧重了学科专业的学术性又突出了师范教育的师范性。在国家教育标准中，国家规定的心理—教育类课程必须开设的共 8 门，同时还有由大学制定的有选择的必修课，共占总课时量的 20%，这类课程为学生职业定向学习提供了保证，充分突出了教育的师范性。现行课程结构中，在保证所学专业所必需的课程以及专业教育活动的前提下，相对减少或浓缩了专业类课程，在国家教育标准中，国家规定的课程有 10 余门（不同学科专业略有差异），占总课时量的 59%。①

二、理论与实践相结合的教育实习

教育实习是苏联时期师范学院办学特点之一。苏联时期强调教师职业的实践性，十分重视师范生在校期间的教育实习。通过实习活动，师范生在理论与实践的结合上掌握教育教学规律。

俄罗斯师范教育继承了苏联时期的这一传统。在俄罗斯教师教育课程中，教育实践环节也是一个重要的组成部分。俄罗斯每个师范院校都要求学生进行不少于 20 周的实习。并且，这些实习是分配到各个学年中区进行，每年的实习时间不低于 1 个月。实习通常从 1 年级下学期开始安排，连续 4 个学期，每周 4 学时，1—3 年级共 256 学时。

俄罗斯师范教育（以五年制为例）的实习分为教育实习和教学实习，其中教育实习为期 19 周，教学实习 1 周。教学实习，就是方法指导性的夏令营，目的是让学生获得教学活动的最初技巧方法。教育实习包括四类形式：在儿童保健夏令营进行的夏季教育实习；以普通中等教育机构为基地进行的教学实习和综合性

① 孙丽莉：《中国与俄罗斯师范教育课程设置比较引发的思考》，《黑龙江高教研究》2005 年第 5 期。

教育—心理实习；在师范专科学校进行的师范专科实习；[①] 由此可见，教育实习既包含在夏令营和中学进行的教育教学实践，又包含在师范教育机构进行的教育教学观摩与讨论，还包含对教育—心理学、教学方法的探究与反思，是将理论与实践相结合、提高实践能力的最好途径。教育实习是俄罗斯师范教育不可或缺的组成部分，也一直是师范教育改革的重要内容，充分地体现了师范教育的师范性。

教师工资及考核机制——由标准化趋向区别化

用现代教师教育的理念研究师范教育，除了教师之前培训的师范院校教学教育过程外，教师职后继续教育、教师的地位和待遇都在考察之列。其中为教师制定的工资待遇和考评制度是保证教师工作积极性、发挥主动性和创造精神的重要环节。

一、从统一化走向区别化的教师工资制度

苏联时期，教师工资虽然在进行不断的改革，但工资数额一直普遍偏低，以致对师范教育的健康发展产生了不同程度的影响。到上世纪 90 年代后，教育领域甚至出现了“教师荒”，而且，俄罗斯中小学教师构成出现了“教育领域女性化”现象，如，在俄罗斯 150 万中小学教师中，女性教师达到 83.5 万，在莫斯科有 89%的普通教育机构工作者是女性。

在《俄罗斯联邦教育法》中对教师的地位和待遇有明确规定。如规定学前教育、普通中等教育、初等职业教育和中等职业教育、教育机关工作者的平均工资应高于俄罗斯联邦人均工资的 1.5 倍以上，高等学校教授级教师的平均工资为俄罗斯联邦人均工资的 3 倍；教师 1 周工作时间不得超过 36 小时；凡连续从事教育工作 10 年以上的教育工作者，有权享受 1 次为期 1 年的带薪休假，为 25 年以上教龄的教育工作者提供获得国家退休金的权利；等等。这些旨在提高教师的待遇，稳定教师队伍的规定，无论是对教师个体的发展还是对于师范教育整体的发展来说都是积极有利的。而俄罗斯独立后，政府关于调整和提高教师工资待遇的举措一直在探索中落实。

---

① 张男星：《当前俄罗斯师范教育改革研究》，《全球教育展望》2007 年第 7 期。

1992 年 10 月 14 日，俄罗斯联邦出台 785 号决议，以统一工资表制度为基础区分预算内劳动工资水平，统一工资表制度从此开始实施。统一工资表制度将所有劳动按照复杂程度与专业技能水平分为 18 个等级，每个等级的等级系数不同，月工资标准也不同。① 所有的职业分为三大类：技术工作人员，专业人员，管理人员，每个种类的人员分别占据 18 个工资等级中的不同等级范围。教师属于专业人员的范畴，占据其中的从 6 至 13 级不等的位置。② 实施教师工资表制度以后，俄罗斯曾多次提高基本工资额。教师工资的标准化得到保障，工资额有所提高，但仍然未达到经济部门的平均工资水平。如，2007 年 1—5 月，俄罗斯教育领域工作者的月平均工资为 8019.6 卢布，这与 2006 年同期相比增加了 14.8%。但是与其他职业相比，教师工资水平仍旧偏低，教育领域工资水平稳定地保持在地区整体平均工资的 65%。

统一工资表制度存在如下缺陷：一、单纯追求课时量导致质量的下降。统一教师工资制度和基本教学工资的模式使得教师的工资多少完全取决于课时量，课时量越多教师的工资就越多，因而学校和教师都在力图增加自己的课时量。许多教师努力追求更多的课时量，每周 40 小时，随之由于没有足够时间备课，教师讲课的质量不可避免地下降。二、分配不公，多劳反而少得。班主任负责更多的德育与课外活动，但是他们的工资等级比科目教师却更低，③ 这不但直接影响了这部分群体的工作积极性，学生的教学教育活动也因此间接受到影响。

2007 年 9 月，俄罗斯联邦出台 605 号决议，贯彻实施国家预算机构工作人员的新劳动工资制度。新劳动工资制度规定，劳动工资的构成包含基本工资、补偿性工资和激励性工资三部分。④ 与此同时，俄罗斯新教师工资制度也同时开始实

① 维基百科 . Единая тарифная сетка. ［2010 — 11 — 07］ http：//ru. wikipedia. org/wiki/%D0%A2%D0%B0%D1%80%D0%B8%D1%84%D0%BD%D0%B0%D1%8F _ %D1%81%D0%B5%D1%82%D0%BA%D0%B0.

② Правительство российской федерации постановление от 14 Октября 1992 г. N 785. ［2010—11—3］ http：//www. mnogozakonov. ru/catalog/date/1992/10/14/923/.

③ Виктор Русаков. Новое в финансировании системы образования. Народное образование, №7，2008. С. 13.

④ Правительство Российской Федерации Постановление N 605 22. 09. 2007. Народная бухгалтерская энциклопедия. ［2010—11—03］ http：//www. klerk. ru/doc/87955/.

行，新西伯利亚地区的54所小学参与了该试验。[①] 2008年8月5日，俄罗斯联邦在605号决议基础上出台第583号决议，在联邦预算机构、国家机构、部队、联邦权力机构实施新工资制度。根据这个决议，俄罗斯联邦卫生与社会保障部、教育与科学部出台了一系列法规。在市级教育机构已经开始贯彻新教师工资制度。

新教师工资制度的基本目的在于根据教师的劳动成果提高教师的工资总额。新教师工资制度除了考虑课时量之外，还包括教师其他工作时间及工作的质量。之前的统一工资表制度力求给同一职业的所有人不分地区，不分工作质量以同样的工资，这实际上追求的是一种不公平的平等。而新劳动工资制度引入了激励性工资，开始将工资区别化，按照工作的质量加以区分，以不平等的方式走向了公平。如此的改革尝试，是教师工资收入有明显提升，以莫斯科为例，2010年2月各行业的平均月工资为3.62万卢布，而普通教育的教师平均月工资为3.92万卢布，达到教师工资超过各行业平均工资水平的要求。

二、从重资历走向重能力的教师评价制度

1993年，俄罗斯颁布《关于对国立、市立教学机构和组织教学人员和领导进行鉴定的示范条例》，开始对教师和学校领导进行授予职级的非常规性鉴定。这种鉴定不同于苏联时期实行的教师鉴定，那时的教师鉴定是称职鉴定；现在的教师评价制度则实际上兼具了称职鉴定与职称评定两种功能。[②]

该条例规定教师考核标准包括两部分，其一为一般指标，包括教育活动的结果、教师的自学、课堂和课外教学的质量、在教学与教育过程中对待学生的技能、教师在学生家长及居民中宣传教育科学知识的表现、在儿童的教育与再教育过程中给家庭以个别化的帮助、教师的个性品质等；其二为区别化指标，包括学历、工龄、教龄、教学业绩、教学竞赛、是否担任班主任、教育研究的水平和成果、完成教师进修课程等。[③]

现行教师考核主要从两方面进行：第一，对教师和管理人员的教育活动结果

---

① Новая система оплаты труда. Учительная газета (2008－11－11) [2010－11－7]. http://www.ug.ru/archive/26531.

② 邱兴：《俄罗斯两种鉴定制度对教师职后培训的影响》，《比较教育研究》1999年第1期。

③ 陈永明：《国际师范教育改革比较研究》，人民教育出版社1999年版，第219页。

进行考核。考核的形式包括座谈、创造性的汇报、科学教学法或实验研究报告的答辩等；第二，对教师和管理人员的实际教育活动进行专家鉴定，其方法可以是各种形式的心理与教育诊断以及对职业活动效率的考查。教师考核内容包括学生对教师所教科目的评价，教师班级管理情况，该教师所教科目的学生通过考试的人数，家长对其投诉的数量等。此外，2008 年年底，俄联邦教育与科学部制定了《新教师考核条例》。新条例将教师考核结果直接与工资挂钩，并明确教师考核的任务是保证教师职业技能的提高。

从考核的标准看，俄罗斯现阶段的职称评定主要注重教师的教学、科研能力等职业素质，改变了过去按工龄、学历等评定职称的做法；从考核的形式看，教师评定的形式更加多样化，且更加注重教师的教学实践能力，而非知识；从考核的作用看，考核结果将决定教师的职称等级，且与教师工资相联系，为教师个人通过提高职业技能而晋级加薪、实现自我价值创造了前所未有的条件。同时，新的教师评定制度还增加了教师培训的内在需求。

总之，俄罗斯师范教育系统连续性强、层次多样、衔接与转换灵活，师范教育机构专业性强、类型多元，师范教育课程综合性强、师范性强、实践性突出，教师工资制度和评价制度不断进行革新，这为培养符合现代社会要求的教师提供了良好的保障。

29. 俄罗斯职业教育体系发生了哪些变化？

姜晓燕

俄罗斯的职业教育体系形成于18世纪初，发展至今已有300余年的历史。苏联时期形成的完备的职业教育体系包括培养各级各类工人的职业技术教育，以及培养高一层次中级技术人员的中等专业教育。两类教育各自有着明确的培养目标、专业设置和教学内容，甚至教学组织形式也有所不同。苏联解体以后，俄罗斯职业教育体系发生了较大的变化。

俄罗斯职业教育体系发生的变化

1992年俄罗斯颁布的《俄罗斯联邦教育法》，将整个教育体系分为普通教育和职业教育两大部分，高等教育和中等专业教育都被列入职业教育范围。这种划分方式改变了苏联长期以来把高等教育、中等专业教育和职业技术教育（初等职业教育）划分为不同的三大部分的传统，形成了包括初等、中等、高等、高等后职业教育和补充职业教育共同组成的大职教体系，职业教育体系中的各级教育的共同使命是赋予公民进入社会所需的职业素养。受俄罗斯社会经济变化，以及欧洲教育一体化进程的影响，近些年来，俄罗斯职业教育体系一直处于调整和改革状态。

一、初等职业教育的变化

俄罗斯初等职业教育体系有60多年的发展历史，苏联时期称作“职业技术教育”。上世纪70—80年代苏联职业技术教育体系培养的技术工人在世界上被认为是最好的技术工人。与其他教育层次不同，一直以来，承担一定的社会职能，即对学生提供一系列社会支持，包括免费的食宿、奖学金和免费服装，成为苏俄初等职业教育与俄罗斯的传统。在这一教育层次中，75%的学生来自生活保证不利家庭，或者不完整家庭，80%以上的学生家庭收入都低于平均生活水平，6%的学生入学动机是学校提供免费的饮食。

俄罗斯的初等职业教育主要由两类学校提供，第一类为职业学校（职业技术学校，即 училище），这是传统的初等职业学校形式；第二类是近年来形成的新型的初等职业学校，即职业性实科学校（лицей）。二者的区别在于：实科学校提供更高层次的培养，甚至可以实施中等职业教育，主要培养高水平的技术工人。目前初等职业学校中，第一类学校大约占总数的 2/3，还有部分初等职业学校向技校（техникум）方向发展，主要表现形式是学生学习年限延长，一般为 3 至 4 年。

初等职业教育阶段的学习时间取决于学生入学时的受教育程度，九年级毕业入学要学习 2—3 年，十一年级毕业入学一般学习 1—2 年，其中九年级毕业生占大多数，基本占 75%，还有近 10%的学生的教育层次低于九年级。初等职业教育在俄罗斯属于义务教育，入学基本不存在竞争。

初等职业教育的教学内容以实践课为重，不同专业的实践课占总课时的 50%至 70%，远远超过理论课的比例。上世纪 80 年代后期，初等职业技术学校培养的职业有 1400 多种，包括冶金工人，建筑师、矿工、自动化生产线操作工等，1999 年俄罗斯联邦制定了第一代《初等职业教育标准》，根据这一标准对职业名录进行整合之后，调整为 280 个职业方向。从职业结构来看，与苏联时期正好相反，现在初等职业教育体系为工业部门和服务行业培养工人的比例为 80∶20，而且，出现了一些社会所需的新职业种类，主要培养小商业经营者、生态工作者、工艺品艺术设计师等。

社会转型以后，初等职业教育在俄罗斯面临明显的生存危机，上世纪末期，职业技术教育体系包括 4114 所学校，到 2006 年时还剩 3100 所初等职业学校，学生数量的减少一方面受人口减少影响，此外，初等职业教育吸引力下降，教学内容老化和教学水平低也是重要原因。初等职业教育的学生与人口数量的比例就很能说明这一问题，1990 年每万人口中有 126 名初等职业学校学生，2000 年为

115 人，2006 年为 99 人。[①]

二、中等职业教育的变化

《俄罗斯联邦教育法》规定，中等职业教育的目的是培养具备中等职业教育程度的、有熟练技能的专门人才，中等职业教育在基础普通教育、完全中等教育和初等职业教育的基础上满足个人深化和扩展知识的需要，使个人获得所选职业活动需要的技能、智力、身体、道德方面的发展。

在经历了社会转型初期的低迷后，近年来俄罗斯中等职业教育呈稳定发展状态。中等职业学校数量在缓慢增长，从 1990 年的 2603 所增加到 2006 年的 2847 所。学校数量的增加很大程度上是由于非国立学校数量增加的原因。2006 年共有 216 所非国立学校。中等职业学校学生总量也有所增加，从 1990 年的 226.1 万人，增加到 2006 年的 251.4 万人。每万人口中的中等职业学校学生数量从 153 人增加到 168 人。[②]

中等职业学校主要有三类学校：第一类是中等专业学校，包括中等技术学校和中等专业学校，用俄语表述为“техникум”或“училище”，也有部分中等专业学校的名称使用“中学”（школа）一词；第二类是学院（колледж）；第三类是企业（机关）技校（техникум－предприятие 或 учреждение）。其中，第一类学校是实施中等职业教育的基本专业学校；学院是独立的提高型的学校（或者是综合性大学、专科性大学、高等专科学校的分校），两类学校的主要区别体现为教学计划不同，前者实行中等职业基本教育计划之基础阶段的计划；学院实行中等职业教育基础阶段和提高阶段的计划，中等职业教育的提高阶段与基础阶段相比，人才培养的深度和广度均有所提高，学习期限增加一年；企业技校也是一种独立的学校，按照中等职业教育计划开展职业教育。技校毕业生获得“技师”资格，学院毕业生获“高级技师”资格。

俄罗斯的中等职业教育相当于联合国教科文组织统计局制定的《国际教育标准分类法》中高等教育的第 5 级中的 5B，也就是相当于中国的高职教育。俄罗斯每年基本有 11％的基础学校（普通学校九年级即初中）和 23％完全中学（普

---

① http：//pedsovet. org/component/option，com _ mtree/task，viewlink/link _ id，5425/Itemid，118/.

② 同上。

通学校十一年级即高中）的毕业生进入中等职业学校。根据入学层次的不同，学制为2—5年。中等职业教育以不同的形式实行，包括面授、面授—函授（夜校），函授。在完全中等教育的基础上接受中等职业教育学习期限为2—3年，函授形式比面授形式延长1年，以初中毕业为起点接受中等职业教育要比以高中毕业为起点的学制多一年。中等职业学校在竞争基础上录取学生，2002年技校（техникум）入学竞争（公费生）比例为1.75∶1，其中面授形式的入学竞争比例为1.85∶1。

中等职业教育的人才培养过程中，理论培养占据主导地位，占总学时数的60％以上，理论知识具有概括性，基本上具有一般职业知识的特点，这样学生可以从一组专业转到另一组专业中，实践性培养以实验室实践课程形式进行。

1995年，俄罗斯教育批准实施《俄罗斯中等职业教育标准》，根据该标准中等职业教育设有近300个专业。目前，中等职业教育的专业人才的培养结构有所变化，以前比重很高的技术和农业专业的录取比例有所减少，分别从53％和12％降到了37％和5％，经济和人文专业的录取比例从1980年的11％增长到2002年的36％。但是，近年来由于劳动力市场对技术专业人才需求的增长，技术人才的培养规模也出现了回升趋势。目前中等职业教育阶段设有约300个培养专业，服务和新型信息技术领域的职业属于最近几年的新增专业。

三、高等职业教育的变化

按照《俄罗斯联邦教育法》对教育体系的新划分，传统意义上的高等教育都属于高等职业教育，这是指四年制的学士阶段的教育、五年制的专家教育以及六年制的硕士教育，而不包括中国意义上的高职教育。据《俄罗斯联邦高等和大学后职业教育法》，大学可以划分为以下几类：综合性大学（университет），专科性大学（академиия）、学院（институ），其中，前两类发展迅速，目前占大学总数的50％和30％。人数最多的是综合性大学。任何一类高等职业学校及其分校在有相应的许可证条件下都可以开展普通初等、普通基础、普通完全中等、初等和中等职业教育，甚至是补充职业教育。如国立莫斯科技术大学设有针对青少年的数学物理学校，莫斯科大学设有开展普通教育的现有的三类高等学校在实行以上教学计划的同时，通常还要实行高等后职业教育计划，对高水平人才、科学和教育科学工作者实行培养、再培养和技能提高，兼顾开展基础性和应用性科学研究。对教育计划、教学量以及毕业生培养水平的要求都由高等职业教育国家教育标准决定。

高等职业教育阶段的教学形式包括面授、面授—函授（夜校）、函授、走读，所有的教学形式都实行统一的教育标准，教育计划可以连续或者分阶段实施。学校为通过国家评定的毕业生发放国家证书。

与其他的职业教育阶段相比，高等职业教育在近些年经历了最显著的数量和质量的变化，处于快速发展状态，使占各类职业学校 16.3% 的高校涵盖了 65.3%的各层次职业学校的学生。高等教育的普及率更是经历了高速增长。1990 年高校学生数量为 282.5 万人，2006 年增加到了 731 万人。[①]

四、大学后职业教育和补充职业教育

大学后和补充职业教育也是职业教育体系的一个重要的组成环节。按照《俄罗斯联邦教育法》规定，大学后职业教育向公民提供在高等教育基础上提高自身教育水平和科学教育素养的可能。高等学校提供的研究生教育属于大学后教育。补充教育的目的是为了全面满足公民的教育需求，在职业教育的所有层次都存在补充教育，其主要任务是连续提高工人、职员、专业人员的专业技能素养。

随着俄罗斯连续职业教育理论研究与实践的展开，这一层次的职业教育愈加受到关注。据统计，近些年来，有 2000 万名各级领导、专业人员和国家职员需要提高职业技能，接受再培训。目前，在俄罗斯职业技能再培训领域，尤其是领导和银行家再培训领域，对教育进口服务的需求占了很大比例。为了解决这一任务，需要提高现有的补充职业教育体系和大学后职业教育体系接受学生的能力，将现有容量扩大 2—3 倍。目前主要是依靠在学校中创办专门的分支机构来为企业提供补充职业教育。此外，也倡导建立行业性的补充培养体系，并努力使这种行业培养体系与大学实现教育资源进行整合。

俄罗斯职业教育体系变革的特点

苏联解体之后，社会的动荡和经济的滑坡使俄罗斯的初等和中等职业教育的发展一度陷入低迷。从 2000 年开始，俄罗斯经济逐渐得以恢复，2000—2006

---

① http：//pedsovet. org/component/option，com _ mtree/task，viewlink/link _ id，5425/Itemid，118/.

年，俄罗斯国内生产总值增长 2.6 倍，总量为 6790 亿美元，外资投入总量由 2000 年的 11652 亿卢布增长到了 2006 年的 44827 亿卢布。企业，尤其是小型企业，对于专业人员和技术工人的需求增长，技术工人的缺口达到 80%以上。在工业、建筑、交通和商业领域有近 20%的专业人员和技术工人的职业技能没有达到应有的水平。在此情况下，根据劳动力市场需求调整人才培养结构，提高职业教育体系人才培养质量是职业教育体系改革的主要目标。

2001 年 12 月 29 日俄罗斯联邦政府颁布《2010 年前俄罗斯教育现代化构想》。该构想是新时期俄罗斯各级各类教育改革的指导性文件。在《构想》中确定了职业教育的体系改革的使命是“建立有效的职业教育发展模式，在教育体系、权力机构、商业界和社会组织开展合作的基础上，将职业教育转变为地区社会经济发展的资源”。同时也确定了初等和中等职业教育优先发展战略，以使职业教育内容更加符合现实需求，要求提高初等和中等职业教育人才培养的质量，使人才培养符合国际标准，通过整合职业使初等和中等职业学校面向地区劳动力市场需求。从 2006 年开始，俄罗斯开始实行旨在改善民生的《优先发展规划》，优先发展初等和中等职业教育的发展战略被纳入其中，从教育投资和教育政策角度对于初等和中等职业教育的优先发展予以支持。从教育管理政策角度来看，俄罗斯职业教育主要表现出了以下几个方面的特点。

一、职业教育管理的去集权化和区域化

苏联时期的职业学校分属于不同的行业主管部门管理，职业教育体系首先定位于满足各行业，个别大型企业的人才需求，对于行政区域的社会经济发展关注不够。随着市场经济体制的形成，关注地区社会经济发展的需要，并满足地区经济发展对人才的需求，成为职业教育管理改革的主要方向。2004 年 2 月颁布的修订版《俄罗斯联邦教育法》专门突出了职业教育体系是“在多民族国家，保护和发展民族文化，区域文化传统和特色”的职能。

从 2005 年 1 月 1 日开始，40%的中等教育机构和 92%的初等教育机构交由联邦主体所有，其余的保留在联邦层次。而与初等职业教育体系不同，大部分的中等职业教育仍由行业性部门管理。从教育管理的去集权化趋势出发来预测，在不久的将来，所有的初等职业学校和大部分中等职业学校（甚至全部）都将会交给联邦主体。在职业教育的所属关系方面也出现了新的发展趋势，即不仅将学校管理权交给联邦主体，而且会将部分初等和中等职业学校管理进一步下放交由市

政一级管理。现在约有10%的初等和中等职业学校的管理权在市政一级。在下放学校管理权限的同时，俄罗斯也先后三次制定不同层次教育的教育标准，以此作为俄罗斯统一教育空间的主要举措。

二、职业学校投资和所有权形式的多样化

上世纪30年代以来，由于政府制定了一些专门的政策，苏联的初等和中等职业学校长期以来一直保留着国家所有制形式，并由国家预算投资予以保证。2011年的《2010年前俄罗斯教育现代化构想》所制定的"初等和中等职业教育优先发展"的任务要求审视职业教育体系的传统组织形式，并要求形成民主化的国家社会共管模式，使职业教育体系有机地融入市场关系中，并对劳动力市场的发展变化作出灵活反应，对于需求专业结构，以及社会中的主导的社会文化发展方向作出反应。

在《2010年前俄罗斯教育现代化构想》实施之后，初等职业学校的预算投入占其总开支的90.7%，在中等职业教育体系中，预算投入比例由61%减少到20%，其余不足部分由有偿教育服务收取的费用来补充，这一部分资金主要来源于学生的学费。这样，在中等职业教育体系中，付费学生的录取比例大大增长，为公费学生的65%。中等职业学校付费生占据所有有偿接受教育的居民总数的28%。

鉴于初等职业教育承担社会职责，俄罗斯法令保证这一层次教育的免费性，所以在初等职业教育层次，付费学生比例仅占0.2%。初等职业教育获取的预算外资金占其投入总额的20%，其余部分由国家预算资金投入。初等职业学校主要通过与企业签订合同（占21%）、根据就业管理部门的预定开展培训（占17%）、与个人签订合同开展培训（占62%）来获取一定的补充投入。目前，国家对初等职业教育的投入仅仅可以满足学校现实需求的一半。根据官方统计，俄罗斯初等职业学校80%以上的基础设施和教学设备都已老化。

社会转型时期，俄罗斯90%以上的企业实现了私有化，但是，在教育领域，私有化的发展趋势并不存在，尽管一些企业准备购买需要的学校用于培养工人，但由于俄罗斯法令禁止在初等职业教育阶段实现私有化，因此，至今在初等职业教育领域尚没有一所私立学校。中等职业教育阶段目前有188所非国立学校，所占比例也较低，其中113所为学院，提供高层次的职业教育，在高等教育领域私立教育发展活跃。

三、职业教育发展的一体化

职业教育管理地方化的实质是学校的教学开始关注地方需要，关注地区利益，使学校成为地方社会经济综合体的有机组成。因此，初、中等职业教育发展的一个重要方向是“职业教育与生产的一体化”，具体措施有：建立职业学校与企业合作的教学科研综合体，这是初、中等职业学校谋求进一步发展的方式，主要表现为创办企业学校；各层次职业教育的一体化，以保证初等和中等职业教育的纵向延伸（垂直）的灵活性，实现教育计划的连续性，提高资源使用的合理性和有效性；建立地区学校、教学科研和教学生产综合体，即将不同类型的学校，普通学校、职业技术学校、中专、学院和大学以及生产和科学组织联合起来，这是更大规模的职业学校一体化形式。职业教育的一体化可以保证集中财力及人力资源发展职业教育。

职业教育的一体化主要表现为，出现了一些新型的职业学校类型，比如1/3的初等职业学校已经转变为职业实科学校，这类学校的教育计划整合了初等和中等职业教育内容；部分中等职业学校转变为学院，在学院的第二教学阶段开展高等职业教育，这种变化趋势是实现连续职业教育的前奏。职业教育一体化在实践中的另一种表现为学校合并，近年来，俄罗斯初等职业学校数量减少，在很大程度上是由学校合并引发的。

尽管一体化的过程以不同形式实现，但其最终目的是更加合理地构建地区性、多层次的教育体系，这是职业教育，尤其是初等和中等教育求得进一步发展的选择。

四、发展连续职业教育体系

俄罗斯职业教育改革的另一项成功的尝试，表现为职业教育体系的结构性改革，初等职业教育领域出现了实科学校，中等职业教育领域出现了学院，高等职业教育领域也有少量的学院，且每一阶段教学的计划都具有足够的伸缩性。以中等职业教育阶段为例，中等职业学校在提供中等职业教育的同时，向下也在部分提供初等职业教育服务，向上提供高等教育的初级阶段服务，整个职业教育形成了一个连续的、相互沟通的体系，为学生的进一步发展创造很好的制度环境。

建立连续职业教育体系在俄罗斯是一种实践性尝试，更是一种职业教育的发展理念。连续职业教育的理论研究与实践旨在培养一种新的职业观。因此，连续职业教育的理念不仅关系到职业教育体系的改革，也会影响从学前阶段到高等后教育的各级各类教育。

五、鼓励合作与创新

俄罗斯联邦政府制定的“初等和中等职业教育优先发展的政策”长期以来并没有从资金投入角度得到落实，国家每年对于初等和中等教育投入的增长的部分实际上仅可以填补通货膨胀导致的开支增长部分。直到2006年联邦总统委员会对于这一政策提出了具体的建议，要改变俄罗斯职业教育的“追赶型发展”的模式，使俄罗斯的职业教育与世界发达国家职业教育具有同样的竞争力。为此，提出一系列政治、社会经济和教育措施，这些措施确定了职业教育领域的政策，其中包括职业教育要保证完全满足公民、国家、社会经济发展的需求，以及劳动力市场对培养高水平专业人员的需求，不断提高专业人员职业水平和职业流动性。

2006年年底，优先发展初等和中等职业教育被纳入到《优先发展规划》，俄罗斯联邦政府发布《国家为国立学校培养高科技生产（所需）工人和专业人员提供支持的措施》指出：根据《2007年联邦预算法》第60条规定，2007年将在竞争性选拔的基础上，挑选部分实施创新性教学计划的初等和中等职业学校，其目的是通过向被选拔学校提供国家预算内资金，使学校有条件购置现代化的教学实验仪器、教学生产设备，保证学校实行创新性教育计划，从而能够培养高科技生产所需的工人和专业人员。2007年俄罗斯开展了“实行创新性教学计划的初等和中等职业学校竞赛”，该项竞赛实质上是对国立初等和中等职业学校的国家预算内资金划拨方式的变体，获胜学校获得的资金投入数量超过对学校的年度预算投资。从该项竞赛的选拔要求来看，鼓励学校进行教育创新并与企业界展开合作是未来俄罗斯职业教育发展的重要取向。

六、调整职业教育结构

职业教育的结构性改革主要体现为引入应用型技术学士的体系，也就是在中等专业学校培养学士并保证授予高等教育证书，应用型学士以中等职业教育计划为基础，将实践性学习与高等教育特有的理论学习相结合。这一想法由俄罗斯工业—企业家协会提出，以保证向处境不利的居民提供获得与大学文凭具有竞争可能的教育。应用型学士概念本身是一个新概念，俄罗斯法律对此尚没有明确表述，仅仅是在2009年8月19日出台的政府命令《关于在中等和高等职业学校中创建应用型学士的实验》中出现。其中阐明，应用型学士属于高等教育层次，所实施的基本计划是高等职业的基本实验计划，可以由中等职业学校与高等职业学校合作施行，或者由高等职业教育独立实施。应用学士计划应当保证学士计划特有的职业理论培养，以及中等职业教育计划特有的职业实践培养。2009 年 10 月 16 日俄罗斯教育科学部发布第 423 号命令《关于落实政府 2009 年 8 月 19 日第 667 号命令》，2010 年 5 月又发布第 463 号命令《关于确定联邦中等和高等职业教育学校名单暨联邦范围内参加在中等和高等职业教育学校中建立应用型学士实验的中等和高等职业学校优胜者名单》。这项实验到现在才刚刚一年多的时间，适合与否、成功与否还远不能过早下结论，但有一点可以推测，这项实验的设计理念应该在很大程度和很多方面影响俄罗斯职业教育发展的未来。

社会转型之后，俄罗斯职业教育体系经历了重大调整，高等教育被纳入职业教育体系，加之大学后职业教育和补充职业教育，俄罗斯建立了连续的大职业教育体系，各级职业教育相互沟通，衔接有序。与此同时，俄罗斯各级职业教育发展严重失衡，高等教育迅速发展，初等职业教育处境艰难，大量的高校毕业生无法就业，劳动力市场对中等专业人员和技术工人需求旺盛，职业教育供给与需求失衡。针对这样的情况，2008 年 12 月，俄罗斯总统梅德韦杰夫就已提出“今天的职业教育应当充分考虑 21 世纪劳动力市场的需求”，2010 年 8 月，总统再次召开会议，专门讨论职业教育发展问题。由此可见，职业教育在未来的一段时间将是俄罗斯的优先发展的领域。

30. 私立学校对俄罗斯教育产生了怎样的影响?

单春艳

1991年的俄罗斯《联邦教育法》正式确立私立教育在教育体系中的地位，经过20年的发展，现在已经形成了一个相对完整的体系。那么，俄罗斯的私立教育是怎样产生的？发展现状如何？对俄罗斯教育体系产生了怎样的影响？还存在哪些问题，未来发展路径是什么？

俄罗斯的私立学校出现的背景

苏联解体后，俄罗斯进入了全面的社会转型时期，政治和社会经济的变革对教育系统产生了深刻的影响，主要体现为教育体制的市场化、教育结构的多元化、教育形式的私有化和教育管理的自治化。私立、非国立学校[①]也正是在此时应运而生，并取得了快速发展。

一、政治、经济环境的影响

苏联解体后，激进的改革措施使俄罗斯出现了价格全面自由化、国有企业私有化、贸易非垄断化、商品市场化等现象，俄罗斯社会开始从计划经济向市场经济过渡，这其中一项重要的内容就是将多年以来单一的国有制变为私有制为主体

---

① 1992年，俄联邦《教育法》中以“非国立学校”取代了“私立学校”的提法，因为解体后的私立学校既包括个体私立学校本身，也包括由不同社会组织、企业及其他创办者设立的教育机构。特别是有很多私立大学是由中央政府组织和国立高等教育机构参与创办。人们习惯于将普通学校称为私立（或非国立）学校，而高校通常用非国立高等学校说法，这里为方便理解统一用“私立学校”。

的多种所有制形式。

1991 年 1 月，俄联邦颁布的《企业与企业活动法》中规定，开办公司、股份公司和私营企业的任务之一是为满足社会需要提供服务，教育活动作为国民服务的一种形式自然也包含在其中，由此俄罗斯产生了首批私立教育机构。此后，俄联邦政府制定和颁布的《企业非国有化和私有化基本原则》等法规，进一步加速了私有化进程，俄罗斯教育私有化进程也随之跟进。

二、相关法律政策的支持与保障

1991 年 7 月叶利钦签署的第一号总统令《俄罗斯苏维埃联邦社会主义共和国教育发展的紧急措施》中涉及了私立教育问题，首次在教育发展的国家规划中确定发展私立教育。1992 年颁布的俄罗斯《联邦教育法》确立了俄联邦多元办学体制，规定学校的举办者可以是私人、社会团体和组织、宗教组织等，形成了教育面向社会和市场的新格局。1996 年的《俄联邦国家教育要义》将“鼓励对教育系统的非国有投入，其中包括通过给予税收和关税优惠的办法鼓励法人和自然人参与教育机构的发展”列为国家在教育领域的 30 项基本任务之一。这为私立高校的发展提供了法律保证。2008 年 3 月发布的《2020 年前的俄罗斯教育——服务于知识经济的教育模式》报告指出，俄罗斯将进一步发展国家和私人的合作，现有教授某些具体技术的私立教育中心将成为职业教育体系的组成部分，与国立教育机构一起在竞争基础上获得国家的支持。①

这些法律法规在一定程度上调动了社会和个人创办私立学校的积极性，明确了私立学校的法律地位，使得私立教育机构的各项活动有法可依。

三、高等教育自身发展的需求

在俄罗斯的各级各类教育中，私立学校出现和发展的事实本身就已经证明了社会对私立教育的需求，以及存在与发展的意义。

第一，私立教育的出现打破了国立教育一统天下的局面，为更多民众敞开了大门。特别是私立高校的广泛建立，扩大了高校的地域辐射范围，解决了俄罗斯公民就近上学，以及国立高校人满为患的问题。

第二，私立学校培养了大批俄罗斯社会转型期所急需的人才，满足了市场需

---

① 姜晓燕：《2020 年：新教育模式让俄罗斯教育面向知识经济》，《中国教育报》2008 年 10 月 7 日。

求，这在私立高等教育方面表现得较为明显。一方面，国立大学的专业设置不全，仅仅依靠国立高校的改革与调整，不能满足市场需求；另一方面，俄罗斯实行市场经济以后，各种所有制形式的企业大量增加，造成专业人才需求不足，私立高校在专业设置上紧紧围绕市场需求，无疑在市场上发挥了重要作用。

第三，由于俄罗斯经济急速下滑，财政困难、教育经费严重短缺直接影响着教育改革和发展的进程。许多地区的普通学校的行政运行费、事业费、基建费都处于零运行甚至负运行状态，根本无法保证必要的教学物质基础，实现教育现代化和信息技术化。严重的经费不足也导致教师罢课、教学质量水平不高甚至下滑问题。因此，只有通过改革教育体制才能缓解压力。私立教育的出现有利于拓展资金来源，减轻国家财政负担。

俄罗斯私立学校的发展现状

一、私立普通教育发展状况

俄罗斯的私立普通教育机构数量自2003年到2009年一直保持在700所，学生数量在7万人左右。2010年私立普通教育机构略有减少，共有680所，学生71000人，其中初等普通教育机构64所，学生数为3000人，基础普通教育机构69所，学生数为6000人，中等（完全）普通教育机构547所，学生数为62000人。俄罗斯私立学校的师资水平普遍比较高，待遇也优于国立学校教师。2008—2009年，私立普通教育机构的教师总量为18000人，师生比为1∶4。①

私立普通教育学校包括以下几种类型：创新型学校占88%，矫正型学校占1.5%；宗教学校占5%。② 创新型私立学校在教学过程的探索方面有较大的空间，产生了大量的教学法和教学论方面的综合成果；矫正型学校为有各种各样智力或身体缺陷的孩子创办；宗教学校中以东正教学校居多，实施完全中等教育或者作为假日学校存在。

私立学校学生成分最初为科学技术人员或知识分子的孩子，现在这部分孩子

---

① федеральная служба государственной стастики Российский статистический ежегодник. Москва. 2010. С. 220、225—226、227.

② 梁鹏：《俄罗斯私立教育改革》，《教育评论》2009年第2期。

的比重有所下降，多数私立学校的学生都来自中产阶级家庭，即中层管理者、企业家的孩子。在私立学校学生中，大型企业的领导和管理者的孩子约占 15%。[①] 这与财政拨款不足—需要交纳高额学费有关。

二、私立高等教育发展状况

俄罗斯的私立教育主要集中在高等教育上，它经历了三个发展阶段：1991—1997 年为俄罗斯私立高校的快速发展时期；1998—2002 年，俄罗斯私立高校进入了平稳发展阶段，稳中有升；2002 年至今为理性过渡期，即私立高校已经开始从规模扩大向质量提升过渡。

私立高校设置模式包括三类：第一类是独立式高校，包括从名牌大学中分离出来的和由公司或企业创办的两类；第二类是附属式高校，即隶属于老牌高校；第三类是联合式高校，指以社会团体联合办学或国家间联合办学。

2006 年年初，私立高校达 640 多所，超过国立高校（633），其中 77%的私立高校是经过国家认证的，其学生数接近 150 万人。[②] 2007 年年初，经国家鉴定许可办学的私立高校数为 650 所，占高校总数 48%。截止到 2009 年，俄联邦国立高等教育机构总数为 687 所，私立高校总数为 665 所。2010 年经国家鉴定的私立高校的学生数已经超过 150 万人，占高校总学生数 1/5。[③]

俄罗斯刚出现私立高校时，私立高校师资的绝大多数来源于国立高校。随着私立高校的不断发展，教师队伍的层次和水平都在提高（详见下表）。

2010 年，俄联邦私立教育机构在其整个教育体系中的比重降低。根据俄罗斯统计部门的统计数据，私立高校在一年之中下降了 23%。[④] 受此影响，私立学校的师资队伍也表现出不稳定的发展态势。

---

① Анатолий Витковский, Сохранится ли в России негосударственное образование. http://old. soling. su/Ppk=22372.

② Растопшина Ирина Александровна, Развитие негосударственного высшего образования в России в конце XX - начале XXIвв. диссертации на соискание ученой степени кандидата исторических наук. Москва. 2006.

③ 20 лет пути негосударственного образования. http://www. obrazovanieufa. ru/Vuz/20 _ let _ puti _ negosudarstvennogo _ obrazovaniya. htm.

④ Негосударственное образование сократилось в России на четверть. http://ipim. ru/news/2891. html.

私立高等教育机构专职教师数量　　单位：千人

年份	总数	有学位教师		有职称教师	
		科学博士	科学副博士	教授	副教授
1995/96	13.0	2.1	6.3	2.0	4.9
2000/01	42.2	5.2	19.7	5.2	15.3
2001/02	46.9	6.2	20.9	6.0	16.3
2002/03	47.8	6.2	21.3	5.8	15.9
2003/04	50.1	6.6	22.7	6.1	16.4
2004/05	50.7	6.7	22.9	6.1	16.1
2005/06	65.2	11.0	31.1	9.5	20.0
2006/07	75.0	15.6	36.7	13.2	23.1
2007/08	78.8	17.2	38.8	14.5	23.7
2008/09	63.5	10.4	33.1	8.7	19.3
2009/10	35.1	4.4	17.1	3.7	9.8

资料来源：федеральная служба государственной стастики Российский статистический ежегодник［M］. Москва. 2010：263.

在地域分布上，俄罗斯的私立高校绝大部分分布在高等教育比较发达的地区，如莫斯科所在的中央区和圣彼得堡所在的西北区共占据了全国47%—48%的私立学校。①

三、俄罗斯私立学校的办学状况

俄罗斯最初的私立学校创办者是教育工作者、家长和商人。其办学的目的各异：② 多数组织机构创建私立学校是为了让自己的孩子在那里学习，但是随着孩子离开学校，创办者的兴趣减小，以至于后来这些机构不断减少；还有一些私立教育机构是由商人创办的，他们认为通过创办学校可以树立形象或者只是简单地为了在教育上赚钱，在某种程度上讲，商人通常不会考虑这类学校的长远发展，

① 杨广云、黄伟达：《中俄私立（民办）高等学校现状比较研究》，《当代教育论坛》2005年第3期。

② Анатолий Витковский, Сохранится ли в России негосударственное образование. http：//old. soling. su/Ppk=22372.

也不会为教育机构的发展投入资金；还有一些私立学校是由教师创办的，他们对于创办什么样的学校都有自己的观点，希望实现自己的理想。他们的工作是具有创造性的，能够吸引教师和管理者。

俄罗斯私立学校的经费来源有三个：创办者的资金、家长支付的学费和国家款项，其中，学费是私立教育机构经费的主要来源，多数私立学校经费100%来自私人投资。得到认证的学校，15%—25%的资金来源于国家财政投入，75%—85%来自学费[①]。另外，由于国家对捐款和投资教育的人有税收优惠政策，私立高校也能接受捐款，从商业界、校友或其他基金会那里获得经费。

俄罗斯的私立学校的特点和功能

一、俄罗斯私立学校的办学特点

在发展形式上，私立教育的主要优势在于它的灵活性、应对社会上经济变化的高效性、创新性以及满足居民对多种类型和优质教育的需求。另外，私立教育机构通常会通过创建舒适的学习条件来拓宽教育的功能，通过降低班级名额增强对学生的关注，致力于运用新的技术资源、教学方法使学生在境外也能延续学习。[②]

在发展规模上，私立教育具有发展快、规模大、不均衡等特点。俄罗斯的私立高等教育自上世纪90年代产生以来，发展迅速，为国家解决了高等教育的需求压力；私立教育在地域分布上，经济发达地区多，欠发达地区少，如40%的私立高校都集中在中央区，乌拉尔、西伯利亚和远东地区私立高校总数不超过16%；[③] 在高校数量与校均学生数量比例上，高校数量多，校均学生数量少。

在教育过程方面，私立学校的教学以非全日制形式为主，函授大于面授数量；专业和课程设置实用，私立高校专业覆盖面较窄，主要集中在人文—社科、

---

① 梁鹏：《俄罗斯私立教育改革》，《教育评论》2009年第2期。

② Смирнова Мария Владимировна, Конституционное право на образование и гарантии его реализации в негосударственных общеобразовательных учреждениях. http://www.referun.com/.

③ 肖甦、孙春梅：《俄罗斯非国立高校的发展及运营策略探析》，《比较教育研究》2009年第4期。

经济与管理等社会热门领域及新兴专业。实施个性化教学、教育质量参差不齐也是私立学校在教学上的特点。

在法定待遇方面，按照俄罗斯《联邦教育法》，非国立教育机构不应靠审批办学，而应凭借注册登记开办。非国立教育机构本身在经国家鉴定认可后，可以享有获得国家和地方财政拨款的权利。同时，非国立学校的学生同样“享有得到国家的补助以便接受国家规定的完全中等普通教育或职业教育的权利”；非国立教育机构的教育者同样“享受社会福利保障（如休假、退休金、工龄等等）权利”。

收费标准悬殊与免费的私立教育并存也是俄罗斯私立学校，尤其是非国立高校的一大特点。高收费的私立普通学校可以达到每月1000美元；受教育质量和社会声誉等因素的影响，优秀非国立大学的学费每年大约从2000到5000美元不等，而质量差的学校低至400美元。同时，很多私立校为吸引优秀生源创品牌，都设有一定的免费名额或高优惠名额。

二、俄罗斯的私立学校对社会及教育体系产生的影响

1. 私立学校对社会的作用

经过20年的发展，私立教育体系对于社会稳定、社会生产机构及其在教育服务市场中创建竞争机制起到了积极的促进作用，也为社会培养了大量人才，在一定程度上缓解了苏联解体后激进的社会变革造成的社会问题。私立教育机构通过为消费者提供服务成为市场上积极的主体，能够解决一些重要的社会任务：①

第一，通过提供教育服务获取资金，促进教学机构物质基础和发展状况的改善；第二，创造新的工作岗位，为有经验的教师提供兼职工作的机会；第三，拓展获得高等教育的机会，开拓和设置劳动力市场上紧缺的新兴专业；第四，解决当前社会面临的重要任务——使受过教育的人重新获得自信，感觉到自己的重要性和被社会需要，实现自己的潜能。

现在所说的私立教育在十月革命时期叫“自由教育”（“вольными”）。根据私立教育自身的特点，可以将其理解为自由的教育，在俄罗斯未来要建设的自由公民社会过程中，私立高校是一个重要的因素，因为它主要致力于社会的智力和创造潜力建设。私立教育的理念是形成新一代有自由思想的人，创造21世纪新

---

① В. Б. Степанова, Социальная роль высшего негосударственного образования в современном обществе. http://www.isras.ru/.

的教育标准。[1]

2. 私立学校对教育体系的作用

俄罗斯的私立教育特别是私立高等教育已经成为俄罗斯国民教育体制的一个重要组成部分，在俄罗斯教育体系的改革中发挥着重要作用。

第一，改变了前苏联长期以来形成的国家包揽高等教育的状况，初步形成了俄罗斯联邦政府和社会各界共同兴办高等教育的新局面。俄罗斯私立高校发展起来以后，高等教育呈现出办学主体多元化和办学模式多样化，这一变化也给高等教育的发展带来了新的活力。

第二，缓解政府的财政紧张，满足有志青年求学成才的需要。在当前俄罗斯对教育投入不足的情况下，可以吸引商业领域的资金以满足教育发展的需要，缓解政府的财政紧张。一方面，这些收费学校的出现使那些有经济能力又希望接受高等教育的青年上大学的机会大大增加；另一方面，由受教育者自己承担教育费用，这在很大程度上减轻了国家教育财政的负担。

第三，以灵活的教学体制弥补国立高校的不足。私立高校在专业设置上多以经济管理、商业、法律、人文科学及许多非传统专业为主，这些都是比较热门且在市场上走俏的专业。而私立高校制定的独特的、个人设计的大纲和教学法，可以满足国立高校中那些不满于现有教学方法的教师，可以让这些教师有更好的发展空间。

俄罗斯私立教育存在的问题及发展路径

一、俄罗斯私立学校发展过程中存在的问题

俄罗斯私立学校在向理性道路发展的过程中仍存在一些制约自身发展的问题，其中地位和质量问题一直是影响私立高等教育顺利发展的两个障碍。

1. 国立高校与私立高校的地位不平等

俄罗斯的私立高等教育在其整个高等教育体系中占有很高的比例，俄联邦政

---

① Интервью И. М. Ильинского, президента Национального союза негосударственных вузов, о перспективах негосударственного образования в России. http: //www. school3k. ru/sc-news/ednw _ id519. html.

府为提高教育标准，对私立高校严加管理。国家一方面承认私立教育在国家教育发展中的作用，另一方面实际解决问题的步伐迟缓，对私立高校不平等的现象依然存在。如私立高校并没有与国立高校享受同等的税收优惠权利；国立高校可以从国家获得教学和科研所需物质基础、毕业生订单、财产税，可以得到联邦教育发展规划的支持以及在国家场地上进行教学，而私立高校基本上得不到这些优惠。

除了国家的政策倾斜力度不一之外，社会对私立高校的认同度也比较低。虽然私立教育是国立教育的有益补充，但人们对私立学校的认同度不高。主要是私立学校的教师和教学质量问题让人们难以认同。家长仍然喜欢为孩子选择社会声望较高、有一定地位的学校学习。

2. 私立学校教育质量问题

俄罗斯私立学校的水平参差不齐，办学质量很不稳定，教育教学条件差，教师结构不合理。如因得不到财政投入，不能真正巩固物质基础、藏书，吸引高水平专业人员进入学校，也不能广泛使用现代化设备；教学场地问题也是多数私立高校面临的首要问题，仅有10%的私立高校有自己的校舍。[①] 私立高校还存在质量下滑问题，一项对私立高校质量的调查表明，部分国立高校分校的教育质量比非国立高校的教育质量下降得还要厉害。调查中发现，很多高校的分校实际上变成了文凭的发售站，只管颁发而不顾质量。

二、俄罗斯私立学校的未来展望

1. 保证私立教育法律法规的稳定性和持续性

为规范私立教育市场，俄罗斯政府在教育基本法、学校教育法及其他相关法律法规中都对私立学校的有关问题进行了界定。这为私立教育的规范发展提供了有效的保障。

但是俄罗斯对私立教育的政策法规也存在不断变更、缺乏持久性的缺点。例如，以前法律中规定在校舍租赁上给予私立教育机构优惠政策，而现在在延期租赁的情况下，官员有权进行招标，商业性质的公司也可以参加。再如，从2005年1月1日，俄罗斯停止了对非国立教育机构的正常拨款，2006年起开始采用新的税收法律，私立学校需要交纳财产税，从这时私立学校开始征收土地税了。这

① 李艳秋：《俄罗斯私立高等教育探微》，《世界教育信息》2008年第7期。

样做的结果导致了私立学校学费的增加。一位私立学校校长说，此前，每年的学费降低了10%—15%，但是从2006年11月份开始，已经增加到30%，未来几年学费的最低标准还将提升。①

不同时期的非国立教育政策缺乏连续性和稳定性，不利于私立教育体系健康有序的发展。只有通过持久的国家保障和支持才能使私立学校得以生存和持续发展，所以，为确保私立高校在促进国家和社会进步中的积极作用，国家要积极支持私立高校的发展，出台稳定的教育政策。

2. 重视教育质量，赢得学生家长的支持与信任

近年来，俄罗斯的私立高校在ISO 9000：2000质量标准的要求下积极创建和引入自身的质量管理体系，并试图以莫斯科国立大学在高校内部质量管理体系方面的经验为参照，制定以下原则推进学校发展：教学过程和培养学生个性发展的目的相统一；教学和培养过程的人文化；教育的超前性；通过多样化、延续的教育大纲实现教育过程的连续性；为了使人才培养质量和职业教育大纲与劳动力市场要求相协调，实现教育与职业环境的一体化；为形成职业与社会精英实现科学与教育的一体化。②

此外，鉴于私立教育机构的发展在很大程度上由学生家长决定，所以赢得家长的信任非常重要。这是因为，在私立学校的选择上，家长更愿意选择那些能为孩子们最大限度地创造舒适条件的学校：安全、餐饮保障、多样的休闲活动等等。而且，家长更关心私立学校教师的教学水平，这种趋势加强了国立学校中高技能学科教师流动的趋向。于是，家长的选择和对教育质量的监督，也就成为私立学校的优胜劣汰的一个重要影响因素。

3. 建立相关组织机构，明确私立教育发展方向

俄罗斯非国立高校协会（АНВуз РОССИИ）是俄罗斯教育系统中大型的非商业性社会联合组织，成立于1994年，其创立的目的是发展和完善俄罗斯的公民教育，巩固私立教育作为俄罗斯教育体系不可分割的一部分的地位，协调私立教育机构的活动，保护私立教育机构的利益和权利。它的工作与国家杜马专门委

---

① Анатолий Витковский, Сохранится ли в России негосударственное образование. http://old.soling.su/Ppk=22372.

② 同上。

员会和俄联邦议会的委员会、俄联邦教育与科学部、俄罗斯监察局、联邦反垄断部、俄罗斯校长联盟、俄罗斯大学生联盟、地区教育管理机构、大学校长委员会都有着紧密的联系。

20世纪末，俄罗斯各地的私立高校以自发形式组成了一些地方性的私立高校协会。2003年10月，在莫斯科和莫斯科州私立高校协会的推动下，成立了全俄私立高校联盟（НСНВ），以加强私立高校之间的合作，开展公平竞争，共同解决自身发展过程中的问题，监督教育质量。[①] 全俄私立高校联盟主席 И. М. 伊林斯基（И. М. Ильинский）指出，НСНВ的使命是成为俄罗斯私立高等教育的法人代表，以建立一个能够赢得社会尊重和信任的团体为目标。在发展实践中表现出自己能够提供优质教育的教学机构都可以成为联盟中的一员，但为了保证这个联盟的声誉，新成员的筛选非常严格。现在联盟吸收了5所高校和3个联合了50—60个教学机构的协会。相关组织机构的建立对俄罗斯私立教育机构的发展起到了重要的支持和保护作用，对于私立教育机构未来发展方向及发展策略起到了重要的指导作用。

总之，俄罗斯的私立学校的回归是俄罗斯国内社会变革和发展的产物，随社会转型的进程而不断扩展，其发展速度既迅疾又不均衡，既为不断变化的劳动市场提供了多样化人才，又在某种程度上搅乱了俄罗斯人才培养的质量声誉，既大幅度提高了公民接受高等教育人口的比例，也创造了令人咋舌的高收费学校教育。针对这种喜忧参半的现状，俄罗斯政府教育主管部门已经着手大力度整顿私立教育机构，在教育质量、培养方向、运营资质、师资管理等方面展开检查，制定和出台一系列监察政策。

---

① 肖甦、孙春梅：《俄罗斯非国立高校的发展及运营策略探析》，《比较教育研究》2009年第4期。

31. 俄罗斯是如何重振创新人才培养体系的?

姜晓燕

具有竞争力的人力资源是保证国家社会经济发展及其世界竞争力的首要条件，创新人才是人力资源的重要组成部分。当前，全球性创新型科技人才短缺正在成为阻碍各国经济发展的主要原因之一，各国都在制定科技创新战略和人才竞争战略。俄罗斯在苏联时期建立了高质量的创新人才培养体系，为苏联经济社会的高速发展提供了高水平人力资源支持。苏联解体后，由于俄罗斯政治不稳定、财政拨款严重不足和体制不完善等原因，使得昔日培养了众多科技人才的创新人才培养体系遭受重创。在苏联时期残存的创新体系基础上，重振创新人才培养体系是当前俄罗斯面临的任务。

苏联时期如何培养创新人才

对于创新人才，各国有不同的定义。在俄罗斯，创新人才一般指具有创新意识和创新能力的、能够满足国家创新经济发展所需的科研人员、高技能人才和具有特殊天赋的青少年。其中，高技能人才一般指攻读和获得科学副博士和科学博士学位的研究人员。苏联创新人才培养独具特色，且取得了举世瞩目的成绩。从1904年至2010年，俄罗斯共有21人获诺贝尔奖，特别在物理学领域，俄罗斯科学家为世界物理学的发展作出了巨大贡献。此外，还有9位数学家获得被称为“数学诺贝尔奖”的菲尔茨数学奖。从1991年年底苏联解体俄罗斯独立到2011年，国际数学联盟分别于1994年、1998年、2002年、2006年、2010年颁发了5次菲尔茨奖，共有18位杰出的数学家获得此项殊荣，其中有6位俄罗斯人获奖，获奖人数超过美国和法国位列第一。这 6 位俄罗斯数学家中，有 3 位在俄罗斯接受了到博士阶段的完整教育；有 2 位在俄罗斯完成了大学教育，但他们的博士生导师也是移居国外的俄罗斯人。20 年间，共有 5 位俄罗斯人获得诺贝尔奖。5 位获奖者中，有 4 位在俄罗斯接受了完整的教育。另外 1 位虽然在荷兰获得博士学位，但其导师仍然是俄罗斯人。从获奖人的年龄来推算，他们多在苏联时期接受教育，甚至在苏联有过科研工作经历。

苏联创新体系开始建立于上世纪 20 年代末、30 年代初，50—60 年代基本建立起了均衡、合理的创新体系，该体系保证其在科学领域取得的显著成绩，从而为其经济的迅速发展奠定了基础。苏联仅用 70 年的时间就把一个落后的农业国改造成拥有强大工业基础、科学技术先进、社会获得巨大进步的世界强国之一，实现了跨越性发展，完成了资本主义国家用几百年时间才实现的现代化任务，在航空航天、核能、新材料、生物技术等领域的技术和工艺方面取得非常显著的成绩，这一切都与其拥有的创新体系和创新人才密切相关。

苏联国民教育体系对创新人才培养功不可没。十月革命前，与先进的西方资本主义国家相比，沙皇俄国的教育和科技都相当落后。十月革命后，苏联国民教育水平明显提高。苏联时期的国民教育体系为国家提供大量优秀人才，对科学文化的发展起到正面作用。到 20 世纪 50—60 年代，苏联无线电技术、核技术、化学工业技术、仪表仪器技术迅速发展，工业生产领域广泛应用技术创新，和美国并列成为当时现代工业技术革命的带头人。上世纪 60—70 年代，苏联各主要经济指标的增速非常快，科学技术及受其影响的工业行业，如机械制造业、电子、能源、石油化工工业发展迅速。一系列工业产品生产数量超过美国，占据世界第一。在俄罗斯历史上，第一次具有如此巨大的经济潜力，人民生活水平达到最好水平，国际声望和对世界的影响也达到最高水平。

苏联的研究生教育承担着培养高层次科研和科教人才的任务。早在 20 世纪 30 年代，为了适应社会主义工业化、农业机械化与现代化和发展普通教育的需要，苏联建立了较为完整高等教育体系。从 1928 年到 1940 年，苏联高等学校为国家培养了高级专门人才共 896800 人。[①] 1934 年，为重新建立学位学衔制度，

① （苏联）B. П. 叶留金著，曲程等译：《苏联高等学校》，教育科学出版社 1983 年版，第 50 页。

苏联人民委员会通过了《关于对科学工作有显著成绩者授予学位和称号》的决定。1937 年，又通过了《关于学位与学衔》的决定，确定了博士、副博士两级学位和教授、副教授、助教三级学衔。到 1938 年，设有研究生部的大学已有 228 所，科学研究机关 267 所，在高校学习的研究生就达到 13000 人。到 1941 年，研究生的人数增加到了 13200 人。[①] 卫国战争期间，尽管师资大量减少，但高校研究生培养工作并未中断。苏联学位与学衔制度的建立为培养年轻的科学工作者创造了良好条件，高校及科研机构的具有学位和学衔的教师和科研人员数量持续上升（见下表）。

苏联科学工作者人数（年末数，千人）

	1950	1960	1980
科学工作者总计 （包括高等学校的科学教育干部）	162.5	354.2	1373.3
其中有学位者			
科学博士	8.3	10.9	37.7
科学副博士	45.5	98.3	396.2
其中有学衔者			
院士、通信院士、教授	8.9	9.9	27.4
副教授	21.8	36.2	110.7
高级研究员	11.4	20.3	66.0
初级研究员和助教	19.6	26.7	41.1

资料来源：（苏联）A. M. 普罗霍罗夫著，中国社会科学院苏联东欧研究所《苏联百科手册》翻译组译：《苏联百科手册》，山东人民出版社 1988 年版，第 361 页。

俄罗斯创新人才的培养现状

20 世纪 80 年代末期世界发达国家纷纷开始制定国家创新体系构想，俄罗斯相关政策制定起步较晚。2002 年 3 月，俄罗斯制定出台《2010 年前及长期俄罗斯科学技术发展基本政策》，其核心内容是建立俄罗斯创新体系。但是，俄罗斯

① （苏联）В. П. 叶留金著，曲程等译：《苏联高等学校》，第 367—368 页。

的创新体系近十年间，不仅没有发展，甚至在退化。俄罗斯国内的相关研究显示，俄罗斯创新体系竞争力在50个国家中排名第38，低于金砖四国的其他国家，甚至低于土耳其。而且，苏联时期储备的创新人才存量正消耗殆尽。其明显表现是从20世纪70年代中期起，苏联及解体后的俄罗斯科学技术发展滞缓，在掌握新科技方面与发达国家的差距不断扩大。

创新人才队伍老化、后继乏人。苏联解体后，俄罗斯研究生教育规模呈现急剧增长态势，但是培养效率低下，论文答辩通过率不超过30%，大部分研究生延期毕业或拿不到学位，而且，研究生毕业后从事科研和教学工作的人数也很少。科学领域的工作人员在逐年减少。1990年到2004年间，一流水平的科研人员减少了40%，而二流的科研人员数量却恰恰相反，增加了50%。① 科研人员年龄结构失衡，出现了代际断层。科学院的科研工作人员的平均年龄为57岁，在大学工作的博士和副博士的平均年龄超过了50岁，俄罗斯教科院院士平均年龄为72.5岁，通信院士为68岁。50—69岁年龄段科研人员逐年增加，2004年，该年龄段科研人员占科研人员总量的27.8%；29岁以下人员开始递增，② 2004年为15.4%。但是，30—39岁以及40—49岁的中年科研人员比例明显减少（见下表）。

俄罗斯科研人员的年龄组成（以年底的统计数据计算，%）

年份	1994	1998	2000	2002	2004
总量	100	100	100	100	100
29岁以下	9.2	7.7	10.6	13.5	15.4
30—39岁	24.0	18.1	15.6	13.8	13.0
40—49岁	31.7	28.3	26.1	23.9	21.9
50—59岁	26.1	27.9	26.9	27.0	27.8
60岁及以上	9.0	18.0	20.7	21.8	22.0

资料来源：Е. В. Семёнов. Человеческий капитал в российской науке. http://emag. iis. ru/arc/infosoc/emag. nsf/BPA/.

---

① Л. Е. Варшавский, М. Г. Дубинина, И. Л. Петрова, Развитие человеческого капитала в научно—технической сфере в России и за рубежом http://emag. iis. ru/arc/infosoc/emag. nsf/.

② Александр Костинский, Человеческий потенциал и образовательная политика в России. http://www. svobodanews. ru/content/transcript/378052. html.

大规模人才流失直接削弱了创新人才储备，创新人才断层问题凸显。其原因包括“智力流失”，虽然流失数量不是很大，但流失在外的俄罗斯学者多是先进科技领域的专业工作者，如数学、物理、生物学、病毒学、遗传学和生化学等专业的工作者，其中包括最顶尖的学者。俄罗斯独立以来 20 年间，6 位菲尔茨奖获奖数学家只有 1 位生活在俄罗斯本土，其余 5 位都效力于美国和法国。5 位俄罗斯人获得了诺贝尔奖学者，1 人去世，另外 1 人在俄罗斯工作生活，其余 3 位都在美国和英国工作。与此同时，由于金融和电子商务的快速发展，其优厚的工资待遇吸引了大量科技人员加盟，造成了技能人才“内部移民”，“内部移民”规模与日俱增。不仅仅转行到其他领域，在岗科研人员还以兼职形式挤占正常工作时间，导致学者技能水平的下降。而且，继 1992—1994 年“人才流失”高潮后，2002 年俄罗斯又开始出现新一轮的人才外流，科技人员队伍前景更不令人乐观。

俄罗斯为重振创新人才培养体系所采取的措施

在知识经济时代，国家竞争力是反映国家经济发展现状和发展前景的重要指标，而人力资源与科技创新是影响国家竞争力的主要因素，培养高水平人才是提升国家竞争力的基础。社会转型以后，俄罗斯综合国力明显衰微。洛桑国际管理学院（IMD）发布的《国际竞争力年度报告》以及世界经济论坛（WEF）近年的《全球竞争力报告》表明：在影响一国综合国力和国家竞争力的因素中，俄罗斯教育良好的人力资源和自然资源是其国家竞争力优势所在。2008 年年底俄罗斯联邦政府制定的《2020 年前国家社会经济发展长期构想》明确了俄罗斯摆脱能源出口型经济，建设创新型国家的决心。该《构想》提出 2012 年前将致力于为从能源经济向创新经济转型创造条件；2012 年至 2020 年，国家开始发展创新经济。

创新型经济对于创新人才的依赖更强，对于人力资源的要求更高。然而，令人担忧的是，俄罗斯的人力资源总体情况日渐倒退。联合国开发计划署《人类发展报告》表明：1992 年俄罗斯人力资源发展指数位居第 34 位。1999 年（1998 年危机以后的第二年）俄罗斯的人力资源发展指数位居第 55 位，2005 年人力资源排名为 65 位。人口数量减少是俄罗斯人力资源的主要问题，也是不可回避的现实。俄罗斯科学院人学研究所及科学院人口社会经济问题研究所的研究显示，如果继续保持当前的出生和死亡水平，到2025年，俄罗斯人口比现在减少14190万人，减少到12200万人，与此同时，根据预测，随着死亡率的继续增长，出生率的下降，俄罗斯人口会更加减少。在这样的背景，提高人力资源质量，培养创新人才是俄罗斯的不二选择。

创新人才培养是一项系统工程，它开始于教育，延续在各类职业活动中。与建设创新经济战略相配套，2008年年末俄罗斯教育科学部向联邦政府提交了主题为《教育与创新经济的发展：2009—2012年推广现代教育模式》的教育发展方案和名为《2020年前的俄罗斯教育——服务于知识经济的教育模式》的中长期教育发展纲要。教育发展的主旋律是实现教育现代化和加速教育创新，以教育创新保证国家走创新发展之路。俄罗斯社会形成这样的共识，即“现代教育既是创新发展的结果之一，更是创新发展的必要条件”，以培养创新型人才来保证国家竞争力。2008年俄联邦政府第440号令颁布了《2009—2013年“创新俄罗斯的科研与教育科研人员”联邦目标纲要》，规划了未来四年俄罗斯创新人才的成长的目标、任务及措施。这一纲要强调要在保存现有支持青年学者和重点学派的国家体系的同时，创建促进科研和教育科研人才成长的机制，是当前俄罗斯支持创新人才成长的主要政策。

一、提升普通教育质量

普通教育是人才培养的基础。上世纪50年代末到70年代中期，为了提高教学质量，培养高质量的专门人才，苏联先后进行三次普通教育改革。从上世纪80年代以后持续至今，提高教育质量成为教育政策的主要着力点。但是，俄罗斯普通教育的质量仍旧不尽如人意，青少年教育水平在下降，近年来进行的国际学生评价项目（PISA）显示，俄罗斯一直徘徊在近30名的位次。提高普通教育质量是当务之急。早在1992年制定的《俄联邦教育法》，就从国家法律层面明确了国家对学校教育质量如何进行监督。对于教育质量的监督在1996年和2004年修订的《俄联邦教育法》明确和细化。2005年12月批准制定的《2006—2010年联邦教育发展目标纲要》再次强调要发展教育服务质量保障体系。对于国家教育质量的关注在《2020年教育模式》中进一步得到体现。要求完善教育机构和教育机构活动的评价体系，通过建立国家教育质量评价体系，在全国范围保证教育质量及教育均衡发展。

提高教育质量的关键在于保证师资质量。为提高师资水平，俄罗斯首先着手改革教师培养体系，推行教育学硕士制度。主要措施包括在综合大学组织教育硕士班，教育学硕士将承担部分中学高年级教师的工作；将大部分师范大学转变为传统大学的院系，或者改建为培养专业教师的人文类大学。其次，着手完善教师考评机制。为此，2008 年俄罗斯完成了《教师活动专业化标准草案》，2005 年、2008 年先后两次制定了《教育工作人员及领导人员鉴定程序》。对教师鉴定评价程序，组织、科学方法及资金保障，鉴定委员会的决定及其落实，鉴定的时间和形式等重新做了详细规定。通过推动教师培养、进修和鉴定体制的完善来提高教师质量。

二、重构补充教育体系

补充教育在俄罗斯并不是一个全新的教育领域，而是其教育体系的优良传统。十月革命后，苏联已经形成了包括少年宫在内的非常完备的儿童补充教育体系。苏联解体后，俄罗斯的补充教育体系一度被弱化甚至摧毁。近年来，俄罗斯社会各界在反思教育改革的过程中，重新认识到了补充教育体系的重要性。重构补充教育体系成为俄罗斯教育现代化的重要组成部分。

在俄罗斯，补充教育被视为儿童个性化发展和创造力培养的重要手段，它不仅有利于发展儿童个性、能力和兴趣，也有利于儿童明确自身社会定位和职业自我定位。在建立创新经济背景下，俄罗斯将补充教育作为培养创新人才的重要教育形式。为满足社会对补充教育的广泛需求，俄罗斯出台了一系列补充教育政策，包括《2010 年前儿童补充教育现代化构想》、《2002—2005 年儿童补充教育体系发展的跨部门联合纲要》及《2010 年前儿童补充教育体系发展的跨部门联合纲要》等。由此可见，俄罗斯已将补充教育上升到培养创新人才、提高国家竞争力的战略高度。

俄罗斯教育科学部 2008 年年底出台的《教育与创新经济的发展：2009—2012 年推广现代教育模式》方案提出，要扩大补充教育的规模。在 2012 年之前，每个学生将得到每周 2 小时的时间来开展课外活动，到 2020 年要保证每周不少于 6 小时。俄罗斯设定的补充教育发展目标是，将 5 岁至 18 岁学生可以获得免费补充教育的比例由原来的 27%提高到 40%；将 14 岁至 25 岁接受“为天才儿童和青年提供的补充教育服务”的人数比例由原来的 12%提高到 22%。

国际的研究显示，劳动人口接受补充教育频率，也是评价一国创新体系的指标之一。除普及儿童补充教育以外，还要通过构建现代化终身教育体系来完善劳动人口的补充教育。要求打破非正规教育的集权管理模式，更新教育计划，实行个别化教学，保证每年有不低于50%的劳动人口参加连续教育。鼓励非国立机构开展失业人员再培训。通过建立国家数字教育资源图书馆，网络自我教育服务和远程自我教育体系来扩大教育需求者继续教育的可能。

三、落实天才儿童支持计划

苏联时期建立起了天才儿童培养体系，创办了专门的天才儿童培养学校、儿童夏令营、创造性儿童联合体、天才儿童寄宿学校。积累了丰富的发现天才儿童和培养儿童的经验。从2006年开始，俄罗斯开始实行旨在改善民生的《优先发展规划》，在《优先发展规划》的框架内，梅德韦杰夫政府于2007年制定了《2007—2010年天才儿童计划》，计划投资19亿卢布。目的是发现并对在科学、艺术、体育以及社会活动方面表现突出的儿童予以支持。前不久，联邦政府批准该计划继续实施到2015年。每年在俄罗斯各地区选定5350个天才青年，并对国际和俄罗斯奥林匹克竞赛优胜者予以支持，其中包括1250个俄罗斯奥林匹克竞赛的获奖者，奖金6万卢布；4100个地区或地区间奥林匹克竞赛的获奖者，奖金3万卢布。①

“侧重专业性教学”在俄罗斯也被视为培养创新人才的重要方式。“侧重专业性教学”在保证学生掌握基本知识和基本技能的同时，通过实施“侧重专业性教学”来保证教育的个性化。“侧重专业性教学”是2020年以前俄罗斯高中阶段教育改革的重要举措。侧重专业性教学主要是通过教学结构、内容和教学组织形式的调整，有效实现差别化和个性化教学。开展侧重专业性教学的主要目的，是通过改变中学高年级的教学组织体系，保证教学内容、教学方式的多样化和个性化，从而培养学生的创造力和创新精神。2003年9月，在俄罗斯联邦的雅库特共和国、鞑靼斯坦共和国、加里宁格勒、莫斯科等10个主体、20个城市的266所学校中展开了侧重性教学实验。② 2007年，在俄罗斯的大中城市中，有近70%的中学在高年阶段已经实现侧重性教学。侧重性教学是使教学个别化和细分化的

---

① Определены все 5350 лауреатов премии талантливой молодёжи в рамках нацпроекта “Образование”. http://mon.gov.ru/press/reliz/3063/.

② Концепция профильного обучения на старшей ступени общего образования. http://www.profile-edu.ru/content.php.

手段，旨在实现教学过程的个别指导，为学生选择个性化教育提供可能性。[1]

侧重教学并非严格的专业化，而是尽可能地满足学生构建个性化的教学计划的要求，从教学法和技术方面保证学生选择个性化教学计划，其中包括利用信息技术。实施专业侧重性教学既可以减轻学生负担，也通过提供学生选择的补充教育，扩展学生主动活动的空间，发展学生的创造性思维能力。

四、调整高等教育体系

高等教育是国家创新体系的基础。为青年创新性学习提供条件，为国家创新发展提供技术支持是高等学校的使命。俄罗斯传统的高等教育体系的竞争力在不断下降，不足以承担培养创新人才的重任。俄罗斯高等教育竞争力不足首先体现为俄罗斯顶尖大学在全球大学排名中表现不佳。在上海交通大学 2004—2008 年的世界大学学术排名中，莫斯科国立大学的名次在 66—76 位之间波动，圣彼得堡国立大学则在 300—400 位之间徘徊。2006 年，500 所学校中只有 2 所俄罗斯大学，莫斯科国立大学位居第 70 位。《泰晤士报高等教育》的世界大学排名结果同样令人沮丧：自 2004 年起，莫斯科国立大学的排名在 79—231 位之间变化。[2]

近些年来，俄罗斯尝试调整高等教育体系，在《优先发展规划》的框架内，对大学重新进行分类和职能定位，将大学划分为联邦大学、研究型大学等。其中，联邦大学定位是达到世界水平的、具有产学研一体化功能的大学，其任务是满足地缘政治任务及大型跨区域投资项目的人才需求，是区域技术创新的领军者；国家研究型大学的任务是要保障国内经济稳定及现代技术所需的人力资源，其最主要的优点就是改变过去研究过程和教育过程分属不同机构的局面；地方大学实施多专业教育大纲，保证为俄罗斯联邦的社会经济发展提供专业人才；专业学院主要实施文凭教育。联邦大学的使命是保证落实高等及高等后职业教育计划，实现科研、教育和生产一体化。其中包括将智力活动的成果推广到实践应用。形成确定区域社会经济综合发展的人才和科研潜力。计划在每个地区建立一所联邦大学。每个大学可以在联合综合大学和技术大学基础上建立。新型大学首

---

① В. А. Степанов，Проблемы и приимущества профильной и предпрофильой подготовки учащихся средних школы，Наука и школа，№3，2007. С. 14.

② Anna Smolentseva：《创建世界一流大学：俄罗斯的案例》，《国际高等教育》2010 年第 3 卷第 1 期。

先要为国家创新性发展规划培养人才，培养能够促进现代技术发展的学者。在建设新型大学方案的框架内，计划制定现代教学计划，采用新的教学法，配置新型的科研设施，对教师进行再培训。预计在5—6年内，在建设新型大学基础上，建成几所进入俄罗斯十强大学行列的高校，到2020年前，进入世界百强大学。

依据对大学的分类，向不同类别的大学提供不同额度的联邦财政支持。通过对大学进行分类，向其中小部分院校提供大量的额外支持，同时也向这些学校提出相应的任务，使其对世界科学技术的发展产生影响。为此，从2006年开始，在国家《优先发展规划》的框架内，俄罗斯在高等教育领域推行“研究型大学”“联邦大学”等专项计划，到2010年年底共建有7所联邦大学、22所研究型大学，通过实施专项计划加大对这些院校的投入，同时以社会合作形式开展，带动地方、社会组织和企业对这些学校进行补充投资。2020年前，在竞争选拔基础上，建设40—50所联邦级的新型研究型大学，其活动以长期发展规划为基础，并保证科学技术发展最优先方向的科学研究计划的落实。联邦研究型大学有责任保证俄罗斯科学和教育在世界的竞争力。

未来10年间，俄罗斯将重点支持上述两类大学，联邦大学是学生数量为3万—5万人的多学科大学；研究型大学规模中等，但设有重点学科。同时，创建世界级商务学校，力争打造几所进入国际500强的具有国际竞争力的大学。为支持这两类大学的发展建设，国家预算最近三年每年将额外划拨超过10亿美元的资金。

五、鼓励高校走创新发展之路

从2006年起，以俄罗斯教育科学部作为主要组织者，在俄罗斯举办了“全国高等学校创新性教学计划竞赛”，该竞赛为开放性竞赛，任何一所俄罗斯大学，只要递交为期两年的创新性教学计划就可以参赛，获胜学校可以获得额度不等的资助。2006年，俄罗斯全国高校提交了200份竞赛申请，经竞赛选拔委员会投票评选出17所优胜学校，这些学校在2006—2007年从联邦预算中总共获得100亿卢布的资助。这些资金用于支持学校制订现代化的教学计划，采用现代化的教学方式，购置现代化的教学设备和实验设备，并为提高教师技能对他们进行再培训。以2006年为例，17所获胜大学获得了50亿卢布的资助，其中莫斯科国立大学和圣彼得堡国立大学所获资助最多。这些资金70%用于购买实验设备，25%用于创新性教学计划和教学法的实施，5%用于提高教职员工技能和进行再培训。

得益于该国家规划的落实，2006 年获胜大学共建立了 300 多所实验室，学校添置了大型设施，近 2000 名教师参加了职业技能提高计划和培训。

2007 年年初，俄罗斯举办了第二次高等学校创新性教学计划竞赛，共有 267 所大学提交了参赛申请，经选拔最后有 40 所学校成为优胜者。其中包括 15 所莫斯科的大学和 25 所地区大学，涉及医学、农业、建筑、石油、人文、师范等学科的院校。获胜学校将在 2007—2008 年从联邦预算中获得总额为 200 亿卢布的资助，同时获胜学校需要拿出不少于联邦资助额 20％的配套资金。

六、提升大学科研能力

在俄罗斯，大学科研越来越受到国家重视。俄罗斯大学的发展规划特别要求大学机构组成中要包括科学研究中心，以便让学生利用超现代化的实验基地，掌握实践技能。这样，新型大学可以依靠吸引高水平的青年专家成为国家和地区科学、经济改革和发展的中心。

国家在加大高校科研投入的同时，要求高校增加科研收入比例。在教育领域要保证大学研究的积极性和创新积极性，首先是要向研究型大学和联邦大学提供补充资金支持，打造高等教育的“火车头”。俄罗斯国家创新发展方案《创新俄罗斯 2020》中提到，2020 年前，在俄罗斯大学收入结构中，依靠完成科研任务以及科研设计任务所得收入占 25％；用于大学科研资金将占科研总投入的 30％。[①]

《2009—2013 年“创新俄罗斯科研和科教人才”联邦专项计划》指出，要向为高科技企业培养学者和专家的俄罗斯高校提供教学—研究基地，为俄罗斯重点大学装配科研实验室，购买先进的现代专业测量、分析和技术设备。吸引预算外资金不少于联邦预算资金总额的 25％。联邦预算资金用于该项目的支出为 49.6 亿卢布。

针对教师老龄化，年轻教师不愿留在高校工作的问题，《2020 年前俄罗斯教育发展模式》提出在新的投资机制基础上，以及在广泛扩展大学研究性工作基础上，将会对现有的教师队伍进行更新。要求大学教师不仅要拥有职业技能，而且要拥有科学潜力。为了提升教师的科研实力，首先要增加教师工资，除了基本工资外，要提供资助以及补充收入，其额度将与国外大学教师和俄罗斯商业界的收

---

① Наука：трудный путь из СССР в Россию. http：//www.ru－90.ru/c.

入等同。在《优先发展规划》的框架内，奖励优秀师资，加大科研和科教人才培养体系的投资。国家将会促进大学教师的国际和国内学术机动性，包括长期资助研究生和大学教师的学术进修，支持俄罗斯大学和外国教师缔结合同。

本着资金将跟人走的原则，向个人提供的资助与具体的大学没有关系。得联邦长期资助的研究人员可以自主选择工作地点。这样可以使得大学产生吸纳这样的教师和研究人员的积极性，拥有和积蓄为保证这些人员的工作提供有利条件的动力。

2008年7月28日，俄联邦政府批准通过了《2009—2013年“创新俄罗斯科研和科教人才”联邦专项计划》，内容更为具体，将扶植高校的高层次科研和科教人才的培养和稳定作为一项主要内容。具体目标包括：高等教育机构30—39岁科研人员的比例应占其科研人员总数的21%—22%；国立和市立高校39岁以下教师的比例应占教师总数的40%—41%；国立和市立高校高水平教师（科学副博士和科学博士）的比例应占教师总数的63%—64%。为保证高校教师和科研人员队伍的承接性，俄罗斯将制定目标性硕士生和副博士研究生培养制度。2015年前，这一体系将会涵盖联邦研究型大学的20%的硕士生和35%的副博士研究生。到2020年前，目标性硕士生和副博士研究生培养将占同一层次人才培养的25%和50%。

建立高校科技园区是提升高校科研的另一主要途径。2002—2006年，俄罗斯92%的科技园区是在大学基础上建立的，或者是附属于大学的。只有4%是在行业基础上或在学术机构基础上建立的，其余4%是在工业企业基础上建立。大学科技园是创新型企业的孵化器，也是信息技术、生物技术、宇航技术、能源等领域的技术孵化器。①

七、鼓励大学生参加科研活动

高等学校应“为科学技术革命培养基础骨干人才的后备力量”，以便积极影响“科学技术发展的进程及其社会经济效果……”是20世纪60年代后期和整个70年代高等教育改革和发展的指导思想，② 是当前培养大学生和研究生创新能力

① Юлия Федорова, Кадровая политика в условиях инновационной экономики в России: новые подходы и формы занятости. http://www.turiba.lv/darba_tirgus_2008/pages/Fedorova_ru.html.

② （苏联）В. П. 叶留金著，曲程等译：《苏联高等学校》，第54—55页。

的主要举措，也是培养新一代教学科研人员的重要形式。为此，《2009—2013年"创新俄罗斯科研和科教人才"联邦专项计划》（以下简称《专项计划》）利用科学和教育一体化机制，增加科研活动和教育活动主体间以及科研、教育和高科技部门间联系的项目，提高对大学生、研究生、年轻学者从事科研活动的吸引力。

为提高大学生和研究生参加科研活动的积极性，《专项计划》以专项资金保证年轻学者、研究生、大学生独立或在著名学者领导下开展研究和开发，要求大学生、副博士生、博士生和其他年轻研究人员参与《专项计划》确定的国家科研项目组织的学科竞赛、科技竞赛和其他活动，参加人数的规模在6万—6.5万人之间。

《专项计划》明确提出，2009—2011年每年挑选450个左右的科研项目，每个项目每年资助500万卢布，期限3年。规定每个项目成员中要包括不少于3个博士生和4个大学生，并向这些研究生和大学生支付足够比例的劳务费。2009—2011年每年各选拔500个左右由科学博士和副博士领导的科研项目，每个项目每年资助200万卢布和150万卢布，期限各3年。科学博士项目要求有2名副博士生和2名大学生同时参与。科学副博士项目要求有不少于1名副博士生和2名大学生同时参与。2009—2012年每年挑选500个左右定向研究生（副博士生）主持的科研项目，每个项目每年资助50万卢布，期限2年。

人力资源是软实力，也是决定俄罗斯是否重新崛起的重要因素。俄罗斯国家杜马教育委员会副主席斯莫林不久前在回顾俄罗斯教育20年发展时谈道：投资教育是目前俄罗斯提升人力资源的最为重要的因素。俄罗斯没有第二种选择。如果俄罗斯依赖能源，将会被历史进程所淘汰。如果寄希望于教育的飞跃，俄罗斯可能有机会以某种形式克服最近15年所面临的问题，朝着最先进国家的方向发展。[①] 西方学者在分析俄罗斯能否复兴时，首先肯定了丰富的自然资源对俄罗斯发展的有利影响。另一个有利条件就是俄罗斯人的教育水平，它既是苏联时代留给俄罗斯的重要遗产，又是俄罗斯重新繁荣的必要条件。当前，在俄罗斯确定国家创新发展战略之时，重视创新人才培养，重振创新人才培养体系是国家发展战略的重要组成部分。俄罗斯的创新人才培养体系贯穿于教育各个阶段，涵盖了从

---

① Александр Костинский，Человеческий потенциал и образовательная политика в России. http：//www. svobodanews. ru/content/transcript/378052. html.

正规教育到补充教育的各个环节，既有资金保障，又有明确的目标定位，体系完备，措施具体，昭显了俄罗斯试图以创新人才保证建设创新型国家的决心。如果这些规划和计划能够落到实处，而不是仅流于文本，流于形式，相信会对改善创新人才培养起到促进作用。

32. 俄罗斯为什么强力推行国家统一考试?

李　莉

2001年俄罗斯变革传统中学毕业考试和大学招生考试模式，将二者合为一个“国家统一考试”（俄文以缩写形式简称ЕГЭ），自此国家统一考试登上历史舞台，从个别地区实验到全国范围内推行至今已走过10年路程。作为俄罗斯社会转型过程中教育体制改革最重大、最受争议的事件之一，此项改革触及了俄罗斯社会的方方面面，支持和反对声音十年来持续不绝。

实行国家统一考试的背景

俄罗斯高等学校入学考试的传统模式是大学自主招生考试，即各高校成立招生委员会，根据高考大纲自行命题，自行主持考试，自行评分录取。高考的科目主要根据专业的需要而定，通常2—5门。解体后的最初十年，俄罗斯一直沿袭大学自主招考制度。2001年俄罗斯教育部启动国家统一考试的小范围实验，并逐步向全国推广，这也是最近十年俄罗斯教育体制改革的一项重要内容。

早在2000年7月26日俄罗斯联邦政府通过的1072号令《2000—2001年俄联邦政府社会政策和经济现代化的行动纲要》中关于教育现代化基本方针中首次提到了“实施国家统一考试”。2001年2月16日第119号决议通过了《关于组织举行国家统一考试的实验》，自此ЕГЭ登上俄罗斯教育改革的舞台。2009年俄罗斯政府顶住各方压力，强力在全国范围内正式推行国家统一考试制度。国家统考从试验、逐步推广乃至正式实施，从国内到国际，从教育内部到社会政治经济大环境都有其复杂的影响因素，是多维度动力因素综合作用的结果。

一、教育维度的影响

俄罗斯传统上由学校自行组织考试，因为没有统一的评价标准，每个学校、教师之间的评价标准和分数随意性很大，难以保证教育质量，且无法在同类学校之间进行比较。ЕГЭ可以在试题内容和评价标准方面保证客观性和统一性，使考题难度、区分度的比例更加科学，基本上可以满足各级各类高校不同的选才标准和考生的各自需求。另外，原有的五分制难以对学生水平进行细致区分，从教师的一般心理来看，不愿意给学生过低或过高分，大部分学生集中在3或4分，五分制实质上变成二分制，很难评价出好或更好。ЕГЭ采用百分制评分系统，增加了区分度。"尽管还有来自某些专家、教师和家长方面的批评，但应该承认，ЕГЭ终究还是起到了一个客观评价知识水平的工具作用"。[①] ЕГЭ将中学毕业考试和大学招生考试合二为一，减少考生的考试次数，既提高了效率，又保护学生的身体健康，降低青少年的心理—生理压力。通过国家统考，既可以客观评价学生的知识水平，又可以在不同学校和地区之间进行教学质量比较，联邦政府可以以统考成绩作为区分同类学校教育质量的标准，从而对不同学校进行相应的财政拨款。

二、社会维度的影响因素

高校自主命题、单独招考在多个环节上容易滋生腐败。入学考试主要以口试为主，抽签答题，题量较少，一方面可能会因为"手气不佳"抽到"不幸的签"导致考试失败；另一方面口试过程评价较为主观也容易滋生腐败和评价不公正。ЕГЭ的成绩评定采取计算机自动化和独立专家评定相结合，尽可能减少人为干扰。由于中学和大学知识相互脱节，毕业考试和入学考试分别进行，为申请心仪的大学，考生不得不通过各种渠道了解大学招生考试的相关信息，往往还要提前托关系，走后门，个别还需要读大学的预科，为考取某个具体大学或专业而聘请专门的家庭辅导，如果同时对几所大学感兴趣，其费用和精力往往让贫困家庭望而却步。统考目的是为了降低考试过程中的贿赂行为，减少家庭用于支付家庭教师、托关系、入学考试的路费、生活费等的财政支出。考生不必到大学所在地区面试参考，有利于农村和边远地区优秀学生获得平等的入学机会，促进城乡居民

---

① Алешина М. В. Плеве И. Р. Социальный лифт или социальное исключение. Высшее образование в России，№11，2009. С. 126—131.

的教育公平。圣彼得堡市长说，“无论我们如何批评 ЕГЭ（它的确也还存在很多不完善之处），但它确实提供了一项最主要的保障：即对所有人的教育公平性。因为根据 ЕГЭ 成绩，即使国家最偏远地区的学生也可以来圣彼得堡上大学”①。

三、政治维度的因素

俄罗斯是多民族的国家，地域广阔，各民族居住较为分散，民族矛盾和民族问题较为突出。实施 ЕГЭ 有利于维护国家和民族统一的教育空间，与普京的“强国理念”和“新俄罗斯思想”的文化战略一脉相承。目前俄罗斯没有国家统一的教科书，教材种类繁多，选择权在学校和任课教师。如何统一思想和意识形态显然较为迫切。ЕГЭ 首次在《2000—2001 年俄联邦政府社会政策和经济现代化的行动纲要》出现时，是将其置于实现教育现代化甚至是国家现代化基本方针必要举措的高度。可以说，ЕГЭ 首先在观念和价值方面确保国家思想的统一、在教育内容、教育标准方面保障了国家权力的涉入；其次通过考试科目的设置可以保障民族语言、文化的继承和传播，有助于统一俄罗斯教育空间。

四、国际环境维度的因素

在教育领域，俄罗斯积极采取各项政策和措施，促进与欧洲教育一体化的进程。2003 年 9 月俄罗斯正式签署《博洛尼亚宣言》，加入欧洲高等教育共同进程。但俄罗斯无论是中学毕业还是高校录取，传统上都由学校自行设置考试，没有国家统一的考试和测评监督机制，中学文凭既不被承认，也不易与欧美国家对等，对发展国际教育的交流与合作十分不利。力求教育上的国际化表明了俄罗斯教育发展的一个趋势，其主要目的是为了加强国际教育交流与合作，共享欧洲人才市场和劳动市场，同时从国际教育市场获得丰厚的利润。有资料显示，“当前世界教育市场（包括学习的间接支出费用）约为 1000 亿美元，这个数字相当于每年世界的黄金、未加工润色的金刚石、珠宝钻石市场（包括租赁）的数额。每年外国留学生为美国经济带来约 130 亿美元的收入，在美国国民经济的出口领域中占第 5 位。”② 同比俄罗斯留学市场的收入约为 10 亿多美元，仅仅是美国的十

---

① Матвиенко считает ЕГЭ гарантом равенства всех учащихся，http：//magicdays.ru/news/detail/item_id=2582－2010－09－01.

② Андреев А.Л.，Россия в глобаньном образовательном пространстве，Высшее образование в России，№12，2009. С. 8—20.

几分之一、全球市场的百分之一[①]。如此巨大的经济利益对俄罗斯具有很强的吸引力；同时文化"软实力"的输出和话语权的争夺也迫使俄罗斯教育的国际化。加入国际教育市场是俄罗斯经济、社会、文化，甚至是国家权利的需求。与此相对应的是：俄罗斯教育的国际声誉逐渐下降，"以留学市场为例：1989—1990 学年，俄罗斯全日制高校的留学生数量占全球总体份额的 7.7%，2000—2001 年降至 3.3%，至 2009—2010 年降到 3%以下。"[②] 因此改革教育体制，发展国际教育，方便互认留学生的学历，必须有统一的鉴定标准。ЕГЭ 既方便了国外对俄罗斯学生的学历认证，也有利于提高俄罗斯教育质量和教育信誉，提高俄罗斯国家的综合实力，重返教育输出大国的历史舞台。

国家统一考试的内容与规则

一、ЕГЭ 的基本规则与组织

从 2001 年起，俄罗斯开始 ЕГЭ 试点，考试分必考科目和选考科目两个部分。必考科目为数学和俄语；选考科目为社会知识、物理、历史、生物、化学、信息学、文学、地理、外语[③]等 9 门，考生根据所申请大学及专业方向进行选择相应的考试科目。考试内容以国家颁布的普通教育科目示范大纲为基础，不得超出其规定范围。

ЕГЭ 由国家考试委员会组织人员命题，在指定地点、规定时间（11 个时区不同开考时间）内进行；考点设在当地的大学和中学内，每个考场考生人数限制在 15 人以下。在俄罗斯联邦各个主体内采用同一类型的试卷和同样的评价标准。考试结束后一周由考生所在学校公布成绩。之后，考生将自己的报考材料向所申报的高校投档。各高校根据考生志愿和成绩完成录取并将结果发布于网上供查询，考生根据录取信息做出到哪所学校就读的最后决定。

在时间安排上，ЕГЭ 基本在 5—6 月份实施，但 4 月份和 7 月份也分别安排

① Арефьев А. Л. Экспорт российского образования: основные показатели и тенденции, Высшее образование в России, №1, 2010. С. 124—141.

② 同上，С. 125—141.

③ 外语作为选考科目，可有英语、德语、法语、西班牙语等供选择，语言的种类可能还会增加。

提前考试和补充考试，全国统一于当地时间 10 点钟开始，每天考一门课程。应征入伍者或参加锦标赛、体育训练等的学生可以参加 4 月份提前时段的考试；5—6 月为主要高考时段，参加者大部分是普通中等教育毕业生（其中 6 月 16—20 号期间为补考时段）；对于因病或其他正当理由没有完成高考者可以参加 7 月份的补充时段的考试。考试时间一般 180 分钟至 240 分钟不等，外语科目 160 分钟。

二、试卷的内容设置和评分方式

统考试卷一般分为 A、B、C 三个部分，A 类（选择题）题量大难度小；B 类（简答题）难度居中；C 类（运用文字论证及数学推理的问答题）难度最大，区分度也最强，试卷的三个部分在题量和难度上呈现“金字塔”形状分布。2011 年统考试题进行了修改和调整：数学几乎不再设置选择题，物理、地理、生物和社会知识这些科目减少了选择题和简答题的数量，增加了开放式回答的试题，用于测验学生的实践学识能力。外语科目改变了单一书面测试的形式，增加了口试部分。试卷 A B 部分由计算机评分，C 部分由独立教师评分，有效保证评分的标准统一、客观和可靠。2011 年评分机制进行了改革开始实行交叉评分，即一个地区的教师评另一地区学生的试卷。梅德韦杰夫建议，这种评价方式应该首选在问题较多的地区，如北高加索地区，而且评分工作应该吸纳一些自由人士。ЕГЭ 的评分工作是按照百分制评价的，然后换算成五分制。考生根据统考成绩申请大学的公费或自费生名额，体现“竞争基础上免费享受高等教育”的原则。考试成绩的有效期为二年，对于期间应征入伍者其成绩有效期于服役结束后顺延。

三、统考成绩要求及使用

作为中学毕业的鉴定考试，俄语和数学为必考科目，根据规定必须同时达到国家的最低分数线。如果其中一科没有达到，则需参加当年的补考；如果两科都没有达到最低分数，则需要参加下一年的考试。非必考科目成绩没有达到最低分数线的考生，可以参加下一年的考试。“按照《关于实行统一国家考试条例》的规定，毕业证书上将有一个总体平均成绩即最高的成绩，即将平时成绩与 ЕГЭ 成绩合成一个分数，如果每年的考核成绩与统考成绩之间的区别大于 1 分，则向高分方向调整。在大学入学时，一般既考虑统考成绩，同时也参考毕业证书的成绩。”[①] 对于各种类型教育机构的中学毕业生，ЕГЭ 并不是包罗万象的国家总结鉴定形式，“法律明确规定：对于身体健康受限制的青少年、在封闭的社会—教养机构的儿童和青少年（具有社会危险行为）可以设置其他形式的国家毕业考试。”[②]

四、免考或补充考试的相关规定

ЕГЭ 既是中学毕业考试，同时也作为大学的入学招生考试，根据法律规定大学不允许设置单独的入学考试，特许大学除外。“对于一些要求具备特殊创新的、体力或心理特质的创造性或者职业性的专业，教育机构有权安排 2—3 门入学考试；未被 ЕГЭ 包括的课程，教育机构可以自行组织补充入学考试”。[③] “2009 年全国计有 24 所大学有权根据部分专业进行侧重专业方向的附加入学考试，2010 年减至 11 所（不包括享有特殊地位的莫斯科大学和圣彼得堡大学，该两所大学仍然实施大学自主招生考试制度）。”[④] 2011 年，按照俄罗斯总理弗拉基米尔（普京签署的决议，该类大学由 11 所减至 8 所。[⑤] 奥林匹克奖章获得者在考大学时可以获得免试资格：如果考取的专业正是其获得奖章的课目，则免于入学考试。如果不是，则在所有考试课程中选择一门科目计最高分 100 分。

学生如果对某所大学感兴趣，可以将考试成绩单的复印件提交给大学，最多可以提交 5 所。招生委员会审核这些寄来的证明，包括复印件，然后通知毕业生，他的成绩是否能够被录取：公费生还是自费生。如果自己未被录取，可以从其他大学获得入学邀请。2006 年起俄罗斯大学招生数量稳步超过中学毕业生数量，数据统计显示：2006—2007 学年、2007—2008 学年、2008—2009 学年、2009—2010 学年高校招生人数分别为 165.8 万、168.2 万、164.2 万、154.4 万，

---

① Григорий Балыхин，Анатолий Бердашкевич，ЕГЭ：Надежды и Ожидания，Народное образование，№10，2008. С. 13—17.

② Вероника Спасская，Формирование законодательных основ контроля и оценки качества образования，Народное образование，№1，2009. С. 13—19.

③ Выбор предметов для участия в ЕГЭ. http：//www1. ege. edu. ru/news/136－2011－02－24.

④ Новости. http：//www. ege. ru/ 2010－08－03.

⑤ Восемь ВУЗов смогут провести экзамены дополнительно к ЕГЭ в 2011 году，http：//www. liberty. ru/events/2011－08－03.

同期普通教育机构毕业生分别为 160.3 万、141.8 万、128.7 万、118.4 万。[①] 这意味着俄罗斯每个中学毕业生只要有意愿，实质上都有机会上大学（区别在于精英或普通学校）。国家统一考试所解决的与其说是教育权的问题，不如说是优质教育资源公平、均衡分配的问题。

国家统一考试的实施情况和效果

从 ЕГЭ 试验到全国范围的正式实施，目前已经走过了 10 年的历程。国家统考已经被列入俄罗斯联邦相关教育法律、法规，同时也与俄罗斯现任总统梅德韦杰夫的“国家创新体系，实施‘科教兴国’战略”相吻合，是俄罗斯教育现代化改革的重要举措。从实施情况和效果来看，主要表现在以下方面：

一、参考人数和成绩有所提高

ЕГЭ 从参加地区到参加者的数量，甚至是考试成绩都显出正向趋势。根据国家考试中心的数据统计，2009 年 5—6 月总计有 995773 人参加 ЕГЭ，数学和语文考试成绩与 2008 年相比有所改善：平均分和获得 100 分的人数都有所提升。参加数学考试的人数为 934085 人，较 2008 年成绩比较，2009 年成绩有较大提升。2008 年 30—80 分的人数占考生总数的 66.8%，而 2009 年这一数据为 80.2%。2008 年获得 100 分的人数总计为 86 人，而 2009 年达到 314 人。语文考试参加人数为 964413 人，860 人获得了 100 分。[②] 根据俄罗斯教育监察署数据统计显示，2010 年参加 ЕГЭ 的毕业生总计 836565 人，包括去年的毕业学生在内通过语文考试的计有 901929 人，数学计有 854708 人。2010 年，没有达到最低分数线的人数下降了（从 2009 年的 28863 人下降至 2010 年的 19525 人），获得 100 分的人数提高了（从 2009 年的 2333 人提高到 2010 年的 2879 人），反常高分的数量减少了。[③] 如果试题测量手段能够客观、真实反映学生课业水平，那么从语文和数学成绩的发展趋势来看，可以认为是教育质量有所提高。

---

① Россия в цифрах - 2010，http：//www.gks.ru/bgd/regl/b10_11/Main.htm/2011－02－01.

② Галина Сергеевна Ковалёва，Единый государственный экзамен：май — июнь 2009г，Народное образование，№2，2010. С. 169—181.

③ Результаты ЕГЭ 2010，http：//www.egemetr.ru/info/ege/2010－08－03.

二、教育机会均等问题得到改善

最主要的一点是居民接受高质量教育的机会显著提高，不仅是中心地区，全国所有地方的居民都可以享受最好、最优质的高等教育。ЕГЭ 的优点是根据考试成绩申请全国范围内的大学，而不必亲自到申请学校所在地，这样可以避免因城市、城乡间地域的区隔而限制部分人获得高等教育机会的平等权。“最近几年从全国平均水平来看，大学和专业技术学校一年级来自农村和地方小城市（居民 10 万人以下的城市）学生数量增加了 10%。与城市学生相比，农村学生获得了更大可能性继续接受教育。”① 圣彼得堡市长马特维延科认为，“无论我们如何批评统一国家考试（尽管它实际上还存在很多不完善之处），但它保障了一项最主要的：即所有人的教育公平性。根据 ЕГЭ 成绩，即使地处国家最偏远地区的学生也可以来圣彼得堡上大学。根据统一考试成绩招生，圣彼得堡市外地学生数量激增。”②

三、程序和细则不断完善

通过近十年的实施经验，ЕГЭ 的相关组织程序和要求也不断修改和补充。从 2010 年起，中学毕业生填报志愿的数量将严格限制在 5 所高校之内，并且每所高校只能选报 3 个专业。因为此前报考规则对此未作数量限定，考生可以同时报考多所大学的多个专业，造成了高校录取的超负荷工作量和不可控的混乱性：曾有一考生向同一所首都高校的 33 个专业提交了申请，结果被 22 个专业录取，但最终她根本没有去该校报到。③

2011 年关于 ЕГЭ 通过并实施了三个法律规范。首先是针对高科技手段作弊现象，规定在考试时间不允许使用手机或其他电子计算工具。一些考点应用了金属窃听天线或无线电波进行信号干扰，还有一些考点通过张贴宣传画，通告违纪学生应该承担的责任。第二，社会观察员的引入机制已经成为国家统考的必需条件。社会观察员参加统考在俄罗斯已经实行了几年，但是从 2011 年开始得到法律的确认和强化。法规强调，每一个考点必须至少有一名社会观察员参加。对于

---

① Игорь Реморенко，О правоприменительной практике единого государственного экзамена，Народное образование，№1，2009. С. 20—23.

② http：//magicdays. ru/news/detail/item _ id=2582—2010—08—01.

③ 肖甦：《新世纪俄罗斯普通高中的教育改革：政策、措施与特点》，《比较教育研究》2010 年第 7 期。

社会观察员身份没有特殊的规定，只是建议考场中考生的父母和所考科目的专家不能成为社会观察员。第三，试卷资料获得“信息接触受限”文件的地位，即法律规定国家统考试卷属于接触受限的材料，对此进行信息披露将获得处罚，对于法人来说最大限额的罚款为 20 万卢布。[①] 2011 年关于统考试题在网上泄密的违规问题在俄罗斯引起了众多关注，可以预见：关于试题保密和考场纪律方面今后将会出台更多、更细的法律法规。

当然，ЕГЭ 也存在一些问题和不足。如统考目的是为了客观公正地评价学生课业水平，实际上很多试卷的选择题往往导致学生懒于思维，产生投机或猜测的机会主义心理；另外在起点并不公平的学生群体之间用同样的标准进行衡量本身就是不公平。与农村相比，城市学生由于优越的教育资源和信息配置，往往在起点上就处于有利的地位；统考的出发点是为了消除腐败，实际执行过程中却可能出现腐败转移到中学或教育监管部门的现象，缺乏社会参与和独立的监察机制很难保障其过程的公正和透明。然而，这些问题和不足并没有动摇俄罗斯政府强力推行改革的决心，于 2009 年正式在全国范围内推行 ЕГЭ。同时俄罗斯政府一直致力于对统考的细则、规程及考试过程监督等方面进行一系列的改革和完善，保障考试过程公平和透明。

国家统一考试改革的特点

俄罗斯由大学自主招生向国家统考变革的期间恰逢中国高考由全国统考向高校自主招生的变革历程。“为应对不断变革的国际、国内形势及教育对人才发展模式提出的新要求，克服传统高考的弊端，2003 年起中国开始实施高校自主招生的改革。”就两国的变革趋势而言，是相向而驰的发展道路：即由“分散向统一”和由“统一向分散”的两条路径。俄罗斯国家统一考试的变革历程可以获得一些启示：

一、考试安排较为人性化

从考试时间的安排来看，具有人性化特点，避免一考定终身以及因身体健康等原因错失机会。考试分三个时间段进行，每天考一门课程，考生可以根据自身

---

① Три новых правила ЕГЭ—2011，http：//www. pupils. ru/novosti/3747/2011—08—01.

情况选择参加其中之一。4 月份是提前时段的考试，参加考试的人员是：夜校或复式学校的毕业生；应征入伍者；参加俄罗斯或国际体育竞赛、选拔赛、奥林匹克竞赛等的学生；赴国外定居或继续学业者；在总结鉴定期间持有接受医疗—预防或医疗—康复的医学证明者等。ЕГЭ 主要考试时段安排在 5—6 月，参加考试的人员是：本年度的普通中学毕业生；初等职业和中等职业教育机构就读的学生；上一年毕业且其 ЕГЭ 成绩证明有效期没有届满者；在国外获得中等（完全）教育的公民等。对于由公文证明的因生病或其他正当理由没有完成考试者，可以参加 ЕГЭ 的后备考试。ЕГЭ 的补充考试在 7 月份进行，参加考试的人员是：往届毕业生；初等职业和中等职业教育机构的毕业生；在国外获得中等（完全）教育的公民；因个别普通教育的考试课目与统考时间重合，可以参加补充或后备时段考试；本年度毕业生，俄语或数学没有及格的学生，可以根据指定时间参加补考。国家统考成绩有效期为两年，当年没有申请到合适大学的考生，其成绩第二年仍视为有效。

二、渐进式改革便于接受

采取渐进式改革路径便于社会的理解和接受。由于俄罗斯传统是大学自主招生考试，对于国家统考居民一般而言是不熟悉、不了解，本能地有些担忧甚至是排斥。因此，考虑到高考改革牵涉到俄罗斯社会的方方面面，政府官僚、学者专家、中学和大学教师，还有毕业生及其家长等，俄罗斯政府没有实施“大跃进”式的激进路线，而是选择一条较为温和的、平缓的、渐进式的发展路径。从 2000 年俄罗斯联邦政府 1072 号令《2000—2001 年俄联邦政府社会政策和经济现代化的行动纲要》首次提到“实施国家统一考试”，到 2001 年第 119 号决议《关于组织举行国家统一考试的实验》，到 2001 年首先在俄联邦 5 个地区进行试验，逐渐扩大试行规模，在积累一定经验和基础之上，于 2009 年正式在全国范围内推行。正是历时数年的经验积累、专家学者的反复研究、考试结果的跟踪调查，才可能便于社会各阶层理解、消化和接受，减缓激烈改革所带来的冲击。

三、国家统考与自主招生同时存在

实施 ЕГЭ 和自主招考相结合的方式，尊重历史传统，考虑学科和专业的差异性等问题。国家统考在社会公平、评价客观及方便国际交流等方面具有优势；而传统自主考试在个性化培养、素质教育、符合大学发展目标等方面具有优势。国家统考整齐划一的标准能够保证考试的公平性、权威性，但对于各具特色的高校，培养目标和发展道路不尽相同，标准化的考试显然不能够完全适应对人才发展的需要；同样地，自主招生可以提高人才选拔和培养效率，但俄罗斯在公民社会基础并不完善、缺乏有效社会监督的前提下，公平也可能会迷失，成为权力寻租的温床。因此俄罗斯在正式实施 ЕГЭ 的同时，允许莫斯科大学和圣彼得堡大学保留大学自主招生的权力。这也体现了对学术自由和学术权力的尊重，是大学与政府权力博弈的结果。除此之外，根据法令规定，每年允许一定数量特许大学，有权根据学科和专业的不同需求和方向自行设置 2—3 门的补充考试。这样俄罗斯联邦政府在实施国家统考、加快教育领域欧洲一体化进程的同时，允许自主招生考试的模式继续存在，保持了教育的传统性和继承性，既充分吸收外来经验，也立足于自身民族文化。

四、贯彻公平和正义原则

国家统考体现了公平和追求社会正义的原则。“教育作为一种社会机制，在均衡和正义之间调解平衡。”[①] ЕГЭ 的相关规定体现了教育对公平和正义的追求。首先，按照俄罗斯联邦的国家法律规定，中学毕业生根据 ЕГЭ 成绩申请大学，成绩优劣决定公费生或是自费生的位置，根据考试成绩进行相应的教育财政拨款。这一举措有利于来自边远地区或贫困家庭且在 ЕГЭ 中取得优异成绩的学生，对家庭贫困的优秀学生给予财政补偿机制体现了《俄罗斯联邦教育法》中规定的“在竞争的基础上享受免费高等教育”的原则，这是一种机会面前人人平等的原则。其次，ЕГЭ 也考虑到了社会弱势群体的利益，兼顾到追求社会正义和差异化公平的原则。法律规定，对于身体健康存在障碍者、有社会危险行为的在封闭教育机构的青年实施特殊形式的国家鉴定考试。最后，ЕГЭ 在实施标准化鉴定模式的同时，对于特殊人才或天才也有相应政策，如对于全俄或全世界奥林匹克竞赛的优胜者可以不参加统一考试，或者是考试单科记 100 分等。

五、转型时期强化政府对高教的统领职能

由于俄罗斯长期以来形成的思维定式及制度惯性，使得高等教育的国家属性具有先天的合法性。俄罗斯高校传统上取决于国家，高校的产生、发展甚至生存

---

① Константиновский Д. Л. Неравенство и образование. Опыт социологических исследований жизненного старта российской молодежи（1960 — 2000 — х），М.：ЦСП，2008. С. 16.

严格按照政治体制的逻辑。高校办学体制是国家性的，管理主要归口于中央政府，代表着国家利益。新世纪教育改革中，俄罗斯不断加强国家对高校的管理，无论是在政策法规还是财政保障上，甚至思想观念方面都旨在强化高校的“民族—国家”属性。另外俄罗斯传统文化中的村社思想和集体主义更多地影响着教育公平的理念，高等教育更多意义上被理解为一项社会公共产品。转型时期高等教育对于国家来说意味着安全、稳定与希望，由国家管理、监督甚至是分配高等教育资源能够有效保证教育机会均等和教育公平，从而有利于社会发展的稳定与和谐。在国家处于转型时期公共领域或社会福利发展并不完善、尚无强大的公民社会支撑的前提下，国家充当“切蛋糕”的人也符合俄罗斯传统思想。同时，国家监管教育机会权的分配也能够提高管理效率，避免缺乏有效民主监督机制而带来的低效和混乱。

有人说，苏联留给俄罗斯最好的遗产就是教育，并非言过其实。在沙皇俄国废墟上建立起来的苏联用了短短几十年就拥有了门类齐全、资源丰富、学术基础雄厚的教育体系。俄罗斯解体后，国力和影响力随之下降。国家将民族复兴和强国的梦想寄托在教育，“与发达经济国家相比，如果说俄罗斯尚且保持某些有竞争力的优势的话，那么首先会在教育领域里。”①

高等教育不仅关涉到学生的职业定向和培养、文明成果和文化价值的传递，也是社会化的媒介、人力资本的积累和社会流动的阶梯。而接受高等教育的可能性被认为是保障社会统一和稳定的不可分割的重要因素。俄罗斯将“教育领域的均衡列入了更宽泛的、促进总体经济增长速度、更加稳定与和谐发展的社会—经济均衡的问题当中、维持全国教育空间统一作为保障社会均衡和正义的关键因素。”② 基于以上论述，ЕГЭ应该是近期俄罗斯教育改革和发展的大趋势，并且已经列入俄罗斯联邦《教育法》和《高等及大学后职业教育法》的修改法案当中，确立了法理依据。

俄罗斯国家统考从试点到全面实行的这10年，关于其推行的合理性和可行性的争论一直没有平息，肯定的声音则更多来自家长和学生，尤其是边缘地区的

---

① Елена Давыдова, От административно — командного к рыночному регулированию образования : плюсы и минусы, Народное образование, №1, 2009. С. 32—37.

② Ирина Абанкина, Татьяна Абанкина, Доступность качественного общего образования, Народное образование, №1, 2009. С. 24—31.

家庭，他们主要是认为，ЕГЭ为不同社会阶层提供了平等的机会，更能体现公平竞争的理念。而国立莫斯科大学校长萨多夫尼奇是反对者的典型代表，他认为，所有学生都按统一教育标准评价，不仅会使普通教育失去特色，而且不利于优秀人才的筛选，会使一些有天赋的人才失去接受精英教育的机会。针对依然不绝于耳的某些取消ЕГЭ的呼声，俄罗斯政府的立场明确：ЕГЭ需要的是不断发展和完善，而不是盲目废止和取消。这不仅因为它适切社会政治等形势的发展方向，迎合俄罗斯现代化改革和国家创新战略的现实需要，同时也可以在民族传统文化中找到精神根基。

梅德韦杰夫总统就此阐明，"ЕГЭ考试作为一种评价知识的方式是完全有效率的，作为任何一种测验知识的方式它并不是包罗万象的，但在当前它是一种主要的方式。不仅仅因为其在全球范围内运用，更因为它是公正、公平的手段。"①

普京总理在2011年全俄教师大会上也强调，"教育体制应该在最大程度上履行社会阶梯的职能，为那些突出的、天才的、有创造能力的青年人开启进入经济、政治、文化领域之路。只有依靠此类更新，新鲜力量涌入，我们才能保障国家的动态发展。ЕГЭ的目的是推动教学和教师质量评价朝向客观性和独立性方面发展，ЕГЭ最重要的任务是帮助边远地区学生在俄罗斯的优秀大学继续学习。"②

显然，无论从俄罗斯目前发展现状和国际形势，以及政府和领导人的决策来看，国家统一考试仍都是今后改革的主要方向，但在细节程序、监督管理及透明度方面仍需要不断加以改进和完善。

---

① Дмитрий Медведев：ЕГЭ—главный и вполне эффективный способ проверки знаний，http：//pedsovet. org/content/view/7764/339/2011－02－12.

② Путин успокоил учителей и поругал ЕГЭ，http：//www. km. ru/v－rossii/2011－07－01.

33. 俄罗斯文化政策是如何从单一化向多元化转变的？

刘　英

文化政策既反映执政者的核心政治方向，又立足于建构社会精神文明环境，并为国家治理创造智力财富。文化政策以传统的文化源流作为政策安排的基础，又把人类共同的价值追求设定为政策行动的最高目标。因而，文化政策不是政治政策本身，但却是构成国家政治战略不可或缺的重要组成。

俄罗斯文化政策的直接源流是苏联文化政策。虽然，俄罗斯文化的发展进程在苏联“国家结构的解体和政治制度的跌落中也没有中断”，[①] 但是，由于俄罗斯文化政策产生于突变的历史环境之中，那些影响政策决定的内外环境、社会意识、制度原则等决策要素发生了原则性逆转：“国家停止了迫使文化遵从于自己的需求，并且文化丧失了‘保障性的定购者’。文化生活总的主心骨——中央集权的管理制度消失了，意识形态原则被摧毁了”，[②] 所以，新生的俄罗斯文化政策对于自身政策源流表现出极端背离的倾向，更对其中的价值原则表达了对立的选择。研究俄罗斯文化政策不具备可供参考的历史样板，然而正是这样一些“背离”或“对立”的异质反应，为我们认识俄罗斯文化政策的新特质提供了合理的观察角度。

---

① （美国）尼古拉·梁赞诺夫斯基、马克·斯坦伯格著，杨烨、卿文辉译：《俄罗斯史》，上海人民出版社 2007 年版，第 452 页。

② 同上。

苏联的文化政策及其终结

一、苏联文化政策的特点——文化专制主义

苏联文化政策的专制主义特点有两层含义：一是文化与政权之间的被统制关系。二是文化与政治之间的被奴役关系。正是文化与政权、政治之间被统制，更被奴役的关系，从而构成了苏联文化政策的典型的专制主义特质。

上世纪 30 年代末，斯大林意识形态模式的确立标志着苏联文化专制主义政策的形成。苏联文化专制主义政策的具体表现是：以阶级斗争理论与僵化的党性、政治性、现实性及目的性等意识形态主张作为政策导向；以行政命令代替业务管理、独断专行代替民主决策等作为领导程式；以党的干部名册作为人事机制；以领袖崇拜和斗争哲学的需要，采取思想压制、文化批判、人身镇压乃至驱逐出境等手段作为控制知识分子的政策策略；以严格的书报检查制度作为限制文化自由的政策规定；以文化的保守主义、极端主义和现实主义作为干扰科学研究及文化创作的政策立场；以混淆学术与政治的关系、取消文化竞争与否定文化遗产，以及敌视域外文化等作为实现文化垄断的政策目的。尽管在赫鲁晓夫时期曾闪耀过文化“解冻”的自由之光，但不能到达体制层面的改革注定要被叶大根深的传统势力所阻挡。很快，在勃列日涅夫时期停滞与倒退的局面下，苏联文化专制主义政策也全面复位。

苏联文化专制主义政策曾使苏联的应用科学，特别是国防科学取得了巨大成就，比如卫星上天。然而，它在更多的领域却使文化发展出现了严重倒退。受斯大林意识形态模式的制约，“一些科学思想、科学学派、学术杂志和著作被禁止，有些学术机构被解散……一些学科被禁止研究，如遗传学、控制理论、优生学、儿童学、应用心理学、个体生态学等。另一些受到歪曲而变形，如生理学……此外，还有一些学科，如土壤学、造林学、动物学、植物学、演化论等，也受到了伪科学方法的侵害”。“把量子物理学说、爱因斯坦的相对论和其他诸多学说宣布为‘唯心主义’。控制论等学说被认为是‘资产阶级伪科学’而遭到禁止”。[①]“控制论的被禁，延误了电子学和计算机工业的发展，造成苏联计算机技术几乎

① 马龙闪著：《苏联剧变的文化透视》，中国社会科学出版社 2005 年版，第 33 页。

比美国落后两代”。[①] 由于苏联的文化政策被粘贴了唯一的意识形态标签，从而使文化屈从于政治而远离了自由与育人心灵的本原。并且，社会意识僵化，粉饰文化盛行，创新能力枯竭，知识分子思想低迷而消沉，大众文化生活贫乏而单调。直到上世纪80年代中期，在戈尔巴乔夫改革中提出的“公开性”和“民主化”原则，终于使这种沉闷的社会文化现实发生了令人应接不暇的转变，以至于当苏联剧变的钟声敲响时，苏联专制主义的文化政策也被新俄罗斯时代的异质文化政策所取代。

二、苏联文化政策终结的起始阶段——戈尔巴乔夫改革

普遍认为，1985年3月11日的苏共中央非常全会选举戈尔巴乔夫为苏共中央书记，从而标志着戈尔巴乔夫改革时代的到来。他的“改革为名副其实的人文教育和精神教育，为俄国人回归民族历史的背景中、回归俄国社会思想的运动背景中，创造了一切必要的政治条件”。[②] 换言之，戈尔巴乔夫改革是日后新俄罗斯文化政策应运而生的历史前提，而改革中的“公开性”原则和大众传媒的先锋作用则是苏联文化政策开始走向终结的关键因素。

首先，“公开性”原则是由苏联政治上层提出的改革原则之一。虽然，戈尔巴乔夫的改革目标最初瞄准的是经济领域，但因“公开性”改革原则的制度化与扩大化，从而对苏联意识形态及文化生活带来了震荡性影响。其一，斯大林意识形态开始淡去。改革伊始，在推行“公开性”的过程中，戈尔巴乔夫作为“政治领导人与人民直接对话”时声明，党“反对表面文章、形式主义、夸大其辞”，表示要“消除不受批评的领域”，并且“发挥大众传媒的主动性”。[③] 1986年后期，“戈尔巴乔夫明确声明将审查制度放宽，给予刊物更多的批评自由。”[④] 其结果，先前处于“禁区”中的问题逐一成为被社会热议的话题，而焦点问题在于斥

---

① 马龙闪著：《苏联剧变的文化透视》，第34页。

② 俄罗斯社会经济和政治国际基金（戈尔巴乔夫基金会）：《奔向自由》，中央编译出版社2007年版，第310页。

③ 同上书，第15页。

④ （美国）尼古拉·梁赞诺夫斯基、马克·斯坦伯格著，杨烨、卿文辉译：《俄罗斯史》，第576页。

责苏联制度70年来已经是“社会主义的变形”[①]。在1987年苏共中央一月会议上，戈尔巴乔夫再次指出：“不受批评和监督的某种‘禁区’正在变成过去”，“苏联社会不应该有不受批评的禁区，这一点也完全适用于舆论工具。”[②] 1987年春，官方取消了对“美国之音”、“BBC”、“自由之声”、“德国浪潮”等“敌对声音”的干扰。改革派为了尝试建立人道、民主的社会主义的思想体系，使国家减弱了对传媒的控制，并实际取消了书报检查制度。与此同时，宗教复活了。俄罗斯东正教的传统宗教信仰及其他宗教信仰开始流行于社会，并且东正教及其教会开始重新发挥其对社会精神的传统影响力。这样，宗教复兴即成为斯大林意识形态开始淡去的最重要的标志，而正在兴起的开放性宗教活动则表明宗教复兴已然是苏联社会的现实。其二，“公开性”大面积地破开了苏联大众文化的“冻土层”，其表现为：大众文化传播不再受到限制；文学艺术改变了同政权及社会的关系，从原来的传统角色转变为表达国民立场与释放社会情绪的“端口”。被封禁的历史小说和历史人物传记大量再版。新的文学和历史作品以及政治评论文章，或借古喻今，或谴责斯大林时期的镇压运动，或要求为持不同政见者平反，或质疑苏联社会意识形态中的阶级观念。侨民文化开始进入民族文化的队列。“搁架”影片大量复映，地下艺术作品公开面世；等等。

其次，大众传媒的先锋行动是苏联社会对“公开性”改革原则做出的回应。当“公开性”引发的社会激愤开始冲击苏联意识形态秩序时，苏联传媒界第一个冲向了社会变迁的历史前台，自觉地承担起了“文化革新”的先锋使命，并毫不气馁地推进思想解放的进程。1988年6月，电视台全程转播了苏共第十九次党代会，使会议的“公开性”精神第一次得到了“大胆”践行，此次会议也成为“苏共有史以来最公开，宣传范围最广的一次会议”。[③] 当社会公众日益关心时事时，电视台及时播出了献给列宁诞辰116周年的纪录片、纪念布尔什维克领袖们的纪实片，以及学者、政治家们的“圆桌”辩论等节目。报刊以其快捷的文化影

---

① Л. В. Кошман и др.：История русской культуры IX－XX веков，Издательство，КДУ，2011. С. 444.

② M. 戈尔巴乔夫在1987年1月27日苏共中央全体代表大会上的报告：《关于改革和党的干部政策》，（苏联）《真理报》1987年1月28日。

③ （美国）尼古拉·梁赞诺夫斯基、马克·斯坦伯格著，杨烨、卿文辉译：《俄罗斯史》，第577页。

响力加速了对政策封闭下的社会意识的解放。各种媒体不断公布有关历史与现实真相的数据材料，用事实反映社会存在的危机。当国家为抑制公开性的扩张，试图限制报刊订户的订阅量时，媒体一面大量刊载读者来信反映民怨，一面直接参与到激辩之中，迫使迟疑不决的改革派取消了对订阅量的限制。私人出版物也开始与国家出版物一样，积极地发挥舆论作用。

总而言之，在戈尔巴乔夫改革进程中，“公开性”原则和大众传媒是推动苏联统制主义文化政策开始走向终结的历史推手。一方面，“公开性”对动摇斯大林意识形态模式的神圣性起到了决定性作用。到1990年时，“公开性”已经成为社会政治生活中的一般准则。另一方面，大众传媒吸引了社会各阶层参与历史性的大辩论，使得不可调和的阶级斗争观念遭到人类的普遍价值认同与社会主义多元论的挑战[①]。“反斯大林的批评性政论的事态转变成了反共产主义”[②]。原有的意识形态遭到重创。“在许多出版物中话题已不是围绕斯大林的罪过和社会主义的变形，而是制度本身的缺陷”[③]。尤其是“在社会意识中对于‘回到起点’的不可能性被一步步强化”[④]。在1988年的第十九次全联盟党的代表会议之后，从斯大林意识形态的束缚下解放出来的社会改革进程已不可逆转。

尽管戈尔巴乔夫的经济改革再次“迎合”了苏联改革史的“传统”——半途而废，但是从1988年夏季开始，“随着改革的内容变得越来越激进”，改革的目标最终“从‘制度改良’转为‘制度改造’”，苏联的文化制度在社会变迁运动的冲击下，也随着国家结构的解体而自然走向了历史的终点。正如一位著名学者所评论的那样：新俄罗斯社会的精神文化传播和文化面貌是在破除苏联精神文化的过程中形成的。当然，这个过程是以俄罗斯进入了后工业化社会为前提的。

俄罗斯文化政策的变化

苏联的剧变让世人难料，因而在仓促成形的俄罗斯国家的文化舞台上，俄罗

---

① Л. В. Кошман и др. История русской культуры IX－XX веков，Издательство，КДУ，2011. С. 444.

② Там же.

③ Там же.

④ 俄罗斯社会经济和政治国际基金（戈尔巴乔夫基金会）：《奔向自由》，第39页。

斯文化政策匆忙登场，这就注定了这样的文化政策“节目”必然是先“应场”后完善。但无论如何，它所面临的首要问题即是重建文化秩序、复兴民族文化。的确，在今天看来，俄罗斯文化政策由最初的面貌不清，到目前已经走上了制度化的轨道。而政策的最大特点是政策理念、政策目标、政策内涵等重要方面极端背离或对立于苏联时代的政策传统。或者说，俄罗斯文化政策的最大变化就在于异质与自身政策源流。

一、“非意识形态化”的变化

“非意识形态化”是俄罗斯文化政策在理念上的最大变化。

首先，几种因素决定了俄罗斯文化政策向“非意识形态化”的合理转变：一是国家层面的制度转型需要有相适应的文化政策，以为国家在推行新制度时获得社会支持。二是“公开性”引发的全社会对苏联历史的反思浪潮推动了社会思想的解放，使拒绝任何一种统一化的意识形态占统治地位成为社会共识。三是“俄罗斯拥有能够讲 200 多种语言的民族，这些民族居住在其他民族也世世代代生活的土地上。多元文化、多民族和多样化的信仰——这是俄罗斯几个世纪以来所找到的适合自己的国家原则的生存基础”[①]。因此，1993 年，在首任总统叶利钦当政时，国家通过了俄罗斯新宪法。宪法以国家根本法的形式限制了统一性意识形态的存在，这就意味着俄罗斯文化政策的“非意识形态化”得到了法律肯定，俄罗斯的文化自由与民主发展获得了法律保障。1999 年，普京在题为《千年之交的俄罗斯》的新年致辞中指出：“在民主的俄罗斯不应该有强制性公民意见的一致，反对恢复任何形式的国家官方意识形态”[②]，明确表明了国家同思想专制主义彻底决裂的政策态度。

在俄罗斯文化政策中，“非意识形态化”的政策理念首先表现为宗教信仰自由。1993 年 5 月，在圣—丹尼尔教堂举行了第一届世界俄罗斯人大会。俄罗斯东正教为复兴民族精神文化，凝聚民族力量重又发挥自己的传统作用。俄罗斯东正教的宗教团体数量也相应地快速增长。上世纪 90 年代末，宗教团体数量为 10800 个，2003 年时达到 16350 个。2003 年，俄罗斯联邦共有 132 个东正教教

---

① （俄罗斯）弗拉季斯拉夫·伊诺泽姆采夫主编，徐向梅等译：《民主与现代化》，中央编译出版社 2011 年版，第 103 页。

② Владимир Путин，Россияна Рубеже Тысячелетий，http：//www. ng. ru/politics/1999—12—30/4 _ millenium. html.

区、154名高级僧侣、637名修道士，其中，修女325名。开办的各类宗教学校中，有5所宗教学院、33所宗教学校、44所宗教专校、1所神学院、2所东正教大学、3所女子宗教学校。在大牧首阿列克谢二世逝世后，2009年2月在地区主教会议上，斯摩棱斯克与加里宁格勒的都主教西里尔当选为了莫斯科大牧首。其他宗教文化信仰的传播活动同样十分活跃。1996年7月1日，俄罗斯联邦穆斯林宗教管理局召开议事会会议。会上成立了穆夫提委员会，教长P. 尕伊努特迪当选为委员会的领导人。穆斯林清真寺不断在修建。穆斯林教区数量大约为俄罗斯东正教教区的30%，而2001年，在达吉斯坦就集中了1585个。佛教文化的发展也很显著，重建了20个佛教喇嘛寺院，成立了佛教宗教局以及多个世界佛教研究中心。

再者，需要指出的是，俄罗斯文化政策的"非意识形态化"犹如一个问题的两个方面，既具有自由与民主特性的一面，又存在着随时受国家传统意志约束的一面。如果前者是政策品质的显性表现，那么后者就是政策变化的隐性因素。至于后者，这里即指俄罗斯爱国主义和国家主义传统精神对决策的潜在影响。爱国主义和国家主义是俄罗斯传统精神的典型构成。它决定了俄罗斯文化政策在"非意识形态化"的建设过程中，一旦产生出有悖于"爱国主义"或"国家主义"精神的文化现象，那么，"爱国主义"或"国家主义"将随时可能成为一时的国家意识形态。新俄罗斯独立以来，"国家主义"影响文化决策的典型事件，莫过于普京"采取从媒体入手的方法"对寡头势力实施的打击。而"爱国主义"对文化决策的影响，又最集中地体现在围绕历史教科书应当采取怎样的历史教育观的争论中。

正如梅德韦杰夫总统在2010年俄罗斯第二届雅罗斯拉夫"全球政策论坛"会议上指出的：因为，"民主国家减少对社会的调节和镇压职能，把维持社会秩序和稳定的部分职能转交给社会本身。而文明程度的低下以及与此相联系的不能宽容、不负责任和攻击性对民主起着破坏性作用"。所以，"民主不仅是自由，而且是自我克制"，"民主与责任是不可分的"[①]。辩证地来看，责任是避免民主被破坏的保障。对于政治家而言，责任就是从爱国主义出发，坚持国家主义这一

① （俄罗斯）弗拉季斯拉夫·伊诺泽姆采夫主编，徐向梅等译：《民主与现代化》，第8页。

“俄罗斯国家历来不二的政治立场及其深厚的历史认同”[①]，“恪尽职守，以及负责任地‘应该给人民制定出一个能使俄罗斯复兴和繁荣的战略’”[②]。理解这一点，对于认识俄罗斯文化政策的“非意识形态化”的本质十分重要。

二、“现代化”政策内涵的变化

“文明应当准备变革，文明应当改变，我们应当使经济、社会生活和政治体制现代化”[③]，这是现任总统梅德韦杰夫有关现代化的政治观。当代“现代化”的意义立足于后工业化社会的文明基础之上，它最浅显的表达既是经济、政治、文化等社会生活都必须以民主的实现为各自形态存在的前提，同时又都因现代科技文明而改进了自身的发展方式，总之，“现代化”的关键词至少有二：一是民主文明，二是科学文明。今天，俄罗斯文化政策正是因这两个指向所构成的“现代化”目标的指引一步步地走向成熟。

2010年，联邦政府批准了《2020年前俄罗斯社会经济发展构想》，接着又进一步公布了《2020年前俄罗斯创新发展战略》（草案）。这些文件表明，俄罗斯的“现代化问题已经进入了国家的议程”[④]。俄罗斯把作为现代化基础的经济现代化的战略目标锁定在能源、核技术、信息技术、空间和通信技术、医疗技术五大领域。为此，国家政治的核心方向就以此为转移，包括在文化政策方面也做出了相应的制度安排。科技创新、电子信息技术、智力资源是当前俄罗斯现代化政策内涵的突出方面，事实上也构成了由俄罗斯文化政策所框定的三大要务。

（1）鼓励技术创新：俄罗斯总统梅德韦杰夫说，创新经济“它是文化的一部分”[⑤]，“最具有竞争力的优势就是拥有别人所没有的知识”[⑥]。2006年，俄罗斯政府制定了多个技术园区的计划，并在2007年投入236亿卢布开始建设。2008年10月8日“俄罗斯纳米技术公司”成立。目前，俄罗斯有75家生产商在利用纳米技术进行生产制造。俄罗斯科学院还成立了俄罗斯科学院纳米技术委员会和纳

---

① 刘英：《普京外政与俄罗斯国家传统精神》，《兰州大学学报》2010年第5期。

② 同上，第76页。

③ 吴恩远主编、孙力副主编：《俄罗斯东欧中亚国家发展报告》，社会科学文献出版社2011年版，第327页。

④ 吴恩远主编、孙力副主编：《俄罗斯东欧中亚国家发展报告》，第11页。

⑤ Дмитрий Медведев，Россия，вперёд！，http：//www. kremlin. ru/news.

⑥ Там же.

米技术分院。基于这份技术创新的“成绩单”，梅德韦杰夫总统对创新文化更抱以务实的态度。他说：“再过数十年，俄罗斯应该成为一个富强的国家。它的富强靠的不是原料，而是智力资源，靠的是用独特的知识创造的‘聪明的’经济，靠的是最新技术及创造产品的出口”[①]。2010 年，俄罗斯专项创新发展计划《2020 年前俄罗斯创新发展战略》（草案）由联邦经济发展部向社会公布，这“表明普京领导的联邦政府将开始有计划地领导国家的现代化进程。不过，在未来实施现代化的过程中更多听到的概念是‘创新’”[②]。

（2）扶持电子信息产业：2009 年，俄罗斯总统梅德韦杰夫公开表示：“竭尽全力促进现代信息技术的推广，因为这样可以带给我们空前的可能；可以实现最基本的政治自由，如言论和集会自由；可以让腐败的温床得以查明并消除；可以亲临几乎所有重大事件的现场；全世界的人们都可以直接进行思想与知识的交流。社会比以往任何时候都开放和透明”[③]。显然，俄罗斯重点发展电子信息技术的深刻目的是由于现代化社会的命题所需。

2001 年俄罗斯政府开始制订“电子俄罗斯”的联邦中央园区计划，因此，政府的庞大任务除了首先是于 2011 年以前在俄罗斯联邦建立起电子政府，并且还要使电子信息业成为俄罗斯当代经济中的巨大获益者。今天，经过十年的建设努力，这一政策的收效十分显著：1994 年“InterNIC”国际组织注册了俄罗斯顶级域名“RU”，1997 年，其在俄罗斯用户的数量共计达到 108590 户。2002 年，利用因特网的俄罗斯网民是 400 万，而在 2007 年达到了 3500 万，占人口比例的 13%。2000 年，虽然在俄罗斯计算机的基本保证率还落后于欧洲，但民众的满意度已较前有了明显提高，这时个人电脑的拥有量是 620 万台，而到了 2009 年，俄罗斯民众的生活话题已经涉及了电脑的家庭化。蜂巢式电话机的开发打破了所有纪录：2004 年移动电话的用户量是 540 万户，2008 年达到 12600 万户，而许多用户是在同时使用多个 SIM 卡。总之，2008 年，俄罗斯使用蜂巢式电话的数量已占到了世界第二位。

（3）保护与开发智力资源：智力资源是俄罗斯经济现代化的根本。“俄罗斯

---

① Дмитрий Медведев：Россия，вперёд!，http：//www.kremlin.ru/news.

② 吴恩远主编、孙力副主编：《俄罗斯东欧中亚国家发展报告》，第 11 页。

③ Дмитрий Медведев，Россия，вперёд !，http：//www.kremlin.ru/news.

要进行民主现代化，建立新经济，唯一可能的途径是利用后工业社会的智力资源”[①]。但在经济动荡的年代，国家智力资源的流失非常严重。因此，为现代化的可持续发展，国家文化政策就必须解决“怎样去寻找、培养、教育和珍惜这些人”[②] 的问题。1991—1996 年政府集中力量优先解决科研机构的现实问题，如合理界定科研机构的财产权，拓展科研经费的划拨渠道，提高科技人员的工资待遇等等。从 1997 年开始，国家为了加强科技队伍的建设，专门制定了吸引年轻人才投身科技领域的措施。2004 年起，政府继续着力于发展科研力量，并制定了提高科技人员工资待遇的改革方案[③]。总体上，为保护与开发智力资源政府主要采取了奖励和增加投入的措施。

在奖励方面，早在叶利钦时期，政府就为各领域有重大贡献的专家特别规定了奖励办法。2004 年根据联邦总统普京的倡议，对国家奖励制度进行了一定调整，原则上减少获奖人数，上调奖金数额至 500 万卢布。1992—2001 年间共有 398 位院士、博士、科学副博士获得了国家奖励。2008 年 7 月，联邦政府批准了《创新俄罗斯所需要的科技和科技教育人才联邦专项纲要（2009—2013 年）》。可见，俄罗斯文化政策将继续“全力以赴”地借助激励机制推动现代化事业的发展。

在增加投入方面，1992 年国家以市场经济为目标的改革对文化领域产生了重要影响。国家缩减了文化预算，1993 年缩减到 81%，1997 年更缩减至 60%，只相当于 1991 年的预算水平。2004 年，普京的第二个任期开始时俄罗斯经济形势有所好转，于是国家开始扩大对文化事业的投入。仅从文化和单列的传媒及电影三项的财政总预算来看，2007 年为 711 亿卢布，实际完成投入 710 亿卢布。2008 年为 884 亿卢布，实际完成投入为 888 亿卢布。2009 年为 1146 亿卢布，实际完成投入为 1116 亿卢布[④]。一般说，预算支出的两大重点方面是项目研究和人才培养。针对前者，1992 年成立了俄罗斯基础研究基金（РФФИ），1993 年成立了俄罗斯人文科学基金（РГНФ）。至于后者，由于“智力流失”的原因，到

---

① Дмитрий Медведев，Россия，вперёд!，http：//www. kremlin. ru/news.

② Там же.

③ Л. В. Кошман и др. История русской культуры IX－XX веков，Издательство，КДУ，2011. С. 458.

④ http：//www. protown. ru/information/hide/6376. html.

2000年，俄罗斯高层次科技人才的总数仅为1990年的48%，因此国家把稳定人才队伍和培养科技新人作为政府的重点工作。2009年，梅德韦杰夫公开强调国家资金重点扶持的对象是发明家、创造者、科学家、教师、引进新技术的企业家，外企、科研机构、来俄工作的全球最优秀的学者和工程师，因为，“为了富有成效的活动，他们将获得所必需的一切”①。

需要说明的是，在俄罗斯现代化语境下，全面意义上的俄罗斯文化政策的现代化内涵，出现在现任总统梅德韦杰夫的执政时，但这是有条件的。属于梅德韦杰夫的“现代化”概念，就像他在2011年4月接受中国记者采访时所谈到的，“我的方针就是经济现代化和政治生活现代化”②。而属于其前任普京的“现代化”概念，则“通常指的是社会经济领域的现代化，没有政治现代化的命题”③。可以说，全面意义的俄罗斯现代化的文化政策内涵并非一步到位，而这首先是因为不同时期的国家领导人，受制于其执政背景下所面临的非一致性的国情与任务。普京的当务之急是，“‘国家需要数十年稳定的平和的发展。不要莽撞摇摆，不要以有时不合理的自由主义或者另一反面以社会煽动为基础进行一些草率的实验。哪一种我们都不需要。哪一种都会偏离国家发展的主干道’”④。“‘我们必须寻找能够使俄罗斯稳步前进、建立起强大的创新型经济的方法，并且对于绝大多数的俄罗斯家庭来说，逐年的发展应当使公民生活得到实际的显著改善。我们政策的意义就在于此。’”⑤ 而当梅德韦杰夫执政时，普京时期的主要任务基本得到了解决，政治趋稳、国力提升，这时，将国家的政治车轮也推上现代化轨道就有了可能。今天的现实是，当俄罗斯的政治改革进程刚告一段时，梅德韦杰夫就迅速地将俄罗斯文化政策的现代化内涵推进到了两元结构，即民主性与科学性。

三、保护遗产和继承传统的变化

苏联时期，受斯大林意识形态理论的指导，苏联国家的文化政策采取割断历史与否定文化遗产的态度，将传统历史文化与意识形态文化对立起来，从而破坏

---

① Дмитрий Медведев，Россия，вперёд!，http：//www.kremlin.ru/news.

② 吴恩远主编、孙力副主编：《俄罗斯东欧中亚国家发展报告》，第327页。

③ 同上。

④ 同上，第328页。

⑤ 同上。

了对民族历史与传统文化的继承，导致了民族文化的衰退。苏联剧变后，"'为未来的子孙保护和保存统一的文化空间、宝贵的俄罗斯语言财富以及俄罗斯的传统和精神'"，这是政府"'义不容辞的责任'，并且其所有的决策和实践，全部'都要服从于此'"①。因此，保护全民族文化遗产和继承文化传统既是俄罗斯全民文化与国家政治的大事，也是俄罗斯国家文化政策的基本方针。

政策行为方面，1993—1997年联邦政府实施了保护和发展文化与艺术的联邦专项纲要，类似的地方性文件是纲要的补充文件。之后，新的"俄罗斯文化（2001—2005年）"联邦专项纲要的实施，反映了"文化界十年来的改革成果。该纲要包括三个子纲要《文化发展和保护文化遗产》、《俄罗斯档案》和《俄罗斯电影艺术》"②。2005年12月8日，由俄罗斯联邦政府继续核准实施了又一新的"俄罗斯文化（2006—2010年）"联邦专项纲要。在以往文化政策的经验基础上，这个纲要对更广泛领域的文化发展和文化更新的问题都具有指导性。纲要的具体目标是"保护俄罗斯联邦文化遗产；形成统一文化空间；创造得以确保不同社会群体的公民均等享用文化财富与信息资源的条件；创造保护与发展民族文化潜能的条件；融入世界文化进程"③。而目标下的具体任务则是："保障历史文化遗产的完整性；保护与发展艺术教育体系；扶持年轻人才；针对性地支持专门艺术、图书和创造；保障艺术创作和创新活动的条件；开展文化交流；完善和运用文化信息产品和技术；支持国家的文化生产者并将他们的产品推向世界市场；更新文化和大众传媒业的专业设备；实现俄联邦电视广播网的现代化"④。目前，最新的"俄罗斯文化"（2012—2016年）联邦专项纲要即将进入核准阶段⑤。

实际情况方面，俄罗斯独立以来，国家恢复了在苏联政权时期被更名了的城市或街道的历史名称，兴建了许多新的历史和方志博物馆，支持俄罗斯东正教教会修复宗教建筑，并将以前被封闭的教堂和修道院移交给俄罗斯东正教教会管理。国家决定，莫斯科克里姆林大教堂这一国家最珍贵的民族文化财产由国家与

---

① 刘英：《普京外政与俄罗斯国家传统精神》，《兰州大学学报》2010年第5期。

② Л. В. Кошман и др. История русской культуры IX－XX веков，Издательство，КДУ，2011г. С. 453.

③ http：//fcpkultura. ru/menu _ 62. html.

④ Там же.

⑤ http：//fcpkultura. ru/.

教会共同使用，同时将许多珍贵的成套圣像陈列在国立博物馆。不过，在恢复和保护历史文化遗产方面，虽然国家开展了大量的工作，但是还有太多的问题需要继续面对，考虑对策，寻找途径。例如，为国家大型图书馆妥善保管藏书而需装备现代化书库的问题，对一般图书馆、大剧院、莫斯科音乐学院大礼堂及其他文化场所的修缮或进行技术改造的问题，返还或收回二战时期流出或流入的历史文化珍品的问题[①]。目前，为分担国家财政的过重压力，国家在文化保护政策方面调整了措施。一般情况下，针对国家级文物或文化机构的问题，基本由中央财政承担并解决，而属于地方及其以下级别的文物或文化机构的问题，主要由地方政府自主解决，比如允许市场介入等。

显而易见，一方面，俄罗斯文化政策在保护文化遗产方面责任重大，任务十分艰巨。另一方面，对继承与发展民族文化事业又提供出一种政策保障体系中最连贯、最全面，以及为适应形势发展而更新最快的政策规划，而且，这些政策安排既全方位地体现了文化政策的现代化内涵，也表明了与俄罗斯现代化国策相适应的文化服务目标及其必不可缺的既定语境，这就是“俄罗斯文化与世界文化的一体化”、“俄罗斯文化在世界文化中的地位及价值”。

四、民主教育制度的变化

重视学校教育是俄罗斯民族的文化传统。苏联的教育制度因派生于斯大林文化体制而具有统制性质。但是，在俄罗斯文化变迁的过程中，教育改革政策的总成果是用民主教育制度取代了统制教育制度。目前，体现俄罗斯民主教育制度的基本事实即是现代文化教育与宗教文化教育的并行。

（1）现代文化教育：现代化文化教育制度的确立是俄罗斯教育改革的最大成果。1992年联邦政府颁布的《教育法》标志着俄罗斯教育改革的开始。教育改革通过在以下方面的政策尝试，使民主教育成为了俄罗斯教育政策的根本原则。

俄罗斯教育改革重点解决了教育标准、现代技术教育、教育公平、办学性质、高校教育、教育管理、教育财政等方面的改革需求。主要措施有：建立了以国家统一考试为主要手段的总的知识与技能评价体系；确立了以现代信息技术教育手段为实现代化教育的基本任务；以重构普及教育体系和减少义务教育年限，

---

① Л. В. Кошман и др. История русской культуры IX－XX веков，Издательство，КДУ，2011г. С. 455.

以及保障不同社会阶层的儿童的受教育权利等，作为体现教育民主化的遵循；承认公立学校以外的私立学校的合法性与平等的办学地位，减轻国家办学的财政压力，缓解技术“蓝领”的供需矛盾；进行高校的学期、大纲、教法、高校预科、第二学位、进修等方面的教育改革，实现高校的办学自主与学术自由；加入象征欧洲统一教育空间的博洛尼亚协议，使民族高等教育的培养机制实现国际化；明确政府与教育机构的权限，保障教育的连续性和公民享受教育的权利；采取职业技术教育转由各联邦主体进行财政维护，以及企业资助民族教育等措施，整顿高等教育和职业教育的秩序，确保稳定办学。

（2）宗教文化教育：苏联解体后，俄罗斯面临的最为严峻的社会现实就是国家的实力危机和精神危机。对此，首任总统叶利钦在政治场合“常常提到要努力奋斗，保护俄罗斯的‘精神遗产’”[①]，并且“开始使用更多的民族主义言辞，谈论俄罗斯的文化和宗教复兴和祖国等”[②]。普京政治时期，“政府也投入到将文化秩序强加给俄国无序的自由的斗争中，并试图遏制文化的明显衰退……要求所有的学校学习‘俄罗斯东正教文化’”[③]。从1997年开始到1999年，国家开始在学校设置了东正教宗教课程。2002年，政府颁布了有关神学专业的国家标准。2005年起，开始在学校设置“世界宗教史”课程。目前，在小学3—4年级中开设有“东正教文化原理”的课程。

五、市场经济文化的变化

俄罗斯独立后的最初十年，国家对科学、国民教育、文化机构的财政拨款急剧缩减。长期拖延工资使得文化工作者更加贫困，并被迫改行，另谋他就。1996年以前，科研院所的人数与1990年相比竟缩减了50%。一年中，“智力流失”到国外的专业人员就有3500人。与此同时，俄罗斯中、小学的师资缺口在1995—1996年的一年达到13500人。这种情况下，国家让教育走向了市场化[④]，有偿教育制度、私立学校出现了。另外，国家把文化产业同时推向了市场，实行文化机

---

① （美国）尼古拉·梁赞诺夫斯基、马克·斯坦伯格著，杨烨、卿文辉译：《俄罗斯史》，第608页。

② 同上。

③ 同上，第639页。

④ Л. В. Кошман и др. История русской культуры IX－XX веков，Издательство，КДУ，2011. С. 454.

构的自主经营、自负盈亏。这样，首先是民间的工艺美术企业、印刷行业、文化娱乐业快速市场化。民营企业主也以最快的速度前来开发演艺业、画廊经营、音像制作和出版业。私营文化机构纷纷建立，如成立私人剧团成为文艺行业的新趋势。许多文化机构除了自身从事商业活动外，同时还接受赞助商互惠互利原则下的资助[①]。

随着“2001—2005年国家取得了政治和经济的稳定局面。个人的私有财产得到了保护，实施了对预算和税法制度的改革，形成了经济增长的先决条件”[②]，促进了文化自由市场日益形成。当前，联邦政府通过《“俄罗斯文化”（2006—2010）联邦专项计划》，进一步强调了“支持国家的文化生产者并将他们的产品推向世界市场”的政策目标。应当说，追求俄罗斯文化产业的市场效益化是国家文化政策的目标之一。

俄罗斯文化政策的现实问题及其发展趋向

俄罗斯新文化政策在与自身政策源流的“背离”与“对立”中已经形成。在剧烈的社会动荡中所产生的俄罗斯文化政策利用20年的时间，将母体文化从过去的单一文化转变为今天的多元文化，从过去的统制文化转变为今天的民主文化。因此，一种新制度下的社会文化生活在俄罗斯呈现了，这是可叹的政策实践，可观的政策成果。然而，也正是因为只有20年的政策形成史，所以俄罗斯新文化政策体系还显年轻，尚欠成熟，承担健全社会文化重任的能力仍然有限。事实上，俄罗斯文化政策的超现实性十分明显，从而直接影响到政策蓝图的实施与落实。具体来说，大量的政策规划缺乏配套的实施细则；更多的政策要求不具备解决的必要条件；政策的实践与实效远远落后于政策的愿望与规划。因此，造成官样文件难以革除，形式主义依旧严重。

另外，社会转型和制度新建过程中的政策真空，以及新文化政策本身尚存的不成熟性，同时还造成了文化新问题的大量出现。如：严肃文化被冷落，大众文化广泛流行；以美国文化为代表的西方商业文化潮流严重冲击本土文化，并使商

---

① http：//fcpkultura. ru/menu _ 62. html.

② http：//fcpkultura. ru/menu _ 62. html.

业价值决定文化发展的方向；色情、暴力等不良内容充斥电视、电影、网络和读物；人们的阅读习惯被电视和网络文化所消磨，图书征订量大幅下滑；因工资待遇不高，普通文化、教育和科技人员的职业思想不稳固，等等。这些市场经济条件下的文化问题使民众忧心忡忡，尤其是为青年人的健康成长而感忧虑。

倡导并崇尚以俄罗斯东正教宗教传统为依托的爱国主义文化，是今后俄罗斯社会文化向前发展的政策基调。如何架起稳固的政策框架，完备政策机制，使政策具有延续性、协调性、预见性、可操作性和对策性等，是为俄罗斯文化政策的当务之急。同时，如何通过政策治理正确解决文化自由与文化秩序间的关系等一系列问题，将是俄罗斯文化政策必须长期面对的课题与考验。

34. 俄罗斯传媒发生了什么变化?

李 玮

20世纪80年代末以前的苏联是一个完全没有私有传媒的国家，它的传媒转型，曾经给全球传媒带来希望。国际新闻组织主席阿·罗兰贝格曾说过，俄罗斯传媒的转型是世界创建一个崭新的信息系统模式的唯一机会，希望在这块净土上能够创立出一种优于现有一切模式的新传媒系统，它既不受制于国家，也不受制于政党，甚至也不受制于市场法则，只服从社会舆论。如今，20多年过去了，俄罗斯传媒体系的重构已经基本结束，新的系统趋于稳定，那么，传媒是否抓住了这“唯一的机会”，为世界创建出一个理想的、真正独立自由的传媒体系？它走过一条怎样的转型道路，发生了什么本质的变化？今天的俄罗斯传媒是一种怎样的模式？它又会向何处发展？

俄罗斯传媒转型之路

早在苏联解体之前，传媒领域的私有化就已经合法地拉开帷幕。[①] 从1987年至今，苏联—俄罗斯传媒领域的变革与转型大致可分为四个阶段。

第一个阶段是1987—1990年。戈尔巴乔夫以“公开性”和“民主化”为核心拉开苏联政治改革的大幕。改革的目的是实现“民主化”，“民主化”需要“公开性”来推动，而“公开性”主要靠传媒来实施。为了把传媒这台有力的信息机器发动起来，充当旧体制的“掘墓人”，戈尔巴乔夫决定把它从苏共的严控之下

① 见1990年《苏联出版与其他大众传媒法》。

解放出来。事实上，1987年之后，苏联传媒已经逐渐进入变异期：共产党主动放弃了对传媒的控制，传媒理论上仍然属于国家政府所有，但开始向自负盈亏的总编辑负责制机构转化，其支配权逐渐被当时的主编和资深记者所控制[①]。由于苏联时期的新闻传媒高度政治化，主编和资深记者大多是热衷于国务的政治家型新闻人。到了80年代后期，苏联传媒几乎完全掌握在一批激进改革的政治家主编手中，他们主张全盘西化，促进联盟解体。而戈尔巴乔夫本人则逐渐丧失了对传媒的控制权。接着，1990年6月，苏联又颁布了《苏联出版与其他大众传媒法》，它明确了苏联的出版和言论自由权、大众传媒编辑部的独立经营权，并取缔了新闻审查，解除了传媒垄断。从此，大众传媒私有化的大幕合法拉开。

传媒转型的第二个阶段，是传媒领域私有化后，1991—1992年一段短暂的相对"独立"时期。苏联解体后，1991年叶利钦政府颁布《俄罗斯联邦大众传媒法》，传媒与社会其他领域一道，开始剧烈的"休克式"转型。短短几个月内，国家垄断被彻底打破，国有传媒纷纷被编辑部成员私有化，并通过重新登记，成为私有的独立传媒。同时，大量的新传媒涌现，国有传媒、私有传媒、集体所有传媒、党派传媒以及外国传媒分庭抗礼。民众对变革命运的关注以及还没有崩溃的社会经济保障了传媒高居不下的发行量，大部分传媒在这段时期属新闻人所有，对政府和各种党派、金融势力没有依赖关系，这些特殊的历史条件造就了短暂的传媒"黄金时期"。传媒以独立社会组织的身份参与国家政治，自诩肩负崇高的历史使命，视监督政府、组织大众和教育大众为己任，开始追求理想的"优质独立传媒"。大批新型的独立传媒问世，其中最具代表性的有"莫斯科回声"广播电台、《商人报》、《首都》杂志、《独立报》等，阿·罗兰贝格们所期望的理想传媒模式初现雏形。

俄罗斯传媒转型的第三个阶段是1993—1999年，休克疗法方案的第一步——价格自由化引发大幅度通货膨胀，传媒的发行量骤降，印刷和运输成本的大幅度提高，大量传媒经济崩溃，面临倒闭。为了生存，只能"卖身求荣"，沦为金融财团和党派势力的附庸，传媒独立的理想就这样迅速崩溃。1996年杜马与总统大选，引发了政治和经济寡头追逐传媒的巨大热情，到90年代中后期，

---

① Под редакцией Я·Засурского, Средства массовой информации постсоветской России. M., 2002. C. 4.

80%的俄罗斯传媒被金融财团瓜分。企业家别列佐夫斯基、金融家古辛斯基与俄罗斯联合进出口公司的波塔宁各树一帜，建立起俄罗斯传媒的三大帝国。俄罗斯传媒市场提前进入了畸形的寡头垄断时代。所谓畸形，是因为寡头追逐媒体不为经济利益，而将其作为提高政治影响力，左右大选得票率，参与瓜分国有资源的工具。

普京时代是俄罗斯传媒转型的一个特殊阶段。势力过于强大的传媒寡头们成了普京推行新政、加强国家权力的绊脚石，于是，2001—2002年，强力的普京政府展开一系列打击寡头，收复传媒，使之成为“国家服务者”的行动。联邦检察院以侵吞巨额国家财产罪起诉传媒寡头列佐夫斯基和古辛斯基，二人被迫相继流亡国外，其传媒帝国被政府和亲政府的组织吞噬。到2002年年末，俄罗斯70%的电子传媒、20%的全国性印刷传媒以及80%的地方印刷传媒又被收归国有，俄罗斯传媒领域的格局完全改变，形成了以国家传媒为主，社会组织传媒和私有商业传媒为辅的三足鼎立格局。在这之后，大部分传媒学会了与政府和平相处，政府和传媒联盟基本形成。如今，被“理顺”的大众传媒进入平稳期，同时，由于领域内国家势力过于强大、政治监管严重、经济形势又不容乐观，俄罗斯传媒进入低迷和无为期。

综观俄罗斯传媒的20多年转型历程，它似乎“错过了”西方学者寄予厚望的，建立一种新型独立传媒的“唯一机会”。它甚至也没能建成美国式的，至少独立于政府的高度商业化传媒模式。历史的脚印让我们看清，多年来俄罗斯传媒一直在政治与经济的夹缝中挣扎，国家→政治精英→新闻集体→寡头→国家，俄罗斯传媒的所有者不断变换，这就是俄罗斯传媒转型的轨迹。

俄罗斯传媒新模式

世界传媒模式千姿百态，但可以概括为以下三种主要类型：1. 以美国为代表的商业模式，指传媒独立于国家政府，是完全市场化的商业机构，以追逐利润为主旨；2. 以一些欧洲国家为代表的公共传媒模式，如英国BBC广播电台和一些欧洲国家的公共电视台；3. 原苏联式的完全国家所有模式。上述模式各有利弊，都不够完善。

20世纪90年代初期，俄罗斯传媒在摆脱了原苏联的国家控制之后，一度激烈地朝着第一种模式全面转型。经过多年的挣扎和徘徊之后，今天，俄罗斯传媒又在往国家所有模式回归。但是，应该看到的是，今天受制于国家的俄罗斯传媒绝不是旧日苏联传媒模式的翻版，它与苏联时期的国家所有模式有着本质的区别。

首先，苏联时期，传媒无一例外全部归国家所有，由政府统一管理。而今天，国家只是传媒领域众多的主人之一，占据部分的传媒资源（虽然是主流的、重要的部分）。多种所有制的模式已经形成，俄罗斯传媒已经基本形成了以国家传媒为主，商业传媒与混合型传媒为辅的三足鼎立格局。

其次，苏联时期，政府是传媒的唯一所有者，其关系是纯粹的上下级、领导与被领导关系。而今，俄罗斯已经建成多元化的传媒格局，只有部分传媒与政府发生直接联系，而且，这种联系是复杂的、多元的（控股或参股、合作与联合、创办与合办等）。今天政府参与传媒的创办和管理主要通过以下几种方式：1. 政府创办独资传媒公司，通过它管理和控制部分传媒。比如 1991 年成立的全俄广播电视公司 ВГТРК。2. 通过国家企业控制传媒。例如国家天然气集团公司 Газпром 下属的“天然气传媒集团”。3. 通过亲政府的组织和个人控制传媒。例如《莫斯科共青团报》在莫斯科市政府控制下，“Рен－ТВ”电视台属于圣彼得堡“俄罗斯”银行控股的“Аброс”投资公司，该银行行长是普京的密友。

第三，苏联时期，传媒经费全部来自政府预算拨款，如今，国家法律上取缔了一切对传媒的经济保障，仅仅保留着政府“补贴”的形式。俄罗斯传媒与政治、经济和社会的新型关系正在形成。苏联时期，政府与传媒之间是主仆关系，其模式是：主人（国家）给马（传媒）套上缰索，喂它吃草，让它往哪跑就往哪跑；而如今政府和传媒的关系已经不能简单地用“主仆”二字来定义，因为政府不提供足够的饲料，马可以自由地跑着找草吃，但是不能越界乱跑（国家划出了严格的政治边界）。事实上，大部分传媒已经成为自谋出路、自负盈亏、追逐利润的经济动物。

今天的俄罗斯传媒有别于美国式的完全商业模式，因为国家作为合法的传媒创办人和拥有者，自始至终没有离开过传媒舞台；俄罗斯传媒也有别于欧洲的公共模式，因为国家在这里的作用远不只是提供补贴，还要行使其他的权力。俄罗斯传媒也有别于苏联时期的传媒，因为它已经被全面推向市场，成为自负盈亏，追逐利润的经济动物。

如此看来，俄罗斯传媒经过 20 多年的转型，没有停滞不前、没有完全西化，也没有回到起点，而是形成了一种新的传媒模式。但是，它不是西方学者所期待的、只服从社会舆论的理想传媒。这种模式有别于世界上诸多的传媒模式，又融合了各种模式的部分特点，是一种俄罗斯特色的、国家资本主义式的传媒模式，是一种政治—商业传媒模式。国家作为传媒业的最大股东，主要从宏观上调控核心媒体的政治倾向，传媒的主要经济来源已经从依赖国家补贴和企业资助走向依赖市场和广告创收。正如前俄罗斯传媒寡头别列佐夫斯基所说："今天的俄罗斯传媒虽然没有获得充分的政治自由，但经济上正在走向独立"[①]。只要不去触动政治安全和国家安全那根敏感的琴弦，传媒基本上是自由的。

俄罗斯传媒市场现状

俄罗斯传媒的市场化始于20世纪初。通常，评价媒介市场化的程度依靠以下几个主要指标：1. 领域内各种不同类型资本的构成比例；2. 市场的开放程度；3. 国家宏观调控的程度和范围；4. 传媒是否赢利及其经济独立程度。因为，如果领域内国有资本比例过高，则无法避免国家的控制和行政命令的强化；市场开放程度不够，就会造成垄断，不利于市场竞争；国家宏观调控过度，则意味着传媒生产、经营竞争机制以及价格决定机制的不自由；而如果传媒不能赢利，则说明市场化的不成功，没能达到最根本的目的。俄罗斯传媒在经历了20多年的变革之后，已经进入了相对稳定时期，我们用数据来分析其传媒市场的情况。

资产构成比例：根据2009年1月的数据，俄罗斯现有登记注册并正常运转的传媒共计73514家，其中报纸28449份、杂志21572多份、各种电视机构5254家、电台3769家、数十家通讯社以及其他形式的传媒。

2000年后，传媒领域的资产结构分化为两支：国家资本和商业资本。随着时间的推移，逐渐形成了第三种特殊的、上述两种资本的结合—混合型资本，即国家的金融和工业资本与金融工业集团资本的混合。如今俄罗斯大众传媒舞台上活跃着三大巨头，它们分别代表俄罗斯最典型的三种资本形式：

（1）纯国家的传媒集团——全俄国家广播电视公司 ВГТРК。拥有《俄罗斯》

---

① Рынок газеты и журналов - 2003. Акулы пера и их хозяев // Русский Фокус. 03.11.2003.

电视台、《文化台》、《体育台》、《信息台》、《PTP 卫视》、《体育卫视》、《Бибигон》，以及 88 家地方电视公司，此外还有“俄罗斯广播”、“灯塔”广播、“文化”广播、“信息—FM”、网络频道《俄罗斯》等。

（2）资产混合型（国有＋商业）传媒集团——俄罗斯联邦天然气工业集团下属的“天然气传媒”集团公司（Газпром－медиа）。拥有“独立电视台”（НТВ）、“ТНТ”电视台、“НТВ—和平”电视台、НТВ＋电视台。“七日”出版集团、《讲坛报》、《高峰报》、“莫斯科回声”广播电台、Сети—FM、Попса、儿童广播电台。电影公司“НТВ—кино”、广告公司“НТВ—传媒”、影剧院“十月”、“水晶—柏拉赛”。

（3）纯商业传媒集团——“职业传媒”集团（Проф－медиа）。拥有“Афиша”出版社、“B2B－медиа”传媒公司、“自动广播”公司、“圣彼得堡自动广播”公司、“幽默—FM”、“NRJ”广播公司、“阿拉”广播公司、电视公司“ТВ2×2”、“МТВ—俄罗斯”、“VH1—俄罗斯”，电视公司“中央监狱”、“合营公司”。影剧院网“电影公园”，网络门户“Rambler”等。

除了上述三大巨头，俄罗斯市场上还活跃着一些优秀的二流传媒公司，例如德国人创办的 Бурда 杂志集团、荷兰人创办的“独立传媒”杂志公司、“商人报”传媒集团（报纸、杂志、电视）、“电视 1 频道”传媒公司等等，但其规模、资产、影响都远不能与上述三巨头相提并论。目前，俄罗斯大型传媒集团主要集中在莫斯科，地方传媒的规模都不大。

显然，三分之二的俄罗斯传媒市场被国家资本和混合型资本所占据，再加上国家对一些传媒必需资源如印刷、邮局运输、电子传媒信号领域的垄断，所以，俄罗斯传媒的最大股东无疑还是联邦政府。

市场开放程度：从 1991 年起，俄罗斯即全面合法开放了传媒市场，各种资本可以自由进入传媒业。但是，虽然俄罗斯传媒门户大开，外国资本在俄罗斯传媒领域中所占比例却非常有限①。2000 年，联邦议会又通过《传媒法修正案》，规定在俄传媒股份中外资比例不得超过 50%，更是限制了外国资本的进入。根据 2007 年的数据统计，外国资本目前仍然主要局限在报刊市场，以杂志市场为最多。由于在俄罗斯开办传媒需要办理许可证，其程序相当艰难复杂，因此大部

① 李玮：《西方传媒的俄罗斯之旅》，《国际新闻界》2004 年第 1 期。

分外国传媒只是采用与本地传媒合办或购买股份的方式介入。但是，俄罗斯传媒市场的行业外资本份额很大，本国工业和金融资本渗入传媒领域的现象从90年代中期就开始了，至今仍占据重要的地位。

竞争机制：《俄罗斯联邦传媒法》保障传媒具有获取信息、传递信息和定价上的平等竞争权力，但是，由于国家在传媒领域的势力雄厚，滋生出明显的垄断与不公，主要表现在创办传媒过程的不公、获取信息和传递信息的权力不平等、传媒主体行为的不自由等方面。例如俄罗斯创办传媒的国家许可制度，使创办和取缔传媒成为国家的权力，其间充满收贿受贿、新闻审查等违法行为；例如信息控制和限制问题。在俄罗斯，某些领域的信息只有少数国家传媒才能够获取，克里姆林宫更是绝对屏蔽，不允许任何一家传媒进入采访；例如印刷、运输等行业以及无线电信号的国家垄断，导致信息传递过程中的不平等竞争；例如国家补贴发放的不公平，80%的国家补贴事实上一直固定进了50—60家传媒公司的腰包。[①] 经济主体间的不公平竞争、国家赞助的明显倾斜，造成俄罗斯传媒领域的严重垄断局面。目前俄罗斯传媒市场基本上由50余家大集团垄断，这些大集团在各地建有无数分支机构，其他中小型传媒企业很难生存和发展。2008年在俄罗斯境内注册的27476种报纸、20433种杂志中，只有一半左右能保持经常出版，其中能赢利的只有300—500种报纸（1%—1.8%）和1000种左右杂志（4.9%）。[②] 不能说目前俄罗斯传媒市场没有自由竞争，但国家干预的力度相当大。

经济独立程度：俄罗斯2001年广告总收入只有17.30亿美元，约占俄罗斯国民经济总产值的0.54%，[③] 2008年则达到89亿美元，约占俄罗斯当年国民经济总产值的0.9%。[④] 但这个比例距许多发达国家还有差距。俄罗斯人均年广告

---

① Под редакцией Е. Л. Вартановой，СМИ в меняющейся России，М.：Аспент－пресс. 2010. С. 57.

② 同上，С. 60.

③ （俄罗斯）В. 叶夫斯塔费耶夫：《2001年的广告市场》，（俄罗斯）《新闻记者》2002年第3期。

④ Под редакцией Е. Л. Вартановой，СМИ в меняющейся России，М.：Аспент－пресс. 2010. С. 68.

消费只有50美元，相比美国人均598美元、西欧国家人均279美元，[①] 还有相当大的距离。但近年来传媒广告产业的发展一直很强劲。2007年俄罗斯电视广告总收入1125亿卢布，2008年达到1376亿卢布，年增长22%。报刊传媒与广告公司的广告收入2007年总值519亿卢布，2008年达到576亿卢布，年增长13%。[②] 显然，广告产业正在成为俄罗斯国民经济不可忽视的部分。

但是，由于俄罗斯传媒业垄断严重，真正赢利的传媒机构并不多，大部分利润进入了少数几家公司（例如俄罗斯75%电视广告由Видео－интернэшнл公司控制），其余大量中小传媒只能勉强维持生计，常常不得不遵循“非市场法则”换取各种资源，有时甚至不惜出卖“言论自由和公正”。

上述事实表明，尽管俄罗斯传媒私有化搞了20多年，但目前在它的媒介核心领域，国有资产仍然占有绝对的优势。俄罗斯大众传媒作为经济主体，并没有获得完全的自由，它们的行为很大程度上受到国家权力和“大人物”的限制，受到腐败、官僚行政命令的限制。而且，从市场开放程度、竞争机制以及市场赢利的比例来看，俄罗斯传媒的市场化程度还不够高。

俄罗斯传媒发生的变化

尽管俄罗斯传媒的转型之路艰难而曲折，但与苏联时期相比，这个领域发生的变化也是有目共睹的，它主要体现在以下几个方面。

法律基础的奠定：20世纪末的苏联变革，催生了两部《传媒法》：1990年《苏联出版与其他传媒法》与1991年《俄罗斯联邦大众传媒法》。如今，尽管俄罗斯传媒领域内常常出现“有法难依”的情况，但是，多年“无法可依”的局面毕竟已被打破，领域规范有了明确的法律基础。

传媒主体的改变：从单主体向多主体转化。《俄罗斯传媒法》开宗明义，首先取缔了传媒领域长期一贯的国家垄断，将创办传媒的权利同时赋予了国家机

① Под редакцией Е. Л. Вартановой，СМИ в меняющейся России，М.，Аспент－пресс. 2010. С. 121.

② 同上，С. 63.

构、党派组织，商业机构和任何年满 18 岁的个人。[①] 进入 21 世纪后，尽管传媒领域又开始朝着国有化转轨，但是，传媒多主体、多元化的所有制格局已经形成，如今的俄罗斯传媒市场，已经形成以国有传媒为主导，个人所有传媒、集体所有传媒、组织所有传媒、党派所有传媒、外资传媒、合资传媒分庭抗礼的局面。

经济结构：从事业拨款向多渠道资金来源转变。苏联时期，各大报刊均为国家和地方机关的直属机构，传媒的经济来源归国家预算统一划拨。解体后，来自国家的经济源泉被掐断，只保留了少量补贴形式。目前，俄罗斯传媒的主要经济来源有以下方式：（1）发行量，（2）国家补贴，（3）赞助商赞助，（4）广告收入。其中广告收入是传媒赖以生存的基础，就连国家所有的传媒也主要依赖广告市场。

传媒管理：从垂直的行政管理转化成平行的经济协作和媒介独立经营。传媒主体的分化导致原苏联时期从中央到地方的、金字塔式的垂直管理模式迅速瓦解，代之以分散的、横向的管理模式。中央管理被打破，首都传媒与地方传媒之间不再是过去层层领导的垂直管理关系，变成了互助合作的平行协作模式。而传媒内部的管理则完全实现了独立经营。如今，大部分俄罗斯传媒（甚至包括国家传媒）的经营体制普遍采用股份制，股东大会是最高管理机构，传媒的日常活动由执行机构如理事会、编委会负责，也可以由总编、主编实行一长代理。有的传媒还设立监事会，对公司的利益分配、产权转换等重要经济活动进行监督。

传媒功能：从单一角色向多重角色的转变。苏联时期，作为意识形态的宣传者和国家政体的维护者，传媒的角色是单一的，其政治职能掩盖了其他一切职能。苏联解体后，私有化和商业化使大量媒体摆脱过去的全盘政治化，开始追求丰富多彩的传媒形式与内容。传媒的政治宣传功能减退，经济职能凸现，信息性、娱乐性骤然上升，政治报道的中心地位正在让位给经济广告、信息传播和生活娱乐节目，传媒的角色定位发生了质的改变。

传媒结构：从“万人一刊”到“百家争鸣”。苏联时期的传媒大多为中央直属、笼罩全国。报刊种类不多，但发行量惊人。1970 年全国性质的报纸只有 25 种，但平均每种报纸的发行量高达 220 多万份，仅《真理报》的发行量就有 170

---

① 见《俄罗斯大众传媒法》，第一章。

万份，可见当时的苏联报刊可谓“万人一刊”。如今，俄罗斯传媒领域已经是百花齐放、百家争鸣。各种思想文化得以滋生，各种报刊传媒得以出现，包括宗教传媒、民族传媒、侨民传媒、外国传媒、地方传媒。传媒种类繁多，但发行量有限。1999 年全国性报纸种类增长至 286 种，但平均每种报纸的总印数由 1970 年的 220 多万份下降至 12 万份左右。事实上，如今俄罗斯报刊的平均每期印数仅有几万册，有的只有几千册。同时，广播和电视的节目内容也纷繁多样，传媒走向人性化与个性化。

传媒理念：从“以国家为中心”走向“以受众为中心”。随着传媒从国家事业单位转变成商业机构，传媒的经济来源发生转变，出现新的生存支撑点——“受众”。信息接受者成为信息产品的消费者，消费者成为信息生产者的“上帝”，于是，受众在传播过程中的角色越来越重要，传播行为从过去的“国家中心论”向“受众中心论”转型。报刊为争取订户，电视台为提高收视率煞费苦心。受众成为传媒新的衣食父母。

总之，今天全球化背景下的俄罗斯，新闻舆论界拥有了相对苏联时期大得太多的自主权。尽管普京强调“媒体服务于国家”，但他也强调建立民主国家的重要性；尽管 1991 年的《俄罗斯联邦大众传媒法》有太多疏漏，并因俄罗斯执法部门的无力一再被破坏，但毕竟使新闻行为“有法可依”；尽管许多疏远政府的媒体受到排挤，许多不利于政府的报道和作品被取缔，但也有许多“不同的声音”在俄罗斯新闻和出版界响起，而这些声音的发出者也不必担心为此付出蹲集中营或被劳改、镇压的代价；外国传媒的进入和因特网的逐渐普及使新闻查禁行为变得困难；在市场竞争的刺激下，俄罗斯信息传播的领域得到拓展、信息量增大、报道的禁区已被突破……，虽然还有旧习惯和新制度不完善之处的影响，俄罗斯传媒的转型还是取得了螺旋式的上升。虽然国家又掌握了大部分的传媒，但应该看到，在市场经济条件下，政治已不再是唯一的砝码，舆论出版创作过程的参与者已不再单一并相互制约：政府、资本投入者、新闻出版的专业机构和人员、社会受众和社会意识的搭配正在努力趋向合理。

俄罗斯传媒的发展趋势

根据俄罗斯传媒 20 年转型的经验与俄罗斯社会的现状，俄罗斯传媒在未来一段时期的发展趋势是：

国家化：在2011年出版的《最新时代的俄罗斯新闻传媒》一书中，作者Д.Л.斯特罗夫斯基多次用到“国家化”一词，他总结了当今俄罗斯传媒市场的结构特点：1.政府对传媒的影响逐渐加大，导致国家和亲国家的私人机构在传媒市场的占有份额增大，传媒领域呈现明显的“国家化”趋势。2.传媒领域出现政治和经济利益的联姻，产生出明显的政治服务意识，批评性减弱。3.政治和经济上对国家政权的依赖，导致传媒获取和传播信息的自由和权力常常受到控制和限制，《传媒法》有法难依。[①]

一切现象表明，产生于20世纪90年代中期的寡头传媒帝国时代已经成为历史，政府和传媒联盟已经形成。显而易见，传媒继续生存的条件只有一个，那就是必须遵守政府的游戏规则。至于未来，如果强势的普京明年从总理再变成总统，这种状况不但不会改变，而且还会随着俄罗斯政府势力的稳定和加强进一步强化。

娱乐化与商务化：如果说20世纪90年代的俄罗斯传媒还有着成为社会的镜子，民主的推动者的渴望，那么，21世纪的俄罗斯传媒，社会精神作用越来越萎缩，进入低迷与无为期。

在国家势力强大的今天，传媒不可能拥有所谓的完全自由，但是，不同于过去的是，今天的政府只管宏观把握舆论导向，传媒只能在激烈的市场竞争中求生存。可以说，在强大的国家势力压制下，俄罗斯媒体处于一种尴尬的境地：政治上必须保持清白，经济上还得自力更生。于是，为了避免麻烦，它开始远离政治（调查数据显示，2007年俄罗斯电视涉及的社会政治报道只占总报道的17%[②]），一心追求赢利。今天的俄罗斯传媒，其政治功能一再弱化，为了利益而拼命取悦大众，大众娱乐成为主要功能。电视、电台和杂志领域的娱乐化特别明显，近年来出现了大量的纯娱乐的电台电视台（完全没有新闻与评论节目），杂志领域更是被“花花公子”、“时尚”、“丽莎”等国际娱乐品牌所占据。即便是国有的严肃电视台，也用大量的时装秀、生活美食、宠物乐园、脱口秀一类的娱乐节目吸引

---

① Д.Стровский，Отечественная журналистика новейшего периода，изд.，Юнити－Дана，2011.С.295.

② Под редакцией Е.Л.Вартановой，СМИ в меняющейся России，М.：Аспент－пресс.2010.С.119.

眼球，提高收视率。

20 世纪 90 年代末期，俄罗斯传媒一度走向庸俗化，电视转播脱衣舞、播放三级片、制造丑闻、宣传暴力，一切能够激发感官刺激的内容在荧屏上应有尽有。翻开当时的俄罗斯报刊，你会发现大量引人入胜，使人想入非非的图片（包括色情图片），娱乐新闻、各式广告充斥其中。但近来这种趋势受到遏制。国家控制从某种程度上增强了新闻审查，也增强了传媒的规范化。

俄罗斯传媒的另一个发展趋势是商务化。近年来，俄罗斯传媒为了获取利润，开始朝着为经济领域提供专业信息的道路发展。商业传媒指为金融、证券、统计、贸易、技术、科学等领域提供专业信息的大众传媒。目前，在俄罗斯已经出现传媒商务化的趋向。印刷传媒领域出现大量纯商务型报刊：《经济与生活》报、《公司报》、《生意报》、《金融报》、《证券报》、《专业技能报》、《我们的金钱》杂志。从 2003 年开始，俄罗斯第一家商务电视台“РБК ТВ”开播，24 小时不间断报道国内外经济、金融、国际贸易市场的新闻。2008 年又一家商务电视频道——Эксперт ТВ 问世，它 60％的时间用于播报经济分析型新闻。2007 年，第一家商务广播电台“Бизнес FM”问世，2008 年，又一家商务电台在 FM99.6 兆赫播出，它以独特的“音乐—信息—交谈”播报形式而著名。纯商务内容的网站也不断涌现。商务传媒在其他国家也有存在，但是在俄罗斯特殊的社会政治环境下，它是传媒远离政治，追求经济利益的最好方式。因此，我们预计，这个趋势，在近年内会更加明显。

走向公共模式：关于传媒的模式，我们把今天的俄罗斯传媒定义为国家资本主义模式，或者说它兼有商业模式和国家模式的特点，是一种混合体。

这种混合传媒模式是适合目前俄罗斯的现状的。事实证明，苏联剧变后，私有化和商业化并没有带来真正的传媒独立和言论自由，在所谓“市场自由竞争”的幌子下，取代国家的是各种利益群体对传媒的控制。传媒不断易主造成舆论分化，影响民众的价值取向和社会稳定，带来寡头势力高涨等不良后果。普京上台后，从某种程度上说，国家势力的强盛整合了舆论，有助于社会稳定，在一段时间内，这种模式有利于普京推行其民族主义的理念和强国政治，而饱受混乱之苦的多数百姓暂时也不会反对这种预示着国家统一和强盛前景的国有化。

但是，在多数西方国家的眼里，俄罗斯传媒的变革是以失败而告终。他们把新世纪初俄罗斯“独立电视台”的变更视为民主在俄罗斯的陨落。事实上，由于国家势力的过于强大，俄罗斯传媒的真实性和公正性的确受到损害，大量传媒的确只能采取“回避政治，走向娱乐”的对策，于是，传媒的正常功能受到限制，公认的传媒四大功能（监测社会环境、协调社会关系、传承文化、提供娱乐）中的前两项在今天国家控制下的俄罗斯无法公正地实现。所以，当社会稳定经济成熟成为现实后，人们一定会再次追求传媒的独立与民主化。而在全球化的大潮下，政府也不可能走回头路。我们认为，今天的俄罗斯传媒模式也只是一种暂时的过渡，俄罗斯还需要寻找一种更加适合其社会与发展的传媒新模式。

显然，在政治尚待进一步稳定，经济还欠发达的俄罗斯，纯商业模式的传媒是不合适的，而公共模式会不会成为明天的俄罗斯传媒模式呢？我们认为是有可能的。公共传媒是一种既非市场又非国家的传媒模式，它们的经费通常有以下四个来源：用户付费、政府资助（受法律保障的资助，而非官吏的个人行为）、广告收入和赞助商的赞助、出售音像制品和服务的收入。在公共模式里，国家的存在被相对淡化，这是一种以公民社会为服务对象，不以市场竞争为手段、经济利润为主要目的的公共媒体。之所以认为它可能成为俄罗斯传媒的未来模式，是因为：首先，公共模式是俄罗斯传媒唯一没有尝试过的道路，而有关公共模式的话题俄罗斯并不陌生，在传媒改革早期，俄罗斯就有学者提出走公共传媒道路的建议，苏联电视一频道曾经被更名为俄罗斯公共电视台OPT，这表明了改革初期俄罗斯新闻人的一种态度，尽管它没有能够实现真正意义上的公共性；其次，目前，俄罗斯政府力量加强，但全球化的趋势使政府不能不在加强控制的同时考虑国家的民主形象，国家政府需要寻求一种既保证权力，又能代表民主的传媒形式，而公共模式是由公共资金资助的，这种传媒不会形成俄政府忌讳的寡头势力，同时，由于有政府资助的参与，就能保证一定程度上的政府控制；第三，俄罗斯民族的文化特性，决定了它不适合任何形式的绝对自由，也不适合绝对的不自由。俄罗斯人民一贯信任国家权力和权威，但又对完全的国家控制深恶痛绝。公共模式的传媒由于有国家的部分介入，会提高民众的信任，但它又不全是国家所有，因此，会被民众作为一个相对公正、民主的模式而接受。

但是，应该看到，俄罗斯传媒公共化并不会很快实现，因为，公共传媒的实现离不开必需的社会条件。经济基础自然是首要条件。公共传媒的经费问题是它存在的根本问题，当社会物质财富没有雄厚到一定的程度，当用户没有足够的钱去订报，去收看有线电视，当政府的资助杯水车薪时，公共传媒是不能实现的。

其次，公民社会也是实现传媒公共化的必要基础，而俄罗斯距离公民社会还有很远的距离。

结论

20多年过去了，俄罗斯传媒没有建成西方所期待的理想传媒，也没有走向任何一种现有的传媒模式，而是建成了一种独特的、新型的、国家控制下的市场化模式。今天的俄罗斯传媒是一种国家资本主义模式，大量传媒属国家所有、受国家控制，市场垄断现象严重，新闻审查仍然存在，市场化程度并不太高，还有很大一部分传媒无法创造利润，谈不上经济独立……但是，从另一方面看，俄罗斯传媒在20多年中发生了翻天覆地的变化。《传媒法》使之有法可依，私有化打破了苏联时期的国家绝对垄断，多元化的格局已经形成，传媒市场已经形成并不断完善。

似乎很难说俄罗斯传媒的转型成功与否，也很难说俄罗斯传媒会继续朝哪里发展。而我们认为，短时期内，俄罗斯传媒摆脱不了国家的控制。大量的事实证明，在俄罗斯，“国家和传媒的情感将是永恒的”，[①] 用俄联邦出版部官员的话说，传媒这个势头强劲的产业，国家不会放弃对它的控制。[②] 也许，公共模式会是俄罗斯传媒的发展方向。无论怎样，有一点是肯定的：20多年只是历史的一瞬，俄罗斯传媒的现状也只是一个过渡。俄罗斯著名新闻学家、莫斯科大学新闻系主任Я.扎苏尔斯基教授在《后苏联时期的俄罗斯大众传媒》一书中这样描述俄罗斯传媒：“今天，俄罗斯传媒还是一只丑小鸭，挣扎着逆流而上……也许有一天，丑小鸭会变成白天鹅”……[③]

---

① Коммерсант—власть. 28.03.2003.

② 同上。

③ Под редакцией Я.Засурского. Средства массовой информации постсоветской России. М., 2002. С. 230.

35. 俄罗斯宗教政策有何变化？

戴桂菊

俄罗斯是一个多民族和多宗教的国家。在俄罗斯国家千余年的历史进程中，宗教组织的命运可谓几经沉浮。旧俄时期，国家以区别对待的方式来处理宗教事务。其中，以维护君主制为主要政治见解的东正教一直是统治者扶持和保护的对象，它享有世俗政权赋予的各种特权和优惠，而其他宗教的活动或被限制，或遭镇压；苏维埃政权建立初期，在以无神论为特征的国家主流意识形态下，包括东正教在内的俄罗斯各类宗教一律成为新政权专政的对象，宗教的社会影响极其微弱；卫国战争期间，为了调动全民的爱国激情，苏维埃政权一改传统的做法，转向扶持宗教，从而使宗教组织的发展呈现出暂时的繁荣局面，宗教人士在反法西斯战争中发挥了积极的作用；苏联末期，随着全方位改革的启动，国家对宗教的禁锢被打破，宗教组织开始全面复兴；苏联剧变后，新俄罗斯进入了一个政治、经济和社会转型的历史时期。伴随着国家主流意识形态的变化，俄罗斯对其宗教政策也做出了重大调整。

旧俄时期的宗教政策回顾

宗教是俄罗斯最古老的社会和文化现象之一。早在公元882年，即古罗斯国家形成之时，俄罗斯人的祖先——东斯拉夫人就信奉原始宗教——多神教。公元988年，基辅罗斯大公弗拉基米尔宣布拜占庭基督教（1054年以后称“东正教”）为国教。从此，古罗斯国家步入一神教世界。拜占庭基督教主张君权神授的思想并坚持王权高于教权，这一点深得古罗斯统治者的欣赏。因此，自接受拜占庭基督教之日起，教会与罗斯国家政权就建立起一种较为和谐的“权力交织”（симфония властей）关系。此后，罗斯教会的发展一直受到世俗政权的庇护与支持。罗斯接受基督教后的第一个宗教法令《圣弗拉基米尔法规》对教会存在的物质基础做了明确规定，指出，“弗拉基米尔大公在基辅建立了圣母什一大教堂并将罗斯王公全部土地及农畜产品总收入的十分之一交给教会使用”，[①] 这便是罗斯教会什一税的来源。封建割据时期，罗斯各地均按照圣弗拉基米尔法规推行什一税。同时，还将社会对教会的实物馈赠和土地捐献合法化。在国家政权的积极扶持下，东正教会的经济实力日渐强大。

15—16 世纪之交，俄罗斯统一的中央集权制国家形成。此时，东正教会已经同王公、贵族一样，成为俄国的大土地所有者。为了加强中央集权，沙皇伊凡四世于 1551 年召开了自俄国等级代表君主制确定以来的第一次全国性宗教会议——“百章公会”。会议最重要的议题是针对东正教会的领地不断膨胀，对其进行限制和没收，如规定“除非特别需要，修道院不得再向沙皇请求任何新土地和新特权书”、“没收东正教高级神职人员和修道院侵吞或非法占有的一切土地”、“没有沙皇的恩准，任何人不得向教会和修道院出售世袭领地”等[②]。

在罗诺曼夫王朝第一代沙皇米哈伊尔执政时期（1613—1645 年），东正教会因在消除混乱中有功而备受沙皇器重和关爱，加上全俄东正教牧首费拉烈特与沙皇之间的亲子关系，东正教会在俄国的地位大大提高，教会财产再度膨胀。教会领地遍布全国，牧首权大无边，教会上层挥金如土。虽然 1649 年颁布的罗曼诺夫王朝第一部法典——《会议法典》对教会财产采取了一些世俗化措施，但是东正教牧首尼康仍无视法律，继续扩大东正教会的领地。国家政权与东正教会在经济利益上的冲突最终以尼康被罢免而告终，东正教财产逐步被纳入国家管理的轨道。18 世纪初，彼得一世取消了牧首制，设立由世俗官员担任总督的圣主教公会来管理东正教会，东正教会的财产分别由国家设立的修道院衙门和教会经济院掌管。叶卡捷琳娜二世时期，俄国继续没收教会的财产，将教会的所有可耕地、一切有人居住的地产连同地产上的农民交由国家经济院来管理。

---

① 《圣弗拉基米尔法规》，第 10 条，摘自阿·尼科林的《教会与国家》，莫斯科 1997 年版，第 295 页。

② 《百章决议》，第 75 章和 101 章，摘自阿·尼科林的《教会与国家》，莫斯科 1997 年版，第 68—69 页。

整体来看，沙皇政府对东正教会采取了怀柔的政策。一方面，有意削弱教会的经济实力，以防止因教会经济膨胀而出现国中之国的局面；另一方面，专制制度又离不开教会这一个精神支柱。当统治者需要时，就不惜一切地对教会进行扶持。沙皇保罗一世（1796—1801 年在位）继位时，教会有权自由支配的地产只剩下无人居住的旷地，如花园、牧场的边角地及个别渔场等。他感到先母叶卡捷琳娜二世的教会政策对国家不利，于是转而扶持教会，曾多次颁令增加教会的领地。亚历山大一世的教会政策更加宽松，允许东正教会教区和修道院占有更多的空地。这一时期，教会的收入急剧增加，教会甚至控制了城市的部分房地产生意。尼古拉一世时期，俄国出台了“东正教、专制制度和人民性”三位一体的公式，东正教会在维护俄国专制制度中的作用得到加强。1835 年，尼古拉一世颁令，允许修道院拥有更多的土地和森林。19 世纪 60 年代的自由主义改革使俄国东正教会下层——白神品阶层的待遇有了实质性改善。[①] 白神品阶层不仅能够领取薪水，还得到国家提供的一些份地、林场和空旷地。19—20 世纪之交，面对风起云涌的革命浪潮，俄国世俗政权竭力扶持东正教会，以维护摇摇欲坠的专制体制。到 20 世纪初，东正教会成为俄国社会中一个庞大的社会和经济机构。它拥有占全国人口 0.5%的神职人员，占全国人口 69.9%的教徒，掌握着全国 0.8%的土地。[②] 作为独立法人，东正教会除了从事农耕，还拥有各类工厂并从事房地产生意，甚至放高利贷。

应当指出，旧俄时期，俄罗斯国民的宗教信仰并非仅仅是东正教。自罗斯接受基督教洗礼至蒙古鞑靼人入侵前夕，罗斯经过了一个基督（东正）教排挤多神教的过程。此后，东正教的国教地位在俄国巩固下来。在后来的领土扩张和对外交往中，俄国的宗教成分变得更加复杂。除了东正教信徒，俄国还相继出现了伊

---

① 俄罗斯东正教会神职人员分成黑、白两种神品。黑神品（черное духовенство）由出家人组成，他们生活在修道院或神职官邸中。黑神品最低品为修士，以上依次为：修士辅祭（执事）、修士大辅祭（执事）、修士司祭、修士大司祭、主教、大主教、督主教、都主教、牧首。黑神品上层在教会中享有特权，主教及其以上的神职只能从黑神品中产生。白神品阶层（белое духовенство）为教会服务人员，他们是世俗平民信徒，一般都有家室。白神品中最低品为诵经士，以上依次为：副辅祭（执事）、辅祭、大辅祭（大执事）、司祭（神甫）、大司祭、司祭长。

② Смолич И. К. История русской православной церкви，Москва，1996，т. 8，ч. 1，С. 28.

斯兰教、天主教、新教、犹太教和佛教等信徒。然而，在17世纪中叶以前的俄国法律中，除了东正教，并没有关于其他合法宗教组织的记载。因此，当时俄国的政教关系实质上就是指国家政权与东正教会的关系。17世纪60年代的尼康改革导致了俄国东正教会的分裂，那些赞成尼康宗教改革的东正教徒被称作"尼康派教徒"，而尼康改革的反对者则因恪守东正教会的古代礼仪而被称作"旧礼仪派教徒（старообрядцы）"。在1666—1667年的东正教大公会议上，尼康派教徒被东正教会肯定为官方派教徒，而旧礼仪派教徒则被谴责为"异端"并被革除教籍。出于维护君主制度的需要，俄国的历代沙皇都只承认官方派东正教的主导地位，对旧礼仪派教徒进行残酷迫害，还轻蔑地称他们为"分裂派教徒（раскольники）"。

旧礼仪派的出现从法律层面上宣告了俄国单一的东正教体制的终结。到20世纪初，俄国的宗教派别已达数十种。在俄国诸多宗教派别中，东正教一直占据统治地位，它享受着国家给予的多种特权。比如，东正教会承担了俄国各级宗教教育的主要任务。东正教神学课不仅在教会学校中开设，而且在教育部所属的各级世俗学校中普遍推行。相比之下，其他宗教，如伊斯兰教、佛教、天主教和新教等，在法律和社会地位上明显地比东正教逊色，它们的正常活动受到政府的各种限制。那些与官方东正教对立的民间宗教组织，如旧礼仪派、莫罗勘派、反正教礼仪派、鞭身派和阉割派等，甚至成为官方教会和沙皇政权排挤和迫害的对象。

沙皇政府于1905年颁布的《关于巩固信仰宽容原则》法令使俄国公民在基督教各派范围内有了选择信仰的自由，旧礼仪派和其他民间教派的合法权益也明显得到扩大。然而，公民的信仰自由权利并没有普及到所有宗教。1917年二月革命后，临时政府颁布了《信仰自由法》，从而在俄国史上首次承认信仰自由的原则，规定"俄罗斯国家每个公民的宗教信仰自由得到保障。无论归属何种宗教，他们均享有公民权"。[①] 当然，针对不同的宗教，国家仍然有区分地调节其法律地位。此外，临时政府在设立宗教信仰部的法令（1917年8月）中明确规定，宗教信仰部的部长和副部长只能由东正教徒来担任。直至帝俄终结，俄国的沙皇无一例外地属于东正教徒。可见，在整个旧俄时期，俄国官方始终承认宗教

① 阿·尼科林：《教会与国家》，莫斯科1997年版，第365页。

的存在，只是对待不同宗教所采取的政策明显不同。东正教在俄国各宗教派别中一直保持着主导地位，国家政权对东正教的厚爱贯穿俄国史的始终。

苏维埃时期的宗教政策调整

十月革命改变了俄国历史的进程，也改变了各宗教在俄国的命运。十月革命后，新上台的苏维埃政权立即颁布了《土地法令》（1917 年 11 月 8 日），规定“土地私有权永远被废除”，“地主的田庄以及一切皇族、修道院和教堂的土地，连同耕畜、家具、庄园建筑和一切附属物，一律交给土地委员会和县农民代表苏维埃支配”。1918 年 1 月 23 日，苏维埃政权颁布了新时期的第一部宗教法令——《关于教会同国家分离和学校同教会分离的法令》。法令开宗明义地指出：“教会与国家分离”，[①] 这就宣告了国家政权与东正教会紧密交织关系终结，确立了将东正教会从国家政权中分离出去的新型政教关系模式。苏维埃政权宣布新的国家具有世俗性。针对俄国历史上长期存在的宗教不平等现象，法令规定：“在共和国境内，禁止发布任何排斥或限制信仰自由或以公民的宗教信仰为理由而规定任何优先权或特权的地方性法律或决议”，“每个公民都有权信奉或不信奉任何宗教。凡因信奉或不信奉某一宗教而剥夺权利的规定，一律废除”。[②] 这样，俄国首次从法律上确立了各宗教信仰之间的平等关系。

与此同时，法令对宗教组织的活动也做了新的限制，如规定：“学校同教会分离。在一切讲授普通科目的国立、公立和私立学校中，禁止讲授宗教教义”，“任何教会和宗教团体都无权占有财产，任何教会和宗教团体都不享有法人的权利”以及“凡在俄国属于教会和宗教团体的全部财产都宣布为人民的财产”等。[③] 苏维埃政权做出这些规定的意图是：剥夺宗教组织的特权和实体身份，将其处于国家权力的统一监督之下，借助于政权的力量中止宗教思想在意识形态领域里的传播。通过改造，使宗教与社会主义的思想体系相适应。显然，所谓的“政教分离”并不是政教双方互不干涉，而是用建立在无神论基础上的社会主义

---

① 《关于教会同国家分离和学校同教会分离》的法令（1918 年 1 月 23 日人民委员会令）第 1 条，参见乐峰：《东正教史》，中国社会科学出版社 2005 年版，第 414 页。

② 同上。

③ 同上，第 415 页。

意识形态对以有神论为特征的各类宗教实行专政。因此，苏维埃时期国家政权与宗教组织之间建立的是一种看似分离实则对立的关系。

在苏维埃宗教法实施过程中，宗教组织的财产被没收，教堂和清真寺被关闭，神职人员被镇压。因此，宗教人士对苏维埃政权怀恨在心。国内战争期间（1918—1920 年），许多神职人员加入到白军的行列，同红色政权作斗争。苏维埃政权也把神职人员视为白卫分子来处理。东正教、伊斯兰教和天主教中都有相当一批神职人员被处决。以东正教为例，帝俄末期俄国的 10 万多名神职人员到 1919 年仅剩下 4 万名。①

1921—1922 年，苏维埃俄国发生了歉收和饥荒，造成全国 16 个省份受灾，苏维埃政权又一次面临生与死的考验。为了筹措资金赈济灾民，1922 年 2 月 16 日，全俄中央执委会通过了《关于没收教会财产用于帮助饥饿者》的主席团令。法令规定："教会需将一切贵重金银物品、宝石，按照财产清单和契约移交给财政人民委员部各机构。"② 俄罗斯东正教会牧首吉洪（1865—1925 年）对苏维埃政权的法令采取了抵抗态度，声称苏维埃的法令是亵渎宗教和冒犯教规的行为，号召东正教教徒不惜一切手段来抵制法令的实施。面对教会的反抗，苏维埃政权再次采用暴力强制推行法令。于是，又有一大批神职人员遭到镇压。

国内战争结束后，苏维埃政权继续贯彻反宗教的路线，同宗教组织中的"反革命"作斗争。面对无法改变的现实，俄罗斯东正教牧首吉洪做出了服从苏维埃政权的选择。他申明"今后不再与苏维埃政权为敌"，"永久地、明确地放弃反革命立场"。③ 1927 年，吉洪的继任者谢尔吉都主教发表了《致教民咨文》（即《谢尔吉都宣言》），号召俄罗斯全体东正教教民"服从苏维埃政权"。④ 宣告引起了俄国东正教会的分裂：那些拥护苏维埃政权的东正徒和教会人士组成了俄罗斯东正教会，该组织得到了新政权的承认。那些坚决不向苏维埃政权妥协的东正教徒

---

① 百科辞典《俄罗斯文化世界》，莫斯科，1997 年，第 556 页。

② Постановление Президиума ВЦИК "об изъятии церковных ценностей для реализации на помощь голодающих", Покровский Н. Н. Архивы Кремля, Политбюро и церковь 1922—1925 гг.，книга，2，Москва：РОССПЭН，1998，С. 16.

③ 赫克：《俄国革命前后的宗教》，学林出版社 1999 年版，第 92 页。

④ Штриккер Г. Русская православная церковь в советское время（1917—1991），материалы и документы по истории отношений между государством и церковью，книга 1，Москва：ПРОПИЛЕИ，1995，С. 270.

的教会人士则分成了两支：一些人愤然离开苏联，流亡到欧洲。他们在那里成立了俄罗斯东正教境外教会，希望推翻苏维埃政权并与国内东正教会合并。另一些人留在苏联并组建了东正教地下教会。他们成为苏维埃政权下的隐形东正教徒，对苏维埃和官方东正教会的政策均采取消极抵抗的态度。这一时期，遭到洗劫的不仅仅是东正教徒和教会人士。1923 年，以莫吉廖夫主教区大主教罗普为首的几位天主教神职上层被苏维埃政权逮捕，理由是他们参与了“反革命活动”。[①] 20 年代中叶，一切独立的犹太人团体、政党及其出版、教育和宗教机构均被政府取缔，“犹太人的宗教信仰活动受到了限制”。[②]

在苏联实行社会主义工业化与农业集体化的过程中，宗教人士的不积极态度使苏维埃政权把他们当做“阶级敌人”来处理。1929 年 4 月颁布的《全俄中央执行委员会和人民委员会关于宗教组织的决议》重申 1918 年出台的《关于教会同国家分离和学校同教会分离的法令》“适用于一切教会、宗教小组、教派、宗教流派和其他各种名称的宗教组织”，[③] 并且强调“宗教团体和教徒小组不享有法人的权利”。[④] 此外，还对宗教组织的成立、管理、活动范围、财产所属及使用等提出了各种限制。1922—1938 年，苏维埃政权为摧毁宗教组织做了大量的工作，无神论宣传成为俄共（布）及后来的联共（布）的一项重大政治任务。1922—1932 年，全国脱离东正教会的教徒达 2500 万，占全国人口的 1/4。[⑤] 二战前夕，苏联东正教地方机构几乎全部被取消，神职人员多被关入集中营，拥有人身自由的主教寥寥无几，一些主教隐居在深山老林中或装扮成神甫度日，绝大多数教堂被关闭，全国从事宗教活动的教堂仅剩下几百座，成千上万的神甫改行。其他宗教也遭到了同样的打击。1914 年，俄国伊斯兰教的清真寺数量为 2.6 万座，到 1933 年，全国所剩的清真寺只有 4856 座了[⑥]；从 1925 年起，反宗教宣传在佛教徒集中的布里亚特地区进入了一个新阶段。为了同宗教作斗争，1925 年，

---

① 乐峰主编：《俄国宗教史》下卷，社会科学文献出版社 2008 年版，第 699 页。
② 同上，第 807 页。
③ 乐峰：《东正教史》，第 417 页。
④ 同上，第 418 页。
⑤ 同上，第 142 页。
⑥ 乐峰主编：《俄国宗教史》下卷，第 865 页。

莫斯科成立了“战斗的无神论者同盟”。[1] 次年，布里亚特也成立了该组织的分支机构。在强大的反宗教宣布运动面前，许多佛教徒开始以隐蔽的方式表达自己的宗教感情，参加宗教活动的教徒锐减；20 世纪 30 年代，许多犹太教徒死于大清洗中，许多犹太人通过隐瞒民族和宗教身份的方式才得以保全性命。

虽然苏联历届领导人基本上都把宗教当做一种消极社会现象来对待，但是，在需要的时候，苏维埃政权又经常利用宗教为国家服务。卫国战争时期，斯大林亲自接见东正教最高领导层，国家试图利用东正教来调动国民的爱国热情。在当权者的鼓励下，东正教会谢尔吉都主教在战争当天就发表了《告东正教教民书》，明确表示“基督的教会为保卫祖国神圣疆界的所有东正教徒祈祷”。[2] 俄罗斯东正教会在战争中自始至终都站在反法西斯的立场上，许多神职人员和教徒参加了敌后游击战或为游击战提供援助，他们组织救援队抢救伤员，往前线派送食品和军需物品，为反法西斯战争的胜利作出了突出的贡献；战后初期，苏联党和政府继续坚持战时宗教政策，保障公民的信仰自由。因此，随着国民经济的恢复，苏联的宗教组织出现了复兴的势头。解放区的宗教生活重新恢复，宗教组织间的联系与合作加强；“解冻”时期，宗教组织的发展也暂时出现了复兴的局面。一些被关押到集中营和监狱的神职人员获得了释放，一批教堂和清真寺归还给宗教组织。1956 年秋，俄联邦有 1/3 的新生儿接受了东正教洗礼，1/3 的死者举行过东正教教堂葬仪；[3] 勃列日涅夫执政时期，苏联政府更多地强调对神职人员和教徒进行思想感化，用共产主义思想来教育国民。在对待宗教人士的态度上，官方提出了培养具有共产主义思想的神甫的方针。为此，国家允许世俗高校的毕业生进入神学院校，客观上为宗教与世俗社会的接触与融合提供了方便；1977 年，苏联新宪法中增加了“保障苏联所有公民享有信仰的自由和权利”的条款。总之，每一个暂短的宽松环境客观上都为宗教组织的发展带来了动力。整个苏维埃时期，俄罗斯宗教的发展态势可谓起伏跌宕。既有因受排挤而萎缩的状态，也有因政策放松而相对繁荣的局面。

---

① 乐峰主编：《俄国宗教史》下卷，第 936 页。

② Штриккер Г. Русская православная церковь в советское время（1917—1991），Москва，1995，С. 329.

③ Шкаровский М. Русская православная церковь при Сталине и Хрущеве，Москва，2000，С. 213.

20世纪80年代后期，随着戈尔巴乔夫改革的推行，苏联思想界异常活跃。受其影响，宗教组织的活动也日渐频繁。俄罗斯东正教会先后在基辅、莫斯科和列宁格勒举行了三次国际神学研讨会，一些高校学者也参加了会议。他们谴责苏联政府长期以来对东正教的不公正待遇，要求为东正教平反。1988年4月，戈尔巴乔夫接见以牧首皮缅为首的全俄东正教事务管理局的成员。这是自斯大林以来苏联领导人与教会领导层的第一次会面。戈尔巴乔夫“首次承认东正教会在苏联曾遭受排挤和其他不公正的待遇”。教会领导人“要求国家赋予教会以法人的地位，使教会同其他社会组织一样享有全权并希望国家尽早制定一部宗教法”,[①] 戈尔巴乔夫答应了教会的要求。此后，苏联开展了纪念罗斯接受洗礼1000周年的活动，俄罗斯东正教会被允许参与信仰自由法的制定。苏联的大众媒体也开始刊发对肯定宗教积极作用的文章，如把宗教当做一种精神文化的重要组成部分，肯定神职人员的活动等；1986年，苏联政府取消了对犹太教活动的种种限制，同意建立犹太教会堂。1988年，苏联首次开放犹太教文化中心，不再禁止教授希伯来语；1989年2月，苏联部长会议宗教事务委员会批准了列宁格勒佛教协会的注册申请。

1990年3月，苏维埃人民代表大会取消了苏联宪法第六条中“关于苏联共产党具有领导地位”的规定。此后，苏联的政治多元化局面日渐明显。1990年6月，俄罗斯东正教牧首阿列克塞二世受全俄国东正教地方公会的委托，向苏联最高苏维埃和部长会议提出了三项要求，即：要求国家政权“承认东正教会具有法人资格，赋予东正教会在世俗学校中讲授宗教选修课的权利以及承认东正教会对宗教建筑物和所承租财产的所有权”。[②] 这说明，俄罗斯东正教会迫切希望国家恢复其在旧俄时期的社会与经济地位。

1990年10月1日，一部新的《信仰自由和宗教组织法》在苏联出台。法律首先强调“一切宗教和信仰在法律面前一律平等”,[③] 同时重申“苏联的国民教

---

① Поспеловский Д. Православная церковь в истории Руси, России и СССР, Москва, 1996, стр. 361.

② Архивный материал Избрание и интронизация Святейшего Патриарха Московского и Всея Руси Алексея II, http: //www. na－gore. ru/articles/izbranie _ patr _ alex. htm.

③ 苏维埃社会主义共和国联盟《关于信仰自由和宗教组织法》第5条，参见乐峰：《东正教史》，第445页。

育体系同教会分离，具有世俗性质”。与以往宗教法所不同的是，该法允许正式注册的宗教组织“为儿童与成年人之宗教教育举办学校与小组以及从事其他形式的教学活动”。[①] 此外，法律还赋予宗教组织以法人地位，指出“宗教组织自其章程（或条例）登记在册之日起即被确认为法人”。[②] 关于宗教财产，法律也作了新规定：“允许地方人民代表苏维埃和国家机关把属于国家所有的崇拜用建筑物和其他财产转交归宗教组织所有或无偿使用”。[③]《信仰自由与宗教组织法》苏联新型政教关系的形成奠定了法律基础。

转型时期的宗教政策变化

新俄罗斯宗教政策的雏形产生于苏联剧变前夕。1990 年 6 月 12 日，俄罗斯苏维埃联邦社会主义共和国宣布自己为主权国家。同日，叶利钦当选为该共和国最高苏维埃主席。叶利钦当时是苏联激进民主派的领导人之一，主张多党制。在 1990 年 7 月召开的苏共 28 次代表大会上，叶利钦的激进改革计划被否决。于是，他宣布退出苏共。随后，俄罗斯有一大批共产党人退党，致使苏共的实力受到严重削弱。与此同时，叶利钦的威望却与日俱增。信仰的真空使越来越多的俄罗斯人转向宗教，从而加速了宗教在俄罗斯的复兴。在苏联《信仰自由和宗教组织法》（1990 年 10 月 1 日）出台后不久，俄罗斯便推出了自己的宗教法——俄罗斯苏维埃联邦社会主义共和国《信仰自由法》（1990 年 10 月 25 日）。该法除了承认苏联《信仰自由和宗教组织法》的大部分条款，还赋予俄罗斯境内的信徒和宗教组织以更大的活动空间。比如，允许“那些因为宗教信仰而不能在武装力量中服役的人员按照法律程序以其他服务方式来取代服役”；[④] 在宗教教育方面，允许“宗教教义的传授和宗教培养在非国立教学和培养机构进行”，也可以“按照公民的意愿以选修方式由正式注册的宗教组织代表在学前教育机构和其他教育机构进

---

① 苏维埃社会主义共和国联盟《关于信仰自由和宗教组织法》第 5 条，参见乐峰：《东正教史》，第 446 页。

② 同上，第 448 页。

③ 同上，第 449 页。

④ Закон РСФСР О свободе вероисповеданий от 25 октября 1990 г. статья 7. http://cd-dk.ru/gos_i_religia/law/r—law/004.htm.

行”；允许“将那些不附带宗教仪式的宗教知识、宗教学以及宗教哲学课程纳入国家教学机构的教学大纲中”；[①]“忏悔秘密受法律保护。神职服务人员不能被审问或向外人透露从公民忏悔中得知的信息”等。[②]

1991 年 6 月 12 日，俄罗斯苏维埃联邦社会主义共和国实行总统制，叶利钦当选为首任总统。耐人寻味的是，叶利钦总统就职仪式是在东正教牧首在场的情况下举行的。苏联剧变后，新俄罗斯于 1993 年出台了第一部宪法。宪法专门俄罗斯公民的宗教信仰自由权利作了明确规定，指出“每个人的信仰自由和宗教自由应得到保护”，公民的宗教自由权“包括单独或与他人共同信仰某种宗教或不信仰任何宗教的权利，自由选择和传播宗教信仰及其他信仰的权利以及从事相应活动的权利”。[③] 对于因宗教信仰而不能服兵役的教徒，宪法赋予他们“选择民事服务来取代服兵役的权利”[④]。

1995 年，俄罗斯朝野各界都正为杜马选举而忙碌。为了给政权党拉到更多的选票，进而顺利赢得 1996 年大选中的总统连任，叶利钦主动接近宗教组织。1995 年 4 月，俄罗斯联邦总统颁令成立了俄罗斯联邦总统宗教团体协作委员会。这是一个咨询机构，主要负责预先审议总统与宗教团体之间的相互协作事宜并向总统提出建议。参加该组织的成员包括俄罗斯东正教、伊斯兰教、佛教、犹太教、天主教和新教等各主要宗教派别的代表、总统办公厅主任及俄罗斯联邦中央级各职能机构的代表。总统能够通过这一组织与各宗教的代表交流，以便赢得宗教界的广泛支持。1995 年 5 月和 12 月，俄罗斯联邦先后出台了《社会团体法》和《非商业组织法》。这两个文件为俄罗斯各宗教组织从事教育、宣传和经营活动提供了法律保障。1997 年 9 月，在俄罗斯各传统宗教的直接参与下，一部新的宗教法——俄罗斯联邦《关于信仰自由和宗教组织的法律》由总统颁令实施。该法在参照以往相关法律的基础上，对俄罗斯信仰自由的内涵、宗教组织的运行

---

① Закон РСФСР О свободе вероисповеданий от 25 октября 1990 г. статья 9. http: //cd-dk. ru/gos _ i _ religia/law/r—law/004. htm.

② Закон РСФСР О свободе вероисповеданий от 25 октября 1990 г. статья 13. http: //cd-dk. ru/gos _ i _ religia/law/r—law/004. htm.

③ Конституция Российской Федерации, принятая на всенародном голосовании 12 декабря 1993 г., статья 28. http: //constitution. garant. ru.

④ Конституция Российской Федерации, принятая на всенародном голосовании 12 декабря 1993 г., статья 59. http: //constitution. garant. ru.

程序、活动范围，以及对信仰自由法律执行情况的监督与检查等事宜均作了详细规定。该法至今仍在俄罗斯联邦的宗教事务调节中发挥着重要作用。

进入新世纪以来，俄罗斯国家政权和最大的宗教组织——东正教会都在为制定一部宗教政策构想而努力。2003 年 11 月 3 日，俄罗斯东正教会历史法律委员会推出了一部《俄罗斯信仰政策草案》。草案虽然承认俄罗斯联邦国家的世俗性及俄罗斯宗教的多样性，但是，过于突出东正教会提出的所谓“传统教派”的优先性，这一点引起俄罗斯多数宗教派别的不满。2003 年 11—12 月，俄罗斯联邦总统直属俄罗斯国家公务学院宗教学教研室也制定出一部《俄罗斯联邦宗教政策构想草案》。[①] 由世俗人员制定的这部构想虽然没有偏袒任何宗教的嫌疑，但是，俄罗斯社会各界和东正教会认为它内容过于笼统。因此，俄罗斯至今也没有出台一部正式的宗教政策构想。俄罗斯推行宗教政策的主要依据是 1997 年出台的《信仰自由和宗教组织法》及其修订本文件。本文拟从政教关系、宗教财产和宗教教育三个方面来探讨俄罗斯现行宗教政策的演变。

一、新型政教关系的确立

新俄罗斯独立之初，调节政教关系的法律依据是俄罗斯苏维埃联邦社会主义共和国《信仰自由法》。该法改变了苏联政府长期限制甚至禁锢宗教活动的做法，首次为公民信仰自由的发挥提供了保障。法律在序言中明确指出，“信仰自由是俄罗斯苏维埃联邦社会主义共和国公民不可分割的和受到宪法保护的权利”。[②] 法律虽然沿袭了苏联时期“宗教组织与国家分离”的说法，但是，其内涵却有了新的变化。这里的“宗教组织与国家分离”一方面指世俗政权和宗教组织在权能上互不干涉，即：“国家机关及其公职人员不干预公民决定自己对宗教的态度，不干预宗教组织的合法活动，不责成宗教组织履行任何国家功能。在俄罗斯苏维埃联邦社会主义共和国境内，不建立旨在解决公民信仰自由权问题的国家政权执行与管理机构”。与此同时，宗教组织也“不干预国家事务，不参加国家权力和

---

① 即：Российская академия государственной службы（РАГС）при Президенте Российской Федерации。自 2010 年 9 月 20 日起，由俄罗斯联邦总统颁令，与俄罗斯国民经济学院合并，更名为“俄罗斯联邦总统直属俄罗斯国民经济和国家公务学院（Российская академия народного хозяйства и государственной службы при Президенте Российской Федерации）”。

② Закон РСФСР О свободе вероисповеданий от 25 октября 1990 г. преамбула. http：//cd-dk. ru/gos _ i _ religia/law/r—law/004. htm.

管理机构的选举，不参加政党活动”；[①] 另一方面，世俗政权与宗教组织的分离并不意味着政教双方互不关心。“国家保护宗教团体的合法活动”，“公民宗教组织可以依照俄罗斯苏维埃联邦社会主义共和国社会团体活动法参与社会文化生活”。[②] 况且，宗教组织与世俗政权的分离丝毫不侵犯宗教组织成员的公民权利。《信仰自由法》保证“宗教组织的成员与其他公民拥有平等的个人参加政党生活的权利”。[③]

值得注意的是，《信仰自由法》将“无神论组织”作为宗教组织的对立面提了出来。苏维埃时期，无神论组织长期享有特权，只有无神论组织能够从事社会活动和宣传自己的观点。该法取消了无神论组织的这一特权，要求“那些以共同学习和传播无神论信仰为目的的社会组织与国家分离”，“国家不给予它们物质和意识形态方面的帮助，也不责成它们履行任何国家职能”。[④] 这说明俄罗斯新政权有意削弱无神论组织的阵地并积极扶持有神论组织——宗教组织的复兴。

在对待各宗教派别的态度上，1990 年的《信仰自由法》比旧俄末期的《信仰自由法》更加宽容。它不再区分对待各类宗教，而是对所有的宗教派别“一视同仁”。法律规定，“所有的宗教和宗教组织在国家法律面前一律平等。任何宗教和宗教组织都不享有特权，也不得遭到其他组织所没有经受过的限制。国家在信仰自由问题上保持中立，即不偏袒任何宗教或世界观”。[⑤] 不仅如此，法律还允许外国公民和无国籍人士“以建立宗教组织的方式单独和与他人共同享受信仰自由的权利”。[⑥] 这一规定为各宗教在俄罗斯从事传教活动提供了方便。20 世纪 90 年代初，不仅东正教、伊斯兰教、佛教、犹太教、天主教和新教等派别的教区和教徒数量在俄罗斯急剧增多，而且各类新兴宗教（如摩门教、科学学派和统一教会等）也在纷纷涌入俄罗斯。实际上，长期受无神论影响的新俄罗斯人宗教知识较为贫乏，对各类宗教的鉴别能力也比较有限。因此，在转型初期的俄罗斯，教

---

① Закон РСФСР О свободе вероисповеданий от 25 октября 1990 г. статья 8. http://cd-dk. ru/gos _ i _ religia/law/r—law/004. htm.

② 同上。

③ 同上。

④ 同上。

⑤ 同上。

⑥ 同上。

徒们从一种宗教转向另一种宗教的现象十分普遍。就连俄罗斯总统叶利钦也没有表现出特别的宗教偏好。1993 年 7—8 月，俄罗斯苏维埃联邦社会主义共和国最高苏维埃曾先后提出对 1990 年《信仰自由法》进行修改和补充，以便使俄罗斯的各传统宗教派别享受特权地位，使非传统宗教和外国宗教受到限制。结果，“两次提议均遭到叶利钦总统否决”。①

1993 年出台的俄罗斯联邦宪法强调“俄罗斯联邦为世俗国家”，规定“任何宗教不得被规定为国家宗教或必须信奉的宗教。各种宗教组织同国家分离且在法律面前一律平等”，② 从而使俄罗斯苏维埃联邦社会主义共和国《信仰自由法》的基本原则得到了宪法层面上的确定。90 年代中叶，俄罗斯媒体对新兴宗教的负面报道不断增多。俄罗斯东正教、民间旧礼仪教、伊斯兰教和佛教等宗教对基督新教和各类新兴宗教的活动表现出极大的担忧。因此，上述宗教联合呼吁国家政权修改《信仰自由法》，对各派宗教采取区别对待的政策。与此同时，大选的临近也促使叶利钦总统对俄罗斯传统宗教的热情高涨起来。他频频出席东正教的各类庆典活动，还吸收东正教会人士参加新宗教法的制定工作。1997 年的俄罗斯联邦《信仰自由和宗教组织法》便是在这种背景下产生的。

新宗教法在保留 1990 年《信仰自由法》基本条款的基础上，对政教关系作了一些调整。比如，该法序言在宣称各宗教和信仰在法律面前一律平等的同时，还“承认东正教在俄罗斯历史上、俄罗斯精神和文化形成与发展中的特殊作用，尊重基督教、伊斯兰教、佛教、犹太教和其他宗教，它们是俄罗斯各民族历史遗产不可分割的组成部分”。③ 这说明俄罗斯政权又恢复了旧俄时期对各宗教信仰区别对待的态度。正是因为宗教偏见的存在，该法经过多数审议才最终通过。直到今天，西方社会仍然借此批评俄罗斯的人权和信仰自由问题。此外，随着时间的推移，“无神论”的概念在俄罗斯人的头脑中逐渐淡化。因此，在俄罗斯新宗教法中，“无神论”一词消失，“非宗教性”成为与“宗教性”对立的概念。

为了制止具有破坏性质的膜拜团体在俄罗斯联邦传播，新宗教法取消了外国

---

① Казьмина О. Е. Русская православная церковь и новая религиозная ситуация в России, Москва, 2009, С. 181.

② Конституция Российской Федерации, принятая на всенародном голосовании 12 декабря 1993 г., статья 14. http://constitution.garant.ru.

③ 乐峰：《东正教史》，第 455 页。

人在俄罗斯创办宗教组织的权利并对其行为进行了约束，它规定："合法居住在俄罗斯联邦境内的外国公民及无国籍人士，与俄罗斯联邦公民平等地享有信仰自由和宗教自由权利。如违反信仰自由、宗教自由和宗教组织法，他们将承担联邦法律规定的责任"。[①] 此外，法律对全国性和地方性宗教组织的注册条件做出了详细规定。依照 1990 年《信仰自由法》，在俄罗斯，10 名成年人即可成立宗教团体。然而，新宗教法除了要求地方性宗教组织由不少于 10 名成年人组成外，还要求宗教组织"拥有地方自治管理机构颁发的允许其存在不少于 15 年的证明"，全国性的宗教组织则应当"由不少于 3 个地方宗教组织组成"。[②] 这样，就加大了外国宗教，尤其是新兴宗教在俄罗斯注册的难度。对于合法宗教组织的生存与发展，新宗教法较之 1990 年《信仰自由法》给予了更多的物质支持。法律明确规定"国家为宗教组织调整税收和提供其他优惠，向宗教组织提供财政、物质和其他帮助，以保证作为历史和文化古迹的宗教建筑和设施的修复、维护和保养"。[③]

总之，俄罗斯联邦《信仰自由和宗教组织法》是根据新俄罗斯的现实而制定的，目前它已成为确定当今俄罗斯政教关系的重要保障。

二、宗教财产的回归

1990 年的《信仰自由法》恢复了宗教组织在旧俄时期所拥有的法人资格并赋予其宗教财产的所有权或使用权。1997 年的俄罗斯联邦《信仰自由和宗教组织法》对宗教组织的财产作了更加明确的规定，指出："建筑物，土地，生产性的、社会性的、慈善性的、文教性的以及其他用途的设施、宗教用品、资金和其他用于保障宗教组织活动所必需的财产，包括列入历史和文化古迹的财产，均可为宗教组织所拥有。"[④] 此外，法律规定宗教组织对于依靠自己的资金所创造和获得的财产拥有所有权，国家将具有宗教功能的建筑物及其所属土地无偿地让给宗教组织使用。

旧俄时期，俄罗斯各传统宗教拥有大批财产。苏维埃时期，随着宗教组织法人地位的被取消，这些财产均被国家政权没收。20 世纪 90 年代初，伴随着俄罗

---

① 乐峰：《东正教史》，第 456 页。
② 同上，第 461 页。
③ 同上，第 458 页。
④ 同上，第 468 页。

斯经济私有化程序的启动，以东正教为首的各传统宗教向国家政权提出了归还被苏维埃政权没收的宗教财产的要求。1993 年 4 月，叶利钦总统向俄罗斯联邦政府发出指示，要求国有制宗教建筑及其毗邻土地分期转交给宗教组织所有或使用。1995 年 3 月，俄罗斯政府出台了《关于将联邦国有制宗教财产转交给宗教组织》的条例。条例规定，在俄罗斯联邦国有制的宗教建筑及其毗邻土地、其他宗教动产和不动产中，被列为历史和文化名胜的财产由俄罗斯联邦文化部转交给宗教组织使用或与文化机构共同使用，其余的财产由俄罗斯联邦国有资产委员会转交。价值重大的俄罗斯联邦各民族文化遗产不得转交给宗教组织所有。

在 2001 年 6 月出台的俄联邦政府《关于向宗教组织转交联邦所有制宗教财产》的规定中，政府允许按照合同将俄联邦各民族重要文化遗产、俄联邦博物馆收藏库中的国有藏品、俄联邦档案馆收藏库中的国有藏品移交给宗教组织使用。当然，宗教组织必须保证这些财产完好无损。别斯兰恐怖事件发生后，俄罗斯传统宗教的道义支持让俄罗斯当权者感到了精神安慰，俄罗斯政教之间距离明显拉近。2004 年 10 月 7 日，在普京总统接见俄罗斯东正教高层领导时，承认苏维埃政权对教会财产的剥夺是“不道德的和非法的行为”并承诺将敦促政府制定相关法律。[①]

2005 年 10 月，俄罗斯联邦政府宗教组织问题委员会确定了《关于宗教财产转交给宗教组织法》构想的基本内容并委托俄罗斯经济发展和贸易部制定构想草案。随后，俄罗斯各传统宗教组织与国家经济发展与贸易部之间便展开了一场对宗教财产的权利争夺战。俄罗斯各传统宗教坚持目前已经被宗教组织使用的宗教财产应当归宗教组织所有，经贸部则强调国家有权监督宗教组织保持这些财产的完整性；各传统宗教的代表认为，新建和在建东正教建筑及其内部物品都应当归宗教组织所有，经贸部则重申被列入文化遗产名录的建筑只能使用，不可拥有；传统宗教的代表指出，国家对宗教财产实行的免税政策今后应当保持，经贸部则对此持否定态度，理由是如果所有的宗教组织都不纳税，国家财政就会出现赤字，等等。

---

① Президент России В. В. Путин принял участников Архиерейского Собора во главе со Святейшим Патриархом Алексеем II，официальный сайт Русская Православная Церковь，07. 10. 2004.

此外，俄罗斯文化部也参与了该法律的制定。一批俄罗斯科学家和艺术家上书总统，坚决反对把苏联时期的艺术品转交给教会。许多著名古罗斯文化艺术博物馆的馆长对宗教文物归还教会持否定态度，他们担心这些国宝由于宗教组织不会保存而受损或被毁。经过6年的拉锯战，2010年12月30日，俄罗斯总统梅德韦杰夫终于签署了《关于将宗教用途的财产归还教会组织》的法令。[①] 据此，那些被联合国教科文组织列入世界文化遗产的名胜、博物馆收藏品、图书馆藏品和档案馆中的物品不得转归宗教组织所有，只有不动产部分归宗教组织所有。同时，俄罗斯政府领导人还承认"从国家预算中拨款修缮这些文物"。[②] 这样，有关俄罗斯国家向宗教组织转交宗教财产的事宜通过法律手段得到了解决。

三、宗教教育的恢复

旧俄时期，世俗中小学是俄罗斯传统宗教发挥教育功能的主要活动基地。在1990年的《信仰自由法》颁布后不久，俄罗斯东正教会便率先开始了在世俗中小学业恢复宗教课的尝试。一些东正教神甫和教徒积极分子在征得一些世俗中小学校长同意后，以校级选修课程的形式为学生们讲授旧俄时期的宗教课（Закон Божий，亦称"神学课"）。然而，枯燥的神学内容和晦涩难懂的教会斯拉夫语表达形式无法引起学生的学习兴趣。在社会各界的压力下，1994年，俄罗斯联邦教育部以违背宪法为由禁止世俗学校开设宗教课。

1997年9月出台的俄罗斯《信仰自由和宗教组织法》首次为宗教课走进世俗学校开了绿灯。它明确规定："应父母或其他监护人请求，经儿童本人同意，允许宗教组织对国立和市立教育机构的在读儿童实施普通教育大纲以外的宗教教育。"[③] 此后，俄罗斯东正教会再次将宗教课作为选修课引入俄罗斯世俗中小学。别斯兰人质事件发生后，俄罗斯传统宗教（东正教、伊斯兰教、佛教和犹太教）的领导人联合声明支持普京总统的遏制恐怖行动计划。为了培养下一代克服宗教不宽容性和极端主义思想，从2005年开始，国家允许俄罗斯世俗各中小学广泛

---

① Религиозным организациям возвращают утраченное имущество. http://www.vesti.ru, 30.12.2010.

② Наталья Бельк, Патриарх напомнил Путину о правах на имущество, http://www.infox.ru/authority/mans/2010/04/01/patriarh.phtml.

③ 俄罗斯联邦《关于信仰自由的宗教组织》的法律，第1章第5条第4款。自乐峰主编：《俄国宗教史》上卷，第216页。

开设世界宗教史选修课。

宗教课程向世俗基础教育机构的渗透遭到了无神论者的抨击。2007 年 7 月，包括两位诺贝尔奖得主在内的俄罗斯 10 位著名科学家、俄罗斯科学院院士联名上书普京，对“东正教会怀疑科学知识、在教育领域扼杀唯物主义世界观并用宗教来取代科学的企图”① 给予了猛烈抨击。院士们的信在俄罗斯社会引起了轩然大波。直到普京总统第二任期结束，宗教课也没被俄罗斯官方纳入国家教育标准中。

2007 年 7 月，俄罗斯总统梅德韦杰夫在接见各传统宗教的领导人时表示“支持在世俗中小学开设宗教必修课”。② 经过各传统宗教的代表与教育部官员协商，进入世俗中小学的宗教必修课被命名为“宗教文化与世俗伦理基础课”。2009 年 8 月 2 日，梅德韦杰夫总统颁令要求政府“在世俗中小学做好宗教文化与世俗伦理基础课开设的组织工作并妥善解决资金问题”。③ 10 月 6 日，俄罗斯教育部出台了基础普通教育国家标准，宗教文化与世俗伦理基础课作为必修课被列入其中。2009 年 12 月，一个由俄罗斯各权威教育机构和传统宗教的学者组成的教材编写集体开始工作。2010 年 4 月，宗教文化与世俗伦理基础教程出版。它包括东正教文化基础、伊斯兰教文化基础、犹太教文化基础、佛教文化基础、世界宗教文化基础和世俗伦理基础六个模块，每个模块单独成册，每册书总学时为 34 小时，分别在世俗中小学的小学阶段四年级下半学期和五年级上半学期开设，周课时为 1 小时。学生可以根据自己的信仰和兴趣，选择其中一个模块进行学习。2010 年 4 月 1 日，俄罗斯正式在 19 个主体十一年制世俗中小学的小学四年级进行宗教文化与世俗伦理基础必修课的试点。目前，试点范围涵盖 1.2 万所世俗中小学的 25.6 万名学生和 4.4 万名教师。④ 到 2012 年，该课程将作为必修课

---

① Открытое письмо президенту Российской Федерации В. В. Путину от академиков РАН, 24 июля 2007года, http://www.atheism.ru/library/Other_100.phtml.

② Дмитрий Медведев поддержал предложение о преподавании в школах истории и основ культуры Религии, 21.07.2009, http://archive.kremlin.ru/text/themes2009/07/219993.shtml.

③ Поручение президента РФ Д. Медведева Путину В. от 02.08.2009, Пр—2009, ВП—П44—4632, http://orkce.ru/node/62.

④ Александр Саргин и др., Школьников познакомят с основами религий для эксперимента, “Газета”, №209 от 6 ноября 2009.

程在全国世俗中小学推广。

需要指出，宗教课在世俗学校的恢复一直伴随着来自俄罗斯社会各界的阻力。直到今天，批评的声音依然存在。比如，2009 年被俄罗斯宗教界认为是宗教课在俄罗斯世俗中小学进展最顺利的一年，反对派则称它是“自 1997 年宗教法出台以来俄罗斯偏离宪法世俗性原则最严重的一年”；[①] 宗教文化与世俗伦理基础课在世俗中小学试点的初步结果表明，在可供选择的六个模块中，“绝大多数学生和家长选择的是世俗伦理课”，[②] 而不是东正教文化基础课，这说明俄罗斯国民对世俗中小学宗教课的普遍接受尚需时日。

综上所述，近 20 年来，俄罗斯的宗教政策发生了根本性的变化。政教之间由苏维埃时期“看似分离实则对立”的关系转变成“看似分离实则合作”的关系。如今，宗教组织和教徒人士已不再是世俗政权打击和专政的靶子，而是国家保护和扶持的对象。当然，由于俄罗斯宗教派别繁多，各宗教的历史与现实功能不尽相同，它们在当代俄罗斯社会中所起的作用也颇为迥异。因此，国家政权对宗教的态度由苏联解体初期的“一视同仁”逐渐转变成如今的“区分对待”。对于像东正教那样具有悠久历史且在俄罗斯国家文明进程中发挥了特殊作用的宗教，俄罗斯国家政权给予了足够的重视和政策倾斜；对于那些具有破坏作用的新兴宗教及其他膜拜团体，俄罗斯则加大法制力度，限制甚至制止其活动。旧俄时期，各宗教组织以实体形式而存在。它们具有法人地位，拥有相应的宗教财产并履行着国民宗教教育的职能。苏维埃时期，国家以取消法人资格和没收财产的方式将宗教组织赖以生存的经济命脉切断。此外，还将宗教教育从国民教育市场上清除出去。这些做法激化了宗教组织与国家政权之间的矛盾。今天，新俄罗斯国家通过立法逐一恢复了宗教组织的上述权益，政教之间呈现出较为和谐的发展态势。新俄罗斯宗教政策的调整是受国家主流意识形态变化的驱使而进行的，它是俄罗斯社会转型的产物。

---

① Верховский А.，Сибирева О. Проблемы реализации свободы совести в России в 2009 г.，18.03.2010，http：//www.sova—center.ru/religion/publications/2010/03/d18233/.

② РИА Новости 24.04.2010，http：//news.rambler.ru/Russia/head/5449106.